《熤园问学》之五

浦市文化论集：田野中国学学步集

Pushi Wenhua Lunji

Tianye Zhongguoxue Xuebuji

主编　谭必友　洪文雄

中央民族大学出版社
China Minzu University Press

图书在版编目（CIP）数据

浦市文化论集：田野中国学学步集／谭必友，洪文雄主编．—北京：中央民族大学出版社，2023.3

ISBN 978-7-5660-2133-5

Ⅰ.①浦…　Ⅱ.①谭…②洪…　Ⅲ.①乡镇—文化史—泸溪县—文集　Ⅳ.①K296.45-53

中国版本图书馆 CIP 数据核字（2022）第 213277 号

浦市文化论集：田野中国学学步集

主　　编　谭必友　洪文雄
责任编辑　李苏幸
封面设计　舒刚卫
出版发行　中央民族大学出版社
　　　　　北京市海淀区中关村南大街 27 号　邮编：100081
　　　　　电　话：(010)68472815(发行部)　传真：(010)68932751(发行部)
　　　　　　　　　(010)68932218(总编室)　　　　　(010)68932447(办公室)
经 销 者　全国各地新华书店
印 刷 厂　北京鑫宇图源印刷科技有限公司
开　　本　787×1092　1/16　印张：33.5
字　　数　584 千字
版　　次　2023 年 3 月第 1 版　2023 年 3 月第 1 次印刷
书　　号　ISBN 978-7-5660-2133-5
定　　价　160.00 元

《浦市文化论集》编委会

本书得到以下单位与项目的大力支持，特致谢意！

湘潭大学人才引进项目

东北大学秦皇岛分校人才引进项目

湖南师范大学民族学与人类学研究中心

泸溪县人民政府

泸溪县谭子兴文化研究会

目录
Contents

序

如何建立中国文化本位的田野研究

杨建新*

谭必友教授2003年至2006年跟着我念博士。一晃十多年过去了。他一直沿着他的博士论文确立的方向开展研究工作，这才有了我们面前这套田野中国学研究系列著作：《田野中国学研究论纲》《浦市文化论集》《田野中国学先驱：严如熤传》。在这套新著出版之际，必友教授要我给这套新书作一个序。我因此就相关学术问题简单提一提我的一些想法。

20世纪初，社会学、人类学、民族学等几个涉及田野调查方法的相近学科相继传入中国，中国学者开始运用新的理论与方法对中国社会进行研究，这对中国学术话语体系的创新起到了巨大作用。到90年代，这些学科进入比较成熟的阶段。从这个时候起，学术界就有了比较大的争论，中国传统有没有这样的学术研究？主张有的学者，举出了中国古代就有了田野调查的雏形。反对者认为，中国古代没有相关理论，所开展的田野调查仅限于简单的事实与民俗收集，这些调查并没有理论指导。两者各有道理。谭必友的学术观点倾向于前者，但是也与前者有一些区别。他发表了多篇文章阐释他的主张，他认为，中国古代虽没有社会学、人类学、民族学等学科，但是，中国古代发展起了自成体系的田野调查范式。因此，他将中国古代发展起来的这门学问命名为《田野中国学》。他为此还编辑出版了这样的学术集刊，来深入阐释

---

* 杨建新，著名民族学家，兰州大学民族学学科创始人，资深教授，博士生导师。

他的主张。

中国学术的现代转型，虽然是引进西方学科的结果，但不能否认，从引进的最初时期开始，这种引进的学科在中国生根的过程中，就同时受到中国固有传统的影响。当时传播西学的中国学者不可能是从零状态开始学习西方新学科的，这既不符合认识论的基本规律，也不符合文化传播的基本规律。西方这些学科在进入中国时，肯定是利用中国固有的话语体系解释是什么？为什么？等等。因此，这些学科在传入之初，其研究方法也是不得不与传统的研究方法相结合。可以说，这些学科在中国诞生时，没有一个学者是严格按照西方的学术规范开展研究工作的。总是在结合中西方的学术话语体系的前提下，逐步开展起来的。但随着中国学者对西方学科范式的理解越来越接近其本相，这些学科在中国现当代的发展，不是一个越来越回归中国传统的过程，而是一个越来越尊重西方学术规范的过程、逼近西方学术规范的过程。也就是说，中国学者在这些学科的研究中，无论是从学术规范还是从研究课题，都可以与西方学者达成越来越多的对话与共识。这些学科的研究成果越来越具有科学的一面，而越来越缺少中国传统的一面。这是中国几代学人前后奋斗的结果。以前学术界大量呼吁这些学科研究的“中国化”，依我看，这些提法需要重新评估。在中国田野调查学科逐步回归西学的过程中，中国传统的田野调查研究话语体系还有没有价值呢？这些传统的研究范式在当代世界的学术研究中又应该处于什么地位呢？这就是当代社会学、人类学、民族学在取得重大发展时，我们必须问的问题，也是需要回答的问题。

放在我们面前的这套田野中国学系列著作，就是试图回答这个问题。必友教授认为，清代的严如熤即已经发展起中国完整的田野调查学科理论与方法。这些方法正是20世纪初期引进西学诸大家，在中国开展田野调查时所采用的方法。他因此将严如熤定义为田野中国学先驱。这个定义是否准确可以进一步讨论。但梳理中国传统的田野实践，探索其中的理论与方法，并将中国传统的田野研究放进世界田野调查学术史中加以观察，从中吸收有价值的东西，我想，这个思路应该是值得肯定的，也是没有疑义的。党的十九大报告提出，要“推动中华优秀传统文化创造性转化、创新性发展”。中国古代学者在田野调查方面所做的探索，也是中国优秀传统文化的一部分，是当代国际田野学科中的重要学术思想资源。特别是在当代国际田野学科的学术体系中，如何以中国传统的田野理论与方法去深入认识世界，发展出以中国学术智慧为本位的世界发展知识体系，这是学者们需要加以深入思考的课题。

摆在我们面前的这三本著作，各有侧重，又相互补充。《田野中国学研究论纲》主要是提出田野中国学当前的一些研究课题、初期理论与方法等等，这是一个初步研究，成熟的理论概括还有待后来的学者。《浦市文化论集》是由在浦市古镇开展田野调查的硕士研究生写的学位论文汇编。这些研究生都是谭必友教授团队指导的学生。他们按照谭必友教授倡导的田野中国学的理论与方法，在浦市古镇开展田野调查并撰写自己的学位论文。这种前后多届青年学者坚持在同一个田野点开展田野的方法，必友教授称之为基地式田野。基地式田野为这些研究生的科研形成一个学术共同体创造了条件。《田野中国学先驱：严如熤传》目前只是对严如熤的田野调查与他作为政府官员的行政活动做一个初步勾勒，还没有对他的学术活动加以全面评估研究，这是一个缺陷。希望在以后，有学者能够就中国传统田野研究的学术价值做全面深入的研究，或者就严如熤的田野学术研究写一本思想评传，这将会作出更大的学术贡献。是为序。

前言

知识创新与经世致用在田野中的诗意结合

——田野中国学浦市田野反思之一

谭必友*

【内容摘要】从2013年开始，我领导的学术团队正式在湖南省泸溪县浦市古镇建立田野调查基地，组织师生在此开展持续不断的田野调查。至2020年已经有5届共10位硕士研究生以浦市田野为基础完成了自己的学位论文，同时还发表了相关论文，出版了相关专题民族志。在此研究过程中，恰逢泸溪县政府为开发浦市古镇文化旅游，积极申报国家4A旅游景区。我们的科研活动为泸溪县政府的这一决策做出了推波助澜的重要贡献。这是一个包括高校、政府、企业、各位参与学者、以及当地群众等多方共赢的田野调查活动，获得了大家的一致赞誉。这个以学术研究为导向的田野活动为什么能够产生学术之外的良好反响？它遵循了什么特殊的学术宗旨与研究方法？它与学术界熟知的田野活动有什么区别与联系？本文对这些问题进行了一一梳理，不但回答了这些疑问，并且确立了浦市田野调查的“田野中国学”的学术理路。

【关 键 词】知识创新；经世致用；田野调查；田野中国学

【基金支持】本课题得到东北大学秦皇岛分校人才引进基金、湖南师范大学人才引进基金等项目资助

---

* 谭必友，教授，东北大学民族学研究院，湖南师范大学民族学与人类学研究中心。

一、浦市田野回顾

把浦市古镇作为我们团队的田野点，偶然之中包含着必然。自从笔者进入民族学人类学研究之后，一直在探索这个学科的属性与特性。大学毕业之后，我来到一所大学担任本科生教学。最初是教授哲学课程，后来增加了“社会学概论”与“社会学调查理论与方法”等课程。当时我每学年组织学生开展社会调查实习，学生都喜欢这种教学模式。2006 年，我获得博士学位之后，来到中南民族大学，从此以民族学为志业，正式走上了职业田野科研道路。从这个时候开始，因为教学的需要，我每年都要派出或带领学生开展田野调查。关于浦市田野反思的故事也应该是从这个时候开始的。

（一）寻找基地，贯彻民族学人类学新理念

民族学是一个比较偏冷门的专业。对于本科阶段教育来说，全国开设这个专业的院校十分少，社会上对这个专业缺乏必要的了解。就算是教育科研的管理者，对这个专业或学科来说，误解也比较多。对于教育者来说，每年都需要花一定的时间和精力向新报到的学生阐述这是一个什么样的专业。

需要阐释的第一个问题：民族学人类学是人文科学？还是社会科学？这个问题本是西方学术界的传统争论。如果是人文科学，它就重在价值判断、思想判断等等。如果是社会科学，它就是可以按照某种模型描述社会现象，具有客观性、规律性等等。但是，这个问题在教学中学生并不关心。这个问题被学生转化成下面的追问：如果是人文科学，它就重点在人文关怀，就是历史的，个性化的，缺乏社会普遍的可操作性，缺乏社会实践能力，一句话，不具备解决实际社会问题的能力。如果是社会科学，它就是有规律可循，就是具有社会实践能力的，是可运用的。一句话，就是有解决实际社会问题能力的。在相当多的大学生眼里，只有能解决问题的专业才具有就业方面的优势。对于这部分学生来说，他们并不是奔着人文来学习这个专业，他们是奔着“就业”来学习这门专业的。在学生们看来，如果没有可实践性，那不如去学习文史哲等学科。

学生们对民族学属性的关心，成为教育者必须切实解决的问题。这是很多专门从事民族学研究，但并不参与民族学本科专业教育的学者所无法感知的紧迫问题。这个问题其实关系到一个学科的生死存亡。为解决它，同行们

也是使尽了各种招数。曾经有一个时期，很多同行学校，在开设民族学本科专业的时候，都在专业后面加上一个括弧，比如“民族学（文秘）”“民族学（行政管理）”之类。而更有甚者，直接鼓励在校生加修一个第二专业或第二学位，以保持这个专业在校生的稳定。同行们的这些探索都是十分可贵的，让人肃然起敬。但这些探索没有解决根本问题。这些策略就从事实上承认了，民族学专业缺乏必要的实践品性，只是因为教师们办学的需要，才开设了这个本科专业。我在担任民族学系主任之后，觉得有必要改变这个状况。我因此向学生传达一个理念，民族学专业既具有人文学科的属性，也具有社会科学的属性，是一个具有极强实践品质的专业。

那么，民族学学科有什么样的实践品质？又如何提高它的实践品质呢？如果转换成教学活动，我们如何提高学生的专业实践能力？这就是作为教育者，笔者及当时参与该教改项目的同事所思考的主题。

从 2008 年到 2012 年，我们做了几项教学改革试验。比如增加教学实践基地的文化保护、参与扶贫、充实基层政权建设等。后来，我们还将这些试验性改革命名为“校地共赢直通工程”加以总体实施。这样的教改取得了一定的成效。学生在这样的专业教学中，收获到了自己想学的知识与能力，很快有了对自己专业的认同。我可以举几个数据来说明这个细微改变。比如毕业生就业率快速提升并远远超过了学校的平均水平。新生进校后，要求转专业出去的学生越来越少，而其他专业要求转进民族学专业的学生则越来越多。我个人感觉到自己倡导的专业改革取得了成功。但没有亲历这些教改的领导与老师们会将民族学专业这些变化视为别的原因。比如说是因为民族学免学费等因素。我想，这是一个可以深入讨论的课题，我的观察结论并不是对在此期间我与整个教学团队实行的教学改革的一个定论。

不过，这次教学改革也暴露出很多问题。第一，这些田野教学实践，仅限于培养学生个人的实践能力。尽管很多学生是在完成自己的学术研究（主要是自己的学位论文）的同时，参与社会实践。但他们的学术研究处于零散状态，相互之间没有形成整体效应。第二，在这些实践中，民族学学科所起的作用，都是辅助性的。民族学没有在实践中发挥主导作用。第三，为了让更多的学生有机会参与田野实践，必须将学生分散在很多不同的田野点，这样也给教学管理带来极大挑战。由于无端增加了教师们的工作量，部分教师对这项教学也持不同意见。第四，不同届学生在田野实践中所取得的成果无法积累，前后不同届学生之间缺乏必要的联系。当然还有其他的一些问题。

怎样解决这些问题？对于我当时的处境来说，已经没有条件了。因为，我们的大学中，决定教学改革的因素太多了。我们只有另起炉灶，才能将这样的教学改革继续推进。2013 年我来到湖南师范大学社会学系，继续我的教学与科研设想。

（二）发现浦市古镇与我们的初期田野

根据我们此前的田野调查教学经验，我们重新定位了对田野调查及调查点的基本要求。

第一，作为高校一个学科的田野调查活动，在当地的文化建设或文化产业活动中应该起到主导作用。我们不能仅仅满足于短期内的协助作用。这就要求我们在一个田野基地把田野调查长期坚持下去。要达到这样的目的，这个田野基地需要认真规划。作为某一种文化区域，这里必须有足够广阔的地域条件，有足够多的文化研究内容。否则，团队成员到了一定数量后，就会造成研究的拥挤局面。

第二，这里的文化发掘将对地方文化保护、文化建设、文化产业开发具有重要意义。因此，一个田野基地的初期规划需要十分谨慎。一旦投入很多团队成员进行研究工作，最后却依然仅仅收获了传统的学院式科研成果，那就没有达到我们的学科教学目的。

基于以上两个思考。我在国内寻找一个合适的田野点。2012 年夏天，我与友人来到浦市古镇访问，偶然间在这里找到了感觉。

第一，浦市古镇坐落在沅水岸边，宋元明清民国五个朝代，都是一个商业大集镇。有着丰富的物产，便利的水上码头，繁荣的商业体系，众多的人口。到如今还留下众多的非物质文化遗产、古建筑、古文化遗址等。近几十年来，来这里开展田野研究的学者少之又少，几乎是一块学术处女地，可深入研究的课题非常多。

第二，这里有发展文化产业的优越条件。当地政府已经着手文化遗产保护工作，也在开展相关的文化旅游开发。但是，所有的工作都才起步，需要深入开展的工作还十分繁重。

第三，这里有着优美的自然资源，沅水到了这一带，水流虽平缓，两岸山势却错落有致，风光旖旎。

好吧，我们就选择来这里建立我们理想中的田野基地，继续实践我们关于民族学学科的新思考。

2013年春天，我从武汉调到了长沙，从此有了更充裕的时间，随时走进浦市古镇。2013年秋天，我在湖南师范大学招收了第一届人类学硕士研究生，也在本科生中开设《神韵武陵：故事与文化》全校公共选修课，以便发现并培养对田野调查感兴趣的本科生。同时，我也寻找到了几位合作科研同仁①，大家都对浦市文化研究抱着高度的热情。我们在浦市古镇的田野调查，慢慢有了进展，逐步引起了社会上的广泛关注。有一大批当地的学者与文化人，也陆续加入我们的研究队伍里面。② 在初期的田野调查中，值得详细记述的是我与泸溪县政府新任副县长尚远道先生的一次会面。后来，尚远道先生将这次会面命名为“大成之会”。正是这次会面，将我们的田野思考真正变成了现实。

（三）大成之会——县委县政府组建精干力量领导旅游开发

我们在浦市开展田野调查期间，大力倡导浦市进行旅游开发。然而，响应者寥寥无几。人们提出几条理由质疑这里能否开发旅游？

第一，交通不便。水上交通已经彻底废弃。进出公路还是一条老旧县级公路，短短十几公里，小车需要近一个小时。

第二，这里没有名人。人们基本上是用同属于湘西土家族苗族自治州、但距此地约50公里的凤凰古城做比较，好像凤凰旅游兴旺主要是有沈从文这样著名的作家。浦市有什么名人？

第三，这里没有接待条件。街上只有几家招待所及招待所级别的宾馆。

第四，这里经济太落后，基础设施太差。街道破旧不堪，尘土飞扬，很多老建筑都处于垮塌的危险之中。

总之，没有人看好这里。政府为了保护古镇的古建筑文化遗产，成立了相关机构，着手进行古建筑维修工作。政府主要是奔着文化使命做这些工作，但人们并不看好这些工作会带来多大的经济效益。我们的呼声，既没有引起政府重视，也没有引起企业家重视。正是在这种背景下，有了大成之会。

2014年12月17日，这是一个需要特别记忆的日子，是一个与浦市旅游发展紧密相关的日子。泸溪县尚远道副县长将这一天命名为大成之会，希望

---

① 包括学苑出版社编审洪文雄、怀化学院副教授谭忠国博士、湘西州委党校教授隆金华、长沙民政职业学院副教授田燕等，我们这个团队最初命名为熠园。

② 2014年，在我们的指导下，泸溪县的文化人士成立了“泸溪县谭子兴文化研究会”，凝聚了一大批当地文化爱好者加入浦市文化的发掘中来。

我将这一天聚会情况记录下来，以为后来者借鉴。

这一天，泸溪副县长尚远道先生来到长沙公干，下榻长沙大成国际酒店。其时，尚先生在省卫生厅挂职未满，上级已经通知他提前回泸溪县接管旅游工作。他接手之际，就定下开发浦市旅游的目标。他将自己定下的目标简约成“创4A申国保”几个字。4A就是AAAA级旅游景区，国保就是国家级保护文物单位。为实现此目标，他偶然访得，我对浦市文化有一些研究，因此在来长沙公干时，顺道邀我相见。那天晚上，尚先生带领他的工作团队①与我在大成酒店茶厅一个角落，点下五杯粗茶，开始摆龙门阵。本意是随意聊一聊，放松心情、扩大视野、增进友谊。后来，我在一个内部报告中对当时的情况做了如下回忆：

当时，尚远道副县长问了三个问题。他是一位年轻官员，但头脑十分灵活，对问题把握得十分准。他提出的问题，既体现了他的学识，也体现了他对自己所领导的实际工作的清醒认识程度。问题之间环环相扣，充满着强烈的逻辑关系。看得出，他这次也是有意要掂量掂量我对浦市文化研究的底牌。因此是顺着我的思路提问。而作为一名年轻官员，能在聊天的间隙，清晰准确地把握一位学者的思路并顺势提出问题，已经是十分不容易了。

第一个问题：浦市旅游开发到底能做大到什么程度？

尚远道：“谭教授认为，浦市旅游可以做成一个什么样品牌？”

我说：“5年后直追凤凰，成为湘西第一品牌。如何？”

听到我这个话，不独提问者略感吃惊，在座诸人，也倍感意外！同时发问：“可能吗？”

我说：“因为浦市文化具有这样的高度与品质。浦市文化远超凤凰文化。凤凰曾经是大湘西的首都，文化底蕴确实深厚，加上近现代有熊希龄、沈从文诸前贤，声名远播国内外，确实具有发展旅游的一流品质。但是，浦市曾经是盛世中国的右大腿，是明代栋梁之路上的第一大码头。其文化底蕴与文化胸襟远在凤凰之上！如能将浦市文化展示出来，将对湘西旅游做出巨大贡献！”

接着，我向大家介绍了浦市成为盛世中国右大腿的来龙去脉（详情此不赘述）。

---

① 时任科技局局长谭子好、副局长白开富、企业家谭永峰等人。

听了盛世中国右大腿的故事，在座诸位纷纷表示，浦市旅游确实有前景！接着，尚先生提出：

第二个问题：如何才能让外界知道浦市有这么好的文化？

这个问题也是我研究了几年的课题，我已经有了初步设想。浦市街上现存大量古代豪宅大院，这些古建筑格局宏大，气势非凡，用实物的形式向世人证明自己曾经所拥有的繁华！但确实如大家所担忧的，浦市隐居深闺人不识。加上交通很不方便，更没有名人效应，谁愿意来此地认识她呢？可是浦市历史上有一种超级大活动，就是龙舟赛，而且，历史上还有女子龙舟赛！只要举行一次这样的活动，就可以将世界目光聚焦到浦市来。只要通过一次龙舟赛将大量游客吸引到浦市来，就可以将浦市的文化底蕴、丰富的古建筑文物及其价值传播出去！

可是，浦市龙舟赛已经中断很多年了，能够恢复吗？能！龙舟曾经是浦市的灵魂，已经融进了浦市人的血脉里。我的祖先、浦口土千户谭子兴因为爱龙舟演绎了一场壮怀激烈、感天动地的反抗元朝强权的故事，也因而同时发明了世界上第一代泳装，他也因为爱龙舟丢掉了性命！这就是浦市人与龙舟的不解之缘。只要政府出面组织，龙舟赛一定能恢复。

第三个问题：目前浦市古镇的基础设施较差，如何次第开展，浦市旅游开发才能最有效果？

我说，基础建设有一个过程，非一朝一夕可完成。可我们正可以利用建基础设施这个时间段，将浦市文化系统推向外界。如何做呢？首先不要想着一下子影响很多普通游客。既不现实，也无必要。只要通过适当方法，先打动那些百分之零点零一的少数精英，这些精英自会吸引无数普通游客前来旅游。龙舟赛就是其中的一种方法。另外还可以建立几个纪念馆，将浦市文化作为盛世中国的右大腿这个文化地位展示清楚，吸引顶尖文化人对浦市文化的强烈关注！如果能够吸引到足够数量的文化精英对浦市文化的关注，浦市旅游开发就大功告成了！

照这样的步骤，五年之内，一定可以追上凤凰！

听完我的发言，尚先生基本上认同了我的思路。他说，这样看来，浦市文化确实是祖先留给我们的一笔重大财富。我们不全身心投入去保护它、建设它，都对不起祖先了！他也因此向在座各位和盘托出了他心中酝酿已久的工作规划："我拟定了一个设想，叫'创 4A 申国保'，意思就是要把浦市古镇创建成国家 4A 级景区，同时，浦市文化应该申报国家级保护文物。通过这两项工作，推动浦市旅游不断上台阶。但对创4A的日程，还缺乏明确预期。今天听了谭教授的一席之言，我对浦市文化的信心更足了，同时也对自己的工作设想充满了信心。我们下一步将坚定不移地把‘创4A申国保’作为旅游开发的抓手，一抓到底，绝不动摇。我看浦市旅游很快就会有一个实质性提升。希望谭教授与我们联手，帮我们深入发掘浦市文化，推介浦市文化，为浦市文化早日被社会认识认可助一臂之力。”他的工作思路非常清晰，只是需要为这个计划去发掘更丰富的文化以夯实其基础。而我们在浦市开展的田野调查正可以为他的计划助力。可以说，双方不谋而合。我们继续主导文化研究，政府主导所有的开发建设及政策协调等。

这次聚会是浦市旅游开发的发轫之会。从此，以尚先生为领头人，政府、企业界、学术界、文化界、当地精英等各方朋友齐聚浦市古镇，形成了一股传统文化发掘与开发的热潮。泸溪县委县政府为尚先生配备了精干的工作队伍，主要负责基础设施建设、旅游规划、宣传等工作。湖南师范大学组建的学术团队主要负责领头发掘研究传统文化、制定旅游开发规划。未来一年多的各项工作，全部与大成之会的预期一模一样。传统龙舟节由当地群众自发搞起来了，2015年参与龙舟节龙舟赛的运动员超过2000人，观众达到57万人次。队伍整齐、场面宏大、气势非凡。延续时间长，影响范围广，把整个泸溪县以及外界的各界人士旅游开发积极性都一下提起来了。浦市古镇古建筑保护维修工作进展十分顺利，广大群众积极参与。一条两千多米古街，几个月之后就完成了仿古建设工程。2016年4月，在尚先生的不懈努力下，浦市古镇顺利获批国家4A旅游景区。这使浦市古镇的文化地位与旅游地位，都很快进入湖南省同行的视野，成为众目关注的新兴旅游区。对于创国保的工作，尚远道也一刻没有松劲。他带领他的团队，一直在做扎实的申报之前的基础性工作。我们的团队也利用研究生本科生专科生人数众多的优势，对浦市一批古建筑进行了系统的调查，撰写了《浦市古建筑人文志》系列。经过努力，2019年10月，浦市清代古建筑群被评为第八批全国重点保护文物。尚县长于2014年底制定的两大施政目标完美收官！这是一个有远见卓识的文化保护与开发方案，其中的智慧大家看得见，但其中付出的汗水，旁观者很难看见。总之，浦市文化研究与旅游开发、文化保护之间形成的良好关系成为一个经典案例。

二、浦市田野的创新——与西方田野学科对话

时至今日，我们团队在浦市持续开展田野调查已经长达7年之久，而且还将继续开展下去。在这漫长的田野过程中，我们在很多关键环节上，逐步与西方民族学人类学的田野有了一定区别。为了表述方便，我们在此将西方民族学、人类学、民俗学等学科统称为田野学科，因为这些学科具有研究内容与研究方法的共同性，研究方法都是田野调查，研究的对象都是文化或习俗。在国内学界，目前一般做法是将民族学与人类学混称。[①] 其实，民俗学也大体属于同一个学科范围。为便于我们深入比较研究，我们特将这些学科统称为田野学科。中国现代意义上的田野学科都宣称自己来自西方田野学科，因此恪守西方田野学科的研究范式。

（一）对西方田野学科理论预设的突破

西方部分学者将欧洲的田野学科追溯到古希腊时代，少部分学者追溯到航海时代欧洲的传教者与探险者在欧洲以外世界各地的旅行著述。作为一门学科，大多数学者认为应该确立于18世纪中期。当然，也有少数学者坚持认为，欧洲田野学科起源于19世纪中期，到20世纪马林诺夫斯基、博厄斯等人才将其科学化。无论怎样，欧洲田野学科都有了很长时期的发展。在长期的发展中，这门学科一直遵循着西方学术的两大追求：社会客体或客观真理与人文世界。

追求客观真理，就是注重该学科的社会科学性质。认为田野学科探讨的是社会事实、社会规律、社会结构与功能等等。追求人文世界，就是注重该学科的信仰、人文关怀以及价值判断，重视文化，重视人的幸福、价值与发展等问题。无论是认同它的社会科学还是人文科学，归结起来，就是关于学科追求的是“真理”还是“人文关怀”。强调它的社会科学性质，就是强调学科对真理的追求。强调它的人文科学性质，其实是强调学科对人文关怀的追求。西方田野学科的田野调查一直在社会科学与人文科学之间摇摆不定。而对学科研究的对象本身，即那些“异文化”自身的地位在哪里却被长期忽略。直到二战之后，西方田野学科逐步兴起对社会制度的批判，被研究者自

① 何星亮. 关于“人类学”与“民族学”的关系问题［J］. 民族研究，2005（5）：41-50.

身的利益问题才略微得到重视。

西方田野学科还有一个自始至终的追求，就是证明西方文化对原始地区的优越性。从欧洲田野调查成为学科活动那天起，大约就是19世纪初期，田野学科就是证明西方文化对原始地区的优越性的，也就是证明欧洲对其殖民地的优越性。尽管他们后来兴起的“野蛮人的文化保护”运动，其目的不外乎也是要保护欧洲文化本身，因为如果野蛮人文化消失后，欧洲文化优越性就失去了参照系。对欧洲文化来说，这将是巨大的损失。因此，西方田野学科的田野活动自始至终都是维护自身文化至上性的一门学科。

西方田野学科在二战后逐步有了转型。一部分学者前往发展中国家开展田野工作，中东、东南亚一些国家成为西方学者开展田野工作的重要地区。但这些田野活动，其学术前提依然是西方优越性。不过，这些田野调查所携带的“倾向性”没有被省视被批判。相反，在发展中国家，这种学术活动还被广泛传播。

中国从西方（包括苏联）引进了田野学科后，一直在西方田野学科的理论预设下开展自身的研究活动，但我们须明确以下两点：

首先，浦市田野调查不是异文化研究。既不是西方田野中的“殖民地文化的原始性”，也不是国内研究范式中的“少数民族文化的后进性”。所以，我们必须把研究对象前面的那个“先进性”参照物去掉。浦市文化研究是对其文化自在性的一次确认。

其次，我们从自身长期的田野学科教学中，总结的一套思路，正要通过浦市田野来得到全面的印证，并形成一套规范的教学模式。田野学科不仅仅是西方田野企图建立的一套纯粹的知识体系，它也是“有用”的，特别是对于青年学生来说，可以从这个学科的学习中锻炼自己的多方面素质与能力，能够将在这个教学活动中所建立的能力，运用到自己以后广泛的工作中去。学生的专业学习不仅仅是成为少数学者从事研究活动的背书者，这一点十分重要。在我们传统的民族学专业等的教学活动中，一直没有摆脱这个说不出口的难堪，即大多数学生学习了没有多大用处的专业知识，成就了少数学生未来的研究职业。因此大学生入学之后，很多人想到转专业。浦市的田野教学必须包含着对学生多方面工作能力的训练，必须克服学生对民族学专业的这些认识误区。

（二）浦市田野的创新

1. 从马林诺夫斯基出发，沿着费孝通的道路前行，走向传统文化能量的释放

马林诺夫斯基是西方田野学科现代化的创立者。正是他的努力，使田野学科具备了“科学”的品质。在早期，他主张在“隔离的社区”深究文化的本来面貌，解释文化内部满足人的需要的功能。到了后来他发现，他的田野调查与研究，与当地人之间是隔离的，这使他对自身的科研活动的真正意义产生了怀疑。1929 年，他在一次学术会议上表示，想为他调查过的殖民地人民做点事。[①] 然而这毕竟只是他的一厢情愿，在那种殖民思潮大背景之下，他的想法很难落实。因此，这样的想法从此再也没有被提起。

马林诺夫斯基没有实现的理想，成为费孝通先生的奋斗目标。他从自身的田野研究中，逐步形成了文化自觉理论。到了他的晚年，他又将文化自觉上升到文化自信理论。在他看来，文化是平等的。在其自觉之前，东方文化一直被西方认为是落后的文化，是没有多少价值的文化。随着人类学文化研究的深入，这些原来被认为是异文化的持有者，逐步意识到自己的文化是一种独立的有价值的文化，因而迎来了东方文化自觉与文化自信的时代。这些自觉的文化可以给当地人带来自身的福祉。因此，费孝通把自己的文化研究视为“迈向人民的人类学”。[②]

浦市田野调查就是要沿着费孝通的道路往前走。从文化的功能论出发，可以到达文化自信论；从文化自信论出发，就有了我们关于文化的能量及其释放理论。

在浦市田野中，当我们沿着费孝通先生的理论向前走时，我们遇到一个新的理论问题。既然文化是有价值的，那如何来衡量这种价值？又如何让这种价值释放出来？其满足内部群体需求的功能，是否可以另外一种方式满足更多外部群体的需求？如果文化的功能完全是服务具体的群体的，没有可分享性，那文化能量的释放，其价值何在？总之，我们面临着一系列理论问题，这些问题在此之前的田野学科研究中，也有类似的讨论，但并未引起学术界的足够重视。

---

① 费孝通．读马老师遗著《文化动态论》书后［J］．北京大学学报，1998（5）：5-18．

② 费孝通．关于人类学在中国［J］．社会学研究，1994，（2）：1-4．

我们对浦市传统龙舟赛进行了深入的田野调查，对以上诸问题形成了一些初步结论。我们对这些问题都形成了肯定的结论。因此，我们积极主张在浦市恢复中断了二十多年的龙舟赛。这个建议得到县政府的支持。从前文叙述可知，浦市龙舟赛的恢复，印证了我们关于传统文化能量释放的理论。由本次龙舟赛释放的强大能量，对周围的零售业，对政府工作，对老百姓的凝聚力与文化自信等等，都起到了巨大作用。从此，浦市文化旅游在社会上形成了广泛的共识。这次基于传统的文化能量释放，对局内局外人来说，都带来了巨大的收益。我们也从这次文化活动中，看到了我们理论的科学性的一面。

2. 让研究基地成为文化圣地——突破西方田野学科的“他者”范式

西方的田野学科，特别是人类学学科，从其产生到当代实践的认同者之间形成的共识，都是强调异文化研究。这就是西方人类学的“他者”研究范式。这个范式中，有两个小的研究特征，需要对话。

第一，强调对“陌生”的研究，强调第一次研究。从人类学早期研究“原始文化”，到后来研究“异文化”，再到20世纪80年代开始的研究“自在的文化”或“文化的自在性”，都决定了其田野调查必须是“陌生”的，而且研究者必须是“第一次”到达。只有第一次到达，才能看到文化的最为“自在”状态。一旦有别的研究者在此开展过田野，其“自在”状态即被破坏了。

浦市田野，其实是某种意义上的“家乡田野”，因为对所有研究者而言，浦市与自己的家乡并不陌生。特别地，当我们在此开展长期的田野调查之后，后面来到这里的研究者，都已经受到前辈学者的某种暗示，有了某种“熟悉”的感觉。

第二，与“陌生”概念相应，西方田野学科强调研究者个人的田野点(site)。几乎一个研究者一个点，这是为了避免学者之间相互影响。只有在需要重新印证前人的某个研究结论的时候，学者们才会重访前人学者的田野点。很多学者在一个田野点完成自己的学术论文后，估计终生不会再返回这个田野点调查。因为，这个田野点上的人和事与调查者没有任何利益关系，双方之间只是一种研究与被研究的关系。

浦市田野把田野点扩张为田野基地。这不仅仅是大学教学的需要。这还有更多的理论上的思考。文化具有多方面的发展向度，因此具有多种功能。

对文化的深入了解，不是一个学者通过一个“田野周期”① 所能完成的。因此，当我们上升到“文化能量释放”这个层次的时候，就需要研究者集体行动，通过前后不同时段的深入田野调查，发现文化能量更多的向度。一个田野研究基地，就是要多方面展示一个区域文化的本相及其可能的扩张方向。因此，我们必须鼓励教师与学生，不断深入共同的田野基地去，从不同侧面并从不同的时间段介入田野基地，开展田野调查，从而不仅积累多方面的科研素材，而且积累长时段中的素材。通过这种有继承性的田野调查，丰富我们有关一个田野基地的文化，为这个田野基地全面建设自身的文化体系服务。并且从这一全面的文化建设中，将蕴含在传统文化中的能量释放出来，达到服务本地人，也服务外界其他群体的目的。

3. 重新定义田野科研成果：过程成果与目标成果

西方田野学科在定义自身的学术成果时，都一无例外地认为，主要是学术论文与学术专著。这个传统一直统治着西方学术界。新兴的影视人类学、口述史学等兴起之后，关于学术成果形式，延伸到人类学影视作品及口述史的录影录像。按照西方学术界的解释来说，以这些形式发布的成果具有“知识性”，属于知识创新的范畴。而以其他形式呈现的作品，都不能视为学术成果。

从西方兴起田野调查之后，直至20世纪初的长时段中，除了论文与专著之外，还有大量的异域游记及文学作品、影像作品等。到了马林诺夫斯基开展参与式观察之后，他写作了自己的田野日记。随后的很多学者，都有自己的田野日记。然而，这些形式的作品都被归类到“田野研究资料”，仅仅是供学者们研究使用的原始素材。马林诺夫斯基的日记直到他死后很多年才公开出版，人们到这个时候才知道他当年开展田野调查的一些真实细节。

第二次世界大战以后，田野学科研究也受到政府、企业及军事组织的重视，因此，有很多学者参与到相关组织的“政策咨询”中去，成为所谓的“智库”成员，因而写作了大量的“咨询报告”。但是，这些成果中，除了本尼迪克特为美军撰写的有关日本人文化性格的研究报告被学术界广为认可外，其他咨询报告很少有被学术界认可为学术成果。

最近40年来，西方的这种学风在中国得到一定的传播与肯定。学者们通

① 学术界对田野周期，似乎形成了潜在的共识，大约是一年时间。并认为一年中，能够观察到人类生产生活的一个完整周期。

过努力撰写学术论文与学术专著，获得学术认可，进而获得评职称、评各种荣誉等的资格。有人偶尔撰写一些与田野点有关的游记、文学作品，那都是学者们仅仅满足自己的个人兴趣爱好而已。

浦市田野实践提醒我们，有关学术成果定义存在较大问题。

在浦市田野过程中，我们需要接受来自两方面的学术期待。一个是传统的学术成果期待。主要是大学教学者与科研管理部门，他们需要师生生产尽量多的学术成果，去参与上级教育行政主管部门主导的学术排名与学术资源分配。教授们也希望团队成员尽量多地生产这类成果，以维护团队成员获得足够多的科研资源。另一种是当地政府与群众的期待。他们希望学者们能够对本地文化传统做出更多形式的解读与学术判断，并希望学者们在田野调查期间，为本地文化撰写尽量多的各种调查报告、调查日记、游记，拍摄的简短视频、特色照片，组织的有当地文化元素的创意活动、创意文化产品等，都能得到广泛的传播。使当地文化传统被认识、被传播、被提升，为当地的各种产品获得更大市场知名度服务，为当地人提升自身的文化品位、生活品位服务，为当地政府开发更多的文化产业服务。

当我们仅仅把田野调查点视为学者进行科研的一个“实验室”的时候，地方人的幸福与苦痛，都与研究者个人利益无关，而只是与研究者承担的课题有关。可如今，第一，我们是将这个地方作为我们进行科研的基地，这个基地不仅仅能够协助我们搞出科研成果，而且可以对我们的成果进行有效性验证。我们必须面对“有效性验证”对自己科研工作所带来的可能的“否定”结论，这将是学者很忌讳的结局。第二，我们与当地人已经结成一个共同体。长期的田野工作，会将我们与当地人的关系，从研究与被研究的关系，变成朋友与亲人的关系。正是研究基地带来的这种变化，参与田野调查的学者们已经不能把自己与当地人的福祉与苦痛分割开来。因此，学者在努力追求学术成果的同时，也必须用自己的学术成果回报当地人对我们的学术期望。

问题来了。学术成果从生产到公开再到被社会认可，需要很长的时间。仅以学术论文来看，一篇在田野调查基础上撰写的学术论文，从调查、到撰写、再到公开发表，少说也要一年时间。对于在校研究生撰写的学位论文来说，这个时间还要长，有时候需要两年甚至更长时间。但一个地方对自身文化传统的认识却是眼前就需要得到回应的。对于一个地方政府或企业来说，地方传统文化保护与建设，既是长期的，也是有成本的，需要讲究时间与效率。因此，作为学者，必须在田野过程中，能够及时地展示所发掘的有价值的文化素材。这种文化展示或传播，对研究基地的政府、企业及群众来说，正是他们所预期的科研成果。如果这种预期的成果发挥的效果比较好，也许会给社会带来多方面发展效应。

基于以上新的现实情况，我们对浦市田野的科研成果进行了新的定义：过程成果与目标成果。

所谓过程成果，就是围绕田野目标所收集各种资料以及初步整理的材料（包括文字性、影像性、实物性等各类作品）、举办的各种活动等，实现了知识的初步整理因而具有潜在的理论价值与明显的实用价值的成果，有待进一步准确定性与理论建构的成果。在我们团队内部的考核中，我们将这些成果与学术论文视为具有同等价值。因此过程性成果成为衡量我们开展田野调查的重要指标。必须说明的是，过程成果是经过反复讨论后提出来的。最初，我们只是要通过这些成果形式为当地服务。

在最初的一段时间，一些队员很难适应这个要求，感觉这个要求有点滑稽。但碍于同事之间的友谊与尊重，并没有人公然提出反对的声音。所有参与浦市调研的成员，都勤勤恳恳地撰写这样的一些作品。我们还专门申请了相关的微信公众号、微博、与一些期刊合作开辟了专栏。以便于及时将这些作品发表出来。为了扩大影响，我们还要求所有成员利用自己的手机微信朋友圈积极转发这些作品。到后来，效果逐步产生了。我们团队成员发表的这些作品，成为浦市文化研究风向标，不仅仅是当地人随时关注我们的作品，很多国内的研究同行也积极关注我们的作品，关注我们提出的各种观点，浦市文化俨然成为一种“新文化”。特别是国内学人在研究“湘西文化”中已经形成了很多刻板印象，“湘西文化”就是苗族土家族侗族瑶族等少数民族的一些原始文化，如巫术、原始习俗、民族起源、扶贫等。现在我们在浦市发现，这个地方明清史上曾经是支撑国家城市建设的重点地区，有着辉煌的商业历史等等，并通过我们一系列过程成果传达给外界，不仅使当地人耳目一新，很多学术同行也耳目一新。比如，在我们这些过程成果的影响下，有了当地人于 2015 年端午节期间恢复中断了近二十年的龙舟节。从这个时候，我们的研究团队在过程成果的认识上，终于取得了一致。田野调查的过程成果不仅是学术研究成果的有机构成部分，而且有着难以预料的应用价值与学术价值，大家决心在田野调查的过程成果方面做更多的探索。

所谓目标成果，就是田野学科传统上所形成的认识，即田野调查的目的就是撰写学术论文、研究报告、学术专著。目标成果是田野调查的核心概念，不应该受到挑战。目标成果标志着我们对于“知识”的贡献能力与贡献程度，这是学术研究的终极目标。在传统的田野调查学科看来，这个目标正表明田野调查的中立性与科学性。如果偏离了这个目标，田野调查就失去了科学方向，也失去了科学标准。田野调查过程中所产生的大量过程成果也会因为失去方向而变成没有多少价值的民间档案资料。也就是说，失去目标成果的规范，就不会有过程成果。过程成果能否以科研成果的形式得到确立，关键在于其前方是否始终有一个目标成果作为规范力量，这是我们田野调查与普通游客、文学爱好者所撰写的同类题材作品的区别所在。

目前，我们已经完成的目标成果，主要有《浦市龙舟赛》、10 位研究生各自撰写的学位论文以及其他零散发表的学术论文。摆在我们面前的这部《浦市文化论集》正是 10 位硕士研究生的学位论文集。已经完成尚未出版的目标成果还有“浦市古建筑人文志”系列作品共三部。我们完成的过程成果比较多，主要有《我在浦市读女神——熤园学人田野考察行记》（煤炭工业出版社，2017）、影视作品《浦市龙舟》、主持修订了《湖南泸溪县浦市古镇旅游控制性详细规划》等。《我在浦市读女神》一书是从我们团队在各种媒体上发表的大量文章中精选而成的，代表了我们在开展田野调查时所看到的各方面情况。正是这些成果把浦市文化推到了湘西文化的前台，被各方面的人士所知悉、所接受。

重新定义后的田野学术成果，更新了我们此前的学术意识。同时，也鼓励团队成员理直气壮地关注当地人的福祉。从此，我们与欧美的田野学科产生了不一样的道路，也有了不一样的追求。我们不再是欧美田野学科的实践者。我们从欧美田野学科那里来，却努力探索我们自己的田野传统。

三、浦市田野的功用——与严如熤为代表的中国传统田野研究对话

当我们强调田野调查“功用”的时候，我们其实正回到我们的传统。中国古代就有田野调查的长期学术实践，从先秦时代的官方采风、到汉代司马迁著史调查、再到唐宋以降的地方志调查，形成了一脉相承的传统。到了清代，田野调查已经有了系统总结与理论思考。对中国古代田野调查理论与实践集大成，同时开启了近代中国文化研究的田野调查的当数严如熤。这也许仅仅是巧合，也许是学术发展内在理路使然。我们团队探索田野调查新理念的浦市古镇，正是严如熤确立自己田野调查理念与调查模式的地方。在浦市

古镇，我们从马林诺夫斯基出发，以欧美田野调查追求知识创新为目标，努力创新田野学科的“功用”属性，走出欧美田野学科冷冰冰的“知识创新”理念。但我们为田野调查所确立的“功用”属性马上与标榜明体达用学术理念的严如熤相遇了。两个“功用”是一致的吗？能够走到一起去吗？

在我们提出田野中国学的最初一段时间，我们并未意识到与严如熤之间的前后承继关系。但随着浦市田野的深入开展，这个问题逐步显明起来。我发现，当我们在田野中确立“功用”这个学术目标的时候，严如熤正是我们的前辈。我们从此即将我们的团队命名为“熤园”，以此纪念我们与前辈宗师之间的相承关系，并将我们围绕田野调查展开的学术研究命名为“熤园问学”。有关严如熤的学术成就及其评价，我们在《清中期世界田野调查学术系谱上的严如熤及其学术的未来开展》一文中加以详细讨论。这里仅讨论我们与他的“功用”主张之间的关系。

（一）严如熤其人及生平

关于严如熤，美国费正清主持的《剑桥中国晚清史》一书中，将其置于中国历史转型的比较重要的位置，“湖南学者严如熤（1759—1826 年）……变成了十九世纪初年经世致用论最有影响的积极分子之一……这种清教主义的寻根究底的精神，与严如熤的行动主义和实用之学合在一起，变成了唐鉴最著名的学生曾国藩的思想的基础。”① 严如熤的家乡溆浦，位于浦市古镇的上游，在文化上同属于沅水文化，历来还同属辰州府。尽管这样，溆浦与浦市还是有着一些区别。浦市古镇是繁华的大都市，但在古镇外面是多民族聚居区。因此，严如熤对这里既有熟悉的一面，也有其陌生的地方。严如熤年轻时在岳麓书院学习经世致用之学，肄业后来到邻近的芷江县明山书院担任主讲。尽管他一直没有中举，但因为他的明体达用（后世学者用经世致用对这个学派进行概括，情况稍微有区别）之学确实相当出色，因此，他获得了湖南官员与学者的一致好评。1795 年，湘黔川边区农民起义后，前线的统帅大员纷纷来湖南物色幕僚，严如熤被岳麓书院山长罗典推荐给湖南巡抚姜晟担任幕僚。从此，他正式开始了参与朝廷工作的职业生涯。

严如熤担任姜晟幕僚之后，以其出色的才能，逐步成为这场战争中军方的主要作战参谋者。他后来得到朝廷赏识，参与了在甘肃四川湖北三省交界

① （美）费正清．剑桥中国晚清史［M］．北京：中国社会科学出版社，1985：166-169.

地带的秦巴山区镇压白莲教的战争，成为整个战争的战略制定者①，并因军功升任了汉中知府、陕南兵备道、陕西御史等官职。在三省边区担任地方官长达二十多年，推行了很多基层组织改革的政策，都取得了积极的社会效果，得到当地群众的拥护。道光皇帝继承大统之后，决心启用严如熤在陕西全省推行他的政策措施，为全国树立一个基层社会治理样板。可惜，那个时候严如熤已经重病缠身，不久之后就死于御史任上。严如熤倡导体明用达之学（后人把这个时代的类似学问概括为经世致用）并身体力行。他成为湖湘文化近代振兴的先驱人物，成为后来曾国藩、左宗棠等人的思想来源。他设计的很多经济制度、基层社会组织制度与民族政策对未来中国产生了深远的影响。特别是他为朝廷设计的善后政策成为民族地区治理的典范，并直接影响到后来整个清朝的民族政策。

（二）严如熤浦市田野调查：明体达用的治学理念

严如熤取得的成就发轫于他的浦市田野调查。他虽然在军事作战方面有很深造诣，但他对军事理论本身并没有多少贡献。前面我们说了，他的最大贡献是在经济制度、底层社会组织制度与民族政策设计上。而这些贡献，正是以其田野调查的学术成果为基础。特别是他在浦市期间的田野调查，成为他倡导明体达用理念的文化源泉。

1795 年 10 月，严如熤受湖广总督毕沅派遣，来到浦市。他的主要任务是招降大小章仡佬人组成民团，参与政府军队作战。当时，主持浦市行政的是辰州府通判周士拔，他能调动的力量，是他从郴州招募来的 80 名民壮。驻防军官是一位绿营都司，他领有 200 名绿营官兵，这点兵力根本不足以守住没有防御设施的浦市城。自苗民起义以来，浦市一直是双方争夺的焦点。1795 年 2 月，苗民起义军曾经攻入浦市，留下一座破城，浦市几乎已经无法正常经营下去。在这样的背景下，周士拔通过一系列努力，逐步稳住了浦市局面。严如熤通过在浦市的田野调查，为周士拔设计了一系列恢复浦市经济的方案，这些方案产生的效果后来基本上与他设计制度时预期的后果一模一样。严如熤对浦市调查并撰写的文章，部分收录在周士拔编辑的《浦防备览》一书中，部分收录在他自己的《苗防备览》一书中。受湖南巡抚姜晟的委托，严如熤

① 贺熙龄．乐园文钞序［A］．［清］严如熤著，黄守红标点．严如熤集（一）［M］．岳麓书社，2013：3.

住在浦市期间，开始了他对苗族地区的系统而全面的田野调查。

严如熤的浦市调查是十分艰苦的，在战争背景下，还有遭遇流散士兵抢劫的巨大危险。关于田野方法，用他自己的话来说，他采取的是“询之于土著士民，征之于熟苗土蛮，稽之以行军档案，参之以旧志新图”。[①] 与当地人“同起居”。[②] 他还在自己的书中列出了部分接受访问的本地人姓名，比如“王老者”，“询以苗中形势，娓娓指陈，令人如身历猱崖猿径间。”[③] 还直接与政府文件中定义的“生苗”打交道，生苗即被认为是不服从政府管理的苗族，“得生苗询之。”这些方法，都是今天我们采用的田野调查方法。

他通过自己的调查，为政府制定了一个系统的善后政策，包括屯田、练勇、苗官、民与苗一分为二、举办义学等。经过 4 年努力，他将自己的田野调查所得编辑成《苗防备览》一书。这部书成为当时田野调查的经典著作。1800 年，当他拿着这部书进京拜访那些位高权重的朝廷大员时，很快得到各方的赏识，他也因此取得朝廷信任，再经过一个象征性的选拔考试，即举孝廉方正廷试，被嘉庆皇帝钦点第一，从而获封了一个陕西知县的官职，从此有机会成为朝廷的正式官员。

在严如熤开展浦市田野调查 200 年后，我们的团队来到浦市，在同一块土地上开展我们的田野调查。在浦市田野调查上，我们将与这位前辈进行怎样的对话呢？

严如熤强调的正是田野调查的“体明用达”。这个理念被后世学者统一称为“经世致用”之学，事实上，两者有细微差别，对这个差别，我们在另外的文章中加以详细剖析。体明用达，强调体与用两者的统一。体，就是本体，严如熤有时候也称之为道，也就是根本性的道理。用就是其用途，实用，功用，实施效果等。田野调查是一门学问，学问就必须讲究其内在的根本规律。而这种学问必须对外界的事物，特别是对于人们生活的世界有一定的功用。他说：“有志于学，不读无益之书，日求明体达用，愿益精心以穷事物之理，平心以受直谅之规。久之事理通达，心气平和。”[④] 明体达用是严如熤的追求。仅从他的理想来说，他的学问必然是对道与用两者都有所阐发。但事实上，由于他所处的环境，社会现实治理难题对他提出的各种紧迫任务，他的绝大

---

① 严如熤．苗防备览·卷一舆图说［M］．绍义堂版，道光癸卯重镌，15b.

② 严如熤．苗防备览·卷十七要略［M］．绍义堂版，道光癸卯重镌，31b.

③ 严如熤．苗防备览·卷二十二杂识［M］．绍义堂版，道光癸卯重镌。

④ 严如熤著，黄守红标注．乐园文钞［M］．岳麓书社，2013：121.

多数时间都是用于田野调查并形成政策咨询报告，制定实际政策解决这些棘手问题。因而形成的成果，也就是用的成分很多，道的成分相对不足。他的主要著作《苗防备览》《三省边防备览》《乐园文钞》《汉南续修郡志》等，基本上是研究“用”。尽管他阐述的这个“用”，是依据其内在的“体”或“道”。但他没有直接阐述“体”或“道”，他的这个思路，也影响到后来的学者。后来的湖湘文化诸大儒陶澍、贺熙龄、魏源、曾国藩、左宗棠等，在学问贡献上，都是经世致用有余、道问学不足。

（三）从严如熤出发，突破“致用”的局限性，追求知识创新

我们看到，严如熤在自己的田野调查中，也想贯彻体用合一的理念。但由于他自己面临的使命，主要是解决眼前的紧迫现实问题，因此，他的书中，表现出的更多的是“达用”，后来的学者将其归纳为经世致用。殊不知，严如熤非常强调“道”，强调“体明”之学，强调“体”与“用”的合一。无论是《苗防备览》还是《三省边防备览》，都列举了大量的材料，涉及社会生活的各个方面，目的只有一个，防乱民，维护当地各族百姓的身家性命与财产安全以及王朝的正常统治秩序。正是这种强烈的现实目的，导致了他的著作没有能够在“道”的追求上走得更远。从其生平行为来看，他原本很重视书院讲学，在汉中期间，还重建了汉中书院，聚起当地优秀子弟，勤奋讲究学问。从理论上来说，他也有讲究“道”的能力，即讲求纯知识的理论。他自己有《原慕》《日喻》等论文，都论述了“闻道”的重要性，要用“道”统率“用”。在书院讲学中，他肯定还有相当多的有关知识学的论述。可惜，这些论述都没有流传下来。因此，他留给我们的田野成果，主要是探讨“致用”。这种缺乏“知识辨析”的田野成果，限制了田野调查的进一步发展，使得田野调查成果长期停留在现象罗列、既有知识整理与技术分析，学理研究上则很少长进。用我们今天的话来说，就是缺乏必要的知识创新。以至有学者坚持认为，他的《苗防备览》与《三省边防备览》两本书，都只是他编辑的书，并非他拥有知识产权的书，他的专著只有一本《乐园文钞》。同时，正是由于严如熤开创的田野风气，也限制了后来学者的研究视野。因为，停留于既有知识整理的田野调查，在他的著作中都已经完成了，后人几乎没有什么事情可做。所以，无论是关于苗族地区还是三省边区，后来的田野调查都没有什么大的作为。后来的学者们无非在开展地方志调查时，搜集一些被遗漏的故事而已。当然，严如熤以后，我国田野调查没有得到进一步发展，没

有形成田野调查学科，我们不能把责任推到严如熤身上。在他那个时代，他的田野著作已经走在了世界最前沿（参见我们的《清中期世界田野调查学术系谱上的严如熤及其学术的未来开展》一文）。

显然，我们的浦市田野，在严如熤的基础上，已经有了新的发展。我们除通过过程成果努力满足当地人关于文化发掘的需求以外，贯彻我们田野调查始终的，是寻求知识创新——追求理论上的贡献。每个学者都在自己的视野范围内，尽可能地为探索纯粹的理论而孜孜以求。也许，他们的努力根本没有达成目标，但是，他们的努力方向始终未变。这就是我们与我们的前辈严如熤在浦市田野中最大的分别。也就是说，出发的时候，我们与严如熤是一致的，但前方的目标却出现了区别。我们在严如熤没有完成的知识创新方面，试图走得更远。但这些“创新的知识体系”应该有严如熤努力过的学术痕迹，而不纯粹是西方田野学科既有的知识体系。

无论怎样，在浦市田野中，能够与严如熤的田野经历产生对话，是我们的幸运，这是由中国文化传统现代转型的内在必然性决定的。我们不是在浦市，就是在别的什么地方开展田野时，也必然要与严如熤对话！这是无法回避的话题。而正是在这种对话中，我们明白了自己开展田野研究的思想基础到底在什么地方。我们也因而坚定了弘扬中国传统的田野研究的信心与决心，并借此奠定田野研究中的中国传统与中国文化立场。

结论　田野中国学的田野工作：创知致用的诗意结合

从上面的讨论中我们发现，我们在浦市田野中，已经与欧美田野学科存在重大区别，浦市田野已经是非欧美的田野。从田野调查研究中我们也发现了中国的田野调查传统，而由于我们对知识创新的追求，我们也走出了中国传统。所以，我们不得不为自己的这种田野调查及其学问重新命名，这就是我们将浦市田野调查研究命名为田野中国学的缘由。在宏观理论层面上，我们的浦市田野抛弃了欧美田野学科关于“欧美的优越性——殖民地的落后性”的理论预设，在中观理论层面和微观研究方法层面与欧美田野学科保持基本一致。我们从马林诺夫斯基出发，却没有停留在马林诺夫斯基的学术视野之内。我们也从严如熤出发，但我们也没有停留在严如熤确立的学术传统之内。可以说，田野中国学的研究范式，是对欧美的田野学科与中国传统的田野学问进行了一次系统整合再造。我们把这个整合用一句话概括：田野中国学的田野工作是知识创新与经世致用的诗意结合。为了更好地表达这种模式，我们把这个结合简化成“创知致用”。创知即知识创新的简称，致用即经世致用的简称。两者结合起来，即“创知致用”。我们之所以命名为“田野中国学”，是因为通过与严如熤的浦市田野对话，我们对传统的田野调查建立了学术自信，并且坚信在中国传统的田野调查可以与西方的田野学科实现融汇。我们也把中国传统的田野调查作为开展田野科研的基础，并希望在这个基础上，重建有中国文化传统的田野学科。用一个简单的概念来概括这个学科的宗旨，就是“创知致用”。

摆在我们眼前的这部学术论文集，正是我们年轻的硕士研究生用他们的学术眼光，在浦市田野中提交的知识创新实验。我们将其汇编并命名为《浦市文化论集》，虽然这些实验还很幼稚，还很不成熟，但有几个成功的地方值得肯定，毕竟他们只是处于研究生阶段的年轻学者，处于田野中国学的学步阶段。

第一，这是他们真实的田野。田野是一个完全开放的系统。在这个开放的系统中，要建立一个可信的知识模型还真不容易，这些年轻的学者可以说是十分努力了。

第二，这些田野调查还真能抓住浦市文化的一些固有特征，从浦市文化出发去寻找知识的真相。

当然，这些文章确实还有很多不足，特别是站在田野中国学的角度来说，还存在一些问题：

第一，这些年轻的学者还离不开西方田野学科大师们的著作，还不能运用田野中国学前辈们的学术成果与相关理论，对中国固有的田野传统也很茫然。怎样融汇我们的传统，还需要做很多的学术研究工作。

第二，年轻的学者们在知识创新上还没有找到感觉。目前的研究思路，从问题的提出，到论证，再到研究结果，模仿的痕迹很明显。还不能像我们的前辈那样，准确地找到真正的问题，并与当地人一起去感受那些爱与恨、快与痛。所以，理论思考缺乏应有的深度。

所以，我们把这些文章命名为田野中国学的学步之作。学步之作难免表现得有些缺乏文化自信，学生与导师，都担心在创新的过程中，一不小心触犯了同行的学术认同度，也许会遭到无法预料的麻烦。如果我们将这些学步之作与他们在田野期间所创作的大量过程成果结合在一起来审视，就可以明显地感受到，这些年轻学者在完成他们学以致用、服务社会的基础上，始终保持着他们对知识创新的追求动力。有关每篇学位论文在其学习期间按所属学科标准，具有哪些成功与不足，在他们完成论文答辩前，已经过同行专家的多轮严格评审，相关评审意见也已经返回给学生本人知晓。我在这里就不再做点评了，望读者见谅。我把对论文本身的再次评审权交给广大的读者。

民俗文化

沅水流域辛女信仰研究

胡　云*

【摘　要】辛女是母系社会向父系社会转型时期的一位女性，据古史记载，她是上古时期帝喾的女儿，由于辛女的父亲帝喾所掌管的部落受到其他外来民族的侵扰，经过多次交战最终还是以失败告终。在帝喾万般无奈之下，帝喾以悬赏的方式来招纳勇士与外敌征战，希望能有勇士出来把外来敌人打败，以此来捍卫自己部落的领土。在这样的情形之下才出现了辛女与盘瓠的故事。论文以沅水两岸的辛女崖周边的几个村庄展开调研，在调研过程中笔者发现，这一带的老百姓视辛女信仰为自己民族的主要信仰，而不是以盘瓠为本族的主要信仰。辛女信仰对当地老百姓的日常生活和宗教文化带来了不同程度的影响。本文运用实地调研和相关文献相结合的方法展开分析论述。

【关键词】辛女信仰；沅水流域；文化价值

绪　论

一、选题缘由

起初笔者是准备选择以佛教作为研究方向的，后因多次走访和实地调查，

---

* 胡云：中南民族大学民族学与社会学学院2016届硕士，现为湖南师范大学图书馆馆员。导师：王萌教授。

发现一个奇怪的现象，在笔者田野调查的这一带少数民族里，他们的信仰种类很多，有佛教、道教、伊斯兰教、基督教等，但他们大多数人的信仰还是以辛女信仰为主体的。

辛女是谁？辛女是哪个朝代的人？辛女信仰为什么在这一带如此根深蒂固地为人们所信奉？带着一系列的疑问，通过翻阅大量的史书，后来在《后汉书·南蛮西南夷列传》中，看到了少量的相关记载，而且此书是对盘瓠辛女传说记载得较为全面的一部古籍，其中记载："昔高辛氏有犬戎之患，帝患其侵暴而征伐不克，及访募天下有能得犬戎之将吴将军头者，赐黄金千镒、邑万家，又妻以少女。时帝有畜狗，其毛五色，名曰盘瓠。下令之后，盘瓠遂衔头造阙下，群臣怪而诊之，乃吴将军首也……帝不得已乃以女配盘瓠。盘瓠得女负走入南山，止石室中，所处险绝，人迹不至……经三年，生子一十二人，六男六女，盘瓠死后因自相夫妻……其滋蔓，号曰蛮夷……今长沙，武陵蛮是也。"①

通过上述记载我们可以了解到，辛女是盘瓠的妻子，也是高辛氏的女儿，高辛氏属于"五帝"时代，其中第三个帝王帝喾又名高辛氏。以此推断，辛女是历史学家所确定的中国上古时期的人物，但这个信仰却穿越漫长的历史时期一直保留到今天，令我十分震撼，不敢相信还有这么久远的信仰，更不敢相信的是，这种信仰在当地还有如此高的地位。

这样一个久远的信仰，经历了几千年的风风雨雨，没有停息也没有灭亡，辛女娘娘甚至是当地的守护神！带着一系列的问题与好奇，笔者想从这些问题中来梳理辛女信仰的历史演变和她对当地其他宗教的影响。

二、研究意义

首先，从理论意义上来说，选择少数民族宗教信仰是因为它的信仰时间久远，同时也是为了记载少数民族宗教文化。就像梁漱溟先生所讲："人类文化都是以宗教开端，且每依宗教为中心。人群秩序及政治，导源于宗教，人的思想知识以至各种学术，亦无不导源于宗教。"② 少数民族宗教是一种文化，经过长久的历史演变，少数民族宗教信仰需要被人们所了解和认识。

---

① ［宋］范晔：《后汉书》，（北京）中华书局 1965 年，第 2829–2830 页。

② 孙银芳编：《我生有涯意无尽 梁漱溟人生的艺术》，太白文艺出版社 2013 年，第 139 页。

其次，今天我国少数民族宗教文化也受到了现代城市化的冲击，少数民族宗教不仅对当地的生活、旅游、经济有一定的影响，同时也能约束人们的行为。

再次，从现实意义上来说，少数民族宗教的历史演变过程值得我们去探讨，在这种演变过程中，它们有可能与现代社会的思想融合，我们应该采用中道的思想去研究和思考，以使各个民族的宗教文化与现代化相适应。①

三、与辛女相关的研究

目前，学术界对辛女信仰的关注不足，有关辛女信仰研究的论文与专著比较少，对辛女信仰的研究大致可以分为以下几类：

第一，古代史料中的相关记载。古代史籍对盘瓠辛女有大量记载。较早的史料有东汉人应劭的《风俗通义》。后来的《搜神记》《后汉书·南蛮西南夷列传》、明《辰州府志》《泸溪县志》、清《一统志》等史籍的记载，大都来自这部书。辛女、盘瓠主要活动在湖南的泸溪、辰溪一带。在泸溪与辰溪两县境内至今仍遗存众多盘瓠与辛女的神话传说，几乎老幼皆知，家喻户晓。在沅水流域地段有辛女岩、辛女祠、辛女溪、辛女桥、辛女滩、辛女潭、辛女坪，还有以辛女命名的辛女村。另外，还有以盘瓠命名的盘瓠洞、盘瓠山、盘瓠墓、盘瓠庙等。南齐人黄闵的《武陵记》中说："武山高可万仞，山半有盘瓠，石窟中有一石……云是盘瓠之遗相，又有斑蛇四眼，身大十围，山有水出，谓之武溪是也，在县之西。"② 这里指明武山、武溪有盘瓠的遗迹。武山、武溪今即湖南湘西土家族苗族自治州与怀化市一带。南朝范晔所著《后汉书》收录了《风俗通义》中的盘瓠神话，并指明盘瓠之后即当时的"长沙武陵蛮"。唐朝李延寿著的《南史》，更加明确地指出盘瓠辛女的主要居住地在"雄溪、樠溪、辰溪、西溪、潕溪"，谓之五溪蛮。③ 北齐魏收撰写的《魏书》、梁朝沈约著的《宋书》、唐代樊绰著的《蛮书》均持此说。至唐朝李吉甫作《元和郡县志》便更加明白肯定盘瓠辛女故居在泸溪县："泸溪县，泸水

① 王萌：《佛教的中道思想及其对和谐社会建设的意义》，载《中南民族大学学报》（人文社会科学版）2012 年第 5 期。

② 田署岚：《关于夜郎国的都邑和族属问题》，载贵州省哲学社会科学研究所编《夜郎考》，贵阳：贵州人民出版社，1979 年，第 164 页。

③ ［唐］李延寿，《南史》，第 04 部，岳麓书社，1998 年，第 304 页。

在县西二百五十里，即武溪所出。”①

明朝万历年间的《辰州府志》收录了几篇与辛女信仰相关的文章。包括《盘瓠考》《盘瓠辨》《(盘瓠) 又辨》《辛女崖辨》等文章。这些文献具有重要的价值。与历史上的其他文献相比，这些文献直接针对沅水流域的辛女信仰，考证辛女信仰的真实性。这些文献直接证明，有关辛女信仰的发源地在沅水流域的泸溪、辰溪县一带。而且证明，本地辛女信仰是一种原生性信仰，并非可以简单归结为受到文人书写的暗示才产生。

第二，当代学者的研究。在中国所保存的众多神话里，有的只是在古籍里留下片段的记载，而在今天的民间中早已失传；有的虽在民间仍有流传，但在古籍记载中却找不到其踪影。但是盘瓠辛女的神话则不同，它不仅在古籍里有记载，而且在现今的一些民族和地区中仍在口耳相传，并且保留着多种多样的盘瓠辛女崇拜的民俗事象和物态化的文化遗存。这种文化现象在文化史上是罕见的，因而也是格外令人着迷，正因为如此，才有了在1990年于湘西泸溪县召开的全国盘瓠文化学术研究会。由姚本奎、龙海清主编《盘瓠文化探源》(2004)，此书所收录的论文就是那次学术研讨会上与会者所提交的研究成果。张永安主编的《盘瓠研究》(1990) 一书主要介绍苗、瑶、畲族崇拜盘瓠图腾的源流史，刊载了新的发掘资料及考古文物，有关“五溪”的习俗研究，盘瓠是“天、地、人（祖）”神的崇拜象征，以及用新的观点注释宋代朱辅的《溪蛮丛笑》等。泸溪县民族事务委员会编的《盘瓠研究与传说》(1988) 是一本系统资料汇集书，它刊载了历代各家论述。孙作云的《中国古代神话传说研究》(2003) 这本书主要是考证古史的真伪，用考古学上的实物来证明制度的有无，用文字学、音韵学的方法来考证一个名词的得名之故，用民间的俗说、迷信以补文献的不足。② 刘小幸著的《母体崇拜彝族祖灵葫芦溯源》(1990) 一书，讨论了我国瑶、苗、畲等民族视盘瓠为始祖，认为自己是盘瓠的后代。

以上研究成果，主要讨论了盘瓠，但是都没有就辛女信仰加以专门研究。特别是一些作者，原本是通过对泸溪辛女岩周围进行田野调查撰写的论文，但是他们依旧将主题定为“盘瓠”。这就与当地的辛女信仰产生了较大出入。当地人在叙述盘瓠与辛女故事的时候，是以辛女为主角。所建的庙虽有娘娘庙、公公庙、儿女庙等，但是以娘娘庙为核心。当地人没有关于“盘瓠”名

---

① 姚本奎，龙海清主编：《盘瓠文化探源》，中南大学出版社，2004年版，第138页。

② 苗长虹主编：《黄河文明与可持续发展》第3辑，湖南大学出版社2012年版，第147页。

称的记忆，所以，有关前期有关盘瓠信仰的研究，大多与本地人的实际信仰存在一定的差距。因此，笔者认为，应该从盘瓠信仰的发源地，通过田野的方式，重新收集相关材料，对这一信仰加以研究，方能恢复这一信仰的本来面貌。

四、研究的方法与内容

（一）研究的方法

1. 对辛女信仰的发展与演变做出清晰的梳理。通过地方志、民间史料、田野调查、文献综述、名人撰述等资料进行收集汇总并全面研究对它们进行分类分专题评估，筛选出对辛女信仰有价值的史料。根据对梳理出来的辛女信仰发展演变进行分析，同时对其兴衰变化的内外因素做出探讨。

2. 对辛女信仰的文化价值进行系统分析。这是本文的创新之处。以前的研究成果很少系统探讨辛女信仰的文化价值。辛女信仰辐射地域曾经较广，但是到现在辛女信仰的地域较狭窄，数千年来，也历经各种外来文化的冲击，但是她依然表现出应有的影响，表现出她在当地人心目中应有的形象，这就是其生命力与魅力所在。

（二）研究的内容

1. 理清辛女信仰的历史发展过程及其主要故事与仪式。本研究将对所有与盘瓠、辛女有关的资料进行搜集与整理。

2. 研究辛女信仰文化价值。辛女信仰具有悠久历史，因此包含了很多很重要的信息，在教育、审美、身份认同等各个领域都有着重要的研究价值。

辛女信仰的人文生态环境

辛女属于上古时期的人物，经历那么久远的时间，但在泸溪、辰溪、麻阳这一区域我们依旧能看到当地人对辛女信仰的虔诚和敬祀。

一、分布的区域

在中国的地域文化中，武陵山区的地域文化与其他区域的文化都是中国文化的重要组成部分。武陵山区是围绕着武陵山脉，以武陵山脉为中心面沿线发展的区域。武陵山涵盖的地域广泛，而且还是我国的华中腹地，在武陵山脉的区域内聚居着汉族、土家族、苗族、侗族、瑶族、畲族等少数民族。湖南西部地区，也就是人们所说的湘西，处于武陵山区的东南段。

在湖南湘西这些少数民族中，主要信仰辛女的地方我相信应该很多，但由于时间等问题，笔者主要调查的地方集中在泸溪和辰溪这两个县域之内。我的调查范围，以泸溪县辛女岩为中心点，周围遍及泸溪县与辰溪县的十余个村庄。住在辰溪县与泸溪县沅水两岸的老百姓，几乎都知道辛女盘瓠的神话故事，当地人管辛女叫娘娘，盘瓠叫公公。

泸溪在湖南省的西部，属于湘西土家族苗族自治州辖区。泸溪县的总面积有 1565. 5 平方公里。泸溪县的管辖范围从东到西的直线距离有 57. 4 公里，从南到北的直线距离有 60. 7 公里。泸溪县目前所管辖的范围有 8 个镇 7 个乡，分别是白沙镇、合水镇、浦市镇、达岚镇、兴隆场镇、洗溪镇、潭溪镇、武溪镇、石榴坪乡、八什坪乡、永兴场乡、解放岩乡、小章乡、白洋溪乡、梁家潭乡，村庄都是泸溪县的管辖范围。在泸溪县，我们可以找到很多与辛女相关的地名。这些地名不仅证明了神话故事中的人物同时也表达了这些地名的来历。这些地名的来历与神话故事里的人物有着不可分割的联系。如辛女溪、辛女岩、辛女村等与辛女有关的地名，当然与盘瓠有关的地名也不少，如狗岩山、盘瓠洞等。①

辰溪在湖南省的西部，属于湖南省怀化市管辖，坐落于怀化市的北边。辰溪县的总面税有 1990. 3 平方公里。辰溪县目前所管辖的范围有 8 个镇 22 个乡，分别是孝坪镇、辰阳镇、火马冲镇、田湾镇、潭湾镇、黄溪口镇、寺前镇、安坪镇、城郊乡、船溪乡、长田湾乡、小龙门乡、板桥乡、苏木溪瑶族乡、罗子山瑶族乡、上蒲溪瑶族乡、后塘瑶族乡、仙人湾瑶族乡、锦滨乡、龙头庵乡、桥头乡、石碧乡、大水田乡、桥头溪乡、石马湾乡、龙泉岩乡、修溪乡、柿溪乡、伍家湾乡、谭家场乡。辰溪县目前主要有汀流村保留下来

---

① 姚本奎，龙海青主编：《盘瓠文化探源》，中南大学出版社 2007 年版，第 314 页。

的娘娘庙，此庙属于明清建筑，从里面保留的功德碑来判断，至迟在明朝时已经建有此庙。

二、当地的生态环境

泸溪、辰溪在沅水的中游地段，这里的居民主要以汉族、土家族、苗族为主。过去在很多人的观念中，一直认为湘西经济发展比较落后，人民的整体生活水平不高，是武陵山区的重要扶贫区。这只是人们对湘西的一个片面的了解，也是我们大多数人只看到的一面。

沅水　沅水发源于贵州，流经湖南，覆盖湖北与重庆，是湖南省第二大河流，也是中国古代主要的交通干道，是连接中原与西南的大动脉。

在湖南湘西沅水一带居住的居民享有丰富的资源。首先，这里的地理环境对于当地的老百姓来讲是非常有优势的，他们靠近沅水促使当地的渔业资源很丰富。在20世纪50年代中后期，全国人民普遍面临大饥荒的年代里，生活在这里的许多家庭是靠沅江的自然资源来养活的，如沅江里的渔和螺蛳成了他们的主要充饥食粮。其次，这里的气候比较湿润，属于中亚热带湿润气候，全年平均气温在16度左右，而且这里的无霜期长，年平均日照时间在1500左右小时，其中，七、八月的日照时间最多。雨水的平均降雨量在1400mm，春季和夏季的降雨比较集中，因此这里的夏季和秋季干旱较少，气候非常适宜树木和植物的生长。虽然这里的耕地较少，但他们享有得天独厚的气候资源，利用这样的气候在山上大量地种植树木和适应这种气候生长的各种果树与植物。①

据当地老百姓讲述，历史上沅水一带楠木较多。在明朝永乐年间，北京修建故宫大殿当时所用的楠木大多都是从这里砍伐的。民国时期，这里的木材大多运往北京、武汉和南京等地。如今，当地的人们利用有限的资源和得天独厚的气候，大量种植果树和其他农作物，沅水一带的日照时间长而且气候不干燥，非常适应葡萄、甜橙、椪柑生长，沅水一带的水果口感是远近闻名的，销往全国各地。这里不仅果业发展得好，这里的牧业和畜业也发展得相当不错。如在农户家里，我们一般都能见到一些山羊，由于植被较多，而且不需过多的劳动力去种植山羊所需要的食粮，直接放这些山羊到山上，让

① 张永安主编：《盘瓠研究》，湘西保靖县印刷厂，1990年，第1-8页。

它们去吃山上自然生长的青草和溪沟里的溪水，就足够这些山羊食用了。除了这些，这里的养殖业也发展得不错，据《泸溪县志》记载，由于当时这里的水运方便，促使这里的商业与经济发展状况相当不错。在明末年间，有一种名叫铁骨猪的家畜被引进到沅水一带，铁骨猪的生病率低、繁殖力强而且体型也比普通猪要大，特别是利用当地的水草资源喂养之后，铁骨猪具有特殊的美味与营养，其声誉远播省内外。

辛女岩　在泸溪县白沙镇与浦市镇交界处，有一座绝壁万仞的石山，绝壁上有一石像，据说是辛女化身。人们称这座山为辛女岩。围绕辛女岩石山的沅水两岸，分布着十多座村庄，这些村庄的居民都有辛女信仰。

三、当地的民族与文化

中华人民共和国成立后，湖南泸溪于 1949 年 11 月 18 日成立了泸溪县政府，属湖南湘西行公署沅陵专区，1951 年 1 月泸溪属于沅陵专区管辖，到 1952 年湖南泸溪改属湘西苗族自治区管辖。1957 年，湖南泸溪改属于湘西土家族苗族自治州管辖，一直至今。

湖南辰溪县政府于 1949 年 10 月 14 日成立。1951 年 1 月湖南辰溪属于沅陵专区管辖，统一划为湖南湘西行署沅陵专区，同年 9 月撤销了湘西行署及其所管辖的三个专区（永顺、沅陵、会同）将辰溪划为芷江专区，1953 年将芷江专区改名为黔阳专区，1981 年黔阳地区改为怀化地区，1998 年怀化地区改为地级市怀化市，辰溪县归怀化市管辖。

在辰溪与泸溪交界的沅水一带，我们首先看到的不仅仅是秀丽的风景和清澈的沅水，更多的是这里的文化。这里聚居着汉族、苗族和土家族等民族。在这样一个大杂居的环境中，每个民族的文化都在相互影响与相互融合，由于汉族居民为多，他们的文化影响范围也要广泛一些，那么汉族文化的影响力自然也要大一些。汉族文化的融入对当地其他民族的文化是有一定的影响的。我们都知道在湖南湘西的沅水一带，当地流行的几种地方戏，如阳戏、蚌壳戏还有辰河高腔，它们都是湖南湘西沅水一带流行的地方戏，但是辰河高腔属于汉族戏曲的剧种，而阳戏属于傩戏中的一种戏剧。从这两种戏剧的表面上看，它们之间不仅在表演、唱腔、角色分配上不同，更重要的是体现了汉族与当地少数民族之间的文化不同。沅水一带有多个少数民族聚居，他们的文化错综复杂，让人们难以用一个标准的尺度来衡量，但是有一点我们可以认识到，在这个多民族聚居的地方主要是以巫文化、傩文化、巴文化为主流。[1] 经过历史的变迁，由以前土司制改为流官制后，汉族人的文化对沅水一带的文化起了很大的作用。在语言的交流上就可以看出很大的不同点，在汉族人还没有大量进入这里之前，这里的少数民族讲的是自己的方言，他们的方言之间可以相互沟通与交流。但由于有了汉族人的进入，促使汉语交流的范围广、涉及的人群多，自然汉语的影响力也就强大了，甚至当地的许多少数民族也讲起了汉语，反而讲他们本地方言的人越来越少。[2] 除了语言上有明显区别外，在商业文化、宗族文化上也有一定的影响。汉族的中庸文化也影响着少数民族的文化，在一定程度上，少数民族是接受汉族文化的，但他们也同时保留着自己民族的文化特色。

综上所述，在湖南沅水一带给我们大家呈现的不仅是多个少数民族聚居的地方，同时也是多种文化相融合的文化呈现。这里的少数民族在不同程度上保留着自己本民族的文化，同时也在吸取外来文化的融入与融合。在当时沅水一带的少数民族经受了几百年的土司制的管理，经过土司制改为流官制后，汉文化对当地少数民族文化和当地人的思想转变起到了一定的作用。

辛女信仰的叙事与仪式

有关辛女盘瓠的相关书籍记载，最早起源于东汉的《风俗通义》。其文曰："昔高辛氏有犬戎之寇，帝患其侵暴，而征伐不克。乃访募天下，有能得犬戎之将吴将军头者，购黄金千镒，邑万家，又妻以少女。时帝有畜狗，其毛五彩，名曰盘瓠。下令之后，盘瓠遂衔人头造阙下。群臣怪而诊之，乃吴将军首也。帝大喜，而计盘瓠不可妻之以女，又无封爵之道，议欲有报而未知所宜。女闻之，以为帝皇下令，不可违信，因请行。帝不得已，乃以女配盘瓠。盘瓠得女，负而走入南山，止石室中。所处险绝，人迹不至。于是女解去衣裳，为濮鉴之结，着独力之衣。帝悲思之，遣使寻求，辄遇风雨震晦，

---

① 明跃玲：《文化重构与民族传统文化的保护——以湘西民族旅游文化为例》，载《中央民族大学学报》2007 年第 1 期。

② 郑英杰：《湘西文化源流再论》，载《吉首大学学报》2000 年第 3 期。

使者不得进。经三年，生子一十二人，六男六女。盘瓠死后，因自相夫妻。织绩木皮，染以草实……其母后归，以状白帝，于是，使迎致诸子，衣裳斑斓，语言侏离，好入山壑，不乐平旷。帝顺其意，赐以名山广泽。其后滋蔓，号曰蛮夷。外痴内黠，安土重旧。以先父有功，母帝之女，田作贾贩，无关梁符传租税之赋……名渠帅曰精夫，相呼曰姎徒。"① 这是目前发现有关盘瓠辛女最早的记载，主要记载了盘瓠辛女的来历以及信奉盘瓠辛女故事的族群状况。后来的记载大多是对这个记载的再演绎。

在《风俗通义》问世一百多年后，晋干宝的《搜神记》对辛女盘瓠的故事又做了相关的补充与增减介绍，讲述了盘瓠的来历和盘瓠的家乡，以及盘瓠家乡大致的地理位置。继晋干宝《搜神记》之后的一百年左右，《后汉书·南蛮西南夷传》把《风俗通义》中辛女盘瓠的故事收录到了其中，内容大致相同，只加注了与盘瓠相关的地址。历史上，记载与辛女盘瓠神话故事相关的书籍，肯定不仅仅只有这三本书，还有其他的一些书籍也做了相关的记载，但真正写入正史的还是南朝宋范晔的《后汉书》。

综合上述的文字介绍，我们可以肯定辛女的身份就是盘瓠的妻子，也是高辛氏的女儿。高辛氏是谁？高辛氏又是哪个朝代的人？高辛氏是"五帝"时代人物。所谓五帝，指中国上古时代的五位部落首领，即黄帝、颛顼、帝喾、尧、舜。其中第三个帝王帝喾，又名高辛氏。所以，辛女是上古时期的人物。从有关盘瓠研究的著作中，我们知道这些著作更多的是在写盘瓠信仰与盘瓠崇拜。通过相关的书籍和论文我们可以得知，人们对盘瓠的关注远远要高于对辛女的关注。不仅仅是古代书籍如此，比如当代学者编著的《盘瓠文化探源》《盘瓠研究与传说》《盘瓠研究》等著作也都是围绕着盘瓠来写。但是在现实生活中，当地的老百姓是怎样来讲述他们的信仰故事的？带着种种疑问，我对当地做了深入的调查和研究，我得到的答案是，在田野里收集到的辛女与盘瓠的故事，与各种书籍中讲述的故事情节还是有很大的出入。绝大部分书籍与论文都是围绕着盘瓠这个主线来讲盘瓠信仰和盘瓠的重要性。但是当我走进田野，当地的老百姓是以辛女为主线，来讲述他们对相关的传说的理解。

---

① 转引伍新福著：《论评与考辨 史学研究文集》，岳麓书社 2013 年版，第 307 页。

一、分神传说与娘娘庙的故事

当我们在辛女岩一带开展田野调查时，我们可以听到很多有关辛女娘娘的故事和辛女娘娘分庙的来历。让我们先来讲述辛女庙分神传说。

盘瓠死后，人们把他葬在辛女岩的山脚下。当辛女也去世之后，当地人为他们夫妻俩在辛女岩的山脚下修建了一座祠庙加以祭祀，这就是辛女庙。在辛女岩周围生活的老百姓，每逢过年过节或者是红白喜事，他们都要去辛女庙烧香烧纸，以求得公公娘娘来保佑他们。由于这里的香火很旺，前来朝拜和祭祀的人也很多，但也经常会闹出一些麻烦。曾经有一年，村里的村民来祭祀娘娘时，突然从山上滚下一块大石头，这块石头当时就砸死了一名信众。这时大家一起商议，该不会是娘娘不愿意居住在此，要让我们大家给她找个新的屋场。这时各村人都提出要将娘娘庙迁到他们自己的村庄去，大家为此争执不休。最后，大家一起商量决定，各村都可以各自请一个神回到自己的村庄里，让各村来供奉和修神庙。但是怎样分神，大家意见都不相同，彼此之间互不相让。因为每个村都坚持要将娘娘菩萨迎回到自己的村庄。就在大家争吵不休，无法达成一致意见的时候，天上的太上老君下凡来了。他给大家出了一个主意，让各村的村民第二天早上来辛女庙迎神。按照到达神庙的先后顺序，最先到达神庙的村庄的人，迎回的是娘娘庙；其次迎回的是公公庙；再后到的，迎回的是儿女庙、臣子庙之类。汀流村离辛女岩的距离最远，而且还需要过河。铁柱潭村就在辛女岩的南山脚下，比汀流村的距离要近些，而辛女溪和侯家等村离辛女庙是最近的。但是铁柱潭村的人多了一个心眼，他们在天未亮就出发去辛女庙。铁柱潭村的村民认为，汀流村离他们要远一些，因为汀流村要过河，汀流村现在是绝对到不了辛女庙的。可是谁知，汀流村的人比铁柱潭村的人还要有心计，汀流村的村民在前一天晚上根本就没有回家，他们就在庙后的树林里住了一晚。当铁柱潭村的人到的时候，他们已经在庙里等候多时了。辛女溪村的人最实在和诚恳，他们认为自己离辛女庙的距离是最近的，其他的几个村距离要远些，心想天亮前他们绝对赶不到辛女庙。当辛女溪村的人睡了一个懒觉，天亮后他们才慢吞吞地赶到辛女庙。等他们到了之后才知道，他们来辛女庙是最晚的一个村。从那以后，各村都迎回了辛女神，建立了辛女庙，辛女庙里都有三座神像，有娘娘、公公和侍卫等。但是这几个村之间，他们相互都清楚，汀流村当时分到的是娘娘庙，而铁柱潭村分到的是公公庙，辛女溪村与侯家村等分到的是儿女庙或臣子庙。

辛女是一个管辖多方面事务的神灵。在沅水这一带曾主要以水运和渔业为主，所以在这一带的人们与船保持着紧密的联系。在汀流村村民肖元清的讲述中，他给我们讲到了一个神奇的故事，故事中的主人翁就是汀流村的一位村民，这位村民的船划到洞庭湖时，船主的船被水冲到了沙滩边不能动弹，这时船主使出所有的力气，但是船仍然纹丝不动。这时候他躺在船上，心里想着要是有辛女娘娘能保佑我的船，让我的船能划到水中该多好，想着想着他就进入了梦乡。这时他在梦里，梦见两个穿白衣服的女性，一个女性在船头推，一个女性在船尾拉他的船，等他醒来的时候，他发现自己的船已经划到水中央。

有关辛女的传奇故事远远不止这些，但由于调研的时间有限，笔者只收录了上述几个与辛女有关的民间故事，希望有更多学者去研究辛女，发掘更多与辛女有关的故事。

二、主要祭祀仪式

有关辛女信仰的祭祀仪式，古今记载与我们的实地观察也存在一定出入。据明朝时期的《辰阳风土记》记载："每岁七月二十五日，种类四方云集于庙，扶老携幼，环宿庙旁凡五日，祀以牛豕酒酢，椎鼓踏歌，欢饮而还。"[①] 在祭祀时要杀牛祭盘王，杀猪和用豆腐来祭祀辛女娘娘，每年都要祭一次，在祭祀时要敲鼓踏歌和跳舞，一直持续五天，而且还不分昼夜。由于历史变迁，这些曾经非常隆重的祭祀活动，在当今已经很难见到了。在沅水两岸的瓦乡人中，他们过去在每年的腊月里，守辛女庙的庙主都要给当地的老百姓送一些年福符，在这些年福符上都印有辛女的图像，在这里老百姓把这些印有辛女图像的年福符贴在神龛上，把辛女视为自己的祖神来祭拜。除了这些记载在文献中的祭祀仪式以外，我跟随湖南师范大学浦市文化研究团队的专家学者，在沅水辛女岩一带做田野调查的过程中，还发现很多新的仪式。

（一）巫师们的祭祀仪式

在沅水一带，我们能听到许多有关辛女和盘瓠的故事，无论这些故事有

① ［明］沈瓒编撰，［清］李涌重编，陈心传补编，伍新福校：《五溪蛮图志》，岳麓书社 2012 年，第 137-139 页。

多么的传奇，但是，只要当地有什么重要的活动和祭祀时，他们的巫师和头人，都会念这样一句话："高山帝女护国神王。"当我问及他们为什么要先念高山帝女，而不是先念护国神王时，他们的回答是，因为护国神王是公主的驸马，自然是辛女（娘娘）在前面。从他们的回答中，我们可以得知，在当地人的心目中，他们认为辛女（娘娘）的身份要比盘瓠高。

（二）神奇的公公娘娘会

我们从庙中供奉的主神来观察，各个辛女庙和盘瓠庙之间是一致的，都供奉有辛女和盘瓠，虽然他们夫妻俩都在神庙里，一直是形影不离地相伴在一起。按照常理推测，既然是这样，有关祭祀活动在各个庙中都可以独立完成了。在各个庙宇之间联合举行一些特殊的仪式就成为多余的仪式。但是，在辛女岩脚下的老百姓们却不这么看。他们认为，既然他们这几个村是按照太上老君的旨意分的神，虽然从表面上看，娘娘（辛女）和公公（盘瓠）这两座神像都在一起，可是实际上他们是分开居住的。汀流村是辛女庙，铁柱潭村是盘瓠庙。那么辛女庙里供奉的主神是辛女（娘娘），盘瓠庙供奉的主神也就是盘瓠（公公）了。从实质上来讲，辛女与盘瓠是分开居住的，夫妻分开居住按道理来讲是不应该的也是不合天伦的。因此，如果当地遇到什么天灾人祸，或年成不顺的时候，他们就会认为这是因为娘娘与公公分开太久了，他们彼此想念对方。这时，周围的几个村庄，就会坐在一起协商，如何搞一次公公与娘娘的相会祭祀活动。他们没有具体的相会时间，只要大家有这样的想法，他们会选一个比较接近的日期来举行活动。活动的具体办法是，铁柱潭村的村民会把他们公公庙里的公公抬到汀流村里的娘娘庙里去会见娘娘，让他们老两口聚一次会。公公会娘娘是当地的一个重要祭祀活动，所以，周围的许多老百姓都会来参加。活动期间，人山人海，非常热闹。

（三）铁柱潭龙舟必须进娘娘庙祭祀

在2015年的农历五月，住在沅水一带老百姓举行龙舟节比赛。铁柱潭村的龙舟队要去浦市参加龙舟比赛，由于铁柱潭村的村民因为怕麻烦，他们没有先绕回到汀流村去拜祭娘娘庙，结果他们村的龙舟队在比赛过程中划沉了，不得不以失败而告终。铁柱潭村在第二次去参加比赛时，他们检讨了上次为什么会失败的原因，是因为他们在出发之前怕麻烦，而没绕到汀流村去拜祭娘娘庙，只是拜祭了他们本村的公公庙。这次他们在参加龙舟比赛出发前，先到娘娘庙里祭祀了娘娘，同时他们村也把龙船绕到娘娘庙的附近，在河中让龙船转了一个圈，祭拜娘娘。这时候汀流村的头人，也准备好了鞭炮，来迎接铁柱潭村的龙船。由于举行了这样的祭祀仪式，铁柱潭人的龙舟得到了娘娘的保佑，果真，在这次龙舟比赛中他们获胜了。

从这些祭拜仪式中我们可以看出，虽然他们已经分神了，但是当地人都很清楚，不管是什么重大活动，他们不是只祭拜本村的保护神，同时也要祭拜另一尊神，因为辛女和盘瓠是不能分开的，而是都应该受到尊重。

（四）红旗龙舟祭祀娘娘时的祭词

浦市古镇历史上分属泸溪县、沅陵县、辰溪县三县共管。因此，每年端午节来浦市河参加赛龙舟的队伍也就分布在这三个县的四五十个村庄。在历史上，这些众多龙舟队伍，分属白旗、红旗、黑旗三个队伍。所谓“旗”，就是根据龙舟上担任指挥的旗手手上所持的旗的颜色。白旗是一家，红旗是一家，黑旗是一家。不同旗的龙舟，在举行祭祀仪式时，祭词会有较大区别。白旗与黑旗龙舟队伍基本上不祭祀娘娘（辛女），也不祭祀公公（盘瓠）。但是红旗龙舟中，很多支队伍都会祭祀娘娘（辛女）。这些祭词由旗手在龙舟参神（本地人的说法，即祭神）时念出，比如浦市镇麻溪口村的龙舟参神。龙船队的拜神仪式开始后，旗手念出祭词。

> 湖南湘西州泸溪麻溪口，神龙一支，敬请高山帝女，观音大士，齐天大圣，伏波大王，上龙船！
>
> 一扒国泰民安，二扒风调雨顺，三扒旗开得胜，四扒家族兴旺发达！①

高山帝女就是辛女娘娘。观音是佛道教中菩萨或大神，齐天大圣是西游记中的人物，伏波是东汉来沅水镇压武陵蛮而病死于此的马援将军。从这四个神的排列顺序来看，辛女娘娘排在第一位，是最尊贵最灵念的神。当然也许有人会疑惑，这个排列仅仅是因为辛女娘娘处于最早的时间序列。不是的，因为按时间顺序，伏波将军应该排在第二位。伏波庙是沅水流域大小码头建立很早的祠庙，也是分布很广的祠庙，按理应该排在第二位。但是，人们坚持将其放在最后一位。同时，人们为什么专门选取一位观音菩萨而不是其他大佛放在辛女

---

① 谭必友等．中国极限龙舟赛——浦市龙舟志［M］．北京：学苑出版社，2016：88.

娘娘的后面，怕是也有女性崇拜的潜意识在发生作用吧。总之，对娘娘的特别祭祀不限于参与分神的几个村庄，而且扩展到很多红旗龙舟队伍。

必须特别指出的是，除了参与分神的几个村庄，在祭祀活动中会强调公公（盘瓠）以外，其他村庄在祭祀时，大多只提到高山帝女或娘娘，而将公公（盘瓠）弃置不顾。这是前期学者们在田野调查中的重大误读。此前有许多学者来此开展田野调查，却有意地夸大了人们对盘瓠的信仰，夸大了盘瓠在人们心目中的地位。

（五）龙舟赛的礼节性祭祀

外出参与龙舟赛时，这些龙舟都是顺水而行。按照规矩，龙舟每经过一个祠庙，都要举行参神仪式。不过，这些参神仪式都属于礼节性的仪式，并非特别的崇拜。经过娘娘庙的时候，也会举行这样礼节性的祭祀活动。龙舟到达汀流村娘娘庙外河面时，必定在河中打一个圈，然后前排五位头槽划手，必定将桡片高高举起，大声哟吼：“老龙来了！哦呵呵！”仪式即算完成。龙舟经过辛女岩的时候，按照同样方法，在河中转一个圈，然后挥舞桡片大声哟吼。

以上一些祭祀仪式，仅仅是我在有限的田野调查中发现的。我们可以想象，如果深入观察，应该还会有很多其他的祭祀仪式。这些仪式对于我们深入认识辛女信仰将有着重要帮助。

三、主要的宗教设施

当我们走近湖南湘西沅水中游地段，也就是在泸溪县城二十余里外的地方，我们可以听到许多与辛女和盘瓠有关的故事，我们不仅可以听到这些故事，甚至这里的山和水还有地名都与辛女盘瓠有关，以他们的名字来命名。每个地名的来历，都有不同的故事传说。

（一）辛女岩化石

在侯家村与铁柱潭村的交界处，有一座又高又陡的悬崖峭壁，这座悬崖峭壁就是辛女岩。有关辛女岩的传说故事有很多版本，但在这些版本中有条主线是没有变的，那就是辛女岩就是辛女的化石。为什么辛女会变成一座化石，是因为他们的几个儿子把她的丈夫杀死了，辛女悲痛万分，她每天都站在这座山的山顶上，望着沅水，翘首盼望着她的丈夫有天能回来。可是日复

（七）辛女盘瓠庙的现状

走近甲腊坪村的盘瓠庙，我们首先看到的是辛女和盘瓠。盘瓠与其他庙宇里的神像模样大体相同，有眼睛、鼻子、嘴巴和身躯。但是有一个最明显的区别就是盘瓠的耳朵像狗的耳朵，长在头上。背景墙上还绘画了一幅凶猛的动物，这只凶猛的动物的头变成了一条像龙的身形。从神像上的外形来分析，盘瓠确实是一只犬，至于这只犬是不是他们的祖先，我们需要打个问号？因为从庙宇里的背景墙来看，盘瓠在过去应该是一种图腾崇拜。图腾崇拜的产生是由于当时的生产力不发达，对很多自然现象的发生，不知道是因为什么原因产生的，也不知道这种现象的产生是好是坏，更不知道该如何去改造这种现象，甚至有时他们还要经常受冻和挨饿，按当时的情形来看他们只能依靠狩猎来解决生活的来源。从绘图的图像上来理解，这应该是一种原始宗教的信仰，而且还是龙犬图腾信仰。在庙宇两边的墙壁上有一块石碑，这块石碑是 2009 年雕刻的，碑上记载的是一些村民捐赠的钱财，以此来举办盘瓠的祭祀活动。

从上述这段文字中，我们可以看到原始宗教的图腾崇拜，也看到了这里的盘瓠信仰，但从庙宇的这块碑文上记载的现代文字与较近的雕刻日期，我们需要重新认识这个庙宇的过去。走进甲腊坪村，问及当地的老百姓我才明白，这座盘瓠庙是近些年由伏波公庙改成的。这些年在政府的推动下，使这里的原生态文化得到了一定的保护。

侯家村有两座庙宇，一座是帝女祠，另一座是辛女庵。帝女祠坐落在辛女岩的山顶上，古代的帝女祠里面主要祭祀未婚时期的辛女，只安放辛女的塑像。但是现

在的帝女祠里面，却加放了观音菩萨与送子娘娘两座塑像。左为辛女塑像，中间为观世音菩萨，右边为送子娘娘。在帝女祠旁边的一个小庙里，见到了辛女娘娘的神像，在帝女祠下面还有几座神像，有观音菩萨、送子娘娘还有千手观音等多座神像。从外面这几座神像的供奉情形来看，可以推断出这里的香火应该还很旺盛。帝女祠的来历，是为了纪念辛女娘娘未出嫁前的公主身份，与周边村的其他一些辛女庙相对比，帝女祠与这些辛女庙还是有一定的区别的。

辛女庵也在侯家村，但是在辛女庵里不仅供奉着辛女娘娘，在庙宇的两边还能见到佛教里的菩萨神像，在这个寺庙里我们能见到当地的少数民族信仰，我们同时也见到了佛教的信仰。后经打听，原来这里起初是一座佛教庙宇，后经改造，当地人把佛教里的菩萨神像与当地的辛女娘娘同放一座庙宇，只是在位置的摆放上发生了一定的变化，把辛女娘娘放在庙宇的正中间，佛教里的那些神像被摆放在两边。

铁柱潭村修建的是盘瓠庙，我们从前面的文章中可以了解到，铁柱潭村是因为分神后而修建的盘瓠庙，在盘瓠庙里我们不仅能见到盘瓠神像同时也能见到辛女娘娘的神像。根据前文我们了解到，铁柱潭村只抢到了盘瓠，而辛女娘娘的神像却依然也被供奉在盘瓠庙里，这是后人根据自己的道德伦理观点摆放的这些神像。2014 年我前往铁柱潭村的盘瓠庙时，庙门还有门锁锁住；但在 2015 年前往时，这里的庙门敞开，里面也无人看管，看到这样的情形，我十分担忧。从供奉神像上来看，香火还很旺盛，庙里牵了很多红布和香纸。与周边的其他几个庙宇相比较，铁柱潭村在盘瓠庙管理上要欠缺许多。

汀流村供奉的是娘娘庙。在娘娘庙里我们同样也见到了盘瓠的神像，他与辛女娘娘的神像一起供奉，除了辛女娘娘和盘瓠的神像外，庙里还摆有观音娘娘和其他一些菩萨的神像。在这些神像的头顶上都扯上了蚊帐，以免灰尘掉落在神像上。在这座庙宇里我们同样能见到佛教里的神和当地的本土神，同时也能见到当代的真实人物变成了这里的神。

辛女溪村的辛女殿。分庙后辛女溪村由于去得最晚，最后分得了辛女娘娘和盘瓠的儿女。他们村建的娘娘庙只能叫儿女庙。在辛女殿内，虽然能看到一些神像，但我无法分辨这些神像的名称。据当地老百姓讲述，曾经这个辛女殿很灵验，但由于这个庙宇的风水被破坏后，不再像以前那样灵验了，导致很多香客的流失。

在辛女岩周边的这些村庄，他们主要祭祀的宗教场所，就是以这几个庙宇为主。由于庙宇的数量少，土地资源有限，再加上汉族的进入，使这里的宗教文化呈多元性。在这种情形下，这些庙宇的神像摆放也发生了一定的变化。

辛女信仰的社会文化价值

辛女距今有数千年的历史了，但她的信仰在当地久久流传，甚至当地的老百姓把辛女和盘瓠视为自己的祖先，把他们当成神在供奉。辛女信仰中的很多内涵是值得我们去学习和总结的，辛女信仰的文化底蕴非常深厚，她能让我们用理性去思考和反思问题，以求真、求实、求善的精神去促进人类的和谐发展。

一、教育价值

当前，我国正处于由传统的农业大国向现代化工业经济转型时期，在这漫长的转型期，在市场经济的冲击下，每个人的价值观、经济观、文化观、道德观都在发生着变化。

辛女信仰是一种原始宗教信仰，没有成文教义，也没有什么入教仪式。从辛女岩附近几个村庄庙宇里的祭拜还愿情形来看，应该有很多人前来这里许愿和还愿。因为在庙里的菩萨前面，我们看到了很多红色的绸布，这些绸布就是许愿实现了之后，信众来感谢菩萨而赠送的。除了绸布外，还有部分香客也赠送钱财。

辛女从现实中的人变成了“神”。从辛女的出生和与之相关的古籍记载来分析，辛女是上古时期的一位女性，离我们至少也有几千年的历史了。经过长达几千年的历史变迁，辛女从历史上的真实人物变成了沅水两岸家喻户晓和崇拜的女神了，辛女之所以变成沅水两岸百姓心目中的“神”，应该是她的精神让这里的人们不能忘怀。具体来讲，这种教育价值表现在以下 4 个方面。

1. 辛女信仰具有崇高的大爱精神品质

从古籍中查阅我们得知，辛女是上古时期帝喾的女儿，帝喾又是谁？他是上古时期的第三位帝王。用现在的语言来表述，辛女就是皇帝的女儿，她是一位公主。作为一名公主，她为了国家的安宁，不让老百姓的家园遭到破坏，愿意嫁给只要能够取得吴将军首级的人。吴将军是当时南方民族的一位将军，为了侵略帝喾的国家，占领土地，发动了战争。这时帝喾采用重金悬赏和招募勇士来保卫他们的国家，悬赏的条件是只要能拿到吴将军的首级，帝喾愿意把他的二女儿也就是辛女许配给对方，同时，帝喾还将赠予对方大量的财产。在辛女不知对方的任何身份、官位、是否英俊的情况下，她也能答应父亲的请求。有一位勇士揭下皇榜，愿意去取下吴将军的首级，等这位勇士衔着吴将军的首级回来时，辛女的父亲动摇了当初的承诺，他不愿意将他的女儿辛女许配给这个人，准确地说，这位勇士不是人而是一只狗。但是辛女站出来，对她的父亲讲述了君无戏言不能出尔反尔的道理，在辛女的劝说下，父亲答应了辛女的请求。从上述这段文字中我们可以得知，辛女为了国家的安危为了老百姓的生活更加幸福与安宁，她愿意放下自己公主的身份，与一只狗结为夫妻，她的身上体现出了一种为了民族利益而自我牺牲的精神。

2. 辛女信仰规范着当地人的道德品质

在辛女岩附近的各个庙宇中进行田野调查时，大多数庙宇都有人们为还愿而送的红绸布和香纸。在汀流村的娘娘庙里，我们同样看到了人们因为愿望实现而送来的红绸布和香纸，还有香客送来的真金白银。在娘娘庙里，我们很容易就见到辛女娘娘所佩戴的项链和耳环都是用黄金打造的。如果有人想去盗取这些首饰真的很容易，因为这个庙宇大多数时间都是大门紧闭无人看管，只是在做庙会和有香客要来祭拜时，管理庙宇的几位庙主才来开一下门。管理庙宇的几个庙主，她们的大多数时间都是待在自己家中。在这个庙宇里辛女娘娘所佩戴的首饰从没有被盗取过，从这个例子中我们可以得出一个结论，那就是辛女信仰虽然没有成文的教规、教诫、教律，她只是一种活态的民间信仰，但是辛女信仰依然让人们对她产生一种敬畏感和崇拜感。出于对她的崇拜和敬畏，自然而然人们就会用道德规范来约束自己，用道德规范来规范自己的言行。

3. 辛女信仰培养了当地人吃苦耐劳、坚韧不拔的精神

《风俗通义》《后汉书·南蛮西南夷列传》《搜神记》等书籍的记载中，都有这样一段话："盘瓠得女，负而走入南山。"从这句话中我们可以得知，辛女与盘瓠结婚后，他们就来到了南山。有关南山的地理记载，按照李贤注《后汉书》的记载来讲，就是泸溪辛女岩这一地区。盘瓠与辛女结婚之后，他们就来到今泸溪这一带深山老林，他们以山洞为自己的家园。辛女并没有因

为这里的艰苦生活，而放弃与盘瓠一起生活，回到她曾经的皇宫。反而在这里繁衍她们的后代，与盘瓠一起开发山区，改善他们的艰难生活。她的这种坚韧不拔和吃苦耐劳的精神也对后人产生了深刻影响。

4. 对爱情忠贞的教育价值

辛女作为一名公主，她没有因为盘瓠的长相丑陋而嫌弃她的丈夫，相反，她更加心疼她的丈夫。盘瓠顺着沅水的上游方向一直往远处漂走了，辛女为能等到她的丈夫归来，她每天都望着沅水的上游方向，不管是严寒酷暑还是寒冬腊月，她每天都坚守在那里，就是希望她的丈夫有一天能回来，她对盘瓠的忠贞爱情我们从这个例子中就可以得知。哪怕她变成了一座石像，她都是守望着沅水的上游方向，希望她的丈夫能归来。

二、审美价值

辛女的故事从上古时期一直延传到现在，历经几千年的历史经久不衰。她的故事不仅影响着这里的老百姓，甚至这里的老百姓把她当成一个神来供奉，而且这里的人们非常敬仰她。这里的人们之所以敬仰辛女，是因为在她的身上我们能看到很多优秀的品格，她身上的这些品格是值得我们学习的。她不仅勤劳、善良、勇敢而且非常有智慧，她用她的智慧给当地人们的生活和文化带来了一系列的影响。

1. 服装与服饰上的审美价值

根据《后汉书·南蛮传》和晋干宝的《搜神记》、鱼豢的《魏略》等书籍的记载中，我们可以得知，在远古帝喾（高辛氏）时，有老妇得耳疾，挑之，得物大如茧。妇人盛于瓠中，覆之以盘，顷化为犬，其文五色，因名盘瓠。① 根据上述这段文字的记载，我们可以知道，盘瓠的毛发为五色。据《高皇歌》记载，盘瓠不仅是一位英勇的勇士而且还是一位足智多谋的将士，由于盘瓠是一只犬，高辛帝后来得知盘瓠是一只犬后，想悔婚，这时盘瓠讲了人语，盘瓠说，只要把他放在金钟里七天，他就可以变成人型，但是公主怕盘瓠饿死，将盘瓠关入钟内的第六天，辛女公主打开了金钟。这时辛女见到的盘瓠已经变成人形，但盘瓠的头还没有变成人形。从此以后，盘瓠在白天变成狗，晚上变成人，但盘瓠虽然有了人的外形，但是盘瓠头上的两只耳朵，

① 夏征农，陈至立主编. 大辞海·民族卷［M］. 上海：上海辞书出版社，2012：388.

与狗的外形十分相似。据北魏郦道元《水经注·沅水》记载："盘瓠死，因自相夫妻，织绩木皮，染以草实，好五色衣，裁制皆有尾。"①

从上述这些书籍的记载中我们可以得知，辛女为纪念她的丈夫盘瓠，她运用盘瓠的外形和盘瓠身上的毛色来织染衣服，把衣服的衣型裁剪成盘瓠的特征。辛女用她的智慧把她丈夫盘瓠身上的特征通过服饰表现出来，同时用她的智慧影响了当地人的服饰审美。当地人一直沿用这种服饰的造型来裁剪他们的服装和头饰。生活在这里的苗族人民，不管男女老少都喜欢戴头巾，而且头巾的花边绣有各种花纹，颜色鲜明非常耀眼。还有一些苗族女性穿着的衣服款式也是别出心裁，她们所穿着的服装款式有一个很大的特点，就是前短后长，从衣服的后面看，形似狗的尾巴。还有一些小孩戴的帽子和穿的鞋子，在他们的帽子上面有两只竖起来的耳朵，与狗的外形很相似，一些手工鞋子也都绣有图案，在鞋子的鞋头也会留有两只竖起来的耳朵，同时也会绣上一些花纹。在当地不管是男性还是女性，他们都喜欢在衣服的袖口、领口和裤脚上，都绣上各种各样的图案，而且这些花纹的颜色主要是以红、黄、蓝为主色，以黑、白两色为辅，这五种颜色的结合，给人的视觉效果非常显眼和靓丽。辛女用她的聪明才智，改变着这里的宗教文化和民族文化。

2. 文化上的审美价值

辛女信仰是当地人的重要信仰之一。当地人把辛女盘瓠视为自己的祖先来崇拜，辛女盘瓠的故事对我们当代的历史文化、宗教文化、哲学文化等一系列文化都是有一定影响的。人们依照辛女盘瓠文化的传说，把这些传说通过文化艺术的方式表达出来，这种文化艺术同时也丰富了当地人的情操。我们通过故事里的情节，可以得知这是发生在远古的帝喾时期，帝喾因为受到犬戎部落的侵略，在敌不过对方的攻打时，帝喾为了他所管辖范围的老百姓的平安，想出一个办法，宣布只要能取到吴将军的首级，不仅奖励财物还要把自己的女儿嫁给对方，通过这样的奖励方式，才出现了盘瓠与辛女。在辛女盘瓠的故事里，当地老百姓视辛女盘瓠为自己的祖先，这就是宗教里所出现的祖先崇拜。通过各种书籍的记载我们得知，辛女盘瓠在当时是处于一个由母系社会向父系社会转型的时期。当时辛女的几个儿子只知道自己的母亲，他们并不知道自己的父亲是谁。这个故事情节中

① 玉林，黄丽丽主编．中华传统文化辞典［M］．上海：上海大学出版社，2009：39.

透露给我们一些重要信息，那就是这个时期女性的地位要比男性的地位高，男性的地位是处于弱势状态。后来由于生产力的发展，男性的地位慢慢提高，女性的地位也开始慢慢转型，慢慢地向父系社会过渡。这是辛女信仰中特有的文化审美价值。

三、促进民族融合的功能

我国是由56个民族组成的多民族国家，56个民族之间的文化是相互影响、相互促进、相互融合的文化发展历程。就像孙中山所说："大凡人类奉拜相同的神或信仰相同的祖宗，也可以结合成一个民族，如果人类中有一种特别相同的风俗习惯，久而久之，也可以自行结合成一个民族。"① 宗教文化是社会发展到一定阶段而出现的，宗教文化也是社会文化的重要组成部分。最初的宗教文化是原始宗教，由于社会的生产力发展相对落后，人们对一些自然现象不能够用科学的角度去解释，同时也不理解为什么会出现这种自然现象，在这样的情况下才出现了自然崇拜。② 从当地保存的辛女信仰相关民俗与仪式来看，辛女比盘瓠具有更高的地位，因此，辛女是属于母系社会时期出现的一位女性。在母系社会时期产生了自然崇拜与图腾崇拜，从这两种崇拜中，我们不难发现这些崇拜与他们的生活、经济和繁衍是分不开的。社会得到一定的发展之后，这些崇拜也上升到了一个台阶，由最初的图腾崇拜转变为人格化的神来崇拜，其中盘瓠最初的崇拜就是图腾崇拜，后又把盘瓠转变为人格化图腾神来崇拜，因为盘瓠由最初狗的形象特征而转变为人形与犬型相结合的人格化图腾神来崇拜。

辛女信仰促进了当地民族的相互尊重。汉民族由于各种原因四处迁徙，在迁徙的过程中，汉民族也把他们自己的文化带到了不同的地方。汉族人民的文化也被当地少数民族所吸取，通过当地文化与汉民族文化相融合之后，形成了一种新的文化体系，但这些体系又能够相互和谐地发展。汉族人民崇尚儒家思想，儒家思想的核心就是主张"仁义"，所以汉族人民也把这些思想带给了少数民族，用真诚的心去尊重当地人的信仰，促使当地少数民族能够

---

① 李国栋. 民国时期的民族问题与民国政府的民族政策研究［M］. 北京：民族出版社，2009：45.

② 陈江风主编. 中国文化概论［M］. 南京：南京大学出版社，2014：143.

慢慢地开始接纳汉民族的文化与宗教信仰。[①] 在侯家村的辛女庵里，我们就能看到汉族的佛教文化与当地少数民族宗教信仰相融合的现象。辛女庵的神像摆放与其他几个庙宇的摆放有很大的区别，从这座庙的庙名上我们就可以得知，这座庙宇应该是供奉当地人信仰的神像，但当我们看到庙里的布局时，我们首先看到的是辛女神像，在辛女神像的两边，摆放着佛教信仰的神像。从寺庙摆放的神像来看，当地的宗教信仰与汉民族的佛教信仰已经相互融合。山顶上的娘娘庙，里面也安置了观音菩萨与送子娘娘两座神像。

辛女信仰促进了当地各民族之间的相互认同。多个民族混杂居住在一起，由于各个民族的文化不同，每个民族之间的宗教文化都会受到不同程度的影响。这些外来的宗教信仰文化也开拓了其他民族的视野与精神文化。民间宗教信仰之所以被称为实用性宗教，是因为这些神灵所掌管的权能与人们的生活离不开，如求健康、求子、求平安等这些利益与我们的日常生活是相关的，就是在这样的情况下，让人们对这些神灵产生了依赖感。每个民族之间在宗教文化上产生了信任感之后，自然其他民族之间的文化也开始发生改变和相互认同，只是每个民族依照他们自身的原因而取舍。[②] 这些民族长期居住在一起，他们之间的文化也有意识无意识地被相互影响。在当地的调研中我们发现，当地的很多习俗与传统节日都与汉民族相同，而他们自己原来的节日也慢慢地在与汉族文化相融合，这些融合现象表明了当地的少数民族在向汉文化走近。时代的不同，我们的观点也在发生变化，我们应该改变陈旧的老观点，尊重每个民族的文化。让民族之间的文化相互认同、相互融合，这样才有利于我们各民族之间文化的互补。

辛女信仰促进了各民族之间的文化交流。每个民族都有自己的特点，多个民族聚居一起交往频繁之后，他们的文化也会受到一定的影响。当地原本是以苗族为主要族群，后有汉族人迁徙到这里，与当地的少数民族聚居在一起。根据《隋书·地理志》记载，“承盘瓠之后，故服章多以斑布为饰。”[③] 这里的苗族人民所穿着的衣服与汉族人有很大的区别，而且他们所穿着的服装与他们所信仰的宗教文化有关。瓦乡人所穿的具有本民族特色的衣服，从外形上看不仅有外在的美，更重要的是一种历史文化的信息传递。在

---

① 杨东晨，杨建国. 论盘瓠故事与古氏族部落迁徙及融合的关系——兼论盘瓠故事和传说遗迹的史料价值［J］. 广西右江民族师专学报，2003（1）.

② 刘亚虎. 盘瓠神话的历史价值及其在武陵的源起与流传［J］. 三峡论坛，2014（6）.

③ 转引自祁春英. 中国少数民族服饰文化艺术研究［M］. 北京：民族出版社，2012：316.

饮食上也在发生变化，由于地理原因和经济原因，生活在湘西这一带的人由于当地不产盐，再加上经济不发达，促成当地老百姓对盐的需求量很难满足，由于盐的严重缺乏，为了在没有盐的情形下生存，他们发明了酸菜，他们的酸菜是用米汤水泡成的，这种米汤水是一种无盐的水，通过这种水泡出来的菜有一股清香的酸气，清香的酸味也能促进人的食欲。后来苗族人民制造出来的这种酸菜也受到了其他民族的喜爱。

四、旅游开发价值

在湘西沅水流域这一带，辛女信仰就是少数民族宗教信仰中的一种，从前面我们已经得知了辛女信仰的来历。其实有关辛女的传说，记载的正是一个古老的母系社会向父系社会转型时期的一位历史人物。从民间的口头传说中，我们可以发现这是中国的一个活态女儿国文化，纵观我国各地各民族的传统文化，目前还保留着较为完整的活态女儿国文化的很少，其中一些民族存在过相关传说与记忆，但是在现实中已经找不到活态传承的痕迹。因此，泸溪与辰溪两县交界一带的沅水流域，可以利用辛女信仰进行旅游开发。

1. 民俗文化旅游价值

在享受大自然给我们带来美景的同时，我们可以大力推广相应的民俗文化场所服务，例如我们可以让游客体验原汁原味的民俗文化，让游客们参与当地乡民的劳动和生活。通过这样一系列的活动来让游客感受大自然的风光和民俗环境。泸溪县与辰溪县交界处的沅水两岸，分布着十来座原汁原味的辛女盘瓠信仰的祠庙，这些祠庙具有十分悠久的历史，能够让人体会到民族文化的神秘与圣洁。

2. 中国爱情故事的源头

由于辛女是帝喾的女儿，属于上古时期的人物传说。单纯从时间序列来说（暂不定真伪），她与盘瓠的爱情故事是目前我国最早的爱情故事。这个爱情故事比尧帝女儿与舜帝的爱情故事（斑竹泪的传说）还要早，因此堪称中国爱情故事的源头。而且从故事传奇效果来说，辛女故事更有故事性与传奇性。如果我们对这个故事进行身份解构就会发现，辛女代表的是白富美，而且因其帝女身份，可以说是天下第一号白富美。盘瓠仅仅是一条狗，是被人看不起的，没有身份没有地位，但有一身本事与壮志。这种故事的情节结构，成为后来中国民间爱情故事的源头。白娘子与许仙的故事，董永与七仙女的故事，大多属于这种结构模式。因此，可以在沅水中游一带开发爱情故事主题旅游，让游客从中领略中国民间爱情故事的源流与美感。①

3. 女儿国文化旅游开发

因为辛女信仰是我国现存活态的母系氏族社会文化，因此有着巨大的开发价值。我们将这个母系氏族进行身份还原，就可以将这个文化演绎成女儿国文化。如果盘瓠这个符号代表的是力量与勇敢，那么与盘瓠这个文化符号相对应，辛女是一个美女，代表着美丽与温柔。因此，我们可以将这一带打造成女儿国文化旅游区。② 至于如何进行打造，值得认真研究。一些专家正在开展这方面的工作，可以预期，在不久的将来，一个新型的文化旅游区将在这里诞生。

结语：换一种眼光看民族宗教

我国不仅是一个多民族的国家，还是一个多种宗教信仰并存的国家。在55个少数民族中，一些少数民族群众也有自己的宗教信仰。在这些少数民族宗教的发展中，我们可以看到少数民族宗教对我国的历史、哲学、艺术、文学等相关文化发展都起到了促进作用，对社会的团结和谐发展也做出了一定的贡献。就像吕大吉在《从哲学到宗教学》这本书中写道："当人们头脑中产生了视某种力量为超人间、超自然力量的时候，也就伴生了对它的敬畏感、依赖感和神秘感，情动于中则形之于外，发之为尊敬、爱慕、畏怖、祈求、祷告、赞美的言辞，表现为相应的崇拜活动。各种宗教都通过一定的仪式把这些原为自发而且分散的宗教行为规范化、程式化，并附加上神圣的意义。因此一切宗教的礼仪行为是规范化的，而且是有组织地进行的，具有鲜明的社会性。"③

民族宗教在各个民族的发展历史上起过重要作用。就像英国的马林诺夫

① 谭必友、洪文雄主编. 神韵武陵：故事与文化［M］. 北京：学苑出版社，2018：34-48.

② 谭必友. 辛女古国一众女儿迷人身姿若隐若现［M］. 载《熤园问学》微信平台。http://mp. weixin. qq. com/s? _ _ biz = MzA5NjYzMDc5Mw = = &mid = 402141741&idx = 1&sn = ae895e0b557ea7f2659569f536029d8b#rd.

③ 吕大吉. 从哲学到宗教学［M］. 北京：宗教文化出版社，2002：243.

斯基在《文化论》中所讲的这样一段话："人类生活上的每一重要危机，都含着情绪上的扰乱，精神上的冲突，和可能的人格解组。这里成功的希望又须与焦虑和预期等相挣扎，所以，宗教信仰满足了一种固定的个人需要，这需要乃为社会给织所连带的心理上相配部分所造成。"① 从这句话中我们不难理解，人类生活在世界上会有许多的困扰，但这种困扰，我们可以通过宗教具有的特定思想观点来调整人们的心态，让那些有精神困惑的人们，让他们从宗教特有的文化中找到一个能让人释怀的平衡点，让他们释放心中的不满，让自己真正去获得愉快。虽然现代科学深刻地影响了人们的精神世界，使现代社会在信仰领域呈现更复杂的态势。民族宗教可以让人们消除心中的紧张、恐慌、不满的情绪，还可以促进人们对生活充满信心，对待任何事务有一种积极向上的精神。

民族宗教能够约束各民族人民的行为规范。民族宗教的教义主要方向是提倡人们多多行善，要遵守法律法规、乐于帮助他人、不贪婪等一些优良的传统文化。从这些宗教思想中，我们能够体验到在生活中要规范自己的行为，体现自己的社会价值和伦理道德观，对社会的发展起到了一定的作用。它并不是像法律法规那样去强迫人们遵守，而是一种自发的遵守。我们要发挥民族宗教给我们带来的积极思想，取其优点避开缺陷，这样才有利于我国的现代化建设。

参考文献

一、古籍

1. ［宋］范晔. 后汉书［M］. 中华书局，1965.

2. 沅陵县史志办公室.（明万历）《辰州府志》点校本［Z］. 沅陵，2010.

3.（康熙）沅陵县志［Z］

4. ［唐］李延寿. 南史［M］. 岳麓书社，1998.

5. ［明］沈瓒编撰.［清］李涌重编；陈心传补编；伍新福校，五溪蛮

① （英）马林诺夫斯基. 文化论［M］. 中国民间文艺出版社，1987：241.

图志［M］. 岳麓书社，2012.

二、专著类

1. 李尚英. 中国历史上的民间宗教［M］. 广东人民出版社 1996 年版.

2. 高寿仙. 中国宗教礼俗［M］. 天津人民出版社 1992 年版.

3. 马西沙，韩秉方. 中国民间宗教史［M］. 中国社会科学出版社 2004 年版.

4. 汤一介主编. 中华化通志. 宗教一民俗典［M］. 上海人民出版社 1998 年版.

5. 段丽萍. 中国少数民族宗教［M］. 云南民族出版社 2002 年版.

6. 覃光广，李民胜主编. 中国少数民族宗教概览［M］. 中央民族学院出版社 1988 年版.

7. 王萌. 佛教与科学：从融摄到对话［M］. 中国社会科学出版社 2010 年版.

8. 李德成. 中国少数民族信仰［M］. 中央民族大学出版社 1999 年版.

9. 黄少槐，叶永华主编. 我国少数民族的宗教和风俗［M］. 民族出版社 1958 年版.

10. 费孝通主编. 中华民族多元一体格局［M］. 中央民族大学出版社 2005 年版.

11. 游俊，李汉林. 湖南少数民族史［M］. 民族出版社 2001 年版.

12. 徐亚非，温宁军，杨先明. 民族宗教经济透视［M］. 云南人民出版社 1991 年版.

13. 姚本奎，龙海清主编. 盘瓠文化探源［M］. 中南大学出版社 2004 年版.

14. 张永安主编. 盘瓠研究. 湘西保靖县印刷厂 1990 年.

15. 张永安主编. 盘瓠研究与传说. 湖南省泸溪县印刷厂 1988 年.

16. 孙作云. 中国古代神话传说研究［M］. 河南大学出版社 2003 年版.

17. 刘小幸. 母体崇拜彝族祖灵葫芦溯源［M］. 云南人民出版社 1990 年版.

18. 伍云姬，沈瑞清. 湘西古丈乡话调查报告［M］. 上海教育出版社 2010 年版.

19. 明跃玲. 边界的对话：漂泊在苗汉之间的瓦乡文化［M］. 黑龙江人民出版社 2007 年版.

20. 黄光学主编. 中国的民族识别［M］. 民族出版社 1994 年版.

21. 巫瑞书. 芙蓉国里的民俗与旅游［M］. 旅游教育出版社 1996 年版.

22. 吕大吉. 从哲学到宗教学［M］. 宗教文化出版社 2002 年版.

23. 叶绪民. 原始文化与比较文学研究［M］. 山东画报出版社 2007 年版.

24. 吴晓东. 苗族图腾与神话［M］. 北京社会科学文献出版社 2002 年版.

25. 谢选骏. 神话与民族精神［M］. 山东文艺出版社 1988 年版.

26. 乌丙安. 中国民间信仰［M］. 上海人民出版社 1996 年版.

27. 伍新福. 苗族文化论［M］. 湖南大学出版社 1989 年版.

28. 苗长虹主编. 黄河文明与可持续发展［M］. 湖南大学出版社 2012 年版.

29. 孙银芳. 我生有涯意无尽 梁漱溟人生的艺术［M］. 太白文艺出版社 2013 年版.

30. 中央教育科学研究所编. 徐特立教育文集［C］. 人民教育出版社 1979 年版.

31. 伍新福. 论评与考辨 史学研究文集［C］. 岳麓书社 2013 年版.

32. 夏征农，陈至立主编. 大辞海·民族卷［M］. 上海辞书出版社 2012 年版.

33. 玉林，黄丽丽主编. 中华传统文化辞典［M］. 上海大学出版社 2009 年版.

34. 李国栋. 民国时期的民族问题与民国政府的民族政策研究［M］. 民族出版社 2009 年版.

35. 陈江风等主编. 中国文化概论［M］. 南京大学出版社 2014 年第 3 版.

36. 祁春英. 中国少数民族服饰文化艺术研究［M］. 民族出版社 2012 年版.

37. 杨圣敏主编. 纪念费孝通先生民族研究 70 年论文集［C］. 中央民族大学出版社 2009 年版.

38. ［德］马克斯·韦伯（Max Weber）. 社会学的基本概念［M］. 胡景北译. 上海人民出版社 2005 年版.

39. ［德］马克斯·韦伯（Max Weber）. 宗教社会学［M］. 康乐简惠美

译. 广西师范大学出版社 2005 年版.

40. ［德］马克斯·韦伯（Max Weber）. 儒教与道教［M］. 洪天富译. 江苏人民出版社 2008 年版.

41. ［英］马林诺夫斯基. 文化论［M］. 费孝通等译. 中国民间文艺出版社 1987 年版.

42. ［英］马林诺夫斯基. 巫术科学、宗教与神话［M］. 李安宅译. 中国民间文艺出版社 1986 年版.

43. ［英］詹姆士·弗雷泽. 金枝［M］. 卢晓辉译. 广西师范大学出版社 2005 年版.

三、论文类

1. 王萌. 佛教的中道思想及其对和谐社会建设的意义［J］. 中南民族大学学报. 2012（05）.

2. 杨东晨，杨建国. 论盘瓠故事与古民族部落迁徙及融合的关系——兼论盘瓠故事和传说遗迹的史料价值［J］. 广西右江民族师专学报. 2003（01）.

3. 马丽亚. 浅议苗族服饰中的盘瓠崇拜及其历史渊源［J］. 凯里学院学报. 2012（04）.

4. 刘亚虎. 盘瓠神话的历史价值及其在武陵的源起与流传［J］. 三峡论坛. 2014（06）.

5. 刘绪义. 盘瓠神话与民俗的传承流变［J］. 湖南师范大学社会科学学报. 2005（04）.

6. 何颖. 盘瓠神话与"社会崇拜"文化现象［J］. 广西师院学报. 2000（01）.

7. 罗中. 中国少数民族宗教与和谐社会研究［J］. 中央民族大学学报. 2013（11）.

8. 郭清祥. 关于现阶段处理少数民族宗教问题的分析与思考［J］. 民族研究. 2004（01）.

9. 王铭铭. 中国民间宗教：国外人类学研究综述［J］. 世界宗教研究. 1996（06）.

10. 林国平. 民间宗教的复兴与当代中国社会［J］. 世界宗教研究. 2009（12）.

11. 金尚理. 民间宗教与中国社会［J］. 海南师范学院学报. 2001（08）.

12. 徐小跃．中国传统宗教的信仰模式及其对中国民间宗教的影响［J］．江西社会科学．2006（02）．

13. 汲喆．论公民宗教［J］．社会学研究．2011（01）．

14. 龚学增．论宗教与民族［J］．中南民族大学学报．2002（04）．

15. 罗海涛．盘瓠文化传承下的泸溪民俗艺术特征探究［J］．艺术研究．2013（04）．

16. 王作安．我国宗教状况的新变化［J］．中央社会主义学院学报．2008（06）．

17. 叶小文．社会主义与宗教的历史新篇［J］．中国宗教．2002（01）．

18. 王燕琴．民间信仰对中国宗教发展的影响［J］．2006（09）．

19. 黄剑波．宗教人类学的发展历程及学科转向［J］．广西民族研究．2005（06）．

20. 梁丽萍．关于宗教认同的调查与分析［J］．世界宗教研究．2003（09）．

21. 檀传宝．宗教信仰与宗教道德［J］．北京师范大学学报．1999（07）．

22. 钱雪梅．宗教民族主义探析［J］．民族研究．2007（07）．

23. 万建中．传说记忆与族群认同［J］．广西民族学院学报．2004（02）．

24. 何光岳．论盘瓠氏的起源、分布与迁徙［J］．中央民族学院学报．1989（05）．

25. 吴泽顺．盘瓠神话的深层结构［J］．中南民族学院学报．1992（04）．

26. 何颖．盘瓠崇拜与民族命运［J］．民族文学研究．1997（11）．

27. 罗海涛．盘瓠文化传承下的泸溪民俗艺术特征探究［J］．艺术研究．2013（04）．

28. 明跃玲．文化重构与民族传统文化的保护——以湘西民族旅游文化为例［J］．中央民族大学学报．2007（01）．

29. 郑英杰．湘西文化源流再论［J］．吉首大学学报（社会科学版）．2000（03）．

四、学位论文

1. 李然．当代湘西土家族苗族文化互动与族际关系研究［D］．中央民族大学博士论文，2009 年．

旅游开发背景下的民俗文化变迁研究

——以浦市古镇“抬黑龙”为观察中心

李璋奇*

【摘　要】文化是人类物质文明与精神文明共同作用的产物，不同时代和地域会孕育出不同的民俗文化。文化处于一个动态的变迁过程之中，它在不同的社会历史条件下表现为一个族群对传统文化的继承与萃取，以及对外来文化的批判吸收。人类学视角下的文化变迁是指由于族群内部社会的发展以及不同族群之间的文化接触而发生的族群文化的改变。不同时期的人类学家们对文化变迁的内容、原因、过程以及变迁动力等进行了深入的研究并取得丰硕成果。本文以旅游开发为背景试图理解当前文化变迁中呈现出的新现象和变迁规律。旅游开发与文化变迁之间存在着密切的联系：一方面民俗文化为旅游开发提供了丰富的文化资源和必要的人文基础，与此同时旅游开发也使民俗文化得到继承和保护；另一方面，过度的旅游开发会导致一个地区的民俗文化趋于商品化和庸俗化，从而改变了文化的原有面貌和变迁的轨迹。

【关键词】旅游开发　民俗文化　文化变迁

* 李璋奇，湖南师范大学公共管理学院2018届硕士，现为湖南科学技术出版社区域经理。导师：谭必友教授。

绪 论

一、研究缘起

浦市古镇位于湘西土家族苗族自治州泸溪县南端、沅水中游西岸，是一座具有数千年历史传统的文化古镇。浦市古镇“因军事而立，因商业而兴”，宋代中期朝廷在此处设立了一个军事机构，后得益于沅江优越的水运条件逐渐发展成西南地区重要的商业港口。浦市古镇在近数百年来的发展历程中逐渐形成了以商业文化为核心、多元文化共存的文化共同体——浦市文化圈。在“浦市文化圈”之内有着内涵丰富、表现形式多样的文化事象，如辰河高腔、踏虎凿花、菊花石雕、古寺庙、古建筑文化等，以及诸如抬黑龙、龙舟赛、中元节等诸多大型民俗活动。自 2014 年开始湖南师范大学民族学与人类学研究中心（熠园[①]）在浦市古镇进行田野调查活动，并取得以《浦市龙舟赛》《我在浦市读女神：熠园学人田野考察行记》为代表的学术著作，以及《古建筑权属关系在古镇文化保护中的作用研究——以浦市古镇为观察中心》《浦市土著民族及民族关系变迁根源的反思》等众多学术论文，同时也为当地的旅游开发事业做出了重要贡献。

笔者有幸作为调研团队的一员从 2016 年 1 月至今参与了浦市古镇的文化调研活动，并对这里丰富的民俗活动产生了浓厚兴趣。以往人们对浦市古镇文化的研究主要集中在“码头文化”“会馆文化”“古建筑文化”“高腔文化”及以“瞿、唐、康、杨”四大家族为代表的“商业文化”等。然而，在调研过程中笔者对浦市古镇的“黑龙文化”却情有独钟。“抬黑龙”是浦市古镇的一项重要的民俗活动，在 1949 年以前每年的农历三月初六浦市古镇浦溪村、白头溪村及周边数个村落会举行规模盛大的抬黑龙游街活动。新中国成立后，尤其是在“文革”期间抬黑龙这种民俗活动被当作封建迷信活动而被严令禁止。改革开放以后人们的思想观念得到改变，再加上社会经济得到快

---

① 注：熠园坐落于长沙岳麓山东岭、湖南师范大学东北角，是集湖南省民族历史文化研究基地、湖南师范大学浦市文化研究院，以及湖南师范大学社会学、人类学专业的教学和研究的综合性学术机构。

速发展，全国各地的旅游事业也如火如荼地进行，浦市古镇抬黑龙活动得到逐步复兴。浦市古镇抬黑龙活动是一项宗教集体祭祀仪式，当地的老百姓认为它具有“消灾祈福”“避难祛祸”的功能，至今当地还流传着“天旱求雨抬黑龙，瘟疫流行抬天王”的传说。近年来在泸溪县旅游开发政策的带动下，浦市古镇抬黑龙民俗活动作为一种重要的文化资源得到开发利用。然而在旅游开发的背景下，浦市“黑龙文化”的故事、仪式、主体、场域、价值评估体系等在不知不觉中发生了一定的改变。据当地人介绍，以往抬黑龙活动只在每年三月初六左右进行（不同的村落选择的具体时间不同），或者每当镇上出现瘟疫及大旱的年份才会举行“抬黑龙”活动。而近年来，浦市古镇每年的中元节“抬黑龙”活动作为一项重要的民俗表演也参与该活动。本文旨在旅游开发背景下观察浦市古镇抬黑龙民俗活动在内容、形式及人们的思想观念上发生的改变，从而探索出文化变迁的动力、方向和规律。

二、研究意义

（一）理论意义

文化变迁是文化人类学的重要研究对象，以往社会学和人类学对于文化变迁的研究大多集中在理论和思辨层面，而近年来学术界倾向于在一个社区内对特定的文化现象进行深入的实证研究。[①] 西方人类学家在文化变迁理论方面做了很多研究，其中以斯图尔德为代表的新进化论学派继承了结构、功能主义学派的概念，吸收了博厄斯学派的文化区理论、文化中心等思想，认为某一地区的文化与其所处的生态环境之间相互影响，并且是以多线进化的模式进行的。文化进化被理解为一种特殊的历史重构，或被视为一种独特的方法论和分析方法。斯图尔德的文化变迁理论强调文化生态适应性，认为文化对不同环境的适应性是文化变迁的最重要因素。[②] 但是他过多地强调自然环境对文化的影响，而忽略了人的主观创造性。

“田野中国学”是一种具有中国特色、彰显中国精神的研究理论与方法，其基本内涵和研究方法在谭必友教授所著《关于构建“田野中国学”的几点

---

① 孙九霞．传承与变迁——旅游中的族群与变迁［M］．北京：商务印书馆，2012（7）：22.

② 陈兴贵，王美．文化生态适应与人类社会文化的演进——人类学家斯图尔德的文化变迁理论述评［J］．怀化：怀化学院学报，2012（09）：16-19.

思考》一文中有详细阐述。“田野中国学”是对中国民族学、人类学、民俗学及地方史志和考古学等学科数十年来关于中国“民间文化”以及“少数民族文化”研究成果的总结和提升。“田野中国学”理论为深入开展中国文化研究奠定了更加坚实的学理基础。本文除了运用西方人类学理论对浦市古镇抬黑龙民俗文化变迁现象进行阐述以外，更多的是运用“田野中国学”的研究范式，以湘西浦市古镇抬黑龙民俗活动为观察中心来分析旅游开发背景下文化变迁的特征。本文是运用“田野中国学”的研究方法对民俗文化变迁现象进行解读的一次实践活动，同时也有助于丰富“田野中国学”的理论范式。

（二）现实意义

目前全国范围内如火如荼地开展各种“全域旅游”和“旅游扶贫”项目，一批批国家级和省级历史文化名村、镇不断成功申报，具有一定历史文化底蕴且自然风光优美的传统村、镇成为旅游开发的重点对象。旅游开发在宣传和保护当地传统文化、增加村民收入方面起到了一定作用，但过度开发则会导致传统民俗文化逐渐商品化和同质化。同时在旅游开发的背景下，本土文化会受到外来文化的冲击，从而导致社会矛盾的发生。旅游开发区内的社区居民、地方政府及社区精英们为了满足游客多样化的消费需求，他们选择性地对文化习俗进行继承和保护，从而改变了文化传承的一般性路径①，这样使得传统文化失去其生活性和原真性，逐渐走上表演化和商业化之路。如何在旅游开发的过程中对传统文化进行继承、保护和开发是学术界和地方政府亟待解决的现实问题。本文运用“田野中国学”的理论和方法来探索旅游开发对民俗文化变迁的影响，并通过考察浦市古镇抬黑龙民俗活动是如何与旅游开发进行互动和相互影响的，从而试图探索出旅游开发与文化保护相互促进的可持续发展之路。

三、文献综述

文化变迁研究是人类学的重要研究课题，国内外关于文化变迁的研究也一直在进行，并取得众多的研究成果。自摩尔根时代起，关于文化如何变化

---

① 孙九霞. 传承与变迁——旅游中的族群与变迁［M］. 北京：商务印书馆，2012（7）：3.

及民族文化的未来走向就成为人类学家和社会学家潜心研究的课题。① 本文立足于文化变迁研究，在文献回顾时不仅查阅了许多国内外关于文化变迁的经典理论著作，以及近年来学术界的最新研究成果，也查阅了当地的族谱、方志和地方文献。本文的文献来源包括对学术期刊进行检索、图书馆借阅、档案馆查阅资料，以及在田野调查中发现的古碑、谱牒、口述史等一手资料。

（一）概念廓清

“文化”一词是我们这个时代用得最广泛的词之一，它既是学术研究对象也成为学术研究中的方法，当它作为对象出现时，几乎涵盖了历史上曾经遗留下来的一切有形和无形的东西。② 人类文化构成了一个完整的系统，学术界从结构上把人类文化划分为广义与狭义、概念性或实质的文化、物质文化与精神文化等类型。③ 不同知识背景的人对文化有不同的理解，因而很难给文化下一个很明确的定义。从文化人类学的视角来看，新进化论者怀特（Leslie A. White）在《文化的科学——人类和文明的研究》一书中提出：“文化是一个组织起来的一体化系统”，“基于我们的目的，我们将划分三个文化亚系统，即技术系统、社会系统和思想意识系统。社会系统依附于技术系统并为技术系统所决定，而思想意识系统是受技术的有力制约。”④

“文化变迁”是指“由于族群社会内部的发展或由于不同族群之间的接触而引起的一个族群文化的改变。促使文化变迁的原因：一是由社会内部的变化而引起；二是外部由自然环境的变化及社会文化环境的变化，如迁徙、与其他民族的接触、政治制度的改变等而引起。”⑤ 人类文化的变迁从来没有间断过，人类学研究者也是自始至终从文化变迁的角度去研究人类社会行为的状态和变化规律。我们所说的现代化可以理解为一种巨大的文化变迁过程，即一个传统与非传统相互碰撞与融合的持久、复杂的过程。“涵化”是文化变迁过程中的一个重要概念。人类学家雷德菲尔德（R. Redfield）、林顿

① 冯学红，张海云．文化变迁研究与“深描”［J］．银川：宁夏社会科学，2008（05）：128-130.

② 谭必友．古村社会变迁——一个话语群的分析实验［M］．北京：民族出版社，2005（6）：1.

③ 容观．关于田野调查工作——文化人类学方法论研究之四［J］．桂林：广西民族学院学报（哲学社会科学版），1999（01）：28-32.

④ 沈原等译．文化的科学——人类与文明的研究［M］．济南：山东人民出版社，1988：351-354.

⑤ 卢昕．董家堰周边布依族的文化变迁［J］．北京：大众文艺，2014（11）：76-77.

（R. Linton）和赫斯科维茨等人提出一个可供参考的“涵化研究大纲”。在该大纲中提出了至今仍被经常应用的经典涵化定义：“涵化指的是这类现象，亦即具有不同文化的数个群体的个体之间，发生持续的、直接的接触，结果导致一方或双方原有文化模式发生变化。根据该界定，涵化仅是文化变迁的一个方面，而同化有时是涵化的一个阶段。”①

“话语群”是谭必友教授在《古村社会变迁——一个话语群的分析实验》一书提出的一个概念，即“话语群—行为”模式作为一个基本分析模式。话语群针对的是这样一种社会现象：社会上围绕某种行为而聚集起一系列的话语群落，这些话语群落分布在民间的部分表现为各式各样的交谈语言，分布在政府及相应管理组织中的部分则表现为文件、工作报告、法律法规政策等，分布在学术界的部分则表现为各式各样的学科及其研究结论，分布在文化界则表现为各式各样的艺术形式……当这些以各种形式表现出来的话语（或对话）围绕某个行为聚集在一起时，实际上就形成了一个有着核心话语的话语群落，我们将其简称为话语群。② 话语群理论既是一种理论范式，也是一种研究方法，尤其是进行古村社会和民间信仰研究时具有重要的指导意义。本文在探索浦市抬黑龙菩萨起源的时候，运用话语群理论分析了不同时代和不同群体间关于黑龙菩萨起源的不同话语体系，认为时代变迁引起核心话语群的改变，进而影响人们对社会事物的认识和行为方式。

“旅游”是一种社会文化行为，由于它涉及面宽泛，很难为之做出一个公认而最具概括性的定义。学术界关于旅游的定义由于社会文化、时代背景、研究视角等的不同而见仁见智。国际上比较普遍接受的关于旅游的定义是由瑞士学者汉沃克尔和克拉普夫在 1942 年提出的“艾斯特定义”，即“旅游是非定居者的旅行和暂时居留而引起的一种现象及关系的总和。这些人不会因而永久居留，并且主要不从事赚钱的活动”③。该定义强调旅游活动必然产生经济和社会关系，主要强调的是旅游的综合性内涵。而彭兆荣

① D. L. Sam and B. Oppedal, " Acculturationasa Developmental Pathway", in W. J. Lonner, D. L. Dinnel, S. A. Hayes, and D. N. Sattler(eds.), Online Reading sin Psychology and Culture (Unit 8, Chapter 6), Center for Cross- Cultural Research, Western Washington University, Bellingham, Washington USA, athttp://www.wwu.edu/~culture.

② 谭必友. 乡村社会研究的难题与话语群的观察对策［J］. 北京：北京行政学院学报，2011(03)：32-36.

③ 克里斯托费·霍克韦著；向萍，杜江，张伯山译. 旅游业［M］. 桂林：漓江出版社，1987：2-3.

在《旅游人类学》一书中将旅游定义为："以生活中剩余的财政计划为前提，以自愿为原则，以休闲或积累不同经验为主要目标，到异地或'异文化'人群中去体验的旅游行为。这里有几个基本要件：a. 有富余的财政支出，b. 自愿；c. 离开日常熟悉的生活环境；d. 休闲和积累生活经验。"① 有些学者从目的地社会、游客以及客源地社会等不同视角出发，他们认为"旅游是一种涵化和发展的形式、旅游是一种现代世俗仪式和一种上层建筑"。② 本文认为旅游是在一定的经济基础之上，以休闲体验为目的而离开熟悉的生活环境去体验"异文化"的一种现代世俗仪式的文化活动。旅游开发，我们可以理解为旅游业发展的过程，是人们对旅游景点进行有计划的策划、规划设计、打造和推广的持续发展的过程。以上是本文的基本概念，在文中具体阐述时会有所拓展。

（二）文化变迁理论回顾

文化是人类在一定的自然和社会环境中创造出来的，而文化也深刻地影响着人类的行为和社会活动。文化也处于不断发展变迁的过程中，任何一个区域和族群的文化从其诞生起就处在一个动态的发展过程中。早期的进化论、传播论、历史特殊论、新进化论至功能学派、结构主义学派以及认知人类学和阐释人类学在文化研究方面形成了自己的一整套理论和方法，其中有些理论本身就是研究方法，这些理论和方法有些是从宏观入手，有些是从微观着眼。③ 本文将从文化变迁过程、文化变迁的动力以及文化变迁的内容三个维度进行研究回顾。

1. 文化变迁的过程研究

从文化变迁的过程来看，变迁可以分为"线性变迁"和"非线性变迁"。线性变迁指的是这样一种理论取向，即认为文化变迁的轨迹是预定的，变迁的结果是可知或可预测的；非线性变迁指的是变迁的过程具有不确定性，变迁的结果具有随机性。④ 在线性进化的理论中文化变迁分为单线进化、普遍进化和多线进化。"单线进化"是 19 世纪古典进化论学派泰勒、摩尔根、弗雷泽等人的观点，他们认为文化进化的动力是单一的。这个过程是从一个阶段

① 彭兆荣. 旅游人类学［M］. 北京：民族出版社，2004（12）：16.
② 宗晓莲. 西方旅游人类学研究述评［J］. 民族研究，2001（03）：85-94.
③ 冯学红，张海云. 文化变迁研究与"深描"［J］. 宁夏社会科学，2008（05）：128-130.
④ 吴德群. 文化变迁：理论与反思［J］. 百色学院学报，2015（01）：74-79.

发展到另一个阶段，从简单到复杂，从低级到高级，各民族的发展基本上都是按照同样的顺序进行的。他们认为这种发展的原因在于“各民族心理学的一致性”，文化进化的动力由于人类心理的不断改善所致。正如斯图尔德所说，单线进化论的重要失误在于单凭母权制出现在其他亲属制度之前的臆想，把收集来的杂乱无章的资料硬塞进全人类的史前社会中，强行划分“野蛮”和“蒙昧”两个发展阶段，从而没有注意到不同地区的文化发展轨迹互有区别。

怀特和查尔德继承了单线进化的观点后提出了普遍进化的观点。他们认为所有的人类社会都存在于特定的历史环境之中，而且分别经历了不同的变迁途径，发育出了各不相同的文化传统。普遍进化论的观点强调，在特定的地域内每个阶段的文化发展在很大程度上表现为分化式，并进而构建起了他们所需的辐合式文化发展模型。[①] 1930 年美国人类学家斯图尔德（Steward）提出了“多线进化论”，他在《文化变迁的理论》一书中指出，新进化论学派对文化进化的研究不同于 19 世纪的古典进化论，他认为 20 世纪 70 年代进化论重新成为人们关注的焦点，不是因为要赞成古典进化论的思想。因为“文化进化之概念对当代的研究具有方法论上的潜在重要性，且因为这项概念的科学研究目标对文化分类、历史变迁与文化因果律的概念化都有重大的涵义”[②]。

2. 文化变迁的动力研究

文化人类学有关文化变迁动力的理论可以归纳为“决定论变迁”和“能动论变迁”。决定论变迁是指文化变迁由结构性力量推动，人处于被动地位；能动论变迁则意味着在文化变迁过程中，人具有主动性和创造性。[③] 德国社会学家诺贝特·埃利亚斯（Norbert Elias）认为，文化变迁的动力是人与权力、文明或文化变迁的动态功能关系，动机不是外在的环境，也不是个体的心理或民族精神，而是个体之间的功能关系和相互作用。“是人们彼此共处的形式”，是“人际组织的构造和这个构造赋予单个个人心智功能的形态以及社会影响”[④]。马克思以唯物主义辩证论的观点来看待文化变迁的动力，他认为物

---

① ［美］朱利安·斯图尔德著，谭卫华译．文化变迁论［M］．贵阳：贵州人民出版社，2013：7.

② ［美］史徒华著，张恭启译．文化变迁的理论［M］．台北：允晨文化实业股份有限公司，1984.

③ 吴德群．文化变迁：理论与反思［J］．百色学院学报，2015（01）：74-79.

④（德）诺贝特·埃利亚斯著，翟二江，陆兴华译．个体的社会［M］．译林出版社，2003：15.

质资料生产是文化发展的现实基础，文化的变迁必须从物质资料生产的过程和物质关系去理解。马克思关于文化决定论的观点可以概括为经济基础决定上层建筑，个体的文化活动是以一定的经济基础为前提的。在变迁的过程中人可以充分发挥主观能动性，个体的能动性可以使文化在一定程度上发生改变。

我国学者对文化变迁的动力也有不同的看法，如徐杰舜在《民族自我意识是社会文化变迁的内在动力——以广西贺县南乡壮族为例》一文中提出民族的自我意识是文化变迁的内在动力，并以广西贺县南乡镇的壮族为例对此进行初步的探讨。曾佳的《信息传播：文化变迁的动力——对赣南两个围屋的民族志调查》从传播学角度对赣南地区的民族志调查得出信息传播也是文化变迁的动力。王晓波的《传统民俗文化变迁的动力分析——以广西富川古明城上灯炸龙民俗为个案》中把民族区域自治制度作为文化变迁的重要动力，呼吁利用这一制度的优越性来对传统民俗文化进行保护和传承。

3. 文化变迁的内容研究

文化变迁的内容研究可以从宏观和微观两个视角进行归纳。在国外以格雷布纳、佩里等为代表的播化学派从宏观的角度研究历史上不同地区存在相似或相同文化因素的原因，并以传播的观点解释世界各地文化的相似性。① 马林诺夫斯基的《西太平洋的航海者》以库拉圈为例，详叙了一个民族彼时的文化景观，可谓是某一民族文化的全景展示。② 而格尔茨的《深层游戏：关于巴厘岛斗鸡的记述》以及利奇的《缅甸高地的政治制度》等论著则深入人类生活的细则中寻求文化意义，此一阶段的文化变迁研究力求深入人类日常生活细流中寻求文化发展和变化的迹象，在表述和空间结构的把握中避免宏大叙事模式，而更倾向于生活的本质，不再将文化意义剥离于真实生活。

国内学者对民族文化变迁的宏观研究主要体现在以下几点：把民族文化变迁过程置于中华民族形成与发展的历史长河中，探讨中华民族凝聚力的形成与发展；探讨儒家文化与少数民族文化的关系；分析民族文化融合的意义、途径、过程；研究市场经济条件下的民族文化关系等问题③。民族文化变迁的研究在内容上大致可以划分为以社区和村寨为主的地域民族文化的变迁和在

---

① 冯学红，张海云. 文化变迁研究与“深描”［J］. 银川：宁夏社会科学，2008（05）：128-130.

② 李慧. 城乡互动对乡村文化变迁的影响研究［D］. 山西农业大学，2013：50.

③ 饶旭鹏. 民族文化变迁研究20年——研究现状与存在问题［J］. 贵州民族研究，2005（4）.

地域基础上的文化要素的变迁两类①。在这方面的研究我们可以参考周大鸣的《凤凰村的变迁》、王铭铭的《村落视野中的文化与权力》、张应强的《木材之流动》、阎云翔的《礼物的流动》以及林耀华的《金翼》和庄孔韶的《银翅》等。

目前，国内外学者对文化变迁的研究取得了丰硕的成果，但也存在一些不足之处，主要表现在以下几个方面：首先，以总结性的研究为主，指导性的研究太少，研究滞后，不能适应并满足社会发展的要求。其次，理论建构不足。第三，在研究方法上，田野调查是最基本的技术方法，但同时也要考虑新技术、新方法的运用，如数据库和信息系统的建设等。第四，在研究范式上，仍以传统的民族志的描述方式为主，对要素间的主次关系、因果关系、反馈关系等各种联系的分析存在简单化的倾向。最后文化是地域上的文化，文化变迁也是地域文化的变迁。②

四、研究内容与研究方法

（一）研究内容

我国有数千年的历史文明和文化传统，这些优秀的文化传统本身就是一座丰富的资源宝库，我们可以发挥这种资源优势来服务社会，比如旅游开发。然而过度开发必然会导致文化商品化和文化内涵的丧失，我们在开发中要珍惜和保护传统的文化资源，坚持探索开发和保护传承的可持续发展之路。本文所述的浦市古镇是一个国家级历史文化名镇，也是一个 4A 级旅游景区。浦市古镇具有丰富的文化资源，“抬黑龙”民俗文化就是其中典型的代表。在旅游开发背景下“抬黑龙”活动作为一种文化资源来配合浦市古镇的旅游开发，这一方面有利于传统民俗文化的继承和传播，但也避免不了发展过程中文化商品化、娱乐化和庸俗化等问题。本文以浦市“抬黑龙”这一民俗活动为研究对象，重点探索旅游开发背景下民俗文化的变迁影响，并认为在当前的社会条件下旅游开发已经成为影响文化变迁的重要动力之一。

---

① 许然，朱竑．近年来我国文化变迁研究进展述评［J］．中南民族大学学报（人文社会科学版），2006（6）．

② 许然，朱竑：近年来我国文化变迁研究进展述评［J］．中南民族大学学报（人文社会科学版），2006，（06）：29-33.

本文的研究框架是由理论回顾、研究案例和理论分析三部分组成，以文化变迁理论为研究基础，结合国内外旅游人类学关于文化变迁研究的成果和相关学科理论来具体分析浦市地区“抬黑龙”这一民俗活动，考查这一民俗活动的起源、黑龙庙的分布状况、抬黑龙的仪式过程变迁、旅游开发是如何主导文化变迁的，并提出现阶段文化保护的对策。

（二）研究方法

1. 文献研究法

本文的文献来源主要分为三个部分，一部分选取于中国期刊全文数据库，通过关键字来检索近十年以来有关旅游开发与文化变迁相关的研究成果论文，其次通过网上购买和图书馆借阅与研究主题相关著作，如谭必友著《古村变迁》《田野中的文化呈现》《浦市龙舟赛》，以及谭卫华等译的《文化变迁》、赵玉燕著的《湖南民俗文化》、彭兆荣《旅游人类学》、孙九霞《传承与变迁——旅游中的族群与文化》等。还有一部分是古籍、方志、族谱等文献资料，如《辰州府志》《泸溪县志》《浦市人文大观》《李氏族谱》《张氏族谱》和各种碑文等原始材料。通过对这些丰富文献资料的归类整理，运用逻辑推理和对比分析等方法来探讨旅游开发对文化变迁的影响。

2. 实地调研法

本文主要采用非结构式访谈和半结构式访谈进行资料收集。前者是与受访对象以聊天的方式循循善诱，获得自己想要的访谈材料；后者根据论文研究的主要问题，事先拟定好访谈提纲进入田野开始漫长细致的访谈工作。笔者主要去了浦市古镇和周边参与抬黑龙民俗活动的村庄，比如浦溪村、土桥溪村、马子桥、岩龙头、马王溪、白头溪、新宝村以及下湾等村落和社区，通过深度访谈了解抬黑龙民俗的历史渊源和具体过程，收集了大量珍贵的第一手材料，同时寻找变迁的迹象和变迁的原因。

其次，采用田野调研的方法深入研究对象的生活背景中去，在没有“先入之见”的情况下对研究对象进行观察研究。笔者于 2017 年 9 月亲自参与了浦市镇浦溪村的抬黑龙活动，自己作为抬黑龙活动队伍中的一员，和他们同出同进，一起参加整个抬黑龙祭祀仪式和游街活动。笔者亲眼看见浦市抬黑龙活动的全过程，也明确感受到政府主导的旅游开发对文化变迁的影响，也更能体会到当地人对待传统文化的复杂矛盾心理。上述参与活动对于笔者进行文化变迁研究和论文写作具有很大的帮助。

浦市“抬黑龙”民俗活动简介

一、浦市古镇概况

（一）浦市古镇自然环境

浦市古镇位于湘西土家族苗族自治州泸溪县南端、沅水中游西岸，距县城白沙20余公里。浦市古镇东与辰溪县孝坪镇隔江相望，西接兴隆场，南临达岚镇，北接武溪镇，是泸溪县辖域面积最大和人口最多的乡镇。2006年撤乡并镇调整后，浦市古镇辖4个社区和24个行政村，158个村（居）民小组，现有人口14981户，总人口约6.8万人；镇域总面积238.68平方公里，耕地2630.7公顷，总面积134.71平方公里。[①] 境域气候属中亚热带季风湿润气候，四季分明、气候温和、雨量充沛，沅江流经浦市使得这里土壤肥沃、水资源充足、水运发达；沿江而下可到达常德、武汉，溯江而上可以到达辰溪县、洪江市等地。境内自然资源主要有磷矿、铜矿、铁矿、石灰石，其中李家田的铝土矿和灰洞坳的菊花石储量居全省前列。浦市有稻田33625亩，旱地5808亩，退耕还林5.8万亩，目前的重要经济作物有烤烟、椪柑、荸荠、莲藕、板栗等，此外还有当地闻名的铁壳猪等特产。浦市古镇在历史上曾是中国西南地区物资集散的重要商埠，享有“湘西四大古镇之首”的美誉，它也是中国资本主义的萌芽地、多元文化的融合地和民俗风情的博物馆。[②]

（二）浦市古镇的历史沿革

浦市古镇是一个“因军事而立，因商业而兴”的历史文化名镇。2017年初湘西州考古队在浦市下湾一带发现了“高庙文化”遗址，并出土了如螺蚌壳、石器、骨器、玉器、陶片等大量文物，这也证明了浦市在7800年前就有

① 上海同济城市规划设计研究院，浦市古镇保护与整治详细规划说明书（第二稿）.2012(9).

② 泸溪新闻.中国湖南浦市旅游口号征集启事[DB/OL] http://lxxnews.redne.

了人类文明的足迹。20 世纪 80 年代以来考古工作队在泸溪县二中操场边发掘了 7000 多年前新石器时代的人类遗址。浦市在桐木垅一带发掘出古墓二百余座，其中战国、汉墓近百座，出土了大量珍贵的楚汉时期文物。浦市古镇有文字可考的历史从宋代开始，其最早的政权也可以追溯到宋代，北宋时期浦市古镇有两个政权，一个是流官政权辰州，一个是洞溪政权，宋代时浦市古镇就由这两个政权分管。① 辰州通判驻地为浦口，即现在的江东村，该村至今还保留着宋代浦口城遗址。到明代之后浦市古镇成立了溪洞巡检司，同时由沅陵县和泸溪县共同负责，后沅陵县又将一个池蓬巡检司移至此地，形成一个“三府衙门”现象，直到清康熙年间才撤销池蓬巡检司。②

根据清乾隆版《辰州府志·城池考》记载：“浦口堡县南六十里，宋隆兴中章才邵言，浦口地平衍，膏腴多水口，又当沅靖二州之重。”至元延佑九年（公元 1322 年），浦市古镇从河东（江东村）迁移河西（浦溪村），改名为浦阳镇，浦溪村现存有兴隆街遗址。明洪武十七年（公元 1384 年），沅陵陈明辅《浦市江东陈家山记》一文中也有记载：“河西有大集市曰浦市……”明、清以来浦市商业得到迅速发展，并成为西南地区重要的商业港口和经济文化交流中心。浦市古镇曾有 3 条主商贸街 45 条巷弄、12 座城门、23 座货运码头、72 座寺庙道观、99 座会馆堂坊商行、206 座古建筑、1130 多栋封火墙“窨子屋”古建筑。③ 近代以来，由于水运的衰落，公路系统的不断发展，浦市古镇丧失了交通优势而逐渐走向衰落。近几年浦市古镇因旅游开发兴起得到更多的关注，并在几年内迅速发展成国家 4A 级旅游景区，当地人对浦市古镇的复兴抱有很大的期望。

（三）浦市古镇的族群分布

浦市古镇位于沅水中游西岸，背靠湘西州最大的平原——“长坪平原”。长坪平原是由于河水冲积形成的平原，地势平坦、土壤肥沃、自然资源丰富，拥有人类繁衍生息的优越自然环境。据学者考证浦市历史上曾主要有三大族群居住。首先是廪（猎狑）人，即《后汉书》中所记载的廪君所领导的巴人之后，该族群今主要分布在泸溪、凤凰、麻阳三县交界的巴

① 谭必友. 浦市龙舟赛［M］. 北京：学苑出版社，2016：5.

② 谭必友. 浦市龙舟赛［M］. 北京：学苑出版社，2016：10.

③ 来源于浦市古镇旅游官方网站，网址：http://www.gypushi.com.

头山周围，他们自称是“廪嘎人”，也是真正意义上的土著人。[①] 其次是“瑶佬儿”，也称瑶人，或被称作“蛮夷”，为已经被识别的苗族的一支，现在泸溪县的小章乡还有分布，但大部分已经迁徙至周边的凤凰、吉首、花垣一带[②]。第三是新迁来的汉人。浦市历史上曾是西南地区重要的商业港口，很多汉人从中原各地迁徙至此经商居住、繁衍生息，他们有更高的文明水平，也特别善于经商，他们经营的浦口码头生意非常红火，比当地廪人经营的港口更兴旺。此外这里曾有仡佬族、佤乡人等族群居住。各个民族和族群在浦市生活，他们相互交流、相互融合，为浦市多元丰富的文化奠定了基础。

（四）浦市古镇的文化传统

浦市古镇有着深厚的文化传统，如辰河高腔、菊花石雕、踏虎凿花、苗族数纱、建筑文化等一些国家和省级非物质文化遗产，以及岩门古堡寨等 50 多处国家和省级重点文物保护单位。2008 年“浦市发现”被列为湖南省考古十大发现第二位；2010 年被评为中国历史文化名镇、湖南省旅游重点镇。浦市古镇现在还有大量的古建筑群，现存比较完整的有青莲世第、李家祠堂、李家书院、吉家大院、吉家三重院、周家大院等。这些古建筑既凝聚了中国传统建筑艺术精华，也见证了浦市古镇曾经的辉煌历史。浦市古镇曾有“湖南庙乡”之称，这里曾建有 72 座寺庙，99 座土地堂（坊）。这些寺庙除了具有宗教性质的寺、庙、观、庵、殿、堂外，如普兴寺、江东寺、黔王庙等，还有 12 座缅怀历史人物的庙宇，如鲁班庙、南公庙、三义宫、黔王宫等，但现在很多庙宇已经在历史变迁中被毁坏。

浦市古镇是辰河高腔的发源地，清《湖南通志》载：“浦市产高腔，虽三岁孩童亦知曲唱”。辰河高腔被誉为“神奇的东方戏曲艺术瑰宝”、中国戏曲的“活化石”，其曲腔婉转、幽雅，表演朴实、感人，为汉、土文化融合的产物，深受人们喜爱。此外浦市还有独特的民俗文化，如龙舟文化、黑龙文化等。而抬黑龙民俗活动在浦市人的民间信仰体系里具有独特的地位，它不仅凝聚着人们的精神信仰和对神灵的崇拜，而且也寄托着人们对安居乐业、国泰民安的美好生活的向往。

---

①② 谭必友. 浦市龙舟赛［M］. 北京：学苑出版社，2016：9.

二、浦市地区黑龙庙的分布

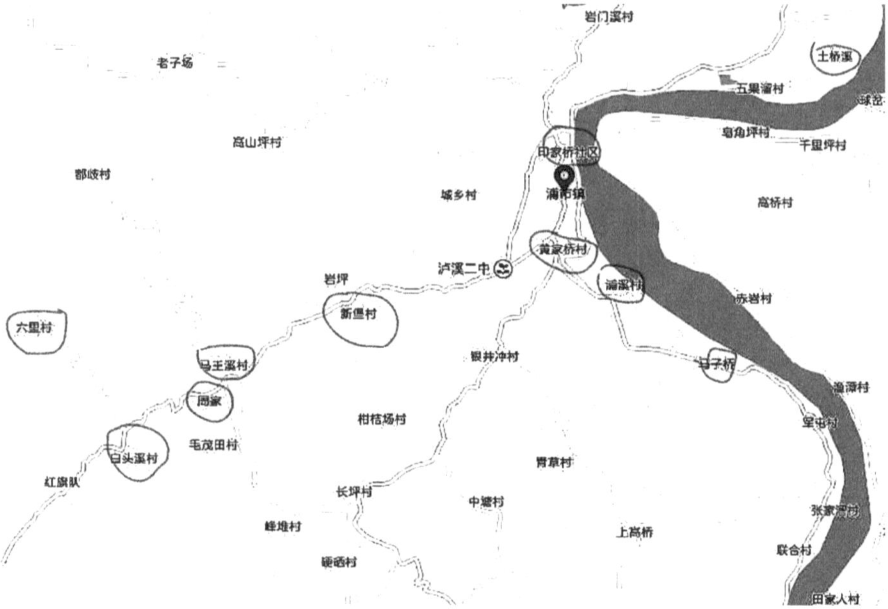

图1　浦市黑龙庙分布图

沅水流域一带的泸溪县、沅陵县、麻阳县、辰溪县、溆浦县等地都有抬黑龙的文化传统，而泸溪县内分布最为广泛，据笔者田野调查发现，浦市古镇及周围村落曾分布有十多座黑龙庙。今在浦市下湾、浦溪、马王溪、白头溪、新宝村等地依然还有黑龙庙存在，并且有的村有两座黑龙庙（或称黔王庙），比如马王溪村有周家、刘家两座庙。据当地村民介绍新宝村几个组曾有六座黑龙庙。本文重点考察浦溪村和白头溪村两个村的黑龙庙。

（一）“娘家”与“婆家”之说：浦溪黔王庙

《辰州府志》记载：“黔王庙在浦市渡口”①，即现在浦溪码头的古渡口边上。浦溪村是浦市古镇的前身，“先有浦溪，后有浦市”。从宋代开始浦溪就是沅江流域重要的商业港口，这里原本有九个码头供往来的商船停泊和转运

① （清）席绍葆，谢鸣谦等修纂．辰州府志［M］．长沙：岳麓书社，2011：341.

物资。浦溪村由于地势比较低，每年发大水经常遭洪水淹没，再加上沅江中游的当江洲被洪水冲掉一部分使得河流改道，导致浦溪渡口水变浅而不能再泊船，浦市港口下移到古镇下游的峨眉湾。

1. 浦溪旧黔王庙

浦溪村黔王庙原址位于浦市镇浦溪村东的浦溪小学，于20世纪80年代被拆毁，原地基和庙门口的石台阶依然保留完整。据当地老人介绍，黔王庙最初是由浦溪村“曾、宋、吉、李、姚”五大姓出资建造，当地还流传着“曾家人的祠堂李家人的庙 ”的说法。乾隆三十年由辰州知府席绍葆主持编纂的《辰州府志·壇庙考》卷十八中有记载：“黔王庙在浦市渡口。”① 这里的黔王庙就是浦溪古渡口的庙。然而从府志的年代我们也可以大概推测该庙于乾隆三十年之前修建。笔者在浦溪村做田野调查时发现一块石碑，该石碑虽残缺不全但是依然可以看到碑上“黔王”“乾隆戊寅岁×夏月××敬献”“胡×文”等文字。碑文上提到的乾隆戊寅岁属于乾隆二十三年（即公元1758年）。所以结合该石碑记载，浦溪黔王庙是在乾隆二十三年以前建成，距今至少超过260年的历史。

图2　浦溪老黔王庙旧址和结构图（宋秀崇作）

---

① （清）席绍葆，谢鸣谦等修纂．辰州府志壇庙考·卷十八（乾隆版）［M］．长沙：岳麓书社，2011：341.

浦溪黔王庙原本占地面积约为2500平方米，据当地人介绍，黔王庙原本共有三进十多个房间。黔王庙的主体由庙里黑龙殿、观音堂、经堂、戏台、茶堂、卧室和广场等多个部分组成。据当地老人回忆，黔王庙门口原本有一对大石狮子，进门处有一座大戏台，每次举行庙会的时候都要在这里表演辰河高腔，来这里祭拜的人络绎不绝，香火非常旺盛。随着时代的变迁，到“文革”时期“抬黑龙”活动被当成封建迷信被严令禁止，黔王庙的文化功能也发生了改变，原本是敬神祭祀的寺庙，于20世纪80年代主庙被拆除用来建现在的浦溪小学和做学校操场。目前可见的只有原墙基和庙前古渡口的红石台阶。

2. 浦溪新黔王庙

老庙被拆除后，于20世纪90年代村里的老人们通过“化缘”等多种方法自发筹钱在原庙旁重新建了一座新黔王庙。根据一位参与建庙的张姓头人介绍，现在的黑龙庙是90年代浦溪村民和浦市古镇的信士们建在老庙右边的，建庙的地是原浦市古镇农场的苗圃园。当时建庙大概花了几千元钱，这些钱大多是头人们四处化缘所得。新黔王庙的正殿最开始只有几平方米大小，现正殿左侧的厨房和右侧的观音堂、斋堂是后来扩建的。以前来这里烧香祭祀的人除了当地的老百姓外，最重要的群体就是沅水流域上的船工和商人了。水运发达时代沅水流域上有很多的船老板、排工和商人的命运与沅水息息相关。至今在沅水流域广泛流传着黑龙菩萨显圣救船工的故事，在船工和商人的心里黑龙菩萨就是他们在沅水流域上的保护神。

如今浦溪黔王庙一共有四间房子，中间是黔王殿，正殿的中间供奉着三尊黑龙菩萨，右手边有帝母娘娘和送子观音，两侧有四大天王。正殿左手边是厨房和卧室，每次举行庙会的时候在这里做饭和休息。正殿右侧有两间房子，靠里面的是观音堂，里面供奉着观音菩萨、十八罗汉和灵官菩萨；靠外一间是斋堂，里面供奉着斋堂菩萨。虽然是新建的黔王庙，但是庙里的环境较差。笔者田野调查时发现这里的房屋规模矮小，设施简陋破旧，光线灰暗，连电灯都是坏的，以往恢宏的气势已荡然无存，联想到以往的辉煌，再看到现在的落魄，留给大家的只有历史变迁过程中的一种由盛转衰的苍凉感。

3. “婆家”与“娘家”

浦溪村的黔王庙不只是浦溪村本地的人来此祭拜，它是以浦溪为中心形成的一个信仰圈，它的覆盖范围除了浦市古镇及周边的土桥溪村、马子桥、岩龙头、吉家头、黄家桥、浦市古镇等村寨，甚至连常德、洪江、辰溪等整个沅水流域都有信众前来祭拜。新中国成立以前，每年到三月初六的时候周边村子的村民都会不约而同地聚集到浦溪黔王庙来举行“抬黑龙”活动。

浦溪黔王庙目前供奉着三尊黑龙菩萨。其中左边一尊黑龙菩萨属于土桥溪村，他们每年农历二月十三要抬回村去吃社饭，二月十五送回浦溪黔王庙。当地人称土桥溪是黑龙菩萨的“娘家”，浦溪是黑龙菩萨的“婆家”，按照当地的习俗每年农历二月十三婆家的人要回娘家吃社饭。据土桥溪村的一位李姓头人介绍：“在1949年以前是土桥溪和浦溪两村一起抬黑龙菩萨的，但是后来两村因为抬黑龙的事闹了矛盾才不再一起抬菩萨。于是流传土桥溪是黑龙菩萨的娘家，浦溪是婆家，两个村分开抬黑龙菩萨。”娘家与婆家之说是后人的一种附会的说法，主要是为了方便抬黑龙活动的开展。在浦市旅游开发的影响下，土桥溪村民更加愿意坚信这种说法，因为大家都明白在旅游开发过程中，这是一种尤为宝贵的文化资源，自然也期待旅游开发带来一定的经济效益。

4. 有关浦溪黔王庙的传说故事

田野调查中我们经常会听到许多故事，这些故事本身也是传统文化的一部分。

这些故事大多与当地的自然和人文条件相关，从这些故事里我们可以感受到当地人的文化信仰及宗教生活中的仪式感。比如新娘新郎经过黔王庙的时候必须下轿下马，商人在风浪中得救后要去庙里还愿等，这既是文化信仰的体现也是宗教生活仪式的表达。而在现代人的生活中这种仪式感似乎正在慢慢缺失。人类学家拉德克利夫・布朗认为仪式是宗教活动的最主要层面，从结构功能和社会整合角度来看，仪式是一种社会秩序的演进，它在社会结构的构造过程中发挥着重要作用。浦市古镇抬黑龙祭祀仪式，可以看作对祖先的集体祭祀仪式，尤其是马王溪和白头溪一带，它可以强化以血缘或者地缘为基础的亲属关系，是宗族文化认同“符号”化的一种具体表现。而作为神灵信仰集体仪式，通过抬黑龙活动既可以使社区内各族群之间产生共同的情感认同、加强地域族群之间的融合，也可以给人们带来超脱、安慰和安全感。

（二）“祖祠”与“神庙”的结合：白头溪黑神庙

图 3　白头溪新建的黑神庙

1. 白头溪黑神庙的历史渊源

白头溪黑神庙位于泸溪县浦市镇西南的白头溪村，距离县城白沙镇约 30 公里，以前被称作“黑佬庙”“黔王庙”，重修之后现在改名叫作黑神庙。据当地人介绍庙里供奉的是唐朝的南霁云将军。黑神庙占地面积约 800 平方米，建筑面积 488 平方米。主体分成两个部分，黑神庙的右侧是黑神殿，里面供奉着两尊黑龙菩萨；左侧是张氏祠堂——“百忍堂”，里面设立张姓先祖神堂，安置着张姓先祖牌位和“功德榜”。此庙是沅水流域一带祖祠与神庙合二为一文化现象的重要体现。根据白头溪《张氏族谱》记载，张氏始祖张八一曾为明朝开国将领，因为崇敬忠烈、倡导奉献，而于明朝初期在白头溪村建立了这座黑神庙。该庙据说距今已有 600 多年历史。原庙规模宏大结构精美，后经历多次劫难，但最终都得到修缮。明末天启年间（即公元 1620—1628 年）当地苗民起义，神庙被毁于一旦，村民流离失所，据说村民们得到黑神指点后才回归家园，此后黑神庙得以重新修缮。对此场景，白头溪（宗支台）有记载：“一拜祖神黑神主，二谢三代祖先恩，不得祖神来护送，如何得转自家门……”但张氏家族是因为什么原因及什么时候把祠堂安放在这座黑神庙左侧则需要继续考证。

2. 白头溪“抬黑神”民俗活动

每年农历三月初六，白头溪都要举行“抬黑龙”民俗活动，当地人也把它叫作抬“黑佬儿”。活动当天，白头溪全村村民以及搬迁至外村的张氏家族（岩寨村、大章村、小章村等）的人，甚至外县如辰溪、麻阳、永顺等地方的张姓人都会赶来相聚“黑龙盛会”。活动当天杀猪宰羊、敲锣打鼓、抬着黑龙菩萨从白头溪村出发开始游行，游行队伍一路锣鼓喧天，打着彩旗，放着鞭炮，场面恢宏，声势浩大，途径“三村六寨”，历时四个多小时又返回白头溪的黑神庙。白头溪黑神庙本来只有一尊黑龙菩萨，庙宇建成不久相传有一天突然间天昏地暗，雷鸣电闪伴随狂风暴雨，上游漂来一尊黑龙菩萨在黑神庙旁的溪里徘徊不前，当地人以为是天将张巡探视忠烈爱将南霁云。于是大家就将这尊黑龙菩萨加以洗表，立于此庙中，从而形成了白头溪黑龙庙有两尊黑龙菩萨，每次举行抬黑龙游行时都要抬两尊菩萨上路的独特风景。游行完的当天晚上，祭拜者们还要在黑龙神像前举行唱佛歌等祭祀活动直到天明。抬黑龙祭祀仪式作为具有象征性和表演性的民间传统行为方式，体现了人类群体思维和行动的本质。仪式作为一个社会或族群最基本的生存模式而存在于人们的日常生活与社会政治生活之中。① 受到旅游开发浪潮的影响，当地人也正在着力把这里打造成一个旅游景点，试图通过黑神庙作为一个窗口来展示当地的风土人情和宗族文化。

3. 黑神庙与“百忍文化”

白头溪黑神庙是一座祖祠与神庙合二为一的信仰结合体。作为神庙它承担着一定的宗教功能和民间信仰的力量，作为张氏宗祠它承担着凝聚家族力量和传播家族文化的功能。宋代以后政府宗族政策的一项重大变化是允许庶民立祠，庶民宗族变成了宗族的主体，在宗族聚居地区，宗族成了普通的平民社会组织。② 白头溪张氏家族的祠堂叫作“百忍堂”，该家族推崇一种“百忍文化”，其具体内涵可以在其祖训“百忍歌”中得到充分体现。“百忍歌”据传为唐代张公艺所作，据《旧唐书》记载：寿张县张家庄村张公艺（577—676），以“忍、孝”治家，九世同居，和睦相处。麟德二年（665）冬十月，唐高宗偕同皇后武则天，带领文武百官离京去泰山封

① 耿敬. 民间仪式与国家悬置［J］. 社会，2003，(07)：25-28.

② 赵玉燕. 湖南民俗文化［M］. 长沙：湖南师范大学出版社，2010（12）：157.

禅，归来路经寿张县访贤，当时张公艺已 88 岁高龄。当高宗问张公艺治家的方法时，张公艺写了一百个“忍”字，做《百忍歌》。张公艺去世后，后人为纪念这位贤人，便为他修建了“百忍堂”，永志纪念。[①]《百忍歌》为中原张氏所作，而此处的张姓究竟与中原张姓是不是同一族源还有待考证。据目前掌握的田野资料来看，当地的张姓更有可能是受到中原文化的影响后汲取了“百忍文化”。白头溪村近年也在策划开发旅游业，旅游开发促使当地文化精英对“百忍文化”有了新的认识，使得优秀的传统文化得到弘扬和传承。

（三）其他黔王庙的分布

如前所述，浦市镇除了浦溪村、白头溪村等有黔王庙外，在镇东边的下湾以及马王溪村、新宝村、六里村等地方还分布有黑龙庙。马王溪村有两座黔王庙，一座是周家人的庙（也是周家祠堂）、一座是刘家人的庙（同时也是刘氏宗祠），这与白头溪的黑神庙相类似。笔者在访谈中得知，当地人认为白头溪的黑龙菩萨与马王溪的黑龙菩萨原本是两兄弟，每年农历三月初六抬黑龙的时候两兄弟必须抬到一起相聚一次。新宝村的黔王庙位于浦市最高山代朝山的山脚下，虽然没有标明是哪一家的祠堂，但是里面除了供奉有黑龙菩萨以外，还供奉了另外一人，具体是什么人当地人也有不同的说法，此处不深入讨论。笔者在田野调查中发现，白头溪黑神庙、马王溪、新宝村黔王庙的附近都有一座风雨桥。据白头溪村风雨桥里的石碑记载：“数百年崎岖之道，造千万人往来之桥斯时，白头溪路当大道，上达滇黔，下通汉湘，官商往来……直村相毗连，客商经过无患，是以先祖相邀，鄱村为首创修于永乐年间建立于发福桥……”该碑树立于清光绪年间，碑文主要记载重修白头溪风雨桥的过程以及捐赠人的名单。从碑文中我们得知：白头溪——马王溪——新宝村——浦市古镇这一路原来是一条官商两用的古通道，经此道上可达滇、黔，下通汉、湘，同时这也是一条黑龙文化的传播之路。

---

① 张公艺《百忍歌》原文解读，让人心胸宽广的一首哲理古诗［DB/OL］. ttps://www.201980.com/juzi/guoxue/10531.html.

图 4　马王溪黔王庙（周氏、刘氏宗祠）

三、抬黑龙活动过程中的仪式

浦市地区传统的抬黑龙活动有一套完整、复杂的仪式过程，但主要是在庙会和游行两个场景中进行。在浦市抬黑龙祭祀仪式是一种结合神灵信仰和先祖崇拜的集体祭祀仪式。这种仪式可以理解为神圣化了的行动和一定文化体系符号的表达。通过某种仪式形式可以将一定的文化“符号”所承载的真实性意义转化成一种信念。以下主要从上述两个方面进行研究。

（一）庙会中的仪式

浦市古镇每年抬黑龙的时候都会举行庙会，在做庙会的过程中都要举行一系列的祭祀仪式。农历三月初六浦溪等村每年都要举行抬黑龙活动，按照浦市当地的传统习俗，在抬黑龙的前一天，即三月初五要在黔王庙或者黑神庙举行一次庙会活动。以浦溪村黔王庙为例，庙会当天浦溪村和周边的土桥溪、岩龙头、马子桥、吉家头、黄家桥等村及浦市镇上包括邻镇约有 200 多人会不约而同地聚集到浦溪黔王庙举行庙会，同时也商讨第二天的抬黑龙活动。庙会的组织者叫作“头人”，他们在整个活动中扮演着重要的角色，是一些祭祀仪式的重要执行者。“头人”通常由一个总头人和七到十几个不等的中老年人组成，他们各自分配任务、相互协调，共同策划和组织每一年的抬黑龙活动。

1. 掷杯筊

庙会开始前总头人要在黔王庙黑龙菩萨面前进行“掷杯筊”的仪式，当地人称作“问告”。杯筊是佛教和道教进行请神仪式时用的一种法器，它长约8厘米，直径约3厘米，形如牛角的顶尖部分，被分成两半：一半是凹面，称作“阴面”，另一半是凸面，称作“阳面”。掷杯筊是人与神灵进行交流的一种活动，人们借助掷杯筊来获悉神灵的旨意。在掷杯筊时一般会出现三种结果：一平一凸称“神告”，表示神明同意所求之事，行事会一切顺利；两面朝下称“阴告”，即表示神明不同意所求之事，行事可能会遇到不顺，可以再次向神明说明自己所求之事重新掷一次；两面朝上称“阳告”，即表示神明对所求之事仍未决定要不要认同，但是掷杯筊向神灵请示一件事情最多只能掷三次。具体步骤如下：首先，在“问告”开始之前要准备贡品。贡品一般有煮熟的猪肉、豆腐、水果、糖类等日常生活比较常见的食品；其次，进行祷告。即先在神台上点上香烛，烧上香纸，然后要敬酒，把准备好的酒洒在菩萨面前的地上（一般要连续倒三次），再在黑龙菩萨面前叩三个头报上自己的名字，家住何处、所求何事进行祷告等。最后，掷杯筊。即将杯茭轻轻掷地，等待菩萨的旨意，做完这些之后这个仪式算正式结束。求得神明的旨意之后，头人开始正式组织庙会活动。

传统的祭祀仪式有一套严格的程序和方法，但随着社会的发展和文化的变迁，祭祀仪式的一些过程慢慢地被简化甚至消失，由于调查资料的局限性而今也难以窥测其全貌。在旅游开发的背景下民族节日和民俗文化变成一种旅游资源，为了迎合旅游者的“凝视”原本严肃的传统习俗变得世俗化和娱乐化。

2. 唱大戏

在祭祀仪式中，音乐行为作为一种祭祀手段，无疑也是一种仪式行为，因此可以说，至少在“行为”这个层面上，音乐行为和仪式行为有等同的概念。[①] 浦市古镇是辰河高腔的发源地，浦市乃至沅水流域一带的人们都喜欢听高腔戏。因此，浦市镇上大部分的祠堂、会馆乃至寺庙里都会有一座

① 薛艺兵. 神圣的娱乐：中国民间祭祀仪式及其音乐的人类学研究［M］. 北京：宗教文化出版社，2003：63.

戏台，每当举行一些大型的集体活动或者祭祀仪式时祠堂或者寺庙里都会请当地的戏班唱高腔戏，这曾在当地成为一种风尚。浦溪原黔王庙占地2500多平方米，规模宏大、气势雄伟距今有数百年的历史。浦溪黔王庙原本有一座戏台，过去这里举行庙会的时候都会请当地的戏班子唱高腔戏。高腔戏的曲目类型众多，其中最知名、表演得最多的戏曲是《目连传》，它是以宗教故事“目莲救母”为题材，将佛教与儒家所主张的孝道结合起来，也是佛教与中国戏曲结合的代表作之一。据当地老人回忆，每次黔王庙举行庙会的时候唱戏表演要从天黑持续到天明，看戏的人很多。如果说实物祭祀是为了满足神灵的味觉需要，舞蹈和音乐的祭献则是为了满足神灵的视觉需要和听觉需要，这就是为什么大多数祭祀仪式除了祭献实物外，还采用舞蹈、歌唱和音乐这类手段来娱乐和取悦神灵的原因。①

3. 现代舞

随着时代的变迁，老黑龙庙在“文革”中被红卫兵摧毁，辰河高腔这种极具地方特色的传统戏曲文化，也随着现代影视产业和新媒体技术的发展而逐渐走向衰落。浦溪黔王庙现在做庙会的时候不再请戏班唱高腔戏，但是衍生出新的祭祀方式，即娱乐表演节目。庙会上的节目类型众多，有唱佛歌、唱花鼓戏的，跳广场舞的，有秧鼓队表演，也有许多年轻人跳着热辣的现代舞。笔者在查看了浦溪黔王庙近十年庙会的视频资料后发现：从参与群体来看，由年轻人为主体逐渐转向以老年人为主体；从活动的形式来看，由传统戏曲转向现代多种形式的娱乐活动，传统仪式不断简化。尤其是从2014年开始，当地开始大力发展旅游业，这也更加激起了当地人的热情，尤其是一些在家创业的年轻人，他们逐渐加入这场集体活动之中。年轻人跳着现代热舞，老人们跳着广场舞，基本上每个村子都有自己的秧鼓队，他们自编自导自演，神圣祭祀活动此刻转变成一场自娱自乐的娱乐活动。

正如涂尔干所言，人类的游戏以及艺术的主要形式，似乎都是从宗教中发展而来，“因为在极其乏味的日常工作中，精神已经憔悴不堪了；正是出于此种原因，宗教才产生并成为必需。膜拜不仅仅是为了掩盖自己某些过于苛刻、过于粗鲁的面目而把艺术作为粉饰自身的外在装饰，在某些方面膜拜本

① 薛艺兵．神圣的娱乐：中国民间祭祀仪式及其音乐的人类学研究［M］．北京：宗教文化出版社，2003：75.

身就是美的。”①从祭祀仪式的实际功能来看，音乐和舞蹈等娱乐活动在浦溪抬黑龙祭祀仪式的过程中并非仅仅是为了取悦神灵，如今这种仪式已演化为活动参与者的一种自我娱乐的方式以及配合当地旅游宣传的需要。

图5　浦溪抬黑龙游街仪式

（二）游行过程中的仪式

沅江流域存在着广泛的黑龙信仰，在沅江中游西岸的浦市镇主要有浦溪、土桥溪、白头溪、马王溪以及新宝等村举行抬黑龙活动。三月初五庙会举行完之后，三月初六要正式进行抬黑龙游街活动。不同村落抬黑龙仪式过程和路线有所不同。2017 年 7 月中旬至 8 月底笔者一直在浦市镇做田野调查，在访谈中得知当年中元节浦溪村又要举行抬黑龙活动，而时间就定在 9 月 2 日。笔者于 9 月 1 日下午赶到浦溪村，在与当地几个头人沟通之后全程参与了这次抬黑龙活动。浦市中元节活动每年要举办一次，主要地点是在浦市古镇游

① （法）埃米尔·涂尔干著，渠东、汲喆译．宗教生活的基本形式［M］．上海：上海人民出版社，2005（6）：23.

客中心广场和浦市万荷园。游行的队伍多达200多人，再加上围观的游客，抬黑龙队伍所经过的街道人山人海、浩浩荡荡。以下将介绍抬黑龙游街的一些重要过程和仪式。

1. 请神仪式：黑龙菩萨“下位”

浦溪村抬黑龙活动的请神仪式主要在黔王庙中进行。请神前头人们要隔夜准备好祭品，天还未亮之前带着祭品前往黔王庙请“黑龙公公”下位。请神仪式分为几个部分：首先，放好祭品，点上香烛，烧好香纸，祭品除了常见的肉、酒、糍粑、糖果之外，还需要准备的最重要的一件祭品就是浦溪曾姓人送上的猪头肉。其次，头人要向黑龙公公进行祷告，说明这次来请他下神台的原因和目的，要在黑龙公公面前“求告”，即掷杯筊，要征得黑龙公公的同意才可以请黑龙“下位”。其中最重要的一道仪式就是曾家人献上猪头肉。曾家人要隔夜准备好猪头肉，第二天一早只有等他们把猪头肉送到黔王庙之后，大家才能把黑龙菩萨从神台上抬下来。此仪式流传至今已上百年，据田野调查得知浦溪黔王庙最初是当地“曾、宋、吉、李、姚”五大户出钱修建的，曾家人在修建黔王庙的时候做了重要的贡献，为了纪念此事每年抬黑龙的时候要等曾家人把猪头肉送到之后才允许抬黑龙菩萨进行游街活动。

2017年9月2日凌晨5点10分，为了看黑龙菩萨“下位”仪式，笔者从住所出发，步行30分钟左右来到浦溪黔王庙。当时天还没大亮，整个浦溪村显得很安静，只看见一户早起卖菜的菜农和听见路边的狗吠声。笔者一个人来到黔王庙，穿过正殿，坐在老码头上的老庙门口等待前来抬黑龙菩萨的人。此时面对曾经辉煌而如今破败的黔王庙，一股历史的沧桑感油然而生。清晨6点10分，陆陆续续有人来到黔王庙门口，随后我们一起进入黔王庙，头人烧了香纸之后就匆匆地抬着黑龙菩萨放到门口准备好的三轮车上，遗憾的是只看到一个如此简化的“下位”仪式。这让我想起了英国人类学家奈吉尔·巴利在非洲喀麦隆的多瓦悠人村落做田野工作的经历，他为了观看多瓦悠人的“割礼”仪式一个人前往非洲进行田野调查，在经过数次失败之后才最终见到此仪式。想到自己在田野中经历的小困难与前者相比是不值一提的，但同时也乐此不疲。

2. 游行队伍的构成

9月2日早上7点10分，村民们在村口集合，大家换好游行穿的服装分配好各自的任务，笔者随着装运黑龙菩萨的三轮车一起前往浦市古镇游客中心。到达游客中心之后，大家把黑龙菩萨抬下车放在路边，在此等待本次中元节活动组织者的下一步安排。此时抬黑龙只是作为浦市中元节的一个民俗表演节目，从7点半到10点半一直在游客中心待命，直到所有节目表演完之后才正式开始游行活动。上午10点30分，抬黑龙游行队伍从游客中心出发，途径太平街——中正街——上正街——到万荷园，最后从万荷园返回浦溪村。抬黑龙的队伍主要由三部分构成。走在最前面的是锣鼓队，队伍由两面鼓、两副铜锣、四副钵子（乐器）共10人组成。他们打的鼓是古时候一种战鼓的打法，鼓声高昂激越，让人想起黑龙菩萨生前在战场上作战的情形。

据一老鼓手介绍，现在打的鼓和以前的鼓区别很大：

> 以前的鼓叫作“暴鼓”，鼓声响起后方圆十几里的地方都会听到。“暴鼓”比现在的鼓要大上五六倍，直径约3米长，鼓槌约1.3米，足有一根出头棍长。一面鼓由前后共8个人抬着走，一个年轻人站在鼓架上打鼓，身后跟着三四十个年轻的小伙子换着打。由于鼓太大、鼓槌也很重，即使一个身强力壮的人顶多也只能坚持十几分钟，而鼓声又不能停，所以得不断地换人跳上去打鼓；另一方面，以前是有四五个村子的人共同参加抬黑龙活动，每个村子都会抬着自己的鼓参加，各个村的人通过鼓声来展示自己的实力，哪个村子的鼓声最大、最持久，就象征着哪个村子的实力最强，也就会得到大家的尊重。①

但各村也经常为打鼓比强弱的事情而导致打群架的事情发生，所以以前抬黑龙的时候妇女和孩子是不允许参加的。

黑龙菩萨游行队伍紧跟在锣鼓队的后面。两个人抬着香炉走在前面，接着由前后4人抬着黑龙菩萨走在后面，紧跟着有4人各打一把伞（黑龙菩萨出行有“半副銮驾”），后面是拿着刀枪等兵器和旗帜的士兵，旗帜上写着护国黔王四个字。这些人都身穿仿唐代士兵的服装，为了有所区别主要采用红、黄、绿三种颜色。走在游行队伍最后的是拿旗帜和随行人及一些看热闹的游客，有的人手里拿着游行的小旗帜。据统计，这次浦溪村参加抬黑龙的人数一共有135人，男63人，女72人，其中有40面大旗、60面小旗，再加上随

① 访谈对象：宋秀崇，71岁，小学毕业，做家具生意；访谈地点：2017年9月3日于浦市古镇十字街。

行人员和游客约有数千人。

3. 游行路线

不同村落抬黑龙菩萨游行路线不一样，祭祀方式也有所不同。浦溪抬黑龙游行的队伍主要在浦市镇上进行，很少抬进附近的村子里。而白头溪等地抬黑龙菩萨主要在周边的“三村六寨”进行，很少抬到镇上来。浦溪黔王庙抬黑龙菩萨的正常路线为：浦溪村——土桥溪——黄家桥——吉家头——上镇街——中正街——河堤——下湾（黑龙庙）——清水坪——后街——浦溪村。但是当地为了发展旅游业，抬黑龙活动的路线和形式都在不断发生改变。在抬黑龙菩萨游行的过程中，每当经过每家每户的门口时，家里的老人带着小孩出门烧香、作揖还会给香火钱以祈求黑龙菩萨的保佑。游行队伍很庞大，前来看热闹的人也特别多，三月初六当天浦市古镇就可以聚集上万人。9 月 2 日下午 12 点 30 分，在经过两个多小时的游行之后，黑龙菩萨又被从万花园用车运回浦溪黔王庙，此次抬黑龙游行活动结束。

图 6　抬黑龙游行队伍（1）

图 7　抬黑龙游行队伍（2）

4. 抬故事和骑行活动

抬故事是抬黑龙活动中主要的一部分。抬故事起源于古老的祭祀活动，具有强烈的民间信仰因素，其本质是为宗教祭祀服务；故事表演者及信众相信世上有神佛的存在，表达了人们对于大自然的敬畏之情及希望神赐福于大众，保佑丰收、安康。① 浦市抬黑龙活动中所抬故事的原型取自如“天仙配”“西厢记”“西游记”“桃园三结义”“八仙过海”等故事里的人物和情节。在最热闹的时候据说要扎七七四十九堂故事。而具体的做法是把五

① 宋琦，王国军，周杜若．梅山文化视域下珠梅抬故事展演及文化变迁——一个非少数民族聚集地的少数民族民俗活动探寻［J］．贵州民族研究，2017（04）：123-127.

六岁的小孩化妆成传统故事里的人物，用一些木架或者铁架子固定在一个桌子上不能动，桌子由4个大人抬着走。这是一个有争议的事，因为这些小孩太小了，小的三四岁，大的六七岁，他们在活动开始的前几天不能喝太多水只能吃干粮，以避免在活动进行的过程中和万众瞩目之下上厕所的尴尬。再者由于游行队伍过于庞大，看热闹的人很多，街道被围得水泄不通，游行队伍举步维艰，小孩要在太阳底下保持一个姿势长达三四个小时，现在看来也是非常痛苦的事。

骑行是抬黑龙菩萨活动中的一项。过去大户人家的小孩经常生病或者为防止小孩生病就租上一匹马，让小孩坐在马背上跟着游行队伍走上一圈，这样就可以得到黑龙菩萨的保佑。骑行队伍多的时候有五六十匹马，而且有的人连续骑行3年。除了骑行，浦市堤上的人还进行“踩高脚”的表演活动，就是用两根较长的木棍在一端再横着安上一个木条，表演的人用脚踩在上面拿着棍子走路，这种活动近年来已经消失了。

图8　抬故事（1）

图9　抬故事（2）

旅游开发背景下“抬黑龙”民俗活动的变迁

一、故事的变迁

在旅游开发过程中旅游开发商、旅游业经营者为了满足游客的多样化需求对传统文化习俗进行选择性的继承和发展，通过对原有文化故事进行改造，以获得现实的经济利益并适应旅游开发的需要。旅游开发的介入改变了文化变迁的路径，在一定程度上旅游开发活动已经成为民俗文化变迁的新动力。

近年来在旅游开发背景下浦市古镇黑龙民俗文化发生了很大变化，这些变化主要表现在故事、仪式、主体、场域及价值评估等方面。

图 10　浦溪黑龙菩萨在浦市游客中心准备参加游行仪式

（一）浦市抬黑龙故事的起源

浦市地区关于黑龙菩萨的起源流传着不同的说法。一种说法认为黑龙菩萨原本是唐朝天宝年间将军南霁云；而另一种说法认为是明代洪武帝朱元璋的义子沐英，也有些地方志记载说黑龙菩萨的前身是雷万春。根据学者们的田野调查资料得知，沅水流域特别是浦市至凤凰乾州一带至今保留着大量的宗祠与黔王庙合二为一的传统。他们至今还保留着农历三月初六抬黑龙祭祖的习俗（尤其是白头溪和马王溪一带），在这一天分布在各地的子孙都要回来参加抬黑龙（神）祭祖仪式及六月过开忌节（六月年）。如今浦市白头溪村的张氏宗祠、马王溪的周氏、刘氏宗祠里仍然供奉着黑龙菩萨。但也有学者认为浦市地区的黑龙菩萨是从该地的神灵“白帝三天王”中演绎出来的，因为三个天王中就有一个黑脸天王。浦市地区的黑龙菩萨双耳戴有银耳环，这正是少数民族文化习俗的体现。

（二）南霁云其人其事

南霁云出生于公元712年，魏州人（今河南清丰县），汉族，在家排行第八，人称“南八”。根据《新唐书》卷一百九十二记载：“南霁云，魏州顿丘人。少微贱，为人操舟。禄山反，钜野尉张沼起兵讨贼，拔以为将。尚衡击汴州贼李廷望，以为先锋。遣至睢阳，与张巡计事。退谓人曰：‘张公开心待人，真吾所事也。’遂留巡所。”① 南霁云在睢阳保卫战中兵败后与张巡、雷万春一同殉难。

唐代韩愈在《张中丞后传叙》中《南霁云之乞救与贺兰》篇记载：

> “南霁云之乞救于贺兰也，贺兰嫉巡、远之声威功绩出己上理，不肯出师救。爱霁云之勇且壮，不听其语，强留之，具食与乐，延霁云坐……云知贺兰终无为云出师意，即驰去。将出城，抽矢射佛寺浮图，矢著其上砖半箭，曰：吾归破贼，必灭贺兰！此矢所以志也。”②

从文中记载中得知，张巡和南霁云在睢阳被安禄山的大将尹子琦围困，张巡派南霁云向距睢阳300公里外临淮的御史大夫贺兰进明求救，但贺兰进明并没发兵救助。公元757年10月，睢阳被攻破，张巡、南八、雷万春、许远等36位将领以及战至最后的400士兵全数被俘，张巡、南八等人慷慨就义。此役睢阳虽然陷落，但张巡等人仅以数千将士，牵制了十数万敌军，坚守睢阳城长达十个月，使江淮地区免受涂炭，可以说拯救了千万江淮百姓，同时给唐军组织反击赢得了宝贵时间，韩愈赞之‘守一城，捍天下’，实在恰如其分。③ 南霁云是唐代天宝年间为河南节度副使张巡的部将，虽然官职不高，但其忠勇有节。在睢阳保卫战中他作战英勇，威武不屈，其英雄气概为后人称赞，各地纷纷建祠庙加以祭祀。浦市古镇城东正街曾建有一座南公祠。据《辰州府志》记载：“南公祠在城东正街，祀唐加赠特进扬州都督南公霁

---

① （宋）欧阳修，宋祁．新唐书卷一百九十二［M］．北京：中华书局，1975：5542-554.

② 周治．唐宋八大家（第一册）［M］．辽宁：辽海出版社，2011（04）：44-48.

③ 史海拾遗．一位船夫，凭着怎样感天动地的故事，被后世尊为“黑龙菩萨”［EB/OL］．http://mini.eastday.com/mobile/160812022725099.html2016-08-12 02:27.

纵观沐英一生可以说是短暂而辉煌，其前半生随着朱元璋南征北战，为明朝的建立立下汗马功劳，并且深得明太祖的信任，死后被追封为黔宁王；其后半生主要主政云南，在随着蓝玉、傅有德一起平定云南后一直镇守云南，在这期间他曾多次平定滇境叛乱，维护了当地的稳定，为国家政权的安定和民族的融合统一做出了重要贡献。然而对于沐英属于哪个民族？学术界还存在不同的看法，一种说法认为沐英属于回族。《中国伊斯兰教概论》和新出版的《回族简史》都说其为回族。也有说沐英属于苗族，丁中炎在《关于沐英、兰玉原籍、原姓及族别问题的新探讨》中认为沐英属于城步苗族自治县的“青衣苗”。①

在浦市关于黑龙菩萨前身的另一种观点认为黑龙菩萨就是明代开国皇帝朱元璋的义子沐英。《浦市人文大观》是以雷建喜等为代表的本土知识精英们编著的一本关于浦市人文历史的史料集成。

> “明洪武皇帝朱元璋的义子沐英（苗族），奉命入滇征战云贵两省的叛军，曾率部在浦市镇浦溪村一带驻扎，一切辎重船队，停泊在浦市下湾地区的河岸。传说因为他在一次战斗中误入敌人的火攻，在烈火中奋战牺牲，其尸身不倒使敌群惊退而逃，事后皇帝追封他为‘护国黔王’，子孙世袭其职，永镇两省。浦市人民为了怀念他昔日率部队路过浦市时，该部将士不扰民，对地方秋毫无犯，因此建立庙宇于浦市下湾和浦溪两地以表怀念。该庙称为‘黔王庙’或者‘黑龙庙’。”②

文中认为明代的沐英为黑龙菩萨的前身，沐英在战争中被火烧死全身发黑，浦市人们为了纪念他的忠诚勇敢、爱民如子，于是就在浦市浦溪和下湾两地建黑龙庙来祭祀他。

此外，浦溪黔王庙中有一石碑，碑文中有关黑龙菩萨的来历记载如下：

> “明朝皇帝朱元璋征服云南以后，命义子沐英镇守丽江古城。明洪武四年其他部族造反打到丽江古城，沐英在指挥战斗中被毒箭射中后见血封喉而亡，满身漆黑，其部下全力反击后打败反军，后沐英被封为护国

---

① 丁中炎. 关于沐英、兰玉原籍、原姓及族别问题的新探讨［J］. 贵州民族研究，1982（04）：30-32.

② 雷建喜：浦市人文大观［M］. 内部资料，1995：294.

黔王，各地均建庙宇祭拜。洪武八年辰州府于浦溪建黔王宫。”此碑中还记载着一段黑龙菩萨显圣的故事：“辰河有一支运桐油往上海的船队，经洞庭湖遇大浪，于危难之际，忽一人上船头指挥航向，安全过往待言谢答曰：‘浦市码头对码头是吾家。’船队返航寻遍未果，于客厅谈论之时，一杂工惊言：‘此黑龙菩萨显灵。’众人大悟天明即起往黑龙庙祭拜，忽大风起处，神相显露，众船工高呼正是此人，再跪拜表感恩。此后每年农历三月六日浦市盛行抬黑龙过街。”

碑文中的记载与《浦市人文大观》中的记载意思大致相似，但他们都认为黑龙菩萨是明代的沐英，原因是沐英被封为“黔宁王”，与“黔王庙”的身份相符合。而且据说沐英曾经走沅江去云南的时候途经浦市，在浦市有过停留，他们认为这与当地人建黔王庙或许有关联。而此碑是由当地人于2015年3月初5树立的，代表的是现代人的一种观点，其内容的真实性有待考证。

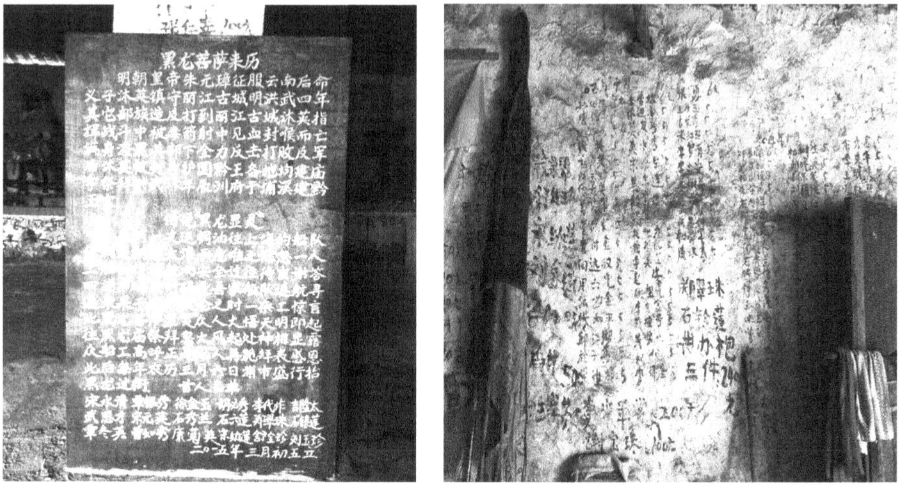

图11　浦溪黔王庙中的石碑及墙壁上的捐款记录

浦市黑龙菩萨起源故事的背后蕴含着当地各民族共同的历史记忆和族群意识，并且随着社会经济、政治、文化的变迁而发生改变。从唐朝天宝年间算起流传至今已超过1200多年，从明代算起也有650多年，故事在历史的传承中也融入了不同的时代内涵。在旅游开发的过程中民俗文化毫无疑问会受到旅游开发活动的影响，部分地方政府、旅游项目开发商、旅游业经营者为化主要表现在活动主办主体的变迁和游行主体的变迁两个方面。首先是举办主体的变迁。抬黑龙在浦市当地是一种传统的、由村民自发组织起来的民间祭祀活动，祭祀的核心主体是黑龙菩萨，而承担祭祀仪式的人则是传统民俗村的村民，在封建社会乃至新中国成立以前是得到政府的默许的。但在“文革”时期要“破四旧”，抬黑龙被当作一项封建迷信活动而明令禁止。浦市大多数黔王庙都是在这段时间被拆毁的，浦溪抬黑龙活动由此沉寂了数年。最近几年浦市古镇正在大力发展旅游业，为了配合旅游开发的需要，浦溪“抬黑龙”被打造为一项重要的民俗活动来进行表演。这不但使浦市抬黑龙活动的组织主体发生了改变，当地老百姓参与其中也就更加积极了。其次是游行主体的改变，尤其是在举办活动过程中“女性角色”的改变。

在以往的时候，女性是不允许参加抬黑龙祭祀活动的：一方面是由于在传统社会女性地位很低，不允许抛头露面参加这类庄严的祭祀仪式；另一方面是抬黑龙活动是一项很消耗体力的活动，游行从开始到结束至少要持续五到六个小时，女性体力吃不消。访谈中也有人说是每次抬黑龙的时候会出现打架事件，为了保护女性而不让她们参加这类活动。而女性在现在的祭祀活动中却是另外一番情景，就笔者 9 月参加的抬黑龙活动来看，包括头人、鼓号队、“女子苗装队”、旗手和一般的随行人员女性参与者达到活动总人数的三分之二，从年龄构成上来看主要是一些中老年妇女，也有少数年轻人。角色改变的原因也主要表现在两个方面，一方面是由于现代社会倡导“平等”“自由”理念和女性社会地位的不断提高使得她们有机会参加祭祀活动，另一方面是由于现代社会的变迁，男性劳动力都外出务工了，家里只留下老人、妇女和儿童，由于游行人员不够所以大量的妇女和老人也参加了这项祭祀活动。

（四）祭祀场域的变迁

19 世纪中叶美国心理学家库尔特·考夫卡利用物理学的“场”概念来解释人的行为，认为人的行为就是一种“场域”。而这种场分为两大系统：一部分是环境，一部分是自我，以此来说明人的心理、行为与环境之间的关系。浦市抬黑龙活动是在特定环境下形成的一种社会行为，原本是一定的时间在固定的场域内进行的。浦溪抬黑龙主要是每年三月初六在浦市古镇的街上游行，而且游行的路线也是固定的，一般是从浦溪出发沿着黄家桥——吉家头——上正街——中正街——河街——下湾一带，然后再由后街抬回浦溪村，以前还要抬到一个叫清水坪的地方去“收瘟”。而白头溪和马王溪一带抬黑龙菩萨一般是三月初六在“三村六寨”进行，有时也会抬到浦市街上去。然而由于旅游开发的介入，抬黑龙这一民俗活动开始被政府“征用”，每年中元节期间在活动举办的地点还要举行一次表演活动，具体时间和地点根据活动需要来确定。所以浦市抬黑龙民俗活动的场域也在不断地发生着变迁。

正如皮埃尔·布迪厄认为的那样，社会空间中有各种各样的场域，场域的多样化是社会分化的结果，布迪厄将这种分化的过程视为场域的自主化过程，自主化实际上是指某个场域摆脱其他场域的限制和影响，在发展的过程中体现出自己固有的本质。① 浦市抬黑龙民俗活动场域的改变是为了配合旅游开发的现实需要，也是当地人为了摆脱活动场域的限制而进行的自主选择。这种场域的变迁不只是物理场域的改变，也反映出在人们内心文化观念的变化。

（五）价值评估的变迁

我们这里所说的价值评估主要是指不同主体对于抬黑龙民俗活动的态度及基本价值取向。在这里价值评估从两个角度得到体现：一个是从政府的角度，一个是从普通民众的角度。浦市抬黑龙在不同的历史时期政府表现出不同的态度和价值导向，在封建社会时期政府对抬黑龙这一民俗活动是默认和支持的。因为祭祀的主体是一位对朝廷忠心，且为国捐躯的将军，其宣扬的社会价值观符合当时以儒家思想为正统的主流价值取向，且有利于社会治理和维护社会稳定。所以这一时期的政府是支持抬黑龙这一民俗活动的。到了“文化大革命”和“破四旧”时期，国家政策和主流价值观发生改变，认为一切祭祀活动都是搞封建迷信，于是抬黑龙等民俗活动被迫中断。进入 21 世纪以来，人们重新审视传统民族文化，对其进行批判吸收、重视对优秀传统文化的保护和传承。

2017 年 1 月 25 日国家出台的《关于实施中华优秀传统文化传承发展工作的意见》中提出了要传承发展修齐治平、道法自然、天人合一、与时俱进等核心思想理念，天下兴亡、匹夫有责、孝悌忠信、礼义廉耻等传统美德，以及简约自守、中和泰合的人文精神，重点保护传承文化遗产。而浦市抬黑龙这一民俗活动诠释着忠心爱国这一核心思想理念，所以得到政府的支持和鼓

① 李全生．布迪厄场域理论简析［J］．烟台大学学报（哲学社会科学版），2002（02）：146-150.

励。再者抬黑龙这一民俗活动具有旅游开发价值，并且政府也发现这一民俗文化背后的经济意义，于是对它进行“征用”，从而使抬黑龙这一民俗活动得以顺利进行。

人们最开始抬黑龙菩萨的时候是认为这种祭祀仪式具有“消灾祛祸”和“求雨祈福”的功能，能解决人们的现实需求。因而人们参与祭祀活动时内心的虔诚度很高、仪式也比较庄严，而且场面也很热闹。但随着现代科学技术的进步、人们生计方式的改变以及思想观念的变化现在已不再像以前那样崇拜这项活动。大部分年轻人认为这是村里的一个传统集体活动大家不得不参加；有些人把这当作一项集体的娱乐活动，因为它能把大家聚集在一起进行一次乡村娱乐；还有人看到活动背后的经济价值，尤其是旅游开发带来的潜在利益和未来发展机遇，传统祭祀意义的价值取向降低。随着社会经济、政治、文化和人们生计方式的改变，人们对抬黑龙民俗活动的价值评估也处在不断地变化之中。

旅游开发背景下的文化变迁问题

一、旅游开发与文化变迁之间的关系

旅游开发与民俗文化变迁之间存在着相互促进和相互制约的辩证关系。一定区域内的民族文化为旅游开发提供了人文基础和文化支撑，使旅游产品更具吸引力和发展潜力。旅游开发也能促使一些濒临消失的民俗文化重新得到重视和保护。

在我国一些少数民族地区，凭借丰富的非物质文化遗产资源，相继通过旅游开发来满足人们日益增长的物质文化需求，促进地方经济的发展。而另一方面，在旅游业快速发展的背后，在强大的物质、能量及信息输入的作用下，各民族非物质文化遗产的生存环境受到影响，从而导致非物质文化遗产受到不同程度地侵蚀、扰动、摧毁，其“弱势性”与“濒危性”日渐凸显。[①]

① 谭卫华，罗康隆. 旅游开发中的非物质文化遗产保护刍议［J］. 柳州师专学报，2010（03）：4-7.

在旅游开发的过程中要把握好文化变迁的规律，过度的商品化、表演化和快餐化会使得传统文化丧失原真性、朴实性和生活性。尤其像浦市抬黑龙这种祭祀类的仪式活动，其本身具有一定的神圣性和严肃性，如果将其过度的娱乐化和表演化势必导致文化内涵、仪式庄严性丧失，进而导致人们内心的价值冲突，从而对民俗文化传承造成不利影响。

（一）民俗文化是旅游开发的基础

我国拥有悠久的历史传统和丰富的民族文化资源。近几年我国文化旅游业得到迅猛的发展，在很大程度上得益于民族文化资源现代化价值的发挥，优秀传统文化为旅游开发提供有力的支撑点。浦市古镇是一座具有几千年历史文明的文化名镇。2016 年 8 月，湘西州考古工作队在浦市古镇北郊的下湾地区进行第二次考古发掘，笔者有幸亲临考古现场并看到出土的一大批如石器、骨器、凤鸟纹陶片、玉器、青铜器等文物。据说这里是新石器时代“高庙文化”文化遗存，而目前发掘的地方是远古人类的一个祭祀场地①。考古发掘表明早在 7800 年前位于沅水流域中游的浦市古镇就已经有人类繁衍生息，这从考古学层面不仅提升了浦市的文化内涵，更为研究湘西沅水流域人类活动、民风民俗演变等提供了有力证据。

经过数千年的发展浦市古镇已经积累深厚的历史文化底蕴，从物质层面来看浦市古镇现存有大量的古建筑、古码头及其形成的建筑文化、码头文化等。从精神层面来看浦市有踏虎凿花、菊花石、傩面具等为代表的民间工艺美术文化，以龙舟节、中元节、“抬黑龙”为代表的民俗文化，以辰河高腔为代表的戏曲文化及以会馆、茶馆等为代表的商业文化，以普兴寺、上方寺为代表的宗教文化，以李家祠堂、吉家祠堂为代表的家族文化及红色革命文化，等等。浦市古镇以其丰富的文化资源及悠久的历史文化底蕴为依托，打造了以李家祠堂、青莲世第、万荷园、高山坪古驿道等为代表的景点，每年举办“龙舟节”“中元节”“抬黑龙”等民俗活动，旅游业得到迅速发展，并于 2016 年被评为国家 4A 级旅游景区。民族文化资源是在特定的地理环境和历史条件下产生的，具有鲜明的地域性、传承性和不可再生性，作为一种旅游资源它对游客具有重要的吸引力。但是旅游开发的介入会改变文化变迁的轨

---

① 尹检顺. 泸溪下湾考古发掘收获与认识［DB/OL］. 湖南考古，http://mp.weixin.qq.com/s/6SIG4UpXz7Se3VyO4Z8uFg.

迹，使其脱离原有的环境和场域，为了满足游客的世俗化需求而导致文化原真性的丧失，这就要求旅游开发过程中要重视对传统文化的保护。

（二）旅游开发为民俗文化变迁提供新动力

文化是一个动态的发展过程，任何民族、任何区域、任何类型的文化从它诞生起就在不断经历着发展、变化、衰亡的历史过程，虽然其总趋势是保持稳定的，但发展、变迁是不可阻挡的文化现象。关于文化变迁的动力王铭铭认为“在漫长的人类社会发展史中，变迁大多是出于社会内部革新和自我调适的需要而展开的。但是，自五千年起，国家和文明产生，族群之间、政治实体之间的关系成为变迁的重要动力之一”①。他从社会变迁的角度来看，认为社会—文化变迁与西方的殖民主义细节体系构成联系密切。变迁是文化发展的必然结果，而文化变迁的动力既来自内部的物质结构变化，也缘于外部机制的改变。社会内部的变化，尤其是社会生产力的发展、科学技术革命及生产关系的改变使得人们生计方式和生活方式发生改变，从而导致文化变迁现象的发生。而外部机制主要来自自然环境的变化、社会文化环境的变化，迁徙及与其他民族的接触、政治制度的改变以及意识形态交替等引起的文化变迁。②

在现阶段旅游开发被认为是民俗文化变迁的新动力，这主要表现为时空上的传承性和移植性。以浦市抬黑龙民俗活动为例，笔者在访谈的时候得知，在“文革”时期受“破四旧”思想的影响，黔王庙被拆民俗活动被禁止。虽然后来当地村民慢慢地恢复了这一活动，但也只是小规模地进行，老百姓心里仍然有所顾忌。然而到近几年受旅游开发的影响，这一文化才得以复兴，群众的参与热情才有所提高。还有很多传统手工艺和传统民俗文化在旅游开发的过程中被发掘，有的被开发成旅游产品而得到大家的青睐。旅游开发使一些濒于消亡的传统文化得到传承和保护，同时也促进了传统文化的复兴。

（三）旅游开发带来文化变迁中的问题

旅游开发在一定程度上使得民族文化得到保护和传承，但是也会带来一

① 王铭铭．文化变迁与现代性的思考［J］．民俗研究，1998（01）：1-14.

② 傅安辉，余达忠．文化变迁理论透视［J］．黔东南民族师专学报，1996（03）：10-14.

系列文化变迁的问题。而这些问题主要表现在两个方面：一方面旅游开发的过程中开发者为了满足游客多元的、世俗化的需求而导致对传统文化进行过度的开发，从而使传统文化趋于商品化、娱乐化、表演化从而使其失去文化的原真性。文化的朴实性、原真性、生活性在旅游开发和游客的凝视中慢慢消失，取而代之的是表演化、舞台化和快餐化。[①] 中国学者关于这方面的研究最早始于王宁在《旅游研究年刊》（Annals of TourismResearch）上发表的《再论旅游体验中的真实性》（Rethinking Authenticity in Tourism Experience），文中主要从游客的视角，针对游客的体验分析了后现代主义真实观和存在主义真实观，认为不管旅游地是否真实，游客都有可能感觉到真实。[②] 而另一方面随着旅游开发的进行，外来文化的进入对本土文化观念、文化行为等造成激烈的冲击，同时也会导致文化同质化和涵化现象加剧。文化同质化增强就意味着本土文化的独特性逐渐流失，也会使旅游景点对游客失去吸引力，最终不利于旅游开发和文化传承。"文化涵化"即文化变迁一旦发生，就改变了原有的文化结构，或者产生新的文化结构来代替，旧的文化物质丧失、消亡，或者在原有文化结构的基础上进行创新，形成新的文化模式，或者因为不同的文化接触、移入，引起原有文化结构的变化。[③] 而旅游开发过程中的文化"涵化"现象，主要是指旅游开发中外来文化的植入使得文化接触增多，从而改变文化变迁原有的路径。当传统习俗遭遇现代游客的凝视，当传统文化景观因为游客较少而遭遇存在的尴尬，当传统的生计方式因为旅游而产生附加值，当传统的宗教信仰在发展中传承，当传统的族群文化因为利益而产生冲突，当传统的歌舞形式因为经济利益而出现异地移植的时候，我们明显地感觉到旅游业对曾经"封闭落后"地区的深远影响。[④]

由于浦市古镇旅游开发起步比较晚，发展速度相对较慢，商业化程度也不高，文化的原真性保持得相对比较完好。但是随着旅游开发程度的深入，当地的老百姓开始有意识观察游客的喜好，然后对自己的传统文化进行改造以适应旅游的发展，满足游客们"世俗化"的需求，民俗文化在传统与现代的碰撞中逐渐被改写。

---

① 傅安辉，余达忠. 文化变迁理论透视［J］. 黔东南民族师专学报，1996（03）：10-14.

② Wang Ning. Rethinking Authenticity in Tourism Experience［J］. Annals of Tourism Research，1999（2）.

③ 孙九霞. 传承与变迁——旅游中的族群与文化［M］. 北京：商务印书馆，2012：3.

④ 孙九霞. 传承与变迁——旅游中的族群与文化［M］. 北京：商务印书馆，2012：22.

二、旅游开发背景下的民俗文化保护

民俗即民间风俗，指一个国家或民族中广大民众所创造、传承、享用传承的生活文化。[①] 民俗活动作为社会的文化传承，是一定社会生产方式和生活方式的产物，并呈现出一定的地域性、群体性、形象性和传承性等特征。我国幅员辽阔人口众多，由56个民族共同构成一个民族大家庭，每个民族都有自己独特的民俗文化和民族风情。民俗旅游是现代旅游发展的重要组成部分，也是一种高层次的文化旅游。由于它能够满足游客“求新、求异、求乐、求知”的心理需求，因而成为旅游行为和旅游开发的重要内容之一。[②] 我国的民俗旅游开发起步较晚发展不规范，有些民俗文化正在走向消亡或者被同化和过度商品化，因而对传统民俗文化的保护势在必行。

（一）民俗文化保护的理念与主体

民俗文化是在一定的自然条件和社会历史条件下形成的，是每个民族在数千年传承中保留下来的宝贵精神财富。在对民俗文化的保护过程中我们要采用和谐共生的保护理念，明确保护主体及其责任。

首先，“和谐共生”的保护理念，是指在批判吸收的基础上对传统文化进行及时、有力的保护，在旅游开发活动中不能一味追求经济效应，应该在保持文化原真性的基础上对民俗文化进行合理、科学的利用，使传统文化在应用中获得新的生命力从而实现可持续发展。其次，对民俗文化的保护还应该明确保护主体。我们可以将保护主体分为政府、民间组织、个体（包括旅游开发企业、旅游业经营者、普通民众等）三大类。政府要为旅游开发与传统文化保护提供法律依据和政策支持，使旅游开发和文化保护同时进行，此外政府应该为文化保护提供资金支持，使一些影响深远而濒临消亡的文化得到及时保护，扶持文化传承人，支持民俗文化的推广传承。

民间组织是连接政府与社会文化主体的桥梁，一方面承担对本土民俗文化进行调查、研究、挖掘、整理、宣传、传承等职责，另一方面也为政府制定保护政策时提供专业性的指导建议，同时也可以呼吁更多的社会机构或组

---

① 钟敬文. 民俗学概论［M］. 上海：上海文艺出版社，1998：12.

② 陈红玲，裴锐南. 旅游开发与民俗文化保护研究［J］. 广西民族学院学报（哲学社会科学版），2003（2）：101-102.

织加入传统文化的保护之中。旅游产业开发商和旅游项目经营者具有开发与保护的“二元”身份，他们在民俗文化的开发与保护中扮演着重要的角色。政府、民间组织、旅游开发与经营者三个不同主体在民俗文化保护的过程中可以协同合作，共同构建一个依托旅游开发保护民俗文化、带动经济发展的双目标优化模式①。

此外，学者及高校研究机构，可作为三大主体的必要补充，为民俗文化保护与传承起到积极的促进作用。政府在制定政策、旅游企业在开发项目、旅游者在进入旅游区后、学者在研究非物质文化遗产保护时，都有必要克服以自己的民族文化为中心的心态，不是以自己的文化为标准去衡量、评价，而应当以自己的文化为参照系，听取文化持有者的建议和心声，进入所研究的文化对象之中，通过对原始材料的掌握，按照研究对象的内在特性去制定政策、规划，深入研究。在旅游开发中，政府、旅游企业、旅游者一方面要想方设法提高文化持有者的文化保护意识，另一方面也要尊重他们的发展意愿和建议②。

（二）民俗文化保护的基本思路

民俗文化遗产体现出某一地区长期以来所形成的共同心理、生产方式和生活习俗等方面的特点，既是传统文化的载体，又是地域文化的象征，富有独特的精神价值。③ 对民俗文化的保护应该坚持整体性、创新性的保护思路，同时兴建民俗博物馆，加大民俗文化宣传力度让民俗文化重新走向生活。创新是一种更加深刻的保护方法，在民俗文化原有的基础上对其进行创新，使其变成新文化和新的社会有机体的一部分。一种民俗文化如果想在变迁中避免消亡，就应该把它当作一种社会资源参与文化创新，在创新的过程中获得新的生命力。

在旅游开发过程中的文化创新主要表现在两个方面，一方面是在不改变原有文化本质的条件下对文化的内容和形式进行创新，在表现形式上可以融入一些现代化的文化元素。以浦市古镇“踏虎凿花”为例，它原本是当地苗族人服饰上绣花用的图样，后来从服饰中分离出来形成一种独特的民间凿花

① 王晓波．传统民俗文化变迁的动力分析——以广西富川古明城上灯炸龙民俗为个案［J］．法制与社会，2014（32）：196-197.

② 谭卫华．旅游开发中的非物质文化遗产保护刍议［J］．柳州师专学报，2010，25（03）：4-7.

③ 单霁翔．民俗文化遗产保护、传承与民俗博物馆建设［J］．民俗研究，2013（04）：80-88.

艺术。近年来在泸溪县政府的支持下，踏虎凿花在发展中得到创新，不但凿花的题材融入了现代化生活元素，艺术表现形式也更符合现代化的审美观，并且被制作成台历、摆台、画卷等旅游工艺产品进行广泛销售。在创新性保护思想的主导下，"踏虎凿花"这种民俗文化不但得到保护和传承，而且实现了其经济价值，获得了更加旺盛的生命力。

另一方面就是进行整体性保护。所谓整体性保护，就是将民俗文化遗产所涉及的重要的人、物及环境一同保护起来。这种方式可以吸收记录式保护、实物收集和保存等方式的特点，还可以对民俗文化遗产的项目及相关的人群和社区，他们重要的活动和相关场所，乃至所生活的文化环境、自然环境进行全面保护。① 兴建民俗博物馆是民俗保护的重要手段。民俗博物馆可以完整地、集中地、系统地对区域内的民族文化进行展示和保护，也可以使得民俗文化资源的价值最大化。建设融自然景观和人文景观于一体的各种类型的博物馆，既可以保存和发展各民族古今文明和灿烂文化，还可以通过建设高品位的富有文化内涵的博物馆来提高旅游文化品位。② 文化是一个民族的血脉，在旅游开发的背景下只有更加重视对民俗文化的保护，才能实现旅游开发与民俗文化保护的可持续发展。

结　语

本文以浦市古镇抬黑龙民俗活动为观察中心，在田野调查的基础上探索旅游开发背景下民俗文化变迁的表现、方向和规律，并提出在发展中保护传统文化的观点和建议。我们知道每一种文化的产生、发展和变迁都与它所处的地域条件、自然环境和生计方式密切相关。社会文化都处在变化和变迁的过程之中，而变迁的动力、原因、过程和变迁的方向都是文化人类学的重要研究对象。旅游开发作为现代社会发展的产物，在某种程度上已经成为文化变迁的新动力。一方面旅游开发可以使传统文化得到继承、发展和传播，另一方面旅游开发会造成传统文化商品化、庸俗化，从而导致文化内涵与原真

---

① 单霁翔．民俗文化遗产保护、传承与民俗博物馆建设［J］．民俗研究，2013（04）：80-88.

② 高艳丽．民俗文化旅游开发与保护对策研究——以吉林省为例［J］．今日中国论坛，2013（07）：67-68.

性的丧失。所以在旅游开发的过程中必须重视民俗文化的保护。

笔者自2016年1月以来就一直跟随导师在浦市镇做田野调查，对当地风土人情和文化习惯有一定的了解。本文首先对浦市古镇地域环境、历史文化和族群分布等进行了分析，浦市古镇曾经的辉煌除了自身拥有一定的自然资源外，更重要的是得益于其便利的水陆交通条件。浦市抬黑龙民俗文化在旅游开发的背景下其故事、仪式、主体、场域、价值评估等都发生了变迁。文中对浦市黑龙菩萨的起源进行了分析，同时对浦市黑龙庙的分布、抬黑龙活动中的仪式和过程进行了详细的介绍。民俗文化是中华民族世代传承下来的宝贵文化遗产。政府、开发商、民间组织、学者和普通百姓都应该正确处理旅游开发与民族文化保护的关系，明确保护主体的责任，采用合理有效的保护策略，实现旅游开发与民族文化保护的可持续发展。

本文在研究方法和研究理论上存在着一些不足之处，文中有些论述和观点也不够成熟，这主要取决于调查资料和个人思考的局限性。希望未来自己能够继续对浦市民俗文化进行深入研究，也希望后来的学者们对我的研究进行补充和提供修改建议。

参考文献

著作类

[1]（宋）欧阳修，宋祁．新唐书卷一百九十二［M］．北京：中华书局，1975.

[2]（清）张廷玉．明史：卷一二六·沐英传［M］．北京：中华书局，1974.

[3]席绍葆，谢鸣谦修纂．辰州府志（乾隆版）［N］．长沙：岳麓书社，2011（6）.

[4]（法）埃米尔·涂尔干；渠东、汲喆译．宗教生活的基本形式［M］．上海：上海人民出版社，2005.

[5]（美）史徒华著；张恭启译．文化变迁的理论［M］．台北：允晨文化实业股份有限公司，1984.

[6]（德）诺贝特·埃利亚斯著；翟三江，陆兴华译．个体的社会

［M］．南京：译林出版社．

［7］（美）朱利安·斯图尔德著；谭卫华、罗康隆译．文化变迁论［M］．贵阳：贵州人民出版社，2013．

［8］克里斯托费·霍克韦著；向萍，杜江，张伯山译．旅游业［M］，桂林：漓江出版社，1987．

［9］钟敬文．民俗学概论［M］．上海：上海文艺出版社，1998．

［10］薛艺兵．神圣的娱乐：中国民间祭祀仪式及其音乐的人类学研究［M］．北京：宗教文化出版社，2003．

［11］谭必友．古村社会变迁——一个话语群的分析实验［M］．北京：民族出版社，2005．

［12］谭必友．浦市龙舟赛［M］．北京：学苑出版社，2016．

［13］赵玉燕．湖南民俗文化［M］．长沙：湖南师范大学出版社，2010（12）．

［14］孙九霞．传承与变迁——旅游中的族群与变迁［M］，北京：商务印书馆，2012（7）．

［15］孙九霞．旅游人类学理论与经验［M］．北京：社会科学文献出版社，2013（8）．

［16］周治．唐宋八大家（第一册）［M］．辽宁：辽海出版社，2011．

［17］沈原等译．文化的科学——人类与文明的研究［M］．济南：山东人民出版社 1988（9）．

［18］薛艺兵．神圣的娱乐：中国民间祭祀仪式及其音乐的人类学研究［M］．北京：宗教文化出版社，2003．

［19］彭兆荣．旅游人类学［M］．北京：民族出版社，2004（12）．

［20］Richard Brown：Cultural Reproduction and Social Reproduction，in Knowledge，Edu-cation，and Cultural Change［M］．Lon-don Tavistock．1971．

［21］Pierre Bourdieu，The Logic of Practice［M］．Cambridge：Polity Press，1990．

论文类

［22］宗晓莲．西方旅游人类学研究述评［J］．民族研究，2001．

［23］彭兆荣．失落的主题：旅行文化作为民族志的表述范式［J］．世界族研究，2012．

［24］谭必友．主持人导言：如何处理田野作业中的文化激情、关怀与问

学［J］. 民族论坛，2016（06）：106-107.

［25］谭必友. 乡村社会研究的难题与话语群的观察对策［J］. 北京行政学院学报，2011（03）：32-36.

［26］谭必友. 关于建构“田野中国学”的几点思考［J］. 北京行政学院学报，2013（02）：108-113.

［27］郑先觉，谭必友. 沅水流域民族神祇塑像的当代演变研究［J］. 北方民族大学学报（哲学社会科学版），2015（03）：69-72.

［28］赵玉燕. 旅游吸引物符号建构的人类学解析——以“神秘湘西”“神秘文化”为例［J］. 广西民族研究，2011（02）：184-189.

［29］赵玉燕. 旅游环境下巫蛊文化的变异——以湘西凤凰山江苗族旅游开发为例［J］. 广西民族大学学报（哲学社会科学版），2007（06）：37-42.

［30］谭卫华，罗康隆. 旅游开发中的非物质文化遗产保护刍议［J］. 柳州师专学报，2010，25（03）：4-7.

［31］李桂梅，郑自立. 文化马克思主义的流变、中心议题及启示［J］. 理论视野，2016（07）：40-44.

［32］饶旭鹏. 民族文化变迁研究 20 年——研究现状与存在问题［J］. 贵州民族研究，2005（4）.

［33］冯学红，张海云. 文化变迁研究与“深描”［J］. 宁夏学，2008，（05）：128-130.

［34］许然，朱竑. 近年来我国文化变迁研究进展述评［J］. 中南民族大学学报（人文社会科学版），2006，（06）：29-33.

［35］范可. 在野的全球化：旅行、迁徙、旅游［J］. 中南民族大学学报（人文社会科学版），2013，33（01）：37-47.

［36］吴德群. 文化变迁：理论与反思［J］. 百色学院学报，2015，28（01）：74-79.

［37］高飞飞. 浦市土著民族及民族关系变迁根源的反思——基于社会学视角的田野实地探析［J］. 四川民族学院学报，2015，24（04）：21-25.

［38］王宁：旅游、现代性与“好恶交织”——旅游社会学的理论探索［J］. 社会学研究，1999，（06）：93-102.

［39］谭必友. 七姓证盟西迁与隐居的史诗——武陵山腹地的廪歌研究［J］. 中央民族大学学报，2001（01）：112-119.

［40］史海拾遗：一位船夫，凭着怎样感天动地的故事，被后世尊为“黑

龙菩萨”［DB/OL］http://mini. eastday. com/mobile/160812022725099. html2016-08-12 02:27.

［41］马小洋. 沐英在滇活动与明初政局［J］. 回族研究，2012，22（02）：20-25.

［42］丁中炎. 关于沐英、兰玉原籍、原姓及族别问题的新探讨［J］. 贵州民族研究，1982，（04）：30-32.

［43］耿敬. 民间仪式与国家悬置［J］. 社会，2003，（07）：25-28.

［44］张公艺《百忍歌》原文解读，让人心胸宽广的一首哲理古诗［DB/OL］https://www. 201980. com/juzi/guoxue/10531. html.

［45］王铭铭. 文化变迁与现代性的思考［J］. 民俗研究，1998（01）：1-14.

［46］傅安辉，余达忠. 文化变迁理论透视［J］. 黔东南民族师专学报，1996（03）：10-14.

［47］陈红玲，裴锐南. 旅游开发与民俗文化保护研究［J］. 广西民族学院学报（哲学社会科学版），2003（2）：101-102.

［48］王晓波. 传统民俗文化变迁的动力分析——以广西富川古明城上灯炸龙民俗为个案［J］. 法制与社会，2014（32）：196-197.

［49］单霁翔. 民俗文化遗产保护、传承与民俗博物馆建设［J］. 民俗研究，2013（04）：80-88.

［50］高艳丽. 民俗文化旅游开发与保护对策研究——以吉林省为例［J］. 今日中国论坛，2013（07）：67-68.

［51］容观. 关于田野调查工作——文化人类学方法论研究之四［J］. 广西民族学院学报（哲学社会科学版），1999，（01）：28-32.

［52］卢昕. 董家堰周边布依族的文化变迁［J］. 大众文艺，2014，（11）：76-77.

［53］张海云. 文化变迁研究与“深描”［J］. 宁夏社会科学，2008，（05）：128-130.

［54］李全生. 布迪厄场域理论简析［J］. 烟台大学学报（哲学社会科学版），2002（02）：146-150.

［55］孙九霞，马涛. 旅游发展中族群文化的“再地方化”与“去地方化”——以丽江纳西族义尚社区为例［J］. 广西民族大学学报（哲学社会科学版），2012，34（04）：60-67.

[56] 孙九霞，王学基，黄秀波. 旅游研究的新视角、新方法、新趋势——旅游科学国际学术研讨会暨中国旅游学院院长论坛会议综述［J］. 旅游学刊，2014，29（12）：118-120.

[57] 孙九霞. 民居文化变迁中的“虚无”与“实在”——以丽江古城客栈为例［J］. 广西民族大学学报（哲学社会科学版），2014，36（06）.

[58] 李璋奇. 古建筑权属关系在古镇文化保护中的作用研究——以浦市古镇为例［J］. 美与时代（城市版），2017（07）：26-28.

[59] Wang Ning. Rethinking Authenticity in Tourism Experience[J]. Annals of Tourism Research, 1999,2.

[60] Pierre Bourdieu, Distinction: A Social Critique of the Judgement of Taste [J]. London: Routledge & Kegan Paul, 1984.

宗族研究

当代宗族认同的重构

——以浦市姚氏宗族为中心的观察

何　强*

【摘　要】曾一度销声匿迹的宗族现象自20世纪80年代末期起再次活跃在人们的视线中，随着时间的推移，宗族现象亦呈现出日益扩张的趋势。那么，当代宗族是在什么样的背景下重建起来的呢？宗族认同又是如何进行重构的呢？当代宗族认同与“原生”的传统宗族认同又有何差异呢？笔者带着这些疑问，围绕地处湘西地区的一座宗祠展开了长时间的田野调查，本文即是笔者尝试解答上述疑问的阶段性成果。

宗族现象是不断变化的，当前的宗族现象只是当前时代环境的产物，随着时间的推移，宗族还将如何变化则有待于人们更多的关注与观察。

【关键词】宗族；复建；认同；新趋向

绪　论

一、研究缘起

在经过了硕士研究生一年级上学期的理论学习之后，自研一寒假始，

* 何强，湖南师范大学公共管理学院2017届硕士，现为江西工业工程职业技术学院辅导员。导师：谭必友教授。

我们便跟随导师在湘西浦市古镇及其周边地区开展田野调查。第一阶段，我们调研的重心在浦市古镇，主要是发掘浦市古镇的文化故事及思考如何对古镇建筑进行有效保护。此时，对于浦市河对面的江东村，我仅知道那里有一座始建于唐代的古寺——江东寺，关于江东村的其他方面，我一无所知，也未加关心。仅对与自己调研主题紧密相关的内容感兴趣，有意忽略看似不相关的信息，没有考虑到各类信息的相关性与整体性，这即是初学者的局限与不足。随着调研的推进，江东地区遗存的古建筑逐渐进入我们的视野，其历史、文化价值也重新被认识，重建中的姚氏宗祠就是众多古建之一。第二阶段，我们着力于撰写古建筑人文志。在多栋建筑中，我选择了位于江东村的姚氏宗祠与一座名为“第二食堂”的老宅作为调研与描述对象。新鲜事物总是更能激发人的兴趣，我渴望在我还未涉足过的江东村发现一些不一样的东西。建筑志旨在对建筑物的物质结构、历史与故事变迁进行描述，以建筑为轴来反映区域历史的变迁。在江东村围绕姚氏宗祠进行了一段时间的调研之后，我们小组见证了姚氏宗祠由破旧不堪到重放光彩的蜕变。至此，我发现姚氏宗祠所包含的内容远远不限于此，因为姚氏宗祠不仅是一栋历史悠久的古建筑，同时它也是宗族的外在符号与象征，它的兴起更代表着旧事物对新时代的适应。为此，我们收集了较为充足的关于姚氏宗族的资料。调研的时候，姚氏的一位老人向我们提供了一份手抄版的姚氏族谱；姚氏宗族负责人姚头人与姚主任，尤其是姚老师——一位已退休的教师等，也给我们提供了很多关于姚氏宗族历史、变迁与重建的资料。除建筑志资料外，在访谈过程中，我们也收集到了很多意料之外的资料。在个人方面，我对于中国传统文化比较感兴趣，中国宗族组织自然是其中之一。但还涉及不深，了解不够，希望做更加深入的研究。当时正值毕业论文选题阶段，在这些因素的综合考虑下，我选择了将对姚氏宗族的分析作为毕业论文的写作内容。

笔者的硕士生导师谭必友教授在2005年著有《古村社会变迁——一个话语群的分析实验》一书，其中有一章专门讨论了现代社会中的祠堂与宗族的命运，他提出了一种新的分析视角——话语群理论，通过这种视角展现了宗族话语与国家话语的几次碰撞并得出结论，在作为主流话语的政治制约之下宗族很难获得复兴，提出可以将宗族作为现代民间组织来建设。至于什么是话语群，他定义道，“话语群针对的是这样一种社会现象，社会上围绕某种行为而聚集起一系列的话语群落，这些话语群落在民间表现为各式各样的交谈语言，在政府及相应管理组织中表现为文件、工作报告、法律法规等，在学术界表现为各式各样的学科及其研究结论……”① 话语群作为一种分析方式，能很好地解释宗族与国家之间的关系演变。可以说，导师在这方面的研究，不仅提供了理论方法，更激励了我以宗族为话题撰写毕业论文。在本文的一些章节中，我也运用了话语群理论对相关现象进行分析。

我之所以将宗族认同作为我意图探讨的最终对象，是受到吴作富先生一篇文章的启发。吴先生在《弗里德曼中国宗族研究范式批判——兼论宗族研究范式的认同取向》中指出，20 世纪 80 年代后的中国宗族展现出了“复兴的状态”，而与此同时，盛极一时的弗里德曼的组织化宗族与地方化宗族研究取向则很难再适合中国宗族的变化实际了。因此，围绕“宗族复兴”开展的研究，亟须新的视角，而“认同”则恰好为对当前宗族的研究提供了新的思路与方向。随后，我通过中国知网搜索发现，结合文化人类学与认同层面对宗族进行研究的论文尚少。因此，我决定在我田野调查的基础上再从认同层面对姚氏宗族进行分析。在与导师进行交流的过程中，我们认为可以探讨在当前的政治、经济、文化与社会背景下，重建中的宗族是如何进行认同重构的，其重新建构的宗族及认同与“原生”的有何差异？因此，我试图通过观察江东村姚氏宗祠物质基础的重建来窥视姚氏宗族认同的重构及新趋向。

二、研究综述

对于中国宗族的定义，种类繁多，但学者们都普遍认可它是基于继嗣关系建立起来的父系组织或群体。中国宗族一直是国内外学者们的重要研究课题，其研究的视角自然也各有不同。在 20 世纪 20 年代，人类学者开始了对中国宗族的研究。本文拟以 20 世纪 80 年代为界线进行文献回顾，将 80 年代之前的宗族研究界定为旧时期宗族研究，80 年代至今的宗族研究为新时期宗族研究。

（一）旧时期宗族研究

结构功能视角。1925 年美国人类学家葛学溥以广东凤凰村为田野点，开展对宗族的研究并发表了著作《中国南方的乡村生活》，此次研究及成果开人类学家对中国汉人宗族研究的先河。之后，国内的人类学者也开始进入这一

① 谭必友. 古村社会变迁［M］. 北京：民族出版社，2005（6）：10-11.

领域。林耀华首先运用人类学的结构功能主义理论，分析了福建东部的宗族村落组织；林氏的《义序的宗族研究》以对福建义序的黄氏宗族村落的考察为基础，系统描述了宗族组织的结构与功能；《金翼：中国家族制度的社会学研究》以小说形式写成，详细论述了黄氏宗族的兴衰、结构与功能。除此之外，陈礼颂的《一九四九年前潮州宗族村落社区的研究》、以及费孝通的《乡土中国》等，这些涉及中国宗族的著作都贯穿着结构功能主义。

经济视角。弗里德曼在中国宗族研究中产生了极大的影响，他在林耀华、胡先缙、陈翰生等人对福建和广东调查研究的基础上进行了新的分析，建立起了自己的研究范式。弗里德曼的宗族研究以共同族产为核心。他在《中国东南部的宗族组织》和《中国的宗族与社会：福建和广东》两部大作中指出，稻作经济、边陲社会、水利工程等是宗族形成的条件；并提出了“祀产”的概念，认为宗族是以族产为基础的继嗣团体，因此，宗族祠堂或公共财产才是凝聚族人的纽带。弗氏的研究范式影响深远，如霍尔根所说“从此以后，我们所见到的每一篇（关于中国宗族的）著作都是针对弗里德曼已经提出的问题而作的评论”①。

心理角度。许烺光在其著作《宗族、种姓与社团》《祖荫下：中国乡村的亲属、人格与社会流动》中从文化与人格的角度探讨了宗族存在的基础，从人的心理需求来说，宗族这一建立在血脉基础上的组织能够满足族人之间交往的各种需求，因此，许烺光强调文化心理和观念对于宗族的重要作用。

（二）新时期宗族研究

20世纪80年代以来，随着宗族在乡村地区广泛复兴与重建，宗族研究再次成为学者们的关注点。新时期，学者对宗族的探讨与研究可以归纳为两部分。一部分围绕宗族重建或复兴进行研究，另一部分则围绕现代社会中宗族组织的认同展开。

1. 围绕宗族复兴或重建的相关研究

关注宗族复兴原因。其间，不同的学者从不同的角度进行了解释。立足功能论视角的分析，王铭铭以塘东村30家住户为研究对象，调查发现堂亲关系在财政、关系、劳力和信息四个方面的互助率远远高于姻亲和朋友之间的

① Clase Hallgren, The Code of Chinese Kinship: A Critique of the Work of Maurice Freedman, OEthnos, vol. 7, No. 1-2, 1979.

互助率，论证了民间传统在现代社会中的积极作用，解释了新时期宗族复兴的原因。孙秀林在《华南的村治与宗族》中进行了实证分析，认为宗族组织的再现，是村民在基层组织功能缺失的状态下，对公共物品需求的一个替代性组织选择。从心理角度的解释，钱杭根据对江西泰和某村宗族复兴的考察与思考，认为宗族的出现与持续存在是出于满足历史感、归属感、道德感、责任感的需要；郭于华则从“亲缘关系”这一深层结构视角来阐述宗族组织在乡村地区复兴的原因。

关注宗族的事件、行动和记忆及在此基础上重建。如景军以大川村孔庙的复建过程为研究对象而撰写的《神堂记忆》。作者通过对“经历者”的访谈，对历史事件进行精心梳理与描述，运用“社会记忆”的理论，在书中展现出了人们如何运用记忆重构和恢复社会关系、亲属制度、地方认同、权力结构、宗教信仰等过程。唐军的《蛰伏与绵延》是对河北某县下冀村恽氏家族的研究，记录了自 1949 年以来与村庄及家族密切相关的重大事件，以此阐明家族行动的内容与特质及其对家族的影响。

关注宗族的复兴与乡村治理的关系。从这一视角分析的学者主要是探讨新时期宗族与基层政权的关系、它们如何进行互动以及宗族组织对乡村治理的影响。肖唐镖认为一方面复兴的宗族组织填补了某些管理真空，有助于乡村的治理；另一方面，宗族也通过宗族势力、裙带关系、亲属网络等因素影响乡村选举与乡村治理。

2. 围绕宗族认同的研究

从中国知网与相关著作中搜索宗族认同出现的所有相关的文章，主要可以分为以下几个方向。

关注宗族认同与政治关系。如科大卫与刘志伟在《宗族与地方社会的国家认同》中讨论了宗族的思想观念如何向地方社会扩张和渗透，宗族礼仪又是怎样在地方社会中推广，从而使得地方认同与国家象征相结合的过程。邱国良在《宗族认同、政治信任与公共参与——宗族政治视阈下的农民政治信任》中阐述了宗族规模不仅对族群认同与族人之间的信任有一定影响，而且还影响着对政府组织的信任。因此，他倡导需要在国家与宗族之间建立稳定的沟通与协商机制，以构建和谐局面。肖唐镖则通过实证分析，探讨宗族对选举与村治的影响，认为宗族在村庄治理中是把双刃剑。

关注符号仪式对认同的建构。陈兴贵在《一个汉族宗族的认同符号》中以重庆松溉罗氏宗族为研究个案，详细论述了族谱、姓氏、字辈、世系、祖先留下的凭证等外在符号的存在，成为宗族认同的重要依据。余达忠在《祖先·祖籍·宗祠——古代宗族制度下的文化认同》中认为，对共同先祖的祭祀即是对于祖源的认同。对祖籍的认同过程，是文化身份的建构过程，而祠堂的建立，将宗族成员之间隐性的联结转化成了一种具体的外显形式。宗族所开展的仪式活动，也是加强宗族成员认同的一种方式。付华顺在《祭祀空间与宗族认同》中认为，禾洋村李氏通过每年对社区神灵东平尊王的祭祀，巩固了村民对宗族的认同与归属，维持了宗族的稳定。同样的，周大鸣、潘争艳在《"年例"习俗与宗族认同》中也论述了皆为潘姓的潭村通过年例活动中的习俗仪式，既体现了宗族的认同，也强化着族人的认同感。

关注宗族认同在现代社会中的依据。邓云的《宗族组织在现代社会中的认同》以广西藤县一个重建的宗族组织为研究对象，从认同视角探讨现代社会中的宗族。作者认为，血缘联结与地缘联结依旧是宗族认同建立的重要依托，两者在宗族认同中紧密黏合。同时还特别指出，宗族认同的心理是普遍存在的，大部分时候是潜在的，在受到外界推动的时候，又会重新建立起来，并最终体现在宗族活动中。

关注宗族认同之下的音乐元素。廖松清在《宗族认同下的吹打乐——以奉化、富阳地区祭祖、丧葬仪式中的吹打乐为例》中通过对祭祖仪式和丧葬仪式中吹打乐的研究，意图结合宗族认同阐释吹打乐能够活用于民间的原因，接着通过对宗族社会中不同仪式应用不同吹打乐的研究，来探讨宗族认同是如何影响吹打乐的建构的。

综上，学者们从各种角度对宗族组织进行了分析，为后辈对宗族的继续研究提供了很好的理论基础。面对变化了的实际，学者们开始了对新关注点的研究。围绕宗族复兴或重建的研究主要集中在复兴或重建原因、与基层政治的互动等方面；围绕宗族认同的研究主要集中在探讨现代社会的宗族认同与基层政治、外在符号、祭祀、音乐的相互关系等。我选择调研的姚氏宗族无论是宗族符号还是内在认同都还在重建之中，我将借用集体记忆与宗族精英来探讨宗族认同是怎样在经历低潮期之后再次重构复兴的，对这一过程性的探讨正是目前的研究中所欠缺的。

我的基本的研究思路为，1949 年之前的姚氏宗族是"正规化"的宗族组织，其认同通过祠堂、谱系、祭祖活动甚至日常生活等得以体现；中华人民共和国成立之后，在新政权反封建的政策下，宗族组织的外在符号被拆除、毁掉，宗族意识与认同在推行新思想，破除旧思想的行动下被压制；改革开放之后，政治环境相对宽松，经济条件得到极大改善，乡村地区宗族组织普遍进行重建，姚氏宗族在这样的背景下，立足于集体记忆与宗族精英的活动，在重建姚氏宗族外在符号的同时，宗族意识与认同也得以重构。但值得注意的是，当前的宗族认同与古代宗族认同是存在巨大差异的。

三、田野历程

田野调查是人类学最重要的研究方法，也是本文赖以存在的基础。2014年年底及2015年在浦市古镇的调研，为本文的写作奠定了基础。针对本文研究对象的调研活动，我共进行了四次，分别为2016年1月23日至2月1日、6月10日至6月20日、7月13日至7月18日、10月14日至18日，累计约一个月。笔者主要是通过对宗祠复建的观察与对相关人员的访谈来获取资料。2016年1月24日，笔者首次来到姚氏宗祠，远远便看到外墙搭建着脚手架，内部摆放着木材与工具，有一位木工正在刨木头，祠堂内部稍显凌乱。6月份再访宗祠时，祠堂面貌已经极大改观，外墙已经刷白，院落墙面画上了彩画，正面牌楼已经焕然一新，气势非凡。其间，我特地到辰溪县访谈了姚头人与姚老师。后两次调研主要在江东村访谈姚姓人，有时在村口小卖部坐着与老人们聊会，有时到老人家里去坐一坐。调研期间，我收集了三本族谱，其中一为纸质版、一份照片版与一份扫描版；一些关于祭祖、动工等活动的视频资料；一些关于筹款情况的电子档文件与三块碑的碑文。

因江东村几乎不存在商品经济，仅有的两个小卖部也极其简单，因此浦市是我调研的中转站，吃住都只能在浦市镇上。每天的必然行程就是到大码头乘船往返江东。因为导师谭必友老师较早地在这片区域开展田野研究，无意地为我们的调研活动积累下了一些人际关系，谭老师在一定程度上充当了我们的“中间人”。但如果能与江东村主任同行，那便更方便不少。乘船次数多了，慢慢地也和渡工们熟悉了起来。在江东村，我感受到村民们的热情、淳朴，也感受到他们生活的不易。

四、研究意义

理论方面

1. 亲属与继嗣研究一直是人类学研究的重心，宗族组织作为普遍存在于传统中国农村社会的父系群体，有其特殊性。从不同角度开展对中国宗族的研究，可以丰富人类学学科的相关理论观点。

2. 在传统社会中，宗族组织在经济、政治、文化等方面发挥着重要的作用，发展到现代社会依然作为基层社会的一种非正式组织，发挥着一定的功能。因此，对宗族的研究有助于加深我们对各个时代基层社会结构与家庭经济模式的了解。

3. 对传统宗族遗留的外在符号，如祠堂、牌位与仪式等的解读，有助于我们了解中国人的意识观念。

实际方面

1. 无论承认与否，宗族意识或外在或潜在地存在于农村地区，个人在行为或心理上从属于血缘认同，但同时他们也是政府治下的民众。因此，对宗族的研究可以为地方政府的治理提供指导与帮助。

2. 无论是古代还是现代，宗族都在制度上或者观念上对其族人进行一定的约束与管理。通过对宗族的研究观察，我们可以更好地理解宗族治下民众的行为，了解其运行模式，把握其行动规律。

3. 传统社会中遗留下来的宗族建筑、相关物及历史事件，是进行历史文化研究的可靠资料，同时，地方可以将其转化为具有吸引力的旅游资源，促进当地旅游经济的发展。

当代宗族认同重构的环境与背景

一、 田野点简介

（一）江东村与浦市

江东村，现属于湖南省辰溪县孝坪镇辖区。江东村位于孝坪镇西部，东与高桥村、皂角坪村相连，南与三村村接壤，西、北面与泸溪县沿江水交界。该地气候为亚热带季风气候，夏季高温多雨，冬季温和少雨；地形总体属于山地丘陵，但沿江地带地形较为平坦，多被用于建房与种菜，也是该村主要的居民聚居地带；江东村沿沅江而建，处于沅江中游段。沅江是湖南省的第二大河流，它不仅为居民提供了丰富的水源，也为他们创造了一种谋生手段，如撑船。务农也是重要生计之一，主要是妇女与老人。该村共 13 个村民小组，256 户，约 1200 人，耕地共计 865 亩，其中水田 700 亩，旱地 165 亩。不过，从平时村里的状况来看，大部分的青壮年以外出务工为最主要的谋生方式。

江东村有悠久的历史，且是浦市历史不可或缺的一部分。江东村与浦市古镇隔江相望，两地没有修建桥梁，铁皮船是来往于两地的唯一交通方式。民国之前，江东村与浦市地区同属于沅陵县管辖。沅陵县志记载，“民国元年，浦市正街及屈望、甲腊坪、红土溪、铁柱潭等地划归泸溪县，沅陵县西南部与泸溪县以沅水为界。”① 自此，浦市地区与江东地区在行政区划上相分离。辰溪县志记载：“1953 年 1 月 24 日，沅陵县第五区（今孝坪镇、船溪乡板桥乡、田湾镇及方田乡大部）划入，为辰溪县第八区（今田湾区）。”② 此后，江东村地区一直为辰溪县管辖。我之所以将之称作“浦市江东村”，正是出于历史甚至当前两地之间的紧密联系的考虑。

宋朝时，江东村驻有辰州府通判衙署。谭老师在调研中发现江东村残存着众多由红砂岩砌成的遗址，猜测该地曾有一古城。据乾隆年间编撰的《辰州府志》第十卷《廨署考》记载：“溪洞巡检署，在县南六十里浦市。宋绍兴初，通判杨抗于此立火楼，鸣鼓为号，镇压蛮夷。洪武初，以火楼地创置巡检署……康熙十五年十二月，署毁于火，地为沅民所侵。”③ 宋朝辰州通判杨抗在浦市峨眉湾设置过火楼。至明朝，此军事据点就成为溪洞巡检署的驻地。如果仅仅理解辰州府志记载的字面意思，则很容易被误导，即，宋朝辰州通判杨抗在浦市峨眉湾设置过火楼，到明朝，此火楼成为溪洞巡检署的驻地。据此，我们很可能就下结论认为辰州通判杨抗也驻扎在浦市峨眉湾。至此，谭教授认为，此火楼仅为杨抗的前线，身为通判，他不会冒险与士兵一起驻在前线。而这座火楼则是专门用来关注敌情变化的。而他们“鸣鼓”通知的就是浦市河对岸的总部。因此，他推断杨抗的驻地在江东村，而不在浦市峨眉湾。

江东不但有官衙，还有繁荣的商业。关于这一区域发展重心的变迁，在当地流传着一句话，即“先有浦口，再有浦溪，后有浦市”。浦口就位于现在

---

① 湖南省沅陵县地方志编纂委员会编．沅陵县志．北京：中国社会出版社，1993（2）：51.

② 湖南省辰溪县志编纂委员会编．辰溪县志［Z］．北京：三联书店，1994（5）：48.

③ 乾隆《辰州府志》（一）卷十《廨署考》．［清］席绍葆，谢鸣谦修纂．湖湘文库编辑出版委员会，岳麓书社．181.

的江东村，随后迁到了浦溪，浦溪因为面积小，无法满足商业的需求，最终迁移到了现今的浦市。

浦市真正的兴盛要从明朝算起。浦市商业繁荣之盛得益于明朝永乐皇帝迁都北京这一历史事件。明朝永乐皇帝继位伊始（1403），礼部尚书李至刚等奏称，燕京北平是皇帝“龙兴之地”，应当效仿明太祖对凤阳的做法，立为陪都。明成祖于是大力擢升燕京北平府的地位，以北平为北京，改北平府为顺天府，称为“行在”。同时开始迁发人民以充实北京；被强令迁入北京的有各地流民、江南富户和山西商人、百姓等。永乐四年，明成祖朱棣下诏兴建北京皇宫和城垣。

皇宫的修复需要大量的木材，高品质的大楠木成为建造宫殿的首选。当时产大楠木的地方主要有湖广、四川、贵州，特别是这三个省交界的武陵山区，产量最大，质量最高。而湖广楠木主要出在辰州府，贵州的楠木出在沅水上游的清水江一带。事实上，贵州的楠木运输也要经过辰州府。所以当时的辰州府汇集了天下很多楠木商人。由于楠木十分珍贵，不久之后，楠木被朝廷宣布为皇木，与楠木相关的词都用皇木代替。楠木商在当时得到的标准称呼应该是“皇木商”。

“皇木商”是当时最具声望的一个商人群体。一方面，浦市水运交通发达，码头条件好，便于木材装排作业；二是浦市地方大，供给方便，又没有官府衙门的干预。据当时史料记载，每个皇木商平均带领的工人在 200 人左右。这是很大的队伍，住在官府驻地很容易弄出麻烦。因此，当时辰州府主要的皇木商大多都居住于浦市。

以木材市场为龙头，带动浦市本土其他产业同步兴起，迅速托起浦市的繁荣盛况。虽然具体年代还有待考证，但浦市冶铁历史之悠久是确切的。文献记载，浦市盛产的毛铁资源非常丰富，冶铁高炉林立，到了夜晚，炉火与船灯映红了浦市江面。至今江西会馆码头沿河以下，存留的铁渣比比皆是，证明昔日冶铁业规模有多庞大。当地的白蜡、桐油、朱砂、蓝靛等特产都是当时全国范围内需求量非常大的物资。白蜡是夜晚所不能或缺的照明材料；桐油是房屋与船舶制造都必不可少的防腐材料；在色彩有限的过去，朱砂与蓝靛都是服装印染等行业的重要原料，尤其是皇宫庙宇所需要的极具象征意义的大红色就必须要用朱砂。浦市一带生产朱砂，当时统称为辰砂。这座万商云集的地方，可以说是七十二行，行行出富豪。截至乾隆末年，在前后 400 年间，浦市以 4 万人口的城市规模、每年 800 万两银子的商品交易额而拥有中国大西南的经济王者地位。浦市街头巷尾至今依然流传着这样一句老话：一个包袱一把伞，来到浦市当老板。财富宝地也造就了不少商业传奇。比如明末清初的吉李两大富豪；清代中期出现的瞿唐康杨四大财主；民国的姚少安等。江东地区存有八大古码头与众多的古宅院，这些都反映了当时江东的繁华与富庶，记录着江东辉煌的商业历史。姚氏宗族即是立足于这样的时代环境发展壮大的，据了解，现三公之后传之二十余世，遍布全国各地，主要聚集在湘鄂渝川黔滇桂七省市，族人有三四十万之多。

江东村是三公后裔族人的发迹地。目前为止，江东村 1200 左右的人口中，姚姓约占百分之八十，其中又以良能公后裔最多。三公奉命从江西南昌迁居沅陵，之后良能公辗转抵达江东地区定居。之后，子孙繁衍，宗族势力不断壮大，经过长时期的发展与迁徙，族人广泛分布于全国各地，主要集中于六省一市（湘鄂渝川黔滇桂）。江东地区遗留下了许多姚氏宗族的象征，如沙堆角的姚氏宗祠与族谱、中溪村瓦庄的祖墓等。因此，这一地区在姚氏人的心中具有不一般的意义。本文正是试图通过以姚氏宗祠为中心的宗族外化物的重建为切入点去探讨姚氏宗族的认同重构。姚氏宗祠位于东村沙洲上，姚氏祖墓位于中溪村瓦庄，而姚大爷又提供了一本手抄族谱，因此，我将田野地点定在了江东村。

（二）宗祠简介

宗祠即是中国人祭祀祖先的建筑物。据考，早在夏商周时期，就已经有宗庙的存在。发展至战国，宗庙则专门用作对历代帝王的祭祀，而帝王之外的各阶级宗族仅能把祭祀各先祖的场所称作“祠堂”。唐宋时期，上层官僚与士大夫大多将其祠堂改称为家庙。到明代中后期以前，建立祠堂是贵族的特权，庶人只能“祭于寝”，因此，那时的祠堂数量并不多。“一套堪称完善的汉人宗族祠堂系统，是明朝中后期才得以出现的，在清朝初期得以固定下来。”① 除皇家仍然沿用宗庙这一称呼，其他各阶层都用祠堂一词。嘉靖十五年，礼部尚书夏言上《献末议清明诏以推恩臣民用全典礼疏》，建议皇上下诏许可天下臣民在冬至日祭祀始祖，“伏惟皇上推广因心之孝，诏令天下臣民，许如程子所议，冬至祭厥初生民之始祖，立春祭始祖以下高祖以上至先祖，皆设两位于其席，但不许立庙以逾分。”② 随着封建贵族势力的衰落，庶人也

① 冯尔康. 中国宗族史［M］. 上海：上海人民出版社，2009：165.
② 冯尔康. 中国宗族史［M］. 上海：上海人民出版社，2009.

有了自建祠堂的权利。清代祠堂广泛兴建，常常是“每一村落，聚族而居，不杂他姓其间，社则有屋，宗则有祠”。①

从其存在年代来说，姚氏宗祠是文物遗迹，其始建年代笔者在第二章中作了推测。姚氏宗祠现在基本完成了修建工作，以前宗祠前是一座围墙，围墙中间开一道拱门；现已新建了高大的牌楼，楹柱上盘着两条巨龙，外形壮观。牌楼上写着“姚氏宗祠”四个大字，中门门框上书写着对联：“祖德仁爱天地鉴，宗恩忠孝日月铭。”横批“国泰族兴”。姚氏宗祠为砖木结构，穿斗式架构，柱子撑起了整座祠堂。宗祠屋顶呈阶梯上升，形制为悬山式。除茶房与牌楼为全新外，其他倒塌部分都已按原貌复修。

姚氏宗祠内景图

姚氏宗祠内部布局。姚氏宗祠面阔三间，进深分为三厅，每厅又进深三间。我们测得了一些数据，祠堂侧面全长 41 米，正面宽 19.8 米，后面宽 13.5 米。祠堂两侧建有高大的马头墙。祠堂左边附有茶房，茶房呈长方形，正面长约 10.45 米，侧面约 13.42 米。祠堂内部中间为过道，分为前厅、中厅与后厅，厅与厅隔有天井。进入大门即是庭院，门厅台基高 0.9 米，从庭院

① 程庭. 若庵集. 卷五“春帆纪程·入新安界”，《四库存目丛书子部补编》第 8 册，114.

上六级台阶到达门厅。门厅左次间 3.56 米，右次间 3.59 米，明间 4.63 米，通开间 11.79 米；门厅进深为 3.8 米，也就是左右木房的侧面长度。前厅塌毁最为严重，因此前厅基本为重建的新建筑。前厅两侧附有两座小房子，原建筑也有，现在重建了。其类似于古时祠堂建筑中的塾，即门内东西两侧的屋子，又称内塾，用作给宗族内的儿童读书。但在访问中，他们说是给管理祠堂的人住的。前厅到中厅建有附有屋顶的过道，过道将天井分为左右两个小天井。过道宽 6.3 米，从过道上三级阶梯到中厅，中厅台基高 0.45 米。中厅亦为三进三开间结构，左次间 3.2 米，明间 5.2 米，右次间 3.25 米，进深为 1.33、3.95、1.38，通进深 6.66 米。中厅基本结构保持原样，右墙面上写着孝悌忠信四个大字，悌字下墙面镶嵌续派碑记石碑，碑高 1.8 米，宽 0.85 米，碑面腐坏严重；信字下墙面镶嵌一块重刊碑，碑高 1.7 米，宽 0.9 米，保存尚好；左墙面书写礼义廉耻四个大字，礼字下墙面镶嵌一块石碑，保存尚好；厅内还放置着一块断碑。两侧墙面都有陈旧的粉刷痕迹，原来在“文革”时期墙面的字和石碑都被白石灰覆盖，现在经过了工人清理才能看见。究其原因，墙面上的字所代表的是传统儒家观念，而儒家观念是封建王朝的主导思想，这与新中国倡导的新价值观念不符，因此，在“文革”时期就被遮盖了起来。由中厅上三级台阶到后厅，台基高 0.68 米，后厅也为三进三开间结构，左次间 3.2 米，明间 5.2 米，右次间 3.25 米；进深 1.66、4.3、1.48，通进深 7.44 米。后厅基本结构也保持了原样，只是墙面上的文字同样经过了粉刷、遮盖。后厅后墙正中摆放着台案，上面供奉着三位开基祖的牌位，自右向左为良德公与黄氏，良能公与杨氏，良珊公与张氏；后墙面正中位置挂有湖南辰州姚氏宗祖世系的简介，其上贴有姚氏师祖舜帝姚重华的圣像，这幅舜帝圣像张贴于 2015 年清明祭祖时，是由湖南姚氏宗亲联谊会赠送的。在简介之上的墙面上写了一行大红字，即“高举毛泽东思想的伟大红旗奋勇前进!”位于祖先牌位与宗族简介之上。左墙面上书写了五联文字，其下为工人们的临时卧室，右墙面相应也有五联文字，其上都覆盖白石灰，具体内容有待察看。

二、当代宗族认同重构的相关背景

个人与集体的行为总是会受到时代背景的影响与制约。存在于中国社会中的宗族现象，从古代的兴起至近代的衰落再到当代的复兴，这一演变过程反映了时代对它的影响。需要注意的是，时代环境可能并不会发挥决定性的作用，但它的影响却是毋庸置疑的。针对宗族复兴的现象，笔者从政治、经济与精神追求等方面交代了其时代背景。

（一）政策环境宽松

之所以将政策因素放在首位，是因为考虑到根据地时期与中华人民共和国成立初期国家对宗族现象进行干预的事实。如 1930 年 5 月，全国苏维埃区域代表大会通过了《土地暂行法》；同年 6 月中国革命军事委员会推行《苏维埃土地法》，两者均明确规定：在暴力推翻豪绅地主阶级政权后，凡属豪绅、地主、祠堂、庙宇、会社等私人和团体占有的田地、山林、池塘、房屋，一律无偿没收。1931 年，苏维埃共和国第一次全国代表大会通过了《土地法》，规定："一切祠堂庙宇及其他公共土地，苏维埃政府必须力求无条件地交给农民。"① 在苏维埃代表大会通过的法令指导下，各苏区相继出台了没收宗族祠堂与族产的具体措施或方案。这些法令的实施使得宗族制度和势力遭受极其严重的打击，甚至被消灭。1949 年中华人民共和国成立之后，中共中央继续在新解放区推行土地改革。1950 年 6 月中央政府通过且施行了《中华人民共和国土地改革法》。其中第 3 条规定："征收祠堂、庙宇、寺院、教堂、学校和团体在农村中的土地及其他公地。"② 宗族土地的被没收，从根本上动摇和瓦解了宗族制度。

这一时期正是党建立和巩固新政权的时期，宣传新的思想，并有力打击与旧政权相关的因素成为必要。宗族组织被认为是君主专制社会中的基层社会组织，地主们则是披着宗族的外衣压榨农民的剥削者。因此，在土地改革过程中，宗族组织中的长老们会被批判或批斗，其物则会被毁坏，以表明其落后性。

经过土地改革与"文革"的洗礼，宗族的组织体制与外在符号已基本被摧毁，人们脑海里的宗族观念也被阶级观念所取代或者被后者压制。1978 年之后，党中央以发展经济为重点，民众在经历了动荡之后，渴望抓住这一难得的契机，于是，在此良好的社会环境下，民众都投入到了生计的奔波之中。虽然政府并没有明文规定或强调限制宗族组织的建设，但囿于财力与时间因

---

① 傅建成．20 世纪上半叶农村族田问题及中共政策分析［J］．咸阳师范专科学校学报．2000（8）：60-64.

② 中央人民政府委员会第八次会议．中华人民共和国土地改革法［Z］．1950（6）.

素，并没有多少人涉及宗族的重建。90年代之后，随着财富的积累与时间的富余，乡村地区修复祠堂的风气开始普遍起来。1996年4月12日，湖南省人民政府发布了《关于制止农村封建宗族迷信活动，加强社会主义精神文明建设的通告》，明令禁止修族谱、建祠堂等宗族活动。但在现实生活中，乡村地区祠堂、祖墓等的重建依旧在进行。

（二）经济条件改善

经济基础决定上层建筑，经济因素在宗族复建中是不可或缺的。自鸦片战争始，频繁的战乱、改革与革命活动使国民经济走向了崩溃。以湖南地区为例，“解放前，湖南农村经济长期处于停滞状态，广大农村过着‘糠菜半年粮’的日子，饥寒交迫”[①]。“1957年农民家庭平均每人纯收入80.93元。1958年以后，农村经济长期停滞徘徊，至1978年，农村平均纯收入142.56元。”[②] 1987年辰溪县农民平均每人全年生活消费支出构成中“生活消费总支出为376元，生活消费品支出达354元，非商品支出仅22元”[③]。由此可见，在中华人民共和国成立初期，国民经济基础薄弱，人民生活艰苦，加之自然灾害的侵袭，这一时期的民众只求满足家庭温饱，甚至到1987年也只够生活必需品的满足，因而不可能投入资金进行宗族的复建。20世纪50年代后期，中国农村地区开始了人民公社化，原宗族社区的成员被划归入不同的生产队，生产队在国家的政策指导下从事生产，以劳动成果支援国家的建设，农民手中并没有经济积累。改革开放之后，生产力得到了解放，人们开始从生产中积累财富。到90年代，国民经济日益发展，社会流动加强，人们能在各行各业工作，生活水平获得极大提高，部分家庭手中拥有一部分积蓄，尤其是涌现出了一批经济能人。在丧失了族田作为宗族经济基础之后，祠堂的复修必然要依赖族人的经济支持，而经济的发展与居民收入的提高为此提供了条件，在某种意义上讲这也是某些宗族成员谋求经济上进一步发展的要求。

姚氏宗祠占地面积近1200平方米，其中建筑面积约700平方米，可谓规模庞大。偌大一栋宗祠的修复，也可想见当时的姚家的确有着相当强的经济实力。据1998年的姚氏宗族修缮资料显示，当时预计需花费近6万元。但最终因财务问题，只得进行简单的修葺，祠堂也并未获得很好的利用与保护。

---

① 湖南省统计局编．湖南统计年鉴．北京：中国统计出版社．1989（1）：511.

② 湖南省统计局编．湖南统计年鉴．北京：中国统计出版社．1989：366.

③ 湖南省统计局编．湖南统计年鉴．北京：中国统计出版社．1988：542.

据了解，此次祠堂的修缮需要花费近两百万元，还不包括修缮祖墓、族谱等工作。值得一提的是，此类祠堂的修缮工作需要族内经济强人的资助，仅靠普通族人的捐赠是很难完成的。

（三）精神追求回归

心理学家马斯洛将人类需求从低到高分为五个层次，分别为生理需求、安全需求、社交需求、尊重需求和自我实现需求。传统宗族除受到政治因素的影响而衰落外，人们的需求也左右着它的变化。中华人民共和国成立后三十年内国家的贫穷状况使得人们只能停留在追求生理需求与安全需求满足的层次。1978 年中国实行改革开放，以经济建设为中心；90 年代，实行社会主义市场经济，至此，中国经济获得极大成就，人民生活水平得到提高，人们的生理与安全需求基本得到满足。

在生理与安全需求得到基本的满足之后，人们便会追求更高层次的社交、尊重与自我实现需求。中国经济发展的特征之一即是东中西部发展的不平衡，这必然促使经济落后地区人员向经济发达地区流动，乡村地区人员向城市地区流动。湘西地区当时亦属于贫困地区，为了获得更好的发展，原本世世代代聚族而居的族人，不得不融入流动的大潮之中，流向城市。流动中固然获得了更好的经济收入，但都市生活是快节奏与陌生化的，相互之间的关系更多的是建立在地缘或职业基础上，在人情方面显然不如熟人社会的乡村社区，久而久之，内心会感到空虚，渴望认同与归属。传统时期的宗族不仅能为族人提供实际的支持，还能在精神方面提供依托。

在外有所成就的人渴望在宗族中实现社交、尊重及自我实现的需求，而当今宗族的复兴必然要从宗族外化物开始，保留下来的姚氏宗祠等物恰好提供了一个切入口。因此，在积累一定的积蓄后，很多人就愿意出资资助祠堂等的修复，以在精神与心理上获得一定的满足。正如钱杭先生指出的，“历史感、归属感，道德感、责任感，关系到宗族存在的根本理由，在某种意义上，这也就是汉人与宗族之间那不解之缘的真正纽带。”[①] 除此之外，部分在外事业有成的人，渴望获得更高的需求满足。“衣锦还乡”“荣归故里”等观念提醒外出的人不能忘记家乡，在功成名就的时候，就要返回家乡，为家乡做贡献。这也是现在许多成功人士寻根问祖、积极参与宗祠修复的原因之一。

---

① 钱杭．中国宗族史入门研究［M］．上海：复旦大学出版社，2009：173.

（四）网络的普及化

个人电脑与智能手机的出现及普及为社会事物的发展和变化提供了新平台，宗族事务亦深受影响。20 世纪四五十年代，人类开始了以原子能、电子计算机、空间技术和生物工程的发明与应用为主要标志的第三次科技革命，“从 1980 年开始，微型计算机迅速发展，以全球互联网络为标志的信息高速公路正在缩短人类交往的距离。”① 中国在这方面较西方国家起步较晚，但发展较为迅速。至 2015 年，网络已经普及到了大部分乡村地区。“截至 2015 年 12 月，我国网民规模达 6.88 亿，互联网普及率为 50.3%；农村网民占比 28.4%，规模达 1.95 亿”②。智能手机及新型通信软件的使用，极大地改变了人们的交往方式。第一款智能手机于 2001 年推出，至 2007 年，智能手机开始进入“快速变化和发展时期”③，也就是说 2007 年后智能手机开始普及。至 2013 年，“中国智能手机普及率达 66%。”④ 微信自 2011 年推出后，“截止到 2015 年第一季度，微信已经覆盖中国 90% 以上的智能手机。”⑤ 正是这些前所未有的新型科技产品的出现，为宗族事物的新变化提供了基础。

当代宗族认同重构的基础

莱斯利·怀特认为，整个世界由三个领域组成，即无生命的现象构成的物理领域，有机体现象构成的生物领域，由符号使用构成的思想、信念、语言、器皿、习俗、情感、制度等事件组成的文化领域。⑥ 宗族意图在当今社会实现复兴，则必然要有所支撑，残存下来的宗族符号物作为一种物化的记忆恰好能扮演这一角色。因此，当今社会宗族的复兴首先且主要表现在祠堂、祖墓与族谱等的重修上。宗族认同在宗族符号物及运行基础上形成，如今随

① 人民教育出版社历史室. 世界近代现代史（第二版）［M］. 人民教育出版社，2006（6）：108.

② 中国互联网信息中心. 中国互联网络发展状况统计报告［R］. 2015（1）.

③ 中商情报网. 全球智能手机发展历程回顾（http://www.askci.com）. 2013(3).

④ 尼尔森. 2013 年移动消费者报告［R］. 2014（10）.

⑤ 微信用户最新数据：月活跃用户达到 5.49 亿，支付用户 4 亿左右.

⑥ 夏建中. 文化人类学理论学派［M］. 北京. 中国人民大学出版社，1997：219.

着某些符号的重建，被遗忘或被压抑的宗族认同亦将慢慢涌现出来。笔者认为，宗族认同重构除有利的外部环境外，主要有赖于宗族集体记忆的存在与宗族精英的活动，此两者是支撑宗族复兴的“两条腿”。

然而，相较于实实在在的宗族外物，宗族认同则更为重要且更难把握。姚氏宗族现已近乎将祠堂修缮完成，之后将投入祖墓的修缮，再之后就将重修姚氏族谱。因此，本文以姚氏宗祠的修复为主要切入点来探讨宗族认同的重构。

一、宗族历史变迁与集体记忆

（一）姚氏宗族历史记忆

集体记忆又被称作“群体记忆”。1925 年，法国社会学家哈布瓦赫在《记忆的社会性结构》中提出此概念，并将之定义为“一个特定社会群体之成员共享往事的过程和结果，保证集体记忆传承的条件是社会交往及群体意识需要提取该记忆的延续性”①。流传着的有关姚氏宗族的传说、故事与现存的包括残垣断壁的祠堂、残存的族谱、统一的姓氏、字派等都是集体记忆的存在；这些元素提醒着每一代的姚姓人关于自己的历史并将此不断传承下去。可以说，宗族集体记忆的存在是姚氏宗族得以复兴的内在推动力。

据姚氏族谱记载，大明永乐十四年（公元 1416 年），奉旨征各处殷实民户，财力俱备者，迁辰州安插。荣公十世孙，伯良能，仲良德，季良珊，兄弟三人由江西南昌府丰城县烂泥湾应召迁入湖南辰州府。迁入辰州府后，三兄弟最开始居住在沅陵一都灰窑长坪（现归属湖南省沅陵县）。之后，良能公迁居沅陵县四都罗衣溪千龙坪（现在的湖南辰溪县板桥乡中溪村瓦庄，姚氏祖墓就在此地），能子宗岳迁浦市江东沙堆角，岳子千驷，驷子姚龍姚虎订派；良德公仍留居长坪；良珊公在宣德九年（公元 1433）的时候，迁到了沅州岩子坪（现在属于湖南省新晃县），后来有迁到城西柳寨。三公分居三方，将荣公所遗八宝磁炉以三分之。以天地人为号，各执其一。良能执天号、良德执地号、良珊执人号。能公子宗岳识天象、知地理，带领族人从罗依溪迁居浦市江东沙堆角。自此，能公后人便在此定居繁衍子孙。

① 莫里斯·哈布瓦赫著. 毕然，郭金华译. 论集体记忆［M］. 上海人民出版社，2002.

浦市江东姚氏，人丁以姚良能为最占五分之四，其余占五分之一。这是族谱上记载的关于江东姚氏的来源，宗族历史再经过代与代之间、同代之间的口耳相传，因此，在江东村调研时可以发现，姚姓人对这些历史多少都有些了解。

姚氏族谱

姚氏宗祠一直残存着，并没有完全坍塌或被毁。生活在浦市—江东一带的姚姓人都知晓这就是姚姓人的祠堂，祠堂的存在客观上为姚姓人的宗族意识与认同的传承和重构提供了承托。但关于姚氏宗祠建立的具体时间却不甚清楚，主要由以下几种说法。其一，2015 年祠堂筹款重建倡议书上写道，“(宗祠) 初建于明朝隆庆年间，距今已有 440 余年历史了;” 其二，写在 1998 年复修倡议上的说法，“清乾隆年间姚氏人丁益繁，先祖在江东修复‘姚氏宗祠’，大约一千二百个平方，于乾隆五年竣工。”第三种说法，雷雨在其主编的《湘西“小南京”今昔风云录》湖南庙乡“族谱”掠影一节中写到，“清乾隆五十二年春，在浦市对河江东修建‘姚氏宗族’时，集议族谱一事。”① 第四种说法是，祠堂1755年（乾隆二十年）修，1756年竣工，历时一年。从以上几种说法可以看出，后三种都记载宗祠建于清乾隆年间。考虑到宗族在历史上的发展阶段、姚氏迁移时间与发展情况，第一种说法可信度是极低的。至于宗祠具体建于乾隆哪一年，笔者认为宗祠最有可能建于乾隆五十七年。理由有三：一是据姚氏十八代孙文贤于乾隆四十四年（1779年）在江东村姚氏族谱撰写的一篇序文，里面说到“使于此而宗祠未立，溯渊源已无凭，世序不清”，因此排除第二种说法；二是立于大清乾隆五十七年（1792）岁次上的续派碑记中记载，“幾希族眾，爰集江東伏波宮，公議新續二十字派，立碑垂後。”我们不禁有所疑问，续字派这样关乎整个宗族的大事，为什么没有在本族的宗祠中进行，而要到江东伏波宫去续？可能的解释就是当时姚氏并没有建立宗祠。但雍正元年（1723）春二月穀旦立的老派碑记载着“世文思志子”等二十字派，与雷雨记载的乾隆五十二年才定此20字派在时间上不符；三是会同望东族谱记载道，“大清乾隆五十七年壬子岁冬月五日巳时良能公裔在江东沙坪阁修立祠堂。”因此，根据此记载与续派碑记的落款时间可以确定，祠堂是于乾隆五十七年冬季才开始修建的（1792年）。

随着宗族人口的繁衍，族人分布也越来越广，为达到收族的目的，宗族筹划订立统一字派。从碑记中可以看到姚氏宗族的繁衍发展与订立字派记录。以下为老派碑与续派碑的部分相关记载。

老派碑记：据雍正元年（1723）春二月穀旦立的老派碑记载，“竊思吾族繁衍，自江东始。其后，人浮于地，析居各处者，亦不一而足。如：上界张家溜，下界白岩头；中为方田，为赤炎，为五果溜，为高桥、铜山；或且寄迹农庄，厘居浦市；远寓北河，近移辰溪；甚且滇黔川广，亦分枝叶。”“要皆良能公之一体出也，而忍令派别而由分，一分二不复合乎！且一姓之人，派即不一，势必至于昭穆失序，尊卑互淆，不特如秦越人之相视已也！”因此，四世祖世龙世虎“二公定字派，由世次文”，字派为：世文思志子，添永必通惟，正大贤明启，荣华复良宗。

① 雷雨．湘西小南京今昔风云录［M］．湖南省保靖县印刷厂，1995：159．

祠堂中字迹模糊的续派碑记与老派碑记

续派碑记：我姚氏，族姓繁衍，星羅繡錯，而昭穆次序，秩然不紊。此無他，龍虎二公世文字派昭如也！越今十八傳，已取至複字班矣。良宗二字，因同祖派，義不敢取。若不新續字派，其不至名分倒置也！幾希族眾，爰集江東伏波宫，公議新續二十字派，立碑垂後。俟老字派複字取過，照依新派，次第取名。庶尊卑長幼，永無紊亂之嫌；子侄兄弟，長篤親愛之雅。夫增其世譜，所以聯各族於一堂，訂其本支，無非敘昭穆於百代。新派：紹祖本源茂；敦倫瑞英長；國廷隆顯建；英哲定聯芳。

姚氏族谱记载良能公死后葬于罗依溪瓦庄坪（今中溪村瓦庄），良珊公死后也归葬此地。姚姓族人口中的祖墓就是良能、良珊二公的墓。祖墓现只剩一个土包，周边建起了一圈房屋。2015 年姚氏族人在祖墓举行了祭祖活动。

以上是关于江东姚氏族源及姚氏宗祠、字派与祖墓的介绍，更重要的是一种侥幸得以残存或口耳相传下来的记忆。

（二）宗族的解构

从话语群视角窥探中国宗族解构的过程是比较明晰的，在此过程中，革命或政治与经济话语逐渐占据主流，而宗族话语不断退缩。

自西方列强侵略中国以来，中国众多的仁人义士都在寻找自身落后的根源与奋发图强的方法。正如王铭铭先生所说："在中国社会变革的场合下，宗族作为一种与旧政权体制密切相关的地方社会组织形态，很难幸免于现代政府及其话语建设者的攻击。"① 1927 年 3 月 5 日，毛泽东发表《湖南农民运动考察报告》，在其中说道，"农民的主要攻击目标是土豪劣绅，不法地主，旁及各种宗法的思想和制度"②；"政权、族权、神权、夫权，代表了全部封建宗法的思想和制度，是束缚中国人民特别是农民的四条极大的绳索。"③这是毛泽东实地考察了湘潭、湘乡、衡山、醴陵、长沙五县后做出的总结与论述。此时的湘西地区，尤其是姚氏宗祠命运如何尚不清楚。但无疑，此类革命话语为宗族的解构命运奠定了基调。

1950 年 6 月 30 日，中央人民政府施行了《中华人民共和国土地改革法》。其中第 3 条规定："征收祠堂、庙宇、寺院、教堂、学校和团体在农村中的土地及其他公地。但对依靠上述土地收入以为维持费用的学校、孤儿院、养老院、医院等事业，应由当地人民政府另筹解决经费的妥善办法。"④ 据老人讲，姚氏宗祠本拥有族田四五十亩，在此次土改运动中，全部被征收，之后悉数被分给贫下中民。宗族的田产被政府没收之后，宗族赖以存在的经济基础就被彻底铲除了。

1958 年 8 月 27 日，中共中央在北戴河作了《中共中央关于在农村建立人民公社问题的决议》之后，在全国范围内迅速掀起了人民公社化的浪潮。1958 年 9 月 29 日，辰溪"全县 318 个高级合作社合并为 12 个人民公社，实行'政社合一'体制"⑤，1953 年划归辰溪县的江东大队隶属于方田公社，被划分为 12 个生产队，后因 2 队人数太多就拆成了两队，变成了 13 个生产队。自此，江东村宗族成员被归入生产队，生产队体制取代了宗族组织对族人的管理。

祠堂是宗族的标志和象征。《中华人民共和国土地改革法》第 21 条规定："祠堂、庙宇、寺院、教堂及其他公共建筑和地主的房屋，均不得破坏。地主在农村中多余的房屋不合农民使用者，得由当地人民政府管理，充作公用。"⑥ 祠堂因为不适合农户居住，所以被收为生产队的集体财产，为集体所

---

① 王铭铭．王铭铭自选集［M］．桂林：广西师范大学出版社，2000.

②③ 毛泽东．湖南农民运动考察报告［R］．1927.

④ 中央人民政府委员会第八次会议．中华人民共和国土地改革法［Z］．1950.

⑤ 辰溪县地方志编纂委员会．辰溪县志［Z］．北京：三联书店，1994（5）：51.

⑥ 中央人民政府委员会第八次会议．中华人民共和国土地改革法［Z］．1950.

江东村内的一所公共食堂

用。姚氏宗祠被征收之后，被分配给江东村生产八队与九队做仓库，收纳生产工具与粮食。现在祠堂墙面上可以看到“仓库”“仓库重地，闲人免入”“大鼓干劲，勇猛向前”；“大办工业，以钢为纲”；“大办粮食”等字眼，这是祠堂历史变迁的记录。

改革开放后，在农村推行家庭联产承包责任制，生产资料与成果不需要再集中，祠堂也失去了作为集体仓库的价值。但由于分田到户极大地提高了农民的生产积极性，家家户户都忙于生产活动，闲置的祠堂被人用来圈养耕牛。祠堂被荒废，逐渐破败。

宗族的古老记忆与解构伤感记忆的交织造就了族人对宗族及相关事务的

复杂态度，即既渴望家族复兴而又有所畏惧。只要记忆得以传承，宗族复兴就有可能，逢一个契机，各种限制宽松后，宗族就将重新活跃在乡村中。

二、宗族精英的组织活动

宗族及其认同要完成重构，则需要宗族精英登上舞台，发挥其重要作用。关于宗族的一些记忆一直都或多或少地深埋于姚姓人脑海中，或通过宗族外在物传承，或通过长辈的口耳相传。总之，宗族历史文化及变迁为后续的重建奠定了精神或者感情上的基础。即便有了感情基础，如果没有人或者事件的推动，宗族认同还是很难在姚氏人之间重建起来。王铭铭在《溪村家族》的探讨中就曾得出过结论，认为家族社区和文化的复兴与草根式的权威力量的再生有关。因此，本章将要叙述的是宗族精英对于宗族认同的重构发挥的巨大作用。

（一）何为宗族精英

在这次的祠堂等的修复工作中，宗族精英的作用是毋庸置疑的。但何为精英？何为宗族精英？在政治学中，帕累托提出了精英统治与民众的概念。他认为精英是由人类社会活动中能力最强的人所组成的，或由哪些曾经、正在及将会拥有权力的人物构成的群体，他们占据着社会高层。[①] 然而，当前学界并没有关于宗族精英的统一确切定义。因此，我借用贺雪峰关于乡村精英的定义来界定宗族精英。“所谓村庄精英，就是村中掌握优势资源的那些人，因为掌握优势资源，而在村务决定和村庄生活中具有较一般村民较大的影响。”[②] 参照此定义，我认为，宗族精英即在宗族范围中掌握优势资源的人，包括政治、经济、文化与传统方面的资源，因为优势资源的掌握，他们在宗族事务中发挥着非常重要的作用。姚氏宗族族众达数十万，按此定义，精英人物定不在少数，但是并不是所有的族人都参与到了此次的宗族复建活动中，因此，在本章中要讨论的宗族精英仅是指那部分长期参与了姚氏宗族事务及其复建的宗族精英。

在姚氏宗祠的复修中，集结了以姚头人为代表的经济能人，姚头人是退

① ［意］帕累托．普通社会学纲要［M］．田时纲，译．北京：三联书店，2001.

② 贺雪峰．新乡土中国［M］．北京：北京大学出版社，2013（9）：303.

休人员，有较多的空闲时间，更为主要的是他负责筹款以及自己为宗祠事务垫付了大量资金；以姚老师为代表的文化精英，姚老师是1964年毕业的大学生，是当时村中屈指可数的知识分子，此后在辰溪县中学做过高中老师，现已退休；以姚先生等为代表的社会精英，姚先生是永顺人，现在广西一家外资企业工作，其对于家族事务尤为关注，经常在网络上书写关于家族的事迹；以姚大爷为代表的传统精英，姚大爷将近90岁，他是宗祠修复的首推者。

宗族精英的领头作用是极为关键的。姚氏宗祠在1998年进行过一次修缮，族人也都积极捐款，但那次的修缮活动因为财务问题而使得结果不甚令人满意。这次姚头人自己在江东村进行了几天的走访调查，发现要姚姓人先交钱很困难，别人都不肯出钱。姚头人只得先垫钱以开展祠堂修缮活动，在一段时间的活动后，逐渐重塑起了姚姓人的信任，姚头人通过自己的实际行动得到了族人的认可与支持。

（二）宗族精英之间的互动

精英之间的互动推动了宗祠等复修的开始与发展。2013至2014年，一位老人奔走于沅陵、辰溪等相关部门，希望有人出面帮助修复姚家祠堂，这位老人就是姚大爷。姚大爷，1930年生，我每次去江东村做调研总是能遇见他，老人非常热情。老人是1998年祠堂修复委员会的成员之一，当时负责的工作很多，既负责财务保管，又参与联络组与施工组的工作。同时，他又是此次祠堂修复的首倡人，经过多方奔走，最终找到了姚头人来撑头此次修复工作。在江东村的一次偶然会面聊天中，姚大爷认识了姚头人。之后，姚大爷屡次前往姚头人在辰溪的家中，希望他能撑头修复姚家祠堂。起初，姚头人并不以为然，每次老人登门，姚头人或请他吃一顿饭，或拿点车费让其回去。姚大爷送了三本关于姚氏宗族的书给姚头人，并立了收据，老人将此收据随身携带，多次拿出来给我们看。姚大爷的多次登门使姚头人想亲自去江东看看具体什么情况。其后，姚头人与他的儿子一同来到了江东村，因为之前并没有接触过姚氏宗祠，还误把江东寺当成姚氏宗祠。在询问过之后，姚头人找到了姚氏宗祠，看到姚氏宗祠的确是破烂不堪，于心不忍，便有了修复祠堂的想法。其后，他又集齐了几位族人，走访1998年祠堂修缮的几位责任人，了解了相关情况。在族人姚HX的建议与帮助下，他建立了QQ、微信三公后裔和祠堂修复议事群以便讨论与交流。起初，这些群的规模都很小，经常只有几个人，随着各自联系人的增多，更多的族人被拉入其中，网络群规模也越来越大。

姚老师，江东村人，现迁居到了辰溪县城，1964 年从湖南师范学院毕业，相继在辰溪县一中、二中教书，1983 年回到湖南师范大学进修历史，现已退休。2015 年清明节前，大概二三月份，姚头人找到他，让他协助姚氏宗族的修复。姚老师当时对此事半信半疑，认为这既是好事，但也有风险。最后，姚老师想到自己也是姚家人，祠堂在自己村，又有人牵头，就答应了，但他不愿涉及财务。因其与当前这辈人的祖辈们相识，可以协调相互之间的关系，也可以帮忙做做文字工作。在 2015 年的祭祖活动中，姚老师负责撰写了欢迎词与祭祖词。姚老师表示："宗祠很有必要建立起来，不管什么状况，都要帮助它建立起来"。

姚先生，永顺人，现在广西北海市一家外资企业从事安全管理工作。他在博客与微博上发布了许多有关姚氏历史的文章，他也正是通过网络与江东村族人联系上的。大概在 2014 年年底，他与贵州族人姚 W 在网上联合发起 2015 年清明节辰溪祭祖活动。我问道："你和姚 W 为什么会突然想组织 2015 的祭祖活动呢?"他回答道："一是听说中溪村瓦庄的祖坟被别人破坏了，且在坟上种菜。二是联络家族感情。"他向我提供了大量的关于姚氏宗族的资料。2015 年清明祭祖活动来了三百人，到了瓦庄祖墓与姚氏宗祠。清明祭祖活动由姚先生与姚 W 发起，但在现场的具体活动由姚头人主持与安排，其文书工作由姚老师负责。可以说，此次聚集各路精英之力的祭祖活动是姚氏宗祠复修的起始。

姚主任，江东村村主任，一方面他是村主任，要维护村中秩序及避免纠纷，无论村里发生什么事情，都需要他参与处理，只要在其治理范围内，他都义不容辞。比如，同村的陈氏家族想要修缮祖墓，但祖墓周边的地皮并不属于陈氏家族，陈氏家族成员与土地使用权人多次协商均未果，为了维持村落的和谐与稳定，姚主任参与其中，帮助协商，最终陈氏家族以 4 万元的价钱买下了现今陈氏祖墓所在地的使用权；另一方面是因为自己也是姚氏族人。应该协助出一份力，但主要还是姚头人负责。姚头人说，2015 年清明祭祖活动姚主任没有出面，我认为这与其公务性质的身份有一定关系。宗族一直被视为带有封建性质的组织，与当前的社会核心价值不符。作为党员与村干部的姚主任是不能带头做这件事的。

（三）宗族精英与族人之间的互动

除了宗族精英之间的互动，还存在宗族精英与族人之间的互动，此互动则主要表现在祭祖活动、筹资捐款与事后评价等方面。

祭祖活动方面。2015 年清明之前，姚先生与贵州姚 W 通过网络发布清明祭祖的公告，号召三公后裔清明节在辰溪祖地开展祭祖活动。2015 年 4 月 4 日至 6 日，来自湘、鄂、川、黔、滇、桂等地的三百多名三公后裔参加了“舜帝暨三公后裔公祭大会”。族人先在中溪村瓦庄的良能、良珊公墓地进行了祭拜，随后来到江东村姚氏宗祠对三公灵位进行祭拜。2016 年清明节，有两百多三公后裔齐聚姚氏宗祠开展祭祖活动。此两次由少数宗族精英通过网络发起的祭祖活动得到了各地族人的积极响应，比较圆满成功。

在筹资问题上，祠堂修复委员会发出了一份倡议书与一份宗祠建设方案，其中都涉及筹资的内容。通过调查研究了解到，姚头人建议每一位姚氏族人最少捐资一百元，但族人的捐款热情大大出乎他的意料。以下则是一些令姚头人与其他族人印象深刻的人物和事例。

> 姚氏宗祠于 2015 年 5 月 21 日举行了“姚氏宗祠开工大吉”仪式，仪式上有捐款环节。在整个仪式即将结束的时候，一个八岁小孩跑到发言台的位置，说道：“我也姓姚，我也要为姚氏捐两百”。姚头人非常感动，可惜的是，他不知晓这个小孩的名字。一位在上海复旦大学读书的大学生姚 JF，看到了他妈妈前来参加祭祖活动所发的微信朋友圈，马上联系了妈妈，要其帮他代捐 1000 元，而他的爸爸已经捐了 2000 元，妈妈也已捐了 1000 元。有些族人认为自己生的是女儿就可以不要捐钱，但还是有许多族人毅然决然地捐款。10 月 2 日，只有一个女儿的姚 MX 捐了 1.2 万元；姚 ZD，桥头一位地地道道的农民，他育有三个女儿，也捐了 1000 元；姚 BY，是辰溪县税务局工作人员，家中有一个女儿，10 月 2 日上梁开工那天捐了 2000 元；辰溪县泸溪县姚氏族人每人捐一百，族人们不仅自己捐了，还号召自己的女儿都捐了。寺前镇的姚 MJ，10 月 2 日村里组织捐钱的时候，他并不知情，待知道之后特地找到姚头人捐了 5000 元。寺前镇姚 YZ，五十多岁，是一名残疾人，村里安排其扫地以维持生活。姚头人见其家庭条件不好，便劝说他不要捐钱，但他还是捐了 200 元，并说道：“我有桂花树，等祠堂建起来，还要捐两棵树。”

这些人和事令人感动，不仅是对精英人物号召的一种积极回应，隐藏在其后的是族人强烈的家族意识与认同感，他们始终没有忘记自己的身份及对家族的责任。凭借这次修复活动，族人的认同感与责任感得以充分表现。

事务评价上，阶段性工作获得族内族外人员的认可。姚头人手术后还需要一段时间的休养，祠堂的修复工作也被迫中止了。但至此，祠堂的修复取得了很大的进展，祠堂基本结构修复已经完成，外部粉刷也已做完，只差内部的装修工作了。关于姚氏宗祠的修缮与姚头人的工作，可以说是获得了族内族外人员的普遍认可。休养期间，许多族内人员前往其家中探望即是对其工作的一种认可。在我们的调研过程中，遇见一位姚姓的老奶奶，今年 78 岁，本字辈。我问她："你们想祠堂修起来吗?"她回答道："想啊。"她又补充到，"没有姚头人，祠堂修不起来。"对于族外人员，居住在祠堂旁边的邓大姐说道："(姚氏) 祠堂修得好，姚头人这个头撑得好，为子孙后代造福。"

从以上几方面，我们可以看到宗族精英与族人之间的互动是获得了极好效果的，这也映射出了宗族精英与普通族人对于姚氏宗族复兴拥有的共同渴望。

姚氏宗祠的成功复修是各方宗族精英相互合作、族人积极响应的结果。姚大爷是一位年近 90 的老人，也参与了 1998 年宗族祠堂的修复，可以说他对姚氏宗族有着特殊的感情。1998 年的那次修缮有些美中不足，这也使得他多了一丝愧疚感。正是责任感与内疚感促使他为再修祠堂而奔波，可是身体条件又使他无法担此重任，因此必须寻求后辈人的支持。姚头人作为一位退休人员，在祠堂的修缮中垫付了不少的资金，同时他有着筹集资金的能力；但不仅于此，因为起初他并不想撑头此事，在见过祠堂之后便有了决心，也是一种对宗族的认同感促使他行动。在其后，强大的责任心使其坚持下来，姚头人的眼疾与劳累不无关系。姚老师利用了自己传统文化知识的优势，如在祭祖活动中负责书写欢迎词与祭词。姚先生可以说是兼具文化与网络应用两方面的优势，对比于参加其中的其他族人，他对现代网络技术的应用则更显突出，使族人的联系与议事变得更加便利。但无论如何，宗族活动是不能脱离普通族众的，从以上事例可以看出，宗族精英与族人的互动取得了极佳效果。正是由于精英们的调动与活动，族人的积极配合，宗族的复修才得以开始，宗族认同的重构才有了温床。

三、宗族物质基础的恢复

对于宗族物质基础的恢复，姚头人已有计划。现阶段，姚氏宗族物质基础的恢复还主要集中在祠堂的修复上，也囿于资金的不足，无法同时开展。

姚头人作为主要负责人，在其儿子的协助下，撰写了一份关于宗祠修复的筹款修缮倡议书与一份宗祠建设方案。倡议书写于2015年7月15日，主要阐述了宗祠的历史、结构与现状，希望族人能够出资出力，踊跃参与宗祠的修建，以致有场所“共祭我祖，共话情谊”；建设方案时间落款于2015年12月18日，其对宗祠前期的修建状况做了交代，但主要部分还是落在了带有激励性质的捐款制度设计上。

至今，宗祠修建工程已完成大半。在2015年清明节祭祖之后，姚氏宗祠于2015年7月6日开始动工，同年10月2日举行上梁仪式。至2016年6月底时，姚氏宗祠大体结构已经修缮完成，四周的墙壁已经进行了粉刷与绘图，只待内部的装饰。姚头人是祠堂修复的主要负责人，因为他生病，以致祠堂筹款及内部装修暂时停滞。

值得注意的是，姚氏宗族的修复在某种程度上得到了地区形势的助力。与江东仅有一河之隔的是国家历史文化名镇——浦市古镇，浦市古镇正大力发展旅游，形势非常火热。江东与浦市既有历史的渊源，又具有地理的优势，且姚氏宗祠、江东寺等都是文物。受此利好影响，姚氏族人更有信心将宗祠加以修缮，以打造出一个独具特色的景点。正如姚头人在宗祠建设规划中写道的：“（让姚氏宗祠）与隔河相望的国家重点保护和开发的泸溪浦市建筑群融为一体，相得益彰，列为国家重点旅游项目。”

其他宗族财产的恢复。关于族田，时至今日是已经没有了的。虽然姚头人在姚氏宗祠周围购置了三四亩土地，但并不是用作祭祀祖先使用，而是将其规划为旅游发展用地。在姚氏宗祠的修复告一段落后，姚头人将继续投入族谱的重修与祖墓的修复中，这是在他们计划之内的。

对于宗族物质基础的恢复，以姚头人为首的宗族精英作了规划；对于筹资，他们也制定了倡议与方案。假以时日，姚氏宗族的符号物将以崭新的面目呈现在族人面前。

当代宗族认同的新趋向

宗族现象在广大农村地区的重新活跃已是明显的事实，虽然在某些地方会表现出一些负面影响，但不应该以偏概全地放大其负面形象，因为这不是对传统宗族的复制。宗族现象能在现代社会中再次活跃，就必然会有一些适应现代社会的因素或者即将融入一些现代社会的因素。在本章中，我们将主要讨论宗族认同的新趋向或现代性因素。

在探讨新趋向之前，我们必须明确什么是认同？认同的概念最早是由威廉·詹姆斯与弗洛伊德提出的，弗洛伊德把认同“看作是一个心理过程，是个人向另一个人或团体的价值、规范与面貌去模仿、内化并形成自己的行为模式的过程，认同是个体与他人有情感联系的原初形式”①。关于族群认同，一般认为是“个体与自己所属群体之间建立相互认可的一种主观性态度、认知与情感依附”②。宗族无疑是一个群体，无论在组织表现上还是在心理认同上。但在经历一些外来的压力之后，这种群体性似乎被打散了。从本文姚氏宗族的事例中我们可以看到宗族认同的再次浮现，以“认同”比较，我们又可以看到许多与“传统”的差异。这些差异，在本章中命名为“新趋向”，而这些“新趋向”无疑是现代社会的产物。

一、传统宗族认同简述

（一）基于共同地理空间的认同

弗里德曼认为，地方宗族是中国宗族的基本形式。他在《中国东南的宗族组织》一书中指出：“东南中国的宗族裂变似乎限制在那些地理空间明显的单位，或者是村落共同体，或者是相邻的村落群体，在宗族间通过裂变可以追溯的以往的联系是形成某种姓氏集团的基础，但是超出地域群体限制的裂

① 梁丽萍. 中国人的宗教心理［M］. 北京：社会科学文献出版社. 2004（1）：11-12.

② 王希恩. 民族认同与民族意识［J］. 民族研究，1995（6）.

变体系的扩大没有固定的框架，只要它是地方性社区，宗族就存在。”① 对于地方化宗族，Yuen-fong woon 解释为“居住在同一地理区域范围内的、源于共同祖先的父系亲属群，他们通常具有用于共同祭祖活动的祠堂”②。在传统社会中，交通与通讯的局限，致使宗族与村落的重合，形成一村一族或一村数族。一旦迁居外地，随着时间的推移，两者之间的联系也就断了。最终，仅有聚居一处且源于同一祖先的族人，由于长期共同的生活与祭祀活动，才有可能形成宗族组织，建立起宗族认同。倘若遥居两地，尽管有着共同的血脉，也很难建立起群体认同感，只能是各成一脉。因此，共同的地理空间为传统宗族认同的建立创造了前提。

（二）基于生存层次的宗族认同

弗里德曼在其著作中指出，稻作经济、边陲社会、水利工程等是宗族形成的条件。他认为，东南沿海是中国历史上的边陲地区，政府无法有效控制，经常发生社会动乱，因而也就促使人们聚族自保。“聚族自保”道出了传统社会中凝聚成族的主要目的。历史上的湘西地区亦属于中国的边陲地带，这里混杂着众多的民族，浦市一带属于政府控制的真空地区，也正得益于此，才有了该地商业的萌芽与发展。从江西迁居此地的姚氏，为了争取在浦市的“入住权”，保证生存资料的持续获得，基于血缘而联合成族是最佳的方法。因此我认为，传统社会中宗族的集群生活更多的是出于保证生存的需要。例如在生活方面，“宗族的功能在经济上帮助其成员，在诸如婚礼和葬礼这样的礼仪场合召集成员，或者组织后代祭祀祖先。”③ 此类事务都是单靠个人或某个家庭是无法完成的。宗族是个人与家庭的依靠，传统社会中，农业生产是具有风险性的，单个家庭很难承担风险，为减小风险的影响，就需要宗族内家庭的互助或宗族的支持。在安全方面，与外族争夺生存资源的纠纷时，需要宗族组织提供强有力的支持。在这样一些过程中，宗族认同得以形成。因此，这些认同都是在以谋取生存为主要目的的层次上建立起来的。

---

① 弗里德曼．中国东南的宗族组织［M］．上海：上海人民出版社．2000（3）：65.

② Woon，Yuen-fong. Social Change and Continuity in South China：Overseas Chinese and the Guan Lineage Of Kai ping County. The China Quarterly. 1989：324-344.

③ 威廉·A. 哈维兰著，瞿铁鹏．张钰译．文化人类学（第十版）［M］．上海：上海社会科学院，2006（1）：291.

（三）祭祖事务的严格性

祭祖是为了表达对祖先的感恩与崇敬，在倡导“孝”的儒家思想为主流的传统社会中，祭祖是不可或缺的，对祭祖也有着严格的规定。对于祭祖，哈维兰阐述到，“对于大约三代以内的最近去世的先辈，人们在他们的生忌和死忌供奉食物和焚烧纸钱作为祭品，而对于更远的祖先，人们则每年对他们集体祭祀五次。”其严格性主要表现在祭祖时间、祭祀主持者与程序上。一是时间上的固定性。如冬季祭始祖、立春祭先祖及在清明、端午、除夕等节日上的祭祀。“它在某种意义上是时历仪式，每年在差不多相同时间举行的。”[①] 此类规定在姚氏族谱亦有详细记载。二是祭祖活动的主持者身份的严格性。《礼记·曲礼下》：“支子不祭，祭必告于宗子。”从南宋始，“宗子与族长合一的趋势一直保持到近现代。”[②] 宗子（族长）才具有祭祖活动的掌控权。除此之外，宗族中的男性都要参与到祭祖中，而传统社会中的女性因为地位不如男性，是不能参与宗族祭祖活动的。三是程序上的严格性。在祭祖的程序安排上也是极其严格的，如姚氏族谱中附有正寝时祭图，关于祭品摆放、跪拜位置等都有详细的规定。对于祭祖活动，传统宗族中还专门设置祭产，以作祭祖开销。

二、当代宗族认同的重构及新趋向

宗族认同逐渐清晰起来。在经过了一段时间的宗族事务活动与修复活动之后，很明显可以观察到的是宗族认同与宗族意识在姚姓人中的再次强烈的涌现或增强。田野过程中，我问过一些姚姓人关于要不要修宗祠的问题，他们的回答能让我们清晰地看到这一点。我向姚大爷问道，“为什么祠堂要重修?”他回答道：“这是我们的出生地”。姚老师则说，“宗祠很有必要建立起来，不管什么状况，都要帮助它建立起来。”姚某源说，“这是我们姚家人的宗祠。”从现今的情况来看，当代人的宗族认同与意识，并没有消失殆尽，只要有适当的时机与平台，便会再次涌现出来。

---

① 罗伯特·F. 莫非，吴玫译．文化和社会人类学［M］．北京：中国文联出版公司，1988.

② 钱杭．中国宗族史入门研究［M］．上海：复旦大学出版社，2009：118.

（一）镶嵌于网络时代的宗族认同

与传统不同，网络的出现及普及为当代宗族认同的重构发挥着巨大的作用。在调研中我发现，微信群、QQ 群已经成为姚氏宗族成员重要的交流平台，宗族组织也依托此类虚拟平台建立起来。起始，几位发起人就通过建立 QQ 群的方式来聚集族人，在群里讨论祠堂复修等事务，讨论群很好地替代了频繁的面对面讨论会；姚氏族人的第一次祭祖活动正是通过网络发布祭祖公告开始的；而后，我在捐款名单中看到，很多人通过 QQ、微信与支付宝等渠道进行捐款。现代化的信息技术为宗族认同的重构与扩展提供了极大的便利。在传统社会中，分散的族人在经历几代之后，便自成一户了。现代社会中，人员需要流动而不可避免地造成分散，同一宗族的人们无法像传统社会中的宗族一样聚族而居，他们分散定居于世界各个角落。尽管如此，宗族没有消散。再者，现代社会宗族的组织化程度并不强，即使建有一些委员会，它们对于宗族成员并没有强制力。宗族更多的是依赖现代的网络技术手段进行联系。可以说，地缘关系在现代社会宗族认同建构中的作用越来越小，更多的是依赖于虚拟网络得以建构。

网络时代的宗族认同重构呈现出极大的自主性。曼纽尔·卡斯特于 20 世纪 90 年代撰写了《认同的力量》，在书中他指出，认同是人们意义与经验的来源，是一个主动建构的过程，宋晨婷也认为“网络社会中的认同建构是一个主观追寻意义的过程”①。网络信息时代的到来，也赋予了人们自主选择信息的权力。姚氏宗族的精英利用网络手段发布关于宗族的信息，而散布在世界各个角落的宗族成员有权决定是否对这些信息做出反应。从姚氏宗族的祭祖、筹资与复建活动的效果来看，许多的姚氏族人自发选择参与其中。可见，重构起来的宗族认同具有极强的自主性，网络时代的背景恰是发挥自主性的前提。

吴先生在对弗里德曼宗族研究范式的批判中指出，“基于认同而形成的群体，可以是一个典型的组织、一个有互动的社会网络、一个可以被动员起来并可能进一步导向集体行动的群体，甚至也可以是一个被言说的、被统计的

---

① 宋晨婷. 网络时代的感性意识形态传播和社会认同建构［J］，安徽大学学报. 2015（1）：149-156.

名义群体。”① 现代社会中的宗族即是以认同为导向的，而网络技术则是其保障，这也使得实际存在交流的宗族成员达到了空前的规模。

（二）宗族认同中性别差异的淡化

地域上的广泛通过现代信息科技的应用得到了实现，在此要论述的是参与对象的广泛。中国传统社会宗族是父系社会，而“父系社会则完全是男人的世界，无论女人受到多大的重视，她们还是难免发现自己处于一个困难的境地”②。女性在未出嫁时仍是本宗族的一员，在出嫁之后，便转变成夫家宗族的一员了，名字可以入夫家的族谱。传统社会中的女性在参与宗族事务上也有很多的限制，这也就可以理解在祠堂筹款中女性不参与，甚至生女儿的家庭也不愿意捐资的现象了。这正是传统观念影响的结果。但在姚氏宗祠的修复中，可以看到一番不一样的景象。姚头人说道，“有些人认为自己生的是女儿就可以不要捐钱。(事实并非如此) 10 月 2 日，姚 MX，有一个女儿，捐了 1.2 万元；桥头姚家人姚 ZD，地地道道的农民，有三个女儿，捐了 1000 元；辰溪泸溪每人一百，他们不仅自己捐了，还号召自己女儿都捐了。”在姚氏族人举办的祭祖、开工等活动中，男性依然占据主流，但其中不乏女性的身影，女性发挥着越来越重要的作用。在当今倡导男女平等的时代，女性参与的广泛度大大增加。

（三）基于发展层次的宗族认同

江东姚氏在 2015 年清明祭祖之前发布了一篇宣传资料，其中对姚姓进行了溯源，将最早的先祖定于舜帝。如果说传统宗族被族人当作生存的依靠，而当今社会的宗族现象更多的是为了个人或家庭的进一步发展。由于传统农业社会的脆弱性，个人或单个家庭很难获得安全感，宗族因其天然的血缘联系而成为族人获得保障的唯一选择。在当今工业与信息化的社会，中国大地上几乎没有政府无法涉足的地域了；大多家庭都已不再受基本的生存问题的困扰。同时，人们拥有很多的制度与组织以对抗风险，如法律、政府与社会组织等，也就是说宗族组织的保护功能已经被众多选择所取缔。既然如此，

① 吴作富，弗里德曼中国宗族研究范式批判兼论中国宗族研究范式的认同取向［J］. 社会学研究. 2008（6）：133-137.

② 威廉·A. 哈维兰著，瞿铁鹏. 张钰译. 文化人类学（第十版）［M］. 上海：上海社会科学院，2006（1）：291.

又何必要积极推动临近消亡的宗族重建呢？原因在于，人们渴望建立更广泛的网络以获得更大的发展。在一个长期工作与生活的地方，人们很难在交际网络上获得更大程度上的拓展，如果换一个地方工作或生活，将消耗极大的成本。利用宗族重建的名义，能最快地召集同一姓氏的人，即使是虚构的血缘关系，之后便能迅速地建立起联系。因此，以血缘联系为基础的宗族是很多人渴望用最低的成本在最短时间内能构建起来的大的人际网络。网络内的人遍布在世界各地的各行各业之中，当需要推动事业或家庭更大的发展时，这就是一个巨大的资源宝库。

（四）认同展现的娱乐化与波动性

在传统时代，关乎宗族的事务是极其严肃与规范的。至当代，宗族事务的程序已经极大地被简化了，这种简化可以看作是对宗族进行解构的结果。当前社会宗族认同的表现具有娱乐化与波动性的特征。在这里娱乐化并不是指将祭祖活动转化成娱乐活动来搞，而是指族人带有一种寻求放松休假的目的来参加祭祖活动。

认同展现与文化旅游相结合。20 世纪 80 年代改革开放以来，中国开始拥抱世界，众多海外华人、华侨、港澳台同胞纷纷回内地开展寻根探访活动，从 90 年代初期至今，寻根旅游热潮已经持续了 20 年的时间，随着经济、交通等条件的日益改善，寻根问祖的规模也愈来愈大。发展至今，人们已经将参与祭祖与旅游结合起来，这即是“寻根问祖”式旅游的热潮。很多人将利用假期回到祖地参与祭祖活动当作一种休闲放松，可谓一举两得。江东村正紧跟浦市旅游开发的步伐，而“恳亲会”是其发展策略之一。

认同呈现的波动性。宗族认同是存在于族人脑海中的，但在日常生活中处于较深层的位置。我们现在很少见到常规的集体性祭祖活动，一般是由某一特殊号召而集合在一起。忙碌时，他们根本无暇顾及宗族事务；只有在闲暇时刻，在外的族人才能响应宗族祭祖的号召回乡祭祖。在这段时间内，个人通过与同姓人交流，参与一些仪式活动，其对于这一宗族群体的认同是逐渐增强的。但随着这一过程的结束，个人回到原来的工作与生活环境中，因无法近距离接触有关宗族的事务，其宗族认同感又将归于隐匿。认同感一直都是存在的，但会随着距离宗族事务的有无而有所波动。两次祭祖活动都有数百人参加，他们来自全国各个地方，但也仅在这样的场合才能聚齐较多族人。

结 语

本文以湘西地区的一座宗祠为窗口，描述了它重建的过程及其宗族认同的重构，从重构中我们看到了宗族在当代社会的一些新趋势，从中也总结出了以下几点可供探讨的结论。

1. 传统的并不意味着一定是具有危害的

宗族的传统，从民间开始普遍建祠的嘉靖朝中期算起，至今已有近五百年的历史。传统已经在民间及民众的心中扎了根。任何事物的产生、发展、消亡都有其自身的发展规律。

中国宗族在经历了土地革命与“文化大革命”之后，又经历了民众的惯性忽视、选择遗忘与断代遗忘。但从 20 世纪 90 年代起，中国宗族开始在一些地方复兴起来，发展到现在，在许多乡村地区看到崭新的祠堂建筑。在宗族再次活跃后，越来越多的专家学者开始从不同的角度予以解读，人们对此的认识也越来越全面，越来越理性。

2. 地缘因素对现代社会中宗族认同的影响越来越小

社会流动性强，地缘关系被业缘关系所取代而成为人们社会关系的主要形式；通讯联络手段和交通运输工具高度发达，这是现代社会的部分特征。传统社会中宗族受制于交通与通信条件，聚族而居成为宗族认同形成的重要基础。现代社会是分散的社会，也是网络化的社会。宗族成员遍布世界各个角落，通过网络手段，人们可以跨距离进行交流；高速铁路、飞机等快捷完备的交通网络则大大缩减了会面所消耗的时间成本。地理因素对宗族或其他群体认同的形成、维持的影响越来越小。

3. 宗族符号，如祠堂、祖墓及族谱等一直都是宗族成员凝聚的核心依托

祠堂、祖墓及族谱等作为一种符号，代表的是整个姚氏宗族的历史文化。在摆脱了地缘限制的现代社会，要将相互之间陌生的族人重新凝聚起来，宗族符号将是不可或缺的“凝结核”。宗族符号作为一种必要的依托，能够使族人了解宗族的历史，培养与激发他们对于宗族的感情。宗族符号在传统社会发挥着更为强烈的功能作用，在现代社会中功能虽有减少，但它将始终在凝聚族人这一点上发挥核心作用。

4. 精英话语在当代社会发挥着越来越重要的作用

在某一群体中具有某些方面优势的那些人即是精英人物。他们在领域内极具号召力。在宗族的重建过程中，从提议、筹资、动工到基本修复，都是由上述的几位宗族精英组织引领完成的。他们具有传统、政治、经济与文化上的优势，容易获得普通族人的认可与支持。在社会中的各个阶层、群体中，精英话语同样发挥着这样的号召作用，非精英分子则愿意聚集在他们周边。

5. 当代宗族不是传统宗族的复制，而是现代文化的再造

存在于某个时代的事物总是会被烙下那个时代的印记。穿越到不同时代的同一事物，要么适应，要么消亡。中国宗族顺应帝制社会的政治、经济与文化环境而生，进入现代之后，它被贴上了封建落后的标签。皇帝曾借助宗族组织维护基层的稳定，宗族上层精英则借助于皇帝的这一需要，谋求更多的权力以达到对族人的控制，为了满足私利，剥削与压迫族人，这给宗族组织戴上了封建剥削的枷锁。当代社会中，宗族组织不再是基层的社会组织，也不再是不可或缺的了。传统社会宗族的功能极大地被削弱了，甚至在有的地方已经完全丧失了，而仅仅作为一个社会关系的周转点或旅游景点而存在。

6. 精神依托的回归与建设

涂尔干认为，社会危机在本质上是一种道德危机，强调加强社会道德规范的调节功能，倡导建立起与社会分工结构相适应的多层次的社会道德体系。曾有人问我，“你写这个东西（宗族认同）有什么现实意义?”我也对这个问题进行了长时间的思考。除了绪论中所说到的那些“功利性”较强的用途之外，我认为宗族认同为中国人提供了一种精神力量。中国人自古就被儒家“孝道”精神所熏陶，“孝”文化已经成为中华文化的核心之一。有人说中国人缺乏信仰，如何定义信仰暂且不论，起码中国人对祖先是有所敬畏的。一是寻求祖先对自身及后代的庇佑；一是对先祖感恩。重建宗族及认同，同时也是在重建对祖先的敬畏，有所敬畏才能有所自制。这也就是说，重建宗族是一种对祖先与家族负责任的道德规范得以回归与建立。这种道德规范是与社会主义核心价值观相契合的，保证了一个家族与一个地区的互助、和谐与稳定。

宗族在当前环境下正处于其变革的初级阶段，时代在变，宗族会如何变化还有待后人更多的观察。

参考文献

一、著作类

［1］莫里斯·弗里德曼．中国东南的宗族组织［M］．上海：上海人民出版社，2000.

［2］景军．神堂记忆——一个中国乡村的历史、权力与道德［M］．福州：福建教育出版社，2013.

［3］王铭铭．溪村家族——社区史、仪式与地方政治［M］．贵阳：贵州人民出版社，2004.

［4］林耀华．金翼［M］．北京：三联书店，2008.

［5］林耀华．义序宗族研究［M］．北京：三联书店，2000.

［6］庄孔韶．银翅——中国的地方社会与文化变迁［M］．北京：三联书店，2000.

［7］冯尔康．中国宗族史［M］．上海：上海人民出版社，2009.

［8］钱杭．中国宗族史入门研究［M］．上海：复旦大学出版社，2009.

［9］费孝通．乡土中国［M］．北京：北京出版社，2005.

［10］许烺光．祖荫下：中国乡村的亲属、人格与社会流动［M］．台北：南天书局有限公司．2001.

［11］郑振满．明清福建家族组织与社会变迁［M］．北京：中国人民大学出版社．2009.

［12］王明珂．华夏边缘——历史记忆与族群认同［M］杭州：浙江人民出版社．2013.

［13］贺雪峰．新乡土中国［M］广西：广西师范大学出版社．2003.

［14］［美］威廉·A. 哈维兰．文化人类学［M］上海：上海社会科学出版社．2001.

［15］谭必友．古村社会变迁——一个话语群的分析实验［M］北京：民族出版社．2005.

［16］程庭《若庵集》卷五《春帆纪程·入新安界》，《四库存目丛书子部补编》第 8 册，114 页.

[17] 夏建中. 文化人类学理论学派 [M]. 北京：中国人民大学出版社，1997.

[18] 莫里斯·哈布瓦赫著. 毕然，郭金华译. 论集体记忆 [M]. 上海人民出版社，2002.

[19] 雷雨. 湘西小南京今昔风云录 [M]. 湖南省保靖县印刷厂，1995.

[20] 王铭铭. 王铭铭自选集 [M]. 桂林：广西师范大学出版社，2000.

[21] 帕雷托著，田时纲译. 普通社会学纲要. 北京：生活·读书·新知三联书店，2001.

[22] 罗伯特·F. 莫非，吴玫译. 文化和社会人类学 [M]. 北京：中国文联出版公司，1988.

[23] 帕雷托著，田时纲译. 普通社会学纲要. 北京：生活·读书·新知三联书店，2001.

[24] 梁丽萍. 中国人的宗教心理 [M]. 北京：社会科学文献出版社. 2004 (1).

[25] G. 勃罗德彭特. 符号·象征与建策 [M]. 北京：中国建筑工业出版社，1991.

[26] 毛泽东. 湖南农民运动考察报告 [R]. 1927.

二、论文类

[1] 吴作富. 弗里德曼中国宗族研究范式批判——兼论宗族研究范式的认同取向 [J]. 南京大学学报 (哲学·人文科学·社会科学版)，2008 (6)：133-137.

[2] 周建新. 人类学视野中的宗族社会研究 [J]. 民族研究，2006 (1)：93-101.

[3] 常建华. 二十世纪中国宗族研究 [J]. 历史研究，1999 (5)：140-162.

[4] 石奕龙，陈兴贵. 回顾与反思：人类学视野下的中国汉人宗族研究 [J]. 世界民族，2011 (4)：35-43.

[5] 陈兴贵. 一个汉族宗族的认同符号——重庆永川松溉罗氏宗族个案研究 [J]. 长江师范学院学报，2016 (1)：22—28.

[6] 邓云. 宗族组织在现代社会中的认同——以广西藤县黄一本堂为例 [D]. 中山大学，2010.

[7] 钱杭. 论汉人宗族的内源性根据 [J]. 史林，1995 (3)：1-15.

[8] 阮滢玲. 现代化视角下的祠堂重建——以闽东坂东村为例 [J]. 地方文化研究，2014 (5)：75-79.

[9] 周大鸣，潘争艳. “年例”习俗与宗族认同——以粤西电白县潭村为中心的研究 [J]. 文化遗产，2008. 文化遗产，2008 (1)：61-70.

[10] 黄柏权. 当下宗族话语权的表达方式——关于荷叶镇建祠修谱的人类学考察 [J]. 黑龙江民族学刊，2010 (3)：96-101.

[11] 付华顺. 祭祀空间与宗族认同——政和县禾洋村东平尊王祭祀的民俗考察 [J]. 闽江学院学报，2007 (3)：14-17.

[12] 钱杭. 论“后宗族形态” [J]. 中国农业大学学报，2011 (4)：80-84.

[13] 刘芳，刘树奎. 人类学中国宗族研究的嬗变与创新 [J]. 广西民族研究，2013 (1)：51-56.

[14] 孟芳. 瓦解与重建——解放战争时期土地改革对农村宗族的影响 [J]. 船山学刊，2004 (4)：188-190.

[15] 钱杭. 现代化与中国宗族问题 [J]. 上海社会科学院学术季刊，1993 (3)：148-156.

[16] 邓苗. 乡土传统与宗族重建 [J]. 青海民族研究，2014 (2)：52-56.

[17] 郑振满. 中国家族史研究：人类学与历史学的不同视野 [J]. 厦门大学学报，1991 (4)：120-127.

[18] 王铭铭. 中国民间传统与现代化——福建塘东村的个案研究 [J]. 传统文化与现代化，1996 (3)：3-15.

[19] 张宏明. 宗族的再思考——一种人类学的比较视野 [J]. 社会学研究，2004 (6)：23-31.

[20] 邱国良. 宗族认同、政治信任与公共参与——宗族政治视阈下的农民政治信任 [J]. 国家行政学院学报，2011 (3)：18-22.

[21] 郭南南. 宗族势力复兴对于村民自治的影响 [D]. 安徽大学，2013.

[22] 科大卫，刘志伟. 宗族与地方社会的国家认同——明清华南地区宗族发展的意识形态基础 [J]. 历史研究，2000 (3)：4-14.

[23] 肖唐镖. 宗族在重建抑或瓦解——当前中国乡村地区的宗族重建状况分析 [J]. 华中师范大学学报（人文社会科学版），2011 (2)：31-37.

［24］孙秀林．华南的村治与宗族——一个功能主义的分析路径［J］．社会学研究，2011（1）：133-166．

［25］薛亚利．庆典：集体记忆和社会认同［J］．中国农业大学学报（社会科学版），2010（2）：63-71．

［26］艾娟，汪新建．集体记忆：研究群体认同的新路径［J］．新疆社会科学 2011，（2）：121-126．

［27］廖松清．宗族认同下的吹打乐——以奉化、富阳地区祭祖、丧葬仪式中的吹打乐为例［D］．上海音乐学院，2010．

［28］吕俊彪．仪式、权力与族群认同的建构——中国西南部一个京族村庄的个案研究［J］．广西民族研究，2011（2）：58-63．

［29］赵云丽．符号、集体记忆与群体认同［D］．吉林大学，2007．

［30］郭于华．农村现代化过程中的传统亲缘关系［J］．社会学研究，1994（6）：49-58．

［31］钱杭．现代化与汉人宗族问题［J］．社会学研究，1994（3）：148-156．

［30］钱杭．关于当代中国农村宗族研究的几个问题［J］．学术月刊，1993（4）：9-14．

［33］钱杭．当代农村宗族的发展现状和前途选择［J］．战略与管理，1994（1）：86-90．

［34］吴理财．农村社区认同及重构［J］．中共天津市委党校学报，2011（3）：78-84．

［35］余达忠．祖先·祖籍·宗祠——古代宗族制度下的文化认同［J］．南通大学学报（社会科学版），2010（3）：75-79．

［36］祝虻．中国传统宗族记忆与身份认同［D］．安徽师范大学，2015．

［37］金太军．村庄治理中三重权力互动的政治社会学分析［J］．战略与管理，2002：（5）．

［38］金太军．村级治理中的精英分析［J］．齐鲁学刊．2002：170（5）：124-125．

［39］华农心．中国新的政治现象——农村能人政治（上）［J］．中国国情国力，1998（5）：12-13．

［40］华农心．中国新的政治现象——农村能人政治（下）［J］．中国国情国力，1998（6）：18-19．

[41] Woon, Yuen-fong. Social Change and Continuity in South China: Overseas Chinese and the Guan Lineage of Kai ping County. The China Quarterly.

三、地方志

[1] 湖南省沅陵县地方志编纂委员会编. 沅陵县志. 北京：中国社会出版社，1993 (2).

[2] 辰溪县地方志编纂委员会. 辰溪县志. 北京：三联书店，1994 (5).

四、族谱类

[1] 姚氏族谱.

祠堂记忆：一个浦市家庭的兴与衰

袁伟宁*

【摘　要】在过去很长一段时间里，中国传统社会的基本结构是乡土社会。以血缘关系为纽带的家族是一个个相对独立的自治单位，成员所共有的家族观念是支撑家族发展的重要力量，祠堂及祭祖活动则是家族精神的主要表征和载体。

本文以浦市G氏家族的历史发展为主线，以祠堂祭祖实践为切入点，将家族命运的变迁置于地方情境中，把握家族命运演进，描绘家族发展的历史脉络，关注历史变迁中家族命运的沉浮。

G氏家族经历了由壮大、兴盛到没落的过程，作为家族精神重要载体的G氏祠堂，也经历了由最初兴建到最终被没收的曲折过程，这个过程也是家族意识逐步瓦解的过程。G氏家族的历史表明，尽管家族自身力量在决定家族发展方面至关重要，但是家族的命运深深嵌入社会变迁的大背景中，体现出家族与国家的复杂关系。

【关键词】浦市；祠堂；祭祖；家族；家族企业

* 袁伟宁，湖南师范大学公共管理学院2018届硕士，现为四川良友建设咨询有限公司咨询工程师。导师：李桂梅教授。

绪　论

一、研究背景

乡土社会一直是传统中国的基本格局，在这样的社会里，个人深深地嵌入基于地缘关系的家庭结构中，形成亲疏有别的差序格局。亲属关系在其中处于中心位置，个人的意义与价值在于维护家族的兴旺。维护家族利益既是保障家族成员生活的手段，也是维护家族声望的重要保证。个人往往限制在“生于斯，死于斯”的地方社会，尤为注重“熟人”社会里的声望。家族声誉的取得是历代人共同努力的结果，“追养祭孝”成为一项重要的实践活动，它不仅是对祖先的缅怀，也承载着教育、家族团结的重要意义。

祭祖活动是由祖先崇拜发展而来的。在各个社会中，人们都进行着形式多样的祭祀活动，祭祀活动早已成为一项习俗。早期人类认为，离世的祖先仍然通过神秘的方式与后人发生联系，影响着他们的生活。出于恐惧或者敬畏的心理，发展为祭奠祖先的仪式活动。早在宋代，我国就已经出现了制度化的祭祖活动，人们修建祠堂，有规律地祭拜祖先，但是当时仅仅是皇帝贵族、达官贵人等享有的特权，普通老百姓并不允许修建祠堂，祭祖活动只能限制在房屋中，祭拜事宜有着具体而严格的规定。直到明嘉靖十五年，颁布了推恩令，宗族制度合法化，祠堂祭祖才成为一种士庶化的活动。①

随着城市化与现代化转型，社会文化、经济制度乃至家庭结构都发生着深刻的变化，祠堂的祖先祭祀逐渐示微。这些变化是前所未有的，本文所做的田野调查正是基于这样的社会背景，试图透过祭祖活动的嬗变，窥视社会变迁对中国传统家族带来的影响。

二、研究目的和意义

中国有着重视家庭的优良传统，家庭在中国人的观念里占据中心位置。

① 常建华．明代宗族祠庙祭祖礼制及其演变［J］．南开学报，2001（03）．

历史上的中国历经苦难，这些动荡波及家庭，冲击着传统家族文化。随着历史的发展，特别是在市场经济、现代化的影响下，家庭结构、功能、观念发生了许多变化。如何看待这种改变，加强家族的凝聚力，在现代化背景下发挥它们的作用，是本文的一个重要问题。本文以G氏家族的历史变迁为主线，以祠堂祭祖实践为切入点，将家族命运的变迁置于地方情境中，全面把握家族命运演进，描绘家族发展的历史脉络，关注历史变迁中家族命运的沉浮，提供了有关家族历史变迁的一个民族志文本。

三、文献回顾

人类学诞生以来的一百多年里，发展出了一批理论特点鲜明、研究范式明确的流派，如进化论传播论学派、历史学派、结构主义等，它们在人类学的发展中产生了巨大的影响。但是，从20世纪80年代末开始，“后现代主义”的影响蔓延至人类学领域，逐渐从抽象的宏大叙事中抽离，转而探讨人类实践的基础和动因，以往可以明确区分若干主要流派的理论景观不复存在。本文以20世纪80年代末期的“后现代主义”转向为界，梳理了经典流派时期以及近期的宗族、祠堂研究。

（一）人类学经典流派时期的宗族、祠堂研究

有关中国的家族研究兴起于20世纪初，经过一个多世纪的发展取得了丰硕的成果。早期的宗族研究主要是描述性的。葛学溥在《华南的乡村生活》中提出，家族主义是中国社会生活的特征，弗里德曼的《中国东南地区的宗族组织》《中国宗族与社会：福建与广东》有关“国家与宗族”并存的观点为后来的汉学人类学提供了一般框架。林耀华在《义序的宗族研究》中，采用结构-功能主义的方法对一个单姓宗族村庄进行了分析，随后的《金翼：中国家族制度的社会学研究》中，建构了单个家族的发展史，描绘了民国时期的农村社会图景。费孝通的《江村经济》，杨懋春的《一个中国村庄：山东台头》等著作中，都对农村的宗族立体图景做了详细描述。许烺光则研究了中国宗族的民族性格和文化心理。从20世纪50年代到80年代初期，中国人类学的发展经历了一段低迷期，有关宗族的研究也一度沉寂，相关的研究则在台湾和香港继续进行。裴达礼的《一个中国宗族村庄：上水》、华琛的《移民与中国宗族：文氏族人在香港和伦敦》等都是这一时期的作品。上述这些研

究共同点都是着重研究宗族制度和社会结构，略提到祠堂。

进入20世纪80年代，出现了有关祠堂的专题性研究，拓展了族群研究的范围。如冯尔康的《中国古代的宗族与祠堂》、张小平的《徽州古祠堂》、金其枕主编的《中国祠堂》等，但这些著作多从历史角度、旅游角度出发，缺乏对祠堂全面综合性的研究。武雅士（Arthur P. Wolf）、华深（James L. Waston）、王斯福（Stephan Feuchtwang）等人类学家通过研究汉人社会的神明崇拜与祭祀仪式，揭示出两者在乡村中如何反映出王朝秩序，及其它们在建立和维系乡村社会秩序方面的重要作用，将民间信仰放置于乡村社会史中进行研究，重新审视信仰与仪式行为的象征意义。

（二）与宗族、祠堂有关的近期研究

回溯祠堂与宗族近期的本土研究可以概括为以下四大类。（1）通过追溯地方宗族发展，观察民间信仰与地方社会结构及变迁的关系。赵彦民《“义岩别祭”：个体经验·国家认同·历史认识》采用日本学者石田熊为代表的记忆分析理论框架，将“义研别祭”日本殖民时期的建构与重构过程置于历史与记忆的二元框架中探求。彭牧《记忆与想象：神堂上的家与世界》提出神堂是完全向公共空间开放的地方，是每个家庭向外展示的脸面，是以独特而具体的方式呈现出的家族传统和家族身份。李虎《仪式展演·集体记忆·他者表述——基于一个客家村落“会期”仪式之思考》发现客家人的集体记忆正是通过仪式展演和仪式的不同表述得到传承和发展。（2）考察与祠堂有关的宏观环境及其变化，探讨它们的复杂关系对族群认同的影响。如张小军《“文治复兴”与礼制变革——祠堂之制和祖先之礼的个案研究》关注宋元到明清祠堂的形成机制、演变机制，探讨国家礼仪士庶化的过程。魏程琳《“祖荫”与“神佑”：村落社会的文化与秩序——赣南客家民间信仰的实践》关注赣南客家宗族性村落民间信仰在实践中的文化表达及其社区文化秩序再生产机制，并略论民间信仰的嬗变与未来。陈文豪在《国家与社会视野下宗族复兴及其与政府关系研究——以“江州义门陈”为样本》提出，宗族的兴盛与衰落并非简单自发的历史过程，而是由政府、市民社会共同实践下，在社会结构运转选择中被“创造”的“权力资源、象征资本、文化工具、实践平台”。（3）许多学者注意到祠堂的教化与整合功能。李沛《祠堂、祠堂戏剧与社会整合——对温州夏村的研究》从个人、仪式和村落相互联系的视角分析了温州一个村落祠堂重建和祠堂戏剧仪式过程，提出祠堂的“原生性”功能是祭祀；同时也

承载着“次生性”功能——教化。李春霞、程丽秋《论家族祠堂文化的教育与传承——以博白客家家族祠堂为例》提出祠堂是家族的中心和家族文化的载体，践行着家族文化的教育与传承的重要使命。(4) 从社会治理方面研究宗族关系。岳精柱《地方认知与国家意志的互动：明代以降乡贤推举和祭祀研究》认为，国家意志以地方认知的形式表达、宣扬、传播，实现国家意志向民间的渗透，达到地方认知与国家意志的良好互动。刘丽《官治与自治之间——宗族复兴与乡村治理的理性审视》提出，宗族作为乡村的非正式权力形式，一直是乡村治理的主要力量，理清宗族复兴的来龙去脉，将有助于实现宗族势力和农村现代化的有效衔接，加快农村现代化的进程。

此外，王斯《西方人类学视域下的祭祀饮食文化研究述评》以祭祀饮食文化现象为切入点关注祭祀的具体礼仪。景军的《神堂记忆：一个中国乡村的历史、权力与道德》以甘肃大川孔家后人个人遭遇、社区遭遇与神堂变迁相联系，考察地方家族如何顺从国家权力构建家族记忆以获得生存空间。谭必友《历史话语完整型乡村社区宗族变迁——基于话语群的分析框架》构建了话语群的分析框架，分析田氏祠堂宗族意识的变化。何菊《仪式容量：当代宗族裂变的新模式——以云南大理周城白族村段氏宗族为例》提出“宗族-仪式”的裂变模式，以补充与延伸已有的研究，宗族仪式性裂变这个象征表明了它所维系的是一个比较松散的血缘组织。

四、相关概念的界定

（一）社会记忆

早期的记忆研究隶属于生理学与心理学领域，记忆被视为一种个体官能，被单独地提取出来，通过实验室解剖、量表测量等方法加以研究。但是基于实验室的记忆研究脱离了记忆所依赖的复杂生活情境，忽视了记忆生成的社会环境基础。随后，社会学、历史学、人类学等人文社会学科也对记忆展开了研究，它们的共同特点就是关注记忆的社会背景，发展出了社会记忆的概念。

涂尔干认为，正是人们具有的共同观念——“集体意识”维持了社会共同体稳定，但是“集体意识”缺乏时间维度，难以考察社会共同体的变迁。哈布瓦赫从群体与记忆关系的时间视角，发展了涂尔干的社会理论，于1925

年首先提出了“集体记忆”。他认为，有关个人回忆的研究，必须考虑亲属、社区、宗教、政治组织、社会、民族认同的影响，个体记忆正是在集体中被触发，同时个体记忆也有其隐秘的一面，只能向家庭成员揭示，但是“家庭记忆”不仅仅是个人记忆的展示，也是家庭重构个人意识的方法。随后，美国人类学家保罗·康纳顿拓展了哈布瓦赫的“集体记忆”，提出“社会记忆”，关注集体记忆的社会功能、传播和保持，提出社会记忆是一种社会控制手段，是理解现实的支点，是社会秩序合法化的手段，强调记忆的社会属性是对整个社会的重构，拓展了记忆的应用范围。

法国社会学家皮埃尔·诺拉在20世纪80年代提出了“记忆场”的概念。借由一系列可视的外部形态，记忆残存物可以保存和激起人们的记忆，唤醒民族的集体记忆与民族认同。诸如博物馆、档案馆、集会、节日、条约、记录、纪念碑以及社团等，都是裹挟在外部形态下的记忆残余，是时代的见证，历史的象征。集体记忆的形式多样，既可以作为物质形态存在，也体现在各种文化活动中，因而各种传统节日、风俗仪式及学校、礼堂、公共池塘、祠堂建筑、景观都是集体记忆的载体。“记忆场”在文化传承上具有十分重要的作用。

景军认为，记忆具有不同的社会属性。他区分了官方记忆、民间记忆，认为这两种记忆都不能完全反映真实，有关历史的记忆与叙述，总是带有意识形态、价值观的影响，必须考虑历史叙述的动机与出发点，同一事实往往会生成不同的历史叙述版本，必须辨识记忆背后的意识形态、价值观。关注不同政治制度如何利用历法改革、公共仪式、娱乐节目、历史课本、国家节庆等机制操纵社会记忆。在隐蔽的民间记忆中往往可以挖掘出反抗的迹象，记忆的对抗是普遍的，一个民族所特有的记忆在遭遇外界挑衅与压迫时往往可以升华为强化族群意识的极大动力，树立起抗衡外族势力的战旗。依靠家族叙述、祭献仪式和续修家谱等祖先崇拜活动，维持了人们对先祖的记忆，建立起一条纽带，使每代人想起自己的身份与义务。路易斯-耐瑟则指出，记忆需要重述，人们共享的经历本身也许并不重要，但是意义正是在经历的反复叙述中得以延续。

（二）社会空间

以往的社会科学对空间的讨论是不充分和模糊的，直到20世纪70年代，空间的概念才成为社会科学领域的一个中心问题。人类学的空间研究强调从社会文化角度对空间意义进行解读，认为空间是观念结构的表达，考察空间结构中的隐喻与象征关系，解读其中的文化机制、象征意义，辨识出社会空间中的观念秩序、人观、宇宙观。

早期的人类学者已经觉察到空间里包含的微妙关系。列维·施特劳斯、萨林斯认为房屋的内部结构模拟了家庭权力结构。布迪厄从建筑与宇宙论原则关系着手，考察阿尔及利亚柏柏尔人家屋结构，认为他们的家屋结构是由性别关系建构的。摩尔根在研究美洲土著的家屋和家庭生活时，提出住房、驯养与人类进化历程是分不开的，房屋作为文化的一部分，不仅满足了人类群体的住房需求，在自然环境的适应、种族的繁衍方面也提供了支持，房屋本身就反映了一个社会的组织结构和宇宙观等。此后，社会空间研究进一步深化了空间意义的理解，以布迪厄"场域"理论、福柯的"全景监狱"为代表的空间理论关注空间中知识与权力关系，注重"空间"与当代文化、政治的相互关系。苏贾、吉登斯、列菲伏尔等都将空间视为社会历史发展的产物，认为空间中蕴含着复杂的权力关系，如认为城市象征着分配不均与权力不平等，政府是城市发展政策的受益者等。

人类学的空间研究表明，空间是充满意义的体系，通过群体与环境的互动关系，展现出环境对于文化独特的建构方式。文化的延续是一个庞大的系统工程，一个关键因素即维持知识的传播，建筑形态也是文化传承的重要媒介。弗朗西斯-叶茨在《记忆的艺术》中，分析了西方历史、宗教观念与纪念地的联系机制。认为对空间及概念的准确把握是宗教记忆法的关键。神话或宗教故事的讲述者可以通过"美丽的或可憎的"历史事件对记忆加以归类，也可以用教堂的空间分割将记忆分别用想象力储存在不同的地方。这样一来，建筑不同部位所分配到的记忆内容可以帮助人们追忆过去的提示。这种方法有效地保存了记忆，即使建筑物已经消失，有关的历史叙述也可以被迅速唤起。在非西方社会的文化传承中，建筑、场所、标志及历史纪念物在保留记忆方面也起着重要作用。在中国，历史时间的记忆和神圣标记的记忆以相同的方式结合起来。过去辉煌的皇宫、圣地或神庙不断地与他们现在的废墟状态相对比，由此刻画出国家、社稷、民族或家族的兴衰。

（三）家族意识

家族是基于血缘关系联合而成的共同体，共同的祖先是维持家族的基本条件。对祖先的追忆和颂扬体现了对家族血缘的认可。家族伦理观念广泛地渗透到中国社会中。作为最古老的组织形式，家族和宗族制度在人类繁衍、生息过程中扮演着无可取代的角色，并且在现代社会仍将继续发挥重要作用。科大卫和刘志伟认为，宗族不仅是一种血缘、亲属制度，更是一套依靠礼、法的秩序与规范。宗族意识贯穿于祭祖、建祠堂、选族长、修族谱、设族田、建族规等宗族制度中，正是借由宗族意识，宗族发挥着重要的社会稳定功能，对内控制宗族成员，对外控制其他宗族，成为重要的社会稳定机制。

家族意识强调成员对家族竭尽忠诚，为家族利益抑制个人欲望，成员随家族盛衰俱生俱灭。首先强调亲子关系，重视家族血脉的延续；其次是家族的成员关系，家族利益是第一位的，要为家族的存续和繁荣尽忠效力；再次，归属意识，成员之间的庇护与侍奉。这种浓厚的家族意识经世代相传不断演化为民族性格的一部分，成为一种介于有意识信念与无意识本能之间的混合物。浓厚的家族意识深深影响了中国人的精神风貌，影响着中国社会的文化特征。

城镇化、现代化大背景下，宗族制度、宗族意识发生了许多变化，传统宗族转变为血缘和地域的结合体，原有宗族意识的内涵也逐渐改变，但无论在古代还是现代，宗族的团结和凝聚作用都是亘古不变的主题。

五、研究内容与方法

（一）研究内容

本文是对宗族意识嬗变的分析，以浦市 G 家祠堂变迁为线索，关注作为承载族群记忆与认同的祠堂以及具有整合功能的相关祭祖仪式的消融如何重塑了地方家族的结构。将家族变迁放置在地方社会政治、经济历史进程中加以解读，分析政治权力、文化传统、地域社会、家族发展间的复杂力学关系，理清家庭内部因素与宏观社会环境如何决定家族命运。

第一部分追溯早期 G 氏家族的发展，建立文本的历史背景，为后期的进一步描写与分析做铺垫。描绘 G 氏家族发展中涉及的地方场景要素，关注宗族意识对家族发展所起的作用。从历史记忆、日常生活和地方社会场景三个层次对 G 氏宗族发展的过程做长线梳理。

第二部分以结构-功能主义视角为基础，以祠堂为基点，梳理 G 氏家族发展的脉络。祠堂作为族群意识表征，在家族发展与宗族意识之间架起一座桥梁，通过兴建祠堂、节庆祭祖，加强了家族的凝聚力与荣誉感，促进了家族生意的发展。同时关注与家族发展密切相关的区位因素、社会环境、家族自身因素，以期立体展现与全方位分析G氏家族的发展，获得完整的历史图景。

第三部分通过描绘近代以来G氏家族兴衰的历史图景及他们在应对纷繁复杂的社会变迁时的策略性选择，说明家族与国家之间微妙而复杂的关系，可以看出作为承载族群记忆与认同的祠堂以及具有整合功能的相关祭祖仪式的消融如何重塑了地方家族的结构。

（二）研究方法

1. 参与观察法

参与观察法强调在一个社区内，对社区成员的活动深入了解，进行饱满的描绘，具有重视民间生活和民间知识，亲自参与等特点。本文素材源于对浦市G氏家族的田野调查，在调查期间，我们多次走访了G氏家族，倾听G氏后人对于历史与现状的述说。尽管我们无法回到G家祠堂的兴盛时期，但置身于极富历史底蕴的古老建筑中，观察G氏后人目前的生活现状，依然有助于我们以“主位”视角理解他们的生活经历。

2. 无结构访谈法

无结构访谈是田野调查中普遍采用的方法，它并不事先设定好所要了解的问题，而是依据某一主题，与被访者展开对话，根据具体情境，灵活地开展调查。这些访谈资料是本文的描述与分析得以展开的重要基础，对于理解社会变迁中G氏家族的发展起到关键作用。

3. 文献分析法

地方文献的收集也是本文资料的重要来源。田野调查期间，我们查阅了G氏家族的历史资料，这些资料由各地G氏后人依照家族长辈口述和散见各地的家谱、历史故事汇编而成。通过将文字资料和访谈相结合，可以获得有关G氏家族历史更为清晰准确的认识。另外，G氏家族的兴衰贯穿于浦市乃至沅水流域的发展中，所以我们也去了当地的图书馆、资料馆查阅地方史志资料，同时借助互联网进一步查阅相关资料。

流变之力

一、沅水边的浦市

（一）沅水流域概况

浦市位于湘西州泸溪镇东部，坐落在川流不息的沅江旁。沅水东以雪峰山、资水为界，西以佛顶山、梵净山与乌江相隔，北以武陵山与澧水分野，南以柳江、苗岭为邻。经黔东、湘西，注入洞庭湖。全长 1022 公里，上游段为河源至黔城的清水江，其间多系幽深峡谷，长约 530 多公里；中游段由黔城至沅陵，河流坡降较为和缓，长约 280 公里；沅陵以下为下游，长约 210 公里。

明代以前的沅水属于单独地方行政区，秦朝时期归属于黔中郡，汉朝属武陵郡。古时的沅水流域尚属边地，多流民匪患，两晋南朝时，被称为五溪蛮地。随后，唐宋王朝加强了沅水流域的开发，先后设置辰、沅、靖州以及众多羁縻州，唐朝以江南道和黔中道分辖这一广大地区，宋代则以夔州路和荆湖北路分管其地。元朝的湖广行省，管辖今湘西、黔东地区，包括溪州彭氏、思州田氏等大土司辖地。明朝设立贵州后，沅水遂分属湖南、贵州两省，不过，在军政区划方面，两省之间仍有不少纠葛。从明朝到清初，湘黔交界地区的军政建置几经更改，终于基本划清彼疆此界。此后，全国掀起自东向西的开发浪潮，沅水中下游地区经过长期的发展，与湖南东部地区联系日益密切，至清初形成湖南省。①

（二）优渥的水运与商业发展

沅水流域独特的东西交通走势，使其成为重要的政治军事要塞，随着人口的逐步迁移，沅水流域迅速发展起来。秦汉至两汉后，移民迅速增加，带来了不同的生产技术和文化理念，特别是蜂拥而至的商业移民，进一步推动湘西的

---

① 罗运胜．明清时期沅水流域经济开发与社会变迁［D］．武汉：武汉大学博士学位论文，2015.

经济发展，形成了规模不等的商业市镇。他们或从事经营贸易，或从事手工业，为当地的发展注入了新的活力，与大中华的政治、经济、文化融为一体。

明、清两朝，沅水流域的发展达到顶峰。至清朝时“沅陵西南境有浦市，两岸之间，烟火万家，商贾辘辘，舟楫络绎，故一大都会也……上而滇黔，下而常岳……骚人墨客，工农商贾，莫不以时云集于此。”① 清代实行“改土归流”后，浦市优越的地域条件日益凸显，成为连接西南与东部的经济枢纽。沅水流域与当时全国的商品流通同步，木材、粮食、桐油等大宗商品交易日渐兴盛，与长江、广东等周边地区的商贸往来也日益增强。

随着对外开放的进一步加大，浦市商品经济获得了更大的发展。浦市当地的生铁、毛钢远销长江、珠江，鞭炮、棉花、桐油、柑橘、蓝靛、白蜡、鸭子、肥猪、莲藕、纸张、荸荠等特产也顺销各地。经川黔水路运抵浦市的水银、朱砂、桐油、五倍子、苎麻等在码头集散，再沿沅水及支流小船转运各地，同时通过易货贸易获得外部手工业产品。

当地的圩场发展为重要的易物易货平台，转变为具有现代资本主义萌芽性质的商业集市，成为地区性市场网络的一个节点，浦市也由农村圩市发展成为地区商业中心，商业模式逐步成熟。

（三）历史上的浦市

历史上，浦市有着湘西四大古镇之首之美称。早在南宋时期，浦市发展已具雏形，据清乾隆《泸溪县志》载：“南宋，孝宗隆兴二年，公元 1164 年，辰州府事章才邵上书：‘沅陵之浦口，地势平衍，多水口……’”② 其面积约两平方公里，有三个主街，其间交错着四十五条小巷。城外有一圈五公里的护城墙，布有八道城门。明初，浦市已是大集，有南北街道，加之地势平衍，乡角四通八达，集市贸易兴隆，住户逐年增加，鼎盛时期多达 7000 人，其中许多是由周边地区迁徙而来，如沅陵、泸溪等，他们在近郊购置田产建房，看重的就是浦市的商业发展前景。③

明清时，浦市已闻名遐迩，素有“小南京”之称。先后落地十省三府的“同乡会馆”（三府：宝庆府为今邵阳市、武陵府为今常德市、辰州府为今沅陵县），坐拥三家银行、五户典当、七户钱庄、四户瓷庄、九家油号、三座洋

① ［清］赵志会．重修浦峰寺佛寿殿碑记［Z］．碑刻位于今浦市镇万寿宫内．

② 顾奎光，李湧．泸溪县志·乡市［Z］．乾隆二十年复印本．

③ 政协湖南省泸溪委员会文史学习委员会编．泸溪文史．第八辑，浦市古镇［Z］．2007：12．

行（外商经办的亚细亚洋行、太古洋行、美孚洋行等三座外国洋行），湘西洋油（即煤油）的批发总部也设在浦市。

浦市不仅具备完善的商业基础，也有着浓厚的人文底蕴，街道上建有庵堂寺庙、福音教堂供信徒参观礼拜，街边汇聚着各路手工艺人。

（四）今日浦市

经过岁月的洗礼，浦市已经褪去往日的铅华，更添了一分生活气息。

每天早晨，居民便从自家院子出来赶集，热闹的菜场和店铺挤满了人。当地农贸市场货源基本来自当地，许多农户将自己种植的瓜果蔬菜带到镇上贩卖，也借着赶集采购需要的物品。一些老人身着传统的民族服饰穿梭在人群之中。临近正午，熙熙攘攘的人群才渐渐散去。

茶馆是当地居民日常休闲的主要场所，走几步就可见一间。由于多年炭火灰的侵蚀，原本土黄色的泥墙早已被打成黑色，虽然屋内打着灯却仍然昏暗，炭火与灯光交织成火红色，映照在小屋内，别有一分温馨的感觉。漆黑的门楼里，错落安放着几张桌子，人们三三两两地围坐在桌子周围，冬天人们便用毯子盖住桌面，桌下放一盆炭火，围在桌边，或玩雀牌，或喝茶闲聊。馆内的茶水也很亲民，四元钱便可得到一份茶水、瓜子、花生、糖果。直到现在，小镇的生活依然简单，各类店铺大多到了日落时分便打烊，到了傍晚，街边夜市成为年轻人闲聊、休息的好去处，许多人吃过晚饭便和家人沿着河边散步。

在过去几十年里，小镇发生了许多变化，新建了医院、银行，各类店铺不断翻新，交通更为便利，可以很方便地到达乾州、凤凰、辰溪、泸溪、麻阳等地。

二、迁徙

（一）南下

如前文所述，浦市乃至沅水流域的兴盛是随移民的涌入逐步发展起来的，这一转变与当时的社会政治经济条件密切相关，是在不断纳入中原统治的过程中完成的。

为了加强沅水中上游五溪地区的管理，对境内蛮夷的征服和控制，历代中央政权在此新置了大量县数。

安史之乱后，北方战乱频繁，引起了更大规模的人口南迁。外来移民的大量涌入，对湘西的社会变迁产生了重大而深远的影响。历经两晋、隋唐、宋元各代，至明清时，移民不断迁入。

雍正年间，湖南省地生齿日繁，人口压力要求开拓更多的土地，但此时腹地潜力已经不大，不得不进行改土归流，相继废除桑植、保靖和永顺土司，设置永顺、保靖、桑植、龙山四县，由永顺府统辖。

明代时期的征苗和大举开边中，民族融合与民族认同依然困难重重，形成了历史上“三年小反，十年大反”[①] 的局面。因此明代元起，中央政权继续完善和维持元代在湘西的土司之制。同时，为了加快对滇黔的开发，在湘西广置卫所，大兴移民屯田，推动了因政治治理、军事征讨和文化浸透带来的城市发展。

改土归流后，大量军屯户移入湘西屯田垦殖。《麻阳县志》载：“域中田地之膏肤者，尽为平、清、偏、镇、辰、沅之军田。”[②] 屯户达四里之多。在清同治年间达到高峰，出现了“无旷土，少游民”[③] 的繁荣局面。

汉民的移入不仅带来了许多农作物品种，还带来了新的生产工具与技术，大量铁制农具由移民传入，牛耕更为普及，粗放农耕经营得到改变。同时，沅陵的手工业也得到了发展。“自改流后，百务咸兴，于是攻石之人、攻金之人、砖植之人、设色之人皆自远来矣。”[④] 移民的到来进一步促进了多元文化的融合，形成了包括楚巫文化、巴蜀文化、侗壮文化以及中原文化和江浙文化的复合人口社区。

浦市农业、商业迅速发展，成为具有军事、政治、经济一体发展的社区。

（二）两房 G：上房 G 和下房 G

清代乾隆至咸丰的 100 多年间，浦市的商业发展达到顶峰。一批大户随即兴起，最先发家的是被称为“四大商家”的瞿、唐、康、杨四大家，他们兴办冶炼厂，经营生铁及毛铁，兼营土特产及日用品。G 家随后兴起。

G 家最早于明朝弘治年间（1488—1505 年）定居浦市。明永乐年间

① 吴荣臻．乾嘉苗民起义史稿［M］．贵州：贵州人民出版社，1985：20.
② 吴兆熙．麻阳县志，疆域志，市镇［Z］．同治十二年.
③ 溆浦县志编纂委员会．溆浦县志［Z］．北京：社会科学文献出版社，1993.
④ 民国永顺县志，卷十二［Z］.

(1403—1424 年）江西豫章（今南昌）元昆工之子“善求出仕后授湖南辰州府，遂籍于沅陵黄草尾。”[①] 成为 G 氏迁至浦市的鼻祖，求善定居浦市后，便与当地易氏结为连理，不久后便有了儿子从贵，“从贵由沅陵黄尾迁居云从洞，妣杨氏，生四子：长子天美、次子天郡、三子天惠、四子天然。”[②] 四子天然则从湖南沅陵运从洞迁居沅陵马底驿白雾保洞头皮塘冲，“妣张氏、肖氏，生三子：长子成镒（成一）、次子成贰（成二）、三子成珊（成三）。”[③] “成二，妣糜氏、金氏生二子：长子胜祖、次子胜良。成二公挈二子同由沅陵马底驿洞头迁居泸溪县浦市镇，后分为吉家頭和浦溪两房，形成泸溪浦市 G 氏。”[④]

成二之后，G 氏家族发展为两个截然不同的世系群，分别定居于浦市的吉家头和浦溪两地，被称为上房 G 和下房 G。此后两家人没有走向联合，相互之间交际甚少，各自发展为相对独立的世系。在讨论世系发展时，弗里德曼认为，世系群的分裂是一个“自然”的过程。一个人离开他的社区，建立一个本地单位，这个单位不断发展，最终成为一个新的世系群。福蒂斯也发现，夫妻之间、一夫多妻的妻子之间、同胞手足之间以及几代人之间的联系和分裂是世系群发展壮大和分化的基础，而这种分化不可避免地造成差异。G 氏家族的两个分支也朝着不同的方向发展。上房 G 继承了其祖善求书香的传统，后人多至监生、太学生，而下房 G 的发展较为缓慢。“从长期来看，地方世系群的发展与地区经济之间的关系是非常复杂的，因为经济和政治环境不但影响强大的继嗣群体，而且反过来也受其影响。”[⑤] 就我们所了解的情况来看，上房 G 显然更擅于整合相关资源，无论在住房、生活水平、教育上都比下房 G 获得更多，这种优势延续多年。

三、扎根立业

（一）桐油买卖、木材买卖

上房 G 的发展优势体现在家族生意的经营上，其精明之处，就是充分利

① G 家林、G 世芳、G 正祥主编. 中华 G 氏历史文化探源［Z］：99.

② G 家林、G 世芳、G 正祥主编. 中华 G 氏历史文化探源［Z］：100.

③ G 家林、G 世芳、G 正祥主编. 中华 G 氏历史文化探源［Z］：100.

④ G 家林、G 世芳、G 正祥主编. 中华 G 氏历史文化探源［Z］：101.

⑤ 鲁比·沃森，时丽娜译. 兄弟并不平等：华南的阶级和亲族关系［M］. 上海：上海译文出版社，2008：19.

用了当地的自然资源。明清时期，木材的采办在湘西地区十分火热，“楚中与川中均有采木之役，实非楚、蜀产化，皆产与贵竹深山大晚中耳，贵竹乏有司开采，故其役而委楚、蜀两省。此皆聚于辰州。”① 湖广、江浙一带的木商多云集于县城及蓝溪口、北溶等地收购木材，然后经沅水，转洞庭湖入长江销往各埠。清代后期，浦市的木材生意越做越大，每天数百只大大小小的货船等待在大码头装卸各类货物，各地排工、船户、商贾在此购销交易。

除木材生意外，湘西的桐油经营也十分成功。仅在浦市，当时经营桐油的商家就多达10余家。相传，当时木质的油篓满足不了市场需要，浦市人便将纸糊扎好的油篓一字排开放在路边暴晒，一个接一个的油篓有一里多长。鸦片战争后，洋钢铁侵入内地市场，浦市原有的支柱产业炼铁业逐渐衰落。桐油业跃升为当时最为重要的行业，至民国期间，桐油业的重要性进一步提升。

（二）家族兴盛的象征：兴建祖宅

随着家族财富的积累，G家人开始兴建家宅。G家院子是湖南现存最完好的明清古建筑，紧邻沅江河畔，整体风格气势宏大。虽然历两百多年的风雨，依旧不失当年威风。G家院子整体造型气派，占地面积大，仅防火墙就有近十米高，采用明清时期的三座窨子屋并列的设计结构，内部空间宽阔有序，每间房都有独特的功能，在细节上也颇为讲究，门、窗、天台、楼梯每一处都附着精美的雕花，惟妙惟肖，堪称艺术精品。在许多文化中，房屋不仅仅是住所，也是表明社会地位的一种方式。无论是马林诺夫斯基所描述的库拉圈，还是莫斯的夸富宴都表明，财富的展示在表现与维持个体在群体中地位的重要性，尤其在家族企业中，更是直接突显实力的一种表征。这些优势可以换取资源，因此家宅的修建尤其是豪宅的修建与家族企业的拓展形成了一种良性循环。这一点在G家的发展中有所体现。G家院子的修建并非一蹴而就，而是经过几代人的努力完成的。最开始由G大绪（18世，约生于1726年）所修，而后由大绪的儿子明福（19世）孙子景成（20世）及曾孙运从（21世）拓建，最终修建完毕。房屋的修建过程也是家族生意进一步拓展的过程，就我们所了解到的情况来看，G家院子主体修建完毕时，G家的生意也发展到一个新的阶段。经过几代人的打拼，成为当地首屈一指的名门望族。

---

① ［明］王士性．周振鹤编校．广志绎卷四，江南诸城“湖广”条，王士性地理书三种［M］．上海：上海古籍出版社，1993：355.

图 1　G 家大院（田野调查小组拍摄）

图 2　G 家大院内景（田野调查小组拍摄）

家族与祠堂

一、祖恩、继承、传承

（一）继承家业

家族企业的发展依靠成员的继承。但是，并不是每一个成员都有经营的天赋，加之传统继嗣中的诸多限制，如何选择继承者成为重要的问题。在这方面，G 氏采取的是长子继承制和诸子均分的方法，在指定长子为主要继承人的同时，采用家族成员共同经营的方式。传统均子分家虽然保证了家庭中的每个儿子平等地获得家产，避免了家庭的财产纠纷，但也削弱了家族势力。而通过家族成员的联合，可以在一定程度上保证家族企业的发展。祖房、田产等资产，平分给四个儿子，每个人获得大致相同的份额，桐油、木材生意则传给了大儿子。

费孝通先生认为中国社会关系网络可以概括为“差序格局”，即以个人为中心，依关系亲疏，层层外推。这种独特的中国式关系，也辐射到政治、经济领域，形成“差序关系”导向的经营模式。

在中国历史上，倾向于把家户或企业当作系谱上的附属品，经济上的联姻很普遍。G 氏家族也采用这种方式，与当时的姚氏联姻。姚氏是当时浦市的“十二大户”之一，十二大户无一不是家财万贯的大财主，“十二大户”的崛起稍晚于 G 家，约为清末民初。姚氏主营布匹与食盐生意，在司门前设有店铺，商号“姚泰兴”。两家的联合，拓展了双方的生意网，G 家后期同时兼营的食盐买卖，依靠的也是姚氏家族的生意网，资金融合增强了双方融资转资上的能力。

（二）家族产业的形成

沅江及周边区域不断增长的贸易，大大推进了当地包括木材业、桐油业在内的商品经济的发展，强强联合带来了 G 家商业的进一步发展。G 氏凭借地处沿岸和控制木材资源具有的优势，在一定程度上形成了某种垄断。施坚雅认为社会关系对市场的发展起到非常重要的作用："一方面是小商人与小农阶级的交往；另一方面是小商人与当地精英的交往（主要通过市场控制机制形成）。但最重要的一点是'农民'与'贵族'间的关系……传统时期，每个标准的市场社区都包括一批所谓的'贵族'家庭。这些精英家庭正是在集镇上实施着'社会控制'。"①

企业的扩展不仅需要资源的投入，更重要的是经营管理。G家生意的发展有赖于良好的经营方法。一是用人不疑。对店里的佣员不吝指导，待学员成为"行家"后，放心把店铺交与学徒经营。二是善于调动雇员的经营积极性。看重店员的表现，业绩突出者，给予奖励。三是有灵活的商业战术。对买卖不一刀切，留有商谈的余地，力求"双赢"。四是充分利用市场信息。根据市场供求，物价涨跌，运筹帷幄。

清末民初时，G氏家族的生意已经拓展至东南亚各国。每到桐油上市时，浦市及云贵川边的桐油便源源不断地运送到G氏油行脱手。每年经手G家的桐油有数万旦。G家还根据桐油的不同用途，在浦市下湾等地开设了几座桐油加工作坊，将桐油制成秀油、洪油销往外地。

（三）家族企业发展：分工与协作

学者叶银华提出"华人家族企业并不是某种确切的形态，而是家庭（家族成员）保持并拥有企业所有权和控制权的连续分布的状态，是家庭（家族资产）占主导的要素契约和家庭（家族关系）契约相结合的产物，这种关系网络存在的文化和精神基础正是中国传统家族文化所培育出来的'家族精神'和'家族主义'"②。基于血缘与亲缘关系的家族在企业发展上能够提供有效帮助。首先，有利于企业的创立与原始资本积累。家族企业内部的人际互动与关系源于共同的血缘关系，在乡村家族企业创立初期，家族成员会毫不犹豫地投入资金、人员、技术、信息、管理资源，甚至不计报酬，力图完成企业的建立。使得企业较早地完成原始积累，这是其他任何企业形式无法比拟的。其次，有利于减少协调成本。企业是家族成员的共同生命体，具有共同的家族利益，家族企业的主要投资者与经营者都是家族成员，彼此熟悉、配

① 施坚雅，史建云译. 中国农村的市场和社会结构［M］. 北京：中国社会科学出版社，1998：52-53.

② 叶银华. 家族控股集团、核心企业与报酬互动之研究——台湾与香港证券市场之比较［J］. 管理评论（台湾），1999（2）.

合默契，从而有效地降低了协调成本。

这种契约关系在生产中则体现为明确的分工与协作。按照马克思与恩格斯的生产过程理论，分工在提高家族生产力上起着非常重要的作用。通过明确划分生产职责，生产专业化，可以缩短生产所需的时间，提高劳动生产力，从而在相同的时间里生产更多。协作的主要功能在于使生产过程各环节有序进行，提高生产效率。在日常的互动、资金的借贷以及互相帮工上，都体现了关系网在家族生意拓展上的重要作用。店铺日常的打点、搬运等工作，亲戚的帮工是少不了的。家族企业的社会资本主要表现形式是以血缘关系、亲缘关系、地缘关系为纽带的社会网络以及与之有关的信任、规则与价值取向。[1] 店铺的日常经营也涉及分工协作，大儿子为掌柜，其他三个儿子则负责其他具体事宜，直到20世纪20年代初期，仍然采用这种模式。

初创时期的家族企业采用家族式管理模式，是与企业的人、财、物等资源构成及成长发展环境息息相关的。这一阶段的家族企业，人、财、物等资源结构简单，来源单一。由于主客观方面的原因，主要依靠的是创业者及少数家族成员最原始的积累。家族管理模式成为处于初创期的家族企业最佳的选择。

二、祠堂：宗族意识的整合与梳理

（一）家族与集体意识

家族意识是介于自我意识和社会整体观念之间的观念意识，维护着家庭发展和社会稳定，深刻地影响着中国人的精神风貌及中国传统社会的文化特征，与个人有着千丝万缕的关系，构建着家族式的社会。

宗族意识包括四个方面，祭祀、个人信仰不与宗族信仰相冲突、个人生活与宗族信仰合拍、个人荣誉感源于宗族。宗族（家族）文化是传统中国的一个重要层面，是依照血缘和地缘联合而成的群体，在中国的宗族关系中，宗族往往属于相对封闭与隔绝状态，各宗族意识强弱不同，内部之间存在较为明显的分歧，共同的祖先祭祀成为维系部落群体团结的重要纽带，这种关系给村落带来某种认同感和归属感。

---

① 漕祥涛，郭熙保．社会资本与我国家族企业的发展［J］．武汉大学学报（社会科学版），2003（2）．

（二）修建祠堂

在中国，市场和庙宇都扮演着重要的角色。中国继嗣制度的核心是对亡者的祭仪，对祖先的崇拜甚至超越了对神鬼的敬畏。中国人把屋宅中最显赫的位置——厅堂用于供奉祖先的牌位，自然地，也希望祖先的“阴宅”能够永世长存，以庇佑子孙万代。父母的骸骨如果能够得到生气，子孙也就会得到庇佑，所以先人去世后，首先要为祖先的骸骨寻觅一块风水宝地。

G 家发家后，便开始新修祠堂。G 家祠堂建于晚清时期，建筑面积 1078 平方米，为三进式的房屋建筑，由前殿、中殿、后殿构成，总体平面呈“T”形，中轴线上有过厅、正厅、厅堂三栋主要建筑，砖木结构。自建成后，便是上房 G 定期祭拜和供奉祖先的圣地。

（三）祖先缅怀与节庆祭祖

G 氏后裔有规律的祭祖。据我们的报道人回忆，每年的清明节、冬至节是祭祀的日子，族长提前通知 G 氏后人一同祭祀祖先，每次祭祖大约有百来号人。祠堂供奉着 70 多位祖先，牌位被供奉在祠堂正对大门的方向，一字排开，每个排位宽约 7 厘米长约 30 厘米，由木工精心雕刻。

每位祖先去世后必须先在家里的神龛供奉，过了三代人后方可进入祠堂。所以，G 家人建立的房屋里也留有供奉祖先的空间，将祖先的牌位供奉在中堂。中堂作为议事、祭祀、婚丧、待客、宴请等活动的场所，其空间尺度相对宽敞，不做太多的围合，私密程度不高，具有一定的外向性，中堂同时也位居中央，用料最精，尺度最大，装饰最为华丽，G 家的祖先便供奉在中堂的神龛内。敬香、供奉，待祖先享用之后才就餐。

祖先从未离去，与“我们”的连接从未切断，这种联系只是从共时转向暂时，从立体过渡到断面，祖先与后裔之间有着强大的因果联系，祖先与子孙构成命运共同体，唯祖先安，后人才得以昌盛。

在这样的语境中，对祖先的不维护显得不合适。报告人提到的一个细节引起了我们的注意，G 家祠堂此前一直作为吉家头上房 G 氏后人供奉祖先的圣地。由于修建祠堂时，浦溪下房 G 氏没有出银子，所以一直到中华人民共和国成立前浦溪 G 氏都没有跨进祠堂。实际上，这个例子是理解宗族意识分化的重要线索，正是在祖先祭仪上，赞助人的后裔和普通成员之间的差异体现得非常清晰，最终表现在对财富的掌控上。尽管吉家头上房 G 与浦溪下房

G同为G氏后人，但是在来到浦市的一开始，他们就发展为两个世系群。

祭祀制度的表征十分复杂，有时甚至相互矛盾，一些场合强调宗族的统一，另一些场合却又重视亲族间的差异。这个案例中涉入的财产与祭祀的冲突，可以视为理解两者内部宗族关系的一个框架，通过排除浦溪G氏，两者在财产上的继承不再模糊，借由祖先的庇护，隐去了两者潜在的冲突，调和了族群的利益关系。“通过融合或聚合的方式组建地产的过程成为无组织者手中一个重要的组织工具。”① 同时强有力的宗族意识也成为家族向心力的集合点，这一点在上房G经营的家族企业表现得很明显。上房G的生意一直持续到20世纪40年代，直到那时，依然使用家族劳动力，这种经营方式使得家族关系环环相扣，同时也使家族生意的扩大变得容易，最终促进了上房G氏家族生意的日益扩大。

三、家族的兴盛

（一）G家老铺的兴隆

清代以前，浦市已经开始了自然资源和农产品的商品化，但是这一时期商品化规模较小，以自产自销为主。经过近一个多世纪的发展，到20世纪初期，浦市已经形成了完整的市场体系。首先，自然资源进一步商品化，加强了对自然资源的开发。其次，大批商号、客商纷纷落户，以期拓展业务。其重要标志就是各个“会馆”的设立，本省的常德、宝庆（邵阳）、溆浦各府、县的客商以及周边福建、浙江、山西、江西、陕西、湖北、四川、江苏、安徽等10省均在此设立会馆。这些会馆不仅仅是客商休闲联络感情的去处，也是获得信息、拓展商务的场所。

G家也在这波浪潮中发达起来，成为资产百万银圆的家族。他们进一步美化修缮G家院子、G家祠堂，广置田地。G家院子坐落在繁华的后街，每到掌灯时分，就可以看见沅江上往来不绝的商船。G氏后人对我们说，当时他们家购置了许多田地，G家院子周围的土地都是他们的花园和果园，现在街道上的房子都是后来才建起来的。据当地居民介绍，过去上房G居住的吉家头，一大片土地都属于G家，“田连大院三座半，门望三千八百担。”是否如此已不可考，但是就目前留下的房产来看，当时G家的确显赫一时。

① 鲁比·沃森著，时丽娜译. 兄弟并不平等：华南的阶级和亲族关系［M］. 上海：上海译文出版社，2008：65.

图 3　G 家老铺旧址（作者自摄）

图 4　G 家老铺内部（作者自摄）

G 家老铺就在 G 家院子前，整体为长方形，内部由 8 根直径约 30 厘米、高约 3 米的圆柱支撑，占地约 80 平方米。主要经营桐油、木材的批发，兼营各种洋货。据老人讲现在遗留下来的只是其中的一部分，店铺两边还并排着几座房子。

G 家人非常勤快。每天天没亮，就早早地起床，把店铺的商品码放整齐，同时打理干净店铺，待一切安排妥当后，便开始营业。老铺正式营业时间通常是辰时，但如果有往来的客商提前抵达浦市，G 家也绝不会怠慢客人。店铺除了批发木材、桐油，还兼营日用品、小百货。店铺最繁忙的时候是日落后，因为必须确保桐油顺利上船运往各地，这时，火红的火把从大码头一直延伸到仓库，就像一条舞动的火龙；扁担、竹林“咯吱咯吱”伴和着吆喝声，一路响个不停。一晚下来，路上遍地都是倒翻的桐油，行人的裤子都被浸湿。一年之中，10 月最为忙碌，往来客商不断，门庭若市，此时桐油开花结果，需要压制、运送、储存桐油，本县及云贵川边的桐油源源不断地运送到 G 家油行脱手。

在做好生意的同时，G 家人也热衷于慈善，扶危济贫。他们非常看重教育，认为只有读书，才能培养出忠孝仁爱、礼义仁信的品格，为国为家出力。1912 年，G 家与当地商户共同捐资修建了“浦市官立高等小学”，这所学校是浦市近代以来的第一所洋式学堂，培养了一代又一代浦市人。除捐资修建现代学堂外，G 家人还修建私塾，私塾的建立不是以盈利为目的，而是要把传统文化的精髓留传后人，造福于人。因此，当地家庭的学龄儿童，不论贫富，只用交纳象征性的学费，便可以到这里读书。

（二）家族发展的原因分析

G 家的成功可以从社会外部条件与家族内部原因两方面加以分析。

浦市的区位优势为 G 氏的兴盛提供了得天独厚的条件。这种优势既包括自然因素也包括社会政治因素。首先，是当地自然资源的整合。G 家十分有效地实现了当地资源的商品化，无论是初期的桐油、木材生意，还是与姚家联姻拓展的食盐生意，依靠的都是当地丰富的物产资源。其次，G 家得以在浦市发家，很重要的一个原因就是浦市地处重要的政治军事地理位置，是历代君主十分重视的军事要塞，汉族军民的不断迁入为浦市的繁荣奠定了基础，人口规模不断扩大，经济发展才有可能。

区位优势提供了资源，而真正得以转化为财富，依靠的是 G 家的智慧。在

G 家的每一个发展阶段，家族力量都是家族兴旺的强有力支撑，家族关系是支撑家族企业发展的保护网。弗里德曼提出“宗族其实是法人”，作为一个集体，宗族有着明确的成员制度，能够拥有财产。家族成员对企业的共同经营保证了 G 家在传统诸子均分的祭嗣框架中的家族实力，虽然家产划分为独立的四份，但是兄弟联合经营确保了原来家族财力的稳定。弗里德曼进一步指出，宗族这种“控股公司”，促进了宗族间的结盟，形成了村落及村落联盟。在 G 家的例子中，可以发现这种联盟的划分正是通过祭祀这种古老仪式实现的，G 家祠堂的建立就是这样一种象征，对外表明了家族的团结，对内增强了宗族的凝聚。

G 家人很重要的一个观念就是光宗耀祖，至今 G 家院子里仍然保留着“忠孝传家”的祖训，这些符号时刻提醒 G 家人作为一个整体家族的发展，而不是强调个人得失，这也是中国人普遍的伦理观念，这个信念将 G 家人团结在一起。宗族的财产集中控制在个别祖先的名义之下，依靠祖先的庇护，后人才得以发达。随着子孙繁衍，祭祖一年又一年地举行，如涂尔干所言，祖先崇拜仪式使群体获得了凝聚力，在这种力量的不断驱使下 G 家将家族企业发展壮大。

图 5　门楣上的家训（作者自摄）

祠堂记忆：权力与秩序下的重塑

一、地方情境中的抵抗与坚守

（一）动乱年代

浦市的发展不仅依赖得天独厚的自然地理条件，也需要安定的社会环境，但是从20世纪初开始，浦市经济逐渐萧条甚至出现了衰退。其中既有自然灾害如洪水、粮食歉收的原因，但更多的则是由于社会政治环境的改变。

20世纪初国民党政府当权时期，社会政治经济混乱。当时的浦市由商会、镇公所和警察所共同管理，苛捐杂税繁多，除田赋正税外，县地方附加税计有14项之多，浦市市场日渐冷落。此外，匪患频发，如1915年的“北兵”之乱，1925年的川军骚扰，1934年的黑旗军骚扰，政治治理混乱，“官匪一家，官匪难分”。浦市至永兴场、兴隆场的古驿道上常常有土匪流窜，敲诈勒索往来商客。浦市正街上，还发生过土匪夜闯店铺掳掠的案子。更为甚者，兵匪肆无忌惮地出没在浦市江东和梨子溪沿河一线，掳掠过往商船，严重影响了浦市商贸的发展。名目繁多的派捐派粮，派丁派枪，强买强卖，民不聊生，怨声载道，外地商人纷纷卷资回籍，本地商户收缩经营。

抗日战争爆发后，因兵源紧张，国民党政府将过去的“募兵制”改为“征兵制”，于同年8月正式颁布“征兵法”，规定：凡是年满18岁的适龄青年，都称为“壮丁”，必须履行服兵役的义务。新颁布的“征兵法”成为地方官僚搜刮民众的一种手段，富户子弟买通关系即可免除兵役，穷苦农民由于无力提供军饷则难逃兵役。14年战乱、自然灾害的肆虐以及政府的繁重徭役，使得大批青年远走他乡成为难民。而浦市环境相对安定，各省难民纷纷落户浦市。人口猛增，交通阻塞，物资短缺，市场供给失序，物价一日三涨。很多商号不得不在门口招牌贴上告示：“时至抗战时期，货物时涨时跌，目下一言为定，早晚市价不一。”一些人借机大发国难财，物价猛涨，短时间内变化近10倍。社会混乱还导致了畸形经济的繁荣：妓院、暗娼、赌场应运而生，专供暴发户嫖赌玩乐。1945年8月，抗战胜利，但是，国民党没有将精力放在恢复国民经济上，而是极力垄断受降权。

（二）逃亡

1946年6月26日内战爆发，战火很快从南京烧往全国，全国局势陷入一片混乱。1949年，民国三十八年3月2日，湘西保团十团团长汪氏、永顺警察局局长曹氏及周氏，纠合4000余名兵匪，攻进沅陵县城，烧、杀、奸、抢，为害10天，焚房151栋，抢劫3418户，财产损失100.824万银圆，居民死亡22人，伤52人，失踪17人，被奸污及掳去的妇女和女学生就有100余人。3月5日，匪首张氏率部去辰溪抢枪，路过浦市骚扰三天，继之而来的是徐氏匪部长期盘踞浦市，每日派捐派粮，强买强卖，派丁派枪，将浦市人再次推入苦海。

浦市当地的一批商户纷纷陨落。内战造成了军阀割据的局面，水路运输被切断，G家主营业务桐油及木材生意的往来通道被堵死，市场急剧萎缩，G家老铺再也无法正常维持下去，已逾百年的G氏老铺就此停业。

和当时许多人一样，G家人也选择暂时离开浦市躲避战争。中华人民共和国成立前，G家老铺的老板祥和带着大儿子投靠台湾的亲属，其妻则与三个儿子、女儿留在浦市，靠收取地租和小买卖度日。这段时期对于G家尤为艰难，除了生活的拮据外，一家人分居两地，饱受思乡之苦。直到1985年两岸关系逐步正常化，祥和才踏上返乡探亲的行程。

（三）陆军监狱：G家祠堂的改造

1938年秋，抗日战争进入战略相持阶段，国民党军政部陆军军人监狱从湖北迁到湖南桃源县甘山寺，并于1939年元月迁至浦市，作为G氏宗族意识表征的祠堂被改造为陆军监狱。G家祠堂的牌位、香台被搬离，内部的壁画、画像等装饰也被撤离，原有的门廊、前厅、天井、正厅和后厅也被重新改造。改造后的祠堂划分为各个不同区域，包括会议室、审讯室、刑室、若干牢房，用以关押犯人及办公。各个房间用木栏相隔。监狱下设三科、两所、两室和一个武装保卫连，周围田地办有农场、工场等。

被关押的犯人多数为国民党军、警、政、宪、特中的违法人员及所谓的“政治犯”。监狱下设行政总务科、管理科、改造科。改造科负责犯人的改造。主要利用各类犯人的特长，组织犯人进行生产劳役，包括种菜、缝纫、做鞋、理发等。犯人外出服劳役，士兵都需持枪随行。表现好的轻犯，回狱后则不戴刑具。案情严重、表现不好的重犯，就得天天戴着刑具，严加监管。

直到 1945 年，国民党部队迁离浦市，G 家祠堂才归于平静，1946 年春，陆军监狱完成使命，犯人被迁回各个省地方军人监狱。陆军监狱撤离浦市后，G 家祠堂一直被废弃，G 家人一直希望复原祠堂，但是受时局影响，这个安排一直被搁浅。中华人民共和国成立后，在土地改革以及“破四旧”等一系列运动中，G 家人被划为地主，祠堂成为一座被人遗忘的建筑。

（四）祖先的出离：宗族关系的破坏

G 家祠堂命运多舛，G 氏对此束手无策，他们面对的是军事包装下的中央权威，不可避免地卷入社会变迁浪潮中。随着承载宗族意识的祠堂的破坏，宗族关系也进一步受损，直到现在，也没能恢复。

通过祠堂，可以祭祖先知报本，可以修谱牒明世系，可以置族田济族人，可以定族规束族众，在各方面充分发挥宗族制度的作用，成员通过祖先崇拜的方式增强向心力和凝聚力。因而，像许多家族一样，G 氏倾其全力，不吝资财，兴建祠堂。祠堂的规模大小和精美程度，直接体现着一个宗族的实力和地位。同时，外在的彰显，又在潜移默化中传播了宗法思想和宗族观念，增强了宗族成员的向心力，巩固了宗族制度。G 氏家族每年定期举行的祭祖活动，以制度化的形式把祭祖活动固定下来，祭祖活动增加了对祖先的崇敬和对宗族的依附。通过族规，也对参祭人员的资格做出限制，违规者不得入祭，这种区分内群体与外群体的方法，在一定程度上增强了家族内部的联合。

依靠祠堂这一中心，年复一年的祭祖仪式，G 氏组成强有力的家族对抗外部力量的入侵，经营店铺，荣辱与共。但是，这套体系的安全网塌陷了，祠堂连同祖先的记忆一同被剥离，联结族人共同体的宗族意识支离破碎，留下一座伤痕累累、残缺不堪的围墙。

二、空间转变：由祠堂退回厅堂

（一）神龛祭祖

祠堂被占用，祖先的缅怀也只能从祠堂转向屋里的厅堂，每年必须举办的家族祭祖仪式被取消，家中的神龛成为祖先灵魂的暂时住所。

神龛的摆放颇为讲究，须位于住宅中心，于大门直线，置于高处，由里朝外，忌横梁下方。G 家神龛安放在中堂，由上方的神佛牌位、祖宗牌位，中间的香案，下方的中宫土府组成，G 家神龛是比较完备的，包括了盒顶的横额书及堂屋内全部楹联。“天地君亲师位”的书写方法也很是讲究，天不连二（人不顶天），地不离土，君不开口，亲不闭目，师不当撇（师不带刀），位不离人（位要端固）。在“天地君亲师位”的两旁，写的是“祖德永垂家道安，宗功常佑子孙贤”，横联“长发其祥”意为祈求祖先保佑。

据老人讲，神龛的祭祀是日常节庆，如新年、正月十五、清明节、端午节、七月半（俗称鬼节）的必备仪式。一般由家里的长辈主持，每逢时节，G 家人便准备好香纸烛及菜肴，而在重要时节，比如春节，还要准备好公鸡和炮仗。祭祀用的纸也很讲究，只能烧三排七孔的纸，三排七孔代表了人的三魂七魄，而四排孔的纸，是不能用来祭祀家里的神龛的，因为那是用来祭祀庙宇里的神佛的。祭祀时长辈一般会取 9 炷香，点燃，对着神龛作 3 个揖，让香上的明火灭去，然后在香案下的香炉插 3 炷香，在堂屋大门的两旁各插 3 炷香。点好香以后，还要在神龛前的桌子上摆好碗筷酒杯，可以是 8 副也可以是 4 副。桌子的四边还要放上 4 张长凳，让历代祖宗可以坐着吃饭。摆好桌椅、碗筷、饭菜后，开始烧香烧纸请历代祖宗来品尝，让他们知晓家里的生活水平如何，是好是坏。在祭祀后，需要把装有饭菜的碗转三下或者掐一点饭菜扔到香炉里，并且把酒杯里的酒倒在地上或是香炉里，表示老祖宗们已经吃饱喝足。在这之前，大家都不能吃祭祀用的饭菜。待老祖宗们吃饱喝足之后，才可以一起享用这些饭菜。

神龛祭祀发挥着重要的作用。一方面加强了家庭成员之间的认同，另一方面宣扬了传统家庭美德的教育理念，发挥着规范人生和教诲的作用。神龛祭祖作为祠堂祭祖的替代物，成为家族与祖先联系的唯一纽带，G 家人早已迁离 G 家大院，但依然维持着当年的摆放。

（二）没有祖先的祠堂：G 家祠堂的几次易主

G 家祖先更像是 G 家祠堂的过客，而不是主人。G 家祠堂约在道光末年修缮完毕，但在过去的一百多年来，G 家祠堂真正用作祭祖祈福的时间并不多。

祠堂建成时，恰逢太平天国农民运动，石达开领导的数万大军涌进浦市，祠堂等公共建筑成为安兵扎营的首选。与其他建筑情况类似，G 家祠堂也受到严重损毁。可以猜测，G家人当年也曾下大力气恢复祠堂。

民国时期，各地军阀割据，匪患频发，G家祠堂也不得安宁。抗日战争时期，G家祠堂又被改造成国民党陆军监狱，收押国民党军、警、宪、特、政违法人员及所谓的“政治犯”。

中华人民共和国成立后，在土地改革、“破四旧”等一系列运动中，G家被划为地主，祭祖活动被视为封建迷信，G家祠堂也不再祭祀祖先。20世纪60年代末期，G家祠堂被划归到泸溪原种场名下，作为农场的一部分。此后，祠堂先后改造为炼油厂、食堂、养猪场等，与G氏人建立祠堂的初衷相去甚远，祠堂的原始功能遭到破坏。

G家祠堂建成后的一百多年里，社会动荡不安，加之浦市地处重要的政治军事经济要塞，因此每逢内乱，浦市就不可避免地牵扯其中，G家的发展也受到影响，所谓“因水而生，因水而兴，因水而衰”就是这个道理。

（三）G氏后人的故事：记忆中的1949—1975

中华人民共和国成立后，中国逐步从长期的战乱中恢复起来。此时，G家老铺早已停业，G家依靠少量地租收入以及个人劳动，尚可维持日常生活。随后不久，开始推行土地改革，G家被划分为地主阶级，田地被重新分配，G家人也被改造为自食其力的劳动者，G家的几座房子被收走，G家人被迫迁出自家屋子。

老人W回忆道，1952年土地改革期间，上房G被划分为破产地主，于是姚氏便带着孩子从G家大院搬到了十字街的一所小屋子里。不久以后，G家大院改造为果园及鞭炮厂，大院主体周围的学堂、房间也被拆掉，用于扩建厂房、猪栏、种植园，大院主体内部则用作仓库、办公室、临时宿舍。直到1985年，G家老院才重新回到G家人手中，当时正积极推进“三通”政策，离开浦市近30年的祥和第一次得以回家团圆，也正是在这时，G家才拿回大院，在接下来的四五年时间里祥和对其翻修，才有了今天的模样。

G家三重院的日子也不太平，那里住着祥和的几位兄弟。中华人民共和国成立后，国民经济发展步入正轨，农村薄弱的基础教育限制了经济的发展，鉴于此，各地开始兴办农村中小学教育。G家三重院不仅宽敞，而且位于浦市小镇中心，成为兴建学校的首选。于是在20世纪50年代末60年代初，G家三重院第一重院子被收为国有，改造成浦市农业中学。内部精雕细琢的立柱、门窗都被改造，多余的桌椅床柜被清空以便腾出空间方便教学，雕刻着龙凤、花草、祥云等吉祥图案的中堂门屏风在“大跃进”时期被拆掉了，明清流传下来的古董最后也不知去向。

三、消散

（一）走出小镇

进入20世纪80年代，随着城镇化的发展以及市场经济的转型，许多浦市原有的企业被淘汰，农业种植也无法满足进一步改善经济生活的要求，浦市原有的繁荣不再，G家人开始慢慢迁离浦市谋求生路。G家老铺的老板祥和和大儿子早在20世纪20年代就已经迁入台湾，至今留在浦市的G家人寥寥无几，他们大多已经在城镇开始新生活，往往只有在逢年过节才回来一趟，平时则邮寄生活费补贴家用，而住在周边村落及乡镇的女儿偶尔会回家探亲。G家后人在经历了几十年的沧桑后，渐入佳境。走出小镇的G家后人有着更好的机会，他们过得更好，生活安逸。

（二）祠堂记忆的缺失与铭记

G家后裔对G家祠堂的感情非常复杂。能够继续在祠堂祭奠祖先一直是G家人的夙愿。但是，在我们的调查中也听到了另一种说法。一位报道人告诉我们，从2011年开始几位亲戚多次邀请他联名请镇上归还祠堂，他的亲戚也确实为此事多次找到政府，但是这个事情落空了。老人的想法与亲戚不同，按照他的说法，祠堂在政府手上是一件好事，政府花钱将祠堂修理得很好，而要回祠堂有什么用呢，那些亲戚希望将祠堂要回来后重新改造，但只会加大对祠堂的破坏。有关祠堂产权的内部纷争也引发了老人的忧虑，等到需要筹及缮款时，也不会有人吱声，因此维持现状再好不过。

G氏对是否要回祠堂并没有达成一致的认识，这种分歧表明，浦市族群关系的纽带正在断裂，宗族面临消解的境遇。年轻人表现出对祠堂记忆的缺失，他们对祠堂过去和现状不了解，流露出默然、置身事外的情绪。在过去几十年里，G氏后人渐渐迁离，少数留下的族人也涌入城镇，祠堂成为一段记忆，对祖先的缅怀变为内涵有限的神台上香、清明祭祖。当地延绵流传的宗族观念和实践逐步消亡，G氏家族走失，不仅在空间上，家族内部也已经分化，维系族群往来的宗族意识，由于缺乏集体祭祀的实在表现形式，变得岌岌可危。

（三）作为景点和爱国主义教育基地的G家祠堂

祠堂历经劫难，始终没有办法恢复最初祭奠祖先的功能。如今，G家祠堂作为景点供游人参观。镇里特意对祠堂做了修缮，建筑前殿与中殿的大部分结构进行重制，翻新后的G家祠堂焕然一新，成为爱国主义教育基地，祠堂也被认定为历史文物予以保护①。

虽然这幢建筑的外观也是粉墙黛瓦的徽派建筑风格，然而无须仔细辨认，即可知晓是现代建筑，与历史无关。而在这幢屋子的活动，也失去了它们在祠堂中所具有的仪式感。仅从外部结构观察，能辨识出这里曾经作为祠堂，但是进入建筑主体，则显得不协调，模拟了监狱的内部构造。

G家祠堂再一次完成身份的蜕变，不再是一个封闭的权力场域，变成了一个开放的展览馆，一个旅游景点。受众也不再是宗族成员，而扩展至所有进入祠堂中的参观者。宗族文化也被重新定位：历史文化被不断放大，精神文化被彻底改造，宗法伦理被替换为爱国主义教育，家族的过去掩埋在历史语境中，以理性客观的语言进行叙述。

祠堂是基于地缘和血缘结合而成的宗族神圣空间，践行着祭祀仪式，借由宗族权利所塑造的景观，包含着世代宗族的集体记忆，是宗族共同守护的家园。在城镇化、市场化过程中，祠堂的建筑形制、功能、外部环境都发生了变化，祠堂原有的宗族认同的整合功能也遭受了冲击。

（四）历史的启示：家与国

家族命运与国家之间的关系是微妙而复杂的。

历史上，家族作为一个相对独立的政治经济行动单位而存在，共同财产、地方化聚居起到强化宗族的作用，宗族组织的强化又保证了共同财产的获得。在过去近两百年的历史中，G家的生意越做越大，这种经营上的拓展使得G家既有条件又有必要兴建祠堂，宗族组织的强化反过来进一步维护共同财产和地方化的聚居。中国宗族是个相当严格的封闭系统，在此基础上形成的村落社区多由数个宗族构成。浦市作为一个商业重镇发展起来，就是依赖先后崛起的各个家族，每个家族各司其职，负责对有关资源、信息的掌控。这种

① 湖南省文物局．湖南省文物局关于浦市镇古建筑群之G家祠堂（陆军监狱旧址）修缮工程勘察设计方案的批复［EB/OL］．http://www.hnswht.gov.cn/new/zwfw/xkxx/content_78061.html.

分工一定程度上保证了浦市的稳定发展。

弗里德曼也强调了地域化宗族的重要性，他指出汉族传统社会的基层单位正是地域化宗族。地域化宗族对内控制着宗族成员，进而控制其他外部宗族，发挥控制地方事务的作用。明清以来，中央政府虽然极力掌控地方社会，但是这种努力仍然遭到种种条件的限制，基于血缘关系的家族由此获得了巨大的生存空间。但是这种生存空间一直没有和大传统社会完全脱离，直至近代，以宗族力量获得发展的老路受到致命打击，社会由过去的封闭状态转变为开放状态，家族的发展受到各种外部复杂因素的束缚，家族的命运与国家紧紧相连。G 家每一个发展阶段都与国家整体密切联系，最开始 G 家就是在北方战乱频繁的背景下迁至浦市寻求庇护，时局的和平使他们得以充分利用当地自然资源，经过历代人的坚持，G 家的企业越做越大。但是，在随后的社会动荡中，G 家渐渐地走向衰落。

国家使家族得以兴旺，也能使家族没落，在社会整体环境的变迁面前，家族的力量是渺小的。一个个的家庭组成了国家的基本单位，个人、家庭的幸福与国家紧紧相连，家庭的和谐安定是国家发展的基础，国家的发展是家庭幸福的重要保障。

在建设和谐社会的今天，尤其应重视家庭建设，使家庭成为国家发展、民族进步、社会和谐的重要基点。中国人对家庭有着特殊情感，家庭的凝聚力不仅有助于家庭成员的团结合作、和睦相处，同时具有重要的社会意义。社会的进步离不开家庭，家庭的进步离不开成员的团结，无论是家庭还是国家，家族的凝聚力都是重要的发展动力。“家和万事兴”是中华民族的传统美德，是支撑中华民族生生不息、薪火相传的重要精神力量，也是建设和谐社会的宝贵精神财富。

参考文献

（一）著作

[1] 吴荣臻. 乾嘉苗民起义史稿［M］. 贵州：贵州人民出版社，1985.

[2] ［明］王士性. 周振鹤编校. 广志绎卷四，江南诸城“湖广”条，王士性地理书三种［M］. 上海：上海古籍出版社，1993.

［3］冯尔康. 中国古代的宗族与祠堂［M］. 北京：商务印书馆，1996.

［4］皮埃尔·布迪厄著，华康德译. 实践与反思：反思社会学引导［M］. 北京：中央编译出版社，1998.

［5］安东尼·吉登斯著，胡宗泽等译. 民族国家与暴力［M］. 北京：三联书店，1998.

［6］施坚雅，史建云译. 中国农村的市场和社会结构［M］. 北京：中国社会科学出版社，1998.

［7］王铭铭. 逝去的繁华：一座老城的历史人类学考察［M］. 杭州：浙江人民出版社，1999.

［8］林耀华. 义序的宗族研究［M］. 北京：三联书店，1999.

［9］李桂梅. 冲突与融合［M］. 长沙：中南大学出版社，2002.

［10］莫里斯·哈布瓦赫著，毕然，郭金华译. 论集体记忆［M］. 上海：上海人民出版社，2002.

［11］王铭铭. 走在乡土上：历史人类学札记［M］. 北京：中国人民大学出版社，2003.

［12］维克多·特纳著，赵玉燕、欧阳敏、徐洪峰译. 象征之林——恩登布人仪式散论［M］. 北京：商务印书馆，2006.

［13］迪耶·萨迪奇著，王晓刚、张秀芳译. 权力与建筑［M］. 重庆：重庆出版社，2007.

［14］李桂梅. 中西家庭伦理比较研究［M］. 长沙：湖南大学出版社，2008.

［15］亨利·列斐弗著，李春译. 空间与政治［M］. 上海：上海人民出版社，2008.

［16］井上渝著，钱杭译. 中国的宗族与国家礼制［M］. 上海：上海书店出版社，2008.

［17］林耀华著，庄孔韶，林宗成译. 金翼：中国家族制度的社会学研究［M］. 北京：生活·读书·新知三联书店，2008.

［18］杜赞奇. 文化、权力与国家：1900—1942 年的华北农村［M］. 南京：江苏人民出版社，2008.

［19］鲁比·沃森著，时丽娜译. 兄弟并不平等：华南的阶级和亲族关系［M］. 上海：上海译文出版社，2008.

［20］科大卫著，卜永坚译. 皇帝和祖宗：华南的国家与宗族［M］. 南

京：江苏人民出版社，2010.

［21］费孝通. 乡土中国、生育制度、乡土重建［M］. 北京：商务印书馆，2011.

［22］王晓葵. 民俗学与现代社会［M］. 上海：上海文艺出版社，2011.

［23］本尼迪克特·安德森著，吴叡人译. 想象的共同体［M］. 上海：上海人民出版社，2011.

［24］贺雪峰. 新乡土中国［M］. 北京：北京大学出版社，2013.

［25］景军著，吴飞译. 神堂记忆：一个中国乡村的历史、权力与道德［M］. 福州：福建教育出版社，2013.

［26］埃米尔·涂尔干，渠东译. 社会分工论［M］. 北京：生活·读书·新知三联书店，2013.

［27］克利福德·格尔茨著，韩莉译. 文化的解释［M］. 南京：译林出版社，2014.

［28］谭必友. 浦市龙舟赛［M］. 北京：学苑出版社，2016.

［24］闫云翔，龚晓夏译. 私人生活的变革：一个中国村庄里的爱情、家庭与亲密关系（1949—1999）［M］. 上海：上海人民出版社，2016.

［25］谭必友，田燕，洪文雄主编. 我在浦市读女神——熠园学人田野考察行记.［M］. 北京：煤炭工业出版社，2017.

（二）地方志

［1］湖南省泸溪县志编纂委员会编. 泸溪县志［Z］. 北京：社会科学文献出版社，1993.

［2］溆浦县志编纂委员会. 溆浦县志［Z］. 北京：社会科学文献出版社，1993.

［3］政协湖南省泸溪委员会文史学习委员会编. 泸溪文史. 第八辑，浦市古镇［Z］. 2007.

［4］泸溪县民族事务局编. 泸溪县民族志［Z］. 北京：方志出版社，2013.

［5］顾奎光，李湧. 泸溪县志·乡市［Z］. 乾隆二十年复印本.

［6］吴兆熙. 麻阳县志，疆域志，市镇［Z］. 同治十二年.

［7］民国永顺县志，卷十二［Z］.

［8］G家林、G世芳、G正祥主编. 中华G氏历史文化探源［Z］.

（三）学位论文

［1］张衢．湘西沅水流域城市起源与发展研究［D］．长沙：湖南师范大学硕士论文，2003.

［2］张庆宁．族聚族散——宁夏盐池县宗族调查研究［D］．北京：中央民族大学硕士论文，2005.

［3］黄明明．城市化进程中的村落宗族文化变迁——以烟台市黄家疃村为例［D］．沈阳：辽宁大学硕士论文，2011.

［4］陈文豪．国家与社会视野下宗族复兴及其与政府关系研究［D］．上海：华东理工大学硕士论文，2011.

［5］殷名伟．家族、乡土与记忆——被遗忘的祠堂［D］．重庆：西南大学硕士论文，2015.

［6］罗运胜．明清时期沅水流域经济开发与社会变迁［D］．武汉：武汉大学博士学位论文，2015.

［7］刘行玉．地景制作、空间支配与国家转型：一座北方小城的地志学［D］．上海：上海大学博士论文，2016.

（四）期刊

［1］叶银华．家族控股集团、核心企业与报酬互动之研究——台湾与香港证券市场之比较［J］．管理评论（台湾），1999（2）.

［2］常建华．明代宗族祠庙祭祖礼制及其演变［J］．南开学报，2001（03）.

［3］漕祥涛，郭熙保．社会资本与我国家族企业的发展［J］．武汉大学学报（社会科学版），2003（2）.

［4］李桂梅．略论近代中国家庭伦理的嬗变及其启示［J］．伦理学研究，2003（1）.

［5］谭必友．苗疆边墙与清代湘西民族事务的深层对话［J］．中南民族大学学报（人文社会科学版），2007（01）.

［6］罗康隆，谭卫华．多元文化视野中的地方性知识反思［J］．吉首大学学报（社会科学版），2008（1）.

［7］杨国安．空间与秩序：明清以来鄂东南地区的村落、祠堂与家族社会［J］．中国社会历史评论，2008.

［8］刘晓春．从"民俗"到"语境中的民俗"——中国民俗学研究的范式转换［J］．民俗研究，2009（2）.

[9] 岩本通弥．作为方法的记忆——民俗学研究中“记忆”概念的有效性［J］．文化遗产，2010（4）．

[10] 李桂梅．中国传统家庭伦理的现代转向及其启示［J］．哲学研究，2011（4）．

[11] 谭必友．乡村社会研究的难题与话语群的观察对策［J］．北京行政学院学报，2011（3）．

[12] 龙先琼，改土归流时期的湘西开发及其社会历史变迁［J］．吉首大学学报（社会科学版），2011（11）．

[13] 邵卉芳．记忆论：民俗学研究的重要方法［J］．云南社会科学，2014（6）．

[14] 彭牧．记忆与想象：神堂上的家与世界［J］．民俗研究，2015（2）．

[15] 程鹏、周星．国家的与超越国家的民俗学：对象与视野［J］．民间文化论坛，2015（4）．

[16] 邓宏图，奇秀琳．国家威权、市场、信念与宗族组织——一个经济社会学的解释［J］．中国农村观察，2016（1）．

[17] 周大鸣．从乡村宗族到城市宗族——当代宗族研究的新进展［J］．思想战线，2016（2）．

[18] 周大鸣，黄峰．民间信仰与村庄边界——以广东潮州凤凰村为中心的研究［J］．民俗研究，2016（2）．

[19] 赵彦民．“义岩别祭”：个体经验·国家认同·历史认识［J］．民俗研究，2016（4）．

[20] 庞娟．城镇化进程中乡土记忆与村落公共空间建构——以广西壮族村落为例［J］．贵州民族研究，2016（7）．

[21] 张祝平．论乡村礼堂的变迁与乡村社会的再组织化［J］．广西民族大学学报（哲学社会科学版），2016（6）．

[22] 李桂梅，郑自立．当代乡村家庭伦理的变迁［J］．伦理学研究，2017（6）．

传统竞技与艺术研究

人类学视角下的浦市龙舟节研究

李嘉豪*

【摘　要】尽管龙舟赛在全国乃至全球多地普遍存在，但浦市龙舟赛作为浦市龙舟节中的主题仍然在比赛环境、比赛规则、挑战难度等各个方面都极具自身特色。浦市龙舟节兼顾参与成本高与参与度高两个特点，这往往是一对矛盾，过高的参与成本通常会抑制参与度，而浦市人却不管参与成本多高也要参与龙舟节。可见，浦市龙舟节对浦市人而言并非一项简单的体育活动，而是有着更为深层的意义。

本文研究发现，浦市龙舟节所具备的自我实现、社会联结和拉动消费这些社会功能就像“无形之手”一般推动着浦市人参与到龙舟节中去，而进一步推动和决定浦市人参与深度的原因，与浦市龙舟节的“斗”这个精神内核息息相关。换言之，浦市人需要一个可以博弈的舞台，去展现本村的综合实力，而浦市龙舟节则是结合当地的文化传统和特殊地域而存在的一种适合的载体。

【关键词】浦市；龙舟节；参与成本；社会功能

* 李嘉豪，湖南师范大学公共管理学院 2017 届硕士，现为湖南银行总行营业部客户经理。导师：赵玉燕副教授。

绪 论

一、选题缘由与研究意义

（一）选题缘由

中国是一个具有厚重历史的国家，加之疆域辽阔，民族众多，文化多样性十分丰富，因而造就了极其丰富的民俗活动。在历史长河中各事各物历经新旧更替，但广大人民群众所创造的各类民俗活动很多都代代传承了下来。民俗源自人类社会群体生活的需要，在各个民族、地域和时代中逐步形成和演变，为人民的日常生活服务，它就是这样一种源自人民，传承于人民，又深藏在人民的心理、行为和语言中的一片自生自长的世外桃源。民俗活动不单丰富了人们的生活，也增强了民族凝聚力。古语有道："古之欲正世调天下者，必先观国政，料事务，察民俗，本治乱之所生，知得失之所在，然后从事。故法可立而治可行。"[①] 如其所言，若要匡正当世调治天下，除了首先要了解国家的政情、熟知国家的事务外，还要去了解人民的习俗。由此可见，民俗活动为他者打开了一扇窗。本文正是试图通过了解浦市龙舟节，去理解这个民俗活动对于浦市人这个群体的意义所在。

在还未踏入湘西州浦市古镇这个田野点时，就了解到当地存在一个大型的民俗活动——浦市龙舟节。出发前的粗略耳闻并未让人觉得有何稀奇之处，因为民俗活动在我国多个地区皆有，且内容丰富多样。更何况是龙舟赛这种能见度高的民俗活动，也并非浦市所独有，各种类型的龙舟赛在全国乃至全球各地都有举办。国外在老挝、泰国、柬埔寨、澳大利亚、日本等多个国家都有举办，而国内的全国少数民族传统体育运动会中，龙舟项目也已在1999年被列为正式比赛项目，其他较为大型的龙舟赛事在汨罗、沅陵等地也皆有举办，尤其是汨罗还被湖南省龙舟协会授予"龙舟拓展训练基地"的称号，比起浦市的龙舟赛似乎更为名声在外。龙舟赛这项民俗活动的普遍性如此之

① 《管子·正世》第四十七.

高，似乎也意味着浦市龙舟赛很难取得突围以显示其独特性和稀缺性。然而随着田野工作的起步，浦市龙舟赛便给笔者展现了其不同寻常的、极为壮观的一面——极高的参与度，可谓之真正意义上的全民参与。现场热闹的场面犹如一记火辣辣的耳光打在笔者的脸上，似乎在向笔者这些外来者宣告：浦市龙舟赛绝非普通的龙舟赛！这让笔者感到震惊和疑惑，毕竟在绝大多数情况下，大型集体性活动的参与度都很难达到这种程度。既然如此，那这项活动与其他活动相比到底有何不同，能让浦市人对其趋之若鹜？而随着进一步的田野工作，笔者了解到浦市龙舟赛还有更多更大的独特性与稀缺性等待着人们来发现。那它的非比寻常之处究竟有哪些？它的参与成本非常之高，而这些参与成本究竟有多高？又是什么因素在影响着浦市人不计成本、突破重重障碍非要参与其中并将其复兴？这些问题激发了笔者进一步揭开其神秘面纱的兴趣。

（二）研究意义

理论意义

纵观世界上各地龙舟赛，浦市龙舟赛分别从竞渡的地理环境、竞渡的形式、规则等多个方面都具有自身的唯一性和独特性，可以说浦市龙舟赛是一门独门极限运动。运用人类学的视角对浦市龙舟节进行深入的理论研究，为今后研究浦市龙舟节提供一定的理论依据和借鉴，对传统文化的复兴具有一定的理论及实践意义。

现实意义

在传承中华文化这个大背景下，我国许多地方大办传统民俗活动，这些传统民俗活动或属于对传统节日的重新包装，或属于对当地文化资源深入发掘后的创造。如今，政府在这些传统民俗活动中一般都扮演了参与管理甚至“主办”的角色。传统民俗活动是政府利用传统文化资源，推动地方经济发展、文化建设工作和开发旅游资源的有效方式。现在，浦市这座因军事而立、因商业而兴的国家级历史文化名镇正在试图重新散发其光芒，政府也在大力推开旅游业的大门，浦市龙舟无疑是一把最合适开启这扇大门的钥匙。因此此阶段深挖浦市龙舟赛的浦市特色及其文化价值，具有较大的现实意义。

二、文献综述

（一）国内民俗体育的研究现状

（1）关于民俗体育价值，陈红新在《发展民俗体育构建和谐社会》一文中，谈到发展民俗体育对于丰富、完善和发展人类社会的体育文化宝库是十分有利的，不但对民族团结和丰富社会情感有利，同时对营造良好的社会氛围与带动体育教育的和谐发展及促进和谐社会建设同样十分有利。[①] 陈莉《试论民间民俗体育文化特征与现实作用》认为民俗体育在经济、教育、健身等多个方面都具备特别功能，对于国家体育人口的增加和推动全民健身运动的顺利开展皆十分有利。[②] 王若光，刘旻航《我国民俗体育功能的现代化演进》认为关于民俗体育的价值，通常可以通过规范、健康、经济、娱乐、维系、信仰 6 个不同方面来体现。[③] 常鑫，陈光玖在《论民俗体育的文化价值》一文中剖析和探讨了我国民俗体育的特点，并对我国民俗体育的社会功能和文化价值进行了探讨。[④] 常朝阳在《传统节日体育再现“文化记忆”活态存在及价值走向——以欧洲文化记忆理论为视角》中为了探讨传统节日体育的文化内涵及后奥运时期的价值取向，以欧洲“文化记忆”理论为基础，对传统节日中的民俗体育活动进行了社会学分析，作者认为传统节日中的民俗体育活动是“文化记忆”的活态存在，民俗体育具有民俗和草根的文化特征，其特殊的文化特性决定了其平民性的价值特征，传统民俗体育的价值走向与我国体育发展的取向是趋同的[⑤]。卢涛、原黎君《和谐社会视野下节庆体育文化的价值》的研究，界定了节庆体育文化并分析了其和谐观。结合现今和谐社会构建的内涵，作者认为节庆体育文化属性与和谐的内涵两者间有较大的同构性，努力弘扬节庆体育文化对我国和谐社会构建有时代价值和现实意

---

① 陈红新．发展民俗体育构建和谐社会［J］．福建体育科技，2009，(01)．

② 陈莉．区域民俗体育文化的研究定位及其策略选择［J］．体育与科学，2010，(01)：56-59.

③ 王若光，刘旻航．我国民俗体育功能的现代化演进［J］．武汉体育学院学报，2011，(10)：77-80.

④ 常鑫，陈光玖．论民俗体育的文化价值［J］．新西部（下半月），2007，(04)：186.

⑤ 常朝阳．传统节日体育再现“文化记忆”活态存在及其价值走向——以欧洲文化记忆理论为视角［J］．天津体育学院学报，2011，26（3）：211-214.

义[①]。王成科、宋晓宇、黄梅在《世居少数民族传统节庆体育与民族文化认同——来自中越边境左州镇壮族“金山节”的田野调查》中认为在文化全球化的大背景下，中越边境的少数民族同胞以何种态度来对待本民族的传统体育，与他们对本民族文化的认同有很大程度上的关联。因此，作者通过对中越边境少数民族在传统节庆期间举办的民族传统体育活动进行田野调查，并用问卷调查的方式对参与其中的少数民族群众进行民族文化认同的定量考察，拟发掘出民族传统体育活动与民族文化认同之间的联系，从而为中越边境少数民族的民族文化认同考量和民族传统体育的传承和保护提供理论参考[②]。周挺、郭亚珊、张颖在《成都市古镇民间节庆体育文化的保护与发展——基于非物质文化遗产视角》的研究中以成都地区最具代表性的古镇、保存较为完整的黄龙溪古镇火龙灯舞；洛带古镇威风锣鼓、刘家龙等大赛；平乐古镇放孔明灯这三个最具代表性的川西民间节庆文化活动进行了调查，并对古镇民间节庆体育文化活动如何实施有效保护与发展进行了分析。其中提到非物质文化遗产保护与开发两者结合的原则，作者认为唯有正确处理好体育文化发展与旅游经济发展的关系，古镇民间体育资源方可获得市场经济的发展[③]。郭传燕、李志清在《民间节庆体育的传统结构与现代意义》中对民间体育的传统结构进行分析和论证，认为在现今社会，节庆体育在构建和谐社会、传承民族文化方面具有现实意义，同时，对促进农村体育、经济、文化的发展也具备重要的现实意义。此外，节庆体育可视为一种不可多得的资源而具备较大的潜在优势，定期举行节庆体育活动能有效激活农村、带动旅游业和商业的同步发展、提升地方知名度、促进地方经济发展[④]。通过上述对民俗体育文化的研究可知：在我们中华民族悠久的历史文化当中，民俗体育文化是我国传统文化的重要组成部分，存在着较大的价值，在国内人们对民俗体育文化的相关研究比较多，而随着市场经济的发展，民俗体育的经济价值亦变得愈发明显。

---

① 卢涛，原黎君．和谐社会视野下节庆体育文化的价值［J］．文化．视野，2008，（4）：110-112.

② 王成科，宋晓宇，黄梅．世居少数民族传统节庆体育与民族文化认同——来自中越边境左州镇壮族“金山节”的田野调查［J］．广西民族师范学院学报，2012，29（1）：28-30.

③ 周挺，郭亚珊，张颖．成都市古镇民间节庆体育文化的保护与发展——基于非物质文化遗产视角［J］．科技信息，2010，447-48.

④ 郭传燕，李志清．民间节庆体育的传统结构与现代意义［J］．体育科研，2009，（4）：47-50.

（2）关于民俗体育概念。涂传飞、陈志丹的《民间体育、传统体育、民俗体育、民族体育的概念及其关系辨析》①、王俊奇的《关于民俗体育的概念与研究存在的问题——兼论建立民俗体育学科的必要性》②、李磊的《中国民俗体育文化的内涵及其现代发展》③、马瑛的《荆楚民俗体育文化内涵研究》④ 等，这些相关研究对民俗体育及与之相联系的民族体育、民间体育和民族传统体育等概念有了一定界定，使民俗体育研究的理论系统进一步丰富了。但是这些概念的研究也存在一定局限性，那就是仍然没有形成相对统一的概念界定，而更多的只是对这些相近概念的简单阐述。

（3）关于民俗体育特征。涂传飞、余万予在《对民俗体育特征的研究》一文中指出，内部特征和外部特征共同构成了民俗体育的特征，其中，内部特征主要包括竞技性、娱乐性、民族的差异性及人类共通性等，而外部特征主要有历史性、地域性、传承性、变异性和观赏性等多个方面。⑤ 刘小明在《非物质文化遗产视角下的民俗体育》中指出：民俗体育具有历史传承性、民族区域性、竞技挑战性、广泛参与性等特征。⑥ 徐福振《民俗体育的特点及功能探究》一文中把中国民俗体育的特点描述为民俗性和地域性、阶段性和继承性、生活性和融合性。⑦ 大量的研究表明民俗体育含有丰富的特色，然而这些相关研究更多的是泛泛而谈，而单独针对各地区的民俗体育独特性的研究依然较少。

（二）龙舟运动的相关研究

1. 龙舟运动的起源与历史传承研究

龙舟运动在原始社会便已开始，是中华民族在浩瀚历史长河中所传承下来的文化瑰宝，其伴随着改革开放的步伐被赋予了更多新的内涵，国家对民

① 涂传飞，陈志丹等. 民间体育、传统体育、民俗体育、民族体育的概念及其关系辨析［J］. 武汉体育学院学报，2007，（8）：24-29.

② 王俊奇. 关于民俗体育的概念与研究存在的问题——兼论建立民俗体育学科的必要性［J］. 西安体育学院学报，2007，（2）：124-127.

③ 李磊. 中国民俗体育文化的内涵及其现代发展［J］. 科技资讯，2010，（13）：219.

④ 马瑛. 荆楚民俗体育文化内涵研究［D］. 武汉体育学院，2009.

⑤ 涂传飞，陈志丹等. 民间体育、传统体育、民俗体育、民族体育的概念及其关系辨析［J］. 武汉体育学院学报，2007，（8）：24-29.

⑥ 刘小明. 非物质文化遗产视角下的民俗体育［J］. 赤峰学院学报（自然科学版），2010，（08）：126-127.

⑦ 徐福振. 民俗体育的特点及功能探究［J］. 安徽体育科技，2010，（06）：7-10.

族传统体育的保护、开发及推广也相当重视。现如今，国内很多专家学者对龙舟运动相当关注，就目前这些成果而言，基本上集中在起源、文化内涵及现代发展等方面。

由于各个民族的文化、习俗与地域的差异，从而有着各区域不同的特色龙舟文化。目前，学术界对龙舟运动的起源也存在争议，很大程度上也是由于各地的文化背景不同，因而对于龙舟起源的说法也不尽相同。在现有的研究成果里，金陵、金克剑在《中国传统龙舟竞渡源流考》一文中指出，沅陵是传统龙舟运动的起源地，赛龙舟是为了纪念他们的始祖盘瓠，它远远早于祭祀屈原的龙舟竞渡。此外，文中还提到屈原在《湘君》《东君》等诗中对沅陵龙舟有过描述，也说明当时沅陵赛龙舟跟屈原是没有联系的。依据史料记载以及实例分析，沅陵作为龙舟的发源地及中国龙舟的故乡是可信的。① 孙适民在《屈原、端午与龙舟文化》一文中，对于龙舟的起源列出了五种说法，分别有“越王勾践、伍员（伍子胥）、苍梧太守陈临、北方的介子推、三闾大夫屈原”，这些都是以纪念英雄人物为主的龙舟活动。② 马勇、贺昭泽在《龙舟竞渡的发展及特点探析》一文中表明，关于龙舟竞渡的记载与传说在民间流传相当之多，但其中流传最广的是为了纪念爱国诗人屈原。③

从民俗角度去探讨龙舟起源的，有王星辰在《龙舟文化的起源及发展展望》一文中指出龙舟起源有两点，一是源自宗教与祭祀，二是源自对英雄的崇拜和信仰。④ 姚正曙、何根海在《龙舟竞渡的起源探析》一文中提到，龙舟竞渡的起源隐含在我国古代先民的五种仪式当中，包括崇龙祭龙模仿龙、驱旱求雨或止雨祈晴、祈求丰收增产、拔邪厌胜、祈子求嗣等。这些仪式与先民特定的生活方式与信仰习俗等存在密切关联。⑤

关于龙舟竞渡的传承，王凯珍、胡娟、杨风华在《我国龙舟竞渡发展研究》一文中以纵向的时间线将其演变历程分四个阶段做了划分。第一，是1949年以前的自在自发期；第二，是1949年至1976年的令行禁止期；第三，是1976年至1984年的恢复调整期；第四，是1984年至今的加速发展期。此外，文中还描述了龙舟活动在各个时期关于赛前仪式、开展形式、龙舟造型

---

① 金陵，金克剑．中国传统龙舟竞渡从湘西起航［J］．十堰职业技术学院学报，2008，21：56.
② 孙适民．屈原、端午与龙舟文化［J］．邵阳学院学报，2003，2（1）：79-84.
③ 马勇，贺昭泽．龙舟竞渡的发展及特点探析［J］．吉林体育学报，2006，22（1）：23.
④ 王星辰．龙舟文化的起源及发展展望［J］．体育科技文献通报，2009，17（12）：105-106.
⑤ 姚正曙，何根海．龙舟竞渡的起源探析［J］．成都体育学院学报，2000，26（6）：36-37.

等相关内容，这也说明了龙舟在历史传承中所发生的演变。① 程雯慧、顿贺在《中国古代龙舟的历史演变》一文中，对龙舟演变与发展的历史传承过程进行了详细的探讨，最早从大禹治水的传说中提到关于龙舟的记载到龙舟在各个不同时期发展的大致状况，让人们在一定程度上对龙舟的起源和演变有了了解。② 对于龙舟起源这一点，如今学术界还未统一，关于传承方面的研究也较为模糊。但透过这些研究，能说明我国龙舟活动的起源存在多样性，这体现了民族文化的多样性与延续性，反映出人民对于神灵与英雄的崇拜和对美好生活的热爱。

2. 龙舟活动的开展现状与问题研究

关于龙舟活动的开展现状与问题研究，各领域的专家学者普遍运用田野访谈、问卷调查及文献资料等方法开展相关工作，涵盖的研究内容较广，主要包括从各地方龙舟活动的组织、经费、人员及开展现状等方面展开研究，并在此基础上开展分析并提出对策。

张丽萍在《中国业余龙舟竞渡运动的发展现状调查研究》一文中，对我国业余龙舟竞渡的发展状况做出了分析，并指出2000年以后，各地的龙舟竞渡运动发展随着我国经济水平的提高其发展相对也同样较快，每年都会有各类大型的龙舟竞渡活动举办。对于城市知名度的提高，此类龙舟赛事的举办有着较大贡献。③ 马明达在《澳门的龙舟运动》一文中，就澳门龙舟运动的发展史与近年来举办龙舟赛取得的一些成功进行了叙述，最后，肯定了澳门龙舟活动的发展与整个亚洲乃至世界龙舟活动的发展基本同步。④

平越、孔庆涛在《我国高校龙舟运动发展现状与对策研究》一文中，分别运用了文献资料法、问卷调查法、数理统计法及逻辑分析法，对龙舟运动在我国重点高校开展的现状进行了叙述，分别讨论了我国高校龙舟运动开展现状、龙舟队的建设情况、龙舟文化研究与课程建设，其后认为要持续提升训练条件，提高学生的参与度并依托高校高水平运动队建立相关人才的培养

---

① 王凯珍，胡娟，杨风华. 我国龙舟竞渡发展研究 [J]. 体育文化导刊，2010 (3)：110-113.

② 程雯慧，顿贺. 中国古代龙舟的历史演变 [J]. 武汉理工大学学报（社会科学版），2002，15 (5)：507-510.

③ 张丽萍. 中国业余龙舟竞渡运动的发展现状调查研究 [D]. 甘肃：西北民族大学，2012：35.

④ 马明达. 澳门的龙舟运动 [J]. 体育文化导刊，2006 (1)：87-88.

机制方能促使我国大学生龙舟运动的可持续发展。① 吴萍、徐宜芬在《黔东南龙舟活动的起源、现状与对策研究》一文中，对黔东南龙舟活动的开展现状做出了考察，还叙述了黔东南代表贵州参加全国比赛的情况，提到了龙舟活动在黔东南存在着相当广泛的群众基础，除了在全国都具备一定竞技实力的龙舟队伍外，还有独特的施洞苗族独龙舟。②

郭文吉、张红霞在《宜春汗展龙舟活动的现状与对策研究》一文中，对现今宜春开展龙舟活动的状况做出了调查和分析，其结论表明：首先，有组织的龙舟活动还较少，另外参加的人员也较少。其次，制约宜春龙舟发展的瓶颈是经费的严重不足。再次，相关的龙舟组织机构和管理人员较为匮乏。此外，文中也阐述了宜春开展龙舟运动的自身条件，并指出宜春具备自然条件和历史文化条件，且龙舟活动在当地具有良好的群众基础。③ 以上的相关研究，体现了我国的龙舟运动具备相当高的普及性，但关于龙舟活动的参与方式、时间及配套设施等方面则是各有特色、因地而异的。

3. 龙舟运动的经济文化功能研究

对于龙舟运动经济文化功能的相关研究，主要是从赛事举办、旅游开发、文化内涵及走向现代市场化与社会化等方面进行研究的。

邹娅在《国际龙舟赛对汨罗经济和发展的影响》一文，运用问卷调查法和访谈法获悉到，龙舟赛为汨罗市的招商引资工作构建了良好的平台，全市市级财政一般预算收入到2009年止，40%以上都来源于龙舟赛招商引资来的外来投资企业。④ 由此可见，对当地经济的促进方面龙舟运动的举办发挥着至关重要的作用。钟巧玲在《龙舟传统体育运动的经济社会学浅析》一文中，探讨了开发龙舟体育运动的思考，其一，拓宽体育无形资产经营开发范围。其二，设立专门的体育无形资产开发机构，从而提高开发和管理水平。其三，是要增强与企业的相关性建设。⑤ 刘永祥、高林琴在《对龙舟竞渡运动发展的几点思考》一文中，表达了他对于龙舟运动作为民族传统体育是进入奥运会最好的项目的观点，认为其具备较为浓厚的民族特色和竞技体育风格，并且

---

① 平越，孔庆涛. 我国高校龙舟运动发展现状与对策研究［J］. 上海第二工业大学学报，2010，27（4）：326-330.

② 吴萍，徐宜芬. 黔东南龙舟活动的起源、现状与对策研究［J］. 2009，29（5）：63-67.

③ 郭文高，张红霞. 宜春汗展龙舟活动的现状与对策研究［J］. 西教育学院学报，2008，29（6）：44-46.

④ 邹娅. 国际龙舟赛对汨罗经济和发展的影响［J］. 科技信息，2010（4）：288-287.

⑤ 钟巧玲. 龙舟传统体育运动的经济社会学浅析［J］. 世纪桥，2006（10）：154-156.

此运动相对成熟和定型。最后，还提及了龙舟运动要走市场化道路，并以“龙舟搭台，经贸唱戏”的表述表达了龙舟运动未来的发展方向，使其作为推动地方经济发展的新动力。①

（三）浦市龙舟节的个案研究

关于浦市龙舟节个案的文献目前才刚刚突破空白，泸溪文史资料《浦市古镇》一书中，关于浦市龙舟节的介绍不过寥寥几言，完全不足以介绍浦市龙舟节这么宏大的活动。

《浦市龙舟赛》② 一书则通过长期的田野工作，运用参与观察法、访谈法等对浦市龙舟赛赛事各细节进行了详细的叙述，分别从浦市的人文环境和自然环境、传统龙舟队与新兴龙舟队、传统龙舟的制造、龙舟队员的组成、选拔与训练、祭祀仪式、浦市龙舟赛的极限性等多个方面做了翔实的记录。此书是目前为止关于浦市龙舟赛这一活动唯一公开出版的文献。

综上所述，以上研究成果从民俗体育文化的价值及现状、龙舟运动的起源、传承、经济等多方面做出了论述，较大程度上丰富和完善了龙舟运动方面的研究，这些研究成果和研究方法为本选题深入系统地研究提供了坚实的理论基础和极富启发性的参考。纵观世界上各地龙舟赛，浦市龙舟赛分别从竞渡的地理环境、竞渡的形式、规则等多个方面都具有自身的独特性，可以说浦市龙舟赛是一项独门极限运动。其他任何地方赛龙舟，包括以汨罗为代表的洞庭湖区的赛龙舟、以宜昌为代表的长江上的赛龙舟、沅陵的赛龙舟、麻阳的赛龙舟、珠江三角洲的赛龙舟、全国少数民族传统体育运动会中的赛龙舟等，都是在静水区划定赛道，相互竞争。只有浦市人热衷于通过挑战极限——激流横渡、激流跳槽等多种方式来展示龙舟赛的独特魅力，浦市龙舟赛因其特殊性，可谓汇激情、勇气、力量、耐力、智慧等于一身。而对于这一规模宏大、别具一格的浦市龙舟节的个案研究却十分滞后，唯一成果《浦市龙舟赛》一书也主要聚焦在龙舟赛赛事本身的规则及人员分工等显性层面，因此，对浦市龙舟节“河面以外”的事务还可以进行进一步深入的理论研究，这就为本文的研究提供了一定的空间。

---

① 刘永祥，高林琴．对龙舟竞渡运动发展的几点思考［J］．军事体育进修学院学报，2007，26（4）：20-22.

② 谭必友．浦市龙舟赛［M］．北京：学苑出版社，2016：1-104.

三、研究内容与研究方法

（一）研究内容

以浦市龙舟节作为研究对象，对龙舟节的主题即龙舟赛进行了详细叙述，包括浦市龙舟赛的竞渡环境、人员分工及竞渡方式多个方面。此外，还着重探讨了浦市龙舟节“江面以外”的内容，即浦市人为何能和为何要参与浦市龙舟节，其中包括浦市龙舟节的参与成本与参与度、浦市龙舟节的社会功能及浦市龙舟节的形变及未来发展方向。

（二）研究方法

1. 文献资料法

利用湖南师范大学图书馆资源，检索1987—2016年国内有关龙舟竞赛、龙舟文化、民族传统体育发展等相关文献50余篇，阅读了《礼物的流动——一个中国村庄中的互惠原则与社会网络》《龙舟》《浦市龙舟赛》等大量相关著作。从而为研究浦市龙舟节提供了基本素材，并对检索和其他相关资料进行了归纳整理，运用逻辑推理和对比分析的方法，以此为浦市龙舟节的研究提供理论论证。

2. 访谈法

根据论文涉及的主要问题，通过事先拟定好访谈提纲对浦市地区各村村民、当地管理委员会、被称之为“浦市文化守望者”的浦市老年协会会长章明非老先生等，就浦市龙舟节的各个方面进行了访谈。

3. 参与观察法

根据研究需要，笔者与本专业师生自2014年寒假期间起，先后多次前往浦市进行田野调查。2015年和2016年的浦市龙舟节笔者都在现场亲眼看见了其盛况，收集了许多真实可靠的图像、影像、文字等相关资料，并在参著《浦市龙舟赛》一书的过程中将田野资料进行了有效梳理，从而为本论文的撰写获取了第一手资料。

四、田野点介绍

浦市镇是湖南省湘西土家族苗族自治州泸溪县下辖的一个建制镇，而浦市古镇则是镇政府驻地，是全镇的经济、文化与政治中心。浦市镇现有户籍人口 62148 人，下辖 22 个行政村与 4 个街道社区。全镇面积 238.68 平方千米，是泸溪县人口最多的一个镇。浦市古镇位于湖南省泸溪县境东南部，沅水中游的西岸，东南两面与怀化市辰溪县接壤，西接达岚镇，北距泸溪县城武溪镇白沙新区约 21 千米。浦市镇历史文化悠久，且历史地位非常重要。在宋代成为湘西军事要塞，明朝成为西南第一商业重镇。1795 年，湘黔边苗民起义，浦市被苗民起义军攻入，为了保卫浦市、也是为了保住整个战局的稳定，被道光皇帝御封为天下第一疆吏的严如熤来到了浦市，他对浦市的经济进行了实地调查，认为这里是中国东南第一大都市，经济实力足以保卫辰州府甚至湖广的安全。由于水路交通发达，历史上浦市商贸、文化就极其繁荣，是湘西四大古镇（浦市、王村、里耶、茶峒）之一，是中国历史文化名镇。

需要注意的是，浦市镇作为湖南省湘西土家族苗族自治州泸溪县下辖的一个建制镇，这是中华人民共和国成立后行政区划调整的结果，而在历史上，浦市由于其长达数百年的商业中心地位，吸引周围村镇依附于它从而形成了一个文化圈，人们提及浦市古镇，常常指的是这个文化圈。浦市文化圈是指明清时期，浦市一带村庄围绕浦市城镇的商业活动而形成的分工精细、结构合理的市场体系。这个市场体系超越了现在所划分的行政区域，形成了共同的文化心理认同。其大致范围为，沿河下游到辰溪县船溪乡，上游达辰溪县县城附近，西至泸溪县隆场镇，东到辰溪县孝坪镇，横跨了泸溪、辰溪等县。此范围内的人们，在历史上围绕浦市的市场体系，将自己与浦市紧紧联系在了一起。由市场依赖逐渐形成了文化认同与心理认同，许多活动也是在这样一种共同的心理基础上进行的。本文的田野点以及要讨论的浦市龙舟节也是以浦市文化圈这样一个整体为基础展开的，而不仅仅局限于现在行政区划泸溪县浦市古镇。

浦市龙舟节的相关介绍

浦市龙舟节是浦市地区的一种节庆活动，是以龙舟赛为主题、包括吃龙舟饭、敬神、送红等一系列衍生活动的节庆活动，是当地约定俗成、世代相传的一种社会活动。关于浦市赛龙舟的起始时间，因过于久远具体时间已很难考证，最早可考的历史上溯到宋朝年间，至今已经有一千多年的历史，且期间历经过几次中断。2015 年，是浦市龙舟节在再次中断近 20 年后，浦市人开始重新完整地、大规模地复兴这个节庆活动，并在 2015 年复兴之际，有多达三十多支龙舟参赛，而 2016 年参赛的龙舟更是达到历史上的峰值，多达 48 支龙舟。浦市龙舟节正式的比赛在农历五月初五开始，农历五月十五结束，但大部分村寨都会提前十天左右下水练习，因此浦市龙舟节的持续时间长达约二十天。这个节日在浦市是一个极为盛大的节日，对浦市人而言，这是一个比春节还要热闹和重要的节日，浦市人春节可以不回家，但龙舟节则都会回家。

一、独特的竞渡环境

浦市地区的河流，是沅水流域最富独特构造的一段，这为浦市龙舟赛创造了独一无二的竞技场地。此河段有两大特点：第一，河面非常宽阔。在枯水季节，从西往东方向，即大码头往江东去，水面距离保持在 330 米左右，在洪水季节，水面距离经常达到 400 米以上。据当地著名艄公 HWS 介绍，在枯水季节，龙舟从河西大码头扒到江东岸边需要约 320 扒（“一扒”指扒船者用浆划水一次），而在洪水季节，因为水流量的加大和变急则需要约 900 扒，增加了整整 580 扒。第二，水文结构复杂。河水从上游直冲下来，在浦市河段形成三种不同水况。一种为回流水，浦市人称为静水，河西靠浦市一侧长约 2000 米的区域，水从上游流下来，冲到浦市峨眉湾之后，部分水反向慢慢向上游流去。另一种为缓流水，处在江东一侧，水流速较慢。还有一种最为特别的水是直流水，当地人称为“黑水”。“黑水”流速非常急，龙船经过此段时必须尽快通过，否则强大的冲击力会冲走龙舟甚至导致翻船。因此，在非比赛间隙，龙舟一般不会靠近这个区域。而这也恰恰构成了浦市龙舟赛的一大特色和最大挑战，从而将浦市龙舟赛与其他龙舟赛区别开来，使其可以称之为一项独门极限运动。

按照这个结构，浦市龙舟节的赛场大致可以分为三个区域：表演区、挑战区、决胜区。就表演区而言，是指龙舟在河西水面，特别是浦市大码头上下一段。当有人前来给龙舟“送红”时，龙舟往往会在此区域划出一个圈以示感谢。就挑战区而言，是指在回流水区域。不同旗色的龙舟在此区域来回游动和示威，并向其他龙舟发出挑战。值得注意的是，在此区域内，已经开始的龙舟竞渡中任何一方都可以随时终止，并且终止方不算输家。就决胜区而言，则是指“黑水”区域，与挑战区不同的是，龙舟竞渡以“黑水”为分界点，一旦到达此区域则必须一分胜负，不容回头。由此可见，“黑水”才是浦市赛龙舟真正意义上的起跑线，一旦到达此区域，竞渡的龙舟健儿们都会铆足了劲向终点发起全力冲击，这是对胜利的渴望，同时也是试图快速通过河流中最危险的区域，以免被湍急的流水冲走的必要方式。

二、龙舟阵营的区分

在竞渡阵营的区分上，浦市赛龙舟是以旗手手中所持指挥旗的不同颜色来区分不同的队伍。浦市传统龙舟队伍主要有白旗龙舟、红旗龙舟、黑旗龙舟三种不同旗色。不同的旗色即为不同的阵营，同旗色的龙舟彼此之间不竞渡，即使竞渡也是纯属娱乐，必然不会去分出个高低来。而不同旗色之间一旦展开竞渡，往往都是奔着战胜对手去的。

白旗龙舟主要沿着浦溪一线分布，红旗龙舟主要分布在沅水大河边。当然也不绝对如此，龙舟队伍的分布情况如下：

> 白旗龙舟主要分布在以下村子：湾里、吉家头、罗家村、桐木垅、黄家桥、浦溪、土墙溪、岩龙头、刘家湾、小岸坪、银井冲、晒头、高尔头、青草村（唐家仁/瞿家仁）、高桥村、军田（辰溪）。
>
> 红旗龙舟主要分布在以下村子：毛家滩、麻溪口、五棵溜、马子桥、当江州（辰溪）、大湾（辰溪）、江东（辰溪）、球岔（辰溪）、早就坪（辰溪）、铁柱潭、渔潭（辰溪）、石岩、张家溜（辰溪）等。
>
> 黑旗龙舟，历史上黑旗龙舟的阵营较多，但后来衰落了，具体原因已无法考证。在20世纪80年代，浦市镇上的一些年轻人自发组织了一支黑旗龙舟，算是让这支旗色有了延续。

除了白旗、红旗、黑旗三种传统龙舟队伍，在后期的发展中还出现了黄旗、蓝旗、三色旗等新兴旗色。此外，因浦市龙舟赛的兴盛，浦市文化圈之外也有过很多队伍慕名而来，比如有汀流、甲拉坪一带甚至沅陵的龙船等客队来参赛。

三、龙舟队员的分工

龙舟活动是一项集体运动，加之浦市龙舟竞渡环境的复杂性和危险性，这就要求龙舟健儿们必须有明确的分工，各个位置有着默契的配合方能在挑战激流的同时去战胜对手。一条龙舟根据每个村人力的多少分为 17 对槽到 24 对槽不等，也就是说，每条龙舟上队员少则四十多人，多则五十多人。再加上头人、后勤及候补人员，一支队伍往往在 60 人以上。具体的分工包括旗手、鼓手、艄公、头槽、分水、划手及头人与候补、后勤人员等。而对于浦市赛龙舟的分工，当地流传着一句尽人皆知的话——“一旗二鼓三艄公”，这句简短的话便能很好地概括浦市赛龙舟的分工。

（一）旗手

旗手可谓是每条龙舟上至关重要的位置，从“一旗二鼓三艄公”这句话便可知晓，旗手充当着龙舟上“最高指挥官”的角色。旗手位于龙舟中间这一核心位置，单手握住指挥旗指挥着整条龙舟的行动。所谓指挥，有指和挥两个动作。指就是指明方向，旗子往哪个方向指，船就往哪个方向走，决定着这条船的动向。挥就是表示协调与节奏，大家齐心协力，配合一致。旗手必须仔细观察水面，依据水面状况来判断自己龙舟的优势与劣势，从而决定龙舟下一步的走向。一旦决定应战旗手便立马示意鼓手比赛开始，然后就会挥动指挥旗，很有力度与节奏感，并大声喊口号。除此之外，旗手还负责龙舟在河面的祭祀，在需要祭祀的地方旗手会发出指令，让龙舟降低速度，并念一些祭词。

旗手作为龙舟最核心的位置，应该如何选择？旗手承担的最主要的就是指挥官角色，因此细致的观察力、冷静的思考力、正确的决策力是作为一名优秀旗手不可或缺的素质，一次成功的竞渡总是综合体现着这一切。一条龙舟是一个整体，旗手还要具备协调配合能力，在整个链条中，旗处于领头位置，因此注重整个龙舟的协调一致、有序运行是必要的。

（二）鼓手

有的龙舟将鼓放置在龙舟中间偏前段的位置，鼓被固定在龙骨和横木上，鼓手站着击鼓；有的鼓放置在船头，鼓手面对着划手们坐在凳子上击鼓。无论在什么位置，鼓手都要时刻关注着旗手，根据旗手的挥旗而击鼓，而其他队员则又要根据听到的鼓声而扒动槽片，也就是当地所说的“听鼓下槽”。在龙舟竞渡中，鼓手待旗手指明方向后，会依据旗子挥动的幅度与频率而决定鼓的打击力度与节奏。如果旗手旗挥得快，鼓手的鼓也就捶得快，要随着旗子的节奏而动。鼓手要具备非常强的力量和节奏感，因为龙舟竞渡的场面十分热闹，现场声音非常嘈杂，因此鼓手为了确保让划手们听到鼓声以免乱槽，鼓声就必须要大。此外，鼓手还会依情景改变鼓的节奏，在训练与比赛时，鼓声是不一样的，训练时带有表演性质，叫打花鼓，鼓声要相对轻松、缓和一些，而比赛时鼓声则会更激烈，节奏也会更快，就像战鼓一般。如果说旗手是龙舟上的最高指挥官，那么鼓手就是副指挥官，负责将旗手的指令通过鼓声的方式传达给其他划手们，以此控制划手们扒槽（浦市人称划桨的动作为扒槽，同时也是每次划桨时喊的口号）的节奏。

（三）艄公

艄公是龙舟的方向盘。横渡激流不同于顺流竞渡或静水竞渡，在江中，龙舟会持续不断地受到与舟身垂直水流的冲击，在此冲击下，龙舟随时会被改变方向而偏离目标，这时艄公就扮演了团队中技术性与经验性最强的角色。艄公必须了解竞渡环境的水文状况，根据具体情况适时调整木艄，从而保证龙舟始终朝旗手所指定的方向前行，因此需要相当的技术和经验。艄公手握三四米的大桨，立于船尾木板上，通过大桨调整龙舟的方向，控制着龙舟的转向，其重要性可见一斑。

要成为一名艄公，首要条件就是要平衡能力强，因为龙舟在河面持续着摇晃的状态，艄公要站在约 50 厘米的船尾这并不宽裕的区域里还要掌控方向，因此首先就必须保证艄公能站得稳，不会因为摇晃而掉下河，这就对艄公的身体协调性与平衡力提出了要求。其次眼力要好，沅水水流复杂多样，加之挖沙造成漩涡与沙堆众多，这便要求艄公必须充分了解水况，适时调整木艄以保证龙舟的前行方向，这些都需要相当丰富的经验和高超的技巧。

（四）头槽

头槽是指坐在龙舟最前面的那位划手。虽然也是划手，但与其他划手不一样的是这个位置只坐一个人，而不是像其他划手的位置一样一排坐两个人。既然是排头兵，那么自然是有一些与其他划手不一样的作用和要求。

首先，在寻求对手竞渡时，头槽要负责观察己方与对方的龙舟是否大致处于同一起跑线上，并及时将信息反馈给旗手。在鼓手敲鼓邀战时，头槽会把槽片指向前方，表示发出竞赛的请求，如果对方同意比赛，在听到鼓手的鼓声之后，头槽会立即开始扒槽。而当龙舟不愿意应战时，头槽需要举起槽片来表示拒绝。另外，头槽也需要有足够的力量和协调能力，以便能在必要时辅助艄公控制一下龙舟的方向，这就要求头槽选手要左右手都能划得很好。最后，头槽还发挥着一项与胜利息息相关的作用——跳槽，即头槽位置的队员跳入水中，这是浦市赛龙舟的特色，哪方的头槽先跳槽就意味着哪一方的队伍取得胜利。因此，轻巧灵活的年轻人是头槽最佳人选，体重过重是肯定不合适的，以免本来能赢取的胜利在这一环节而落入他人之手。此外，能当选头槽的人，最好是在当地非常积极和热心公益事业之人。虽然并不要求德高望重，但起码会因为热心，村里人或者外村人对他很熟悉。这是因为以前的浦市龙舟上是没有番号的，仅靠认头槽的脸面去辨别这个龙舟是哪个村的，因此，头槽就像一个活字号一样。

（五）分水

分水是指坐在第二对槽位和第三对槽位的队员，也就是头槽后面两对槽位的队员。扒分水的队员起到一个引领的作用，划手们除了听鼓声而扒槽以外，分水的扒槽动作也是坐在其后队员的重要参考。也就是说，后面的队员会跟随坐分水位置队员的步伐与节奏而扒槽，从而保持整体的协调一致以免乱槽。此外，分水还起着将水扒顺的至关重要的作用。浦市赛龙舟是横渡激流，水流对龙舟施加着垂直的作用力，而龙舟想要前行就必须突破这一垂直的作用力，使水流能顺着船身流动，这对力量的要求无疑是相当高的。当水流被扒顺后，坐在尾端的队员的槽片一下水就会被水流自然地带动，这也可以看出，坐的位置越靠后则越轻松，坐的位置越靠前，身上的担子也就越重，因此坐分水位置的人也会油然而生一种自豪感。

（六）划手

划手是龙舟的主体，除去以上几个位置，剩下的都是听令划船的人，是龙舟上成员最多的角色，每一对槽坐两人，每条船有 40 个左右的划手。他们主要负责划船，是龙舟前进的动力，担任着龙舟“发动机”的角色。一条龙舟就像一部复杂的机器一样，各个零件发挥着自己的功能与作用，方能确保整个机器能高效有序地运行。旗手的智慧、鼓手的节奏、划手的力量、艄公的经验等这些都是赛龙舟缺一不可的要素。

（七）头人

前文提到旗手充当着指挥官的角色，而头人同样也是指挥官，不过与旗手引领队员们在江面上冲锋陷阵不同，头人主要负责的是“幕后工作”，即统筹本村在龙舟节中的各项事务。这涉及很多方面，包括组织、筹款、购船、联系与后勤等，整个时间跨度长，工作内容复杂，还要防止和处理各种突发事件。

浦市龙舟节是浦市民间自发组织的，因此必须要有一群有组织能力和领导力的头人，他们的工作贯穿整个节日的始终，以保证活动安全有序地进行。头人便是各个村子中龙舟活动的主要组织者，是幕后的核心领队。头人是由每个村子的村民自己推选出来的，每个村子少则有三四个头人，多则七八个。

与龙舟节相关的大事由几位头人共同商议和决定，头人的地位不分高低，每个头人都有同等的权力、责任与义务。当然，头人不是谁都可以当的，需要在当地有较强的影响力和号召力。浦市有很多外出务工的年轻人和外嫁出去的女儿，他们遍布全国各地，龙舟节时需要大家把手头的工作放下并安排出一段不短的时间，赶回家乡参与龙舟节，还要能在短时间里组织起村民，并尽快地筹集好龙舟节所需经费等，这都是对头人号召力和影响力的考验。另外，较强的交际能力也是头人的特点，头人往往会依托其广泛的人脉资源为本村龙舟带来赞助，头人自身最好也具备一定的经济实力。一般情况下，头人在本村为龙舟节筹资时会多出一份力，从而起到带头示范作用。

（八）后勤

所谓兵马未动，粮草先行，后勤的重要性不言而喻，后勤工作的顺畅同样关乎着龙舟节的质量。后勤主要负责用餐、服装、医疗与账目等事宜。其中最重要的莫过于大量龙舟队员的用餐问题。一般来说，村子往往是找一个大点的地方，搭几口大锅，有人负责买菜，有人负责掌厨，中午晚上大家都会聚在一起吃饭，当地人称之为“龙舟饭”。而服装一般是有商家赞助的，每只龙船大约要八十到一百件衣服，后勤人员会在河边发放。如若出现某些突发情况，比如有龙舟队员受伤或者龙舟破损时，还必须及时处理好伤员送医治疗与修船等问题。关于账目，每个村子在龙舟上岸之后，都会将龙舟节中的收支明细写在红榜上，贴在村口位置进行公示，做到公开和公正。

浦市龙舟节时期的沅江就像一片偌大的舞台，各村各寨的龙舟在这个舞台上尽情表演，博得八方而至的观众的阵阵喝彩。一条龙舟就像一部复杂的机器一样，各个零件发挥着自身的功能与作用，方能确保整个机器能高效有序地运行。旗手的智慧、鼓手的节奏、划手的力量、艄公的经验等这些都是赛龙舟缺一不可的要素。而除了江面上冲锋陷阵的龙舟健儿们以外，在背后还有一群乐于奉献的头人与后勤人员默默地在台下统筹着这一切，以保障整个浦市龙舟节能够成功有序地进行。

四、龙舟竞渡的形式

（一）邀战与应战

关于竞渡的形式和规则方面，浦市赛龙舟与其他地区相当不一样。首先，不同旗色之间的竞渡并非一定经过事先的安排而形成固定赛程，往往都是通过临时的邀战。大多数情况下，各个龙舟都会在江面上自由穿梭，同时观察其他龙舟的情况，在心中对潜在对手的实力做出一个大概判断，如若觉得毫无胜算的话是根本不会去主动邀战的，至少是实力差不多才会去邀战。而一旦发现有值得一战的对手，旗手则会示意鼓手发出邀战信号，鼓手便逐步加快鼓声的节奏，头槽也会把槽片指向前方，这表示发出竞赛的请求。这个时候，如果对方没有应战的意思，就不会用鼓声回应，随后龙舟会掉头离开。而如果对方鼓手也相应加快鼓声的节奏，那就意味着双方彼此“看上眼”了。浦市龙舟节是民间自发的风俗，有着随性嬉戏的一面，这种独特的邀战与应战的方式，就像是“自由恋爱”一般。

（二）调整与冲刺

浦市赛龙舟的另一个特点就是，大多数情况下都是龙舟在江面上临时邀战与应战，而不是双方在岸边同一起跑线出发，因此在竞渡开始之前，双方需要在江面上将龙舟位置进行一个调整，做到双方龙舟大致处于同一起点（龙舟在江面上受到水流的持续冲击，故而无法将双方龙舟完全调整到同一水平面），来确保对双方都是公平的。具体做法是，待双方“看上眼”后，旗手停止挥旗而将旗子收在胸前，头槽停止扒槽而将槽片竖直举起，这个时候，头槽要紧紧地盯着双方船头，相差太多则进行调整，待调整到大致在同一起点的时候，头槽及时将槽片下水，坐在其后的划手们接收到这一讯号便会纷纷加快手上的动作，一齐朝终点发起冲击。

值得注意的是，龙舟在未行进到“黑水”区域时，任何一方觉得自己处于不利状态，都可以随时停止竞渡，随即将船调整方向而离开，这种情况停止方不算输。而一旦到达“黑水”区域，竞渡就必然要一分高下了。这个时候，旗手的挥旗频率、鼓手的击鼓节奏、划手们的扒槽力度都会最大限度地加快，就像一部整体的性能机器般爆发出其最大的马力向终点发起迅猛的冲刺。

（三）胜负之分——“跳槽”

浦市赛龙舟是没有裁判的，胜负的判定有着自己独特的方式——“跳槽”，当龙舟靠近河岸时，头槽或头槽与分水一起就必须不失时机地跳入水中，哪一方先跳的则视为胜利方。为什么浦市赛龙舟要通过这样的方式定输赢呢？因为沅水本就宽阔，加之龙舟节期间，水位的暴涨导致河面变得更宽，而有相当多的观众集中在西边的河岸，距离与角度让他们无法看清哪一方先到达东边的终点。而通过“跳槽”这一方式，龙舟健儿们跳入水中使得水花高高溅起，观众就能更为明了地做出判断了。另外，因为河岸边都是石墙或是水泥坡，这也促使浦市赛龙舟的胜负必然要在水面之上就分出来，而不是通过龙舟触岸的方式，否则就极容易导致龙舟受损和队员受伤的情况（有的龙舟求胜心切，用力过猛导致刹不住就冲撞上了岸边的石墙或水泥坡而导致舟毁人伤的场面）。

起初笔者心中有个疑惑，会不会有人投机取巧早早就提前“跳槽”呢？后来了解到并不会出现这样的情况，因为龙舟节期间的沅水犹如猛兽，跳得太早极易被水流冲走，龙舟健儿们并不会拿生命来开玩笑。同时，“跳槽”还要注意的是，不能往龙舟前方跳，否则会受到还在前进的龙舟的猛烈撞击。另外，还要尽量往上游即船身的右侧跳，不然很容易被水流冲走。

浦市龙舟节的参与成本

一、人员的汇集——浦市龙舟节的人力成本

浦市龙舟节规模宏大，其参与成本也同样极大。这个活动能否顺利开展，首要的一个条件就是人力。然而，青壮年作为龙舟上的主力军，平日里大多在外务工。因此，浦市龙舟节的揭幕，首先由人员的流动开始，即分布在各个地方青壮年的回家之路。这个时候的浦市，仿若一块有着巨大吸力的磁铁，将分散在各地的青壮年汇聚到一地。然而，这寥寥几言足以言明的情况要达到却并非易事。

浦市龙舟节的持续时间加上准备期长达 20 天甚至更长，这意味着青壮年们要回家就得放下手头的工作，向所在公司请假。据谭必友教授统计，2015 年的浦市龙舟节，从阳历六月初到六月底一个月的时间，前后有一万多名浦市青壮年赶回浦市担任运动员及后勤服务工作。浦溪村的旗手 TZY，今年 52 岁了，原本在温州打工，听闻家乡要复兴龙舟节，他二话不说便赶了回来。他说，“不奇怪，像我这样的人有一万多！”回家之路路途遥远身体受累不说，还得放弃这段时间的薪酬，这么多人同时损失的薪酬，必然不会是一个小的数额！这还不算，即便愿意放弃这段时间的薪酬去请到近一个月的假期，也并不是每个人都能获批的。如若这些青壮年请不到假怎么办？笔者在浦市的银井冲村、印家桥村、麻溪口村等多个村子田野调查时都表达了这个疑问。无一例外，获得的都是一个斩钉截铁的答案——“那就辞职”。老实说，刚听到这个答案时，笔者作为一个“他者”是十分惊讶的。浦市人怎么能如此“任性”！为了扒龙舟连饭碗都不要了，值得吗？进一步的交谈中了解到，浦市人过年都可以不回家，但是龙舟节必须回来。因为过年回不回家是个人的事，是“小家”的事，而龙舟节是集体活动，是“大家”的事。往小了讲，这是关乎自己村子的积极性和凝聚力的问题，是关乎集体荣誉的问题，往大了讲，这更是关乎浦市龙舟节是否能顺利开展的关键第一步。

对浦市人而言，龙舟是自幼便已侵染在血液当中的一种文化。浦市人天生便对登上龙舟充满憧憬，以能登上龙舟为荣光。因此在龙舟节开展之际，

在外务工的青壮年收到消息后都会自发地赶回浦市。然而，一个活动是否发展完善，是否存在有力的保障，除了依靠人的主动性和自发性之外，必然还会产生被动性的限制措施以保证活动的顺利进行。这一点，浦市龙舟节在其自身的发展过程中也出现了。在对银井冲村 D 师傅的访谈中得知，浦市龙舟节有个规矩，就是龙舟节时在外务工青年必须回来，回来的话会补助他们一人 200 元左右的路费，而不回来的话他们就要出钱，一千至三千元不等。有特殊情况如年龄超过 60 岁的、在外当兵的、读书的等事出有因的不回来则不用出钱。这一点，在笔者对其他村的访谈中也得到了印证，不同的只是每个村所要求出钱的数额有一定区别，往往是村越小出钱越多。也有例外的情况，如罗家村因为村里青壮年多，即便有在外务工的青壮年回不来的情况，也不会像其他村一样要求他们出钱。不过罗家村村民们仍表示，即便如此那些在外务工的青年们自己仍然会想要回来。如果说出钱是一级措施的话，后两级措施就更为严肃得多。对于无故不回来者，本村头人还可以去扯掉他们家的庄稼。更为严厉的一种方式是，村民们不会去参加无故不回来者他们家的红白喜事，也不会去给他们家帮忙。这种方式在龙舟节的其他环节如“送红”环节同样存在。

从村子越小出钱越多和罗家村这样的例子皆可以看出，对于无故不回来参加龙舟节的青壮年罚钱这一规矩，是浦市龙舟节在长期发展过程中形成的一种村规民约，是引导青壮年回家参与龙舟赛的一项带有强制性和辅助性色彩的措施。但值得注意的是，这类方法是手段而非目的，对浦市人而言，与其将这类手段理解为一种惩罚性措施，不如更多地将其看成一种“保险式”措施，主要目的是为了保证浦市龙舟节的顺利开展。同时，受访者都强调，其实只要到了龙舟节开展之际，在外务工的青壮年往往都会主动赶回来，毕竟，对浦市的男人而言，能登上龙舟是一件十分值得兴奋和骄傲的事，更为能给自己的村子赢得比赛而骄傲，自己村子的人尤其是家人也为他们取得胜利而感到荣光。由此可见，对于浦市龙舟节开展的第一步“回家”而言，主要是通过人的自主性为主、强制性措施为辅来达成，而无论是通过主动性还是被动性达成人员的流动，事实上都是浦市人心系龙舟的一种体现。

二、物资的流动——浦市龙舟节的经济成本

浦市龙舟节如此大规模的活动，所要花费的开支必然也是巨大的。每个

村根据本村人口规模会准备一条到三条龙舟不等，曾经的手工制造龙舟成本约在7万元，如今去工厂直接购买现船也要花费两三万元一条；“龙舟饭”每个村根据自己村规模的大小一天往往就要准备非常大量的饭菜，包括鸡、鸭、鱼、羊肉、猪脚等各种丰富菜品；还有龙舟队员每天要消耗大量的香烟和饮料以及大量的花炮等。其中任何一项都是一笔不小的开销，如此一来，参加一次龙舟节一个村的经济成本轻轻松松就能突破10万元，这显然是一笔不小的成本，这不小的成本基本是通过众人筹资的“凑份子”和“送红”来构成的。

（一）“凑份子”

在浦市地区，这类公共事务的开销往往是通过村民自筹的模式，龙舟赛当然也不例外。而在浦市龙舟节这个大家最为器重的活动上，大家出资的积极主动性也是最为突出的。关于出资数额的多少，并没有一个具体的标准，也不进行强制性要求，但是对于浦市龙舟节而言，“肯定是越多越好”。原本笔者以为这笔不小的资金通过村民自发筹集的方式，很容易产生资金缺口，然而在走访的众多村子里了解到，不但不会产生缺口，每年都还会有盈余。所盈余的资金会存入银行并在来年的龙舟节中继续使用。关于筹资的所有资金明细，也都会详细地记录在纸上张贴于本村的多个地方进行公示，任何人都可以轻易地了解到所筹资金的数额以及资金具体花费在哪些方面。

作为浦市龙舟赛经济支撑的资金筹集方面，自然是其重中之重的一个环节。物质基础是否到位在很大程度上影响着龙舟节举办的规模与质量。这不由得让笔者这个外人操心着资金究竟能否顺利到位。如果一个村子规模小又经济状况欠佳的话，资金是否还是有可能出现缺口？笔者在访谈中进一步提出了自己的疑问，如此刨根问底并非是想故意挑刺，而是笔者想真正了解，这种要村民把钱从自己口袋里掏出来的事，在浦市龙舟节一事上能实施到何种程度。后来了解到，如果真出现了资金缺口，就会由头人们想办法解决，但村民仍向笔者强调，基本是不会出现这种情况的。对于龙舟节一事，大家出资的主动性都很高，都争先恐后地掏钱。这一点，当笔者在印家桥村查看贴在墙上的资金明细记录表时发生的一幕终于使笔者相信。当时印家桥村一位男性村民主动走过来和笔者攀谈，说这次他们村的XZY让他们村都很感动。龙舟节时，他们村基本每家会送500元，而XZY情况特殊，不仅自己双目失明，妻子还患有糖尿病，生活非常拮据，是村里的扶贫对象。考虑到这种情况，村里就让他只送 5 元钱，意思一下就可以了，但最后他仍然坚持拿出了 300 元。

（二）“送红”

浦市龙舟节的物质基础，“资”主要通过“凑份子”达成，而“物”则是通过另外一种仪式——“送红”。“送红”又可以称为“送彩”，是指本村村民为了参加浦市龙舟节而购买新龙舟时，本村嫁出去的女儿们会给自己的娘家送礼，代表着自己对娘家的一种思念与祝福。在过去物质条件较差的时期，送的内容会相对随意一些，女儿们往往就带一点油、米或者包子之类的来“送红”。还有一样要送的物品就是红色的绸布，这是“送红”的象征物，龙舟队员们腰间或头上所系的红绸带都是由嫁出去的女儿们送的，寄托着女儿们对龙舟队员们能平安、得胜归来的美好希冀。如今随着生活水平的提高，“送红”的内容也逐渐变得更为丰富，主要以香烟、花炮、饮料等物品为主。浦市龙舟节期间，那些嫁到外面的女儿都会陆陆续续赶回浦市“送红”，而“送红”的时间一般集中在初六和初七这两天。从浦市嫁出去的女儿，娘家依旧在这里，因此，无论是 20 岁左右的少女还是 80 岁左右的老太太，只要是健在的都会参与“送红”。对于浦市外嫁的女人而言，经济实力再不济，哪怕借钱都要完成“送红”这一事项，这对她们具有神圣的仪式感。

“送红”的地点一般在每个村寨龙舟帅旗之下，送出的“红”由头人收受并记录，然后进行再分配。作为对“送红”的回应，通常是将可拆解计数的物品以 20%的比例返还。比如送来的 100 个包子，负责的头人就会返还 20 个包子作为回礼，但是像红布、酒、花炮等这类物品是不需要进行回礼的。其次，本村村民还会集体为回来“送红”的女儿们准备丰盛可口的饭菜。除此类实质性回礼之外，还有一些仪式类的回礼流程，比如有人来“送红”的时候，往往都会放一串鞭炮以示喜庆，而如果是正在龙舟比赛的间隙，龙舟健儿看到亲人们从四面八方赶回家乡看望和支持自己娘家的龙舟，便会热血澎湃，以更高昂的斗志和浩大的声势把龙舟划向河中间打一个转，以便让亲人们看到自家男儿的勇猛，感受到自己娘家龙舟的实力，传达着他们定当不负众望的决心。至此，“送礼——受礼——回礼”这一完整的礼物流动过程就算完成了。

浦市龙舟节的物质基础是通过“凑份子”和“送红”两种方式共同达成的，同时，对于相关的明细，每个村都会安排人详细记载并以红榜的形式张贴在每个村向全体村民公示，而名字排序的逻辑，大致是按照数额从多到少降序排列。如此一来，谁送得多谁送得少一目了然。名字排在前面的自然赚足了面子，甚至连其家人也会觉得脸上有光，觉得自家儿女有能耐。而龙舟赛事的重要性又使得其成为浦市人津津乐道的话题，如此这般，当与其他村民交谈时，出资出得多的人自然也底气十足。这便体现了“凑份子”和“送红”的一个隐性功能——经济阶层划分功能。“凑份子”和“送红”的多寡最主要的决定因素还是自身的经济实力。

龙舟节于浦市人而言的重要性已无须赘言，作为一项集体活动，事关整个村的集体脸面，因此在“凑份子”和“送红”这一环节出力出得多既体现了自我的财力，又赚得了舍得为集体出力的好名声。这也就是为什么笔者在浦市做访谈时，了解到浦市人对这一环节存在着普遍的共识，那就是“在能力范围内，肯定是送得越多越好”。从另一层面说，在浦市这个相对封闭的熟人社会，村民之间往往都是长期交往的关系，“凑份子”和“送红”的多少将会直接影响一个人所取得的社会评价，这就使得在能力范围之内，浦市人往往更愿意选择送多不送少，以此来获取更为正面的社会评价。

三、身体的损耗——浦市龙舟节的身体成本

（一）高温天对身体的挑战

浦市龙舟节的时间处于夏季，夏季全国普遍高温，南方气温在25度至35度之间，浦市地区龙舟节期间也是高温不断。高温天气无论对江面上奋力扒槽的龙舟健儿还是堤岸边加油打气的观众来说都是一大挑战。以2015年浦市龙舟节期间的天气状况为例，自阳历6月23日起，白天气温就一直在30度以上。下雨天一般是不扒龙舟的，多云天气也较少，节日期间烈日炎炎，龙舟队员上午一般十二点左右结束扒船，吃过午饭，下午两点左右再次开始一直持续到四点左右结束。也就是说龙舟健儿们每天扒龙舟都是在太阳最毒辣的时间进行的，另外，浦市的龙舟健儿扒龙舟一般都是赤膊上阵，毒辣的太阳直接照射到他们裸露的皮肤上，对他们进行着无情的烘烤，急剧地消耗着他们的身体，晒到发红、脱皮等都是很普遍的现象，这对从事龙舟赛这样剧烈运动的队员们来说无疑是一个巨大的挑战。另一方面，气温虽高但堤岸上的

观众却从未少过，江面两岸都是人满为患，大码头的斜坡上座无虚席，江东的堤岸上每天也都是摩肩接踵。在洪水、激流、高温、烈日此等恶劣的环境下，浦市人的扒槽声与欢呼声源源不断从沅江江面与岸边传来，此起彼伏，不绝于耳。

2015 年和 2016 年连续两年的浦市龙舟节，笔者都在岸边近距离地观看江面上的龙舟赛。既享受着龙舟赛这场盛大的视觉盛宴，同时也亲身体会到了龙舟节期间的高温天里待在室外是多么的煎熬。酷暑时节，笔者下身着短裤，仅仅只是在岸边待了一两天的时间，腿上未被短裤覆盖的部分与被覆盖到的部分轻易就被晒得黑白分明。上身则特意穿了防晒服还戴了一顶太阳帽。即便如此，在太阳的炙烤下，笔者身上和头上片刻间就被汗水湿透，衣服被汗水黏在身上带来的闷热与黏稠让人甚是难受。笔者在防晒装备上身还只是坐在岸边观赛的情况下都直呼受不了，可想而知赤膊上阵在江面激流竞渡的龙舟健儿们的身体承受着多大的考验！笔者在银井冲村走访的时候，碰到一位男性村民，一看就知道肯定是上船扒了龙舟的队员！当然并非是他脸上写了“龙舟”二字，而是他身上有着龙舟健儿特殊的印记。上前与其攀谈，得知他叫 DZL，是他们村的头人之一，也上船扒了龙舟，才扒了两天的时间，身上就出现了印记，这印记不是别的，其实就是皮肤晒伤了。两条粗壮的手臂被晒得与身子的颜色截然不同，大臂上更是被明显晒伤，看上去就像是被火烤过一般。因手臂上涂了药膏，穿不了衣服，因此他在村里时仍光着上身。笔者问他伤势有无大碍，他也只是笑着说“没事，扒龙舟肯定会被晒着的，大家都一样”。

太阳的热情是“公平的”，除了烘烤着江面的龙舟健儿，对两岸观赛加油的观众也同样毫不吝啬。尽管岸边的观众或是打伞或是头戴帽子，但依旧不能躲避高温的魔掌。况且由于观看人数太多而观看区域有限，所以人与人之间基本都是挨在一块，所站的距离非常小，这难免让人觉得更热了。在对众多的观众进行拍摄时，恰巧看到一个女孩在用冰矿泉水贴在额头上的方式给自己降温，这难免让人担心她是否会经受不住这高温天而中暑。同时，两岸都未修建成型的看台，观赛环境并不完善，加之观看龙舟赛的队伍十分的庞大，还存在着人员踩踏事件的风险。但这些丝毫影响不了大家观看龙舟赛的热情。大码头这边的岸边是一个近 45 度的水泥斜坡，上面也站满了观众，这不免让笔者和同行的同学笑谈到，浦市人是不是都练过平衡功？笔者与同学在斜坡上下走动时，即便穿着运动鞋都要小心翼翼、慢慢地上下，生怕稍有大意便摔倒滚下去，而岸边的观众不论是年老的爷爷奶奶、怀里抱着小孩的母亲还是趿着拖鞋的大叔，几个小时里都可以始终稳稳当当地保持平衡在斜坡上观看龙舟赛。

（二）翻船和溺水事件的风险

浦市龙舟赛的赛场环境十分复杂，水况由三种不同水流所构成，从而为浦市赛龙舟带来了相当的极限性。但这仅仅只是平日的情况，在浦市龙舟节期间，这种挑战复杂水况的极限性会大大地提升一个级别。中国大陆东南部属于亚热带季风气候，其气候特征是夏季高温多雨，气温在 25 度至 35 度之间。受夏季降雨多的影响，东南部河流汛期一般在五月至十月之间，尤其以六七八月为最盛时期。笔者与同学一起从浦市水文站对沅江浦市段的河流状况进行了了解，并获取了该段河流的一些代表数值，这些代表数据能够更清晰地说明沅江水流状况。2015 年浦市沅江段水流状况如下：

2015 年沅江浦市段水位（m）与水量（m^3/s）状况表 3-1（代表值）

		平均值		最大值		最小值		月平均值	
		水位	水量	水位	水量	水位	水量	水位	水量
五月	上旬	107.22	898	107.99	1600	106.21	301	107.82	1440
	中旬	108.04	1650	110.41	4200	107.12	814		
	下旬	108.37	1960	109.5	3160	106.79	566		
六月	上旬	110.21	3970	114.39	600	107.97	1580	110.18	3940
	中旬	110.11	3860	112.07	6220	108.87	2460		
	下旬	110.18	3940	114.75	10200	108.2	1797		
七月	上旬	109.64	3320	112.11	6280	108.15	1750	108.49	2080
	中旬	107.78	1400	108.67	2250	106.77	553		
	下旬	108.07	1670	110.89	4770	107.04	748		

从上表可以看出，最高的月平均水位和最大的月平均水量都在六月份。六月份最低水位与最小流量出现在中旬，水位达到了 112.07 米，流量达到 6220 立方米每秒，即使最低值，依旧高于绝大部分月数的数值。六月下旬最高水位，不仅是全月最高水位，也是全年的峰值，达到了 114.75 米，其流量达到了惊人的 10200 立方米每秒。沅江浦市段年平均水位在 107 至 108 米之

间，可见六月下旬水位暴涨了6米，六月下旬的流量相对五月、七月平均流量也暴涨了5倍以上。站在河堤上看堤下是汪洋一片，河水吞噬了一切，此时的沅江水流就是一只脱笼的野兽，挣脱了牢笼放肆奔跑，洪流挟势滚滚向前，沅江露出了其整年最狰狞的面目，凶险异常。

以2015年为例。按照习俗，龙舟在农历五月初五下水（6月20日），农历五月十五上岸（6月30），但大部分村寨都会提前十天左右下水练习，也就是说龙舟节恰逢是在每年沅江最汹涌的时段进行练习与比赛的。浦市扒龙舟的方式是横渡沅江江面，其最大挑战就是抗衡水流对船体的巨大冲击力。在练习期的中旬，水位为112.11米，流量为6220立方米每秒，已经是涨了2至3倍了，已有相当难度，到了下旬，受到上游地区降雨加大的影响，江水水位与流量再次暴增，都达到了全年的巅峰值，龙舟横渡难度再次加大。水位和流量达到最高点后，虽有回落，但河水依旧汹涌，到七月初，水位还保持在112.11米，流量6280立方米每秒。

在水况如此复杂的情况下，浦市赛龙舟时发生翻船是家常便饭，这便给队员们带来了溺水的危险。除了水况本身的复杂容易导致翻船外，不同旗色在竞渡时，大家朝着同一个终点冲刺也非常容易导致两船相撞进而发生翻船事故。横渡沅江，激流冲撞，艄公一旦没有把好艄，船就会偏离方向，失去控制而与其他龙舟发生碰撞。麻溪口村的船2015年时就与高桥溪村的船发生了碰撞，造成了人员受伤。笔者在岸边观赛时，就时常看见不同的龙舟刚起步没多久就撞到一起去了。虽说河边长大的人会游泳，但在这端午期间汹涌复杂的洪水面前，谁又敢保证自己的游泳技术能保全自己的安全？此等复杂水况，通常让人生畏、避而远之，轻易便能意识到人类在洪水猛兽面前的脆弱和渺小，但浦市人却迎难而上，用速度与力量拼搏凶猛的江水，用敢拼敢斗、挑战极限的态度谱写浦市龙舟新篇章。

无形之手：浦市龙舟节的社会功能

浦市龙舟节的参与成本是相当高的，浦市人付出如此高昂的成本也要参与其中，是缘于这个活动对他们而言存在着诸多的社会功能，而这些社会功能就像一只无形之手，在推动着浦市人参与其中。

一、价值实现功能

（一）男人

浦市龙舟节中的龙舟队员全部都是由男人担当的，他们代表着一条龙舟队的整体技术水平，在龙舟竞渡的胜负上也发挥着最为直接的作用，因而是浦市龙舟节中最为吸睛的焦点。

既然是焦点，就意味着不是轻易便能担当的。浦市赛龙舟是激流横渡，因此对勇气、力量、耐力、配合意识等多个方面都有着非常高的要求。因此，在浦市龙舟节当中，能登上龙舟的男人都是经过层层筛选的，技术水平不达标的一律不准上龙舟。有些村除了对上龙舟的队员有技术要求外，甚至对体重区间都做出了明确要求，太轻或太重都将遭到淘汰，以免影响龙舟的整体平衡和速度。此外，一条龙舟的角色分工十分细化，分别从旗手、鼓手、艄公、头槽、分水、划手到头人与候补等都有着一套完整的分工，而这些角色分工通过龙舟队员所处的位置便能一目了然，哪些人是头槽、哪些人是艄公等这些重量级角色一看便知，他们是焦点中的焦点。因此，处于这些重要区域的浦市男儿更感到光荣，能享受到其他人对他们的羡慕与向往。

由此可见，对于浦市男儿而言，能够登上龙舟意味着自己的龙舟水平经过了他人的考验，意味着他人对自己的认可，意味着自己被划分到了精英人群的类别，意味着在浦市龙舟节中自我的价值得到了实现。这也就不难理解，为何当父亲阻碍儿子上船时，能引得两人大打出手了。因参加浦市龙舟节所遭受的晒伤或是因翻船在自己身上留下的伤痕，他们不言苦不言痛，因为在浦市人眼里，这恰恰是勇士的勋章，是值得骄傲的资本，见证着自己为浦市龙舟节所做的贡献。

（二）女人

浦市龙舟赛的一大特色是极高的参与度，可谓之真正的全民参与。另一个特色是，女性是不许上龙舟的，甚至不能触碰龙舟。乍一看，这两个特色显然构成了一对矛盾，既然女性不能上龙舟，又怎么能称之为真正的全民参与？的确，对浦市任何一支龙舟队伍而言，旗手、鼓手、艄公、头人等角色都发挥着至关重要的作用，因此这些人群往往更容易受到关注，由他们更多地充当着焦点，这些角色都是由男人担当。那女性在浦市龙舟活动中的角色定位于何处？并与龙舟赛的质量有着何种关系呢？

今年五月十三的沅江江面，只剩下最后两支龙舟未上岸，其中之一打着神秘的旗色——三色旗，挥着三色旗的龙舟来自印家桥村。在随后他们抬船上岸的过程中，站在岸边的一群女性吸引了笔者的注意，她们在男儿发力抬船的过程中大声喊着加油，并在其后抬船回村的路上，整个过程始终跟在后面为男儿们鼓劲。据在印家桥村的访谈，得知他们村的龙舟赛已中断至少一百余年，今年再次以全新面貌参与龙舟赛，取得了非常不错的成绩，这令印家桥村民备受鼓舞。这除了男人们的努力外，在其他环节默默付出的女人们同样发挥着不可忽视的作用。如果说男人们可以直接在江面拼搏，是与对手直接比拼的勇士，那么以女人们在补给环节所贡献的力量来说，她们是背负着“绿叶”的外衣而发挥着不亚于男人们的重要作用，就这一层面来说她们同样可称之为“娘子军”。

首先，她们是龙舟健儿动力的补给站。以印家桥村为例，在龙舟赛期间，印家桥村每天都会有一百多位女性去为龙舟健儿加油，在男人们奋力扒槽为胜利和荣耀而战的时候，她们同样在毒辣的太阳下为本村的男人呐喊助威，喊到声嘶力竭，为自己村每一次的胜利而欢呼雀跃。虽然岸边也有着众多男性观众在观赛支持，但在需要出声的环节，女人的高分贝显然证明着她们才是助威的真正主力军。不同阵营的啦啦队还会相互较劲，看哪方的呐喊声更大。在她们视男人们为勇士而为其呐喊的同时，男人们的每一次奋力地扒槽，都是对她们最好的回应；男人们每一次拼命向终点发起的冲击即是对本村、对自己同时也是对这些在毒辣太阳底下坚守的女人们的最好回应，她们，是本村龙舟健儿的重要源动力之一。

其次，她们是龙舟赛物资的补给站。本村若买了新龙舟，嫁出去的女儿都会“送红”，在这一环节女人也充当着主角，“送红”内容包括资金及一些物资。虽然这不是龙舟赛举办所需物资的主要来源，但仍构成了龙舟赛举办所需物资的重要来源之一，同时也是浦市龙舟节众多仪式当中的一环，表达着她们对娘家的一份祝贺，是她们参与到浦市龙舟赛中去的一种方式。

再次，她们是龙舟健儿体力的补给站。中国民俗活动中，食物的准备与制作是十分重要的民俗内容，而承担这一民俗内容的角色往往是女性。

浦市龙舟节期间，大伙还要吃“龙舟饭”，这“龙舟饭”的准备工作往往由女人承担。因此，作为龙舟健儿体力的补给站，她们更是绝对的主力军。如印家桥龙的“龙舟饭”，包括午饭和晚饭。龙舟赛期间，每一餐都要准备十几桌的饭菜，而每一桌至少又要准备十几个菜。保守一算，每一餐他们村的女人们需要准备一百多个菜，午饭加晚饭一起，她们每天要准备两百多个菜。不但数量多，菜品也是非常丰富的，包括鸡、鸭、鱼、羊肉、猪脚等，为龙舟健儿的续力发挥着至关重要的作用。

（三）老人

浦市龙舟赛是一项世代相传的活动，男性往往青年时期就开始真正接触龙舟赛，年老之时大部分虽很难亲自再上龙船出力，但他们几十年的丰富经验仍发挥着至关重要的作用。

首先，旗手、鼓手、艄公、头槽、分水等都是龙船上的重要角色，之所以重要就是因为这些角色的发挥直接决定着龙舟赛的输赢，同时，这些角色都有着一定门槛，要么要有较好的平衡能力，要么要有很大的力气，要么要有灵活的身手，要么要非常懂得观察水面情况等，因此并非谁想当就能当的。正是因为这些重要角色都需要具备相当的技巧性，故而青壮年想要实现向重要角色的流动，就必须取得对应角色的特殊技巧。勤加苦练自是不必多说，然而一味地埋头苦干显然不是明智之举。这个时候，向经验丰富的老人们取经，获悉当中的门道，便能取得更有效率的进步。

另外，浦市龙舟赛历史上所用的龙舟大多是浦市地区的手工艺者纯手工制作的。在后来的发展过程中，由于手工制造的龙船资金成本和时间成本都要更高，慢慢地很多村子开始去汉寿、汨罗、辰溪等地直接购买工厂的现货，这也导致了龙船制造手艺的几近失传。尽管如此，很多年老的龙船制造者虽然不做龙船了，但凭借多年制造龙船的经验，在购买新龙船时如何挑选一条更好的龙船方面，他们也能给出更好的意见。例如最好不要选择似“半边竹”的龙船，这种龙船就像是一根竹子从中间劈开了一半的形状，这样的话吃水不深，而浦市龙舟赛所要征服的是激流，吃水深度不够就不能保证船身的稳定性，因此“半边竹”不是很适合浦市的龙舟赛，往往容易导致翻船。龙船的挑选学问，由此可见一斑。正因如此，很多村子在准备购买新龙船的时候，往往会寻求这些曾经的龙船制造者的意见，甚至直接请他们前往购买地，请他们亲自挑选。此外，因为“外来船”与浦市传统的手工龙船在结构、重量、材料等多个方面都不一样，加之浦市江面水况复杂，因此仍然不是十分适配浦市龙舟赛，有部分浦市人也有着恢复使用传统手工龙船的期望。

最后，在浦市龙舟文化的传播方面，老人更是发挥着关键作用。笔者在浦市地区田野工作期间，对青壮年这一作为龙舟赛最直接的参与群体进行访谈时，发现他们对于龙舟技巧和规则等方面都能对答如流，但涉及浦市龙舟节的传统文化方面，他们大多表示自己并不熟悉，往往都指引笔者去问另一个群体——老人，他们才是浦市龙舟节的历史见证者。而笔者最后所收获的田野资料中关于浦市龙舟节传统文化方面的内容，大多数也的确来自这些老人们。其中有一位叫 ZMF 的老人家，人称“浦市文化守望者”，他给笔者提供了非常多的田野资料。而在笔者访谈这些老人们时，当地年轻人也会在一旁认真聆听，这些年轻人了解到这些传统龙舟文化后，又会进一步将其传播出去。因此，在浦市龙舟节这一活动中，老人还承担着浦市龙舟文化传播源这一重要角色。

（四）少儿

浦市龙舟赛在浦市已有相当久的历史，对浦市人而言，龙舟，是自幼便已侵染在血液当中的一种文化。自牙牙学语时便被母亲抱在怀里看着父亲在江面上扒龙舟，这是一代又一代浦市人幼时的记忆。从小的耳濡目染让他们对家乡这种特殊的龙舟活动有着深厚的情感。

在对银井冲村的头人之一 DGQ 先生的访谈中得知，村里对上船的要求非常严格，对力量、耐力和节奏感等多个方面都有极高的要求，不符合要求的话一定不让上船，就是“哭也没有用”。因此，在浦市，能上船的这些男人像勇士一般，都是一个真正的男人。你能够上船就说明你成年了，就像是成年仪式一般，同时更是对自身的一种肯定，能给自己带来荣光。如此一来，浦市人自幼便渴望有朝一日能登上龙船证明自己。DGQ 先生还告诉我，在他年纪不大的时候，对于扒龙舟的技巧并不熟练，但却对登上龙舟满怀憧憬。为了能达到上龙舟的标准，有一天他便偷偷地从龙舟上偷了一个桨回来，回家后就自个儿坐在床沿边上模仿他人划桨的姿势来练习。后来他终于如愿以偿扒上了龙舟，虽说坐的槽位靠后，但依然很开心，还在伙伴们面前炫耀了一番。此外，笔者在浦市做田野工作期间，就碰到了两个小女孩并排坐在地上，她们显然是想象自己坐在同一对槽位里，然后两人口中整齐地喊着“扒槽！扒槽！”的号子，还一边卖力地挥动着手臂模仿着大人们扒槽的模样，脸上满是灿烂的笑容。

因此，浦市少儿在这项活动的传承过程中，扮演着承上启下的重要角色。他们既是自幼便受浦市龙舟文化侵染的收受者，在少儿时期承担着龙舟文化的“中介”作用，同时也是这项活动未来的传承者。少儿与男、女、老三者相较而言，更多的是被动地接受龙舟文化的熏陶，但是他们能否在主观上接受和认同这种文化，是浦市龙舟文化是否形成断层的关键。

社会分工是动物社会的标志之一，对于人类社会而言，倘若没有社会分工，社会就难以正常运行。对于人类社会分工的优势，则是让擅长的人去做自己擅长的事，从而可极大地缩短平均社会劳动时间。人尽其才、物尽其用最深刻的含义就是由社会分工得出来的。在浦市龙舟节中，男、女、老、少四个不同群体虽在不同的环节发挥着不同的作用，但都通过自己的方式参与了龙舟节并让自己的个人价值得到了实现。

二、社会联结功能

社会的凝聚力来自何处？很多人想弄明白这个问题。换言之，究竟是何种力量或机制把状如散沙的独立个体变成彼此间互有联系的社会成员？是血亲纽带、利益动机、劳动分工还是价值体系？各种模式相继提出，诸多理论纷至沓来。为了解答这一问题，从20世纪20年代到70年代初的半个多世纪中，社会交换理论逐步形成并产生相当大的影响，其核心便是礼物馈赠模式。在人类社会，礼物馈赠可以说是最为重要的社会交换方式之一。礼物的往来，维持、强化并创造了各种社会联结。因此，礼物交换为我们带来了一条理解和诠释既定社会中不同文化规则及社会关系结构的途径。

法国人类学家马塞尔·莫斯认为，人类社会最初的经济关系并非来自经济史家们所说的以物换物型交易，而是源于礼物馈赠。由此可见，礼物与商品的关系从交易行为产生以来便一直纠缠不清，礼物与商品是否是一回事这个争论至今仍无定论。礼物的交换在本质上是一种商品交换，即以物换物，以自己的物品去换取自己没有却需要的物品（包括实物和非实物类物品）。而在货币产生以前，这原本也是唯一的交换形式，只是后期随着货币的产生，物物交换之间多了货币这一媒介，这一媒介的产生使得交换物可以更精确地用数字表达。因此，在这一争论上，看起来礼物与商品实质上是相同的。而笔者在浦市进行田野工作期间，了解到浦市龙舟节当中的“凑份子”和“送红”环节后，礼物交换与商品交易之间存在的差异逐渐明了了起来。商品交换过程中更多的是明码标价（尤其是货币产生后），一手交钱一手交货后交易者之间彼此两清，并未产生多余的附带关系，而礼物的交换过程中则大为不同！礼物交换与商品交易最大的不同，或者说礼物交换最大的意义就在于，在交换行为背后所产生的附带关系，这是与礼物相比商品所不具备的功能。

礼物，由“礼”和“物”二字构成，“礼”的意思是仪式、礼节以及诸如忠孝的道德理念的仪式性表达。第二字“物”的意思是物质的东西。因此，礼物即是以某些物品作为承载物进行礼节类的仪式性表达。很明显，在“礼物”这一概念中，物品所承载的“礼”才是重点，是“礼”将礼物与普通物品区分开来，无礼之物就只是物品而非礼物。这也就是为什么“送礼物”通常可以被简称为“送礼”而非“送物”。而浦市的“凑份子”和“送红”，本质上就是送礼的一种特殊形式。因此，对于“送红”的明细表浦市人往往习惯称之为“送礼情况登记表”。

根据自家的经济情况，“凑份子”或“送红”的数额有多有少，但是送与不送的差异却比送多送少之间的差异要严重得多。这也就是印家桥村的扶贫对象之一 XZY 在生活非常拮据和艰难的情况下，村里为减轻其负担为何让他送 5 元而不是直接让其一分不出的区别。因为礼物所具备的另一个功能便是维持、强化并创造各种社会联结。换言之，通过礼物往来，人与人之间能建立或维护彼此间的人脉关系。而“凑份子”和“送红”作为送礼的一种特殊形式，完全继承了这一特性。因此，社会联结背后的隐性因素就是人情。何谓人情？人情是指人的情感，包含人与人之间的情谊与交情。而送礼，恰恰是人情建立和维持的一大有效手段，“人情”一词沿用至今甚至与礼物画上了等号，这也就是为什么我们在日常生活中经常可以听到“送人情”这么一说，其实也就是指送礼。

在浦市龙舟节当中，“凑份子”和“送红”突出了村民们达成人与人之间社会联结的社会功能。送得少还可以解释为受自身经济实力所限，至少是礼轻情意重，渴望与其他人保持联结关系的意愿仍然存在。那么不送意味着什么？对拒绝“凑份子”或“送红”者而言，不送这一行为绝不仅仅只是经济层面上的为自己减少了一笔开支，更意味着自己选择了削弱甚至切断与其他村民之间的联结关系，也是坏了“规矩”，这是浦市人万万不愿承受的。

在浦市这个相对封闭的熟人社会，日常生活中的事务很大程度上影响着人与人之间的关系，更何况浦市龙舟节这种在浦市人看来尤为重要的事，进而影响着人与人之间的互动行为。而其中“送红”的完整环节表现为“送——受——回”，在“回礼”这一环节，除去先前所提到的20%的实物类回礼，实际还存在着隐性回礼。只不过这类回礼属于非实物类，也不是立即返还，而是以某种服务、恩惠或保护等的形式在日后体现出来。比如，对于拒绝“凑份子”或“送红”者，家中若有事需要其他村民出力帮忙时，如红白喜事，通常都需要大量的人力，这个时候往往就容易受到其他村民的孤立，受到被其他村民拒绝的风险。所以，关于“凑份子”或“送红”，浦市人能表现出很高的积极性，也才会有“千里送红”的现象发生，即有个浦市人，在龙舟赛事期间她身在迪拜，因距离原因实在无法亲身“送红”，但仍委托家人代为“送红”，再三嘱咐一定要送到。在浦市人看来，无论人远在何方，都要参与浦市龙舟节，而“凑份子”和“送红”作为非参赛队员的参与方式，自然也是如此。因为这背后事关自身与其他村民以及村与村之间的社会联结，因此，如果说股市是经济的晴雨表，那么礼物就是社会联结的晴雨表。而“凑份子”和“送红”，就可以说是浦市地区社会联结的一种体现，又反过来影响着这个区域内的联结关系。

三、拉动消费功能

浦市龙舟节作为浦市最为隆重的节日之一，其举办期间与未举办期间所呈现出的景象在沅江两岸甚至整个浦市，是截然不同的（见图1）。笔者记得，2015年非龙舟节期间在江东做田野工作时，因当地商业欠发达程度比笔者一行人想象的高，故而笔者一行人皆未准备食物，哪知道走到村子里想买瓶水都很难找到商铺。饥渴难耐的一行人找了很久才找到一个小卖部，称之为小卖部甚至都夸大了它，里面可卖的商品实在是极少，老板似乎也无心做生意，正和村民们打牌打得不亦乐乎。最后，一行人只能在里面买了五毛钱一袋的膨化食品充饥，也许是因为没得选择，也许是因为饥饿作祟，小卖部的一大箱膨化食品居然被笔者一行4人买个精光。事实上并不是笔者一行人吃得多，而是哪怕就是这类食品，这个小卖部也存货不多。

图 1　浦市龙舟节期间与非节日期间对比图　李嘉豪摄影

而每当浦市龙舟节来临之际，浦市江边就锣鼓喧天，人影攒动，鞭炮劲响。据银井冲村的 DGQ 说，以前浦市龙舟节期间，村子里一个人都没有了，全都变成了空寨子，因为人全都跑到江边看赛龙舟去了。他还说，浦市地区有口井叫四方井，当地流传着一句话“四方井的水喝干”，就是指看赛龙舟的人实在太多了，多得把井水都喝干了。不仅如此，街上不管是卖油条的、卖煎饼的还是卖饭的，所有的都没得买了，全都卖光了。另据湖南师范大学谭必友教授的估算，2015 年的龙舟节，共吸引观众约 57 万人次。

浦市龙舟节的热闹开展，促使大量人群高度集中在江面两岸，哪怕是嗅觉最迟钝的商人都能意识到这是做生意的大好契机。故而在龙舟节期间，浦市展现出了截然不同的场景。在堤岸边上，各个商家都利用这大好时机在给参加龙舟节的队伍加油的同时为自己打广告（见图 2）。在村里能买到冰激凌、西瓜、饮料、凉拌粉等十分丰富的食物，而遮阳帽、太阳镜、太阳伞等各类防晒物品也应有尽有。而两岸边的摊贩更是骤增了许多，很多摊贩直接把气罐子和灶具、冰箱等都搬到岸边来了。在浦市河堤上，就有一位卖煎饼的大姐，看到湖南师范大学谭必友教授整天在河堤上“看热闹”，非要送一张饼给他，并告诉谭教授，这次龙舟赛，她每天可以赚五百多元，比平日里赚得多得多！一说起这个，她就笑得合不拢嘴，还说，这次是因为只有她一个人，下次的龙舟节她会提前请好帮手，一天应该能挣千把块。可见，浦市龙舟节拉高了当地的消费。

图 2　商家利用为龙舟赛加油的时机打广告　李嘉豪摄影

投资、消费、出口往往被看作促进经济高速增长的“三驾马车”。然而，依赖投资与出口来推动经济增长这一模式，使经济增长的稳定性与可持续性受到挑战。党在十七大报告中便提出了“坚持扩大国内需求特别是消费需求”这一方针，促进经济增长由主要依赖投资、出口拉动向依赖消费、投资、出口协调拉动转变的经济发展战略的重大调整。特别是自 2008 年国际金融危机爆发以来，扩内需、促消费、扩展消费领域、培育消费热点已然成为我国经济发展的主旋律。在我国长期消费需求不足、消费率偏低这种状况下，国内旅游和入境旅游以其强劲的发展态势及在国民经济发展中愈发重要的地位开始受到人们的广泛关注，被看作我国当下刺激消费、填补消费空位、带动经济增长的消费热点与亮点。笔者相信，浦市龙舟节所蕴含的商业价值还远不止目前的程度。如今，浦市古镇的整体面貌和交通状况已得到了大幅改善，而浦市 4A 级景区也已成功申办，若能合理利用浦市龙舟节这个盛大的节庆复兴之际所爆发的影响力为当地的旅游业锦上添花，吸引更多的外来观光者，便能更大限度地拉动当地的消费。

未竟之业：对浦市龙舟节的进一步思考

一、“经济人”与“龙舟人”

“经济人”的利己性假定自18世纪末期亚当·斯密提出以来，至今已有200多年的历史。按照斯密的论述，自爱或自利是人的本性。所谓“经济人”就是追求自身利益最大化、体现利己主义本性的人。① “人都渴望用尽可能少的付出去换取最大限度的收获，是追求自身利益最大化、体现利己主义本性的人。”② 并且，“尽管西方经济学家对‘经济人’的概念仍然存在争议并不断赋予新的内容，但在所有关于‘经济人’的界定中，‘自利’这一特点仍是其最基本的规定，它成为西方经济学理论体系的‘硬核’。”③ “经济人”作为市场经济活动的主体，市场经济规律决定了利己是其行为的根本目的，而“经济人”对个人利益最大限度的追求是经济活动的原动力。从这一层意义上而言，自利性是“经济人”的本质，利己是“经济人”行为的根本目的。因此，趋乐避苦、趋利避害是每一个人必然的心理反应。既然如此，为何浦市的“龙舟人”为参加龙舟节不惜误工哪怕丢掉工作？为参加龙舟节不惜出力哪怕承受身体消耗的风险？这种“损己”利龙舟节的行为与“经济人”的角色行为似乎完全不符合，“龙舟人”为何要反其道而行之，花费“损己”的代价去参与龙舟节？是浦市人双重角色中的“经济人”与“龙舟人”的博弈中“龙舟人”这个角色取得了胜利吗？

在美国经济学家马克·A. 卢兹和肯尼思·勒克斯对马斯洛需求理论的重新诠释中，可以看到人作为“双重的自我”（利己与利他）的结合。两位学者认为，如果以人的发展和需求作为出发点，依据哪一个是他们的主要需求，便能看到人可能是利己主义的，但同时也可能是利他主义的。当处于较低的

① 林莎，邓春玲．“经济人”利己与利他行为的理论分析［J］．社会科学战线，2006（06）：191．

② 边珊珊．如何平衡私利与公益关系［J］．大观周刊，2012，（12）：34．

③ 林莎，邓春玲．“经济人”利己与利他行为的理论分析［J］．社会科学战线，2006（06）：191-192．

需求层次时，通常会自然地或是刻意地产生利己行为。对于比生理上的需求更高的需要，就其性质而言则需要通过与他人分担或分享方可获得满足。因此，社会需求的适当满足事实上是需要一定程度利他主义的，由于满足了生理的和社会的两种较低需要，发展的要求就达到了追寻自我实现的最成熟状态。这时“利己”和“利他”两者之间的冲突便取得了解决的契机。因此，当我们从人本主义经济学的立场来看待利己主义和利他主义的关系时，可以分两种情况来说，一是当只考虑最基本的物质需求而其他一切需求都不予考虑，这个时候追求个人利益最大化是非常合理的。另一种情况是，有除了物质需求以外的其他需求产生，这个时候利己主义和利他主义便不再是竞争的关系。在这一层面上而言，利己主义与利他主义更多的是一种融合关系。

简言之，“经济人”是追求自身利益最大化的人，但这并不等于说“经济人”就一定是一个“见钱眼开”的自私之人。人类欲望并非完全以经济利益为唯一内容，除此之外，还存在着对情感或友谊、荣誉或尊重等许多经济利益以外的其他需求。从另一个角度而言，经济活动作为一种社会活动，其行为和结果也并不单单只受到经济因素的影响，很多非经济因素同样会对经济行为和结果产生影响。在某些特定场景，非经济因素对经济行为和结果产生的影响甚至超越经济因素本身。而浦市龙舟节于浦市人而言，就是这一类型的存在，其中包含着一种超越金钱的利益。也就是说，与所要付出的人力、物资和身体消耗等成本相比，“龙舟人”更看重龙舟节带给他们的回报，所以他们愿意付出这些成本和代价。因此，浦市人参加龙舟节可以说是一种“购买”行为，两者是一种交换关系，其购买的“商品”，很大程度上是与他人的社会联结（不参与就会受到他人的排斥）等一些在其看来超越金钱的“利益”。

从另外一个层面去解读，他人和社会利益是膨胀了的自我利己主义。用美国社会心理学创始人查尔斯·霍顿·库利的话来说就是：“‘群体自我’或‘我们’只是包括了其他人的‘我’。”① 也就是说，“自我”和“他人”并非一定作为相互排斥的社会关系而存在，往往是“我中有你、你中有我”的一种状态。就“经济人”而言，利己是其行为的原动力，是根本目的，而利他则服从于利己。这便可以解释，“龙舟人”的利己行为中的“己”不只是以自我个体这个“小我”为单位的，更多的是以整个村的“大我”为单位。如果将他们付出的代价看成一种投资，那他们投资的期望回报，就是本村能在

① 查尔斯·霍顿·库利．人类本性与社会秩序［M］．华夏出版社，1999：14.

龙舟节中赢得更多的比赛而获取以村甚至旗色为单位的“大我”的集体荣誉，与此同时，“小我”也能在其中获取到荣誉。

由此可见，在浦市龙舟节当中，“经济人”与“龙舟人”并不完全是博弈的对立关系，更多的是两种角色在很大程度上相互重叠。利己是“经济人”行为的根本目的，利他是“经济人”实现目的的有效手段，为己利他是“经济人”的普遍持久行为。而浦市人“损已利龙舟”的行为实际上仍是一种利己行为。浦市龙舟节所呈现出来的精神内核是“斗”，不论是斗龙舟、斗架甚至是放花炮都要斗谁放得多，都是围绕“斗”而展开的。而背后支撑“龙舟人”花费高昂代价去斗的原因，在于浦市龙舟节的本质，实际上远不是比拼龙舟竞渡的技术那么简单。于浦市人而言，所需要的是一个博弈的舞台，去展现本村的综合实力，而浦市龙舟节则是结合本地的文化传统和特殊地域而产生的一种适合的表面载体。通过这一载体，浦市人可以进行村与村之间包括人力、财力、意志力、向心力、组织能力等综合实力的比拼。一个村能靠大家的力量组织好一支甚至多支龙舟队参赛，还能取得胜利的话，就意味着这个村的兴旺和强盛。反之，则意味着这个村子的综合实力薄弱。这也就不难理解，浦市人为何会如此热衷于参与龙舟节并渴望取得好的成绩了，也可以理解在外务工的青壮年过年都可以不回家，但若无故不回来参加龙舟节，就会招来罚钱甚至家中红白喜事其他村民会拒绝参加和帮忙这么严厉的惩罚了，因为这关乎的是集体的荣誉和全村的脸面。

二、自发与禁止

民俗是一种源自人民，传承于人民，又深藏在人民中的行为、语言和心理中的基本力量，是一片自生自长的世外桃源。诚然，很多民俗活动虽源自人民，但随着时间的推移，在现代的发展过程中，很多民俗活动的自主性发生了变化，甚至无法再完整地传承。有一些虽幸免于失传，但往往要依赖外界的刺激而维持，如“政府组织，群众参与”这种形式，这类民俗活动的生存方式最大的弊端就是，当外界刺激一旦撤离，活动就很难维持下去而面临瓦解的风险。

浦市龙舟节，除了与其他民俗活动一样具有自发性，并且至今还保持着极高的自主性，无论是人力方面、物资方面还是组织方面，整个过程都是由浦市地区的村民自主地组织和参与，不依赖外界的刺激而生存。在对麻溪口村一位头人访谈时了解到，当地政府也曾试图给予正向的刺激，即由政府提供一定资金，作为奖金奖给龙舟节中获胜的前三名队伍。另外，浦市在大力发展旅游业并申请4A景区，而浦市龙舟节作为当地最为盛大的活动，具备很强的观赏性，无疑是开启当地旅游业大门的最适配钥匙。因此，当时政府对于浦市龙舟节是支持的。但同时，因浦市龙舟节的参与人群十分庞大，无论是比赛过程中的溺水风险、两岸观众的踩踏风险还是打架的风险，都存在较大的安全隐患，这让当地政府觉得难以把控而存在着担忧。这就需要各村负责人签署安全责任状，并提出了一系列要求来控制龙舟节的安全隐患。

三、传统的再造

浦市龙舟节虽不依赖外界刺激而生存，但它作为一项社会活动，就意味着它无法独立存在而丝毫不受外界刺激的影响。2016年的浦市龙舟节，政府的态度由禁止转变为不阻拦，村民也为顺利举行龙舟节而顺应了当地政府的一些要求。

斗殴，是浦市龙舟节历史上发生概率非常高的一个现象，甚至已演变成了一个“传统”。但这个“传统”自浦市龙舟节2015年复兴以来，悄然发生了变化，它已基本消逝。当地政府在2016年的浦市龙舟节之际明确摆出了禁止赛龙舟的态度，主要就是担忧安全问题，而浦市龙舟节中最大的安全隐患就是来自斗殴。而主观方面，则是浦市村民普遍认为斗殴不是一种好的现象，是一种素质低的体现。另外，村民们也觉得斗殴不利于各个村子间的和谐。

浦市龙舟节是以龙舟赛为主题的一个节日，而龙舟赛作为一项竞技运动，饱含“斗”的文化。

无论是赛龙舟还是斗殴，甚至连放花炮都要比谁放得更多，实质上都是为了一分高下而斗，因此说“斗”构成了浦市龙舟节的精神内核。而斗殴作为“斗”中的一环，它的消失无法避免地削弱了浦市龙舟节的“斗”性。这一点从今年浦市龙舟节的新变化中可窥一二。浦市龙舟赛因水势凶险，翻船现象是家常便饭，但过去有龙舟翻船时，往往都是同旗色的龙舟过去救援，不同旗色的龙舟并不会上前施以援手。而龙舟节复兴这两年，笔者在岸边观察到，只要有龙舟翻船，附近不同旗色的龙舟都会立马划过去帮忙，这是以前不会发生的现象。而另一个变化，是浦溪村所打的旗色是黄旗，村里一位领头人告诉笔者，“打黄旗就是和白旗、红旗不一样的旗色，这样就和谁都可以比。”反观另一个村印家桥村，他们打的旗色是三色旗（印家桥村已有一百多年未参加龙舟节，在浦市龙舟节复兴的第二年即2016年重新参赛），村里的一位领头人表示，因为他们村一百多年没扒龙舟了，历史上打的旗色也无从知晓，加入红、白、黄等其他旗都不合适，于是需要重新创立一个旗色。在村里商议打和红、白、黄不同旗色的时候，村里的老人们都认为不妥当，认为这和黄旗一样，有要突出自己旗色的意思。最终经过商议，创立了三色旗。这位领头人解释道，三色旗虽然旗色和其他旗都不一样，但并没有看不起其他旗、要称霸王的意思，三色旗的三色分别是白色、红色、黄色，代表着其他三个旗色，同时还有一条龙盘旋在一个圆圈内，表示要跟其他三个阵营团结一致，一起将龙舟文化发扬光大。2016年的浦市龙舟节，浦市人也打出了“友谊第一竞赛第二”的横幅（见图3），而这在其他竞技活动中属于标准配备的一句标语，在过去的浦市龙舟节中是不曾有的。由此可见，浦市龙舟节的精神内核由曾经针锋相对的“斗”在往和谐共进的方向悄然发生变化。

图3 “友谊第一 竞赛第二”的横幅 李嘉豪摄影

结　语

浦市龙舟节，是龙舟文化与浦市当地的民俗、人文地理等文化的相互融合，从而构成了其博大精深、独树一帜的龙舟文化，可谓集激情、勇气、力量、耐力、智慧等于一身。而龙舟活动在我国具有悠久的历史，是中华民俗体育文化的瑰宝，浦市龙舟节作为龙舟界的一颗明珠，为我国的龙舟文化添了砖加了瓦。

笔者在连续两年参与观察浦市龙舟节和阅读了相关文献的基础上，首先对浦市龙舟节的客观事实和细节进行了较为详细的叙述。此外，浦市龙舟节的一大特别之处在于参与度非常之高，可谓“男女老少，全民参与”，同时，它的参与潜在成本也非常之高。通常情况下，极高的参与成本与极高的参与度是很难共存的，因为这是一对矛盾，过高的参与成本往往会抑制参与度，而浦市人却不管参与成本多高，用“不计成本”的方式也要参与龙舟赛，这似乎是一种“反经济人”的行为，这其中究竟有着哪些复杂的原因？这个疑问恰恰构成了本文的研究前提或背景。

笔者在当地进行田野工作后，了解到浦市龙舟节的参与成本的确是非常高的，便在本文中分别从人力的聚集、资金的聚集、斗龙舟的副产品即斗殴等三大板块，按照环节时间和潜在成本的递增逻辑，分别对浦市龙舟节的参与度、参与潜在成本及影响因素进行了分析和梳理。值得注意的是，人力的聚集、资金的聚集、斗龙舟的副产品这三大板块首先是参与浦市龙舟节的潜在成本，但同时又在很大程度上体现了浦市人在龙舟节上的参与度。并且，这三部分内容，无论是对浦市人个人而言，还是对浦市龙舟节的复兴而言，都产生了重大的影响。对于浦市人为何非要不计代价地参与龙舟节这个疑问，本文以浦市龙舟节的社会功能的方式做出了解答，并讨论了“经济人”与“龙舟人”这对浦市人身上的双重角色之间的关系。事实上，浦市人不计成本地参与龙舟节并非是一种“反经济人”的行为，而是一种对非经济结果和超越“小我”的追求，从而揭示浦市龙舟节的实质，进一步解答了龙舟节对于浦市人的意义所在。最后，浦市龙舟节在2016年遇到了一些外界刺激而发生变化，经过研究和分析，笔者了解到外界刺激对其带来的并非小方面的影响，而实际上导致了其发生了异变，并对这一情况进行了剖析和讨论。

本文还存在一些不足之处，浦市龙舟节是一项历史悠久且包含的环节异常丰富、系统十分庞大的活动，因此，因历史原因、语言障碍等，对田野工作的深度带来了一定的障碍。在浦市龙舟节的社会功能研究这一部分，广度和深度还可以存在进步的空间。

参考文献

[1] 斐迪南·滕尼斯. 社区与社会 [M]. 商务印书馆，1887：48-62.

[2] 杜达罗. 龙舟 [M]. 广东科技出版社，2009.8：13-15.

[3] 阎云翔. 礼物的流动——一个中国村庄中的互惠原则与社会网络 [M]. 上海：人民出版社，2000.3：43-94.

[4] 谭必友. 浦市龙舟赛 [M]. 北京：学苑出版社，2016：1-104.

[5] 常朝阳. 传统节日体育再现"文化记忆"活态存在及其价值走向——以欧洲文化记忆理论为视角 [J]. 天津体育学院学报，2011，26 (3)：211-214.

[6] 王成科，宋晓宇，黄梅. 世居少数民族传统节庆体育与民族文化认同——来自中越边境左州镇壮族"金山节"的田野调查 [J]. 广西民族师范学院学报，2012，29 (1)：28-30.

[7] 卢涛，原黎君. 和谐社会视野下节庆体育文化的价值 [J]. 文化．视野，2008，(4)：110-112.

[8] 周挺，郭亚珊，张颖. 成都市古镇民间节庆体育文化的保护与发展——基于非物质文化遗产视角 [J]. 科技信息，2010，47-48.

[9] 郭传燕，李志清. 民间节庆体育的传统结构与现代意义 [J]. 体育科研，2009 (4)：47-50.

[10] 金陵，金克剑. 中国传统龙舟竞渡从湘西起航 [J]. 十堰职业技术学院学报，2008，21：56.

[11] 孙适民. 屈原、端午与龙舟文化 [J]. 邵阳学院学报，2003，2 (1)：79-84.

[12] 马勇，贺昭泽. 龙舟竞渡的发展及特点探析 [J]. 吉林体育学报，2006，22 (1)：23.

[13] 王星辰. 龙舟文化的起源及发展展望 [J]. 体育科技文献通报，2009，17 (12)：105-106.

[14] 姚正曙，何根海. 龙舟竞渡的起源探析 [J]. 成都体育学院学报，2000，26 (6)：36-37.

[15] 王凯珍，胡娟，杨风华. 我国龙舟竞渡发展研究 [J]. 体育文化导刊，2010 (3)：110-113.

[16] 程雯慧，顿贺. 中国古代龙舟的历史演变 [J]. 武汉理工大学学报(社会科学版)，2002，15 (5)：507-510.

[17] 张丽萍. 中国业余龙舟竞渡运动的发展现状调查研究 [D]. 甘肃：西北民族大学，2012：35.

[18] 马明达. 澳门的龙舟运动 [J]. 体育文化导刊，2006 (1)：87-88.

[19] 平越，孔庆涛. 我国高校龙舟运动展现状与对策研究 [J]. 上海第二工业大学学报，2010，27 (4)：326-330.

[20] 吴萍，徐宜芬. 黔东南龙舟活动的起源、现状与对策研究 [J]. 2009，29 (5)：63-67.

[21] 王洪元，杨林. 岳阳市开展龙舟运动现状的调查研究 [J]. 2006，28 (3)：78-80.

[22] 郭文吉，张红霞. 宜春开展龙舟活动的现状与对策研究 [J]. 江西教育学院学报，2008，29 (6)：44-46.

[23] 邹娅. 国际龙舟赛对汨罗经济和发展的影响 [J]. 科技信息，2010 (4)：288-287.

[24] 钟巧玲. 龙舟传统体育运动的经济社会学浅析 [J]. 世纪桥，2006 (10)：154-156.

[25] 刘永祥，高林琴. 对龙舟竞渡运动发展的几点思考 [J]. 军事体育进修学院学报，2007，26 (4)：20-22.

[26] 罗婉红. 龙舟竞渡的文化探源及其发展 [J]. 搏击武术科学，2008，5 (10)：81-82.

[27] 陈龙. 洪安龙舟运动的历史变迁与现代转型 [D]. 北京：北京体育大学，2011：41.

[28] 黄春花. 现代龙舟运动对民族传统体育发展的启示 [J]. 山西师大体育学院学报，2008，23 (2)：74-76.

[29] 杨隽，郭发明，郝艳贞. 龙舟运动现代化发展的文化形态学分析 [J]. 河北体育学院学报，2012，26 (6)：89.

[30] 胡娟. 我国民俗体育的流变——以龙舟竞渡为例 [J]. 体育科学，2008，28 (4)：84-95.

[31] 涂传飞，陈志丹等. 民间体育、传统体育、民俗体育、民族体育的概念及其关系辨析 [J]. 武汉体育学院学报，2007，(8)：24-29.

[32] 王俊奇. 关于民俗体育的概念与研究存在的问题——兼论建立民俗体育学科的必要性 [J]. 西安体育学院学报，2007，(2)：124-127.

[33] 李磊. 中国民俗体育文化的内涵及其现代发展 [J]. 科技资讯，2010，(13)：219.

[34] 马瑛. 荆楚民俗体育文化内涵研究 [D]. 武汉体育学院，2009.

[35] 刘小明. 非物质文化遗产视角下的民俗体育 [J]. 赤峰学院学报(自然科学版)，2010，(08)：126-127.

[36] 徐福振. 民俗体育的特点及功能探究 [J]. 安徽体育科技，2010，(06)：7-10.

[37] 陈红新. 发展民俗体育构建和谐社会 [J]. 福建体育科技，2009，(01).

[38] 陈莉. 区域民俗体育文化的研究定位及其策略选择 [J]. 体育与科学，2010，(01)：56-59.

[39] 王若光，刘旻航. 我国民俗体育功能的现代化演进 [J]. 武汉体育学院学报，2011，(10)：77-80.

[40] 常鑫，陈光玖. 论民俗体育的文化价值 [J]. 新西部（下半月），2007，(04)：186.

[41] 万义、胡建文. 苗族鼓舞文化生态变迁的人类学研究——湘西德夯的田野调查报告 [J]. 西安体育学院学报，2010，(06)：32-36.

[42] 江绍原. http://www.chinesefolklore.org.cn/web/index.php? NewsID=8201.

[43] 饶远. 民俗中的体育与体育中的民俗——以云南彝族传统体育文化研究为例 [J]. 体育文化导刊，2005，(01).

[44] 邹利江. 湘赣边区民俗体育状况研究 [J]. 农业考古，2010，(03)：78-80.

[45] 郑国华. 城镇化与我国民俗体育发展——对江西“孝镇”孝镇民俗体育的个案研究 [J]. 武汉体育学院学报，2007，(06).

[46] 李红梅，郑国荣，方千华. 论民俗体育的现代化发展 [J]. 沈阳体育学院学报，2008，(06)：1-8.

[47] 桑全喜. 我国民俗体育的生存与发展对策 [J]. 吉林体育学院学

报，2008，(03)：64-67.

[48] 尹国昌，涂传飞等. 当前我国民俗体育文化发展存在的问题及其对策 [J]. 南昌大学学报，2007 (05)：139-142.

[49] 张国栋. 我国民俗体育发展的现状、问题及对策研究 [A]. 和谐共生：2007 年全国博士生（教育类）学术论坛论文集 [C]. 2007.

[50] 崔文学，龙佩林. "湘西民保工程"中的传统体育保护与发展对策 [J]. 山西师大体育学院学报，2006：13-15.

[51] 李玉文. 湘西山寨民族传统体育项目现状及其保护发展 [J]. 吉首大学学报：自然科学版，2008.

[52] 田祖国. 湘西民族传统体育调查 [M]. 吉首大学出版社，2003.

[53] 张小林. 湘西地区群众参与传统体育活动现状与需求趋向研究 [J]. 中国体育科技 . 2005.

[54] 蒋作文. 湘西民俗体育渊源、发展现状及对策研究 [D]. 江西师范大学，2010.

[55] 涂绍生，白晋湘，马根生. 试论湘鄂渝黔边区土家族民间体育的起源及发展 [J]. 中国体育科技 . 2001.

[56] 刘卫华，张继生. 试论湘西少数民族地区民俗体育的起源及其发展对策 [J]. 四川体育科学，2011，(03)：32-34.

[57] 查尔斯・霍顿・库利. 人类本性与社会秩序 [M]. 华夏出版社，1999：14.

社区公共祭仪与社区记忆

——以浦市龙舟赛为观察中心

张学琦*

【摘　要】 湘西浦市古镇自宋朝年间就开始出现的“扒龙船”活动在经过近千年的历史演变之后，成为当地非常重要的一项民间节日庆典，即浦市龙舟节。时光荏苒，这项民俗活动在跨越了漫长的历史长河之后之所以能保存至今，得益于在其发展的过程中，龙舟竞渡与地方性的信仰、传说不断互相融合，进而产生出了众多具有代表性的祭祀仪式，这些祭祀仪式只能在当地的龙舟节期间才能看到，并且绝大部分都带有其所在村落的宝贵社区记忆，具有很高的学术研究价值。但以往学者对这一课题的研究很多都是通过一般性的祭祀介绍和简单的民俗描述来进行考察，还有部分学者通过单纯的文本研究来探索。这些研究很多都缺乏深入社区或村落对当地少数民族人民实际生活的访问与观察的社会学意义上的实证资料。另外族群认同变迁本身从时间上来看，它的研究范围是纵向的，是有一个历史过程的，所以本身也有很浓的历史学意义。本文通过对浦市龙舟节期间的祭祀仪式进行田野观察，试图从白旗浦溪龙舟队祭祀仪式的组织、进行过程以及与仪式相关的传说中寻找浦市古镇浦溪村社区记忆的构成。

【关键词】 浦市古镇；龙舟赛；祭祀仪式；社区记忆

---

* 张学琦，湖南师范大学公共管理学院 2017 届硕士，现为湖南工程职院旅游管理专业讲师。导师：谭必友教授。

绪 论

一、研究缘起

笔者在跟随导师于2015年在湖南湘西浦市进行对当地盛大民俗活动——浦市龙舟赛的田野调查期间，见证了浦市古镇当地的众多传统民俗，整个浦市古镇在这一地方性节日中热闹非凡，笔者惊叹于浦市古镇文化与民俗的丰富多彩，而这种丰富多彩又与传统文化相互协调，维持着微妙的平衡。通过调查笔者了解到在浦市龙舟节举行期间，大量在外打工的青壮年都会特地从外地赶回浦市，为自己所在的龙舟队拼尽全力，他们为了能够按时赶回浦市，会用尽一切可能的办法来向用人单位请假，碰到不同意放行的用人单位，这些青年干脆以辞职的方式来解决，在他们的价值观里，为了龙舟赛失去工作，是一件完全值得甚至理所应当的事情。浦市龙舟赛的各支参赛队伍在比赛期间都有着极高的、在外人看来不可思议的队伍凝聚力，而这种凝聚力的来源，和浦市各个社区为数众多的、专门在龙舟节期间举行的宗教祭祀仪式有着密切的关系，举行这些祭祀仪式的浦市相关社区，都在有意识或者无意识之中，通过各自的祭祀仪式，使得社区内的成员能够持续地认知一些本社区所留存的相关记忆。在整个调查过程中，我们发现了大量具有浦市地方特色的祭祀仪式，这些祭祀仪式本身也涉及浦市古镇的方方面面，从多个角度向我们展示了龙舟赛参赛船队以及其代表的各社区的风俗习惯和厚重的历史文化。祭祀仪式中的“祭祀”一词可以被认为是人类专门敬神、求神和祭拜的一种活动，而祭祀的对象也很明确，一般就是人类想象出来的令人敬畏的各种神灵。这些神灵的产生往往有其特定的时代与文化背景，在人类社会的早期，人类的思维并不像现在这样缤纷多彩，但是作为一种有别于一般动、植物的高级生物，即使是早期尚处混沌的人类，也无法停止自己那不同于其他生物的大脑进行各种幻想活动，当时的人类对于自然界的一切自然现象和动植物都感到神秘，这种所谓的“神秘”逐渐成为一种敬畏。天上的风雨雷电、日月运行，地上的山石树木、飞禽走兽，都被视为是有强大的超自然力量控制的结果，于是也就产生了“万物有灵”的观念。当时的人类认为这些神灵既慷慨地帮助了人类成长，又卑鄙地给人类的生存带来威胁；人类在感激这些神灵的同时也对它们产生了畏惧，对这一众神灵进行的各种顶礼膜拜的仪式，最大的愿望就是希望这些神灵能够给人类多赐予一些福气，少降下一些灾祸。

因此，浦市这些留存下来的历史文化，隐没在各种祭祀仪式中的真切记忆，都将真实地反映出浦市龙舟是如何与浦市古镇相互影响的，自宋朝以来就开始一直存在的浦市龙舟赛在这种互相影响之中产生了众多的文化现象，这些文化现象在近千年的历史长河洗刷中被保存下来，并且逐渐地成为浦市各个社区内人群所共同保有的共同记忆，这些由事实而转变成的社区记忆虽然因为时间的流逝在今天开始逐渐地模糊不清，但是通过浦市龙舟赛以及其中这些为数众多的祭祀仪式，我们或许有机会擦掉那一层模糊的表面，进而探寻到文化之后隐藏的历史的原本面目。

二、研究意义

（一）理论意义

仔细地寻找和调查一个地区的文化往往可以快速有效地熟悉与了解这一地区居民做事情的逻辑与习惯，因此，在信息爆炸、高速发展的当代社会之中，通过合理地建设社区文化这样一种方式，我们也能够更好地有效建设文明社区，甚至将其转化为社区建设的中心部分，而社区记忆中最重要的组成部分之一——地方社区的古老传统同样也是社区文化的重要组成部分，也是生长于该社区内的社区成员对于该社区产生依恋感、归属感和自发凝聚于社区的关键原因。社区文化在当今时代之所以能够继续存在与发展，和社区记忆所具有的文化承载、文化推动功能有着深厚的、不可分割的关系。当代中国正处于社会转型的关键时期，而广大的农村所拥有的社区记忆正在不断地受到快速变迁的现代社会生活反复的冲击。昔日自然形成的村庄格局正在被大刀阔斧地改变，曾经在日常生活中随处可见的仪式习俗正在逐渐被人们所淡忘，人与人之间循规蹈矩、质朴纯真的相处守则正在被信息化、快餐化的现代交往守则所取代。在这种大的时代背景之下，曾经流传了千年的、附着了厚重乡土气息的农村社区记忆正在不知不觉中发生着重大的改变，其原本具有的文化规训和社区认同的功能正在消失。因此，抓紧对转型期乡村社会记忆的变迁进行考察，是一件刻不容缓的工作，也是探究中国乡村社会各项属性的有效途径。虽然目前人类学领域中还尚未形成对社区记忆及其变迁的完整研究体系，但在国内外学者提出社区记忆理论之后，在后续不断地对中国乡村记忆的考察中，“社区记忆”的概念已经开始有了一个大致的雏形。

（二）实际意义

中国自实行改革开放政策之后，随着市场经济的不断发展，许多农村的文化事业建设因为市场经济中衍生出的诸多负面效应而受到了许多消极影响，各种存在着低俗、媚俗现象的、原本并不属于这一地区的外来文化开始在基层社会迅速而又大量地传播开来，导致一些畸形的、消极的文化在短时间内迅速在相关地区蔓延并且影响到越来越多的农村社区居民，这些文化不但影响到乡村群众的身心健康，还影响到了乡村的社会主义道德建设和未来发展。在发展社会主义市场经济的条件下，若想要同时加强农村文化建设，必须正确地发掘和传承优秀的民族传统文化，同时还要吸取和接收各种优秀的现代文明成果，农村文化的发展本身无法脱离先进文化思想的指导，农村文化由小型封闭的文化向大型开放的文化过渡这一趋势，也是由群众日益增长的精神需要决定的。一个社会的进步与成熟，和经济、文化、社会的和谐发展是无法分开的，有着密切的关系。而“文化”的本质内涵近十年在我国国内也得到了越来越充分的诠释，文化作为一种人们精神世界的“魂”，有着丰富的内涵与价值，而这些文化的内涵与价值也正在不断地体现出惊人的能量和效果。一个地方留存下来的地方文化与地方传统同时也是这个地方居民的价值观和宇宙观的根本体现，这些地方文化不仅凝聚了当地人对自己、他人以及世界的看法，也在毫无疑问地从根本上引导着当地人的做事方式和处世原则。

三、学术回顾

（一）概念廓清

在很长的一段时间内，学术界对于“记忆”的研究一般都只停留在心理学的研究领域之内，可是后来有一些社会学家开始研究并发现，记忆不但是单个个体对于外部世界的感受，它还会受到社会大环境和所在社区集体的影响。法国社会学家莫里斯·哈布瓦赫在经过一系列的社会调查之后，在其著作《集体记忆》中开创性地提出了“集体记忆”这一概念，这一概念认为

“一个特定社会群体之成员共享往事的过程和结果，保证集体记忆传承的条件是社会交往及群体意识需要提取该记忆的延续性”①。此外，哈布瓦赫还认为“集体记忆是立足于现在而对过去的一种建构，集体记忆是通过社会交往并在集体框架的约束下实现的”。在哈布瓦赫提出了“集体记忆”的概念之后，学术界对集体记忆的研究以“忽如一夜春风来”的姿态开始大量出现，这种研究潮也使得集体记忆理论得到进一步的完善和发展。虽然目前学术界对于“社区记忆”一词暂时还未有一个统一的定论，但是以笔者的理解来看，“社区记忆”作为一种非物质的文化载体，需要具有这样几个特点：首先，“社区记忆”并非完全只是和个人的心理活动有关，它之所以存在，是与这些记忆的载体——拥有记忆的人本身所处的社会环境密不可分的；其次，“社区记忆”的形成属于一个根基于当下，依据传说和历史故事对于记忆的文化再建构过程，它依托于各种形式而存在，而其中就包括笔者在下文中论述的祭祀仪式和民俗活动。

（二）社区记忆理论回顾

社区记忆的研究途径从目前的文献来看主要有两个：首先，西方汉学家、人类学家弗里德曼的社区记忆研究成为西方学者在此领域的代表性研究之一。这一研究范式源于埃文斯·普里查德和福忒思的理论，这两位学者在当时对非洲大陆人类社会的考察过程中，找到了地方性组织与当地人所属宗族的关键结合点。但是埃文斯和福忒斯的研究是基于一个事实——即他们绝大多数的田野点都是无国家、无政府的非洲原始部落，这一事实也促使弗里德曼对中国乡村社区的研究找到了一个出发的起点，正是由于中国是一个有完整国家概念、有威权统治政府的国家，所以弗里德曼在研究中国的宗族时尽可能地寻找一切非洲宗族模式的“月之背面”——即中国社会的宗族与非洲大陆的宗族在现实中相矛盾的部分。弗里德曼在对中国乡村社会进行了巨细无遗的研究之后，比较详尽地找到了宗族如何在中国社会的构造过程中发挥作用、中国宗族的组织结构是怎样的等问题的答案，从而在世界范围内将针对中国宗族的研究推上了一个前所未有的高峰。在弗里德曼的一系列研究中，社区记忆作为其研究的重要组成部分，也开始初次出现在人们的视线之中。

① ［法］莫里斯·哈布瓦赫著，毕然，郭金华译. 论集体记忆. 上海：上海人民出版社，2002：26.

除了上文提到的此种西方学者的研究途径之外，对中国社区记忆展开研究的另外一种代表性路径就是通过对乡土文化的考察来发现中国乡村社区记忆的一系列特征。费孝通先生的博士论文《江村经济》一书是这一研究路径正式出现的标志，《江村经济》是研究中国乡土社会的扛鼎之作，该文也是近代中国历史上对乡村社区记忆开展研究的代表性著作之一。费孝通先生在他的这本博士论文中，用人类学的写作方法向读者巨细无遗地呈现了一个中国村落的方方面面，费孝通先生从当地社区内部的各种民俗制度以及各种风俗习惯等方面展示了此村落的社区记忆。在祭祀仪式部分，费孝通先生发现，在实施巫术的时候，会出行一个被村民所信任的巫师，这个巫师拥有所谓的魔力并且施展巫术，主导祭祀仪式的举办。祭祀仪式以大量的礼仪过程来试图引起各个法力强大的神灵注意，甚至还会特地流传一些神话来人为地夸大礼仪和巫师所起到的“请神”作用。《江村经济》中对这一事实的相关记载，可以算是最早的对于祭祀仪式和社区记忆相关联的研究之一。巫术及其带来的相关活动在这时已经不是自发的个人行为了，而是一种有专门组织的集体活动。费孝通在调查当地巫术的时候发现开弦弓村人非常敬畏大自然的力量，村民们承认人力未必能够胜天，在大自然面前人类相当渺小，甚至可以被称为微不足道，正是源于这种自我察觉的渺小，才导致该村产生了各种千奇百怪、花样百出的祭祀仪式，这些祭祀仪式实质上都可以被纳入巫术的范畴，也是当地人用来对付自然灾害的一种手段，但是和所谓的“科学”很难有什么直接意义上的联系。这些祭祀仪式不会因为自身的存在而抵制其他的解决手段。所以在开弦弓村，科学与巫术神奇地被同时用来解决存在的实际问题。[①] 此后，以费孝通先生为代表，诸多人类学学术界大师奋笔疾书，使得当时的学术界出现了中国乡村社区记忆研究的首次高潮，在这次研究高潮中，比较有代表性的还有吴文藻先生、林耀华先生的乡村研究以及相应的建设乡村文化模型等一系列颇有价值的经典研究。这些学者运用从西方学来的理论与研究方法，在中国乡村社区记忆的首次研究高潮中从严谨的学术角度出发，对中国乡村的基本性质进行了深入的发掘与分析。

社区记忆能够唤起社区居民重建乡村秩序的热情，在乡村秩序建设中起到了奠定秩序基础的作用，也同时告诉社区居民如何构建乡村秩序及具体可以采取哪一些有效的行动，因此社区记忆被认为是“当前社会背景下，同一

① 费孝通．江村经济［M］．北京：北京大学出版社，2012：43.

社区范围内的居民在特定范围内对过去共有的生活经历重新整合而成的记忆总和”①。滕尼斯在其著作《共同体与社会》中曾经提到，社区是在家庭、宗族以及血缘共同体三者共同组合在一起的情况下进而存在的，这种共同体存在着一个生机勃勃的内部环境，环境中的几个主要要素长期共同生活，而为了能够维持住这种生活的稳定状态，记忆这种有着“能反复回溯过去事物和良好的活动”功能的无形之物，就成为最好的黏合剂，这种对记忆的解释在当时来说是一种崭新的思路，也让滕尼斯明确表达了记忆在引导社区内共同的生活期盼时能够起到的作用以及存在的意义。② 英国社会学家吉登斯认为，“社区记忆”之所以能够持续性地存在并且影响到拥有它的人，表明了社会特定范围内的一些行为正在被“实践意识”所暗中控制，这种控制实际上就是社会生活中的“日常”“约定俗成”的意识对于人的一种指引功能。对于这些意识，行动者往往会用直接的行动来做出回应，而不会去烦冗地思索自己为何会去这么做，或者去倔强地为自己的行为找到某个理由。③ 社区记忆在此种情况之下，以一种大音希声的方式指引着乡村秩序的构建目标和行动方式。在浦市的社会记忆系统中，每年赛龙船时的祭祀仪式是非常重要的组成部分，在留存的记忆中，仪式所附带的家法族规、乡规民约、契约禁条都是很重要的内容，而这些也早已深深烙印在了浦市人的头脑深处，指导和约束着浦市人日常生活中的行为举止，并通过言传身教代代相承。浦市人对照着社会记忆中的要求选择合适的行为规范，不断调整自身的言谈和举止，避免引起消极的作用，充分发扬积极的作用，从而构建起浦市独具地方特色的和谐社会秩序。

改革开放以来，我国农村随着市场经济的发展，许多新兴观念的冲击力度陡然增大，再加上国家对于人口流动政策的放宽而出现了地域“空心化”，人情关系“淡漠化”的局面。但是根据笔者在浦市龙舟节期间的田野调查资料来看，浦市下属各乡镇在龙舟节期间凭借着各自不同的祭祀仪式唤起和维持了他们特有的社区共同记忆，较好地处理了上述在当代中国农村中很容易出现的问题。

---

① 范聪聪、夏莹．社区记忆重建乡村秩序的路径研究［J］．九江学院学报 2015（2）．

② 滕尼斯．共同体与社会［M］．北京：北京大学出版社，2010：35.

③ 吉登斯．社会的构成［M］．北京：三联书店，1998：42.

（三）祭祀仪式理论回顾

相比起“社区记忆”，“祭祀仪式”的相关研究成果就要多很多，祭祀在现代汉语字典中的解释是“置备供品对神佛或祖先行礼，表示崇敬并祈求保佑”。在社会学的范畴内，祭祀仪式往往成为宗教社会学学者的研究对象，原因无他，正是因为祭祀仪式总是在宗教活动中充当着普通人与神灵的沟通桥梁，某一个社区的宗教信仰体系通常都是依附于一系列复杂而精细的祭祀活动才最终得以展示在世人面前的。在彭兆荣的《人类学仪式理论的知识谱系》一文中，彭兆荣认为在过去的一个多世纪的时间里，专门针对人类学宗教仪式研究的人类学仪式理论从出现到发展至今经历了一个明显的变化轨迹。人类学相关的仪式理论在刚刚出现的时候主要把目光聚焦在神话传说和宗教范式上。它的研究关注焦点大致是顺着如下这两种发展方向来进行演变的：第一种发展方向是对神话和仪式进行具体解释。这一发展方向的学术理论依据主要来自人类学学科中的古典进化论。与生物学家研究生物的方法相似的是，学者先把神话和仪式的内容解构至最原初的状态，以便于学者能够充分地考虑彼时彼地历史环境的限制。19 世纪中后期到 20 世纪初期的这短短的五十多年里，在这种当时广为流传的学术习惯的作用下，神话—仪式研究开始出现一次史无前例的热潮并取得了大量优秀的成果。由于人类学进化论与神话研究互相之间有着千丝万缕的联系，因此也在当时将研究祭祀仪式归类为人类学重点研究内容和知识系统的一个关键部分成为单个研究的默认规范。泰勒（Tylor，E.）、弗雷泽（frazer，J.）、斯宾塞（Spencer，H.）、奥托（otto，R.）、史密斯（Smith，W. R.）、朗（Lang）等都曾写过关于神话仪式的经典论文，这些学者中的大部分成为神话仪式研究领域的知名专家；这些专家以“神话—仪式”的研究手段为主要方法，搞出了一套被后世不断效仿学习的标准，也即是享誉世界的所谓“剑桥学派”。剑桥学派后来有了一个更为霸气的名称，即“人类学派”。除此之外，祭祀仪式研究的第二种发展方向则是将仪式的宗教渊源和宗教行为糅合在一起。对于原始社会中祭祀仪式所起到的作用，长久以来一直充满着争论，狭义的仪式在此种发展方向中被认为是宗教的具体实践和行为，是人的一种社会化的活动。所以从此之后宗教社会学便打开了通往人类学的道路。祭祀仪式在宗教、社会学、人类学之间成为一位成功的使者，可以通过后来的尤其是法国社会学家涂尔干从罗伯特森·史密斯那里得到很多富于成果的推动力，学者们跟随着这一新兴的道路，一方面审视神话仪式与宗教演变过程中相互纠缠在一起的复杂的历史纽带；另一方面也持续地探索作为宗教化仪式，其在社会总体结构和社会组织当中的指示和功能，这种研究范式也成为人类学宗教研究的一个最有特色的研究范式。有别于纯粹的宗教学，社会文化人类学看待仪式的方法是不同的，无论是有着明确宗教含义的仪式，还是内敛的、隐藏度较高的仪式，通通都会被当作具体的社会行为来研究。这种对仪式的研究和考察能够有效发现仪式在完整的社会结构中充当的角色、发挥的作用。发现仪式和社会结构二者之间有着微妙联系的人是法国的涂尔干（Durklleim，E.）、莫斯（Mauss，M.）和英国的马林诺夫斯基等社会学家，他们通过多年的研究把两个原本很难被放到一起看待的事物最终捏合在了一起。后来的利奇、特纳、道格拉斯等著名的人类学仪式研究者承袭了这一经典路径，将其称之为“结构—功能”体系。这一体系是法国社会学派和英国功能学派之间的一次结合。在这次结合之后，“结构—功能”体系在众人的努力下发光发热，成为到目前为止人类学仪式研究中活力四射、激情满满的一条路径。①

在谈到人类学仪式研究的时候，有一本书是没有办法绕开的，这本重要的著作就是《象征之林》。《象征之林》是英国人类学家特纳在象征符号和仪式这两个领域同时进行研究的一部代表作。在这本文集中，特纳对自己进行田野调查的赞比亚西北部的恩登布人进行了巨细无遗的描述，特别是恩登布人所举行的一系列仪式，特纳着重分析了这些仪式所蕴含的众多深意与内涵，并且以此为基础深入讨论了象征和仪式这二者之间的相关性，进而得到了大量的相关研究理论。特纳的仪式理论最具代表性的部分就是深刻详细地叙述和解释了众多仪式的过程，所以特纳非常看重仪式在社会变迁中所发挥的作用。也正是这种深刻详细的叙述和解释，才让特纳的研究改变了后来者对仪式进行分析时所采取的思路。特纳对于象征符号出现直至消失的过程的具体分析是值得后来者称赞与敬仰的，因为特纳对这一过程的分析为学术界完整的理解仪式做出了重要的学术贡献，仪式在人类的思想和行为中究竟起到了何种作用从此得到了一个可信的解答。特纳指出，仪式研究并不能局限于神圣的、处于庙堂之上的正式宗教仪式，仪式研究还应该囊括众多日常生活中细微的部分，这些部分虽然看上去微不足道，但是同样属于仪式研究的范畴。从感知程度上来说，人们庆祝的节日以及节日中的庆典、一个自然人从出生

① 彭兆荣. 人类学仪式的知识谱系［J］. 民俗研究，2003（2）：18.

到成长再到死亡的完整过程中经历的各种“礼”（例如婚礼、葬礼等）、为了社交而出现的众多娱乐活动等都是仪式研究需要考虑的对象，甚至除了这些日常生活中可见的各种活动之外，还有一些更加细小的细节也是仪式研究理论可以关注的对象。在特纳的眼中，生活中处处都是仪式，特纳所理解的仪式一词是“一种规定性的严谨行为，这种行为本身依托于超自然力量而存在，往往出现在一些特定的场合之中”。特纳通过田野调查的手段获得了大量的田野资料，如何去分析理解这些田野资料成为他最为重要的工作，因此仪式象征符号作为仪式理论的微观方法，被特纳开始运用到仪式研究之中，象征符号一般都是合乎常理、遵循规范的，甚至带有明显的个人特征，任何在仪式中出现的器物、祭品、祭词和参与人带有表演性质的行为都可以看作象征符号。特纳发现，恩登布人在他们的意识中不仅仅只有物品，还包括一系列社会中个体人的需求，如寻找食物、繁衍后代、适宜耕种生活的气候等，甚至还包括人与人之间相互交往的价值观，比如不吝啬、善良、热情、明事理、看重亲人之间的亲情等。特纳认为，有三种田野调查资料能够用来支撑象征符号理论：这三种田野资料分别是：田野调查对象可以被具体观察到的外部特征；当地的仪式专家与普通人对于仪式各自不同的解释；人类学家在前面两者的基础上进行的再解读从而撰写出来的田野笔记，这些田野笔记一般可以将原本混沌的资料赋予线条清晰的意义。① 在岁月的变迁中，浦市镇内部的居民来了又走，走了又来，在这种人员组成不断变化的情况下，浦市不断吸纳和发展自身内部的宗教系统和祭祀仪式操作标准。来自周边各地的信仰，无论是佛祖玉帝这样的重量级神灵，还是土地公、土地婆这样的低阶神灵，都能够对当地人的日常行为和生活方式造成重要影响。与此同时，浦市古镇内部居民的日常行为与生活方式也同样对浦市人的宗教信仰和祭祀活动产生着影响，而随着时代的发展，浦市的祭祀仪式有着在当地居民的日常生活中逐渐消失的危险，因此每年龙舟节期间各龙舟队所举行的祭祀仪式就成为珍贵的仪式样本。

传说、记忆和口述史这三大要素在历史的发展中往往最终三位一体，化为特定时间空间中人们共同拥有的文化传统。英国的当代社会史学家霍布斯鲍姆（Eric Hobsbawm）在《论来自下层的历史》一文中指出：在口述历史

---

① 王建民. 特纳与象征符号和仪式过程研究——写在《象征之林》中文版出版之际［J］. 中南民族大学学报（人文社会科学版），2007（5）：27.

时，“历史事件的传递总要漏掉许多年代”，“与其说记忆是记录，倒不如说它是一个选择的机制，这种选择在一定范围内经常变来变去。”“历史不仅是过去的事实本身，更是指人们对过去事实的有意识、有选择的记录。”① 正是出于这种有意识、有选择的记录动机，才使得浦市的龙舟队伍在每年龙舟节比赛之前都要举行非常复杂、虔诚的祭祀仪式。在龙船正式下水前的几天，龙舟队的头人们都要亲自带领手下的龙舟队员们完成很多参神活动。白旗龙舟与红旗龙舟，各自都有自己特有的传统。总体来说，各自的仪式具有一致性。但是，因为各自的社区记忆不同，再加上环境的不同，各自的仪式又存在着一定的差异，纷纷带上了自己村庄的独有特色。浦市龙舟节的祭祀没有一套所谓普遍适应的程序，它们既有结构上的相似，也有内容上的差异。浦市人对神灵非常敬重，这造就了浦市多神多庙的景象，对神或英雄人物的祭祀活动也就成为龙舟节中重要的环节。浦市人通过祭祀向神灵表达自己利益诉求这一过程承载了大量精神寄托。而从祭祀对象来看，有的属于本地族群或地区的传统信仰，有的则属于在文化融合中进入浦市地区的汉人信仰，是汉人后来统治逐渐深入这一区域之后追求民族融合与民族凝聚的结果。龙舟节期间的各种有关神灵的传说与神灵崇拜仪式之间的关系是和谐共生的，这些人类精神文化的产物（包括社区内传承的共同记忆、对共同祖先的纪念以及各种公认的禁止事项），让浦市镇内的居民认同自己是所谓的“浦市人”，从而给浦市人获得社区的归属感打下了基础。

因此，社区记忆在当代的乡村秩序重建中能够明显地起到重要的作用，社区记忆这一载体本身由于其厚重的历史文化氛围，往往能够有效地化身为一个农村成功进行乡村秩序建构的基石。研究者通过对社区记忆进行深入的发掘和解读之后可以迅速地获知社区内部成员经历过哪些历史事件、与社区外的世界进行过何种沟通，甚至该社区的社会经济发展是高是低，社区内居民的阶层分化程度严不严重，社区所依托的自然地理环境和社区内持续流传的文化传统等重要的信息都可以通过社区记忆研究迅速地获得，这些和社区记忆联系紧密的元素同时也是决定一个农村社区究竟属于何种性质的重要因素。所以我们几乎可以这样认为：“社区记忆在一定程度上真实、客观地传达村庄社区的历史性质。”② 学者贺雪峰认为，“在相当长的一段时间内，中国

① ［英］霍布斯鲍姆．霍布斯鲍姆论历史［M］．中信出版社，2015：1.

② 范聪聪，夏莹．社区记忆重建乡村秩序的路径研究［J］．九江学院学报，2015（2）：65.

的传统乡村社会中的社区都是以该社区的社区记忆来作为自己日常生活的指引和参照的，社区居民往往安土重迁，相当注重和热爱农耕文化，村庄社区内部相对来说更容易接受长老政治，社区成员在对下一代人进行教育时会着力宣扬中国传统社会中的尊卑观念与各种伦理道德；但是到了今天，在信息高速传播的情况下，整个中国社会的人员处于一种时刻不停地流动之中，而乡村社区也难逃现代传媒和市场经济的影响，在这种情况之下，原来的长老逐渐失去了话语权，而年轻人则迅速占领话语高地，原因无他，就在于当代的社区需要在相对快速的时间内适应外部环境的急剧改变，不断地推陈出新，利用新兴的科学技术不断革新社区的各项发展速度。"① 此外，贺雪峰还将社区记忆是否强势与社区内精英产生的类型结合起来，并以此为依据将我国村庄分为四个大类，第一类与第二类村庄产生的往往都是传统精英，经济不是特别发达，但第一类村庄有着深厚的宗族传统，社区记忆对于社区成员的影响力也较强，第二类村庄内的社区居民有着理性的思维而且现代化思维比较明显，相关的社区记忆出现了淡化的趋势；第三类和第四类村庄出产的则一般是经济型精英，经济相对来说要更加兴盛，但是社区记忆留下的痕迹则相对略弱，不过值得注意的是第四类村庄出现了社区记忆的复兴现象。因此，我国乡村秩序的建构与设计不能使用照搬、效仿的办法来进行，必须要着重考虑到村庄社区的具体属性，做到有的放矢。也正是因为这个原因使得我们在研究乡村秩序的时候第一要考虑的是如何通过对乡村社区记忆的研究来判断该村庄的大致属性，之后再在此基础上去规划设计并最终描绘出乡村的美好未来。

从贺雪峰的理论中，我们不难看到，社区记忆本身可以有效地激发人们重建乡村秩序的情感记忆；也能够让社区内的单一个人与其所在的空间甚至群体之间的距离变得更近，只有在经历了持久、黏着度极高的日常生活之后，才会有相关记忆的升华，单一的个人才会真正树立起对某一空间的认同感与安全感，而这种认同感与安全感也即是所谓的眷恋之情。② 对于家族生活在乡村的村民而言，乡村社区不仅能够满足自己的生存和安全需要，还能满足自己对于他人认同和自我实现的需要，不但是可以做到深刻回忆的"记忆承载

① 贺雪峰. 村庄精英与社区记忆：理解村庄性质的二维框架［J］. 社会科学辑刊，2000（4）：35.

② 贺雪峰. 村庄精英与社区记忆：理解村庄性质的二维框架［J］. 社会科学辑刊，2000（4）：36.

之处”，还是满载自身各种情感的“心灵家园”。而那些美好的自然景观、淳朴憨厚的民情都是这“心灵家园”的重要组成部分，乡村记忆也正是因此才能够做到拉近社区成员彼此间的距离并且最终增强地方的心理凝聚力，当代中国各大城市中的“老乡会”“校友会”之所以存在的意义，也在于此。“个体总是能够从社区记忆中汲取他们所需要的精神滋养与情感依托，当他们失去目标时，记忆给予他们方向；当他们在外漂泊时，记忆给予他们归属；而当他们绝望的时候，这些记忆则成为他们的力量来源。换言之，记忆是一种文化规划，它导引着特定人群的意向，设定着他们的精神世界，指导着他们的行为。”①

（四）研究内容

生活在浦市古镇的人群在龙舟节期间被分成了若干支队伍以便于进行龙船竞渡，这些队伍究竟是如何通过众多的祭祀仪式来为自己接下来的比赛进行祈祷与备战的？这些祭祀仪式与浦市各个乡镇的“传统”与“传承”又有着哪些具体的联系？这种浦市当地的传统中蕴含着的大量的社区记忆，在具体的祭祀仪式之中究竟是如何被呈现出来的？

自宋代谭子兴在浦市历史性地开创了龙船比赛以来，浦市龙舟赛已经传承了近千年，但是因为浦市古镇本身所具有的特殊的历史进程，如今的龙舟赛已经演变成了龙舟节，成为这一地区每年都非常重要的节日盛典。而近代湘西地区的各种民间习俗是处于一个不断地破坏而又在重建的过程中的，在这种反复的过程之中，留下了大量的神话、传说故事和民间信仰，这些神话、传说故事和民间信仰依托于浦市龙舟节这一地方性节日盛典，又衍生出各种各具特色的祭祀仪式，我们有理由相信可以在其中发掘到各种和历史有关的传统，这些传统在龙舟节期间的祭祀仪式中宛如深埋的瑰宝，正等待着我们将其完整地挖掘出来。

本文希望通过人类学的田野调查和社会学的相关理论，对浦市龙舟节期间的节日祭祀仪式进行研究，通过对浦市龙舟节期间各龙舟队的公共祭祀活动进行完整的田野观察之后完成对祭祀活动的描述，并最终做到使用相关理论进行解析，回顾历史，从而达到研究浦市各乡镇社区记忆（宗教信仰与相关仪式、当地文化随着何种因素而变迁）的目的；同时也试图讨论浦市龙舟节公共祭祀

① 杨雪云．空间转移、记忆断裂与秩序重建［J］．青海民族大学学报，2014（4）：112.

仪式这一文化现象与当地社区记忆之间的错综复杂的关系。这些仪式本身及其所附着的社区记忆究竟有哪些意义和内涵？它们又在当地的文化建构中起到了何种作用？带着这些问题，我们将深入浦市龙舟节，找到答案。

表 1　田野点概况

22 个下属村落	城乡村、黄家桥村、浦溪村、小岸坪村、高桥村、青草村、银井冲村、新堡村、都歧村、田家溪村、高山坪村、灰洞坳村、鱼坪村、小麻村、岩门溪村、五果溜村、毛家滩村、麻溪口村、铁柱潭村、擂鼓坡村、印家桥村、柑橘场村	居民共 14981 户，62148 人
4 个社区委员会	十字街社区、太平街社区、烟坊街社区、新建街社区，此外下属还有 183 个村民小组	

浦市镇位于湖南省湘西土家族苗族自治州泸溪县的东南部，由曾经行政上分离的几个乡镇共同合并而成：主体部分是原浦市古镇，此外还有原浦阳乡、原长坪乡、原部分李家田乡等几个相对较小的乡。泸溪县辖区面积最大、人口最多的乡镇就是浦市镇，所谓的湘西“四大古镇”之首指的也正是浦市镇。浦市最初的成立很大一部分原因是因为当时的政府出于军事方面的需要，但浦市真正的兴盛和繁荣却是因为明清时期商业的急速发展。浦市镇位于沅水中游，拥有十分重要的地理位置，这种地理上的优势也是浦市早年成为军事重地，而后又成为商业重镇的关键因素。相传在汉朝时期，“伏波将军”马援就曾经在浦市及其周边地区征讨“南蛮”；到南宋中期时，浦市古镇开始聚集大量军队，也是在这个时期，浦市开始有了正式的军事机构。明清之际，浦市既是重要的军事战备要点，又是号称“小南京”的商业重镇。1949 年中华人民共和国成立之后，浦市设立浦市特别镇。1953 年正式出现“浦市镇”的官方叫法。1958 年因为“文革”改称“浦市公社”，1984 年之后重新改为浦市镇。1987 年，原来的浦阳乡也被并入浦市镇的范围之内。到今天为止，浦市镇总面积约为 238.68 平方公里。

2009 年，浦市镇凭借其厚重的历史成为省级历史文化古镇，一年之后毫无悬念地被评为国家级历史文化古镇。

由于政治、经济、地理位置等方面的原因，浦市这个小镇的经济水平在一些历史时期甚至一度超过了县城，繁荣程度相当高。在一些特定时期内只单纯依靠地方政权来进行统治很有可能会发生比较麻烦的问题，所以旧时浦市地区的统治者对下层社会的居民加强了神权的宣扬，并且希望借此巩固统治。而老百姓也将生活的希望寄托于神灵，唯愿自己和家人朋友乃至整个宗族能够获得神灵的保佑。于是浦市就有了“政府小、社会大、官兵少、菩萨多”的奇妙现象，镇内也因此寺庙林立，神道文化发展迅速。在著名作家沈从文的笔下，浦市曾经是一个极度繁华的商业码头，但在他到达时却已经严重衰败，但是即使浦市在经历了曾经的辉煌之后进入了近百年的衰落期，浦市人对于“天道”以及各路神明的敬畏和崇拜却一直不曾消失，历史上的浦市有 3 条主要商贸街道、6 座古戏楼、10 多里长的城墙和 12 座城门、13 省(地) 会馆、23 座货运码头、45 条巷弄、1130 多栋封火墙“窨子屋”、72 座寺庙道观、90 座土地坊等数目众多的建筑设施，古镇往日的繁华生动地印记在这些建筑之上，让所有游客在看到它们时一眼便知，恍然大悟。《辰州府记》中曾经对浦市的繁华有过生动的描述：“两岸之间，烟火万家，商贾辐辘，舟楫络绎，故一大都会也。”“骚人墨客，工农商贾，莫不以时云集于此。”浦市历史上存在过的寺庙数量是惊人的，没有哪个地方像浦市这样有着如此虔诚的民间信仰体系，所谓的“湖南庙乡”，绝非浪得虚名，每过段时间就有庙会、祭神活动的热闹场面出现。即使现在早已是“飞机满天、汽车遍地”的时代，浦市人祭祀众多民间信仰的传统民俗却始终不会受到影响，具有明显的地方特色。以下是浦市比较出名的几个民间信仰场所：

“上方寺”（祭祀唐睢阳将军雷万春 ）、“南公庙”（祭祀唐朝加赠扬州都督南霁云）、“张公庙”（祭祀唐睢阳令张巡）、“帝主宫”“九母殿”“三圣宫”“杨泗庙”“三皇宫”（祭祀天皇氏，地皇氏，人皇氏）、“观音堂”“北极观”“狮子庵”“白衣庵”“映月庵”“茅庵”“文昌庵”“下庵”“黑龙庙”“中庵”“兴隆庵”“岩娘娘庙”“龙王庙”“万寿宫”“洑波宫”“鲁班庙”“水龙宫”“五行庙”“太平宫”“忠义宫”“洑波庙”“东岳庙”“圣母殿”“财神殿”“玉鼎宫”“乾元宫”“尹公庙”“文昌阁”“浦峰寺”“上司殿”“浦兴寺”“天王行宫”“浦溪黔王宫”“天后宫”“七仙宫”“岳武穆庙”“恒侯庙”“土主庙”“真武殿”“广福阁”“大方阁”“凤鸣寺”“生宝庵”“三吾寺”“万华禅林”“药王庙”，还有李氏宗祠、吉氏宗祠、邓氏宗祠、姚氏宗祠、天主堂、福音堂。再加上遍布浦市各个小巷之中的土地坊，处处都可以看到浦市当地人对于“自然”“天道”拥有着一套淳朴而独特的信仰体系。

浦溪黔王庙，供奉黑龙菩萨

遍布浦市街头巷尾的土地坊　李博贤摄

其中浦市的浦溪村因为相关的曾家二姐妹“大姑娘二姑娘”的传说故事，以及村内几位传奇艄公的经历而成为本文重点调查的浦市村落之一，浦溪村是近代以来参与龙舟竞渡最多的浦市村寨之一，也是“龙舟节还乡”现象的大本营，现在依然以曾姓、谭姓人为主。就他们自己所讲述的情况来看，他们就是曾家二姐妹那一系曾姓人家的后代。在历史长河的浸洗中，当年两姐妹为了自家村寨的荣誉而奋勇牺牲的历史故事依然流传至今。历史古迹文化深厚，民俗传统风情独特的浦溪村还现存有大量龙舟竞渡中的掌艄技术，伴随着祭祀而同时产生的祭祀念词、放黄烟等历史印记，也是一个具有重要的研究考察价值的田野点。尤其就本文的研究主题来讲，浦溪村究竟存在哪些要素导致了他们对于自己先祖流传下来的这些文化如此尊重？这些文化之中有着哪些可以代表当地社区记忆的内容？带着这些问题，我们选择浦市镇作为田野研究中心，一方面是由于它在历史上的特殊性，它的特殊性便于我们通过祭祀仪式与话语的变迁来探寻其有关社区记忆的理据；另一方面浦市镇所具有的诸多特征在湘西这样一个多民族聚居地区具有一定程度的普遍代表性。

浦市龙舟赛中的祭祀仪式

一、白旗祭祀仪式

浦市的白旗龙舟队每次比赛之前都有着非常复杂、虔诚的祭祀仪式，在龙船正式下水前的几天，白旗龙舟队的头人们要亲自带领手下的龙舟队员们完成很多参神活动。

头人们在选好了一个良辰吉日之后，身先士卒，在这一天的清晨集合于代朝山下，他们此行的目的，是要沿着崎岖的山路到达代朝山山顶的真武殿祭祀神明。这代朝山可是浦市人的祖山，在所有土生土长的浦市人心中有着无比崇高的地位。而山路陡峭，对于没有爬过山的人来说，是相当不好走的一段路程。但头人们不仅要征服这段山路，还要赶时间，整个过程对于体力的要求相当高。头人们也并不是爬山高手，只是心中有着到山顶参神的虔诚信念才支撑着他们在短时间内赶完山路。

从代朝山下往山上走，沿途并没有真正意义上的道路，头人们描述那段路程时都开玩笑说是“水泥路”，为什么叫“水泥路”呢？有水有泥，难走得很呐！整条山路最陡峭的地方与水平地面几乎呈 60 度夹角，不要看代朝山海拔高度只有 600 多米，要征服它到达山顶并不容易，种种因素决定了头人们的请神之旅注定不会轻松。

这几个头人经过大约 1 个小时的辛苦赶路，终于来到了代朝山的山顶，他们在山顶的真武殿首先给神灵上香、上贡品，因为真武殿乃是清静之地，贡品必须是素食，否则就是对神灵的不尊敬，放好贡品后头人们便叩头拜祭各路神仙，请求各位神仙保佑自己的龙船队能够在接下来的比赛中获得胜利。祭拜结束之后，头人们从刚才上的香中取出一支，便返回下山了。

从代朝山上下来之后，头人们便把拿下来的这支香带回自己居住的地方，然后插在当地的庙里，这样便完成了整个参神活动的第一步——代朝山上把神请回家。①

---

① 谭必友等. 浦市龙舟赛［M］. 学苑出版社，2016：55.

请完神后，整个白旗稍做休整，便正式迎来了下水的日子，日子一般定在农历五月初五这天，下水开始前，头人们专门找来风水先生看一看风水，等到风水先生确认无误之后，下水仪式才能确定可以举行。然后所有白旗龙舟队的队员全体出动，下水仪式即将在热闹非凡的气氛中正式拉开帷幕。值得一提的是，村子里的女人们在这段时间都留在村子里，不是她们不想去看自己的男性亲属训练，而是在浦市，有个不成文的规矩——女人绝对不能碰龙船，甚至靠近都不行，一条龙船如果被女人碰到了，意味着极其不好的兆头，这条龙船也绝对不能再用了，必须扔掉，重新再换一条。不然的话，肯定会有很不好的事情发生。虽然听起来不可思议，但村子里的几位长老（谭姓艄公、邓姓头人）都向笔者描述了当年有过多起女人碰了龙船后发生的不幸事件，有船被洪水冲走的，有划手无缘无故受伤的，还有在比赛最后一刻莫名其妙输掉比赛的，让人不相信都不行。当年甚至因为这条规矩直接产生了完全由女性组成的女子龙船队，即女性自己内部进行的龙船比赛。因此，女人们都非常遵守这条规矩，很自觉地不前往龙船队训练的地方，而是留在村子里给男人们当后勤，这也是她们能做到的最好的支持方式。女性不被允许碰触即将出行的船只这一习俗，似乎世界各地都并不少见，但说及原因，恐怕并不单单只是“迷信”二字可以解释清楚的。在古代，女人因为农业社会中的重男轻女问题，往往被认为是弱势的、无用的，而在当时不允许女性上船，也与船员不希望有女性拖累有着很大的关系。在古代，船只出行的安全系数并不高，一旦发生任何意外，一般的女性很有可能无法自救，甚至会拖那些能够自救的船员的后腿，再加上出航的过程中，与陆上世界处于一个相对隔离的状态，很难避免在船上会因为一个处于弱势的女子而引发一些不可预料的争执。为了尽量减少女子上船情况的发生，各种“女子上船会带来厄运”的传说开始越传越多，这些相关的传说也成为女子接触船只不吉利的铁证，越来越多的人开始自觉地相信这些传说。久而久之，女性与船只的关系自然就变得疏远甚至成了一种禁忌。为了保持女性不上龙船、不接触龙船的观念和行为这类象征符号始终具有神圣性和神秘性，浦市人选择让这些象征符号附着在若干个被传得神乎其神的传说之上。在浦市，有着众多的关于女性触碰龙船之后造成严重后果的“铁证”，并成为口述史世代传播下来。这些口述史向大众从超自然的方面解释了浦市龙舟节期间为何女性不能接触比赛龙船，还将这种禁忌存在的合理性解释得自然而然。这样，已具威慑力和权威性的传说便成为村落内成员相互（主要是年长的人对年轻人的）训诫的宗教式话语。一旦超越了祖先崇拜辐射的区域，这话语便无法在其他地区起到作用。甚至还有这样的情况，尽管村落成员的理性与智慧的程度足以使他们认识到触犯禁忌（女性触碰龙舟）绝不会招致事实上的惩罚，但他们对祖先生而有之的情感及敬畏，以及对于输掉龙舟竞渡的恐惧也足以使他们负担不起“亵渎祖先”“亵渎神灵”“辜负期望”的罪名。只要禁忌不被触犯，禁忌本身是一种相对静止的状态，一般人无法真切地感受到这些禁忌的威力。但是禁忌一旦变成了人与人之间口耳相传的“寓言故事”，那么禁忌的威慑力将在短时间内大幅上升，原本弱不禁风的禁忌通过“传说”，成功地变身为一种看得见、感受得到的强大现实。没有这些传说，没有这些传播传说的村民，禁忌充其量是一种例行公事的习俗而已。但是一旦传说传播开来，禁忌便成功地拥有了骇人的威慑力。

扒船手们先把船抬到一处空地统一放好，在船前摆好贡品，和之前上山请神只能用素食贡品不一样，这次是有酒有肉，十分丰盛。然后头人正式登场，只见这位头人头戴巫傩面具，手持一炷香，面朝龙船，先鞠三躬，礼毕之后，头人便大声念道：“高山大庙，低山小庙，七十二庙，庙庙有神！神灵保佑，旗开得胜，胜利归来！”喊完这几句话，头人便拿起一只活鸡，先举过头，向众人示意，然后要用嘴咬破这只鸡的脖子，拿它的血在龙船上点上三下，以示龙船获得神佑，可以顺利下水。

白旗银井冲头人正在进行祭祀　李博贤摄

龙舟队队员们看到头人示意后，便立刻训练有素地分站于每条龙船的两边，只听见一声大喝，队员们齐心协力，一把抬起龙船，往河边走去，队员们一边抬一边有节奏地大声喊道："龙来了！龙来了！"霎时间喊声震天，豪气干云。

队员们把船抬到岸边，下水仪式也终于到了最后一步，所有的队员在龙船两侧站好，等"跑火"开始，这"跑火"仪式就是整个下水仪式的最后一环，一个划手先在船头前烧上一把纸钱，然后另外两个龙舟队队员手中高举一把点燃的桔梗，用最快的速度从龙船头冲刺到龙船尾，所有人都相信，这两位"跑火"的队员冲得快，到正式比赛时自家的龙舟就会划得也快。这两人冲到船尾位置之后，将各自手中的火把交换，然后再飞快地冲回船头，将手中的火把扔进河中。而与此同时，站在龙船两侧的其他队员马上一齐使力，在火把掉进水中的一瞬间将龙船推入水中，然后所有队员一跃上船，他们沿着沅江，奋力将船驶向正式比赛的地点——浦市古镇大码头。

跑火仪式　李伯贤摄

去大码头的这段水路并不短，沿途不仅有沅江优美的风景，还有几处供奉各路神仙的庙宇，白旗的龙船队队员们在划着龙船去往大码头的途中是会经过这些庙宇的，为了表示对各路神仙的尊敬，队员们在划船经过每一个庙宇时，都会让船在江中打个转，船在打转的时候，船上前三个槽的人同时起身站立，对着庙宇深深鞠上一躬，以表示龙船队对神灵们的敬重之意。

龙船队终于快要达到大码头了，江面也随之变得开阔起来。当地人认为这才是真正到了大江上，船队到了大江上，就需要所有队员敬当地人口中的“大神”——河神。在宽阔的江面上，船队队员们把船划到河中央，然后头人起身站立，嘴中念道：“河神大人保佑白旗弟子旗开得胜！”话毕，船员们和之前一样也将龙船在河中沿着顺时针打个转，同时，船上所有的划手一起将手中的船桨竖举起来，大吼三声。他们坚信，这种当地人一直坚持的拜神活动，能够让他们在与对手的龙舟比赛中获得好运。

最终，龙船队到达了大码头，大码头此时早已是人声鼎沸，作为对手的龙舟队也基本都已抵达，一场大战一触即发。白旗龙舟队队员们将龙船的船头对准大码头，前面三排的划手将船桨高举起来，然后把船桨对着大码头点放三下，同时全船的人对着大码头叩拜三下，以示对支持自己的家乡父老的感谢。礼毕之后，白旗的所有祭祀仪式也就全部结束了。所有的龙船健儿们在获得了各种先祖、神灵赐福的力量之后，将用全力去完成接下来的比赛，他们要为捍卫白旗的荣誉而战，为回馈家乡父老的厚爱而战。

二、黄旗浦溪村祭祀仪式

黄旗中有一支队伍值得单独拿出来介绍一下，这就是浦溪龙舟队。浦溪龙舟队的祭祀仪式本身有着若干个特别的环节。

（一）“龙舟女神”的相关传说

在对祭祀仪式的研究中，与祭祀仪式有关的神话传说是很难避而不谈的一个重要环节，因此，浦市龙舟节期间的一些祭祀仪式几乎都有着相关的神话传说，而浦溪的“龙舟女神”传说就是典型的其中影响力最深的几个传说之一。根据笔者在2015年6月20日对浦溪几位经验丰富的龙舟队成员（曾姓艄公、唐姓划手、谭姓划手）的采访得知，在早年间，浦溪龙舟的实力并不像今日这般强劲，相反甚至有些孱弱，几乎每次参加比赛都没有办法赢下对手，所有浦溪的村民都甚是着急，毕竟在视龙舟比赛荣誉大过一切的浦市人来说，比赛久战而难尝一胜，实在是一个难以接受的事实。而曾家有一对姐妹，她们对于浦溪龙船的状况比任何人都要着急，这两姐妹只叹自己不是男儿身，不能亲自上阵为家乡的龙舟队出力赢下比赛。春去春来，浦市迎来了又一次的龙舟赛，这两姐妹终于鼓起勇气化心中的焦急为行动，打扮成了男子的模样上了船，假装成男划手坐于龙舟船头，比赛到了最后的冲刺关头，全场的目光都聚集在沅江之上，等待着最后赢家的诞生，浦溪因为自身实力的不足，再一次划到了失败的边缘。就在他们即将失败的那一刹那——曾家两姐妹突然脱下身上的衣物，两姐妹全身赤裸地站立于船头，长发像战旗一样飘扬在赛场之上！不要说场边的观众看呆了，就连即将获胜的浦溪村的龙舟对手这时也看呆了，减慢了自己冲刺的速度，全场顿时安静下来，只剩下浦溪龙舟队奋力划桨的声音。浦溪的划手们趁着对手的这一丝松懈，终于反败为胜，率先冲过终点，赢下了比赛。而两姐妹在这惊心动魄的瞬间过去之后，心中充满了对于浦溪龙舟队赢下比赛的喜悦，但是她们的身体——在封建时代象征着女性名誉的、最宝贵的身体已经暴露在了所有的浦市人的眼前，这在那个年代是不可想象的事情，两姐妹既然已经亲眼见证了浦溪龙舟终于获得了胜利，她们已经达成了心中最大的愿望，而对于当时姑娘家最重要的名节，两姐妹最终选择了以献出自己生命的方式去维护。传说当时在一阵黄烟之后，两姐妹便跳入了沅江之中，再不见踪影。而“出现黄烟”这一细节，也成为今日浦溪龙船作为出场仪式“放黄烟”仪式的记忆依据。这一传说既有浪漫的色彩，又有着十足的悲壮感。而之后的浦溪龙舟，也一直受到这个传说的影响而衍生出了大量与此传说相关的祭祀仪式。这一传说直到现在，还在对浦溪村的文化、生活方式产生着不小的辐射，甚至出现了一种较为微妙的气氛。上文已经说过，浦市人把女性接触龙舟看作是非常不祥的禁忌行为，但是“龙舟女神”曾家两姐妹当年偷偷上了浦溪的比赛龙舟，通过英勇的献身换回了浦溪龙舟的兴盛，传说在此时终于与现实生活中的禁忌起了冲突。而浦溪人如何解决这个矛盾呢？浦溪人在这个问题上的最终选择是，在言说方面进行刻意的回避（大部分人拒绝谈论龙舟女神传说的细节），而在行动方面却用严谨的祭祀仪式对传说进行肯定与纪念。

（二）浦溪祭祀仪式过程

因此，除了前面已经提到的那些白旗龙舟队念的祭词以外，浦溪龙舟队还有一些特有的祭词，在龙舟下水时，龙舟队是肯定要经过浦溪当地的黑龙庙的，这个时候，一般船上的旗手都会念道：“湖南辰州府泸溪县，红锣（龙）坪花船一支。黑神都督，护国黔王，请上花船！”这句祭词，是对于浦溪上游黑龙庙内黑龙菩萨的一种尊重与崇拜，而到了庵垅，浦溪龙船队的旗手又会念道："湖南辰州府泸溪县，红锣（龙）坪花船一支。高山平原，七十二仙，请上花船！"这是对于浦溪沿河两岸的各种地方信仰的尊重，也希望无论遇到的神仙其神格是高抑或是低，都能保佑到自家的龙船队能够获得上佳的运气。再到途径当地的寺庙"大方阁"时，船队旗手继续念出新的祭词："湖南辰州府泸溪县，红锣（龙）坪花船一支。西天佛爷，南海观音，保卫平安，头头得赢，头头得胜！"出了浦溪溪口，进入沅水河道之后，浦溪龙舟队因为著名的"龙舟女神"的传说而始终铭记着这两位女性的贡献和牺牲精神。为了纪念她们，浦溪龙舟队专门在已有的白旗赛前祭祀活动中加入了许多和大姑娘二姑娘有关的祭词，旗手再次念出一段新的祭词："湖南辰州府泸溪县，红锣（龙）坪花船一支。大姐，二姐，请上船！"他们希望当年美丽而又略带悲壮的传说再发生一次，龙舟女神能再次显灵保佑船队，从而使整个船队最终赢得比赛。此外，浦溪龙船队出发时，也有一个独特的风俗习惯，就是著名的浦溪"放黄烟"。浦溪的龙船队从本村出发的时候，龙船队队员们会在自己的龙船尾点燃黄烟，点燃之后，浦溪的龙船队就好像在天上飞行的飞机一样，一路拖着长长的黄烟行进，最终到达大码头。每次浦溪的船队出现在大码头的时候，都要因为拖着长长的黄烟而显得格外有气势，大码头岸边的观众们一看到远处有长长的黄烟出现，就知道是浦溪的船队到了，他们也会给予热烈的喝彩，大声喊道"女神来了！女神来了！"来迎接浦溪龙舟队的到来，这一切都足以说明当年的龙舟女神传说在整个浦市的影响力之深，是一种值得深入研究的文化现象。黄烟在 20 世纪 90 年代以前有着特殊的制作方法，怎样使黄烟能够持续释放而又不留有安全隐患，是一门很深奥的学问。但遗憾的是，最后一位知道制作方法的宋姓师傅，已经在 1996 年去世了，放黄烟的仪式也在此后中断了一段时间。但是浦溪人对于这一仪式的看重是非同寻常的，在过了接近十年的时间之后，浦溪人利用当代中国发达的物流网络，通过购买、使用消防用的消防烟幕弹，再次在浦市龙舟节上放出了大名鼎鼎、让对手一看就知道来者是何人的黄烟。伴随着黄烟，浦溪龙舟队的队员们会在大部分观众的关注之下，奋力将龙舟划向沅江中最湍急的水域，浦溪龙舟队的队员们希望凭借这种看起来略为冒险的行动，向所有在场的观众和之后可能的竞渡对手们展示自己的勇敢与赢得比赛的决心。浦溪人对于黄烟仪式的执着，还不仅仅局限于此。目前，浦溪人正在重新创造黄烟的制作方法，在浦溪人的心中，这一深深烙入血液之中的祭祀仪式，代表着浦溪龙舟队在浦市龙舟节中的威严与自信，也是他们对于自己村落曾经辉煌过的社区记忆的一种延续与保存。

浦溪龙船下水放出的黄烟　李博贤摄

伴随着龙舟女神的传说，“龙舟女神显灵了”的现象在近几年的龙舟比赛中时有发生，什么是“龙舟女神显灵”呢？原来，江面上有时会发生一件十分神奇的事情，即浦溪村的一条龙船已经大半没入了水中，船上的人都只露出水面半个身子了，但是他们却没有继续沉下去，而是就这样不沉不浮，船上的人也都不惊慌，依旧整齐划一地继续划桨，整只船没入水中而不沉，就好像冥冥之中有神灵在佑护这条龙船一样。① 浦溪人深信，这就是他们心中所信仰的龙舟女神所展现的神迹。其实这种现象的科学解释是，当进水后船的总重（船体和进入船中的水的重力和）不大于船体所能排开水的最大质量，船就不会彻底沉下去。虽然科学真相和龙舟女神并没有太大的关系，但是很多知道龙舟女神传说的浦溪人依然在这一瞬间深感荣幸，能亲眼看见龙舟女

① 此新闻详见微信公众号“神韵武陵”2015 年 6 月 17 日《浦市龙舟观察，万人见证浦市龙舟女神显灵》。

神显灵，实在是一件可遇不可求的事情，有如此好的征兆，他们深信浦溪的龙船队能在比赛中获得上佳的运气。这一现象在现场往往能一下子吸引大部分人的目光，那些浦市老镇民、龙船队员的家属们一下子就知道发生了什么，而那些外来游客们却一时之间反应不过来发生了什么事情，开始打听询问龙舟女神显灵究竟是怎么一回事。或许“龙舟女神显灵”这一现象有其本身应该具有的科学解释，但是从当地人对于这一现象的统一称呼来看，“龙舟女神”的故事已经完全深入浦市人的记忆深处。当地人会将这种一时难以解释清楚的自然现象与当年的“龙舟女神”传说联系起来，足以见到当年曾家二姐妹的献身精神感动了多少浦市的龙舟观众。老百姓也是希望将这种看起来正面、积极的自然现象与“龙舟女神”的传说故事相结合的。

女神显灵，在水淹到划手脖子时停下了　谭必友摄

三、红旗祭祀仪式

与绝大多数居民自宋朝以来就土生土长于浦市的白旗不同，龙舟赛中的红旗队伍所在的村镇中大多数居民乃是明清时代才迁徙至浦市的外乡人后代。而他们从外乡迁入浦市之后，所采用的祭祀仪式相比较于白旗来看也就有了

明显的不同，最明显的例子就是红旗队伍一般不会上代朝山请神。由于红旗龙船的这种有趣的特性，导致他们内部几个村子之间的风俗习惯也有很大的不同，因此我们需要将这几个比较有代表性的村子分开来进行介绍。

（一）红旗麻溪口与白岩头龙舟队祭祀仪式

麻溪口村，位于浦市镇东北方向大概10公里，村中的年轻人大多数都在外打工，但是到了比赛开始的这个月，村里的头人就是一个电话一个电话地叫，也要将所有的身强力壮的青年叫回来。麻溪口人特别看重龙船比赛从准备阶段开始的所有兆头，好兆头就需要保持，不好的兆头则一定要坚决遏制，今年龙舟下水的第一天，就有船员不幸受了伤，所有的龙船赛参与者都认为这是一个非常不好的兆头，村里的长老和头人当机立断，换掉了这艘出事的船，即使要因此重新花钱买一艘新的，也毫不犹豫。

麻溪口的船下水时的祭祀流程和白旗有类似的地方，比如龙船下水，划手跑火，但又有不大相同的地方，比如麻溪口的龙舟队绝对不在五月十三这天下水，因为在当地风俗习惯中这个日子是一个不吉利的日子，又比如跑火的划手必须是尚未结婚的男子才能驱邪，同时还要放上两大挂鞭炮，龙船队的拜神仪式开始后，旗手念出祭词，从这个环节起，就与白旗的祭祀仪式有了一些明显的区别，区别可以从旗手念的祭词之中明显感受到，只听见这位旗手念道："湖南湘西州泸溪麻溪口，神龙一支敬请高山帝女，观音大士，齐天大圣，伏波大王，上龙船！"这祭词中出现的齐天大圣是一个很关键的神仙，关系到红旗麻溪口村的来历，为什么这么说呢？因为齐天大圣乃是孙悟空，而这孙悟空正是在明末清初之际随着一本《西游记》的出现而被华夏大地上的人所熟知的。当年刚刚迁徙麻溪口的先人们到达的时间刚好就是《西游记》风靡九州的时候。他们对西游记中威风无比、神通广大的齐天大圣有着极大崇拜。又因这崇拜太深，之后麻溪口的祭祀活动中便自然而然地一直有了齐天大圣的身影。这句祭词也从一个侧面印证了红旗麻溪口人在浦市生活的时间比白旗要晚。

旗手喊完这些话，也就完成了对神的祭拜，接下来他们要祈求神灵们给予他们好运，旗手站上龙船，大声喊道："一扒国泰民安，二扒风调雨顺，三扒旗开得胜，四扒家族兴旺发达！"希望以此为自己的船队和村子获得一个好的兆头。

白岩头同样位于浦市镇东北方向，距离浦市比麻溪口稍近，他们在龙舟赛开始前，要先到村中河边的宫庵殿请神，这宫庵殿的名字集合了“宫”“庵”“殿”三种宗教场所，乍看之下十分了不得，其实宫庵殿原为“公安殿”，这宫庵殿是一座比较特殊的土地庙，庙里的神仙不吃荤，吃素，因此，白岩头的村民去拜祭宫庵殿的时候供奉的贡品都是“斋食”，当地人管“吃素”叫作“吃斋”。斋食大多数是豆腐、糍粑一类的食品。

拜祭完宫庵殿的神仙后，白岩头的龙船队员们还要前往位于山上的临凤庵拜神，临凤庵因为地理位置相比宫庵殿略难走，所以每次祭拜的时候顺序都排在宫庵殿之后。祭拜完这两个地方之后，白岩头才能正式进行下水跑火的仪式。下水之后，船还要在河中间停上一段时间，由旗手带头为龙船队祈福，祈福完毕之后，龙船才算正式下水。白岩头在龙船下水之后要一直练习到初五，然后初七才正式前往大码头比赛。

（二）红旗江东龙舟队祭祀仪式

最后要介绍的是江东村，江东村的情况略为特殊。首先，江东村从行政区域上来说不属于浦市，甚至不属于湘西土家族苗族自治州。江东村隶属于怀化市辰溪县管辖，但从地理位置上看，江东村和浦市仅一河之隔，二者以沅江为界，彼此相望，因此江东村没有道理不参加每年的龙舟赛！特别是龙舟节又如此之热闹，影响力在周边地区如此之深。

江东村拥有一座千年古刹——江东寺，江东寺原本建于宋代，即使在漫长的岁月长河中原寺已经不在了，但是现存的江东寺仍然是其所在地区最有名望的寺庙。在江东村，江东寺的地位便如白旗地区的代朝山一般重要。每年在扒龙船之前，村里人必定会到江东寺请菩萨保佑扒船能得胜归来，他们相信，江东寺中的如来佛祖和十八罗汉会保佑他们，在佛光普照之下，本村龙船队在与白旗的争斗中就有足够的可能获得优势。

除了江东寺之外，江东村的村民在本村龙船下水之前还要前往伏波宫和村中遍布各地的土地坊进行祭拜和请神。这“伏波”本是古代一种武将官职，红旗拜祭“伏波”，以求身体能获得额外的力量。而拜祭四处的小土地坊，则反映了红旗希望龙舟节的比赛能给土地坊保佑的各家各户带来好运。

每年龙舟赛前这三处地方的拜祭和请神活动江东村都会尽一切力量做到最好，在祭拜活动结束之后，江东村便和其他龙舟队一样，划手们在岸边烧一把香纸，然后跑火，火一跑完，跑火的划手便将火把往河里一扔，紧接着龙船马上下水，队员们一跃而上，划向河对岸的大码头，准备和白旗展开一场大战。

浦市龙舟的历史记忆

一、浦市历史上的族群

从宋史的记载来看，整个浦市在历史上主要存在着三大族群，他们共同组成了整个浦市的文化圈。这三大族群分别是：廪人、后期迁入的汉人、以及瑶人和瓦乡人。其中，廪人就是《后汉书》中所记载的廪君所领导的巴人之后。廪人在现今的泸溪、凤凰、麻阳三地交界处还有为数众多的居民。廪人自称“廪嘎人”，他们是浦市当地的土著，在时间上，他们是仅晚于瑶人的浦市开发者。而后期迁入的汉人作为当地另一大族群，定期向朝廷交粮纳税，担任各种政府差事。汉人整体文化水平较高，再加上他们善于经商，能够充分利用浦市的各大码头进行各种商业活动，因此在宋朝时汉人掌控的浦口码头繁华程度总体上是胜过廪人所掌控的浦溪、浦市码头的。最后是瑶人与瓦乡人。瑶人本身是被识别为苗族的一支族群，也是浦市地区传统的居民，在一段时间内，因为民族之间的冲突，大部分瑶人都迁出了浦市。而瓦乡人，虽然人数不多，但是现今的浦市语言中还保留有大量瓦乡话，比如“船”字在浦市话中读成“雪”这种发音方式，就是典型的浦市方言中留存的瓦乡话发音。瓦乡人也在同样的历史时期被迫离开了浦市市镇而进入了周边的山区，留在浦市的瑶人与瓦乡人在当时为了避免给自己带来不必要的麻烦，往往都会隐瞒自身的民族身份，而说自己是汉人。

以上这几个主要的族群在浦市共同生活了很长的一段时间，经过一系列的互相影响和交往，最终他们之间完成了基本的文化上的融合与汇聚。这种文化上的融合与汇聚，也奠定了浦市地区灿烂的、多样化的文化氛围。

二、浦市文化圈

浦市虽然最早的、正式意义上的政权出现的大概时间可以一直追溯到宋代，但是真正地开始形成所谓的“浦市文化圈”这一概念，则要将时间一直往后推到明清时期了。浦市真正的兴盛应当从明朝时期算起。明代永乐一朝之后，永乐皇帝迁都北京，而北京建设皇宫需要大量的大楠木，激活了浦市的木材市场，高品质的大楠木才能真正撑起宏伟的宫殿，而在当时，武陵地区的楠木产量极高，质量又属上乘，从此在这个地区诞生了大量做楠木生意的商人，这些商人因为浦市的水运交通发达以及供给方便而最终选择了在浦市落脚。这个事件也成为浦市开始不断聚集商人的起点，再加上在明清时期，浦市作为一个军事重地，却同时有着丰富的自然资源，其中的木材与桐油，在当时闻名于整个中国，整个湘西南部的很大一部分商品都是沿着沅水运送到浦市，再从浦市分运到各地，因而自明清以来便有“万物集散，商贾云集”的美誉。在前后400年的时间中，浦市容纳下了4万左右的人口，每年产生大约800万两银子的商品交易额。浦市的街头巷尾至今仍然流传着一句老话“一个包袱一把伞，来到浦市当老板”。优越的地理位置与丰富的自然资源在当时的农业社会中创造了不少的商业奇迹，不仅造就了社会制度的创新，也为文化上的创新提供了强大的经济基础。浦市凭借着这数百年的商业盛世，积累的文化遗产博大精深。浦市龙舟赛和龙舟文化也就是在这样的环境中延续并发展下来的。

浦市古镇也正是由于其在整个周边地区商业上的重要地位，吸引了数目众多的人群来到这个地区进行各种层次的交流，这种交流，既有经济上的，也有文化上的，也正是这种文化上的交流，才让浦市逐渐地形成了一个商业文化圈。所谓的“浦市古镇”，一般即是指这个商业文化圈。而这个商业文化圈的具体范围，沿着沅水，下游可到辰溪县船溪乡，上游则可到辰溪县城，在此范围内，从明清时期开始，浦市地区及其附属村庄基于浦市的商业活动而产生了分工明确、结构合理的市场体系。这个体系已经超越了传统的行政区域，形成了体系内人群文化心理上的共同认同，生活在这个文化圈中的人，逐渐地将自己与浦市渐渐地联系成一个整体，成为这个文化圈的有机组成部分。

总体来说，在这个文化圈中与祭祀仪式相关的有如下几个村：

西南边的新堡村，祖传有菩萨雕塑艺术，几乎为整个浦市周围地区提供菩萨雕塑的服务。新堡村还是浦市传统的火砖生产基地，祖传有火砖烧制技艺，大部分浦市近代修建的庙宇，都由新堡的砖修成。

而位于浦市近郊的浦溪村，则向浦市地区提供了一件古老而又精彩的文化瑰宝——辰河高腔。辰河高腔是一种最初来源于目连戏的地方剧种，明清时期在浦市开始兴盛，并且一直流传到今天。辰河高腔这一地方戏剧艺术在表演的过程中，表演的艺人会在自己演唱的内容中融入各种宗教音乐的元素，不管是佛教、道教还是当地的巫傩文化，都能在辰河高腔中找到影子。浦市古镇内的宗教活动从古至今一直频繁，一旦出现宗教祭祀活动，往往都会有辰河高腔的表演，辰河高腔在这种长期与宗教的结合中，具有了独具特色的唱腔。浦溪村还盛产水性极佳的船夫，这些船夫因为家传或者生计，都有着上佳的划船技术，浦市当地人把划船称为“扒船”，浦溪为龙舟节期间的比赛提供了数量众多的优秀划手、艄公。浦溪村主要的几个大姓，分别是“曾”“宋”“吉”“李”“姚”，而“龙舟女神”姐妹所在的曾家，也是浦溪村具有代表性的大家族，曾家因为历代有靠打鱼谋生的基础所在，为浦溪村近百年提供了无数优秀的划手和艄公，浦溪曾家人的打鱼技巧异常优秀，在泸溪作家侯自佳的《陈年旧事》一书中，就详细记载了1976年时浦溪的“万元户”曾祥有，书中记载此人“长期从事渔业生产和地下运输，从中牟取暴利”。在尚未改革开放的1976年，曾祥有依靠打鱼就已经成功累积了万元的家产，最成功的几年甚至有6000元左右的年收入，这在当时是常人无法想象的一笔天文数字。在书中，作者还记得曾祥有主要家产有“新建三柱三排两间房屋一栋，购置大小运输船和渔船6只，渔网29匹，多种贵重家具20多个……吃、住、用等生活水平大大超过贫下中农几十倍。长年是香烟不离手，酒肉天天有，过着资产阶级奢侈豪华的生活。”① 曾祥有当年家中有四只船，除了一只用来住人，有三只都是用在赚钱上，他依靠自己出众的划船和捕鱼技术，仅仅在13天内就捕得鲜鱼9000斤。根据笔者采访到的曾家后人，目前也是浦溪龙舟艄公的曾祥刚回忆，在他爷爷辈的时候，浦溪龙舟的实力也同时到达了巅峰，而这个时间正好与上文提到的曾祥有所处的年代几乎吻合，除去“文革”期间暂停的那几年，浦溪龙舟队在这个时间段内的比赛几乎没有敌手，而时间走到了2000年之后，浦溪虽然不像此前那般扒龙舟无敌于浦市，但是仍然属于整个浦市范围内实力顶尖的队伍之一。浦溪龙舟近代以来的旗手、头槽与艄公位置几乎都是曾姓人，很难旁落。

最后，就是浦市古镇本身了，浦市古镇作为整个浦市文化圈的核心部分，保留着浦市最大几个家族的家族宗祠，如李氏宗祠，吉氏宗祠，邓氏宗祠，姚氏宗祠等，这些宗祠承载着大量的、各个对应家族对于自身祖先的追思与记忆。这些浦市古镇当年的大家族，枝繁叶茂，后代几乎遍布中国乃至世界，

① 侯自佳.《陈年旧事》[M]. 中国戏剧出版社，2009：88.

但是只要这些宗祠留在了浦市古镇，那么这些大家族的所有后代，都始终会有一个精神上的起源之地，这些宗祠在某种意义上向他们的后人很好地回答了“我是谁”“我从哪里来”这两个问题。中国人传统观念中对于“天、地、君、亲、师”的敬仰是一直在浦市有着延续的。在文化传承的重要性上，宗祠起到了非常重要的作用。浦市古镇之所以可以被看作浦市文化圈的核心部分，还有一个重要的原因就在于，文化圈之内发生的重大活动，主舞台全部都在浦市古镇之中，不管是中元节、春节，还是本文重点调查的龙舟节，一切和这些节日相关的庆祝、表演、祭祀活动，都会约定俗成地放在浦市镇中进行。浦市镇，成为各种文化事件主要的发生地，同时也是展示这些文化事件最主要的媒介。

三、龙舟队伍旗色划分

在浦市文化圈内的很多村庄，为了加入这个圈子中来，或多或少地形成了一些具有自己村庄特色的产业分工，这些产业分工造成了各个村庄在浦市文化圈之内都有着自己特殊的地位，也逐渐地形成了一定程度上的文化认同与心理认同。也正因为如此，只要是身处于这个文化圈内的人，都在精神层面认同自己是浦市人，许多的活动也是在这样一个共同的心理基础上才顺利地开展的。祭祀仪式与社区记忆，都是以浦市文化圈为基础才能够存在的，本章提到的“浦市地区”也更多的是指浦市文化圈这样一个整体，而不仅仅局限于现在行政区划泸溪县浦市古镇（例如从行政区域划分来看本是属于怀化的江东村，明显地从各个方面来看都应属于浦市文化圈），在这个浦市文化圈中，涵盖人口大约有 20 万左右，此文化圈不仅具有强大的经济影响力，也有着重要的文化影响力。

传统的龙舟队伍主要按照旗手手中拿着的指挥旗子的颜色来划分队伍，而浦市传统的龙舟队伍有三支，分别是白旗龙舟、红旗龙舟与黑旗龙舟。白旗龙舟队伍及其所属的村寨主要沿着浦溪这一线进行分布，而红旗则主要分布在沅水大河边。黑旗这一支的划分方式则又与红旗、黄旗不同，黑旗在浦市历史上曾经在相当长的一段时间内虽不是绝对，但绝大部分龙舟队与旗色的关系都是如此。

祭祀仪式与社区记忆的互生共长

一、从记忆中衍生的仪式

在以上的祭祀仪式过程中，通过对比我们不难发现，白旗、红旗由于地理位置与历史上祖先来源的原因，而产生了不尽相同的仪式过程，白旗的信仰之中，其祖山——代朝山，有着不可撼动的绝对地位。而红旗则相反，有着各自的特殊信仰，这些信仰随着当年红旗各村的祖先从外省迁入浦市而在浦市生根发芽，且大多与沅水及其支流有着密切的关系。浦溪村作为白旗龙舟队，又有着“龙舟女神”的传说信仰体系作为特例，浦溪作为历史上浦市文化融合度较高的村子，其祭祀仪式有着红、白两旗兼有的特点。通过上述的对比我们可以看到，从属于白旗的浦溪龙舟队的祭祀仪式，与白旗龙舟队的祭祀仪式基本上可以说有着非常紧密的联系，整个祭祀过程的发生都可看作伴随着下水——进入沅江——到达大码头的三个阶段而发生的行动。

由于曾姓人在浦溪龙舟活动中的重要地位，“龙舟女神”便因为其与曾姓家族密不可分的关系而成为浦溪村祭祀仪式过程中不可或缺的一个环节，只是浦溪龙舟队相对于其他白旗龙舟，对于当地的神灵进行了更加细致的祭拜，再加上浦溪村特有的关于“大姑娘二姑娘”的“龙舟女神”传说，可以显而易见地发现，浦溪龙舟队不会疏忽任何一个他们认为有可能影响到之后输赢的信仰。在这种三阶段式的祭祀过程中，仪式的参与者依靠来自当地的传说所赋予的经验与记忆，从而演绎出仪式的实际内容。在浦市，社区中的老年人热衷于讲述各种各样的传说故事，这些传说故事或者来自遥远的古代，或者来自近几年的各种生活故事，老人们在讲述这些故事时，依靠自身的辈分优势能够迅速地提升故事的可信度和传播速度。老人讲述故事时往往绘声绘色，即使是年代久远的故事，他们也好像自己是亲历者一样，那种述说历史的优越感可能是年轻人无法理解的。但是正是因为讲述故事能够有效地维护传统的价值观，所以才让这些社区中长老级别的人物如此热衷于这种没有任何报酬的活动。在共同记忆背景之下，“传说”“祖先”“龙舟赛”和“女神”等元素有着明显的整合功能，原因无他，正是因为这些元素所具有的记忆历史的属性，文化的辐射使得所有接触到这些元素的人都有着共通的感受。

二、社区记忆的自我调整

（一）作为仪式后续的“打架”

由于浦市龙舟赛的特殊规则，所有的比赛都是采用的一对一单挑，这种规则虽然非常简单，但却让比赛场面一目了然，对阵双方仿佛两位武林高手，完全凭借自己的实力，公平地和对方一决胜负，而他们在岸上的支持者，则用尽全力为他们摇旗呐喊，输或者是赢，在短短的数分钟内就可以知晓。也正因为这种几近于拼刺刀的赛制，以往的龙舟赛打架斗殴的事情层出不穷，不管是比赛的运动员，还是支持他们的观众，都非常容易因为对比赛结果的不满而动起手来。毕竟，输了比赛，在浦市可是很严重的事情。而狂热的观众有时情绪比运动员还要大，那种喝酒上头一般的感觉，不是普通观众能够体会得到的。浦市在近几百年的兴盛与衰落之中，不知有多少事物随着时间的流逝而改变，但是观众因为龙舟赛打架的状况，却是几乎从未变过。

明清时代，岸边的观众甚至会用石头砸对手的龙船，更不用说直接动手开干了，那阵仗，和如今足球比赛中的“足球流氓”差不太多，两者挑事的原因也很类似，都是十分狂热的死忠对于自己支持的队伍输了比赛的事实无法接受，想通过“场外事件”将心中的不满发泄出去，并以此把场子找回来。当年此类情况后来发展到赢了比赛的龙舟队会在第一时间尽快撤离现场，以免遭到对手观众的袭击。龙舟是跑了，但是岸上观众的怨气可是不会跑，那么怎么办？很简单，直接冲上去找对手的观众！那个年头，没有什么多余的娱乐活动，龙舟比赛这么好的发泄机会，他们又怎么会放过呢！

这么多年，传说只在民国时期有一年的龙舟赛没有发生打架，当时镇守湘西的军阀被每年龙舟节的观众斗殴弄得十分头疼，往年用尽各种手段软磨硬泡，都始终不能阻止斗殴的发生，索性心一横，直接派军队压制场面。当年的龙舟赛照常进行，岸边的观众也是蠢蠢欲动，但是最终没人敢随便惹是生非，要知道，架在河岸两边，随时待命准备发射的机枪大炮可不是开玩笑的！也只有这次，才搞了唯一一次不打架的比赛。

“打架”这一行为，在往年的龙舟赛之中，我们几乎可以将其同样视为是龙舟队的“祭祀仪式”之一。为何这么说呢？龙舟节中的“打架”行为，一般只会发生在两支直接竞争的船队之间，起因往往是在刚刚结束的竞渡中胜利的一方进行了一系列对于败下阵来的对手的挑衅行为（往往这些行为都会略带一些轻微的贬损性质）。在浦市的龙舟竞渡中，这种有着浓重“示威”意味的行为是竞渡赢家的特权，赢了龙船的一方，会当着失败对手的面，在自己的龙舟上进行一些具有浓厚表演性质的行动，例如继续大声念出祭词、集体进行拜神等。乡村之中，某些龙舟队之间本来就有着较深的羁绊，而龙舟队背后的村子之间的恩怨则更加错综复杂，龙舟比赛的赢家本来享受胜利的喜悦是无可厚非的，但是，挑衅失败的对手，则已经超出了一般意义上的“享受胜利”的范畴之外了。因此，“打架”顺理成章地成为这种失范的庆祝方式的解决之道，成为一种仪式性的报复，龙舟失败方的暴力反击，主要以“展示”的方式向在场的所有人（对手、现场观众）宣告自己的不服输与捍卫荣誉的决心。“打架”的诱因虽然是胜者的挑衅行为，但真正的发起者可以看作是输掉比赛的那一方。打架行为本身并不是光彩的行为，在日常生活中也不是正面的、值得鼓励的行动，打架一旦严重，甚至有触犯法律的危险。但是浦市龙舟节中的打架，很明显的是一种偏表演的行为，这种利用暴力的象征符号来为自己挽回颜面的做法可以得到多方面的理解和支持，毕竟，在男权社会中，以武力宣扬自己观点的方法还是普遍适用的，特别是农村之中，这是一种简单粗暴的解决问题的方式。法国社会学家涂尔干偏向于将仪式视为社会生活的一种实践过程①，从上述的理论总结中，我们不难看出，浦市龙舟赛中往年的打架事件，是一种典型的对于比赛开始阶段大量祭祀仪式的延续，浦溪的曾姓艄公对于往年的打架行为有一句很经典的概括，他说：“我们输了是输了，但是你们凭什么爬到我们脸上来嘲笑我们，我们不打回去，对得住我们的祖先？对得住比赛前拜祭过的各路仙人？”艄公的这番话，再直白不过地向我们展示出了“打架”行为所带有的象征性、符号性与表演性。打架的发起者在龙舟节即将结束其整个过程的时刻使用最通俗易懂的身体语言——暴力，来进行一种类似于“表演”性质的行为，这种“暴力”手段，所包含的伤害对手的意图其实并不十分强烈，反而是向在场观众进行一种“展示”的成分更多一些。也正因为“打架”事件的这种表演性质，说它是之前祭祀仪式的延续，是完全不为过的。

---

① ［法］涂尔干．宗教生活的基本形式．商务印书馆，2011：55.

（二）“打架”现象的消失

龙舟赛的打架行为，即使在“文革”来临后中断了大约10年之久，也完全没有就此销声匿迹，“文革”结束，龙舟赛逐渐恢复之后，所有的祭祀仪式，连同“打架”行为一起，都是立即复苏的。这些行为，已经成为烙入每个浦市人脑海里的印记，作为社区群体记忆的一部分，强硬到基本不受外界的影响（除非动用极端手段，例如前面所说的利用机关枪进行生命威胁）。一直到2010年之后，“打架”行为因为其本身潜在的危险性和不稳定性越来越不适合于新时代的思维与意识形态，政府的大力劝导以及当地龙船队员因为自身教育程度的提高而尽力避免产生打架事件，各龙舟队之间挑衅行为的大大减少，各龙舟队也有了其他更好地进行之前祭祀仪式延续性“展示”的方法（例如因为物质生活大大提高而跟着一起提升的祭品质量和祭祀规模），“打架”事件才逐渐地从近年的浦市龙舟节之中销声匿迹了，从这一点上我们也可以看到，一个地区的“社区记忆”若要进行某种改变，从青年群体开始着手是相对来说比较有效的途径。浦市的龙船活动作为载体，其比赛的参与者从竞技方面考虑，只能是身强力壮的壮年男子，这一群体在浦市这种还有着很深农业社会痕迹的地区是有着明显强势的话语权的，他们是浦市这个社会区域的中流砥柱，也代表着浦市思维方式的主流形式，倘若这一群体没有改变现状的意思，那么所有的“社区记忆”也将势必继续延续下去。在这个鲜活的实例中我们可以看到，社区记忆并不是死板的，同样可以在时间的长河中重新慢慢组合甚至建立，新的社区记忆和生活秩序也就像自然界的新陈代谢一样可以在特定的环境中产生。在中国当前高速城镇化的时代背景下，农村的社区如果完全效仿城市的社区建设，并不一定是好事，也并不一定能起到好的效果，通过浦市龙舟赛的一系列事实，我们有理由认为农村社区的建设应当区别于城市，农村社区在进行自身建设时，应当尽可能地发挥自身的特色，保留住文化的根。在浦市龙舟节期间，农村社区中并不是平静、不动声色的，相反，在赶集的集市、街边巷尾的茶屋、邻里之间的共同用地这一类公共空间之中有大量的社区居民会公开地谈论龙舟比赛结果，甚至还会用实际行动宣泄胜利的喜悦和失败的懊恼，某一社区的龙舟队获得胜利能够让他们的支持者深刻地感受到“与神同乐”的快乐氛围。这种快乐，让社区居民能够在心理上获得极大的满足感，从而进一步获得对社区的归属感和荣誉感。在龙舟赛中获胜的社区，在接下来的一年中各个方面都会有着高涨的士气，社区记忆从而真正地达到建设社区、回馈社区的作用。

结　语

浦市龙舟比赛期间，村与村之间的龙舟竞争，在清代时，就已经到了超越单纯的体育竞技的地步，整个比赛从人员、物资筹备到竞渡，都可以看作浦市各个村之间每年综合实力的一次较量，各个村若想要在这场较量中胜出，对本村的经济实力、人才储备的要求都是不低的。除了这些实打实的硬件标准，在浦市人心中影响到龙舟竞渡结果的“软件”，很明显就是各自参拜的神灵及自身对于神灵的虔诚程度了。这些参拜仪式最终能够流传至今，成为当地文化话语中的一部分，与当地人对这些祭祀仪式过程的看重是分不开的。各村在做好了充分的“硬件”准备之后，为了面对那些无法预知的、无法安排的来自命运、机会和不幸等的各种情形和境地，也就不可避免地要与祭祀仪式发生关系。二者之间变成互相之间的你中有我，我中有你。如果人类没有这些“基本需求”，那些形形色色的文化表述形态便无从生产。祭祀本身需要仪式行为的表演来帮助实现现实生活中人们所害怕办不到的、无法取得的结果。逻辑性的仪式行为建立在一种信仰之上。这种信仰是人们经过对生活传统的细致观察，确信人类可以影响自然的过程，控制命运，这种信仰从之前的调查来看，总可以在当地传统的传说之中发现，村民也总是可以在经验性的社区记忆之中发现仪式的力量。因此，浦市的这些祭祀仪式既具有其族群价值，又促使人们为了公共利益（最直接的表现便是赢得比赛之后的无上荣誉）加入仪式活动中去。这种行为上的“虔诚”，从严格遵守女性禁忌、耐心细致完成各自特有的祭祀仪式过程、表演性地诵读祭词与“打架”都能看出来。

米尔斯在《社会学的想象力》一书中提到处于社会中的每一个人都是一个提线木偶，我们都被许许多多看不见的线默默地操纵着，而社会学家的主要工作之一，就是将这些无形的线找出来，具象化给所有人看。[①] 在浦

① ［美］米尔斯. 社会学的想象力［M］. 新知三联书店，2015：25.

市龙舟赛中，固然也同样存在着相应的、掌控着所有参赛队伍的冥冥之中的“线”，乍看之下，龙舟赛中各支队伍为了现实的荣誉以及相应的、因为荣誉而带来的利益，都是自觉自愿地参与进入龙舟赛活动之中来，但是浦市各村落的社区记忆通过龙舟节中的祭祀仪式，获得了形式与精神上的传承，浦市当地人在面对这种社区记忆对于自己的“规训”与“控制”时是心甘情愿的，龙舟队的划手、旗手、艄公通过祭祀仪式所传达的精神指引，贡献出自己的身体，而龙舟队所在村落的后勤，虽然大多数不属于“青壮年”这一范畴，但即使大部分是老人、妇女，却同样能够在有着高度凝聚力的祭祀仪式之中吸取养分，获得精神上的高度兴奋，这种兴奋支撑着这些不用亲身上阵参与激烈竞渡的后勤人员，以最佳的状态完成他们分内的工作，所有为祭祀提供的祭品，几乎都来自后勤人员的帮助，从龙船的购买，到下水之前举办祭祀仪式所需要的纸钱、生猪、家禽以及酒和各种道具，都由非龙船划手的后勤人员积极准备，按照常理来看，一般的非直接比赛人员很难有如此大的热情与耐心，但一旦有了祭祀仪式对于历史记忆话语上的“督促”与“尊重”，就会直接让这些非直接比赛人员找到“祖先”这一意识形态上的最大公约数，从而唤起他们对于龙舟比赛的狂热。

社区记忆在引导方面有着惊人的能量，正是因为社区记忆的载体千变万化，既可能是人，也可能是某种具有象征性的物，甚至还有可能是一段故事，一段传说。在当代的农村中，社区记忆在一定程度上几乎等同于一个地方的乡土文化，如何去继承这种乡土文化，去找到这些珍贵的记忆资料的安身之处，是每一个人类学学者都应当着重思考的问题。社区记忆总是会因为特定的环境而产生，这也使得这些社区记忆带有鲜明的时代烙印，人类群体的生活方式在目前的情况下正在严重地趋同化，一个同质度很高的世界可以变得更加便于管理，更加便于兜售某些商品，但是这种世界也在大踏步地扔掉它认为“落后”的东西。它也不仔细研究一下它扔掉的这些东西里面有多少值得好好看看，这个世界大部分人不懂得这样一个道理：“真正的瑰宝并不会被最多的人所知道。”世界各地区之间的文化交流到目前为止并没有产生多少新的东西，但是却把不少老东西飞快地扔进了强势话语权认定的“垃圾桶”里。人类学的强大在于它能让人知道文化对我们的日常生活、思维方式、精神世界的影响，人类社会行为背后的社会意义。比如亲属制度、婚姻在社会生活中的作用。最最重要的是，人类学走到今天，有一个最大的认识前提：不同的文化没有优劣之分，每一种文化、每一种习俗和习惯的背后都有其对于人类社会的价值。在这个认识前提下，全球化浪潮的风暴虽然依旧刮得猛烈，但人类学却能够在这场大风暴里将那些瑰宝留存下来，给后来人一个接触的机会，不至于在它们还没有被了解的情况下就被错误地扫进历史的垃圾桶。

参考文献

[1]（英）维克多·特纳. 象征之林——恩登布人仪式散论［M］. 翻译：赵玉燕、欧阳敏、徐洪峰. 商务印书馆，2016.

[2] 费孝通. 费孝通民族研究文集［M］. 北京：民族出版社，1988.

[3] 谭必友等. 浦市龙舟赛［M］. 学苑出版社，2016.

[4] 贺雪峰. 村庄精英与社区记忆：理解村庄性质的二维框架［J］. 社会科学辑刊，2000.

[5] 杨雪云，丁华东. 乡村社会记忆的功能转向及其思考——以徽州历史档案为对象［J］. 学术界，2011，71.

[6] 沈妉. 城乡一体化进程中乡村文化的困境与重构［J］. 理论与改革，2013.

[7] 孟芳. 城镇化视角下的农村文化建设研究［J］. 理论导刊，2013.

[8] 郑杭生. 社会学概论新修［M］. 第三版. 北京：中国人民大学出版社，2002.

[9] 李松. 城镇化进程中乡村文化的保护与变迁［J］. 民俗研究，2014.

[10] 何力迈，夏振华. 呈现乡村记忆之美——浙江省开展创建乡村记忆示范基地活动［J］. 中国档案，2014.

[11] 费孝通. 反思·对话·文化自觉［J］. 北京大学学报：哲学社会科学版，1997.

[12] 贺雪峰. 乡村治理与秩序［M］. 武汉：华中师范大学出版社，2003. 201.

[13] 王玲. 乡村社会的秩序建构与国家整合——以公共空间为视角［J］. 理论与改革，2010.

[14]（法）莫里斯·哈布瓦赫著，毕然、郭金华译. 论集体记忆［M］.

上海：上海人民出版社，2002.

[15] 郭景萍. 社会记忆——一种社会再生产的情感力量［J］. 学习与实践，2006.

[16] 贺雪峰. 村庄精英与社区记忆——理解村庄性质的二维框架［J］. 社会科学辑刊，2000（4）：35.

[17] Schwartz B. Memory as a Cultural System：Abraham Lincoln in World War II［M］. American Sociological Review，1996.

[18]（德）腾尼斯. 共同体与社会［M］. 北京：商务印书馆，1999.

[19]（英）吉登斯著，李猛、李康译. 社会的构成［M］. 北京：三联书店，1998.

[20] 杨雪云. 乡村社会记忆的功能转向与功能思考［J］. 学术界，2011.

[21] 杨雪云，丁华东. 乡村社会记忆功能的转向及其思考——以徽州历史档案为分析对象［J］. 学术界，2011.

[22] 唐慧敏. 社区记忆——农村文化建设的路径探析［J］. 成都师范学院学报，2014.

[23]（美）保罗·康纳顿. 社会如何记忆［M］. 纳日碧力戈译. 上海：上海人民出版社，2000.

[24] 黄应贵. 时间、历史与记忆［J］. 广西民族学院学报（哲学社会科学版），2002（3）.

[25] 涂尔干. 宗教生活的基本形式［M］. 史宗主编《20世纪西方宗教人类学文选》，上海三联书店，1995.

[26] 拉. 布朗. 禁忌［M］. 史宗主编《20世纪西方宗教人类学文选》，上海三联书店，1995.

[27]（英）弗雷泽. 金枝［M］. 大众文艺出版社，1998.

[28] 马林诺夫斯基，巫术与宗教的作用［M］. 史宗主编《20世纪西方宗教人类学文选》，上海三联书店，1995年版.

[29] Hyman S. E. The Ritual View of Myth and the Mythic［J］. *Journal of American Folklore*，1955，68(270)：462-472.

[30] 文彦生. 蛊——一个未被破译的千年之谜——谈邓启耀的《中国巫蛊考察》［J］. 常州工学院学报，2001（1）：83.

[31] 梁昭. 破解“蛊毒”之谜的人类学尝试——《蛊毒：财富和权力的

幻觉》读后感》[J]. 广西民族研究. 2005.

[32] 邓启耀. 中国巫蛊考察 [M]. 上海：上海文艺出版社，1999：324.

[33] 杨国枢. 中国人的社会取向：社会互动的观点. 见杨国枢、余安邦主编：《中国人的心理与行为——观念及方法篇 (一九九二)》，台北：桂冠图书公司，1993.

[34] 庄孔韶、李飞. 人类学对现代组织及其文化的研究 [J]. 民族研究. 2008 (3).

[35] (加) 加雷思·摩根. 组织 [M]. 金马译，北京：清华大学出版社，2005 年.

[36] 庄孔韶. 基诺族"大房子"诸类型剖析 [J]. 中央民族学院学报. 1981，(2).

[37] 庄孔韶. 中国西南山地民族人类生态学研究 [J]. 人类学研究. 北京：中国社会科学出版社，1986.

[38] 吉尔格勒. 游牧文明史论 [M]. 呼和浩特：内蒙古人民出版社. 2002.

[39] 刘源. 文化生存与生态保护.（以长江源头唐乡为例）[M]. 中央民族大学打印本. 2004.

[40] Stan Stevens ed. Conservation Through Cultural Survival：Indigenous Peo-ples and Protected Areas[M]. Washington DC：Island Press. 1997；Reyh-ner, Jon. 2001. Cultural Survival Vs. Forced Assimilation：the renewedwar on diversity [J]. Cultural Survival Quarterly, 25. 2.

[41] Fei Hsiaotung. Peasantry and Gentry：An Interpretation of Chinese Social Structure[J]. American Journal of Sociology. 52.

[42] Morton H. Fried. 1952 Chinese Society：Class as Subculture [J]. Transac-tion of the New York Academy of Sciences, 14.

[43] Myron L. Cohen, 1976 House United, House Divided：The Chinese Fam-ily in Taiwan[M]. Columbia University Press, New York.

[44] Arthur Wolf, 1985 Chinese Family Size：A Myth Revisited. In Hsieh and Chung, eds. , The Chinese Family and its Ritual Behavior[J]. Institute of Ethnology, Academic Sinica, Monograph Series B, No. 15.

[45] Olga Lang, Chinese Family and Society[M]. Yale University Press, NewHaven.

[46] Swidler. Culture in Action[C]. American Sociological Review 1986. 51.
[47] Paul Chao:Chinese Kinship[M]. London:Kegan Paul Internationl Ltd.
[48] 林耀华. 金翼 [M]. 北京：三联书店. 1989.
[49] 石伟. 组织文化 [M]. 上海：复旦大学出版社，2004 年.

旅游开发背景下民间舞台艺术团体对观众的建构研究

——以浦市辰河高腔剧团为观察中心

易静林怡*

【摘　要】 辰河高腔是发源于浦市的民间舞台艺术，曾经在浦市人的日常生活和精神世界中扮演着重要角色。近些年来，由于社会历史原因以及现代文明的冲击，辰河高腔及其演出活动在浦市日益衰落。如今，随着现代化发展和浦市古镇旅游开发的兴起，辰河高腔及其表演主体作为一种文化旅游资源被卷入其中，整体呈现出复苏的迹象。

本文分析了当前旅游开发背景下，辰河高腔表演主体（辰河高腔剧团）对观众的建构过程。本文研究发现，辰河高腔剧团建构观众的过程，实际上是辰河高腔这一民间舞台艺术及其团体利用旅游开发背景实现生存与发展的过程。这一过程表明，在旅游开发大背景下，辰河高腔及其艺术团体的现代价值得以显现，能够参与到旅游开发进程中与多个主体进行互动。同时，辰河高腔剧团充分发挥能动作用，积极地进行传承主体的身份表述，抓住机遇，实现着辰河高腔的生存与发展。

【关键词】 旅游开发；民间文化；文化传承；辰河高腔

---

* 易静林怡，湖南师范大学公共管理学院 2019 届硕士，现为长沙广播电视大学教师。导师：谭必友教授。

绪 论

一、研究背景

（一）研究缘起

浦市是两千多年以来中国大西南物资集散的重要商埠，具有厚重的历史文化底蕴，是滋生民间艺术与技艺的沃土。在2017年1月田野调研期间，笔者考察了浦市古镇目前仅存的一座会馆——万寿宫，它原为江西客商会馆，是辰河高腔的发源地和传唱地。明朝末年，江西弋阳曾氏兄弟二人客居浦市近郊，在此传唱弋阳腔，后弋阳腔与本地的民间文化元素相融合形成辰河高腔。据《湖南通志》载："浦市产高腔，虽三岁孩童亦知曲唱。"可见辰河高腔表演曾在浦市流传之广、受众之多，但在今天的浦市已经难寻当时的盛景。通过对辰河高腔表演艺人和普通民众进行访谈，笔者发现辰河高腔正面临着严峻的生存困境。据曾是辰河高腔艺人的YZL老人说，现在没人听辰河高腔，也少有人唱，那些曾经擅于唱戏或是热爱听戏的人大多已经去世。在渡船上工作的YBH老人说，20世纪60到70年代因政治原因，辰河高腔遭遇停演，之后就没恢复回来，直到前几年，浦市古镇搞旅游开发才开始正式恢复。虽然辰河高腔表演得到了恢复，但民众表示"现在有了电视机、麻将机，没人看戏了"；"人们忙于生计，没时间也没精力去听戏"。可见辰河高腔作为一种民间舞台艺术形式，虽因旅游开发重获生存发展的机会，但同时也面临传统观众缺失的困境。观众是构成民间舞台艺术的重要部分，受众的存在是民间传统艺术文化生存的动力。因此，基于对辰河高腔生存境况的关心与担忧，本研究选择将辰河高腔剧团及其旅游背景下的活动作为切入点，思考辰河高腔剧团的观众建构问题，以此来认识辰河高腔在当代的生存状态，探寻其生存路径。

搜索关于民间传统文化现状与生存策略的相关论文时，可以发现大多数研究都是站在客观的角度对民间传统文化的生存环境、生存境遇、生存策略进行阐述，并从"局外人"的立场出发提出看法与建议。人类学认为，外部视角所能看到的仅仅是现象的结构，而非现象的意义。美国人类学家马文·哈里斯（Marvin Harris）提出主位法和客位法这两种研究文化的方法，前者是从事件参与者角度观察某一文化中人们的思想和行为，后者是从旁观者角度进行，① 对于田野调查来说两种方法都很必要。研究文化除了外部观察还需要从文化内部出发，关注与理解文化主体的想法和行为。基于当前民间传统文化生存保护研究中缺乏对文化主体关注的现状，以及受到张士闪教授提出的以田野作业为生命线的民族志研究，必须看到乡土知识的主体角色和具体使用语境，注重乡民艺术交流性特征的启发，② 本研究选择从文化主体出发看待民间舞台艺术的生存与发展问题，以浦市辰河高腔剧团作为研究中心，参与观察民间舞台艺术表演和传承主体在当前背景下对观众的建构过程，充分关注到文化主体——“人”的生存与发展能动性，深入挖掘使辰河高腔及其艺术团体生存发展的多重动因与内在逻辑。本文通过对辰河高腔剧团如何将不同社会群体、社会力量建构成为自己的观众，其建构过程如何等问题进行探讨，可以在一定程度上反映出辰河高腔这一民间传统文化在现代社会中的生存与发展状态。

（二）研究意义

1. 理论意义

民间传统文化的生存与发展一直都是民俗学、历史学、艺术学等学科关注的重点，运用人类学观点对民间传统文化的生存发展进行研究，既可以加深和拓宽对民间传统文化的理解，也能够丰富人类学学科的相关理论与实践。从剧团的实践出发分析辰河高腔在当代的生存与发展不仅能丰富辰河高腔相关研究，为今后辰河高腔的研究提供一定的方法支持和借鉴，也对其他民间艺术团体的生存发展研究具有一定的理论意义。

2. 现实意义

随着全球化、现代化的发展，民间传统文化发展式微现象越来越严重，研究辰河高腔的生存状态与生存策略，能够为这一非物质文化遗产的保护提供思路。辰河高腔作为一种民间舞台艺术，是当地社会文化环境和人们精神文化需求相结合的产物，曾是浦市当地人精神生活的重要部分，对辰河高腔

① 马文·哈里斯著．李培茱、高地译．文化人类学［M］．北京：东方出版社，1988：17.

② 张士闪．乡民艺术民族志书写中主体意识的现代转变［J］．思想战线，2011（2）：9-13.

观众建构过程进行研究，能够在新时代背景下为浦市当地的精神文明建设提供借鉴。辰河高腔是浦市古镇的文化名片，是当地重要的非物质文化旅游资源，对辰河高腔生存与发展问题予以关注，有助于促进社会各方力量对辰河高腔的保护与开发。

二、研究综述

（一）相关概念廓清

1. 民间舞台艺术团体

本文中的“民间舞台艺术团体”并不是指在演出和管理模式上区别于国营艺术表演团体的商业性民间团体，而是根据辰河高腔的文化性质与艺术特征概括出的一个概念，它有三个方面的含义：首先，辰河高腔是发源并发展于民间社会的艺术文化形式，无论是其音乐类别、表演行为还是组织方式都与民间社会的文化观念如信仰、风俗礼仪密切相关。因此，作为这一民间艺术的表演主体，文中出现的不同经营性质的辰河高腔演出团体皆可用“民间艺术团体”指代。其次，舞台表演不仅是辰河高腔的艺术特征之一，也是其最重要的表现形式以及旅游背景下的主要演出方式。舞台表演是辰河高腔艺术团体与观众互动的基础，对外关系着团体与各种社会力量交流的手段和方式，对内则影响着团体内部的人员构成与管理，所以本文强调辰河高腔艺术的“舞台”特征，将其表演主体称为“民间舞台艺术团体”。最后，如今的辰河高腔作为国家级非物质文化遗产正受到社会各界的关注，作为本文观察中心的辰河高腔剧团不仅是辰河高腔的表演团体，还是辰河高腔艺术的传承主体。因此，这里的“民间舞台艺术团体”既是指由辰河高腔表演者们组成的民间舞台艺术表演团体，也是指由辰河高腔传承者们构成的民间舞台艺术传承主体。

2. “建构”与社会建构主义

“建构”有构造、制作之意，原是建筑学用词，它在文化研究以及社会科学研究中的运用源于社会建构主义的发展。“社会建构”（social construction）一词于 1966 年出版的《现实的社会建构》中被明确提出，在这本书里，伯格（Berger）与拉客曼（Luckman）认为，通过外部化、客观化和内在化三个过程，普通社会成员在世俗的社会行为中建构日常生活现实，而这里的现实指的是主观现实，即人们关于世界的信念。① 在《社会建构主义导论》一书中，布尔（Burr）将社会建构主义视为一个“大家族”，不同理论流派之间尽管千差万别，但它们还是具有若干共同的特征，包括知识是由社会过程所维系、知识与社会行动交织在一起等。②

社会建构意味着个体在社会文化背景下，在与他人的互动中，共同获得知识、体验和思想渊源，这是一种“共同建构”而非个人建构，所以社会建构主义的阐释聚焦于社会过程而非结构与功能。③ 建构主义强调社会互动、社会实践及社会过程，要求对人们日常生活中的互动过程进行分析，认为社会研究应该去分析人们的社会互动如何实现某种社会现象或知识形式。④

在建构主义看来，现实是通过互动和实践不断被建构出来的，并不是既定的。社会、自我、情感和群体等，都是建构的而不是自在的，它们不仅构建意义，甚至构建社会主体、社会关系、社会现象乃至社会。⑤ 本文在研究关乎辰河高腔舞台艺术团体生存与发展的观众问题时，使用了“建构”的概念，就是希望能够将目光聚焦于“观众”被“制造”出来的社会过程，探究在这一社会过程中，辰河高腔表演主体与传承主体如何与其他社会群体、社会力量进行互动和实践，从而将原本不是观众的群体转化成为自身的观众。

（二）文献综述

1. 旅游开发背景下民间传统文化的生存与发展研究

旅游作为一种现代生活方式已经逐渐渗透进大众的日常生活与生产中，旅游业与地方文化之间的各种关系引起了人类学和社会学的关注。美国人类学家 Nash 在其专著中论述了人类学对旅游研究的三大视角：一是把旅游看作一种引起地方文化变迁的文化涵化和发展形式；二是将旅游视为促成游客自身行为转变的一种形式；三是将旅游视为“上层建筑”，其产生取决于其他更基本的社会因素。⑥ 在探讨旅游开发与民间传统文化的关系时，学者们主要从

① Berger P, Luckman T, The Social Construction of Reality [M]. London: Allen Lane, 1967: 2-5.

② Burr Vivien. An introduction to social constructionism [M]. London: Rout ledge, 1995: 31.

③ 许放明. 社会建构主义：渊源、理论与意义 [J]. 上海交通大学学报（哲学社会科学版），2006（3）：35-39.

④ 马凌. 旅游社会科学中的建构主义范式 [J]. 旅游学刊，2011（1）：31-37.

⑤ 陈麦池. 基于建构主义理论的中国国家旅游形象的研究与设计 [J]. 旅游论坛，2013（5）：51-55.

⑥ 孙九霞编. 旅游人类学：理论与经验 [M]. 社会科学文献出版社，2013（08）：303.

第一种和第三种视角出发进行研究。将旅游看作文化涵化和发展形式的研究，关注的是其具体过程，以及如何引起地方社会文化的变迁。邢启顺关注旅游开发背景及全球化与现代性冲击下乡土传统文化的重构，指出在适应现代化的过程中，新型乡土传统文化获得了新的功能和新结构，旅游开发的多方博弈推动了对乡土文化产业的发展。① 孙九霞、陈冬婕在旅游开发背景下将代表地方文化的“西关小姐”评选活动作为事件进行解读，探索由区域经济需求驱动的文化符号的重建和再生过程，并对代表文化符号重构的不同层面的四种关系进行阐述。② 将旅游看作“上层建筑”的研究，关注的是促使旅游业及旅游现象产生的深层社会因素。何明通过分析少数民族村寨旅游与艺术展演实践，发现其动态格局中体现的是政府、企业和民间组织在保护与开发中的互动与冲突关系。③

此外，还有一些学者在以上两种研究视角的基础上，引入社会建构理论来分析旅游现象的出现及其社会意义。马翀炜将哈尼族山寨文化符号的意义建构的过程分为传统性文化符号的商品化、异质性文化符号的驯化、神圣性文化符号的娱乐化，他认为不同利益相关者进行资源博弈以及不同文化进行互动交往建构了新的文化符号。④ 史艳兰以云南石林景点导游作为旅游景观的建构为切入点，通过描写与分析石林导游“制造”的过程，揭示地方政府、村民在旅游发展中的社会互动和行为实践，认为旅游景观的建构不仅是村民发展旅游的社会实践，也是当地人对旅游发展中社会生活变迁的认识和体验⑤。马天、谢彦君基于现实的社会建构理论，对旅游体验的建构主体、建构过程和建构对象进行分析，发现旅游体验是在旅游者与媒介、目的地居民及从业者互动的过程中建构的，旅游体验不仅是旅游者自己的事情，更是社会建构的产物。⑥

---

① 邢启顺．旅游开发与乡土传统文化重构——旅游人类学视野中的乡土传统文化产业［J］．贵州师范大学学报（社会科学版），2005（5）：28-31.

② 孙九霞，陈冬婕．事件重构文化符号的人类学解读——以“西关小姐”评选活动为例［J］．旅游学刊，2009（11）：57-63.

③ 何明．当下民族文化保护与开发的复调逻辑——基于少数民族村寨旅游与艺术展演实践的分析［J］．云南师范大学学报（哲学社会科学版），2008（1）：58-64.

④ 马翀炜．文化符号的建构与解读——关于哈尼族民俗旅游开发的人类学考察［J］．民族研究，2006（5）：61-69.

⑤ 史艳兰．云南石林景点导游作为景观的旅游建构［J］．旅游学刊，2012（7）：57-63.

⑥ 马天，谢彦君．旅游体验的社会建构：一个系统论的分析［J］．旅游学刊，2015（8）：96-106.

可以看到，旅游开发背景下对民间传统文化生存与保护的研究本质上探讨的是旅游进程中政府、企业、民间组织等各种力量综合作用于地方文化的过程及最终带给地方文化的影响，而引用社会建构理论的研究则更加强调旅游进程中社会多主体的实践与互动活动及其结果。因此，在关注旅游开发中民间舞台艺术团体的生存问题时，本文将研究目光聚焦于艺术团体与旅游开发中不同力量的社会互动过程，尝试在前人研究的基础上做进一步探索。

2. 浦市民间传统文化的生存与保护研究

清乾隆六十年，湖南巡抚姜晟的幕僚严如熤在战略要地浦市练兵，在浦市期间他对当地商业、民风民俗、居民自我认同、民族语言等内容进行田野调查，收集了大量第一手资料，这是对中国古代田野调查方法的一次大总结，不仅能帮助政府制定社会治理措施，同时以浦市调查为基础而编写的《苗防备览》也成为苗族地区民族关系治理的经典著作。① 受前人影响，当前已有一批学者率先对浦市民间传统文化的生存和发展境况予以关注和研究。谭必友从浦市龙舟赛形成及发展的环境、龙舟队的构成、祭祀仪式、竞渡、龙舟赛文化与文化贡献出发，对浦市龙舟文化进行细致的描写与系统的阐释。② 他还对浦市龙舟赛的田野调查进行了反思，讨论传统民族文化的保护与利用，认为民族传统文化在被学者关注前保护与被关注后保护，其原真性是有所区别的，提出要对传统文化进行“田野保护”。③ 李嘉豪通过对浦市龙舟赛中“经济人”与“龙舟人”双重角色的探究，揭示浦市龙舟赛的社会功能与实质。④ 张学琦通过对浦市龙舟队的公共祭祀活动进行描述，研究浦市各乡镇社区记忆，提出对社区记忆进行保护和继承。⑤ 何强以浦市姚氏宗祠为例分析在当前政治、经济及精神追求等条件下，当代宗族认同的重构及新趋同。⑥ 李璋奇运用文化变迁理论对浦市古镇“抬黑龙”的民俗活动进行研究，提出旅游开发背景下民俗文化保护的思路。⑦ 冯运文对浦市盂兰盆法会进行人类学考

---

① 严如熤. 苗防备览［Z］. 绍义堂刻本，道光癸卯年重镌本.

② 谭必友等著. 浦市龙舟赛［M］. 北京：学苑出版社，2016.

③ 王雪. 谭必友教授：浦市龙舟田野调查与传统文化遗产保护利用［DB/OL］. http://sports.hnu.edu.cn/info/1011/1849.htm，2018-03-13.

④ 李嘉豪. 人类学视角下的浦市龙舟节研究［D］. 湖南师范大学，2017.

⑤ 张学琦. 社区公共祭仪与社区记忆——以浦市龙舟赛为观察中心［D］. 湖南师范大学，2017.

⑥ 何强. 当代宗族认同的重构——以浦市姚氏宗族为中心的观察［D］. 湖南师范大学，2017.

⑦ 李璋奇. 旅游开发背景下的民俗文化变迁研究——以浦市古镇“抬黑龙”为观察中心［D］. 湖南师范大学，2018.

察，对盂兰盆法会的文化功能、社会功能、艺术功能做出了分析。① 姜雅琪从生计模式、传统文化等方面出发，探讨了旅游开发中浦市民族文化的变迁和保护策略。② 赵玲以浦市古镇为例，对商贸交通型历史文化名镇的保护与利用模式进行了实证分析，对浦市的保护与发展提出了建议。③ 黄建胜用历史文献和田野调查相结合的方法，以浦市江西会馆为例，分析江西会馆在现代功能的衰败原因，指出其历史文化价值和重要意义。④

辰河高腔作为起源于浦市的一种民间传统文化，其形成与发展经历了较长时间。20 世纪 50 年代，一批戏曲工作者率先对辰河高腔展开研究。李啸仓在 1956 年发表的《丰富多彩的湖南戏曲》一文中对辰河高腔的唱腔及唢呐帮腔进行介绍。1961 年，尹汉卿发表的《辰河戏雉尾生的表演》引起了专家学者对辰河高腔表演研究的关注。进入 21 世纪后，学者们系统地对辰河高腔相关资料进行了收集与整理，并在研究中引用人类学、民俗学以及民族学的相关理论与方法，从不同角度对辰河高腔的生存与保护进行研究：从传播与传承方式的角度，滕叶对辰河高腔民间传承形式及低迷现状进行分析，认为要使辰河高腔得到继承和发展，就必须根据新的历史条件和环境条件做出相应的改变。⑤ 熊晓辉通过对辰河高腔及其传承人的生存、嬗变、发展轨迹及历程进行研究，探讨能让地方戏曲在新时期持续传承的有效途径。⑥ 他还通过对辰河高腔的戏曲内容、形式、文本、语境、传承人进行观察，看到辰河高腔与地方文化之间存在的一定的历史联系。⑦ 从当代价值的角度，唐剑萍提出将辰河高腔作为本土音乐教育资源纳入学前教育艺术课程体系，并从四个方面对辰河高腔的当代教育价值进行分析。⑧ 田圣会结合辰河高腔艺术在学校教育传承的价值，针对辰河高腔艺术目前面临的传承、传播低迷的现状，提出了相应的保护对策。⑨ 此外，谭波与钟洋从认知角度出发对浦市居民展开辰河高腔

---

① 冯运文. 浦市盂兰盆法会的人类学考察［J］. 民族论坛，2016（12）：84-88.

② 姜雅琪. 旅游开发中的民族文化变迁与保护研究［D］. 吉首大学 2017.

③ 赵玲. 我国商贸交通型历史文化名镇保护与利用研究——以湖南省泸溪县浦市镇为例［D］. 湖南师范大学，2013.

④ 黄建胜. 湘西地区江西会馆功能研究——以浦市、凤凰万寿宫为例［D］. 吉首大学，2012.

⑤ 滕叶. 辰河高腔的民间传承与传播［J］. 戏剧丛刊（人文天下），2013（6）：66-69.

⑥ 熊晓辉. “口述”与“文本”——辰河高腔传承人百年记忆的表述方式［J］. 文化遗产，2015（4）：73-80.

⑦ 熊晓辉. “书写”与“口传”：辰河高腔口述传播的镜像［J］. 文化与传播，2016（2）：49-59.

⑧ 唐剑萍. 辰河高腔学前教育价值研究［J］. 戏剧之家，2016（16）：196-197.

⑨ 田圣会. 辰河高腔文化艺术与学校教育传承的价值［J］. 怀化学院学报，2016，35（7）：1-5.

景观基因的认知调查，总结概括出浦市古镇辰河高腔非物质文化遗产景观基因的居民认知特征，反映出辰河高腔当前的生存现状。① 罗爱静等人从产业化视角出发，针对辰河高腔，提出非物质文化遗产传统戏剧通过“著作权”的保护。②

前人关于浦市民间传统文化的研究，能够为探讨旅游开发背景下辰河高腔生存与保护问题提供思路和方法，同时可以看到当前辰河高腔的生存问题正受到学界关注。但是，目前对辰河高腔生存与保护的研究少见人类学理论分析和实证研究，忽视了辰河高腔作为一种民间舞台艺术，其主体与观众以及其他社会力量之间的互动关系，也缺乏对辰河高腔生存发展社会环境的关注。本文对辰河高腔剧团在旅游开发背景下对自身观众建构过程的研究，不仅是对浦市民间传统文化生存与保护研究的继承，也是对目前辰河高腔研究中存在的部分空缺的填补。

3. 民间舞台艺术团体研究

本文所探讨的民间舞台艺术团体既是民间艺术的表演主体的一种组织形式，也是作为非物质文化遗产的辰河高腔的传承主体。因此，本节将对戏班剧团和文化传承主体两个方面的研究进行回顾。

人类学对戏曲班社的研究。陈守仁通过对粤剧戏班进行观察和访谈，分别了解剧班成员的入行经历、日常生活以及对粤剧发展的想法等，从一个全新的视角，即“人”的角度来看待香港粤剧。③ 邱坤良以台北歌仔戏班“民安剧团”为观察中心，分别从剧团缘起与营业情况、演出表演方式、与宗教活动的关系、团员构成与身世背景、演戏与观众等方面出发，深入研究民间舞台艺术团体的构成、运营以及存在形式。④ 傅谨从历史现状、戏班的构成与生活、戏班的经济运作、表演形式与演出剧目四个方面出发，通过对台州地区的戏班进行观察，探究了现代文化冲击下，台州地区传统剧目与传统演剧

---

① 谭波，钟洋. 少数民族地区非物质文化遗产景观基因的居民认知特征——以浦市古镇辰河高腔为例 [J]. 吉首大学学报：社会科学版，2016 (2)：89-96.

② 罗爱静，许泽华，梁朝聪. 产业化视角下不同类型非物质文化遗产的转化机理研究——以湘西土家族苗族自治州为例 [J]. 吉首大学学报：社会科学版，2018 (1)：133-138.

③ 陈守仁. 仪式、信仰、演剧：神功粤剧在香港 [J]. 香港：香港中文大学粤剧研究计划，1996.

④ 邱坤良. 一个野台戏班的初步研究 [J]. 实地考察与戏曲研究，香港：香港中文大学音乐系粤剧研究计划，1997：271-295.

形式未被取代，民间舞台艺术团体拥有顽强生命力的深层原因。① 杨红结合地域文化与历史背景，从展现二人台行为的整体环境和文化意义入手，对两个河曲民间戏班的构成与生存方式进行了探究，并对民间戏班参与地方乡俗礼仪进行了观察，通过对二人台和地域文化的互动研究，深入探究这种民间艺术形式的文化意义。②

人类学对文化传承主体的研究。赵世林、田婧从主位保护、客位保护的概念出发，认为文化遗产保护中要充分激发文化传承主体的积极主动性，主位保护的前提条件在于文化认同，要采用主位保护为根本、客位保护为指导的形式，让传承人成为真正的保护的主体。③ 安学斌提出通过对民族文化传承人的历史作用与当前的生存境况的正确分析，可以实现文化解困。他认为随着世界政治的风云变幻，当代民族文化传承人生境趋于稳定；但地方社会的现代化、城镇化使得传统文化的根基逐步丧失；在各种强势文化面前，民间文化生存艰难。④ 迟燕琼关注民族传统文化传承主体的现状，她通过对花腰彝民族文化艺术传承班进行个案调查，探索能促进少数民族传统艺术文化保护与传承的途径。⑤ 李航以青海热贡唐卡传承人更登达吉为个案，以微观角度对“主体”的反思为理论基础，探讨了影响唐卡传承主体社会实践的影响因素，以及主体能动性对唐卡艺术传承的影响。⑥

可以看到，人类学对艺术团体的研究会通过对其人员构成、运营方式、表演方式、日常生活等方面的观察和思考，来深入挖掘民间艺术文化与地域文化以及现代文化之间的关系。而从文化传承主体来看，民间传统文化的传承与保护有赖于文化主体的文化认同与文化自觉，传统文化传承人的生存境况、文化认同和能动性影响着民间传统文化的生存与发展。因此，要研究民间艺术文化的生存问题，归根结底是要将研究目光聚焦在具体的“人”上，通过个人的话语、行动以及故事来呈现文化的生存与发展状态，这是本研究的基本思路。

---

① 傅谨．草根的力量［M］．广西人民出版社，2001.

② 杨红．当代社会变迁中的二人台研究：河曲民间戏班与地域文化之互动关系［M］．中央音乐学院出版社，2006.

③ 赵世林，田婧．主客位语境下的民族文化遗产保护［J］．云南社会科学，2008（1）：71-75.

④ 安学斌．民族文化传承人的历史价值与当代生境［J］．云南民族大学学报（哲学社会科学版），2007（6）：18-22.

⑤ 迟燕琼．少数族裔传统艺术传承机制探析——对石屏县哨冲乡慕善村花腰彝民族文化艺术传承班的调查［J］．云南艺术学院学报，2010（1）：60-65.

⑥ 李航．论唐卡传承的主体能动性——以青海热贡唐卡传承人更登达吉为例［J］．民间文化论坛，2017（2）：98-106.

三、研究内容与研究方法

（一）研究内容

本文把以浦市为活动中心的辰河高腔剧团作为观察对象，结合浦市当前的旅游开发背景，通过田野调查，考察辰河高腔及其剧团的生存方式与生存状态，探讨浦市辰河高腔剧团如何在旅游开发背景下，通过自身运营以及借助各种社会力量对不同类型观众进行建构。

第一部分依次从文化传承与保护阶段、整体规划和建设阶段、文化发掘和策划阶段、商业打造与营运阶段入手，梳理浦市旅游开发的历程，对浦市的文化旅游资源及其开发价值进行总结，重点对以辰河高腔舞台表演为基础打造的体验型旅游产品进行描述，交代本文研究的背景。

第二部分结合浦市社会文化环境对辰河高腔艺术的发展过程进行描写，呈现作为浦市民间传统文化的辰河高腔在历史变迁与时代更迭下从产生到兴盛再到衰落的过程。将浦市辰河高腔剧团作为观察中心，从人类学视角出发，对其组织形式、运营方式进行分析，通过与辰河高腔民间艺术团体的对比，展示出当前辰河高腔舞台艺术团体的生存状态，这是剧团建构观众的基础。

第三部分将分析辰河高腔剧团在面对不同互动对象时如何行动，以至于将不同类型的社会群体与个人建构成为自身观众。通过描写和呈现辰河高腔剧团与政府、旅游部门、研究者、游客以及本地居民之间的互动方式与互动关系，探析当前旅游开发背景下辰河高腔剧团实现生存与发展的过程。

第四部分通过对前文的梳理，总结并概括出旅游开发为民间舞台艺术生存与发展所带来的机遇，以及民间舞台艺术团体利用旅游开发背景对观众进行建构从而实现生存与发展的方式与途径，以此呈现民间传统文化在现代社会背景下的生存状态。

（二）研究方法

（1）文献分析法。前人关于浦市文化的研究成果是本文研究的基础。在前期准备阶段，主要通过互联网查阅和图书馆借阅与本文研究主题相关的论文与著作；在浦市调研期间则通过拜访相关人士，前往当地图书馆、资料馆查阅和收集辰河高腔相关文献资料以及浦市的地方性文献。经过系统整理与分析后的文献资料，能帮助笔者深入认识浦市文化，为本文的研究分析提供思路。

（2）参与观察法。本研究跟随在浦市活动的辰河高腔剧团进行调查，亲临表演现场观察，并且深入浦市古镇的日常生活中，针对剧团的管理与运营、艺人的日常工作与生活、剧团与社会各部门的互动、民众对辰河高腔的认知等多方面内容进行观察，这有助于发现与理解辰河高腔在现代背景下生存发展的内在逻辑。

（3）无结构访谈法。无结构访谈法是指访谈者与受访者比较自由地围绕某个主题进行交谈。在田野调查中，通过与剧团成员、政府人员、旅游部门人员、旅游者、研究人员、本地居民等社会各界人士围绕辰河高腔进行交谈，结合观察，可以较为清晰地了解到旅游背景下辰河高腔生存状况的全貌，这对于探讨辰河高腔剧团如何在旅游开发背景下建构观众的问题至关重要，同时也是本文分析与研究的基础。

四、田野点概况

浦市镇位于湖南省湘西土家族苗族自治州泸溪县东南部，是泸溪县辖区内面积最大的乡镇，全镇总面积为238.68平方公里。浦市镇位居沅水中游，东与怀化辰溪县板桥乡、孝坪镇相接，南邻怀化辰溪县潭湾镇，西接泸溪县达岚镇、白羊溪乡，北与白沙镇、武溪镇、洗溪镇相连，[①] 水陆交通便利，四通八达，境内有大小河流共计43条，均流入沅江，沿江往上走可到辰溪等地，顺江往下可以到达常德、武汉。

浦市镇历史悠久，文化底蕴深厚。1980年，经专业考古队伍对浦市出土的石斧、石锄、兽骨以及陶片进行鉴定，可以确定早在万年前的石器时代这里便已经有人类活动。根据《辰州府志》记载，这里在南北朝时期属南阳郡辖建昌县治，名为浦口堡；南宋时岳飞派谭子兴驻浦口“征蛮”，在浦口设千户所；后来因河东水运条件不佳，于元代延祐年间迁至河西浦溪，古代称水之西为阳，遂更名浦阳；而后又因浦溪河小容不下大船，于明代洪武十五年（公元1382年）迁移至溪对面扩建市场，[②] 据湘西《陈氏族谱》记载，明洪武十七年三月，

---

① 泸溪县人民政府门户网站．乡镇简介：浦市镇［DB/OL］http://www.lxx.gov.cn/lxgk/xzjj/201705/t20170504_454327.html.

② 雷建喜．浦市人文大观：46.

沅陵明辅公《浦市江东陈家山记》里说道："卢溪县属地，有大集曰浦市。"即今日的浦市。自明朝起，东西方向的货物顺着沅江频繁往来，浦市成为重要的中转站，商贸文化兴起，船只往来络绎不绝，物资丰盛，有"小南京"的美称。到了乾嘉年代，城内5条主街与45条巷弄垂直交接，街巷可直通24座码头。商业繁荣，商人云集，促使了同乡会馆的出现和兴建，13省商客在这里修建了20多座会馆，皆面河而建，意寓海纳百川。商人们来浦市经商，必在同乡会馆洽谈业务，闲暇时也在会馆里唱戏、喝茶、打牌，由江西弋阳腔演变而来的辰河高腔便传唱自江西会馆（现万寿宫）。从浦市社会历史文化环境中衍生出的码头文化、会馆文化、艺术文化、茶馆文化、龙舟文化等都是浦市镇独有的文化资源。

如今的浦市镇作为"湘西四大古镇之首"，散发着与以往不同的光彩。自2010年被列为国家历史文化名镇，2016年评上国家4A级旅游景区以来，旅游成为浦市人关注和讨论的新热点。面对古朴街道上以及昔日恢宏的窨子屋烽火墙外游客往来穿梭的身影，秉承商道精神的浦市人表现出了包容的姿态。一方面，他们紧紧抓住发展机会，随旅游而兴起的餐饮和住宿行业是最好的印证；另一方面，他们又依旧过着喝茶、玩牌，朝五晚九的闲适生活，或许这正体现着当下浦市文化在传承中发展的生存状态。

浦市旅游开发概况

旅游作为一种现代生活方式，已经渗透进经济、文化和社会生活的方方面面。社会学家尤里认为，在社会学中旅游绝对不是"无意义"现象，而是重要的社会和文化现象。① 旅游源于人们想要接触和了解"他者"文化的欲望，为迎合游客凝视，满足游客的猎奇心态，旅游东道主社会需要对自身的文化资源进行保护、整合、打造与展示。浦市的旅游开发历程大体上可以分为四个阶段，第一阶段是文化传承和保护阶段，第二阶段是景区整体规划和建设阶段，第三阶段是专业团队文化挖掘与策划阶段，第四阶段是商业打造和运营阶段。浦市文化资源在旅游开发中表现出的相应价值，使之拥有新的

① Urry, J. The Tourist Gaze: Leisure and Travel in Contemporary Societies. [J] London: Sage, 1990.

生存机会和存在方式，作为浦市文化资源的辰河高腔也因此获得复兴的机会。

一、浦市旅游开发历程

（一）文化传承与保护阶段

文化资源是浦市旅游开发的基础，据泸溪县旅游部门 X 主任说，浦市旅游开发起源于对当地文物的保护与传承。1980 年 9 月，浦市下湾中庵的篮球场出土一些石斧、石锄、兽骨和陶片，经过专业考古团队和文物工作队鉴定，确定这是新石器中期的文物。下湾遗址前后共经历三次抢救性挖掘，出土的文物被保存于省博物馆，它不仅证明浦市古镇的悠久历史，同时也带来文化保护的理念，在此之前，浦市人没有这样的概念。据本地老人回忆，以前浦市人对当地古宅、古建筑司空见惯，并不觉得多有价值，20 世纪 70 年代时为兴办工业，甚至将很多古建筑拆除，位于沅江上游的洪江古城中如今依然有许多老宅保留着从浦市买来的雕花木板。直到 90 年代，县文物局开展浦市文物挖掘和保护工作，文化传承与保护概念开始出现并传播，受到影响的浦市人也重视起传统文化传承与保护问题。在 21 世纪初，作为浦市镇老年协会名誉会长的 L 老人以民意代表身份提交报告，向政府和社会呼吁抢救古文化遗产，报告中指出古迹毁坏和古宅随意转让的问题，并表示："一座文化古迹的拆毁，就是一种历史文化的消失。"老年协会由浦市当地 60 岁以上的老人组成，相较于年轻人，他们更加熟悉和了解浦市地方传统文化，除了为文化保护与传承积极奔走呼吁外，他们还是浦市民俗文化的"物质载体"。在浦市一年一度的中元节游街活动中，老年协会是最重要的组织者和参与者，集合表演队伍，邀请巫师、道士，制作河灯道具，参与游行队伍表演都是他们的工作。在外部力量介入之前，浦市人为保护和传承地方传统文化所做的努力使传统文化氛围得到保持，这为浦市旅游开发奠定了基础，更为浦市民间传统文化重获生机创造了可能。

（二）整体规划与建设阶段

20 世纪 90 年代以来，受市场竞争冲击，浦市的工厂企业纷纷解体，当地面临着产业结构转型问题。此时，在同为湘西古镇的凤凰，旅游业已经开始迅速发展，与之相比，浦市古镇旅游资源的多样性和吸引力毫不逊色，对于面临创造就业机会增加财政收入等压力的政府而言，大力发展旅游等第三产业成为当时的最佳选择。

政府针对浦市文化旅游资源的保护、开发和管理制定相应规则。2007年县政府同相关部门一起编制《浦市历史文化名镇保护规划》，对面积约1.6平方公里的浦市老镇区进行重点规划，制定古街道、古建筑等历史文物以及非物质文化遗产、基础设施、生态环境保护与管理的实施细则与办法，以此指导浦市古镇旅游建设工作，要求“在全面保护古镇风貌和历史建筑的前提下，充分利用现存的历史遗产和人文资源要素，发展旅游事业，发展地方经济”。[①] 2015年县旅游局同高校专业团队一起制定《浦市旅游古镇概念性详细规划》，经过对浦市旅游资源调查分析，确定浦市古镇旅游资源单体的基本类型，其中文化旅游资源尤为丰富，商贸文化特征明显，政府因此将浦市定位为“集观光游览、民俗文化体验、休闲度假为一体”的古镇主题历史文化旅游区，并提出“尊重历史、保护优先、情境再现、意境营造”的开发理念。[②] 除了制定整体规划，2011年县政府批准设立浦市经济开发区管理委员会，负责景区建设和管理，以确保各项条例的落实与实施。对于政府在旅游业发展过程中所扮演的角色，学者们普遍认为政府在旅游发展初、中期扮演着开拓者和规制者的角色。[③] 在浦市旅游发展起步阶段，泸溪县各级政府充分利用社会资源对浦市旅游文化资源进行科学系统地整合与分类，制定明确的相关细则与条例，确定以保护为主的开发方向，引导进行科学的、可持续发展的建设，为民间传统文化的生存与发展提供保障。

（三）文化发掘与策划阶段

以湖南师范大学熤园[④]为首的专业文化发掘与策划团队对浦市文化的关注和挖掘推动浦市旅游开发的深入发展。2014年，出于对浦市传统文化的关注，“浦市文化”成为湖南师范大学熤园的第一个集体攻关项目，团队以开展田野调查的方式，先后对浦市龙舟文化、古建筑文化、商贸文化进行深入考察和

① 湖南省城市规划研究设计院．湖南省浦市历史文化名镇保护规划．2010.12：1.

② 湖南师范大学旅游研究所．湖南省泸溪县浦市旅游古镇概念性详细规划（初稿）．2015.10：44-45.

③ 刘梦华，易顺．从旅游管理到旅游治理——中国旅游管理体制改革与政府角色扮演逻辑［J］．技术经济与管理研究，2017（5）：97-103.

④ 熤园坐落于长沙岳麓山东山岭、湖南师范大学东北角，是集湖南民族历史文化研究基地、湖南师范大学浦市文化研究院，以及湖南师范大学社会学、人类学专业教学与研究为一体的综合性学术机构。

研究。2015年，县政府正式与湖南师范大学签订框架合作协议，明确指出双方合作宗旨是将浦市的文化旅游资源与湖南师范大学的科研实力优势有机结合，优势互补、共同研发，强力推进浦市旅游发展。同时，县旅游局也委托湖南师范大学的专业团队对浦市景区修建性详细规划进行编制。

专业团队在对浦市文化资源进行发掘与策划的过程中，一直致力于解决两个问题：一是浦市到底有怎样的文化？二是如何尽快地向外界展示浦市文化？对于第一个问题，专业团队在浦市展开长时间的田野调查，与地方文化精英进行合作。在浦市老年协会协助下对浦市的古建筑文化、商贸文化、龙舟文化进行挖掘；筹建泸溪县谭子兴文化研究会，联络当地一批知识分子参与浦市文化研究工作。经过实地考察和发掘，专业团队对浦市的文化旅游资源及其开发过程形成系统且科学的认识，并以《浦市龙舟赛》《我在浦市读女神》的文本形式或是“浦市龙舟”纪录片的影像形式进行记录和呈现。与此同时，专业团队还积极寻求向外界展示浦市文化资源的方式。由熠园团队主导设计建设的浦市严如熤纪念馆以文字、图片、文物形式展示历史人物严如熤在浦市实施的一系列有利于地方发展的政策，并以此来表现浦市地区历史发展的面貌。如今这里不仅是游客了解浦市文化发展的窗口，同时也成为本地人深入了解家乡历史文化的平台。由熠园团队策划的浦市龙舟节既展示浦市传统龙舟文化与体育竞技精神，也借助当地的“全民”参与让面临消失的传统风俗习惯得以传承与发展。

专业文化发掘与策划团队的参与给浦市文化旅游资源开发带来的不仅是科研实力和专业人才，更重要的是在田野中，以学者身份对浦市传统文化进行“问学”，即循着前人的思考，对某些现象进行反复提问、反复探索的深入研究。① 通过这种方式，文化发掘与策划者能够透过传统文化的表面特征，深入地认识到传统文化生存发展的状态与规律，避免对文化旅游资源进行表面、浅显的认识与展示，从而推动浦市旅游开发更进一步发展。

（四）商业打造与运营阶段

浦市古镇旅游服务有限公司于2018年组建成立，负责古镇景区整体打造与运营，并为游客提供旅游服务。政府部门对于旅游资源开发的整体规划以

① 谭必友，谭忠国，张学琦等. 田野视角中的传统：湘西浦市龙舟赛笔谈［J］. 民族论坛，2016（6）：106-110.

保护为主，考虑的是民间传统文化的传续等社会效益问题；旅游公司参与旅游开发考虑的则是经济效益问题，因此旅游公司倾向于对旅游资源进行以市场为导向的商业打造和营销。

考虑到市场规模、游客需求等因素，浦市旅游服务有限公司目前推出四款“精品”旅游线路：“亲子一日游”“寻宝一日游”“养生一日游”“浦市味道”。项目负责人 YBJ 有着多年的旅游规划和旅游管理经验，他认为游客来旅游，最看重的是“玩得开心”，旅行社把游客带到景区来，则要考虑收入和回报的问题，因此，公司综合运用浦市文化资源打造旅游产品。其中“亲子游”拟通过踏虎凿花以及辰河高腔传承人的现场演示，寓教于乐，让小朋友在体验中学习，同时也能在此过程中感受到浦市民间传统文化的魅力；主推的“寻宝游”以“奇石”为卖点，让游客去河滩上捡石头，体验亲自“寻宝”的乐趣，而这些本地产的沅江石则被开发成旅游商品以实现旅游收益；“养生游”“浦市味道”综合利用浦市民间传统文化资源，让游客观看和体验本地小吃、药草的制作过程，以刺激游客购买旅游商品的欲望。旅游公司还通过报纸、书籍、互联网、社交平台、旅行社等媒介宣传浦市文化旅游资源，为民间传统文化生存发展开拓市场空间。旅游公司参与文化资源的开发，让市场这只“无形的手”开始触碰地方传统文化，为了通过市场竞争的考验，企业需要提供满足消费者的产品尽管以市场为导向，以利润为目的的企业对文化的打造与宣传会带有明显的经济取向，可能会片面地展示文化，① 但在这个过程中一些亟须被保护的文化遗产和传统习俗以商业化的形式得到一定程度的恢复，体现出旅游开发背景下浦市民间传统文化保护的新思路。

二、浦市文化旅游资源开发现状

（一）文化旅游资源及其价值

旅游资源指的是：“自然界和人类社会中，凡能对旅游者有吸引力、能激发旅游者的旅游动机，具备一定旅游功能和价值，可以为旅游业开发利用，

① 孙九霞，陈冬婕．事件重构文化符号的人类学解读——以“西关小姐”评选活动为例［J］．旅游学刊，2009，24（11）：57-63.

并能产生经济效益、社会效益和环境效益的事物和因素。”① 旅游资源包括自然风景旅游资源和人文景观旅游资源，本文中的文化旅游资源等同于人文景观资源，指的是区别于自然存在的由人创造的具有旅游吸引力和价值的事物与元素。浦市文化旅游资源可分为遗址遗迹、建筑与设施、旅游商品及人文活动四大类。

表1　浦市文化旅游资源一览表②

主类	资源单体	资源单体数量
遗址遗迹	浦市大码头	1
建筑与设施	太平街、十字街、李家祠堂、吉家祠堂（陆军监狱）、古戏台、吉家大院、李家书院、贺家院子、吉家三重院子、苏家院子、杨家院子、周家院子、余家院子、汇丰钱庄 、镖局、万寿宫、老友茶馆、范记茶馆等	95
旅游商品	踏虎凿花、菊花石雕、苗族挑花、巫傩面具、织棉	5
人文活动	辰河高腔、《涉江》《九歌》、跳香、哭嫁、浦市中元节、年会、抬黑龙、龙舟节、浦市饮茶等	48

作为历史遗址的大码头是浦市码头中规模之最，见证了浦市曾经的繁荣景象。提起大码头，浦市人总能想起一句话：“大（do）码头买大（da）蒜，大（tai）根大（tai）根的。”一个“大”字三种读音，体现的是客商往来南北文化的交汇，承载的是浦市人对于商贸文化的记忆。浦市文化资源所具备的历史意义以及其所提供的历史证据，能够帮助古镇居民建立文化认同、延续与历史场所和个人有关的记忆，有着文化记忆延续的价值。

吉家大院是浦市古镇68处传统住宅建筑中的一处，系清代同治年间建筑，院内有“三井三堂十二房”，门窗、挑梁雕刻精细入微，极具观赏性；李家书院建于嘉庆年间，曾是家族私塾，大门上刻有“派衍撰书”四字，表达了李氏家族繁衍生息，传承书香门第的愿望；辰河高腔发源于浦市，历史悠久，被誉为“中国戏剧活化石”，辰河高腔音域较宽，声音高亢时直抒胸臆，柔和时则婉转别致，引人入胜。浦市文化资源所拥有的人文气息、历史厚重

① 中科院地理研究所，国家旅游局资源开发司．中国旅游资源普查规范（试行稿）［S］．北京：中国旅游出版社，1993.

② 笔者根据《浦市历史文化名镇保护规划》内容整理。

感与艺术魅力，使其具有独特的美学价值。

浦市龙舟赛绝非普通的文化体育赛事，其涉及的内容、人事、仪式、地域都非常广泛。[①] 龙舟赛文化不仅包括队伍组成、祭祀仪式、传说禁忌等内容，还具有“代表一个宗族团结与力量”的社会意义以及人体审美的功能。2015 年浦市龙舟节期间，来自湘西州泸溪县和怀化地区的沅陵、辰溪等两地三县的 40 多支队伍参加竞赛，吸引了数万人前来观看，拉动了当地餐饮、住宿等服务行业的发展，仅做卖水小生意者最高日收入达 3000 余元。[②] 以浦市龙舟赛为代表的浦市文化资源所具备的复合性与多重性能够使旅游开发向观光、体验、休闲、度假等方向发展，有助于优化旅游产业结构，延长产业链，具有很高的产业价值。

（二）体验型旅游产品：辰河高腔复兴的契机

基于文化旅游资源的基本类型与价值，浦市古镇目前的文化旅游产品以观光游览型和参与体验型为主。“万寿宫里看古戏”是浦市古镇精品游览线路的重要环节，是兼具观光性和体验性的旅游产品。

首先，景区讲解员会带领游客从万寿宫大门而入，这里原先是二进大门，目前保存完好，门两旁的一对石狮气势雄伟，与其两侧的四跌式马头墙一起，让人看一眼就能感受到历史气息。从大门进入后，便到门庭，戏台就在人头顶上方，人在戏台下过，这个戏台是四年前复建的迭檐式戏楼，舞台在中间，两边各一个厢房，演员在舞台上表演，乐队就坐在厢房里演奏。过了门庭便是过厅，也被称作走廊，像是个方正的小院子，铺着均匀对称的长方形石板。穿过过厅便到抬梁式构架的正厅，几根高十余米的柱子支起了宽敞的空间，在游客到达之前，厅内已经摆好七张方桌，铺着青底白花纹的桌布，放上了茶水点心，等游客坐下，辰河高腔便开演了。戏台上的演员穿着华丽的戏服，正唱着一出《昭君和番》，台下的游客边喝茶边看戏，仿佛回到了一百多前那个昌盛繁华的浦市。游客 Z 女士用“穿越”来形容自己的感受。她说：“在这样的老建筑里听这样的戏，整个人是穿越的，感觉和过去有奇妙的联结。”对于辰河高腔，游客 H 先生表示：“（我们）肯定是听不懂的，但是这不需要说听得懂或听不懂，看着（演员）那个扮相那个身段，那个唱腔就可以感受到

① 谭必友等著. 浦市龙舟赛［M］. 北京：学苑出版社，2016：119.

② 覃仁岗. 又见浦市龙舟节［DB/OL］. http://t.cn/E4ZX7au,2015 年 9 月 7 日.

那种氛围。”

游客观看辰河高腔表演　笔者摄

通过历史气息浓厚的古建筑和古戏台、古香古色的摆设、专业的辰河高腔表演，万寿宫成为体验型旅游活动的空间场所，在这里游客经历着“穿越”，感受到了一种暂时打破常规的陌生氛围，借用这种新鲜刺激的感觉，游客短暂地逃避世俗生活的纷扰。从认知心理学角度看，体验型旅游场所能够激发人们内在的审美性感知，即人们对场所的环境以及活动内容的切实审美情感联系，同时也看到文化的象征性，即场所中产生的情感、象征、历史、精神以及文化意义。① 坐在万寿宫里“看古戏”让游客切实感受到作为历史遗产的万寿宫及辰河高腔的独特魅力，感觉到“和过去的奇妙联结”，认识到这些文化元素作为浦市文化一部分的意义，从而领略到浦市文化的真实风采。

辰河高腔表演是让游客们在体验型旅游产品中“身临其境”的关键。辰河高腔与万寿宫里其他文化元素一起延续着与会馆、商贸、戏曲相关的历史

① 刘晓霞，王兴中，李九全．体验经济时代旅游场所的构建［J］．经济地理，2008（5）：882-886.

记忆，建立着人们对于浦市文化的认知与认同。同时作为一种舞台艺术形式，其独特的表演与唱腔风格让游客虽“听不懂”但仍然可以“感受到那种氛围”。在体验型旅游产品中，作为非物质文化遗产的辰河高腔实现其作为文化旅游资源的文化延续性价值、美学价值和产业价值，展现出自己的生命活力。因此，在旅游开发背景下，体验型旅游产品将会成为辰河高腔作为民间传统文化重获生机的方式和机会。

辰河高腔在浦市

斯图尔德认为文化与生态环境密不可分，是相互影响、相互作用、互相促进的因果关系，各民族文化的发展会随着生态的差异走上不同的道路。① 文化唯物论倡导者马文·哈里斯认为任何文化现象都植根于现实生活的土壤之中，并具有其客观现实基础。② 辰河高腔发源于浦市，距今已有600多年的历史，它是沅水流域居民因适应自然环境“畏鬼信巫”而酬神还愿的历史文化产物，也是在漫漫历史长河中，人们为适应生活环境的变化，而形成的本地民间艺术形式与外来弋阳腔结合的时代产物。③ 本章将结合浦市社会文化环境对辰河高腔艺术形式及其主体的形成、演变历程和生存现状进行叙述，这是辰河高腔剧团对观众进行建构的基础。

一、商业贸易孕育出的民间艺术

（一）弋阳腔传入浦市

明朝末期，江西巡抚衙门书办，弋阳的曾氏兄弟为避乱来到浦市，寓居在江西会馆万寿宫，为生计，他们收学徒教唱江西弋阳腔。④ 同乡会馆的建设涉及商业帮会的发展、地域政治势力的发展以及同籍移民数量等因素。明朝

① 庄孔韶. 人类学概论［M］. 中国人民大学出版社，2006：68-69.

② 马文·哈里斯著，王艺，李红雨译. 母牛·猪·战争·妖巫：人类文化之谜［M］. 上海：上海文艺出版社，1990：115.

③ 熊晓辉. 辰河高腔生成环境与流源考证［J］. 重庆三峡学院学报，2010，22（1）：73-76.

④ 湖南泸溪县志编纂委员会. 泸溪县志［N］. 社会科学文献出版社，1993：351.

时，从江西来的移民靠着浦市优越的地理位置和丰富的物产资源，凭借着在浦市开采铁矿，冶炼生铁，经营油醋生意，制造鞭炮，采购木材销往常德、汉口等行当纷纷发家致富，在浦市站稳脚跟。随着江西商人群体的壮大，为方便货物的吞吐，大家纷纷解囊集资修建万寿宫码头，又从码头延伸至街上，修建一座会馆，成为江西籍商人客居浦市，生活、生意上互相照应的场所。江西会馆同浦市其他十余所会馆一样，是商业性质的联络联谊机构，具有“祀神、合乐、义举、公约”等“聚乡人，联旧谊”的功能，在实现群体内部整合、地方社会整合等方面发挥着积极作用。①

客居浦市的江西商人们在万寿宫里唱家乡戏自娱自乐，加强交流，联络感情，以慰离家千里的思乡之情，因此将江西弋阳腔带入浦市。文人雅客与民间艺人一起，将弋阳腔与浦市本地的宗教音乐、方言、俚语、民歌相结合并进行修改，又因浦市道士在祭祀和还傩愿时用唢呐、笛子吹奏，遂改用唢呐和笛子代替原先的人声帮腔，逐渐形成极具浦市地方特色的辰河高腔。

（二）与本地民间习俗的融合

东汉王逸《楚辞章句》中提道：“沅、湘之间，其俗信鬼，而好祠。其祠必作歌乐，鼓舞以乐诸神。”在弋阳腔传入浦市的同时，因水运发达，商贸兴盛，商人们在水上和陆上皆有产业，为求家宅平安免遭瘟疫灾祸，他们对神灵的供奉更加虔诚。据浦市老人回忆，“以前浦市每个月都有祭祀活动，比如观音菩萨生日，一年中就有农历二月十九、六月十九、九月十九。”按习俗，浦市一年当中各种酬神、还愿、祭祖活动不断，往往酬神祭祀活动后，“头人”会请当地的戏班子在会馆、祠堂、寺庙唱庙戏。浦市曾经有 18 处地方建有戏台，其中万寿宫有两个戏台，由江西客民建，规模最大，宗教祭祀与戏曲演出的兴盛程度由此可见一斑。往常庙戏演的都是本地的傩戏或是民间的阳戏、花灯，但随着浦市商业的发展，资本累积以及外来人口的迁入，民众艺术欣赏水平逐渐提高，为满足民众需求，本地的民间祭祀仪式开始与外来戏曲形式相融合。

在如此环境中诞生的辰河高腔，其演出受到浦市本地佛、道、巫、傩等宗教习俗的影响，表演极具民间特色和神秘色彩。比如，在以酬神祈福为目的的辰河高腔大愿戏演出时，若艺人生辰与开台仪式时间相冲，艺人上台前

① 李俏．中国会馆文化研究综述［J］．牡丹江大学学报，2016，25（5）：28-30.

必须在台口念“藏身咒”。唱戏开台时要发五猖、捉寒林，五猖由演员扮演，他们各持一把钢叉，在戏台附近上演捉拿寒林（寻找稻草人）的戏码，这体现的是沅江流域崇尚巫鬼的传统观念。[①] 辰河高腔形成过程中融合世俗和宗教两种不同性质的文化，体现了中国传统戏曲的本质特征，具有极富地方特色的艺术魅力。

二、从坐堂到高台——表演形式的演变

（一）扎根民间

辰河高腔表演形式分别为坐堂（围鼓）、低台（木偶戏）以及高台（舞台演出）三种，它经历了从围鼓到舞台的演变过程，其中舞台演出是辰河高腔如今最主要的表演形式，坐堂戏偶有在民间红白喜事中出现，木偶戏已基本失传。

最初，辰河高腔以“围鼓坐堂”的形式表演，表演者们围鼓而坐，不化妆，不换装，演唱时不使用肢体动作。目前可追溯的最早的辰河围鼓堂组织是万华禅林围鼓堂，其组织者侯正俨“清乾隆时居浦市，诗文最好，尤工戏唱，声音最著，教于市西万华禅林，循循善诱，从学者很多”。[②] 因辰河高腔发源自江西会馆，又需表演者略通古文经典，所以它最先流行于文人、士人中间。据《辰溪县志》（道光元年）记载，唱坐堂戏时“士人亦间与焉”，[③] 如光绪年间活动的协义堂成员姚荣昌、周元好皆是千总衙门师爷。然而，“坐堂戏”在表演时没有舞台限制，对演出场地和道具没有专业要求，通常是一套锣鼓、一支唢呐，几个人围桌而坐，也不用化妆，随时随地开演，人人皆可来听，听的是演员的嗓音吐词，唢呐的吹奏技巧，这种自由灵活的演出形式迅速帮助辰河高腔打破阶层之间的藩篱，让本来属于社会上层的艺术形式开始于街巷之间、百姓之中流行，人人都可以哼唱几句，这才有“浦市产高腔，三岁孩童亦知曲唱”的场景。“坐堂戏”简单灵活的表演方式扩大了观众规模，让辰河高腔从会馆、茶馆走向市民阶层，尤其是进入普通百姓

---

① 郑英杰．文化的伦理剖析——湘西伦理文化论［M］，贵阳：贵州民族出版社，2000：134.

② 湖南省泸溪县志编纂委员会编．泸溪县志，社会科学文献出版社，1993（01）：351.

③ 泸溪县文广新局《辰河高腔》编辑委员会．辰河高腔［M］．湖南美术出版社，2016（01）：30.

的婚礼、丧仪等人生仪礼中，切切实实地扎根于民间社会。

（二）登上舞台

起先围鼓堂组织的成员大多是些商户老板、市镇商贩或是乡绅、官吏、文人等这样有着自己主业，闲暇时以唱戏为乐趣的人，他们兴之所至的演出很难与普通民众的精神文化生活建立稳固、持久的联系。[①] 随着观众规模的扩大，人们对辰河高腔的需求得不到满足，在演出市场引导下，经常性地从事戏曲表演的职业演出团体——戏班便应运而生。

早期戏班由专门的辰河戏艺人组成，根据相关资料，溆浦溪口贺家祠堂戏台房墙上曾经留有乾隆六年（1741）大洪班演出的题字，这是关于戏班较早的记载。[②] 戏班经常在城镇乡野间闯荡，被称作江湖班，具有相当强的流动性同时也具备营业性。戏班负责人（又被称为本家），通常是以赚钱为目的并具有一定经济条件的富人、官绅或艺人，他们购置乐器和行头，招募艺人，组建戏班。可以肯定的是，戏班的出现以及其商业化的运营模式、职业化的组织形式、专门化的培养方式是辰河高腔从“坐堂”到“高台”的基础。同时，木偶戏在发展过程中融合明代传奇《目连救母》，对演员装扮、演唱以及乐队乐器、演奏要求较高，非矮台所能容纳和表现，这也促使辰河高腔登上高台，为辰河高腔的发展寻找更广阔的舞台。

登上舞台是辰河高腔表演艺术逐渐成熟的标志。清末以及民国时期，浦市涌现出一批优秀的专业辰河高腔艺人和戏班。宣统年间成立的双少班延续百年，是辰河流域一带最有声望的戏班，培养了一大批名师大家。中华人民共和国成立后，党和政府为戏剧工作制定一系列方针和政策[③]，在这样的背景下，1955 年，辰河高腔正式以一种舞台表演的艺术形式，参加湖南省第二届戏曲观摩会演，颇受好评。随后一年艺人陈依白、陈盛昌等随湖南省艺术代表团进京会演，参加中央文艺部开设的第二期戏曲讲习班，并受邀参加国庆观礼，辰河高腔开始从浦市民间走向中国戏曲界的“高台”，得到官方和文艺界的关注。

---

① 傅谨．草根的力量［M］．广西人民出版社，2001：22.

② 根据李怀荪提供的资料，访问地点：怀化市鹤城区李怀荪家，时间：2018 年 9 月 29 日.

③ 1949 年 7 月 2 日召开的第一次文代会确定“为工农兵服务、为社会主义服务”为新中国人民文艺的基本方向；1951 年，中国国内关于京剧的发展问题出现了争论，毛泽东为此提出：“百花齐放，推陈出新”；1956 年 5 月 2 日，毛泽东在最高国务会议第七次会议上正式提出实行“百花齐放，百家争鸣”的“双百方针”。

三、辰河高腔的衰落

（一）记忆的断裂

作为一种民间传统文化形式，辰河高腔是地域文化和情感体验的鲜活载体，它展示出地方社会通过世袭、沉淀、凝聚所孕育的历史信息、文化内涵、地方关怀和人文情感，具有突出的记忆表征。① 但随着时间的更迭，记忆开始断裂。

1966 年至 1976 年的“文革”时期，全国的戏曲艺术受到重创，辰河高腔也受到影响。作为辰河高腔演出场合的各种祭祀活动、礼仪习俗在破除“四旧”中被取缔，唱本、乐器、服装行头皆被销毁，剧团被强行解散，艺人被迫改行，辰河高腔在社会文化生活中基本消失。

十一届三中全会召开后，一批在“文革”前经过整理改编的优秀传统戏及新编古代故事剧重现舞台，泸溪县也开始重组辰河高腔演出团体，恢复表演，但是过程却异常艰辛。辰河高腔著名艺人 XR 的儿子叙述当时的情形：“恢复剧团要召集人员，把能通知的（人）都通知到了，有些人愿意回来，但是很多人做着其他事情就不愿意回来，其实也是怕再经历一次（劫难）。”

记忆需要物质载体，在辰河高腔表演剧本、服装、道具被收缴、销毁的同时，人们与之相关的记忆开始变得模糊，使得辰河高腔逐渐退出历史舞台。记忆与身份密切相关，每个集体记忆都需要来自特定时空群体的支持，② 艺人与观众是辰河高腔记忆的主体，艺人们被迫改行，乡俗仪礼被取缔，观众从此消失，辰河高腔赖以生存的“社会土壤”日益贫瘠，记忆的稳定性遭到破坏。有位艺人形容这段时间是辰河高腔发展中“十年的断层”，在这期间，辰河高腔开始走向衰落。

（二）现代文明的冲击

虽然在 20 世纪 80 年代，辰河高腔表演团体和舞台演出活动都得到一定

---

① 周玮，朱云峰. 近 20 年城市记忆研究综述［J］. 城市问题，2015（3）：2-10.

② 周尚意，成志芬，夏侯明健. 记忆空间表达及其传承研究——以北京西四北头条至八条历史文化保护区为例［J］. 现代城市研究，2016（8）：11-16.

程度的恢复，但随着时代的变迁与社会的发展，现代思想和技术再次给辰河高腔带来了冲击。

隶属于浦市化工总厂①的总厂业余剧团②成立于1983年，其影响力一度超越县剧团。据团长LZY的回忆，最大的一次演出是在县里的三级干部会议上，他说："这个会一般都是县剧团去演出，因为老厂长是县委副书记，那一次就把总厂剧团拉去演戏，唱了出《窦娥冤》，戏的效果很好，反响很热烈。"演出的服装道具是厂里出资3万元派专人在苏州采购的，东西新且齐全，舞台灯光、音响、装饰效果很好，而当时的县剧团没有钱置办这些东西。但剧团的辉煌并没有持续多长时间。据团员ZM回忆："我们当时在（总厂内）电影院的台子上练功，也在那里上班，早上六点去练功，演员上午练声音，中午十一点就下班了。"剧团的日常工作只有排练，成员是厂内合同工，工资由厂里发，演员一个月固定有30块钱，这与当时推行的按劳分配、多劳多得的原则相矛盾，引发工人们的不满。LZY说："有些干部觉得我们不好，厂里是搞生产，剧团的人不做工（生产）也给发那么多工资，给企业造成了负担。"并且厂里以年轻人居多，他们听不懂辰河高腔，对唱戏不是特别关心。剧团演员ZL说："当时的宣教科科长是个年轻人，他不喜欢这个（辰河高腔），喜欢唱歌跳舞，从1985年开始剧团就慢慢衰落了。"企业追求经济效益，秉承现代化的管理思想和分配原则，这与剧团所贯彻的民间社会传统的"平均分配""人人有份"的思想相冲突，辰河高腔表演形式也无法满足年轻人日新月异的审美需求，总厂剧团仅成立一年便解散。

现代技术也给辰河高腔带来冲击。浦市民间一直有办红、白事请业余戏班唱戏的习俗，20世纪80—90年代时，GHP所在的民间业余剧团走遍了浦市及周边区域，他说："记不清唱了多少场，一个冬天都会唱很多场，因为只有这一种'乐队'，那时候还没有现代乐队。"2006年之后，GHP所在戏班很少接到活动，配备先进音响设备的现代乐队更加热闹，取代辰河高腔在这类仪式活动中的功能与地位，他也被迫改行，组建起自己的"歌舞团"（现代乐队）。现代文明以不同的形式渗透进地方社会与人们的日常生活之中，从内部组织方式与外部表现形式等方面对辰河高腔舞台艺术造成冲击，加剧了辰河

---

① 原泸溪县浦市磷矿，1982年11月更名为县浦市化工总厂，"七五"时期末，成为拥有固定资产高达4300万元，1800多名干部和员工的中型企业。

② 浦市民众和辰河高腔艺人将由政府批准成立的县剧团称为"专业剧团"，其余的由民间组织成立的剧团皆为"业余剧团"。

高腔的衰落。

四、辰河高腔团体

（一）辰河高腔剧团

泸溪县辰河高腔剧团即泸溪县辰河高腔传习所（下文简称“辰河高腔剧团”），其前身是1959年成立于浦市的红旗高腔剧团。中华人民共和国成立后，在党中央针对戏曲班社、艺人、剧团提出一系列改革方针和指示①以及以陈依白为首的辰河高腔艺人进京参加会演得到广泛关注的背景下，县文化部门于1957年抽调优秀民间艺人，开设训练班，后经县人民政府批准，泸溪县首个辰河高腔专业剧团成立。② 自成立以来，剧团经历了解散、重组、恢复，在当前民间舞台艺术市场日益萎缩、辰河高腔艺术日渐式微的情况下，绝大多数民间演出团体早已解体，只有辰河高腔剧团还在活动，如今它是泸溪县内唯一的辰河高腔专业表演团体，同时也是县文化部门的下属事业单位。

1. 剧团概貌

全剧团现有固定人员15人，年龄最大的45岁，最小的25岁，平均年龄30岁左右，可分为演员、乐队（又称场面）成员、行政人员三类，大多数人要同时“身兼数职”。

表2 剧团演出人员一览表③

姓名	性别	类别	备注
XMQ	男	乐队（司鼓）	
LJ	女	演员（旦行）	
XXJ	女	演员	
WXZ	女	乐队（小锣）	擅扬琴、二胡
ZX	男	演员（净角）	
YL	女	演员（旦行）	

① 1951年5月5日《政务院关于戏曲改革工作的指示》；1957年3月28日“文化部关于严格控制将民间职业剧团转为国营和将业余剧团转为职业剧团的通知”。

② 湖南省戏曲研究所编．湖南地方剧种志丛书（二）［M］．湖南文艺出版社，1989（1）：180.

③ 笔者根据辰河高腔剧团提供的名单整理。

续表

姓名	性别	类别	备注
HF	女	演员（旦行、生行）	
PQL	女	演员	兼场面演奏（双钹）
LDH	女	演员	
YCZ	女	演员	
LXF	女	演员	
HL	女	演员	
PJG	男	演员	兼场面演奏（唢呐）

团里共有 13 人参与剧团日常演出活动，其中一部分人，尤其是年轻的新演员，既要学习辰河高腔演唱，也要学习场面演奏。演出时化妆，换装以及音响设备的装卸也是由演员们自己完成。不仅在演出时身兼数职，作为事业单位性质的国营剧团中的一员，每个演员还有相应行政职务：比如乐队演员 XMQ 担任着传习所副所长职位，演员 WXZ 兼任会计，演员 LJ 负责办公室工作，XXJ 负责宣传工作。LJ 告诉笔者："一般有演出的话大家就出去了，那个时候要把我们办公室的电话转移（到手机），不然根本找不到人。"

外请人员也是剧团的重要构成部分，他们不仅给年轻演员授课、编排剧目还要参与演出以及剧团的其他活动。请用他们主要有两方面原因：一是外请人员都有多年表演经验，如 DQZ 是从剧团退休的老演员，ZM、XDS 是经验丰富的民间艺人，他们长年活跃在表演舞台上，是辰河高腔方面的"专家"；二是剧团年轻演员之前接受的是戏校教学，而非辰河高腔传统的师徒间、家族式的"口传心授"。据演员 WXZ 讲："我们很多人都不是专业的，专业院校里没有教这个（辰河高腔）的，我们都是半路出家，跟团里的老师傅学经验，也自学，像我搞这个场面（乐队）是后来学的。"年轻演员进剧团时通常只懂得基本功，是辰河高腔舞台表演的"门外汉"，因此需要"专业人士"的传授和培养。

傅谨认为国营剧团丧失了民间戏班（业余剧团）与生俱来的营业性和流动性。① 丧失了这两种特性的辰河高腔剧团在内部构成方面呈现出稳定性的特征：一是国家为演职人员提供终身保障，规避了市场的不稳定因素，剧团成

① 傅谨．草根的力量［M］．广西人民出版社，2001：24-25.

员长期配合以及内部培养，形成分工相对固定的，有一定默契的专业表演团体。二是国家对剧团人员的职业进行着调解式控制，即国家决定职业行为的内容和对象。① 剧团内不仅有舞台表演的分工如演员、乐队，同时也具有专业的、科层制的组织形态，成员们“身兼数职”以保证辰河高腔剧团的正常运转。

2. 演出任务

当前辰河高腔剧团演出主要是配合政府宣传工作和参与浦市旅游打造，在这两个方面，剧团表现出较强的依附性。

首先，新剧目的创作与排演要为意识形态宣传服务，观众看到的不是经由市场选择出来的内容，而是指定剧目。2017 年，辰河高腔剧团以“新农村建设”提出后农村脱贫致富的新面貌为创作背景，打造一台名为《第一村》的现代大型剧，用古老的唱腔与歌舞、音乐、情境再现等手段相结合，演绎现代内容。一些专家和上级领导在观看公演后提出修改意见，计划要在湘西州内进行巡演，以此更好地宣传政府部门推行精准扶贫、精准脱贫后取得的成效。其次，剧团上级部门及领导事先会对演出内容、时间、地点进行计划和安排，作为下属单位的剧团需要服从这些安排，对于剧团演员而言，每一次演出都是“任务”。2018 年 9 月笔者参与剧团一次临时性演出。所谓“临时性”是指上级部门临时通知到剧团的演出任务，通常是浦市旅游接待活动或文化宣传活动。剧团前一天得知要在浦市万寿宫演出，次日早上从县城出发，乐队成员 WXZ 说：“每次的任务安排都是要先于领导（前来观看的团队）几个小时到达，到了那边之后也没有人接洽，我们就等着，人来了就开演。”这一次演出演员 3 人，乐队 5 人，加上大锣小锣、钹子、鼓、音响和服装道具，装了一车。临时安排的任务不需要事先排练，演出剧目是演员非常熟悉的内容，通常是《辛女别父》或《昭君和番》中的一折。这些唱段腔调婉转优美，肢体动作丰富，情节跌宕起伏，具有很高的艺术审美价值和感染力，即便听不懂唱词，观众也能通过演员表演感受到辰河高腔的魅力。最后，除在演出方面要服从安排之外，有时演员行为也有相应的规范和要求。在剧团送戏下乡活动中，为响应中央八项规定，提高演出效率，演职人员按照规定自带餐食，在演出间隙自行解

① 刘思达．职业自主性与国家干预——西方职业社会学研究述评［J］．社会学研究，2006（1）：197-224.

决午餐。

无论是排演新剧目还是进行临时或固定的演出任务，剧团所表现出的主要职能是服务政府。尽管剧团名下还有一个演艺公司，但商业演出的门槛被设置得很高，一场演出费用要上万元，偶尔才演出一次，剧团绝大多数的演出活动仍然是上级部门安排的“任务”，体现出辰河高腔剧团对政府的依附性，这也是其作为国营剧团的本质特征。

3. 传承的职能

辰河高腔剧团作为传统文化传习所肩负着传承与保护辰河高腔艺术的重任，剧团的文化传承职能由传承人来履行，传承职能可分为“传”和“承”两个方面。

“传”即传授，既要有人学，也需要人教。传习所在泸溪县思源小学开设表演和打击乐的娃娃班，传承人每周二、周四下午给三至六年级的孩子上课，从小学生开始培养兴趣，传授辰河高腔的基本功。在政府部门的支持下，传习所委托县职业中学进行人才培养，办了一个十几人的辰河高腔班，在去年6月进行第一次考核，之后会筛选一部分人进剧团工作。传习所内部也有针对年轻演员的培养方案，副所长XMQ说：“我们每年会制定一些排练计划，比如今年要排几个折子戏，学会几个曲牌，还有相应的考核。”61岁的辰河高腔国家级传承人DQZ自2007年从剧团退休后一直致力于辰河高腔人才的培养，她明白只要自己嗓子还能唱，还能舞得动水袖，肩上传承的担子就不能卸下来。

“承”是继承“老”的东西，包括不断地去挖掘老剧本、曲牌、音乐以及录制、整理老艺人的表演录音与视频，进行数字化保存，以便用于辰河高腔的创作和学习。56岁的民间艺人XDS从小学习击鼓，常年随民间戏班在泸溪、溆浦、沅陵、辰溪演出，作为民间打击乐传承人，他帮助剧团进行辰河高腔打击乐的曲牌整理和录制工作，工作开展两个月，才完成一小部分。在展示第一阶段成果时，XDS形容自己是“来交卷的”，对于传习所的任务他很重视，也很认可。他说：“我们现在做的这些都是为了辰河高腔能传承下去。”

表3　参与传承工作的部分传承人名单①

姓名	DQZ	XMQ	XDS	YJ	YYL
年龄	61岁	45岁	56岁	46岁	34岁
类型	国家级代表性传承人	州级传承人	民间传承人	县级传承人	县级传承人
参与工作	娃娃班、职业班、剧团内的表演教学等	娃娃班乐器教学；剧本、曲牌等的录制与整理	打击乐曲牌的整理与录制	职业班、娃娃班的表演教学	职业班的表演教学与考核

在协助传习所履行文化传承职能的过程中，传承人的身份意识与认同在不断增强，体现在他们对自己职责的认识和认可上，同时强烈的身份认同感又增进了他们保护与传承辰河高腔的能动性，促使他们积极地完成工作与任务，通过这样的机制，传习所实现着文化传承的职能。

（二）辰河高腔民间艺术团

泸溪县辰河高腔民间艺术团（下文简称“艺术团”）于2018年7月成立，团中乐队成员6人，演员10人，年龄最大57岁，最小36岁，平均年龄近50岁。艺术团成员都是由团长XDS从沅陵、辰溪、泸溪、溆浦组织来的民间艺人。作为成立于民间的辰河高腔演出团体，艺术团只需要在县文化馆登记在册，便可以进行活动，平时主要的排练场地由文化馆提供，艺术团演出活动与内容则在一定程度上受到文化馆的监督与管制。

虽然艺术团成员都是民间艺人，但是其成立并不像传统民间戏班那样直接由演出市场决定，事实上艺术团是在政府文化部门引导下成立的。为进一步推进非物质文化遗产的传承与保护，县文化部门非物质文化遗产办公室开始对辰河高腔民间艺人保护进行关注和重视，他们找到民间艺人XDS，请他牵头组织一个由辰河高腔民间艺人构成的民间团体。XDS经常在各地跑演出，民间艺人基本上都认识，他积极动员所有优秀民间艺人加入艺术团，其中也包括几位县剧团外请人员。

2018年8月浦市举行中元节活动，浦市景区管理委员会委托县民宗文旅

① 笔者根据辰河高腔剧团提供的资料进行的统计。

局请艺术团前去表演，这是艺术团成立以来的第一次演出。演出当天，他们租来三台车，带上乐器和服装，直接去浦市进行演员化妆、布置舞台等准备。上午的演出从九点一直持续到十二点，下午则从两点到三点，演唱的是传统《目连戏》中的一折。演员 ZMQ 告诉笔者："我们民间的（团体）不改革剧本，要按老的、传统的唱下来，就是一个字不能漏，一个曲牌都不能少，都要把本子背熟，演员出错概率很低，稍不注意，还由总指挥马上拉回来。老传统的东西就不能错，像县剧团有的时候唱给领导听，就唱那么一点点，要点革新（创新），像民间的这些观众，你一改革（发生变化），他就不喜欢了。"艺术团提前两天排练，唱了两出折子戏，得到演出费用 5000 元，由成员们平均分配。

相较于辰河高腔剧团对政府的依附性以及其所肩负的文化传承职能，辰河高腔民间艺术团表现出相对独立性，虽然其成立过程、演出活动都受到政府文化部门的影响，但其成立的初衷是要进一步对辰河高腔民间艺人及其舞台表演进行保护。作为对国营剧团功能的补充，其组织方式与表演形式也保留一些民间特色，整体呈现出与辰河高腔剧团不一样的特征。

辰河高腔剧团对观众的建构过程

尽管辰河高腔艺术日渐式微，表演市场日益萎缩，但作为辰河高腔这一舞台表演艺术的主体和承载者，辰河高腔剧团还是通过各种方式，借助各种力量建构着自己的观众。建构主义强调过程而不是结构，强调社会互动和社会实践，要求对人们日常生活中的互动过程进行分析，本章将结合当前社会背景，在辰河高腔剧团参与的实践和社会互动中分析其对观众的建构过程。由于辰河高腔剧团兼具艺术表演和非物质文化遗产保护传承的职能，在不同的活动领域内建构着不同类型的观众，因此本章根据不同观众主体的特性将其分为官方性观众、观赏型观众、研究型观众以及怀旧型观众，并讨论辰河高腔剧团对这四类观众的建构过程。

一、官方性观众的建构

官方性观众的主体是地方及以上各级政府部门。政府部门主要具备经济调节、社会管理、市场监管以及公共服务的职能。在履行诸如外交、国防、法律秩序等职能时，政府具有不可替代性，这些职能必须由国家公职人员代表政府部门履行。随着当代国家综合实力比拼拓展至文化领域，文化成为国家实力的标志之一，是新的经济增长点。如辰河高腔这样的民间传统文化正成为地方文化产业的重要组成部分，在推动文化经济发展方面发挥着作用。政府部门大力推动文化旅游业发展的同时，也加紧制定文化产业政策与法规，加大对文化经济秩序的管控，除参与民间传统文化活动并进行监督外，政府部门还会以行政权力进行介入和管理。基于这样的背景，辰河高腔剧团与各级政府部门之间互动更为频繁，联系更加紧密，这就为辰河高腔剧团建构官方性观众提供了现实基础。

（一）“县级剧团占领世界舞台”

“小剧团闯大世界，县级剧团占领世界舞台”是官方对 1998 年辰河高腔剧团赴法国巴黎表演任务的解读，在这次由政府部门主导而进行的演出活动中，辰河高腔剧团积极与政府部门互动，并最终借助他们的力量，登上世界舞台。

关于筹备演出的经过，传习所副所长 XMQ 介绍道：“1994 年，时任湘西副州长的 LWY 希望让来到湘西的法国国家博物馆馆长巴诺看看辰河高腔的经典剧目《目连救母》，而当时的县剧团已停演多年，县领导找到了我父亲（曾经的剧团成员），让他负责排演。剧团人手不足，父亲就让我去民间请帮手，又从吉首、怀化地区借调演员。后来为了得到中法有关部门的认可，剧团又花了三年时间对《目连救母》进行排练、修改和加工。”由于辰河高腔剧团已停演多年，加上之前目连戏被禁演，节目排练和演出成为大难题。湘西民族文艺研究所的 MGH 和县政府的 JZF 先是联系剧团演员 XR，又出面从吉首、怀化地区借调演员，帮助剧团解决演员人手和排练场地的问题，经过 5 天的排练，剧团成功表演一出《目连救母》。观看完演出的巴诺很激动，向剧团发出赴法国表演的邀请，表示要将辰河目连戏介绍到法国去。在多方的协调和努力下，1998 年 10 月 25 日湘西州政府领导 JSF 和 LWY 带领剧团一行 29 人赴法国演出，LWY 写下的题为《国门发誓》的日记中有这样一段文字记录了他当时的心情："借一滴辰河水，让西方观众看到中国戏剧的大千世界；通过一个地方小团，让世界人民观赏改革开放的繁花似锦……"

剧团转场波尔多市演出时，听说这里总人口只有 21 万，而演出场地波尔多大剧院从外观上看又有些陈旧和斑驳，演员们对演出充满不安。带团领导知道情况后组织召开全团大会，要求演员们要摆正心态"以高度的演艺去征服当地观众"。在思想疏导之下，演员们换了一个角度看待问题，他们发现演出场地虽外观陈旧，但里面却是金碧辉煌，舞台设施一应俱全，波尔多市人口虽不多，但这次演出的宣传力度却很大。据演员回忆："大街小巷都张贴着宣传目连戏的广告，最大的有五尺宣纸那么大。"看到这些，他们顿时觉得形势大好，充满干劲，演出时格外卖力，获得观众好评，演出结束后法国观众使用最隆重的节拍掌，多次请演员出来谢幕。当时的中国驻法使馆文化参赞也向剧团全体成员表达感谢和祝贺，他表示之前只有贵州地戏团和南京昆京团来法国做过交流演出，辰河高腔剧团是第三个能够获得出国演出机会的地方剧团，在异国他乡赢得各界认可和称赞实属不易，值得庆幸。这番话起到很大的鼓舞作用，演员们很激动，同时下定决心要更好地完成这次任务。

赴法演出是辰河高腔剧团与政府部门的一次成功合作，从剧团与政府部门的互动中可以看到，在新时代背景下，辰河高腔及其剧团所具备的文化价值和文化交流功能得到突显，并获得政府部门重视。对于辰河高腔剧团而言，政府部门不再只起着管理和监督作用，其行政力量直接参与到剧团组织演员、排练演出的各个环节。通过这样的介入与互动，政府部门逐渐意识到辰河高腔目连戏演出不仅具有文化交流功能，还具有宣传中国民间传统文化，在国际社会树立国家形象，提高国际影响力，为国争光的政治作用。就像传统戏班上演目连戏以满足观众的艺术审美需求、信仰祭祀需求一样，辰河高腔剧团凭着自身专业素养和精彩演绎，让辰河高腔艺术在国际社会获得中国戏剧"活化石""神奇的东方艺术瑰宝"的高度评价，实现着政府部门希望建立"政绩"的诉求。正是通过赴法演出中与政府部门的互动，辰河高腔剧团挖掘到自身的官方性观众，也因此在停演多年的情况下获得重组与发展。

（二）成为非物质文化遗产

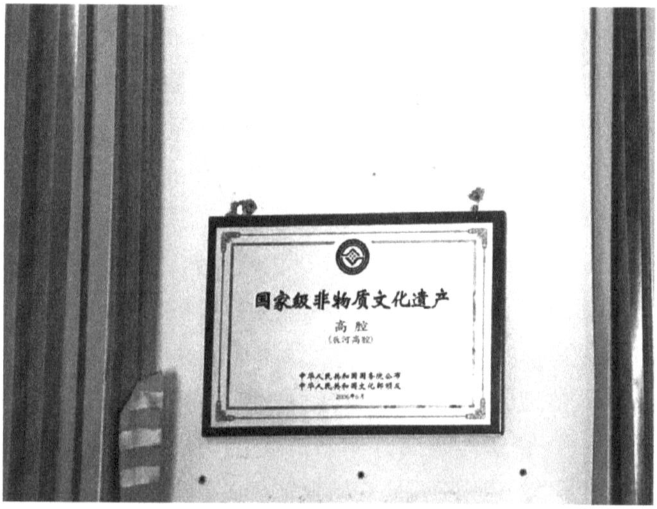

悬挂于墙上的辰河高腔传习所的牌匾　笔者摄

2005 年，为保护我国重要文化遗产和优秀民间艺术，履行我国加入联合国教科文组织《保护非物质文化遗产公约》的义务，国务院正式发布《国务院办公厅关于加强我国非物质文化遗产保护工作的意见》，并于附件提出国家级非物质文化遗产代表作申报评定暂行办法，同年 6 月文化部正式下达《关于开展非物质文化普查工作的通知》以及《关于申报第一批国家级非物质文化遗产代表作的通知》。为贯彻这两项通知，湖南省文化厅要求全省各县市对本地区非物质遗产文化资源的种类、数量、分布状况、生存环境、保护现状及存在问题进行了解和掌握并上报“国家级非物质文化遗产项目”。由于当时“非遗”概念还没有得到普及，泸溪县政府以保护民间文化的名义成立临时机构“民族民间文化保护中心”专门负责此项工作。非物质文化资源普查和申报工作在历史资料收集、文本撰写、影像录制等方面对专业素养要求高，因此县剧团协助保护中心进行辰河高腔方面的工作。

剧团演员 XR 是在业界享有盛名的老艺人，他能演会导，熟知辰河高腔舞台艺术知识，甚至能背出“目连戏”的剧本。1994 年，他在有关部门协助下将濒临灭绝的剧本《目连传》（全剧 48 本）整理出来，这是能证明辰河高腔与被称为“中国戏曲活化石”的目连戏之间关系的重要材料；1998 年由 XR

负责排演的辰河高腔目连戏在法国演出，在国际上获得“东方艺术瑰宝”的美誉。政府之所以将辰河高腔作为首批非物质文化遗产申报对象，不仅在于其社会历史价值和历代班社世代传承的特点，也因为早在 2001 年辰河高腔剧种母戏——目连戏就被列入“中国档案文献遗产工程”，受到国家的关注和重视，并且以 XR 为代表的剧团专业人员能够为辰河高腔后续的保护和传承工作提供支持。在协助辰河高腔“申遗”材料的收集和编写过程中，由于非遗保护工作在全国范围内都是刚刚起步，没有可以借鉴的申报经验，加上“十年断裂”期间大量的剧本、服装、道具遭到销毁，剧团解散，艺人流失，缺乏能够很好证明辰河高腔传承历史和艰难现状的材料，剧团成员们只能靠自己摸索着进行。紧邻泸溪县的怀化辰溪县也是辰河高腔流传地，这里的辰河高腔保护工作起步较早。20 世纪 80 年代，辰溪辰河高腔剧团成立，为满足演出需要开始进行剧本整理、曲牌建档工作。从 2000 年开始，为更进一步保护和传承辰河高腔艺术，辰溪县剧团开始新一轮走访民间艺人，搜集整理剧本、曲牌的工作。受此启发，剧团人员开始辗转于泸溪的各个村镇找寻民间艺人，请他们口述剧本并做成手抄本，积极寻找一批流失严重的明代剧本木刻版，以此来证明辰河高腔的历史，为申报文本提供史料。在剧团的协助和努力下，申报书中关于辰河高腔基本内容、基本特征、传承谱系等内容最终得以完成，2006 年辰河高腔正式成为第一批国家级非物质文化遗产。

高丙中认为非物质文化被命名为遗产的程序是一种公共文化的产生机制，非物质文化成为公共文化要在体制上被政府部门正式承认，并且以一定的公共资源加以支持。[①]“申遗”成功后的辰河高腔被纳入国家和地方公共文化服务体系建设事业中，受到《中华人民共和国非物质文化遗产法》《湘西土家族苗族自治州民族民间文化遗产保护条例》的保护和保障。县文化局将临时机构民族民间文化保护中心改为专门的“非物质文化遗产保护中心”，辰河高腔剧团作为非物质文化遗产保护的主体被纳入行政体系内变成辰河高腔传习所，成为非遗保护中心的下属机构。剧团也因此可以利用政府提供的公共资源，扩大辰河高腔影响力。

2017 年 6 月 9 日，由泸溪县民宗文旅局举办的“文化和自然遗产日”活动在泸溪县城涉江楼前举行，主办单位在涉江楼前平地上竖起一块写着“泸溪县首个‘文化和自然遗产日’”的宣传板，演员就在宣传板前平地上为路人

① 高丙中．作为公共文化的非物质文化遗产［J］．文艺研究，2008（2）：77-83.

表演辰河高腔。虽然没有搭起专门的高台，摆上桌椅茶水，算不上是一个专业观戏环境，但过往行人还是被吸引，或是驻足观看，或是坐在简易观众席的小板凳上认真欣赏。剧团表演的经典折子戏《痴梦》和戏曲说唱《乡村调研》赢得人们的掌声和喝彩。一位观众说："我们平时根本没有机会看到辰河高腔的演出，今天终于在这里看到了，觉得特别好。"涉江楼上摆放非物质文化遗产踏虎凿花、泸溪傩面具、苗族挑花的展位，由非遗传承人现场展示技艺，并向行人发放非物质文化遗产的保护宣传册以及文化遗产、科学普及读物。剧团演员们觉得借助"文化遗产日"这样由政府主办的活动，他们可以进行多种形式的辰河高腔表演与展示，从而让公众了解辰河高腔，关注并参与辰河高腔的保护与传承工作。

2014 年，浦市古镇参评"国家 3A 级景区"，县旅游部门提出浦市有什么"老"东西都要展示出来，作为非物质文化遗产的辰河高腔首当其冲。熟知浦市民间文化的老年协会被要求协助参评工作，他们用旅游局提供的 1000 元经费，组织一个临时表演团队，演员七八人，平均年龄在 60 岁以上，都是活动于当地的民间艺人，部分人曾经在辰河高腔剧团工作过。李家大院的演出要给评审团领导看，为了突显辰河高腔的"老"以及地方特色，老年协会特意邀请经验丰富的老艺人坐镇，并选用坐堂戏的表演形式，这种辰河高腔的表演方式曾经在浦市及周边地区百姓家举办的喜事和丧事上非常流行。50 岁的女演员 XQ 和她近 80 岁的父亲也在表演团队中，年轻时她跟着师傅和父亲的剧班辗转各地跑演出，坐堂戏不知唱过多少场。她说："我感觉这次不算是演出，我们只是唱一小段，都是一些很熟的唱段了，也不需要事先排练，主要还是为了展示，让外面来的人看看。"据老年协会 G 会长说，这次"展示"取得不错的效果，一是浦市古镇评上 3A 级景区，二是观看辰河高腔表演成为此后参观考察团队来到浦市的固定节目。

在辰河高腔申报非物质文化遗产，民间文化成为公共文化的过程中，辰河高腔剧团从被政府部门关注与认可进一步发展到协助政府并被接纳和利用。辰河高腔剧团不仅在体制上受到政府承认，得到法律保护，还能享受和利用政府提供的公共资源，扩大受众以实现生存与发展。在旅游开发过程中，辰河高腔及其表演主体直接参与政府事务，体现出作为公共文化的非物质文化遗产对于地方社会所具有的社会、经济、文化甚至是政治价值。辰河高腔成为非物质文化遗产并被政府部门接纳和利用的过程，正是辰河高腔剧团吸引政府部门，将其完全建构成为自己的官方性观众的过程。

二、观赏型观众的建构

观赏型观众的主体是被浦市文化资源吸引，主动前往浦市古镇进行体验和消费的旅游者。根据官方数据，浦市景区接待总人次已经从2011年的35万逐年增长到2018年的98.81万，预计2019年浦市景区接待人次将突破百万。[①] 浦市古镇景区的旅游者大体上可分为两类，一是来自周边省市和地区的散客；二是以凤凰古城、张家界天门山等景区为旅游目的地，将浦市古镇作为附带景点的团体游客。据笔者的观察，旅游者在浦市古镇平均停留时间为一天，游客们短期内“吃游购娱”所产生的消费是景区经营收入的主要来源。除餐饮消费和商品消费占据景区经营总收入2/3之外，2018年浦市古镇的演艺收入占到景区总收入的1/10，这证明以辰河高腔表演为代表的浦市民俗演艺活动在旅游市场中也占有一席之地。正是通过民俗演艺活动，辰河高腔剧团得以与怀有观赏心理，想要对“他者文化”一探究竟的旅游者接触和互动，从而有机会将他们建构成为自身的观赏型观众。

（一）打造文化名片

随着浦市旅游业的发展，为吸引旅游者，越来越多的浦市文化资源被打造成旅游吸引物，这其中也包括辰河高腔。旅游吸引物的吸引力不仅在于其客观属性，还因为它具有人为建构的符号属性。吸引物被赋予特定的社会价值和意义，是一个被投射了社会文化的载体。[②] 辰河高腔之所以能够吸引旅游者，主要在于政府部门、旅游企业联合剧团所进行的打造。

辰河高腔作为第一批被写进浦市旅游开发整体规划书中的文化旅游资源，位列民俗文化资源首位。政府的规划中明确写道：要通过辰河高腔的戏台演绎，整合相关资源，恢复民俗活动来实现游客的民俗文化体验。[③] 辰河高腔剧团是戏台演绎的主体，剧团配合演出是实现游客文化体验的关键。近几年，旅游公司进行了“万寿宫看古戏”旅游产品的开发及“中元节唱高腔”节庆

---

① 数据由泸溪县民宗文旅局旅游事业股提供。

② 马天，谢彦君．旅游体验的社会建构：一个系统论的分析［J］．旅游学刊，2015（8）：96-106.

③ 湖南师范大学旅游研究所．湖南省泸溪县浦市旅游古镇概念性详细规划（初稿）．2015.10：60.

活动的商业筹划，并且在网络媒体、商业广告、旅游手册上发布信息，以“非物质文化遗产”“民间文化传奇”作为噱头进行活动推广。据旅游公司一位负责人介绍，在设计浦市古镇李家祠堂喜宴文化体旅游体验产品时，他们曾考虑当游客消费超过一定金额时便请辰河高腔剧团前来表演，以此刺激旅游者消费并借机宣传辰河高腔文化。但因为目前景区整体游客量不大，无法供养专门演出的戏班，而县剧团商业演出费用又过高，策划只能被暂时搁置。可以看到，在政府专业规划和旅游公司的商业营销中，原本只是民间艺术形式的辰河高腔通过以剧团为主体的舞台演绎被“有形化”和“商品化”，它被赋予一定的社会意义和价值。在这样的打造下，如今的辰河高腔俨然成为代表浦市的一张文化名片，“非物质文化遗产——辰河高腔”“万寿宫看古戏”已经是旅游市场上的“商品”和吸引旅游者的文化符号。

旅游业中广泛使用的新媒体和社交网络等传播平台让像辰河高腔这样的浦市文化名片得到更好的宣传，越来越多的旅游者被吸引而来一探究竟。从长沙来的摄影爱好者Y先生原本要和朋友们去凤凰采风，在路上看到微信朋友圈里浦市古镇的照片，他说：“我看他们拍的老房子、古戏台特别有韵味，之前也没见过，就先来这里看一看。”在浦市古镇逗留的一天时间里，Y先生和他的朋友们走街串巷，体验浦市风情，在万寿宫观看辰河高腔剧团表演时，他一直将相机举在手里，边拍边感叹道：“太有特色了，都要拍下来。”ZMX从小在浦市长大，目前正运营一家集旅游观光与文化沙龙为一体的茶书院，她跟旅游者打交道很多，曾经有一位外地游客求助于ZMX，想要借用她的场地，请她帮忙组织一场辰河高腔表演。关于筹备和演出过程她介绍说：“我们专程从县剧团请来一位高腔演员，给了一点费用，她就在茶书院里清唱一出折子戏，当时的氛围特别好，演员的唱腔也漂亮，院子里余音绕梁的。”这位外地游客看完后意犹未尽，直言下次一定要看场完整的舞台演出。

借助政府部门和旅游企业的力量，辰河高腔成为旅游吸引物，辰河高腔剧团则因此成为旅游吸引物的载体，是被赋予社会意义和经济价值从而“商品化”的辰河高腔的物质实体。可以看到，随着辰河高腔文化名片的打造、宣传和辰河高腔剧团演出“商品化”的完成，拥有猎奇心理的旅游者被吸引来到浦市，通过“购买”这些旅游产品或者辰河高腔剧团服务的方式观看辰河高腔表演，这种主动接近的行为预示着这部分旅游者已经被挖掘成为辰河高腔的潜在观众，这也是辰河高腔剧团将他们建构成为观众的现实基础。

（二）制造真实性体验

根据美国社会学家麦科奈尔（MacCannell）结合旅游情景提出的“舞台真实”概念，在旅游开发中，为满足旅游者的文化体验需求，文化资源会被包装、删减、肢解以达到“真实的文化再现”，“舞台真实”是为旅游者布置的一个旅游的文化舞台，[①] 这种“真实”并不是指文化本来的样子，而是让旅游者即观众感到真实，拥有真实性体验。在浦市旅游文化舞台中，辰河高腔剧团与景区讲解员共同进行着辰河高腔的“真实再现”。

为提高景区讲解员自身素质加强讲解员的业务水平，2016 年 1 月，浦市古镇旅游公司组织 8 名景区讲解员学习辰河高腔的相关知识，由辰河高腔剧团的 YJ、XMQ 担任授课老师。景区讲解员既是旅游者的指引者，要告诉旅游者该看什么、如何观看，也是浦市传统文化的叙述者和演绎者，他们的表达和描述能够勾起旅游者的猎奇心理，激发他们的想象。考虑到景区讲解员是旅游者了解和体验辰河高腔文化的首要窗口，为增强解说时的生动性与感染力，剧团两位演员不仅传授相关知识还进行唱段表演的教学。XMQ 为讲解员们介绍辰河高腔名称来源、表现形式、流变过程、表演流派、代表作品等内容，讲解员们大多是土生土长的本地人，都知道高腔，但在上课前对辰河高腔的了解并不深入。XMQ 着重介绍近些年辰河高腔在国内外取得的成就，也对当前辰河高腔面临的传承人青黄不接、观众缺失的现实困境进行说明。讲解员 FS 了解辰河高腔发展历史之后感到很自豪，她希望通过自己的努力，能向旅游者介绍和展示辰河高腔。YJ 和 XMQ 选择教学的唱段来自经典剧目《玉簪记》，因为讲解员队伍里有男有女，所以这一唱段是以男女对唱形式进行表演，YJ 觉得毫无戏曲基础的讲解员只需要模仿唱腔，表达出唱词蕴含的情感，因此她详细地解释每一句唱词的意思以及蕴藏的含义，告诉讲解员们应该在哪里断句，哪里该换气，哪里又该吐气。23 岁的讲解员 ZYX 此前没有看过高腔表演，学起来格外认真，发下来的歌词纸上被她标满笔记和注释，她说：“我之前完全不了解高腔，上课学习之后产生了兴趣，也希望能够感染到游客。”万寿宫针对一般散客没有安排舞台表演，这时为让散客对高腔有更深的感受和认识，也为了调节气氛，景区讲解员会代替剧团演员为游客进行

---

① 任婵娟．基于“舞台真实”理论的文化旅游资源开发——以原生型民族村寨为例［J］．桂林旅游高等专科学校学报，2008，19（1）：129-132.

即兴表演。剧团演员教给讲解员的唱段表现的是情人之间互述衷肠的场景，讲解员虽然不够专业，但是能够模仿高腔婉转的唱调，男女对唱有模有样。每当他们唱起来，现场的气氛就活跃起来了，游客们听着很开心，有一次笔者询问在场观众的感受，游客 S 女士说："老是讲干巴巴的历史有什么意思？这下唱起来，我就晓得是个什么样子的东西了。"尽心服务游客的同时，ZYX 有着自己的担忧，她说："这里的讲解员流动性大，当时一起上课的人现在走了一半多。"2018 年，旅游公司接管游客服务中心后，面对旅游淡旺季的工资波动和要完成的营销任务，一些讲解员选择辞职。虽然一直有进新人，但 ZYX 觉得整体解说质量得不到保证，尤其是辰河高腔的展示方面，新人没有接受过剧团培训，不能很好地介绍和展示辰河高腔，无法给游客更好的文化体验。

如果说借助景区讲解员的讲述和演绎辰河高腔能够让游客短暂地体验到辰河高腔文化，那么剧团在万寿宫里的辰河高腔表演则是"真实再现"的集中表达。古宅、古戏台保持的历史原貌以及现场提前布置好的木桌木凳、瓜子茶水将万寿宫打造成旧时戏院模样。在一次万寿宫高腔表演过程中，笔者发现，一些游客刚踏进大门就连连发出"原来里面是这样的""保存得真好"的感叹，他们之前对"他者文化"的想象在这一刻得到满足。表演开始前，坐在舞台右边厢房里的乐队要先击鼓一阵，密集鼓点是热闹气氛的开始，也将在场所有人的注意力都吸引到空无一人的舞台上来。鼓声毕，表演正式开始，往舞台上看去，先是只闻演员声，却不见其人，随后伴着鼓声、锣声、唢呐声，演员才从左边的厢房缓缓踱步上台。演员全程使用方言演唱，显得原汁原味，虽然听不懂词，但游客依然能通过演员唱腔、旋律、动作变化感受到高腔的韵味。笔者观察到，舞台上的演员唱到"别离泪淋"时声音凄婉且用衣袖作掩面哭泣动作，台下的游客也好像被勾起愁绪，看得眉头紧锁。值得注意的是，在走进万寿宫观看演出的整个过程中，讲解员会详细地为游客介绍这里的每一处地方，游客们也可以到处参观，但唯独戏台是不能上去的，旅游者被要求与戏台以及演员保持着适当距离。之所以这样是要确保辰河高腔表演乃至整个浦市旅游文化舞台的后台不被暴露给旅游者，不让他们"出戏"。在剧团演员和景区演员的共同努力下，辰河高腔文化在舞台上的"真实再现"得以顺利进行，台下旅游者的情绪时刻被舞台上的表演所牵动，全身心地享受演出，得到颇具"真实感"的文化体验，从而成为辰河高腔剧团的观众。

可以看到，旅游者关于辰河高腔的真实性体验主要是在观看表演时被制造出来的。辰河高腔剧团借助景区讲解员的亲身演绎以及各种表演手段激发并满足着旅游者的猎奇心理，景区里表演场景的布置以及接触距离的控制保证观众观感的完整性，制造并维持着旅游者的真实性体验。在这整个过程中，辰河高腔文化已非其本来的样子，但辰河高腔剧团借用各种手段满足旅游者对真实性体验的需求，使他们投入并享受着辰河高腔文化，也是通过这一过程，旅游者被剧团建构成为真正意义上的观赏型观众。

三、研究型观众的建构

随着社会发展和旅游开发的推进，非物质文化遗产辰河高腔的生成环境、历史源流、艺术特征以及在当前社会环境中的生存状态、传承困境，在现代文化产业中的运用，在当代所表现出的历史意义、艺术价值等问题得到一大批具有专业知识背景，带着探究心理、怀揣问题的研究者的关注，他们是辰河高腔剧团研究型观众的主体。在研究所关心的问题时，他们不可避免地要与作为辰河高腔演出主体和传承主体的剧团交流互动。对比其他类型的观众想要从剧团舞台演出当中获得些什么，如实际利益或是精神上的满足，研究型观众更侧重于为辰河高腔及剧团做些什么，比如从专业角度来发现并讨论问题，用他们自身所拥有的专业知识背景和社会资源尝试提出解决问题的办法等，从而为辰河高腔剧团在当前的生存发展提供帮助。

（一）身份表述与建立合作关系

辰河高腔是一种口传心授、言传身教的文化表现形态，舞台表演是其主要的表现形式，人的生命活动是这一艺术形式的承载体，因此辰河高腔剧团成为研究者了解辰河高腔的首要互动对象。

2018 年 9 月 25 日，笔者在泸溪县城的辰河高腔传习所采访，发现剧团演员 WXZ 正在办公室弹奏扬琴，询问后得知她在大专毕业后被分到剧团来，算是半路出家，在这之前不会任何乐器，进剧团后一直跟着师傅学。除在演出时担任场面（相当于乐队）中锣的演奏之外，她还在其他演出活动中弹扬琴，拉二胡。为方便随时练习，乐器就放在办公室里。对于随时随地的练习 WXZ 已经习惯，她认为只有多练，学到的东西才不会忘，老师傅传授的技艺和经验才不会被丢掉，当 WXZ 讲起自己所做的事情时，她说：“我们现在做的工作就是为了让辰河高腔能传承下去。”在与笔者谈论辰河高腔的传承问题时，剧团演员 XMQ 回忆起几天前浦市万寿宫接待演出结束后看到仅有一位老人还在驻足停留的场景，他不禁向笔者感慨道：“现在听戏的老人真是越来越少了。”而这样的担忧他不止表达过一次。从 2014 年起，湖南省一所高校的非物质文化遗产保护团队利用每年的暑假深入辰河高腔流传地进行走访调查，随着调研的深入，尤其是随剧团演出之后，他们对辰河高腔目前存在的观众越来越少、传承人青黄不接、业余剧团生存艰难等现实困境感到痛心，甚至还专门开会讨论是否能在高校里以社团的形式扩大辰河高腔的影响力。与他们朝夕相处的剧团成员在面对着这样一支与自己有着相同感受并且积极地想要提供帮助的队伍时，毫无保留地表达了自己的忧虑，演员 XMQ 当时说：“辰河高腔只是地方戏，我们时常感觉自己孤军奋战，来自政府、社会的关注还不够。”近些年剧团里的老一辈演员相继离世，虽然一直在培养年轻演员，但并没有很合适的接班人，随着越来越多的传承人离世，演员们担心辰河高腔可能会面临失传的危险，这些担忧最后都被调研团队写入报道中，发布在网上。①

在表达忧虑的同时，剧团也在以行动表明他们想要改变现状的决心，XMQ 为笔者展示的州级传承人申报书中记录着他及剧团为辰河高腔文化传承所做出的努力。除积极挖掘剧本、曲牌等历史资料并建档保护以外，剧团还在县职业学校开设辰河高腔定向培养班和开展送戏进学校活动。每周二、周四下午，剧团演员们要前往泸溪县思源小学为辰河高腔娃娃班授课。得知笔者在研究辰河高腔传承的问题，XMQ 随即详细介绍起娃娃班的组建机制，他说：“娃娃班要通过筛选，适应的人留下来，不适应的退出去，从事艺术的人需要悟性和韧性，之后我们再筛选补进来，不是说有固定的一批人。”剧团希望通过这种人员流动制不断地扩大辰河高腔文化在孩子们中的影响力，娃娃学习之后，再扩散至家长，从下至上，像堆金字塔一样积累观众。正如一位演员对笔者说的那样，对于他们而言，关于辰河高腔的一切事务都不是工作，而是责任。剧团成员作为辰河高腔传承主体所表现出的强烈责任感和身份认同，让包括笔者在内的研究者们为之动容。

笔者发现，在与研究者进行互动交流的过程中，当前的剧团演员们对自

① 余蓉. 10 名大学生暑期实践调查——“辰河高腔”传承难，湖南日报［N］. 2015-9-22(12).

己的身份有着更加清晰坚定的认识，他们倾向于用话语和行为进行传承主体的身份表述，在这种表述的引导下，研究者能看到辰河高腔剧团在舞台表演背后作为辰河高腔传承主体的坚持与付出。在传承主体身份表述的基础上，不同于与普通观众保持有一定距离的观演关系，剧团与研究者之间会自然地形成一种更紧密的“合作”关系。近年来有很多专家、学者、学生团队、媒体、艺术创作者找到剧团想要看表演、做采访、搞调研、收集资料，剧团对他们一直秉承合作的态度。县文化部门组织进行《辰河高腔》一书编写时，剧团成员 XR、ZM 等人向编辑小组提供了大量珍贵的文字资料与照片素材，帮助写作顺利完成；2009 年，一位曾经是戏曲工作者的退休教师想要继续完成 46 年前未完成的曲谱工作，她联系上老艺人 XR，一有不清楚的地方，就打电话请教，他们分别在长沙和泸溪两地，有时一天要通上 5—6 个长途电话，XR 会对问题一一作答，有些唱词在电话里说不清楚，她就把曲谱邮寄给 XR，由 XR 改好后再寄回去，剧团的合作精神与毫无保留的帮助让研究者们心怀感激。

在辰河高腔剧团看来，这些研究者的成果是对辰河高腔艺术本身最好的宣传和保护。2014 年高校调研团队的几篇报道与拍摄的纪录片在网络媒体上相继发布后，引发社会对以辰河高腔剧团为首的表演主体、传承主体的关注，也让社会上更多的人看到辰河高腔的发展现状与困境。剧团的一位负责人也曾经向笔者表示，希望能收到本篇论文的最终定稿，显然已经将笔者视为“合作对象”。通过进行身份表述，建立合作关系，剧团得到研究者的关注，这是将他们建构成为研究型观众的基础。

（二）开放“后台”

随着身份表述，与研究者建立合作关系过程的推进，剧团会进一步对研究者开放“后台”。社会学中前台与后台的概念，源于戈夫曼对人们日常生活中互动交往的研究。他认为，后台区域可以定义为这样一个场所：与给定的表演相关联，在这里的表演所促成的印象可能与前台表演截然不同。[1] 美国社会学家麦科耐尔将“前台—后台”拓展到旅游情景中之后，认为后台是限制游客进入的，是对既不表演也不观看的局外人开放的后台空间，在这里舞台

---

① 欧文·戈夫曼著．冯钢译．日常生活中的自我呈现［M］．北京：北京大学出版社，2008（4）：97.

表演幕后的过程会较为清晰地呈现出来。①

普通观众在万寿宫观看辰河高腔剧团演出时会被舞台上演员的装扮、动作和唱腔所吸引，只将这当作是浦市古镇观光游览的一个环节，而当笔者作为研究者被剧团当成合作对象准许进入舞台演出的“后台”时，则能够看到舞台表演幕后的准备过程。剧团的辰河高腔舞台表演有着两个“后台”空间，一个是位于泸溪县城的辰河高腔传习所，这个空间摆放着剧团日常办公的工具和排练的道具以及一些重要资料如人员名册、工资单等，不会对外人开放。另一个是万寿宫戏台后的厢房，这是演员们上台前进行准备的场所，也限制游客进入，但这两个空间都对研究者开放。2018 年 9 月 12 日笔者跟随剧团在万寿宫演出，早上 6 点演员们乘坐剧团专门的演出大巴从传习所出发前往约 20 公里外的浦市镇，半个多小时的车程后他们到达浦市，并径直前往万寿宫进行换装、化妆、安装和调试音响设备等准备工作。7—8 点的时候他们已经完全准备妥当，但直到 10 点多才等来观看这场表演的游客团体。舞台上的表演只有 20 分钟，演出结束后等台下观众离开，乐队演员才从戏台后面下来拆卸音响并搬上车，之后也没有过多停留，直接返回县城。对于在舞台上只演 20 分钟，在台后却要等上几个小时，有人对此颇有些怨言，但因为这是上级部门安排的接待任务，演员只能对着笔者抱怨一番。据说表演的折子戏也是事先排好的，为迎合游客的审美取向，选取的是情节能够吸引人的唱段，在歌词和曲调的细节上也做出一些调整，游客一来便固定上演这几出戏。在游客无法进入的“后台”空间里，研究者了解到舞台表演背后的一些故事，在一场辰河高腔舞台演出从准备到结束的过程中，剧团成员不仅是舞台上的演员，同时也是听从上级部门安排的辰河高腔传习所职员，是戏曲编排者，也是剧团外出演出时的后勤，在这里可以看到他们所扮演的多重角色。

除允许研究者进入舞台演出的“后台”之外，有些剧团演员在与研究者熟悉后，还会开放自己个人的“后台”即在表演和传承工作之外的私人生活。2018 年 8 月 9 日，笔者在辰河高腔传习所进行访谈，发现剧团演员 XMQ 拿来展示的辰河高腔老剧本中有一本古医书，在笔者询问下，他讲述起自己的故事。XMQ 的曾祖父、祖父包括他父亲都是从小开始学戏的辰河高腔艺人，他虽然跟父亲学过鼓但从未想过入行，他曾经是一名医学生，毕业于中医药大学，直到协助父亲排演目连戏给外宾进行表演，才开始接触到辰河高腔的保

---

① 李倩 . 舞台真实：旅游作为社会戏剧的过程［D］. 中山大学，2010：15.

护和传承工作，慢慢感受到乐趣和责任，并担起这项重任。有一次他在沅陵收集老剧本时发现一本医书，出于个人情感，他买下这本书。讲完自己的故事他又向笔者展示妻子和女儿的照片，并介绍起家人。他的妻子是一名幼师，非常支持他的工作，出于职业的关系妻子非常赞成剧团“送戏进校园”的活动，他们都认为对辰河高腔的兴趣应该从小培养起，所以他们也非常注重对女儿在这方面的培养。女儿正在上小学，虽然没有刻意将她培养成为辰河高腔演员，但 XMQ 觉得可以先发展兴趣，他让女儿学习架子鼓，先培育她对节奏的敏感度和对音乐的兴趣，希望通过慢慢引导让女儿有更长远的发展，说着他拿出手机为笔者放一段几天前女儿参加比赛的演出视频。在这里，剧团演员为研究者开放的“后台”是指他们的个人生活，相对应的“前台”是他们作为辰河高腔演员和传承人的工作场景。可以说，剧团演员是在“前台”进行着传承人的身份表述，与研究者建立合作关系；而用“后台”为研究者展示他们所扮演的其他社会角色与故事，进一步加深研究者对他们的认识。

通过开放这两种“后台”，研者究们除了能像其他观众一样观看到剧团演员在舞台上的演出以外，还能看到其他观众看不到的背后的故事，这些故事也是剧团演员作为辰河高腔表演主体和传承主体的重要组成部分，不同的研究者或许能从中得到不同的洞察和感悟，从而帮助剧团实现生存与发展。从剧团传承主体的身份表述到与研究者建立合作关系，再到向研究者开放“后台”，研究者不仅是辰河高腔剧团舞台表演的观众，更成为他们舞台之下的日常工作与生活的观众，通过这种方式，研究者被剧团建构成真正意义上的研究型观众。

四、怀旧型观众的建构

浦市是辰河高腔的发源地之一，昔日浦市人爱高腔、懂高腔远近闻名。戏班来到浦市演戏都十分注意小心，演员稍有不慎唱错一句词，做错一个动作或是穿错一件袍子，都会面临被台下观众扔草鞋的危险。辰河高腔对浦市当地人而言意义重大，在老一辈人眼里它是物质贫乏时代唯一的娱乐活动，是他们的精神食粮和心灵慰藉；对于年轻一代人而言它是最轻松和快乐的年少时期的记忆，是他们和家乡之间情感的纽带。对辰河高腔怀有特殊情感的浦市人是辰河高腔怀旧型观众的主体，他们对辰河高腔表演的关注，与演员的互动能深刻影响剧团的生存和存在方式。

（一）文化景观的重塑

现代化发展以及旅游开发对辰河高腔文化景观的重塑唤起浦市人对辰河高腔的记忆，他们用言语和行为向过去非常熟悉的且具有某种象征和感情的符号表达着怀念，这种所体现出来的对“过去事物”的失落感，可以被称为怀旧。[①] 怀旧的触发是诱发怀旧的前提，不仅可视化的事物可以组构成怀旧的主题，无形的刺激同样也能唤起怀旧感受。[②]

人们看到过去熟悉的事物或场景时总是会不由自主地想起往事。江西会馆万寿宫始建于明初，是浦市商贸会馆文化的代表性建筑，也是浦市目前仅存的一座会馆建筑。2015 年，县政府投入约 197 万元对万寿宫进行修缮，包括正门修复、戏楼重建、回廊、内厅修缮以及墙体的加固等。在政府部门的主导下，借着发展旅游的契机，作为辰河高腔发源地与演出场地的万寿宫得以保存与修复，重建后的古建筑、古戏楼也勾起了浦市人对辰河高腔的回忆。今年 72 岁的 L 奶奶是老浦市人，从小住在太平街上，她说以前没有电视机，人们也很少有娱乐活动，大家就爱看戏。从前的浦市作为通商口岸有着很多外来人口以及外来文化，包容性很强，这里的人心态开放，包括在戏曲方面也是如此。L 奶奶不仅爱看辰河高腔，她还喜欢通过录音机听京剧、越剧、黄梅戏，她觉得这些戏的唱腔都特别优美。提起重新修建的万寿宫，她首先想到的就是在会馆里看戏的记忆，她说：“以前浦市有好多会馆，比如溆浦馆啊，常德馆啊，江西会馆啊，里头都有戏台，小的时候家里穷，买不起戏票，我想听戏，但是唱戏的时候要把大门给关上，我就在大门外求有票的人说‘叔叔（阿姨）搭我进去看戏吧’，然后就混进去了。”因为母亲爱听戏，L 奶奶的女儿 Z 女士小时候曾经被带去演出后台看演员们化妆准备，她回想起当时的场景：“我看着那些演员把红的像血一样的颜色往脸上涂，感到好奇又害怕，看演员往头上戴装饰，穿戴和现代人不一样，一穿上戏服就像变身一样，这对当时的我来说是个相当有趣的经历。”近些年来 L 奶奶忙着照顾孙子和乡下的养猪场，已经很久没有听过或看过辰河高腔表演，长大后的 Z 女士也没有机会再去表演的现场看看，但她们表示：“要是能碰到万寿宫里有辰河高腔

---

① 纳尔逊·格雷本，张晓萍，刘天曌．旅游、现代性与怀旧［J］．民族艺术研究，2003（5）：40-47.

② 李斌，马红宇，李爱梅．怀旧的触发、研究范式及测量［J］．心理科学进展，2015，23（7）：1289-1298.

表演，那一定会去看的。”

随着浦市旅游发展而重新恢复的还有辰河高腔剧团在万寿宫的表演，这也作为无形的刺激触发浦市人的怀旧感受和行为。每当万寿宫里传出乐器敲打声，附近的居民，尤其是老年人总是会赶来观看。有一次，笔者正与一位住在河街上（万寿宫也位于河街上）的老人聊天，万寿宫里突然传来击鼓声，老人立马说剧团来唱戏了，邀请笔者一起去看。家住河街的Y阿姨喜欢热闹，尤其怀念以前剧院里演唱辰河高腔时人满为患的热闹场景。第一次和Y阿姨见面时，她错将笔者一行人认成剧团的人，立马说要拿小板凳去万寿宫看戏。万寿宫正厅里的座位都安排给游客，当地人看戏没有地方坐，不过他们对此毫不在意，总是站在或是蹲在正厅前的阶梯上观看。比起忙于聊天、拍照的旅游者，他们看得更加认真和专注，演出结束后还会聚在一起交流观看感受，有人会觉得演出时间太短，以前都演几个小时；有人则认为演员的扮相比以前更加好看；还有人意犹未尽，抱怨这样的演出总是“一下唱一下不唱的”没个准数。通过将舞台上剧团的表演和记忆里辰河高腔表演做对比，当地人又一次陷入对过去时光的回忆和怀念中。

本地人观看辰河高腔表演　笔者摄

政府及旅游部门对万寿宫古建筑的修复与辰河高腔表演的重新恢复实际上是一次对辰河高腔文化景观的重塑，这些有形与无形的文化景观综合在一起触发了浦市人对辰河高腔的回忆，使原本断裂的记忆得以复原。浦市人通过言语或行动表达着对曾经辰河高腔演出的怀念，辰河高腔剧团作为文化景观的组成部分也因此得到他们的再次关注，这为辰河高腔剧团建构怀旧型观众奠定了基础。

（二）对情感表达的回应

辰河高腔文化景观重塑所触发的不仅是浦市人对辰河高腔的记忆，这种怀旧的实质是现代化背景下，浦市人尤其是浦市老人怀念过去生活的情感表达。有学者认为怀旧可以减缓个人的生命周期，让他们回到过去，或与现在快速变化的时代产生对抗。① 浦市人对辰河高腔的怀旧是他们对抗现代性的表现，而对于这样的情感表达，辰河高腔表演者给出了回应。

据笔者的观察，与中国的其他很多小镇一样，浦市常住居民中老人和儿童所占比例较大，伴随着经济发展，青壮年人外出经商、务工居多，空巢老人和留守儿童成为普遍的社会现象。在浦市，很少有人关注老人们的精神世界，对于 60 岁以上的老人而言，手机、电脑不会用，在家只能看电视，听录音机，早上 8—9 点去镇上的几家茶馆喝茶、打麻将，下午 4—5 点回家就是他们消遣一天的最好方式，但是他们的精神世界却不能从中得到满足。在这样的情况下，看辰河高腔表演，听辰河戏，同老朋友谈论剧团演出这样的行为成为他们暂时规避现实生活中的寂寥，寻求精神慰藉，表达和抒发怀旧情感的方式。也正因为如此，每当万寿宫传出锣鼓声，他们都会“不请自来”地迅速出现。原本按照政府和旅游公司的安排，辰河高腔表演的主要受众是外来旅游者，但是辰河高腔剧团与旅游部门对当地人的“闯入”一直持默许甚至是支持的态度。一方面是因为本地居民的出现和参与会给旅游者带来一种“看戏是浦市人日常生活一部分”的感觉，有助于营造他们的真实性体验；另一方面，对于剧团而言，当地人才能算是真正意义上的观众。负责剧团演出的乐队总指挥 XDS 说：“看戏就是外行看热闹，内行听门道，我们唱戏的人就怕听戏的人，我们不怕看戏的人。他坐在那里听，眼睛闭着，闭目养神

① 董培海，李伟. 旅游、现代性与怀旧——旅游社会学的理论探索［J］. 旅游学刊，2013，28（4）：111-120.

地听，就恼火了（不好了）。就像本地的这些观众，你一发生变化，他就不喜欢了，就给你提意见，‘哎，你这个不对，没有按原来的东西唱，要按传统的唱’；也会有观众提醒说你这里、那里唱丢（漏）了。”在辰河高腔剧团演员的眼中，当地人是真正懂戏的人，他们认可并且尊重这些本地的观众，对于他们“不请自来”的情感表达，剧团会用默许以及更加严谨和认真的舞台表演给出回应。

有一些非常热爱辰河高腔的个人，会更为直接地表达情感，提出需求。今年 53 岁的辰河高腔演员 XQ 嗓音条件很好，以前到处跑演出，虽然现在很少在地方乡镇表演，走在浦市街上还是经常会被人认出是那个“唱高腔特别好的女孩”。去年她碰见一位老人家，不仅能认出她，还想请她帮忙录几个唱段，老人家闲来无事时已经将录音机里的曲目听过无数遍，想要听点新的。XQ 刚开始有些犹豫，不敢贸然答应，但是老人家说自己很喜欢听辰河高腔，一直在请求她，让她随便唱一个，唱了就马上录起来，XQ 说：“我当时很感动，然后就答应她了，真的没想到这么多年我还被人记得，也没想到这些人还是那么爱听戏。”

无论是态度上的默许还是行动上的支持，辰河高腔演员用自己的方法回应着他们眼中真正的观众，通过对当地观众的怀旧情感表达进行回应，辰河高腔表演剧团与这些随时代变迁而流失的观众又重新建立起互动关系，用自己的行动去帮助和促使他们关注、观看、聆听辰河高腔，从而将他们建构成为自己的怀旧型观众。

民间舞台艺术团体对旅游开发背景的利用

本文以浦市辰河高腔为研究对象，描述在旅游开发的背景下，辰河高腔剧团对四种不同类型观众的建构过程，剧团建构观众的过程实际上是民间舞台艺术团体利用旅游开发背景，通过与各种社会群体互动，借助各种社会力量实现生存与发展的过程。这一过程表明，旅游开发为民间舞台艺术的生存与发展带来了机遇，民间舞台艺术团体也充分发挥着能动性，利用这些机遇实现着自身的存续和发展。

一、旅游开发带来的机遇

正如本文第二章所描述的那样，辰河高腔的生存与发展同所处社会的文化生态环境息息相关，社会的动荡及变化会给辰河高腔艺术文化带来巨大影响，现代社会中旅游业的发展也不例外。旅游是由多个社会主体共同介入和综合作用的过程，其中包括政府、旅游企业、旅游者、民众、专家、学者等，在这样的背景下，辰河高腔及其艺术团体不可避免地与各种社会主体产生关系。旅游给辰河高腔带来一系列的影响，而这些影响恰恰可以帮助辰河高腔这一民间舞台艺术实现生存与发展。

（一）现代价值的显现

随着现代思想与技术的冲击，辰河高腔表演本已经逐渐淡出历史舞台，但旅游发展使其独有的现代价值开始显现。辰河高腔及其相关的文化元素被政府写进旅游开发规划之中，作为旅游资源受到重视与利用，辰河高腔的演出场地万寿宫得到复原，辰河高腔舞台表演也作为旅游演艺活动得以重启，其在现代社会中的艺术价值、审美价值、历史价值开始显现。旅游企业对辰河高腔及其舞台表演进行打造和宣传，让其成为浦市旅游产品体系中的一部分，通过投放到市场，使之成为吸引旅游者和消费者的文化符号，辰河高腔的产业价值与经济价值得到显现。虽然很多人认为“商品化”会使文化在被生产和展示的过程中片面化和虚假化，从而破坏民间传统文化的原真性，但从目前来看，旅游开发带给辰河高腔的是利大于弊。正如马晓京所认为，如果旅游商业化的过程是在当地人的控制下进行的，那么民族旅游可以带来民族传统文化的复兴。[①] 适度的旅游商品化可以帮助民间传统文化实现复兴，辰河高腔的旅游商品化实则是对其现代价值的利用，能够让其焕发全新生命力。但是如何把握好旅游开发的度，又如何将旅游商品化的过程掌控在当地人自己手中，是值得进一步思考的问题。

（二）多主体的互动

在旅游背景下，民间传统文化能够与旅游过程中的多个主体产生互动。

---

① 马晓京．旅游商品化与长阳土家族廪君神话的复活［J］．中南民族大学学报：人文社会科学版，2007，27（2）：35-40.

辰河高腔作为国家级非物质文化遗产，其表演主体参与政府事务，协助政府部门进行旅游景区评级工作，在与政府部门的互动中得到接纳和认可。通过配合政府部门和旅游公司的规划与打造，辰河高腔剧团演出成为展示浦市民间传统文化的窗口，吸引着众多的旅游者，因此能够与旅游者进行直接互动，借助旅游部门配合以及多种演出手段辰河高腔剧团将旅游者建构为观赏型观众。与此同时，旅游开发中被打造成为文化景观的辰河高腔舞台表演勾起本地民众对辰河高腔的记忆与情感，触发了他们怀念并观看辰河高腔剧团演出的行为，剧团对此作出自己的回应，从而将他们建构成为辰河高腔的怀旧型观众。通过与旅游开发过程中的多个参与主体进行互动，辰河高腔舞台表演在当代拥有全新的观众群体，实现着自身的价值，也获得生存和发展的机会，可以说旅游开发是民间舞台艺术团体在当代生存和发展的最大机遇。有机遇就会有挑战，过度的旅游开发势必会对民间传统文化造成破坏，本文侧重于探讨旅游开发为民间传统文化的生存发展所带来的可能性，因此对于其可能会带来的负面影响没有进行讨论，希望之后的研究能对此做更加深入的探究。

二、民间舞台艺术团体的能动作用

以辰河高腔为代表的非物质文化遗产多生存于民间社会，其存在形式多是分散的，自我保护能力十分有限，随着它赖以生存的文化生态环境的丧失或改变，单靠其自身能力只能陷入困境。[①] 在市场萎缩、观众缺失的情况下，辰河高腔剧团充分发挥自身的能动作用，积极地通过各种方式，利用旅游开发所带来的机遇，实现生存与发展。

（一）传承主体的身份认同与表述

辰河高腔起源于民间社会，虽然在发展进程中出现戏班和剧团这样的组织形式，但是辰河高腔的传唱缺乏制度化和规范性，一直以来是靠着历代辰河高腔艺人的“口传”和“身教”其唱腔和表演才得以流传与继承。对于这种口头相传的民间舞台艺术而言，艺人是最重要的主体，他们跟着自己的师傅或是老一辈艺人学习，看着他们演出，在潜移默化之中已经将自己的命运

① 唐建军．生态学理论视角下传统手工艺术的保护策略［J］．山东大学学报（哲学社会科学版），2011（2）：107-113.

与辰河高腔的发展联系在一起。在辰河高腔成为非物质文化遗产后，抢救与保护成为它的基本语境，非物质文化遗产的本质不在于“物”与“非物”，而在于文化的“承”，其核心是传承文化的人,① 传承人对于非物质文化遗产的抢救与保护至关重要。

辰河高腔剧团既是辰河高腔的表演主体也是它的传承主体。在对辰河高腔剧团的观察与研究中笔者发现，演员们对于自己的传承者身份有着清晰的认识，并且对所肩负的传承职责有着高度的认同。他们能动地为辰河高腔的当代发展提供动力，如培养新人、收集剧本、整理曲牌；同时能动地为辰河高腔的当代发展创造环境，如通过与研究者合作以获得他们乃至社会的关注，利用表演舞台制造真实性体验以吸引旅游者，等等。可以说，民间舞台艺术团体的能动性是他们建构观众的基础。在一系列实践活动中，辰河高腔剧团成员不断地进行着传承者的身份表述，积极地履行着文化传承的职责与义务，同时也将互动对象建构为自己的观众，凭借着观众的关注实现辰河高腔以及剧团的生存与发展。尽管辰河高腔传承主体的能动性可能会受到官方话语与非物质文化遗产传承人评选机制的影响，但是其根源还是在于演员们内心深处对与自己个人命运紧密相连的辰河高腔的担忧，这种发自内心的情感始终伴随着民间舞台艺术传承主体的思想和行为，驱使着他们为民间传统文化的生存发展做出尝试与努力，从而为民间舞台艺术在当前旅游开发背景下的生存与发展奠定了基础。

（二）借助政府的力量

辰河高腔剧团依附于政府，为政府的意识形态宣传服务，让政治力量嵌入进剧团的日常管理与运营中，使剧团不被日益狭小的生存空间所影响，得以实现自身和辰河高腔艺术的存续。在政府主导的旅游规划中，作为非物质文化遗产的辰河高腔因其具有的社会经济价值、历史文化价值、艺术审美价值被“资源化”，辰河高腔及其表演团体作为文化旅游资源参与到浦市旅游发展中，通过政府的相关活动以及给予的资金与人力支持，辰河高腔舞台表演得以恢复，民间舞台艺术团体通过旅游演出接触到不同的社会群体，借此建构起相应观众，重获生机。在剧团被正式纳入行政体系成为辰河高腔传习所

① 祁庆富．论非物质文化遗产保护中的传承及传承人［J］．西北民族研究，2006（3）：114-123.

后，剧团演员们作为辰河高腔艺术传承主体的身份得到强调，进行相应工作任务时，演员的传承人身份意识也得到进一步强化，从而在辰河高腔艺术传承和保护中发挥着积极的作用。

从表面看，辰河高腔是因为其自身价值和属性，受到官方认可和法律保护、享受公共资源、参与公共事务。实际上，辰河高腔及其表演、传承主体是在与政府互动实践的过程中，利用政府的权力得到保护和扶持。赵方认为，在实践中，政府的有效管理实际上是传统文化保护和传承的制度保障。① 借助政府力量，民间舞台艺术及其团体得以在现代化的社会文化环境中得到认可并生存下来，并能够参与到旅游开发中获得生存和发展的机会。

参考文献

一、著作

[1] 谭必友. 古村社会变迁：一个话语群的分析实验 [M]. 北京：民族出版社，2005.

[2] 费孝通. 乡土中国 [M]. 北京：北京出版社，2005.

[3] 林耀华. 民族学通论 [M]. 中央民族大学出版社，1997.

[4] 庄孔韶. 人类学概论 [M]. 北京：中国人民大学出版社，2006.

[5] 彭兆荣. 旅游人类学 [M]. 北京：民族出版社，2004.

[6] 孙九霞编. 旅游人类学：理论与经验 [M]. 北京：社会科学文献出版社，2013 (8).

[7] 赵玉燕，吴曙光. 湖南民俗文化 [M]. 长沙：湖南师范大学出版社，2010.

[8] 郑英杰. 文化的伦理剖析——湘西伦理文化论 [M]，贵阳：贵州民族出版社，2000.

[9] 谭必友、贾仲益. 湘西苗疆珍稀民族史料集成 [C]. 学苑出版社，2013.

[10] 谭必友. 浦市龙舟赛 [M]. 北京：学苑出版社，2016.

① 赵方. 我国非物质文化遗产的法律保护研究 [M]. 中国社会科学出版社，2009：194.

[11] 谭必友，田燕，洪文雄主编. 我在浦市读女神——熤园学人田野考察行记 [M]. 北京：煤炭工业出版社，2017.

[12] 张必津. 辰河高腔——辰溪大戏 [M]. 北京：中国戏剧出版社，2012 (1).

[13] 傅谨. 草根的力量——台州戏班的田野调查与研究 [M]. 南宁：广西人民出版社，2001.

[14] 容世诚. 戏曲人类学初探：仪式、剧场与社群 [M]. 桂林：广西师范大学出版社，2003.

[15] 邱坤良. 乐户：田野调查与历史追踪 [M]. 台北：唐山出版社，2001.

[16] 杨红. 当代社会变迁中的二人台研究：河曲民间戏班与地域文化之互动关系 [M]. 北京：中央音乐学院出版社，2006.

[17] 赵方. 我国非物质文化遗产的法律保护研究 [M]. 北京：中国社会科学出版社，2009.

[18] 泸溪县文广新局《辰河高腔》编辑委员会. 辰河高腔 [M]. 长沙：湖南美术出版社，2016.

[19] 湖南省戏曲研究所编. 湖南地方剧种志丛书（二）[M]. 长沙：湖南文艺出版社，1989.

[20]（美）詹姆斯·克利福德，乔治·E. 马库斯著，高丙中译. 写文化：民族志的诗学与政治学 [M]. 上海：商务印书馆，2006.

[21]（美）马文·哈里斯著，李培茱，高地译. 文化人类学 [M]. 北京：东方出版社，1988.

[22]（美）马文·哈里斯著，王艺，李红雨译. 母牛·猪·战争·妖巫：人类文化之谜 [M]. 上海：上海文艺出版社，1990.

[23]（美）欧文·戈夫曼著，冯钢译. 日常生活中的自我呈现 [M]. 北京：北京大学出版社，2008.

[24]（美）瓦伦·L. 史密斯著，宗晓莲译. 东道主与游客——旅游人类学研究 [M]. 昆明：云南大学出版社，2007.

[25] Berger P, Luckman T, The Social Construction of Reality [M]. London: Allen Lane, 1967: 2-5.

[26] Burr, V. An Introduction to Social Constructionism [M]. London: Routledge, 1995.

[27] Urry, J. The Tourist Gaze: Leisure and Travel in Contemporary Societies [M]. London: SAGE Publications Ltd, 1990.

二、地方志

[1]（清）李瀚章，（清）裕禄等. 光绪湖南通志 [Z]. 长沙：岳麓书社，2009.

[2] 席绍葆，谢鸣谦修纂. 乾隆辰州府志 [Z]. 长沙：岳麓书社，2010.

[3] 沅陵县史志办公室. 明·万历辰州府志（点校本）[Z]. 2016.

[4] 泸溪县志编辑委员会. 泸溪县志 [Z]. 北京：社会科学文献出版社，1993.

[5] 辰溪县地方志编纂委员会. 辰溪县志 [Z]. 北京：三联书店，1994 (5).

[6]（清）周士拔撰. 防浦纪略 [Z].

[7] 严如熤. 苗防备览 [Z]. 绍义堂刻本，道光癸卯年重镌本.

[8] 政协湖南省泸溪委员会文史学习委员会编. 泸溪文史. 第八辑，浦市古镇 [Z]. 2007.

三、学位论文

[1] 何强. 当代宗族认同的重构——以浦市姚氏宗族为中心的观察 [D]. 湖南师范大学，2017.

[2] 李嘉豪. 人类学视角下的浦市龙舟节研究 [D]. 湖南师范大学，2017.

[3] 李璋奇. 旅游开发背景下的民俗文化变迁研究——以浦市古镇“抬黑龙”为观察中心 [D]. 湖南师范大学，2018.

[4] 张学琦. 社区公共祭仪与社区记忆——以浦市龙舟赛为观察中心 [D]. 湖南师范大学，2017.

[5] 赵玲. 我国商贸交通型历史文化名镇保护与利用研究——以湖南省泸溪县浦市镇为例 [D]. 湖南师范大学，2013.

[6] 袁伟宁. 祠堂记忆：一个浦市家族的兴与衰 [D]. 湖南师范大学，2017.

[7] 姜雅琪. 旅游开发中的民族文化变迁与保护研究——以浦市古镇为例 [D]. 吉首大学，2017.

[8] 孔觅. 清代浦市城镇商业研究 [D]. 吉首大学，2013.

[9] 黄建胜. 湘西地区江西会馆功能研究——以浦市、凤凰万寿宫为例[D]. 吉首大学，2012.

[10] 胡云. 沅水流域辛女信仰研究 [D]. 中南民族大学，2013.

[11] 吕贵彦. 湘西古镇旅游资源开发利用研究 [D]. 中南林业科技大学，2009.

[12] 罗运胜. 明清时期沅水流域经济开发与社会变迁 [D]. 武汉大学，2010.

[13] 李倩. 舞台真实：旅游作为社会戏剧的过程 [D]. 中山大学，2010.

四、期刊

[1] 安学斌. 民族文化传承人的历史价值与当代生境 [J]. 云南民族大学学报（哲学社会科学版），2007，24（06）：18-22.

[2] 迟燕琼. 少数族裔传统艺术传承机制探析——对石屏县哨冲乡慕善村花腰彝民族文化艺术传承班的调查 [J]. 云南艺术学院学报，2010（01）：60-65.

[3] 陈麦池. 基于建构主义理论的中国国家旅游形象的研究与设计 [J]. 旅游论坛，2013，6（05）：51-55.

[4] 陈守仁. 仪式、信仰、演剧：神功粤剧在香港 [J]. 香港中文大学粤剧研究计划，1996.

[5] 董培海，李伟. 旅游、现代性与怀旧——旅游社会学的理论探索[J]. 旅游学刊，2013，28（04）：111-120.

[6] 冯运文. 浦市盂兰盆法会的人类学考察 [J]. 民族论坛，2016（12）：84-88.

[7] 高丙中. 作为公共文化的非物质文化遗产 [J]. 文艺研究，2008（02）：77-83.

[8] 何明. 当下民族文化保护与开发的复调逻辑——基于少数民族村寨旅游与艺术展演实践的分析 [J]. 云南师范大学学报（哲学社会科学版），2008，40（01）：58-64.

[9] 高飞飞. 浦市土著民族及民族关系变迁根源的反思——基于社会学视角的田野实地探析 [J]. 四川民族学院学报，2015（04）：21-25.

[10] 胡云. 沅水流域辛女信仰中的分神传说及其影响浅析 [J]. 新丝路（下旬），2016（02）：89-90.

[11] 柯群英. 文化遗产保护与旅游发展：以新加坡白沙浮街为例 [J]. 广西民族大学学报，(哲学社会科学版)，2012 (05)：63-69.

[12] 李璋奇. 古建筑权属关系在古镇文化保护中的作用研究——以浦市古镇为例 [J]. 美与时代 (城市版)，2017 (07)：32-34.

[13] 李航. 论唐卡传承的主体能动性——以青海热贡唐卡传承人更登达吉为例 [J]. 民俗文化论坛，2017 (02)：98-106.

[14] 李俏. 中国会馆文化研究综述 [J]. 牡丹江大学学报，2016，25 (05)：28-30.

[15] 李斌，马红宇，李爱梅. 怀旧的触发、研究范式及测量 [J]. 心理科学进展，2015，23 (07)：1289-1298.

[16] 刘梦华，易顺. 从旅游管理到旅游治理——中国旅游管理体制改革与政府角色扮演逻辑 [J]. 技术经济与管理研究，2017 (05)：97-103.

[17] 刘晓霞，王兴中，李九全. 体验经济时代旅游场所的构建 [J]. 经济地理，2008 (05)：882-886.

[18] 刘思达. 职业自主性与国家干预——西方职业社会学研究述评 [J]. 社会学研究，2006 (01)：197-224.

[19] 罗爱静等. 产业化视角下不同类型非物质文化遗产的转化机理研究——以湘西土家族苗族自治州为例 [J]. 吉首大学学报 (社会科学版)，2018，39 (01)：133-138.

[20] 马凌. 旅游社会科学中的建构主义范式 [J]. 旅游学刊，2011 (01)：31-37.

[21] 马天，谢彦君. 旅游体验的社会建构：一个系统论的分析 [J]. 旅游学刊. 2015，30 (08)：96-106.

[22] 马翀炜. 文化符号的建构与解读——关于哈尼族民俗旅游开发的人类学考察 [J]. 民族研究，2006 (05)：61-69.

[23] 马晓京. 旅游商品化与长阳土家族廪君神话的复活 [J]. 中南民族大学学报：人文社会科学版，2007，27 (02)：35-40.

[24] 纳尔逊·格雷本，张晓萍，刘天曌. 旅游、现代性与怀旧 [J]. 民族艺术研究，2003 (05)：40-47.

[25] 邱坤良. 一个野台戏班的初步研究 [J]. 实地考察与戏曲研究，香港：香港中文大学音乐系粤剧研究计划，1997：271-295.

[26] 祁庆富. 论非物质文化遗产保护中的传承及传承人 [J]. 西北民族

研究，2006（3）：114-123.

［27］任婵娟. 基于“舞台真实”理论的文化旅游资源开发——以原生型民族村寨为例［J］. 桂林旅游高等专科学校学报，2008，19（01）：129-132.

［28］孙九霞，陈冬婕. 事件重构文化符号的人类学解读——以“西关小姐”评选活动为例［J］. 旅游学刊，2009，24（11）：57-63.

［29］史艳兰. 云南石林景点导游作为景观的旅游建构［J］. 旅游学刊，2012，27（07）：57-63.

［30］谭卓，钟洋. 少数民族地区非物质文化遗产景观基因的居民认知特征——以浦市古镇辰河高腔为例［J］. 吉首大学学报（社会科学版）. 2016（37）：84-91.

［31］谭必友，谭忠国等. 田野视角中的传统：湘西浦市龙舟赛笔谈［J］. 民族论坛，2016（06）：106-110.

［32］谭卫华，罗康隆. 旅游开发中的非物质文化遗产保护刍议［J］. 柳州师专学报，2010，25（03）：4-7.

［33］滕叶. 辰河高腔的民间传承与传播［J］. 戏剧丛刊，2013（06）：66-69.

［34］唐剑萍. 辰河高腔学前教育价值研究［J］. 戏剧之家，2016（08）：196-197.

［35］田圣会. 辰河高腔文化艺术与学校教育传承的价值［J］. 怀化学院学报，2016，35（07）：1-5.

［36］唐建军. 生态学理论视角下传统手工艺术的保护策略［J］. 山东大学学报（哲学社会科学版），2011（2）：107-113.

［37］王燕妮. 生产性保护：文化主体研究视角的理性回归——“第三届中美非物质文化遗产论坛”国际学术研讨会综述［J］. 民俗研究，2013（01）：152-155.

［38］邢启顺. 旅游开发与乡土传统文化重构——旅游人类学视野中的乡土传统文化产业［J］. 贵州师范大学学报（社会科学版），2005（05）：28-31.

［39］熊晓辉. 书写与口传：辰河高腔口述传播的镜像［J］. 民族文化研究，2016（02）：49-59.

［40］熊晓辉. “口述”与“文本”——辰河高腔传承人百年记忆的表述

方式［J］. 文化遗产，2015（04）：73-80.

［41］熊晓辉. 辰河高腔与民俗审美［J］. 民族音乐，2010（02）：7-8.

［42］许放明. 社会建构主义：渊源、理论与意义［J］. 上海交通大学学报：哲学社会科学版，2006，14（03）：35-39.

［43］张士闪. 乡民艺术民族志书写中主体意识的现代转变［J］. 思想战线，2011，37（02）：9-13.

［44］赵玉燕. 旅游吸引物符号建构的人类学解析——以“神秘湘西”“神秘文化”为例［J］. 广西民族研究，2011（02）：184-189.

［45］赵士林，田婧. 主客位语境下的民族文化遗产保护［J］. 云南社会科学，2008（01）：71-75.

［46］周玮，朱云峰. 近 20 年城市记忆研究综述［J］. 城市问题，2015（03）：2-10.

［47］周尚意，成志芬，夏侯明健. 记忆空间表达及其传承研究——以北京西四北头条至八条历史文化保护区为例［J］. 现代城市研究，2016（8）：11-16.

公益与文化遗产保护研究

现代交通背景下浦市码头文化变迁研究

秦嫚曼*

【摘　要】本文在现代交通背景下，通过田野调查法，以湘西土家族苗族自治州浦市码头为观察中心，试图探索现代交通背景下浦市码头文化的变迁。

本文主要从三个部分进行分析。第一部分介绍田野点和现代交通体系的发展概况，分析浦市码头曾在沅水流域中的重要地位，借以交代现代交通体系背景下浦市码头衰落的历史背景和缘由，并划分出大码头时代和社区码头时代两个概念。正如罗素曾言："结束中国传统文明的，不是任何新出现的内在弱点，而是西方交通工具的进步。"道路作为一种物质形态的存在，它连接不同的地点，承载着人与物在空间上的移动与流通。同时，道路也成为文化传播、融合、变迁的一种隐喻和象征，对于一个特定的社区而言，道路所产生的影响是深层次的。第二部分为本文的主体部分，结合相关地方文献资料，对浦市码头文化的变迁进行研究和分析。文化和文化变迁是人类学最根本也是最亘古不变的主题，马林诺夫斯基曾提出，文化过程即文化变迁。本文中码头文化主要涉及物质文化：人员组织结构、码头功能、码头配套设施以及精神文化：对码头叙事的价值观取向，通过历史与现实对比，陈述码头文化的变迁规律。第三部分对现代交通发展与文化变迁之间的关系进行反思，并与威斯康星大学麦迪逊校区人类学系周永明教授提出的"路学"进行对话。

【关键词】浦市；现代交通体系；浦市码头；文化变迁

---

* 秦嫚曼，湖南师范大学公共管理学院 2019 届硕士，现为长沙环境保护职业技术学院讲师。导师：谭必友教授。

绪　论

一、研究缘起

罗素曾言："结束中国传统文明的，不是任何新出现的内在弱点，而是西方交通工具的进步。"笔者将现代交通背景下浦市码头文化的变迁作为一个学术问题的研究视野有两个原因。一是源于 2018 年周大鸣教授的一次讲座。主题为：聚落与交通："路学"视域下中国城乡社会结构变迁。讲座中，周大鸣教授深入浅出地从人类学的视角分析交通对人类社会的作用和影响，并引入威斯康星大学麦迪逊分校区人类学系周永明教授大力倡导建立的"路学"视角[①]（"路学"是一门以跨学科的角度对道路的修建、使用和影响进行综合研究的学科。"路学"只有置入同时涵盖社会和自然两大系统的学科框架和理论才能真正全面了解研究对象）。二是源于从 2013 年至今，谭必友教授带领湖南师范大学熠园[②]以硕士研究生为田野调查主体的师生长期扎根于湖南省泸溪县浦市镇进行的田野调查为积累基础。首先，熠园学子们整理了丰富的田野资料、拍摄了相关民族志视频、出版了相关书籍：《浦市龙舟赛》《我在浦市读女神》等。同时，熠园学子们撰写并发表数篇学术论文以及微信公众号推文，在很大程度上促进了浦市当地文化的发展。这些田野资料和学术成果让笔者在深入浦市田野调研前，对浦市有了一种直观且理性的认识。

清康熙二十六年（1687），行人司[③]行人徐炯在《使滇日记》中说："洪江、烟火万家，称为巨镇"，又说"浦市、称巨镇……十倍于洪江"。乾嘉之际，湖湘学派的著名先行者、岳麓书院的高才生严如熤曾对浦市商业做过调查，称浦市每年的商业交易额为 800 万两银子（约相当于今天 80 亿元的商品

① 周永明．路学：道路、空间与文化［M］．重庆大学出版社，2016：10.

② 注：熠园坐落于长沙岳麓山东岭、湖南师范大学东北角，是集湖南省民族历史文化研究基地、湖南师范大学浦市文化研究院，以及湖南师范大学社会学、人类学专业教学和研究的综合性学术机构.

③ 行人司，是古代的一种官署名。掌传旨、册封等事。凡颁行诏敕、册封宗室、抚谕四方、征聘贤才及赏赐、慰问、赈济、军务、祭祀，则遣其行人出使.

购买力)。浦市曾经是一个十分繁华而富庶的商业城市。①

笔者于 2018 年 5 月—2018 年 10 月之间分三次，共历时一个多月在浦市进行田野调查。笔者的研究课题受到周永明教授大力倡导的“路学”以及周大鸣教授对于交通的关注的启发：迅猛发展的交通，对于该地区的社会文化生活产生了什么影响？因此笔者不禁自问，浦市码头在现代交通体系的不断完善中如何博弈？浦市码头文化又发生了怎样的变迁？从浦市码头的变迁中是否可以窥见交通与文化变迁的相关联系？

二、研究综述

（一）关于浦市文化的研究

本文的观察中心浦市，在此之前，学者们和熤园师生已经率先对浦市文化进行了一系列的研究，与浦市相关的硕博士毕业论文共有 24 篇，相关基础研究（社科）类期刊论文 61 篇。有的学者关注浦市的龙舟赛、抬黑龙、中元节等一系列具有浦市地方文化特色的活动，如谭必友出版的《浦市龙舟赛》从龙舟赛形成、发展的环境、龙舟队的构成、祭祀仪式、竞渡、龙舟赛文化与文化贡献出发，对浦市龙舟文化进行了详细的描写与系统的阐释，并对这传承千年的民俗活动变迁的表现进行了讨论。② 李璋奇也在《旅游开发背景下的民俗文化变迁研究——以浦市古镇“抬黑龙”为观察中心》对浦市古镇“抬黑龙”的民俗活动的变迁进行探索，主要关注民俗文化与旅游开发之间的深层关系③。同时，胡云在《沅水流域辛女信仰》中对浦市民间信仰进行社会文化价值研究。何强也在《当代宗族认同的重构》中以浦市姚式宗族为观察中心，对当代宗族认同的重构进行研究④。在此之前，湖湘学派的著名先行者、岳麓书院的高才生严如熤曾在浦市做了四年的田野调查，在《苗防备览》一书中对浦市的商业、文化等进行了分析和研究。⑤ 此外，在非物质文化方面，学者们主要集中在浦市的辰河高腔、踏虎凿花等方面。如谭波、钟洋的

① 谭必友. 主持人导言：如何处理田野作业中的文化激情、关怀与问学［J］. 民族论坛，2016（6）：106-107.

② 谭必友. 浦市龙舟赛［M］. 学苑出版社，2016：1-118.

③ 李璋奇. 旅游开发背景下的民俗文化变迁研究［D］. 湖南师范大学，2018.

④ 何强. 当代宗族认同的重构［D］. 湖南师范大学，2017.

⑤ 严如熤. 苗防备览［M］. 绍义堂刻本，道光癸卯年重镌本.

《少数民族地区非物质文化遗产景观基因的居民认知特征——以浦市古镇辰河高腔为例》通过研究浦市古镇非物质文化，提出了保护与传承建议。① 最后，在旅游开发方面，学者们主要关注浦市文化变迁与旅游元素的挖掘和保护。如姜雅琪在《旅游开发中的民族文化变迁与保护研究——以浦市古镇为例》中针对旅游开发中文化变迁进行了分析和研究。②

综上所述，学者们对浦市的研究主要集中在浦市民俗生活、非物质文化、旅游开发与保护等，对于浦市码头文化的研究却是鲜有涉足。

（二）关于码头文化的研究

笔者以码头文化为主题，以 2000 年到 2018 年为时限，匹配为精准，共搜集出 223 篇论文。

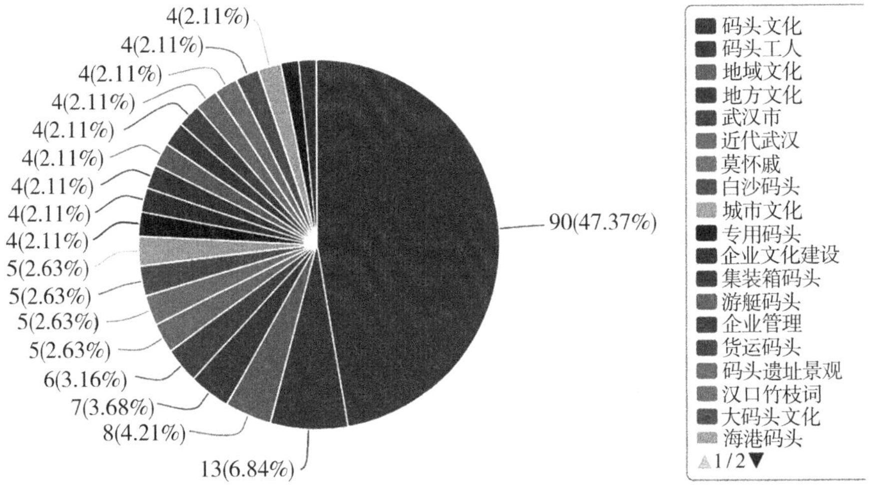

目前对于码头文化的研究，根据计量可视化分析可知，一方面，学者们从文学视角对码头文化进行研究。重庆师范大学教授莫怀戚的文学小说中《重庆性格之白沙码头》以码头文化的粗犷、豪气为基础，透视了人类的欲望和人性的复杂，认为重庆人性格的基础与码头文化息息相关③。再如刘岚、陈

① 谭波，钟洋．少数民族地区非物质文化遗产景观基因的居民认知特征——以浦市古镇辰河高腔为例［J］．吉首大学学报：社会科学版，2016（S2）：84-91.

② 姜雅琪．旅游开发中的文化变迁研究——以浦市古镇为例［J］．法制与社会，2017（12）.

③ 刘晓琴．生命狂欢中的欲望审美和人性书写——谈莫怀戚《重庆性格之白沙码头》［J］．当代文坛，2010（5）：87-89.

飞虎在《基于湘潭城市码头文化保护的地域性表达》中认为传统的城市空间环境传达了湘潭独特的码头文化，现有的历史街区和旧城建筑特色的保护被认为是湘潭城市建设区域延续的重要支撑。另一方面，从社会学角度解读码头文化。如周德钧在《近代汉口码头文化的社会学解读》中，从社会学的角度解读汉口形成码头文化的原因、基本属性、特色以及基本面貌。① 同时，诸多学者关注码头在城市建设以及景区规划中的作用和影响。如黄坤银在《城市码头遗址景观更新设计研究》中②，对城市码头——株洲永利码头进行遗址景观的研究和设计。

由此可见，目前学者们对于码头文化的研究虽然略有成果，但是大都从文学角度阐述、从社会学角度分析、从景观规划和城市建设等理工科角度进行设计，从文化人类学视角研究码头文化变迁的学者较少。

（三）关于文化变迁的研究

文化变迁的研究

1. 文化的概念

从英国的文化人类学家泰勒算起，对文化做抽象思考至今已一百多年历史了。有学者列举了五位学者代表对“文化”分层的看法，总结了近代文化的抽象观念。③ 本文主要从文化的物质层面和精神层面对码头文化的变迁进行分析研究。

马林诺夫斯基	费孝通	余英时	李亦园	冯天瑜
物资设备	基本（生物）	物质层面	物质文化或技术文化	物质文化
语言	派生（社会）	制度层面	社群文化或伦理文化	制度文化
社会组织	—	风俗习惯层面	—	行为文化
精神方面的文化	整合	思想与价值	精神文化或表达文化	心态文化意识形态

① 周德钧. 近代汉口码头文化的社会学解读［J］. 湖北大学学报（哲学社会科学版），2009，36（4）：36-41.

② 黄坤银. 城市码头遗址景观更新设计研究［D］. 中南大学，2014.

③ 宋蜀华，陈克进主编：《中国民族概论》，北京，中央民族大学出版社，2001：143.

2. 文化变迁的理论

《中国民族概论》[①] 一书中，提出了文化的概念“足以影响文化内容或文化结构的变化。”同时，一些学者认为文化变迁“就是在技术、社会、政治、经济组织以及行为准则等方面所发生的变化过程”。

3. 对文化变迁的研究

迄今为止对文化变迁的研究，主要是从三个时间段来阐述。第一阶段可以追溯到 19 世纪中期，以摩尔根、泰勒的早期进化论为主要代表。摩尔根和泰勒分别在《人类家族的血亲和姻亲制度》《原始文化：神话、哲学、宗教、语言、艺术和习俗发展之研究》中提出文化的进化理论。随后摩尔根在《古代社会》中也进一步阐述了社会进化的过程，通过四个方面（发明和发现、政治观念的发展、家族观念的发展和财产观念的发展）来解释人类是从低级阶段逐步走向高级阶段的。泰勒也认为人类文化主要历经了三个阶段：蒙昧、野蛮和文明。他理解为文化的进化是按照这三个阶段进化的，且每个阶段的活动都有其代表性。[②] 文化进化派认为人类社会发展的规律呈现单线进化的趋势，是一个由简单文化发展为复杂文化的过程，“人类心性的一致性”是其进化原因。后期受到一些学者的批评。

第二阶段为 20 世纪早期，这个阶段涌现出一批学派：传播学派、结构-功能学派、历史学派等，这个时期学派的学者对早期文化进化进行批评，并提出新的观念。其中以格雷布纳为代表的传播学派认为，传播是文化发展的主要原因，文化在不断传播的过程中，就在无形之后发生了变迁，由此借以解释世界各地文化的相似性。功能学派创始人之一马林诺夫斯基在《科学的文化理论》一书中对于功能主义进行了多方面的阐述及逻辑概括。他认为能够存留和传播的物质器具和社会思想应该具备的一个大前提是：满足人们的生物需求和社会需求。[③] 因此，在学术观点上对进化学派、传播学派持有否定态度，从而更加关注文化功能的变化、消失和替代，更加强调在调查中发现的文化变迁。美国历史学派的代表人物博厄斯认为，构拟人类历史才是人文学科的最终目的，因此他认为必须从每个民族的历史开始进行研究。博厄斯

① 宋蜀华、陈克进主编：《中国民族概论》，中央民族大学出版社，2001：219-227.

② 爱德华·泰勒．原始文化：神话、哲学、宗教、语言、艺术和习俗发展之研究［M］．广西师范大学出版社，2005：2-20.

③ 马林诺夫斯基．科学的文化理论［M］．北京：中央民族大学出版社，1999：52-53.

认为，任何一个文化族群的历史都是独特的，该社会集团特殊的内部发展以及它所受到的外部影响共同构成了这些民族独特的历史，而这里所谓的历史是指文化的传播。他的研究基于实地调研，研究各种文化群体的独特历史，从而转向主题研究，但对文化现象进行客观描述而不追溯。

第三阶段是20世纪40年代至今，包括文化进化、文化变迁和文化现代化等研究。其中巴尼特是专门进行文化变迁研究的学者，他在《创新：文化变迁的基础》中提出，文化变迁的原因有两个方面，一方面是内部原因，社会内部的变化引起变迁；另一方面是外部原因。引起变化的主要有两个方面：自然环境、社会文化环境。无论是自然环境还是社会文化环境只要与之前的环境存在区别，人们从对新的方式产生最初反应时就是文化逐渐变迁的开始，当足够概率的人们接受新的方式，其文化就实现了变迁。以下为发生变迁的几种方式：进化、发明、发现、传播或借用。新进化论学派的创始人朱利安·斯图尔德将美国民族学的弗朗茨·博厄斯学派和莱斯利·怀特的进化论结合起来，以“文化生态”作为一个研究实体去探究文化的变迁。新进化论的代表人物L. A. 怀特在《文化的科学》中对文化的进化进行了阐述。怀特的文化进化观通常被看作是普遍进化，同样是把人类文化当成一个整体，研究整体中文化形式的连续顺序①。美国人类学家史徒华关注文化变迁的原因，在《文化变迁的理论》一书中，提出了“多线进化”的观点，他认为两个相距遥远的地方之所以存在文化的相似性，并不是因为在历史上存在某种关系，而是在同一时间内，这些不同的进化路线受到同一原则的支配。人们环境的适应过程就是文化的变迁过程。该观点与文化生态学相联系，是对怀特“普遍进化”观的反思。他认为，“普遍进化”对于说明分布在各个地理区域间在顺序上平行发展的结构之差异和相似性方面存在缺陷。

本文立足于文化变迁研究，在文献回顾时查阅了大量国内外关于文化变迁的经典理论著作及近年来学术界的最新研究成果，根据笔者的研究背景及文化变迁理论研究三个阶段为基础，本文拟对现代交通与文化变迁的关系进行重点疏理。

（四）现代交通发展与文化变迁的关系

改革开放以来，人类学家逐渐关注交通发展与文化变迁的关系。并且在

① 怀特，沈原，黄克克，皇玲译. 文化的科学［M］. 济南：山东人民出版社，1988：23-56.

威斯康星大学麦迪逊校区人类学系周永明教授的大力倡导下，“路学”一词越来越多地出现在国内外人类学学者的视野中。周永明教授在研究藏区的公路修筑过程及其影响时，用人类学的视角分析，提出了一个新的研究概念“路学”，并初步设定了四个研究框架[①]。2012 年，著名地理学刊《移动性》出版了“道路与人类学”专辑，收录了七篇专门研究道路的民族志。2014 年，首届国际路学工作坊在重庆大学人文社会科学高等研究院人类学中心举行，并有论文集《路学：道路、空间与文化》于 2016 年 11 月出版。该论文集中张江华在《公路、地方政治与社会变迁》中用中国西南喀斯特地貌地区修路所发生的故事来分析地方政治和社会变迁之间的关系。[②] 程中兴在《交通现代化视角下藏彝走廊人口与产业变动的空间分析》中，在交通现代化视角下对人口流动、产业变迁、族群分布、人均 GDP 进行定量分析，且得出其都存在显著的区位差异。[③] 郭建斌在《路与时空政治：一百年来独龙地区的路与社会变迁》中对独龙江地区最近一百多年来和路有关的文献资料进行整理，探析地区道路交通的变化其实是不同政治权利杂糅、交织、较量的一种结果。[④] 周大鸣教授在《聚落与交通：“路学”视域下中国城乡社会结构变迁》中引入“路学”的视角，关注交通与人类社会之间的关系。此外，翁乃群是国内学者当中，较早从人类学视角阐述南昆铁路建设对沿线村落社会文化影响的学者。[⑤]

综上所述，迄今为止文化变迁的研究数不胜数。各个学派的理论研究，在一定的历史时期下都有着不可磨灭的学术意义，也为后辈的文化变迁研究奠定了良好的理论基础。面对日新月异的社会发展，学者们对文化变迁的原因研究主要集中在传媒和文化传播、政治、经济活动、制度、传承与互动等方面。也有一些学者在知识经济和发展现代化方面对文化变迁的影响进行了探讨。交通对人类社会至关重要，然而很长时间以来对交通的研究一直没有受到社会科学界的重视，大部分研究集中于交通运输业的发展现状和未来发展，一部分偏重于以高速公路为背景由此引发的社会问题。近年来，虽然有

---

① 路学四个方面的研究框架：道路史、道路的生态环境影响、道路与社会文化变化、道路与社会生态弹持.

② 周永明．路学：道路、空间与文化［M］．重庆大学出版社，2016：62-79.

③ 周永明．路学：道路、空间与文化［M］．重庆大学出版社，2016：252-270.

④ 周永明．路学：道路、空间与文化［M］．重庆大学出版社，2016：114-129.

⑤ 翁乃群．经济建设与文化互动问题——“南昆铁路建设及其沿线少数民族社会文化变迁考察”简要报告与讨论［J］．广西民族大学学报（哲学社会科学版），2000（3）：2-12.

人类学家周永明、周大鸣教授等开始用路学视角塑造人类学框架，但在此之前，较少有学者关注交通对文化变迁的影响。目前在现代交通背景下对码头文化的嬗变研究较少，因此，本文拟在现代交通背景下对浦市码头文化的变迁进行阐述，从而分析现代交通与文化变迁之间的关系。

三、研究方法

（一）田野调查

衡量一门学科是否成熟的标志为是否有专门的科学方法。田野调查是人类学专门的标志性的科学方法，也是笔者本文的主要研究方法。田野调查是人类学学科自我界定和合法化的“商标”，也是成为人类学家成熟职业身份的“通过礼仪”。笔者深入浦市进行田野调查，通过参与观察、个案研究、半结构式访谈等方式获得与码头相关的原始资料。

（二）资料收集法

1. 参与观察法

参与观察法是指研究者实际参与到研究对象的日常社会生活中，深入研究对象的生活背景中所进行的直接的、间接的观察。“看、听、做”是笔者田野调查的核心方法。[①] 本研究基于在浦市搜集的田野资料，走访、观察浦市码头相关人员，收集、倾听码头后人故事，尽管已经无法亲眼见证浦市码头曾经的繁荣的商贸文化，但是置身于极富历史底蕴的古码头边以及观察码头工人的生活现状，依旧对于我们理解传统码头文化的本质和内涵具有很大的帮助。

2. 半结构访谈法

笔者在浦市按照分层抽样与个案调查相结合的办法进行半结构访谈，尽管事先制定了访谈提纲，但因为需要深入了解调查对象的情况，往往会沿着情况的发展决定访谈方向。

本研究田野调查中访谈人数共 51 人，其中本文所涉及的调研对象的基本信息如表 1 所示。

---

① 王子舟. 田野调查：人类学方法在图书馆学中的应用［J］. 中国图书馆学报，2014，40（06）：12-21.

表1　论文中所涉及调研对象的基本信息列表①

访谈对象	性别	文化程度	年龄	职业和基本情况
GYZ	女	小学	67 岁	浦市老年协会中心会长
LST	男	高中	34 岁	浦市游客中心讲解员
LYY	女	高中	67 岁	“张氏粮行”老板
LYY	女	高中	65 岁	原镇政府文化工作者
YBH	男	高中	72 岁	孝坪镇镇政府编外安全员
SSQ	男	高中	52 岁	浦市浦溪村黔王庙头人
YHT	女	大专	51 岁	江东村人，现泸溪县教师
CXY	男	初中	45 岁	江东村摆渡人
YYX	男	高中	62 岁	江东村摆渡人
ZHQ	男	小学	58 岁	江东村摆渡人
YMH	男	初中	50 岁	江东村摆渡人
XHQ	男	初中	40 岁	江东村摆渡人
LXB	男	大学	41 岁	浦市浦溪村人，辰溪县作家
LHW	男	大学	62 岁	泸溪县档案局退休人员
XSX	男	高中	45 岁	中正街商铺老板
YLS	男	大学	59 岁	艺术子工作室老板
ZRR	男	高中	78 岁	曾经的码头工人

四、田野过程和田野感受

（一）田野历程

笔者自从 2018 年 5 月选题确定以来，先后 3 次往返浦市对其研究对象进行田野调查。分别是：2018 年 5 月 21 日至 5 月 24 日、8 月 1 日至 8 月 11 日、9 月 8 日至 9 月 28 日，前后累计 30 余天。开题前，对浦市摆渡人生存现状进行了前期调研，以湖南师范大学民族学和人类学研究中心的前期调研为基础，

① 年龄和基本情况均为截至访谈时的情况.

加之谭必友教授和熠园师生积攒的人脉，在江东村村支部书记这位“中间人”的带领下，笔者很快进入社区了解其基本情况。笔者于8月、9月较长时间驻扎浦市，以“本地人”身份进入浦市田野调查，与码头相关的人和物进行深入访谈和参与观察，主要关注曾经在码头上工作过及依旧依靠码头而生存的码头相关人员。调研期间，分别在辰溪县城、泸溪县城图书馆地方文献库中收集到与浦市相关的书籍：泸溪文史第八辑《浦市古镇》《我在浦市读女神》《寻梦浦市》《泸溪县志》《辰溪县志》《泸溪·交通志》《浦市史话》《浦市人文大观》等，同时得到一本记录浦市大码头渡船来往人员的每日流水登记簿、老码头手绘画及相关照片等。

（二）田野感受

近一个月的田野经历，无论是感性体会还是理性认知，都觉得收获颇深。从一开始对这个田野点的好奇、4A景区的期待到深入当地跟浦市人成为朋友，参与到他们的生活，无不见证笔者的思维变化。笔者每天“混迹”在码头，跟随摆渡人在两岸之间一趟一趟来回，倾听他们每个人的故事；参与古镇上的民俗婚礼、尾随抬黑龙的队伍，体会当地人的民俗信仰；在码头旁挨家挨户地串门、与七八十多岁的老爷爷老奶奶一起回忆20世纪码头上的场景，唏嘘其喜怒哀乐；白天游走于浦市大街小巷，夜晚时分架锅煮食，听蛙叫，闻稻香。在同一片月明下回忆，经常因为那些鲜活的面孔、那些质朴的言语、那些真实的经历，使得自己思维感性起来，为某些不易的生活遭遇感到难过，为某些不公的待遇感到愤慨，也为某些善良的言语而感动，更为一些豁达的心境而感染。然而，从感性跳出来，笔者立足于客观分析，把收集到的资料、故事进行科学分类，站在人类学角度重新去定义，却是文化的另一种解读与升华，也是笔者对于浦市码头文化变迁深入了解的基础。

五、研究意义

（一）理论意义

（1）文化变迁一直都是民族学、人类学、人口学等学科关注的重点。关注交通发展，分析交通发展对社会文化的变化和影响，既可以丰富人类学学科的相关理论观点，加深对文化变迁的理解，也是一次与人类学家周永明教授倡导的“路学”的对话。

（2）人类学研究常常需要处理人与人、人与物以及人与社会之间的关系，从而更好地理解人自身。以本研究而言，关注浦市码头的变迁原因，探讨其对浦市社会文化的形塑，以及当前码头功能转变过程所呈现的现实社会内涵。认识交通发展与文化变迁之间关系的范畴，继而去理解人本身以及文化本身。

（二）现实意义

（1）改革开放以来，我国经济迅猛发展，随之匹配的交通体系逐步完善。传统的码头受到现代交通的强烈冲击，特别是人员组织结构、功能、观念发生了深刻的变化，码头水运功能在人们的日常生活中已经式微。如何去理解交通发展与码头文化的联系，在现代交通背景下研究浦市传统码头的现状，挖掘其浦市码头文化的内涵，能够为重塑浦市码头文化提供思路。

（2）深度挖掘码头文化变迁的本质和内涵。浦市依靠沅水流域，曾是湘西地区商贸活动最为集中和频繁的区域，也使之成为历史文化发展脉络的标志性场所之一。从古至今，码头经济圈往往汇聚了“百家齐放”的文化元素，也是印证时代特征的特殊符号。传统码头的演变印刻了文化变迁的本质和内涵，因此码头文化本质的挖掘和保护，对于延续其历史文脉、维护其文化认同感有着一定的现实意义。

现代交通背景下浦市码头变迁的背景

一、田野点简介

（一）浦市与沅水流域

浦市镇位于沅水中游西岸。“岭表滇黔，必道湘沅”，[①] 沅水，又称沅江，东以雪峰山、资水为界，西以佛顶山、梵净山与乌江相隔，北以武陵山与澧水分野，南以柳江、苗岭为邻，经黔东、湘西，注入洞庭湖。秦汉时期，沅水

① 林荣琴．清代湖南的矿业开发［D］．复旦大学，2004.

已是西南地区向中原运输贡物的要道。元明时期，开设水驿站。清初，民船运输业逐渐发展。康熙九年（1670）云南按察司许攒写的《滇行记程》称："由常德乘民船从沅水路至镇远者……容20余人……记程1200多里，然滩多石险，一月方达；而自镇远乘船顺溜而下，仅十日可抵常德。"① 因此，依托沅水的地理优势，在沅水干流和各大支流的沿岸，兴起了一大批集市和市镇。其中以浦市、安江和洪江最为有名。乾隆二十年（1755年），泸溪编的《泸溪县志·坊市》载："浦市镇上自洪江，下至常德府，浦市居中为大镇矣。"② 浦市位于沅水中游的西岸，是辰州到达中上游地区的水路中间站，又居沅麻盆地腹地，是水陆要冲之地，因此，"灯火千家，舟楫如蚁，商贾云集"③，自宋代立市已成工商繁盛之巨镇。由此可见，浦市的社会进步、商业发展、文化沉淀与沅水流域的水运发达有着巨大的关系。

（二）作为码头的浦市

1. 历史上作为码头的浦市

浦市古镇迄今已有千年历史，作为一个码头的浦市，曾被誉为湘西四大古镇之首。清乾隆《泸溪县志》载：南宋，孝宗隆兴二年，公元1164年，辰州府事章才邵上书："……沅陵之浦口，地势平衍，多水口……"④ 浦市古镇周围修有8座城门，城墙大约5公里长。主街长2.5公里贯通南北，与之平行的河街、后街各长1.5公里，三条平行的大街之间还有四十五条纵横交错相通的小巷与沿江二十四座水运码头相连，形成"三街四十五巷"的城市格局。⑤ 明朝初期，浦市已经是大集市，街道直通南北，整个浦市镇四通八达，错落有致，而且地理位置优越，地势平坦，市集热闹。再加之物流的集散，周边地区的很多人因经商等原因迁徙而来，使得浦市人口鼎盛时期多达7000多人。⑥

历史上的浦市码头，得益于沅江中游地段的天然开阔之地理优势，又有

① 辰溪县地方志编纂委员会．辰溪县志［Z］．北京：三联书店，1994（5）：440-441.

② 政协湖南省泸溪委员会文史学习委员会编．泸溪历代大事记．第7辑，泸溪文史［Z］．1992：11.

③ 张永安．泸溪县志·乡镇［M］．社会科学文献出版社，1993：48.

④ 顾奎光，李湧．泸溪县志·乡市［Z］．乾隆二十年复印本.

⑤ 中共泸溪县委宣传部，泸溪县民族宗教事务和旅游文化广电新闻出版局编．寻梦浦市［Z］．2006：3.

⑥ 政协湖南省泸溪委员会文史学习委员会编．泸溪文史．第八辑，浦市古镇［Z］．2007：12.

图 1　浦市古地图（照片来源：泸溪县文旅局）

后来可通达川、黔、滇的古南方丝绸驿道，造就了历史上浦市位于南楚之地的政治、经济、军事的重要地位，位列湘西四大名镇之首。一方面，作为码头的浦市，作为沅江中游的天然良港，上可通滇黔川边，下可达江浙闽广诸省。各地客商云集于此，百业兴旺，形成十省三府①的“同乡会馆”的集散地，坐拥三家银行、五户典当、七户钱庄、四户瓷庄、九家油号、三座洋行②，且浦市也是湘西洋油（即煤油）的批发总部。另一方面，商业出大户，清初有“瞿唐康杨”四大商家，清中期有“南吉北李”两大宗族，清末民初有“十二大商家”等，延承至今的沿街古民居，无不是“前店后宅”的商宅布局。因此，浦市古镇格局与风貌的特色反映，正是其作为历史上各类行政军事机构在浦市的设立，且作为商业、政治、军事重镇特殊职能和地址的原因。

2. 今日浦市

浦市古镇位于湖南省泸溪县境东南部，沅水中流的西岸，东南两面与怀化市辰溪县接壤，西接达岚镇，北离泸溪县城武溪镇白沙新区约 21 千米。浦市镇是泸溪县下辖的一个建制镇，而浦市镇则是镇政府驻地，是全镇的经济、文化与政治中心。浦市镇现有户籍人口 62148 人，下辖 22 个行政村与 4 个街道社区。全镇面积 238. 68 平方千米，是泸溪县辖域面积最大和人口最多的一个镇。③

---

① 三府：宝庆府为今邵阳市、五陵府为今常德市、辰州府为今沅陵县.

② 三行：外商经办的亚细亚洋行、太古洋行、美孚洋行等三座外国洋行.

③ 谭必友. 浦市龙舟赛［M］. 北京：学苑出版社，2016：1-2.

二、浦市码头变迁背景

（一）现代交通体系的发展

1. 现代公路体系的修建

从20世纪五六十年代开始，我国现代公路逐步发展，国家重视公路道路的修建，中华人民共和国成立之后，湖南省内按正规公路标准修建的第一条公路永（顺）保（靖）公路于1952年3月正式通车，全长57.15公里，耗资65.53万元。到七八十年代，可以说是我国公路修建和改造的一个新的节点，是现代公路体系的一个大转折时期。截至1979年全国第一次公路全国普查，省境公路里程由中华人民共和国成立初期的1305公里增长到54678公里。[①] 1981年，国家计委经委交通部联合发布《划定国家干线公路网的通知》，经过湖南境内的国道有7条[②]，其中国道107线于1979年9月全线贯通，北起北京，南抵深圳，基本上与京广铁路平行，是中国公路贯穿南北的主动脉。国道的修建对于交通运输方式的改变起着本质的变化。湘境107国道建成后，汽车运输量迅速增长，长沙至湘潭间，每昼夜已增至8000余次，运量较小的湘南区段，据郴州地区交通局实测记录，郴（州）宜（章）路段，日交通流量已由1989年的1657辆增至1991年的2638辆。[③]

2. 现代铁路体系的修建

20世纪七八十年代，在公路的不断发展下，铁路经过了五个"五年计划"的建设，亦取得了辉煌的成绩，逐步建立贯穿南北、横跨东西的铁路体系。其中1972年建成的湘黔线，是沟通我国东西交通的大动脉，不仅贯穿贵州、湖南两个省的20个县和市，而且往东与京广线、湘赣线相连接，往西跟贵州、云南和四川等省交汇。湖南境内途径株洲、湘潭、娄底、怀化、昆明。1971年铺轨至怀化和1973年增设的小龙门火车站这两站共完成了旅客发送量8290人次，完成货物发送量10.85万吨，货物到达量70800吨[④]。而纵贯祖国

---

① 湖南省地方志编纂委员会编. 湖南省志 1978—2002·交通志［Z］. 人民交通出版社，2014：17-18.

② 7条国道：G106、G107、G207、G209、G319、G320、G322.

③ 湖南省地方志编纂委员会编. 湖南省志 第十卷·交通志［Z］. 湖南人民出版社，1996：87-90.

④ 辰溪县地方志编纂委员会. 辰溪县志［Z］. 北京：三联书店，1994（5）：445.

南北的交通动脉——焦柳线由5部分组成，其中一部分为1978年建成通车且经过湖南境内的枝柳线①。该线途径：枝城、张家界、怀化、柳州，在洛阳与陇海线相交，在湖南怀化与湘黔线相交。另京广线纵贯京、冀、豫、鄂、湘、粤6省市，进入湖南境内，由南向北依次途径郴州、株洲、长沙、岳阳，在湖南株洲与湘黔线相交。② 在湘黔线和枝柳线的便捷交通下，沿线经济得到了飞速发展，城乡正在发生着巨大变化。直到21世纪初，中国铁路进入里程碑阶段，并逐步步入了高铁时代。③ 2003年，秦沈铁路的正式运营标志着我国铁路步入高速化的起点。

3. 现代航空体系的形成

1949年11月，我国民航航空局成立，是中国民航发展的开端。改革开放时期，民航事业飞速发展。近年来，伴随着国民经济的迅速增长，我国民航业也取得了举世瞩目的成就，现在已经成为世界上第二航空大国。截至2017年，全国已经拥有76个机场，航线3764条，国内航线3055条，通航城市214个。④ 十年来由2006年的航线1336条增加了2428条，国内航线由2006年的1068条增加了1987条，通航城市由2006年的140个增加了74个城市⑤。目前湖南已经修建完善投入使用的有6个机场：长沙黄花国际机场、张家界荷花国际机、常德桃花源机场、永州零陵机场、怀化芷江机场、衡阳南岳机场和邵阳武冈机场。贵州铜仁距离凤凰景区较近的有一个正在修建的铜仁凤凰机场。

交通对于区域经济的发展、社会生活的重构有着重要的作用。在政治博弈中，高速公路的修建、站点路线的规划和航空航线的落定在政府工作中都具有举足轻重的作用；在经济发展建设中，“要想富，先修路”已经深入人心；在日常生活中，便捷的交通是教育、工作、生活的维度选择。在现代化的生活节奏下，人们对交通工具的出行提出了更高的要求。我国古代主要以帆船、畜力车、人力车为主的交通工具已经在发生质的改变，曾经的交通运输工具和运输方式已经拉上了历史的帷幕。

---

① 湖北枝城—广西柳州.

② 周猷党. 我国的主要铁路干线［J］. 中学地理教学参考，2007（09）：15-16.

③ 胡志刚. 中国高铁［J］. 地理教学，2011（14）：4-7.

④ 注：国内航线1997年后含内地至香港.1999年后含内地至澳门航线.2009年后含大陆至台湾航线.

⑤ 周大鸣，廖越. 聚落与交通：“路学”视域下中国城乡社会结构变迁［J］. 广东社会科学，2018（1）：179-191.

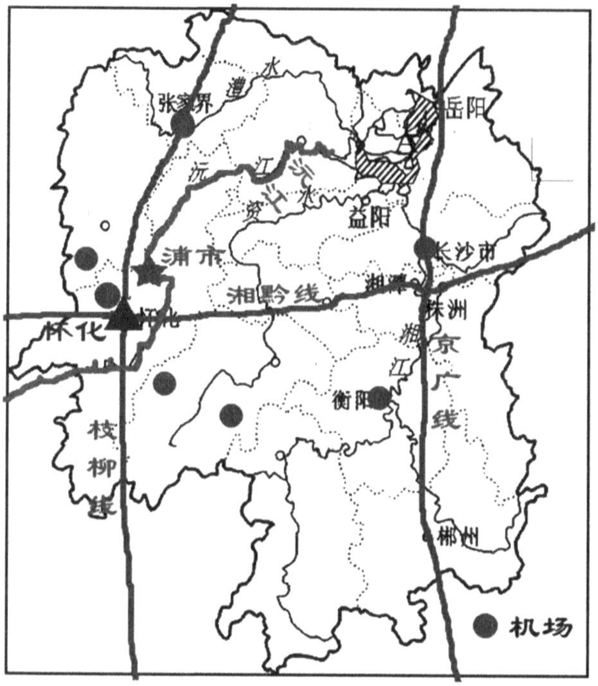

图 2　湖南交通网络简图（图片来源：笔者自绘）

通过对现代交通体系的梳理，笔者自绘其简图（见图 2）。我国高速公路、铁路、高铁从 20 世纪五六十年代开始逐步发展，历经七八十年代的持续发力，直至今天，新的交通枢纽在省道、国道、铁路、高速道路的带动下，已经形成新的经济、文化中心。新的交通体系不断完善，而浦市，昔日作为沅水流域重要的枢纽中心正在亦步亦趋发生质的变迁。在现代交通体系背景下，在已经形成的高速公路网格中，无国道经过浦市；火车线路、高铁建设规划中，影响湖南最大的两条铁路线湘黔线和枝柳线都与浦市擦肩而过，不再入围新的交通枢纽中心；航空线路的修建中，浦市依旧不够市场份额。曾经作为历史上水运交通枢纽的浦市，在现代交通的修建与完善过程中，与历史的发展进程已经无法同步。而与此同时，毗邻浦市最近的怀化，与浦市形成鲜明的对比。浦市因为交通的迅速发展而逐渐衰落，而怀化却在较短的时间内，成为湘西的经济文化中心，不仅处于湘黔铁路所提供的最佳经济发展区位，而且位于湘黔线和枝柳线的交汇处。这座新城，被贴切地称为“火车拖来的城市”，成为湖南乃至新中国一个重要的交通枢纽中心，是湘、桂、黔、渝、鄂五省毗邻地区的交通要塞和主要物流、人流集散中心。[①] 正如当地作家感慨："当一条公路延伸到湘西的时候，便是浦市面临'夕阳西沉'之时，当一根铁轨横卧湘西大地之时，便是浦市'花谢花飞'之日，浦市昔日辉煌的岁月，被历史的车轮压碎。"[②] 曾经的"水道环通，指顾可航"已一去不返[③]。

（二）现代工业体系的发展

1. 沅水流域电厂事业的发展

沅水是长江第三大支流，也是洞庭湖水系湘、资、沅、澧四水中水量最大、水能资源蕴藏量最丰富的河流。流域南北长而东西窄略呈自西南斜向东北的矩形，流域面积 8.9163 万平方公里，湖南省有 5.1066 万平方公里，多年平均径流量 393.3 亿立方米。沅水主要分为上中下游，上游河段在河源至黔城的清水江，大约长为 530 多公里，其间幽深峡谷河段较多，中游段从黔城至沅陵，大约长为 280 公里，坡度降低，河流平缓，下游为沅陵以下，几乎无较大支流，大约长为 210 公里。[④] 因其 1033 公里主干（湖南境内 568 公里）流落差 1035 米，巨大的落差为水电梯级开发提供了天然优良条件，由此也进一步说明了沅水流域曾作为水运运输的得天独厚，同时也是现代经济发展背景下水电事业发展的基础条件。截至 2017 年底，湖南省已累计完成标准化建设电站 112 座[⑤]，其中沅水干流上已建的中大型梯级水电站有 12 座，详情见表 2：

表 2　沅水干流上已建的 12 个梯级水电站一览表[⑥]

名称	装机容量	坝址	等级	投资
上游 三板溪水电站	100 万 kw	贵州锦屏县	大型	61.5 亿元
上游 挂治水电站	15 万 kw	贵州锦屏县	中型	9.4 亿元
上游 白市口水电站	42 万 kw	贵州省天柱县	大型	32.1 亿元

① 刘长英. 湘黔铁路与湘西社会经济发展［J］. 怀化学院学报，2005（01）：12-17.

② 雷建喜. 浦市人文大观［M］. 湖南省泸溪县作家协会，2006：93.

③ 【清】光绪三十一年十月二十一日（1905.11.17）《湖南官报》.

④ 常德城市概况，张家界导游网 http://www.33519.com/cityinfo/1213291330.html.

⑤ 数据来源于中国能源网官网 https://www.china5e.com/news/news-1044942-1.html.

⑥ 来源于网络：http：//blog.sina.com.cn/s/blog_865cbf500102uxc0.html.

续表

名称	装机容量	坝址	等级	投资
上游 托口水电站	83 万 kw	湖南省黔阳县	中型	83 亿元
中游 洪江水电站	23 万 kw	湖南省洪江区	中型	21 亿元
中游 安江水电站	14 万 kw	湖南省黔阳县	中型	17 亿元
中游 铜湾水电站	18 万 kw	湖南省中方县	中型	18 亿元
中游 清水潭水电站	13 万 kw	湖南省辰溪县	中型	14 亿元
中游 大洑潭水电站	20 万 kw	湖南省辰溪县	中型	30 亿元
下游 五强溪水电站	120 万 kw	湖南省沅陵县	大型	89 亿元
下游 凌津滩水电站	27 万 kw	湖南省桃源县	大型	34 亿元
下游 桃源水电站	18 万 kw	湖南省桃源县	大型	27 亿元

沅江中下游水电站都属于中大型水电站。如表中五强溪水电站发电厂总投资 89 亿元，属于大型水电站，是沅水流域水电梯级开发的骨干电厂，华中电网骨干调峰调频电厂，且位于沅陵县境内的沅水干流上，控制沅水流域面积的 93%。1994 年 12 月第一台机组发电，1996 年底全部机组投产。五强溪水力发电厂以发电为主，虽然兼有航运等综合效益，但是，因为发电厂需要储藏水量、地形水位之间形成落差等原因，导致大吨位货船经过时，不仅在流程上更加烦琐，而且打开闸门平衡两边水量也需要长时间等待，因此中大型水电站厂的发展在很大程度上加速了整个沅水流域水运交通的衰落。

2. 浦市现代工业体系的衰落

据县志记载："浦市的工业曾经有过一段兴旺时期。在清乾嘉时，浦市炼铁，鞭炮造纸，县城桐油加工，造船运输，商业繁荣。道咸以后，欧铁输入，土法炼铁逐渐废弛。"① 1982 年 6 月 29 日，中共湘西土家族苗族自治州委和州人民政府以州发（1982）38 号文件批准成立泸溪县浦市化工总厂，定为县级企业单位，厂部设：办公室、政工科、生产调度科、科研室、机电科、基建科、安全保卫科、供销科、财务科等 10 个科室。总厂下成立：浦市磷矿、浦市氮肥厂、浦市黄磷厂、浦市普钙厂。20 世纪 90 年代，因为浦市镇不能满足人力、物力资源方面的供给，同时因为沅水流域水电厂的发展和兴建，大吨位货运船只经过电厂时，因为水位问题，增加了船只的停留时间，且加之

① 湖南省泸溪县志编纂委员会编．泸溪县志［Z］．北京：社会科学文献出版社，1993.

人力成本的增加，使得浦市现代工业已经无力支撑，最终逐渐衰落。

三、浦市码头的两个时代

本文拟在现代交通背景下研究浦市码头文化的变迁。文中对于浦市码头的时代背景主要是大码头时代与社区居民码头时代进行分析比较，在这里笔者对于码头文化、大码头时代、社区码头时代进行一个概念廓清。

（一）码头文化

本文中的码头文化主要是指根植于浦市人们内心深处的文化记忆以及码头空间下对物质、精神生活的影响和反馈，根植于人与人之间、人与物之间的社会关系。它维系着浦市人世代的情感，传递内心的精神追求，是一种心理归属感。

（二）大码头时代

在本文中，大码头时代主要是指浦市以水运交通为主要交通干线时期，与现代交通体系修建完善时期相对比。这个时期，浦市大码头位于区域内物流枢纽中心地位，水运航线长、货物承载量大，人们对于水运运输的需求大、依赖性强。

（三）社区码头时代

在本文中，社区码头时代主要是指浦市交通已经由水运运输向其他交通方式转移时代，现代交通体系修建逐渐完善时期。这个时期，浦市大码头仅承担社区间日常客运功能，航程短、货物承载量小，水运功能式微。

浦市码头文化变迁

本文前一部分对田野点和现代交通体系进行简介和梳理，其主旨是为分析交通现代化对浦市码头文化变迁的作用和影响，将交通既作为背景，也作为文化承载者研究码头文化的变迁过程。

一、码头功能的变迁

物流的发展和枢纽中心的形成，对于一个社区的经济生活起到至关重要的作用，同时也是一个区域在文化、经济、教育等各个方面壮大的基础保障。功能论强调，社会的每一个部分都对整体发生作用，由此维持了社会的正常秩序。[①] 根据这种观点，浦市码头的每一个构成部分以系统的方式结合在一起，对浦市镇整体发生着这样或那样的作用。

（一）大码头时代：区域层面的繁荣物流

历史上浦市商贸、文化繁荣，码头经济功能突出。浦市的商贸繁荣主要源于当时的物流。浦市历史上曾三度繁荣，与码头的使用与水运交通的发展有着直接的关系。

1. 浦市的第一次物流繁荣

在清乾隆至清咸丰这百余年间，我国古代交通发展到宋元时期，已近完善。到明清时期主要对其进行修葺完善，陆运主要以畜力车、人力车为主，水运以船舶为主，货物主要的物流方式也是水运。浦市地理位置得天独厚，位于沅水流域的交通枢纽地区，从而促进了浦市经济贸易的第一次大繁荣，浦市码头的数量和辐射范围也很好地阐述了这点。两头耸立的众多码头，见证着来来往往的客运船商。且因为浦市河面宽而水深，船舶停靠方便，使得码头承受着庞大的物资吞吐量。“码头一年四季早晚不空闲。形成城内万商云集，河边千舸蚁聚，过河渡船只能设在老码头（即今日浦化总厂下面）。渔船更无靠岸之地。”[②] 浦市繁荣的场面，那时可以说，在沅水流域都属罕见。码头的经济功能辐射范围不仅波及整个浦市主街而且对于当地的手工业等也影响深远。当时街区面积约 2.4 平方公里，有五大主街、45 条垂直交错的巷弄，最长的河街与后街，长约 2.5 公里。45 条巷弄将河街、正街、后街三层联成一个整体，全是长条红岩板路，使每条街巷直通 24 座航运码头。一方面主街上拥有三家银行、七户钱庄、五户典当铺，还有九户油号与四户瓷庄（是专营批发的庄号），此外还有三座外商经办的美孚洋行、太古洋行、亚细亚洋

---

① ［美］戴维·波普诺著，李强等译，社会学（第十版）［M］. 中国人民大学出版社，1999：17.

② 雷建喜. 浦市人文大观［M］. 湖南省泸溪县作家协会，2006：92.

行。浦市油篓业制作的油篓（装桐油的）常有两三千个，晒在太阳光下形成一座座油篓山。另一方面从长江下游运来的淮盐、布匹、洋纱，从川黔水路来的朱砂、水银等，也都在此成交转运，竹木排筏占了半边河。当时江西景德镇的瓷器，樟水镇的药材，洪江会同的楠竹木筏，西武二水桐茶黄豆均从产地直运浦市，再分运至各县（因批发庄号均设在浦市）。[①]

货船的停靠，物流的集聚，频繁的贸易往来加深了对码头的依赖。码头的经济功能在这一时期也得到极大的诠释。物流体系的完善和发展对于浦市的经济、商贸产生了深刻的影响。

图3　清代搬运工人在码头卸货图（绘画，自摄于《严如熤浦市活动纪念馆》）

这幅图展示的是浦市码头清代的情况。严如熤是清代著名的知府，乾嘉苗民起义时，他曾来到浦市，协助地方官重建浦市城。他给当时的湖广总督毕沅建议，浦市城是楚南第一大都会，守住浦市，就挡住了苗民起义军的所有攻势，等于取得了苗疆战略的主动权。这足以可见当时浦市码头的优越

① 雷建喜．浦市人文大观［M］．湖南省泸溪县作家协会，2006：92.

位置。

2. 第二次物流繁荣

抗日战争时期，是浦市一个“回光返照”的经济繁荣时期。而这段时期的繁荣与浦市码头优越的水运唇齿相依。首先抗日战争爆发后沦陷区的军民机构都借助便捷的水运涌进了湘西，在这一时期，难民的人口迁移导致了浦市人口激增。虽然其中逃来的难民中，不少人有知识有技术有资金，虽然此时湘黔线公路通车，承担部分客货运输，但因长江交通被阻，沅、辰水成为沟通大西南诸省的重要通道，水运仍呈兴旺之势。借助浦市得天独厚的地理位置和商业水运基础，他们在浦市开商店、茶楼、酒馆、旅社，各行各业如同雨后春笋涌现在浦市的大街小巷。浦市的工商业又一次发展起来，几近衰落的工商业重新得以复苏。码头的水运跟这一时期的繁荣相辅相成。水运码头的物流繁荣是浦市人口迁移的基础，迁移带来的人口、资金和技术是浦市物流重新焕发生机的动力。

3. 第三次物流繁荣

20 世纪七八十年代，铁路运输能力增强，货源流通渠道变化，水运货源比重下降。但因为船舶进一步机械化，运输周期缩短，运输量仍有增长，1987 年，毗邻浦市水运路线必经过浦市的辰溪据县志记载货船总数为 584 艘。除 82 艘短途驳船外，已全部机械化，共有动力 19680 马力，运力 16106 吨，其中个体船只 401 艘，8010 吨，16736 马力。全年完成货运量 25. 59 万吨，货运周转量 8974. 4 万吨公里，仍是历史上运量最高的一年。与 1950 年相比，船只数增长 5 倍，载重量增加 7. 3 倍，货运量增长 12. 2 倍，货运周转量增长 15. 3 倍。[①] 此时的浦市开始走上矿产品加工的道路，浦市水运促进了浦市工业的发展，建立了全县乃至全州的一个国有大型企业——浦市化工总厂，该厂下辖 11 个分厂、三个公司以及职工医院、子弟学校等共计员工两千多人，这一时期该厂的货运运输、人员行走大多依靠船舶，厂里拥有的 6 艘机船主要负责货物的水运运输，借助水运，销往常德、武汉等地，甚至远销东南亚等地区，1988 年创外汇 400 多万美元，上缴利税 440 多万元。[②]

由此可见，浦市商业的繁荣与水运交通的发展息息相关。在浦市历史上商业的第一次繁荣鼎盛时期，是浦市作为沅水流域中最重要的物流集中枢纽

---

① 辰溪县地方志编纂委员会. 辰溪县志 [Z]. 北京：三联书店，1994 (5)：443.

② 雷建喜. 浦市人文大观 [M]. 湖南省泸溪县作家协会，2006：92.

时期；第二次浦市商业“回光返照”时期，是现代交通体系修建的基础起步阶段，沅水流域上的水运运输依旧承载较大吨位货运；第三阶段浦市矿产商品出口国外，繁荣一时。但迅速衰落，现代交通体系初见雏形，沅水流域的浦市水运已经在慢慢地退出历史的舞台。“小南京”浦市已不复往日，如今在浦市大码头已经无法观察到。

（二）社区码头时代：日常村落社区客运码头

大货船的商运物流功能已经消失在时代的发展中。在现代交通体系的大环境下，浦市水运运输受到双重挤压，其一大客流已经辗转至铁路，其二物流亦是选择了更加便捷、时效更短的公路，因此浦市码头之间的水运功能已经发生了质的转变。浦市大码头上停靠最多的是服务于社区间日常往来的客运渡船，其形式主要有摆渡和拉拉渡，拉拉渡主要服务于水面平静的水域两岸星罗棋布的村庄之间，而平时使用较频繁的是摆渡。

1. 拉拉渡

拉拉渡一般只在支流上才有。在不宽的河面上，用根坚实的铁索，套上一个铁环后，把两头分别固定在两岸，距水面一人以下，用一根耐磨的软麻绳，一头连接渡船，另一头捆在长铁索的铁环上。有人过渡时，拉渡人站立在船头，手扶连接两岸的铁索稍用力，船就来去自如。拉拉渡曾是浦溪村与浦市每天的日常交通工具。

> “在我童年的记忆中，走上几里的山路，随父母赶趟乡集，过两趟拉拉渡，听长铁索上的铁环移动时，金属的摩擦所发出悦耳的声音，竟美妙如天籁。无论后来我负笈远行，或蛰居他乡，当年浦溪码头拉拉渡上，那铁环在铁索上移动时，所发出的鲜明的摩擦声，都成了最令我牵挂的乡音。”①

2. 摆渡

村社区的主要客流量大致分为以下几类：（1）亲戚间的人情往来。因为两河之间男女通婚，建立在血缘方面的人情往来，船上经常会有拉着大小礼品包裹的人上下渡船。每逢清明、端午、中秋、春节客流量都会较之平时有所增加；（2）进行蔬菜买卖的村民和在浦市镇上下学的学生；这两类属于往返村社区之

---

① 被访谈人：LXB，浦市浦溪村人，作家。访谈时间：2018年9月21日，地点：浦溪村家中.

间时间最固定、频率最频繁的群体。村里留守在家的村民在提供家庭自给自足的同时，会每天通过渡船把蔬菜担到浦市大市场进行售卖，以补贴家用。虽然江东村以及浦市对面的一些村庄行政上隶属于孝坪镇，但是因为离浦市仅一河之隔，浦市小学、中学生源的60%来源于两岸村庄里的小孩；(3) 赶集。浦市每五天有一场赶集，附近的村子都会集中在这一天来浦市进行采买和交易。大码头这一天的客流量和规模一般都是这一周的最高峰值，摆渡人收入由平时平均50元/人会增加到平均200元/人左右；(4) 大规模活动以及外来旅游者。浦市龙舟节每年正式的比赛在农历五月初五开始，农历五月十五结束，持续时间达到半个月之久，因为很多外出打工的中青年陆续回家以及外地游客参观游览，因此这段时间，每天都有上万人次的观看量。

> "我记得渡船船身就大，且还有舱，在河上摆渡的人，由于职业的需要，都是由近渡口的村子推选，多为生性豪爽、心细胆大、水性极佳的中年以上剽悍男子，也有的摆渡人是代代相传。在大部分的时间里，摆渡人吃住都在船上，即使在寒冷的冬夜，对岸有人过渡，摆渡人也得马上从热烘烘的被窝里起来，利索地穿上衣服走出舱来，声音洪亮地打声吆喝，'吱呀吱呀'地摇橹去接人。由于摆渡人的工作辛苦，雨季沅水发水时，还带有相当的危险性，也就极受人尊敬。来自五湖四海的过渡人，无论地位高低，身份贵贱，都称之为渡工师博，给渡工师傅的竹烟斗里装上一锅旱烟，是过渡人对渡工师傅感激和敬意最常见的一种表达方式。"①

这位文化局退休的老者属于第一类客流类型，其对于摆渡人的印象和评价，不仅可以看出摆渡人在日常客流过程充当其重要角色，而且也可以得出摆渡的区域范围为村落社区河流两岸之间。老者虽已近花甲之年，然而对于摆渡人的记忆依旧十分清晰。

码头功能的变迁在一定程度上反映了码头文化的变迁。从区域层面的物流集聚中心到当前仅服务于村落社区日常客运摆渡，码头的功能发生了质的变化，而这些量化的过程中与现代交通体系不断完善的过程是一致的。浦市以水运枢纽为主线的大码头时代已经过去，历史发展过程中物流、人流已经

① 被访谈者：LHW，男，泸溪县档案局退休人员；访谈时间：2015年9月9日，地点：浦市老年协会中心.

开始转移到新的交通主线干道。

二、码头组织结构的变迁

（一）大码头时代：人员组织结构的多样

浦市码头水运发达而带动的商业繁荣，体现在浦市生活的方方面面。20世纪五六十年代属于大码头时代，正值现代交通体系尚未完善，浦市码头水运功能依旧，再加之抗日战争后，沦陷区的军民机构都借助便捷的水运一窝蜂似地挤进了湘西和四川，浦市因此人口激增。在技术与资金的冲撞下，浦市码头商业再度繁荣。其间，因码头商业繁荣而成立的商会；因码头水运而受关注的船舶业；因浦市码头便捷而成立的大型国有企业。这些都是因为依托浦市码头水运基础而衍生出的一系列与此相关的组织和集体。这一时期，浦市码头组织结构复杂而多样、系统而完善。

1. 商会的成立

商会是各行各业发展规范的组织机构，从浦市商会成立的原因以及规模中可以看出当时码头人员组织结构的多样。据泸溪商业志记载：“设立商会的原因有四，其一为……商业日渐兴盛，行业增多，事务纷繁。”[①] 根据商会法规定：“各县及各市均得设立商会，繁荣之区镇也得单独或联合设立分会。”遵照农商部颁布的商会法，商会组织于1913年始成立商会，以各商店的商民为会员，分行业成立同业公会，再由各同业公会选派代表参加商会。当时浦市镇因商业繁荣成立了商会组织，负责本地商业活动的开展及管理有关事项。

2. 船舶业的发展

市场推动需求。大范围的水运贸易运输，加大了船舶的使用和耗损率，由此引起政府对传播业的关注与支持。1967年国家投资31万元，在泸溪县城东北暮江头筹建自治州交通机械厂，1970年建成投产，厂名改为湘西土家族苗族自治州船舶修制厂。主要建造各类钢质船，到1990年止，该厂共制造各种船舶183艘，全厂干部职工共148人，是省定点造船企业单位。产品质量达到省内同行业先进水平，产品销往省内外。

---

① 泸溪民贸局编写．泸溪商业志［Z］．1985：4.

3. 化工总厂的选址

浦市化工总厂（泸溪县浦市化工总厂的前身为浦市磷矿厂，1966 年由湖南省地质局 405 队发现，当年 11 月开始筹办）的选址与浦市码头水运之发达息息相关。20 世纪 80 年代，现代交通体系尚未完善，浦市得天独厚的水运条件给化工总厂的货物销售提供了保障。1982 年 6 月 29 日，中共湘西土家族苗族自治州州委和州人民政府以州发（1982）38 号文件批准成立泸溪县浦市化工总厂。厂部设：办公室、政工科、生产调度科、科研室、机电科、基建科、安全保卫科、供销科、财务科等 10 个科室。总厂下成立：浦市磷矿、浦市氮肥厂、浦市黄磷厂、浦市普钙厂。经过二十多年的建设，该厂由当年 8 名工人、8 把钢钎手工开创的微型矿山，到 1990 年拥有 9 个分厂、一个公司、4300 万元固定资产、1800 多名职工的综合性中型化工企业。年总产值达 5500 万元，税利 500 余万元，是湘西自治州最大的化工原料工业企业，也是州、省的重点企业之一。该厂生产的黄磷、电解金属锰、硅锰合金、福银新等产品以质量高、价格合理而远销美国、加拿大、巴西、印度等国内外市场。而这些产品之所以能够保障销量、壮大发展是与浦市码头水运发达离不开的。

（二）社区码头时代：人员组织结构单一

繁华过后，已是萧条。商会已全部解散，船舶业也不再受到关注，化工总厂已然成为浦市游客中心的新址。摆渡人每日往返于江东与浦市，晨起昏夕，简单的机械运作。似乎在守望着什么？而 20 世纪服务于码头货物搬运的工人们已经只是饭后茶余后记忆往事的回忆了。

1. 码头的最后守望者

浦市大码头对面是江东村，行政划分上隶属于辰溪县，并不属于浦市。然而，浦市与江东村隔岸相望，两地之间居民不论是在经商贸易，抑或是人情往来、日常消遣，交往都十分频繁，可以说，江东村是浦市的有机组成部分。江东村和浦市的连接桥梁是江东村的摆渡人，目前整个江东村只有六个人还坚持在码头摆渡，以下为码头上摆渡人的一些简单介绍：

> YBH（安全员），72 岁，家里 6 口人。2012 年，应全国海事局要求，孝坪镇镇政府开始招募其做编外安全员，主要负责登记每天每趟的乘客量以及监督乘坐渡船时是否使用安全救生圈，上班时间从早上 6 点钟到

下午3点钟，因为渡船的随时性和连续性，基本上全年无休。刚开始通知到村里，因为600元一个月的补贴，没人愿意去，于是当时赋闲在家的姚爷爷便主动请缨。直到2014年，涨到1200元，2016年涨到1500元，2017年涨到1700元至今，村里的一些人才开始有些眼红这个岗位。当我问道，“爷爷，当时600一个月，而且全年无休，您怎么愿意做呢?”姚爷爷笑了笑说：“从小在河边长大的，守着这一方码头有什么不好的?”①

CXY（摆渡人），45岁，家里4口人，大女儿18岁，在读大学专科，小女儿，13岁，目前在浦市读初二。我问CXY大哥：“您什么时候开始摆渡的?”CXY说：“我1997开始开渡船的，那会不兴打工，家就在河边，4000多买一条船，开渡船还是不错的。”我问：“那您现在为什么开渡船呢?”CXY说：“其实现在家里不同意我摆渡，如果仅仅摆渡，养不活一家老小（乘船的价格从90年代的3分、5分、2毛、5毛到现在的1块钱，船价涨幅很小），但是女儿还在家里读书，离不得人。”②

YYX（摆渡人），62岁，2018年开始摆渡。家里有12口人，三个儿子。爷爷、爸爸以前经常驾船下常德、沅陵等地做桐油、柑橘生意。当问到同样的问题“为什么摆渡?”姚元兴回答得很爽朗：“来的是现钱，去外面打工，家里人怎么办?而且我这么大年纪了，挣的钱都是自己花的，每天有几十块钱挺好的，最主要的是在河边好玩啊，像我们这种从小在河边长大的，空气好，水又干净……”

ZHQ（摆渡人），58岁，从事摆渡近20年，以前是为队上开船，后来继续从事摆渡生活。听YBH评价说：“他呀，日子过得最舒坦的，家里人有钱，摆渡就是为了在河边上消磨时间。”

YMH（摆渡人），50多岁，是六人中唯一一个住在船上的人，即白天摆渡，晚上睡在船舱里面。YBH说：“他是除了XHQ外开渡船最

---

① 被访谈人：YBH，孝坪镇镇政府开始招募做编外安全员．访谈时间：2018年9月13日，地点：浦市大码头上.

② 被访谈人：CXY，江东村摆渡人．访谈时间：2018年9月13日，地点：浦市大码头上.

攒劲的人，他老婆在外面打工，他就一个人住在船上，为了方便接私活（在早上6点前和下午6点后收入算他个人的）和守着渡船。”

XHQ（摆渡人），40多岁，儿女双全，孩子都在浦市镇上学，跟其他江东村在浦市镇读书的孩子们一样每日往返家和学校都必须乘坐渡船；家里有几亩地，每天都会有半天时间（六个人每天上下午轮班）忙于摆渡。XHQ在回答为什么选择摆渡为职业时，不免有几分自豪，说：“零几年的时候，那会公路还没修好，坐渡船的人多，离浦市近的对面村子，几乎每个村子里都有渡船，不仅有长途（去辰溪），还有短途（两岸之间日常买卖、喝茶等），更有专门的赶集渡船，有渡船且会开船的人是有一笔可观的收入的，而且大都是自负盈亏。”根据XHQ所说，自从修了公路以来，大家往来怀化的路由之前的水路：浦市—辰溪—怀化转而为如今的公路：浦市—达岚—怀化。相对而言，无论是人数还是频率都骤减，很多村里的渡船便也陆续尘封。自然，说到收入，XHQ憨憨一笑，说：“太少了，不好意思说。”当我问及坚持开渡船的原因时？XHQ手里依旧不忘撑船，一脸希冀地跟我说：“因为孩子都在浦市读书，出去打工，虽然工资高些，但是不在孩子身边，最后却落下了孩子的教育。[①]

以上为码头目前人员现状。除去以上这六人，偶见三三两两的村庄赶集时分开船渡客，不成规模，笔者在这里不再赘述。

码头人员组织的形成。因为客源数量的减少以及客源种类的简化，导致摆渡人存在生存问题，2017年江东村的六名“摆渡人”简单组织在一起，口头约定非正式“摆渡”规则：“坐船的都是一个村的，出去打工的人多，坐船的就那么些人，坐你的不好，坐我的不好，所以我们六个人就说好，在一起摆渡，坐谁的船都一样。我们每天都出船，分上下午班，上午三个，下午两个，每天有一个人不用开船，就管钱（负责全天的船费管理，当天出船的摆渡人不得涉及私自收取船费），六个人轮流来嘛。”“下午的时候，得到的所有船费平摊，一天一结”。

① 被访谈人：XHQ，江东村摆渡人．访谈时间：2018年9月15日，地点：浦市大码头上．

图4　笔者在等待渡船的地方和村民访谈（左一）

通过目前码头人员组织结构来看，他们具备类似的特质：年龄层面，统一的中老年人；从家庭情况层面，都是江东村土生土长的居民；价值观类似：对于从事摆渡的原因层面，主要源于两个方面，一是孩子的教育问题，二是对家乡的眷恋；情绪类似：从心理希望层面，他们每一个人都希望能实现江东村与浦市两河之间的修桥计划。当我问道：“如果修桥了，就没有人坐船，那你们不就没有收入了吗?”大家和 XHQ 的回答几近一致：“我希望修桥，现在交通好了，大家都出去打工了，基本上也没有什么人需要坐船了，收入太少了，修桥了大家生活会富裕些。”

大码头时代，在码头上从事与此相关职业的远远不止他们，还有经营长途客船、承载大吨位货船、以及运输木材的帆船等。同时，应运而生的码头相关行业种类亦多，如前文中提到由码头所衍生出来的商会组织、船舶业、以及化工总厂的从业人员，他们直接具备较好的异质性和进行良好的社会分工，使得整个浦市社会整合度较高，职业分工方面表现得有机全面，多样而系统。

码头人员结构单一的变化现象。近十几年来，浦市发生了巨大的改变，人们的行为体系也一直在发生变化，有些变化是他们自愿的、有意识的，但很多变化几乎是在他们无法支配的情况下不断地展开。从表面上来看是渡船在不断减少、摆渡人群体收入报酬下降。但是，他们不知道是什么东西在改变他们，但有一条他们知道，就是他们辛辛苦苦开一年渡船，仅仅能勉强维持一家人的基本生存。用他们的原话说就是：你看账本记录就在那里，一天几十块钱，能干什么？实际上造成这种现象有两个本质方面的原因：一是经济的发展。自从改革开放以来，越来越多的人投身北上广深的“打工潮”，他们勤劳质朴、老实本分，把挣来的钱全部存下来建了新房子，买了代步车，甚至有些定居到了镇上、县城，需要每天往返村里的人少了，需要靠渡船代步的人也就更少了。二是公路的修建。“要想富，先修路”观念深入人心，人具有主动性和创造性，在积极的修路号召和实践下，人们开始放弃速度缓慢、承载量小、局限颇多的渡船，而选择更为便捷的汽车。据地方文史记载，1994年到2003年间在通航里程73公里不变的情况下，载客汽车由227辆增加到505辆，交通水运工具驳船数量由34减为10，1994年到2005年间，公路通车里程（公里）由344公里增加到1192公里。[①] 由此可见，现代交通体系的修建过程中，泸溪县乡公路亦步亦趋，水运方式在不断弱化。码头相关从业人员骤减，其组织形式表现机械，职业分化单一而简单。

图5　等待渡船（图片来源：笔者自摄）

① 泸溪县统计局编. 泸溪统计年鉴［Z］. 2005：90.

图 6　放学的孩子们乘坐渡船回家

图 7　渡船内一角（图片来源：笔者自摄）

2. 留在记忆中的职业

浦市大码头繁荣时期，职业种类繁多，其中在人们印象中最为深刻的主要为卸货上货的搬运工人。笔者在码头附近走访的时候，探寻到有不少20世纪从事搬运工作的人。老年协会中心G会长，从小在浦市码头边长大，目前主要负责浦市老年协会中心事务，对于笔者进入社区提供了关键性的帮助。G会长的母亲在20世纪便是浦市码头的搬运工人。在G会长的记忆中："那时的码头上上下下都是人，一般大人们都不让小孩去码头上玩，但是我们在码头上长大的孩子，在母亲上班自己没事做的时候，就会在码头上打闹嬉戏、玩石头，玩得不亦乐乎。晚上的时候，码头上也是灯火通明的，点满了桐油灯（浦市盛产桐油，且桐油灯不会被风吹熄）。"① 故而，浦市码头的每天晚上亦是灯火通明，上上下下来往的人群有序而忙碌地装货卸货。在G会长印象中，母亲每天忙碌于浦市家族码头以及大码头之间，起早贪黑地为生活而奔波。G会长母亲作为一名搬运工人，其用工形式随着时代的发展也在发生改变。20世纪50年代的时候，用工形式属于街道搬运集体，自负盈亏。直至1960年，成立了搬运社（属于泸溪县海事局下属子公司）之后，开始计工分，女性6.5分工、7分工不等，男性8分工、9分工、10分工不等，工分的拟定以性别和身体状况为划分，依据身体健壮程度、老幼年龄等进行协商。那时候G会长家里有两个哥哥、一个弟弟一个妹妹，搬运工人工资低，一个月十几块钱，工作累，每天辛苦劳作才能勉强维持生计。

搬运工人是码头上是最平凡又最多的存在，其起早贪黑的劳作，在一定程度上亦是昔日浦市码头繁荣的佐证。在20世纪，浦市码头上搬运工人规模曾达到100多人，这些都是曾经兴盛的余温。直到后来，随着资源的逐渐衰竭，技术与资金都往新的交通枢纽点进行扩散和转移。浦市磷矿公司倒闭，与外界连接的载体也不再单纯依靠水运与码头。搬运社解体，搬运工人逐渐走出了浦市历史的舞台，然而，老一辈人对码头相关的职业中印象最深刻的便是搬运工人。这样一个庞大群体的消失，其原因是与码头相关行业的衰落与倒闭，而本质却是正如施坚雅所说："一个正在现代化的地区中具体市场的命运实际上要由交通现代化的空间模式和时间顺序来决定。被一条现代化道路绕开的集镇不大可能发展成为现代市镇。"② 因此，码头人员组织结构走向

---

① 被访谈人：GYZ，浦市老年协会中心会长．访谈时间：2018年9月20日，访谈地点：浦市爱乡楼．

② 施坚雅．中国农村的市场和社会结构［M］．中国社会科学出版社，1998：102.

单一也是时代的必然趋势。

三、码头配套设施的变迁

（一）大码头时代：全面系统的配套设施

码头的基本设施是发挥码头联结浦市商贸、统筹浦市社会功能的重要保证。码头上服务于码头的设施一应齐全：匹配的土地庙、能工巧匠的甄选、宽阔的堆场、通宵不熄的桐油灯，等等。从码头本身到服务于码头的商铺，乃至到与码头相关的信仰与希望，从今天看来，他们互为基础，相互依存，紧密相关。

1. 码头本身作为配套设备的存在

24 座码头。以下是根据浦市老年协会中心前会长 Z 老先生的回忆而整理的 24 座码头分布位置与名称一览表。后附 Z 老先生根据记忆绘制的一幅浦市老码头图。另江东的 8 座码头在这里就不一一详述。

表 3　根据 Z 会长的回忆对浦市 24 座码头整理一览表①

码头名称	分布地方	名称来源
浦口码头	在浦溪宋家巷河边	第一座码头。码头总高 10 米，100 踏步，三层休息石块平台，下面是半圆形围脚并有长条石十余块伸向水中，以防水干时用
第二座码头	在大方阁下面	第二座码头。1949 年以前，芷江蒋司令在此办过纱厂，1949 年后为泸溪县浦市柑橘苗圃办公所在地
烂码头	在浦溪吉胖儿屋下面	第三座码头。后困宋朝末年发大水将三吾寺冲向江东，码头也就慢慢烂掉一半，于是就叫烂码头。那里原是三吾寺的所在地
第四、五座码头	在浦溪黑龙庙下面	第四、五座码头。正是码头对码头的地方
吉家码头	在吉家头，吉家大院下面	第六座码头。吉家私用装卸货用的码头
汤家码头	在吉家码头下面	第七座码头。是汤家人私家装卸货物的码头

① 章明非. 浦市杂记［M］. 泸溪县浦市经济开发区管理委员会，2018：18-19.

续表

码头名称	分布地方	名称来源
方家巷码头	在上节街	第八座码头。据前辈老人所说是山西汤家富商在此经商而修的私家码头
瞿家巷码头	\	第九座码头。是瞿宏顺老板所修的私家码头
谢家弄码头	\	第十座码头。据说与当时谢兴盛商号有关
钟家巷码头	\	第十一座码头。是钟家商号私家码头
姚家弄码头	\	第十二座码头。据说是姚西如姚爱民的私家码头
十字街码头	\	第十三座码头。这个码头是公用码头
申家巷码头	\	第十四座码头。也是申家私人码头
聂家码头	在吉家巷出口河边	第十五座码头。是浦市聂宝兴商号私家码头
名称不详	在史家巷出口边	第十四座码头。是史家商号私家码头
浦市大码头	在江东村对面	第十七座码头。这是个公用码头，据前辈老人讲，是一个大家婆媳孤霜捐资修建而成
私码头	在浦市粮店巷子出口处	第十八座码头。私码头的码头有几十级踏步，码头宽而平坦，是浦市一个比较大的码头。据说为河街张家粮行所修
唐家码头	在原来浦市盐业公司下面	第十九座码头。是浦市四大家唐姓所修
陈家码头	\	第二十座码头。是浦市陈姓所修
李家码头	在浦市爱乡楼下面的码头	第二十一座码头。是浦市李本记私家码头
万寿宫码头		第二十二座码头。万寿宫码头是江西会馆的专用码头
寨码头	在万寿宫下面一点	第二十三座码头。这是个公用码头，是对河所有乡民上至渔潭下至球岔等去浦市青水坪赶集的必经之路
老码头	\	第二十四座码头。是浦市乌油房姚兴盛的专用码头
江东 8 座码头	在浦市河对岸	目前还有码头遗址

2. 修建大码头的故事——廉氏婆媳捐资修建浦市大码头

明初，浦市已成为泸溪县属地的大集市。明天启七年（1627 年），浦市人廉姚氏、兼陈氏两位婆媳孀妇，见浦市正街通往河边的码头狭小且崩塌，不堪行走，遂大发恻隐之心，慷慨捐资白银千两，鸠工命匠修建码头，不数月工程告竣，一座石级宽拓、规模宏大的大码头在浦市最繁华的地带犁头咀的江畔建成，为当时沅水流域首屈一指的码头，人们通称“大码头”。大码头每隔 10 级台阶便有一块长方形平台，专门为搬运工和上下行人临时歇息之用，其独特之处便是整个码头是用 999 块石头堆砌而成，两侧还修砌了两座长岩坪，作为上下货物临时存放的场地，整个码头总共有三层。它是通往浦市市场的中心码头，浦市盛产的柑橘、鞭炮、桐油、烧纸等均在此装船外运，外来的各种货物亦在此卸船起岸。白天码头上人流摩肩接踵，夜晚人们打着灯笼火把通宵给船舶装卸货物。岩匠运来 1000 块石头，最后剩下一块立在码头口上，请人撰写了碑文，使这一善事永垂不朽。节录碑文如下：

> 泸溪有浦，水陆要津也，舟楫蚁拥，商贩鳞集，上街下河，往来络绎不绝。当春泛涨，波涛荡析，土崩路圮，行者苦之。兹有廉门姚氏媳陈，姑媳孀居，相与语曰：俗言：不竞其禄，子孙之福。吾家有余资，两世孤孀，意者善行未修，天故示之罚乎？幸有藐孤，盍日行利济事，周急恤困，通有无皆裕如。适目睹码头圮，慨捐千金，拓大之……不数月台竣，往来称便，固垂之百世不朽……①

3. 能工巧匠的甄选

码头本身就是一个科学的工艺品，讲究科学、讲究艺术。浦市码头是一个马蹄形的半圆，一层一层上来，主要的目的是为承重和分散压强。可以说，码头在实际使用中兼具实用功能和科学艺术功能。“以前要修建码头，都是要精挑细选的能工巧匠的。但是能工巧匠又有很多，所有会有比试。当时在修建码头前，经过了几轮比试后有三个能工巧匠脱颖而出，但是需要挑选一个出来，于是，第一个人打了一个漂亮的石链；第二个人雕了一个鸟笼，笼子里还有一只鸟，第三个人直接拿了几个凿子随意往不同的地方一扔，几个凿子之间竟然分毫不差，最后便选用了第三个人来修建码头”。②

---

① 政协湖南省泸溪委员会文史学习委员会编．泸溪历代大事记．第 7 辑，泸溪文史［Z］．1992：11.

② 被访谈人：YLS，浦市艺木子工作室老板．访谈时间：2018 年 9 月 12 日，访谈地点：艺木子工作室.

4. 兴旺的杂货铺

XSX，祖上几百年之前来浦市安家，经营鞭炮生意，依靠码头运输进行运输买卖。据他所说以前街上商铺琳琅满目，络绎不绝，有专门服务于码头船只的零部件，如铁钉、货船发动机等，也有专门服务于码头搬运工人的生活用品，还有专门服务于码头本身的水泥钢材等。因为浦市这些店铺的物资几乎不在浦市生产，而是依靠便捷的水运和货船来往常德、武汉等地进行物资交换。不仅维持了当地的生活需求，也是码头系统正常运行的动力。①

5. 土地庙

据不完全统计，浦市全镇曾有99座土地庙。其中每一条通往码头的巷弄口都必有一座土地庙，土地庙中供奉着菩萨，从土地庙通往码头，连接的是一层一层的阶梯。人们修建土地庙之多，其信仰不同，分布亦是星罗棋布，但是码头上修建土地庙的初衷都是为了祈求来往码头的船只和人员出入平安，是出发时的祈福也是回来时的心安，是保佑这一方码头平安顺遂的念想，是码头上不可或缺的精神寄托。

以上我们可以看出，码头本身是整个码头系统的一个基础，为码头配套的一系列杂货铺是码头水运功能源源不断的动力，而码头上的土地庙所承载的信仰和希望则是码头的一个文化升华。

（二）社区码头时代：萧条的码头商铺

表4 浦市中正街商品与数量分布

店铺类型	数量（家）	店铺类型	数量（家）
店铺总数量	180	家具家居	4
杂货铺	35	水果	6
服装店	40	蔬菜	10
早餐、餐饮店	15	超市	2
茶馆	7	箱包	4
木匠	1	其他	45
理发店	5	婚庆公司	1

① 被访谈人：XSX，浦市中正街商铺老板．访谈时间：2018年9月17日，访谈地点：中正街XSX商铺内.

续表

店铺类型	数量（家）	店铺类型	数量（家）
江东酒家	1	奶茶店	2
特色小吃（糍粑）	2	转租闭门不开	36

中正街，依托浦市大码头曾经最繁荣的一条古街。笔者从早上 9 点直至中午 11 点穿行古街两端，进行数量统计和观察。从经营现状来看：转租未开门店铺数量较多，顾客偶见三三两两，人流较少。经营类型主要有三类：第一类为数量较多的杂货铺、服装店、早餐店。虽然店铺众多，但是零散分布，个体经营，主要服务于浦市镇居民以及周边村落社区居民。杂货铺：主要销售生活日用品、农用器具等；服装店：主要销售浦市周边村落社区居民服装，款式单一、质量下乘，价格以低廉为主。进货渠道：网络淘宝或者就近的怀化、吉首等地。粉面店：主要经营浦市特色早餐，如馄饨、米粉，顾客来源单一；第二类为新兴市场上满足人们需要的店铺，以婚庆公司和奶茶店为代表；第三类为古镇特色店铺，这一类店铺生意异常火爆，以邓婆糍粑店为代表。

从以上论述可以看出，目前与码头相配套的设施几近消失。曾经依靠码头营运而兴旺的中正街繁华不再，相应与码头相关的配套设施的店铺、酒楼零散分布，不成体系。

四、码头叙事的变迁

（一）大码头时代：关注码头的商贸价值

1. 地方县志

《泸溪县志续》有云：“浦市在泸溪城南六十里的沅水西岸……烟户很多，商业繁荣……上下船只多停靠这里，历来是有名的商业圣地。”[①] 对于浦市曾经作为湘西商业重镇的记载甚多。

2. 文学创作

李怀荪历时 14 年，所著的《湘西秘史》浓缩了湘西的百年恩怨和百年兴衰，其从事湘西民俗文化的收集和整理工作几十年来始终如一，一直浸润在

① 向海军. 泸溪文史. 第八辑［M］. 泸溪县政协文史学习文员会，2007：9.

这种浓郁的湘西民俗文化氛围中，小说的第一手资料绝大部分来源于湘西全面而真实的民俗风情。文中以浦市镇为原型，以曾经繁荣的商贸为写作大背景。以浦市四大家族为素材，作为书中商业巨贾张家、刘家的人物构造。

> “其中，我走得最多的地方是泸溪县的浦市镇，前后有十多次。这里是湘西最早的商埠……文化脉络，却一直保留了下来……后来，小说《湘西秘史》的浦阳镇，写的就是这个地方。”①

3. 名人大家

> “那时节河面的油坊尚有三两千新油篓晒在太阳下。沿河七个用青石做成的码头，有一半常停泊了结实高大的四橹五舱运油船。此外船只多从下游运来淮盐……川黔所需的洋厂杂货。川黔边境由旱路来的朱砂、水银、五倍子、生熟药材，也莫不在此交货转载……街市尽头为一长潭，河上游是一小滩，每当黄昏薄暮……大帮货船从上而下，摇船人泊船近岸以前，在充满了薄雾的河面，浮荡在黄昏景色中的催橹歌声，正是一种如何壮面稀有充满欢欣热情的歌声！”
>
> ——录自《沈从文散文集》②

4. 浦市谚语

> “猪百羊万担米，水泄不通犁头嘴（中心交易区）”③
> “一个包袱一把伞，来到浦市当老板”④
> “小南京”⑤

以上内容在地方文史县志、文人作品中频繁出现，都可见浦市曾经作为湘西四大名镇之首，其商业价值之高。人们在叙事时对浦市码头的价值主要聚焦于浦市以往商贸的价值，自信于曾经繁荣的商贸市场、感怀人心其水泄不通的码头市场。现如今，重新定位浦市，在现代交通体系逐步完

---

① 李怀荪．回望湘西远去的背影—《湘西秘史》创作缘起［J］．创作与评论，2015（23）：112-117.

② 雷建喜．浦市人文大观［M］．湖南省泸溪县作家协会，2006：367.

③（清）顾奎光修，李湧：《泸溪县志》《乡市》．乾隆二十年复印本．形容当时浦市街道繁荣，周边社区所有货物集聚在此地而水泄不通的场景．

④ 形容当时来浦市镇做生意的外地人多．

⑤ 对浦市商贸之繁荣的赞誉．

善的条件下，浦市码头便捷的水运优势不再，其商业贸易的作用亦直线下降。然而，浦市数百年历史积聚而成的码头文化、码头作为城市空间的特殊语言，其综合价值却在提高。综合价值主要体现在人们对浦市码头的精神价值，其表现在两个方面：其一，历史文化价值；其二，情感价值。人们叙述码头的时候，已经不知不觉中将核心话语由码头的商贸价值转变为情感价值。

（二）社区码头时代：关注码头的情感价值

世界上没有无源之水、无本之木，每个城市都有自身独特的生命历程，历史文化的沉淀隐喻了城市独特的思维认知和文化价值，是城市命运的轨迹和根基。① 从这个意义上来说，浦市码头作为浦市的一个组成部分，其物质文化和非物质文化都将是浦市的一个文化记忆载体。

1. 历史文化价值

（1）怀念码头的历史厚重感

码头文化是浦市历史长河中的重要部分。城市的每一片城市空间、每一寸土地、每一块肌理、每一座建筑、每一条街道都在无意识地印证城市生命与性格、历史与记忆。浦市大码头作为浦市的重要部分，见证了浦市重要的历史轨迹，虽然再难看到车水马龙的货船和来来往往的各地商人。随着现代交通运输的高速发展，浦市码头水运功能已经式微。二十多座货运码头因为修建防洪堤坝被毁，浦市目前仅剩一座不完整的大码头。虽然随着码头在浦市空间的消逝，人们对它的记忆却越来越深刻，码头曾经担任的主要物流功能虽然已经变迁，但是历史的厚重感却依旧深刻地烙印在这一代人心中。今年中秋时节，笔者从一名自江东村走出去的人的感慨中可以窥探出码头的历史厚重性在他们心中留下的印记。

YHT从小在江东村长大，后来考上了泸溪县的老师，就在泸溪县城买房定居。以前读书的时候每周乘船往返泸溪县城和江东村，大概读高中以后，便很少坐船了。“小时候我是能看到有很多没有被拆的码头建筑的，那些码头就在河两边，很多的搬运工人在上上下下地卸货，码头的屹立让人觉得很有历史厚重感。现在浦市不是在搞旅游吗？它啊，想模仿凤凰那里把河两边这里修建成一个古城墙，可是模仿的东西始终不如自己现有的，我就觉得以前

① 单霁翔. 从“功能城市”走向“文化城市”［M］. 天津：天津大学出版社，2006：148.

咱们浦市和江东对面的这些古码头好看，一座连着一座，很有地方特色，我也去过不少地方旅游，很多地方都一样的景观，没意思，看到一些有地方特色、历史意义的我都会多拍几张照，觉得很有价值，有时候也会想到以前的码头，可惜现在已经没有了……”①

图 8　现在的浦市大码头（图片来源：笔者自摄）

（2）码头民俗信仰的延续

城市中文化的存在是可寻根的，这也就意味着码头这样一个特殊的文化载体，记录着这个城市不可或缺的文化片段。码头在各类耳熟能详的故事里出现的频率非常高，延续于浦市生活的方方面面，而且传颂至今。人们传诵的神话故事大都以码头为背景画面，以下是家喻户晓的乾隆皇帝与浦溪“码头对码头”的故事。

在浦市中元节后笔者探访了浦溪村头人 SSQ②。他跟笔者详细讲述了浦溪黑龙洞庭湖救乾隆的故事：

---

① 被访谈人：YHT，江东村人，泸溪县教师。访谈时间：2018 年 9 月 24 日，访谈地点：泸溪县浦市镇大码头渡船上.

② 被访谈人：SSQ，浦溪村“头人”也叫首士。访谈时间：2018 年 9 月 11 日，地点：浦溪村 SSQ 家。当地人对于“头人”的要求：会处事，能算账，门儿清的人，SSQ 是浦溪村最年轻的首士，其他的都是德高望重的老人.

乾隆巡游江南之际，船至洞庭湖，突然黑云密布，一时间狂风暴雨，湖面一时难以控制，随从将领如临大难。就在此时，一位两耳戴有耳环的黑脸大汉，身着战袍，手持双刀出现在乾隆皇帝船边，一瞬间洞庭湖上风平浪静。事后乾隆皇帝很高兴，亲自问黑脸将军的情况，家居何地，姓甚名谁，他答曰："浦市码头对码头是吾家。"乾隆皇帝为报答救命之恩，来到浦市察访，在街头的浦溪，发现溪两边是码头，他想这里不就是黑龙将军说的"码头对码头"的地方吗？乾隆随步来到这庙内，看见一尊高大的黑脸将军的塑像，身穿战袍耳垂银环，与自己在洞庭湖上遇到的恩人一模一样，乾隆回朝后，便下达了圣旨，封其为"护国黔王"。

笔者认为这个故事虽然有待考证，但是码头在其中的背景画面却清晰深刻，码头作为一种潜移默化的载体和中介是构建这个故事的骨血。从本质上反映了码头在人们内心深处烙刻的认知，这种认知让他们相信并传承。这种认知是自己对于家乡的印象，更是说服自己、理解自己的最简单的环境带入认知。浦市古镇曾有"湖南庙乡"之称，这里曾建有 72 座寺庙，99 座土地堂（坊）。这些寺庙除了具有宗教性质的寺、庙、观、庵、殿、堂外，如普兴寺、江东寺、黔王庙等，还有 12 座缅怀历史人物的庙宇，可见神明信仰曾在浦市时空环境中的重要性。人们愿意承认且深信码头在神话故事中的重要记忆载体作用，也是因为码头对于他们来讲，已经不仅仅是物质本身所承载的基本功能，更是一种信仰与希望的伴随，是延续他们生命之外的寄托。故事中乾隆皇帝找到黑龙将军的关键词"码头对码头"，一定要借用码头这一背景，正是人们日常生活中的体现，源于生活，却高于生活。这一背景，具备信服力，因为传播这一故事的主体是浦市普通民众，他们相信这一事件的环境是他们日常生活的反射与内心世界潜意识的认知。所以，在笔者寻访码头故事的时候，浦溪村民和古街上的人几乎都能随口与笔者道来，其描绘者形态、眼神犹如他们亲眼所见一般，而笔者亦会听得深入其境，仿佛置身其中。而这个故事却独具代表性，如今的"抬黑龙"活动是浦市极其盛大的活动，在民俗信仰中占据极大的影响，活动的传承既是故事的持续，更是人们对码头情感的一种延续。故事借用人们生活中息息相关的码头，既是情景的还原，更是精神的传递。

图 9　浦市“抬黑龙”活动

图 10　码头祭祀活动　邓和生摄

2. 情感价值

(1) 寄托家族情怀的码头

码头在浦市的存在不仅仅是一个物质的客观存在，更是曾经繁荣的佐证，甚至是一代人、一个家族的情感寄托和感怀念想之物。这也是码头成为浦市文化的表征、码头后人情感寄托载体的缘由。码头的第一功能虽然不是记录和书写历史，但对于在浦市一辈又一辈生存、生活的社区居民来讲，码头的存在却是记录和书写历史的最好工具。浦市曾是一个迁徙而对外交流频繁的古镇，浦市的历史几乎就是浦市的迁徙史。按照浦市自己人说，我们没有真正意义上的“本地人”，绝大部分的人都是从全国各地的人来到浦市做生意，然后买地建房定居，所以浦市人重视经商，注重家族，因此更加重视经商赖以生存的水运交通。在一定程度上，修建以姓氏为名的家族码头，是为了在频繁的历史变迁过程中，除了用家谱来记录和传诵自己的家族历史外，还可以用码头的修建来标示自己的族别、用家族姓氏来显示自己的族徽、用码头建筑来展现自己的图腾，这是一种情感的精神寄托。世世代代依靠码头从商的“张氏粮行”老板 LYY 跟我讲了她的码头故事：

> 我老公家世世代代住在浦市码头，祖上做的是粮食买卖——“张氏粮行”。我们在 1992 年的时候继续延续祖上旧行当，做粮食生意。家里收购粮食、再加工、销售一条龙服务，生意很好。张氏粮行经营的一个很大的特色就是：不自我生产粮食，主要通过收购附近村庄的粮食，在河两岸之间的村庄大量的农民通过渡船运粮过来，然后进行再销售，张氏粮行世代居住在河边，一是方便收购粮食（粮食收购主要来源于河对面的麻溪口、江东村、当江州等沿河村社区）；二是便宜出售。由此，也就奠定了水运码头对家族的重要作用，据当地老人说私码头就是以前“张氏粮行”修建的。

1996 年，浦市特大洪水，洪水淹没至中正街，码头旁边的房子几乎全淹。LYY 家的猪圈、厕所、房顶、粮食都被洪水冲走了，到处都是淤泥。洪水过后，为防洪，政府拆码头，在河边修建堤坝。当时 LYY 在兰新街[①]购买政府安置房。但是在 1999 年，河边的房子修复完工，可以优先卖给原住户，很多居民都选择重新购买原住宅，回归码头。LYY 说：“那里

① 现在新的浦市商业繁荣街道.

（指兰新街）没生意做，在河边好做生意，做惯了，我们想回到我们的码头上去”。[1]

（2）对家乡龙舟活动的执念

龙舟文化是码头文化的重要组成部分。一是源于浦市龙舟赛自古以来的全员参与性。浦市农历五月初五到农历五月十五都会在码头上举办一年一度的龙舟节，这个节日在浦市是一个极为盛大的节日。春节和龙舟节，对于浦市人来讲，后者往往更重要，龙舟节是一个比春节还要热闹和特殊的日子，春节可以不回家，但是龙舟节一定会赶回家。这段时间是浦市一年当中返乡和人流最多的时期，附近所有的村庄都会以村社区为单位集资集人。在龙舟节持续期间，其中有一项重要的仪式就是“送红”，主要是由外嫁的女儿们组成。无论是20岁的青年，还是80岁的老太太，都会回乡送红，送红就是回娘家送一些礼，主要是鞭炮、烟花和红布。最重要的就是红，红就是红色的布带，红代表的是嫁出去的女儿对家乡的一种期望。龙舟节是浦市人几千年来依赖码头而积累下来的宝贵文化遗产，这种根深蒂固的礼仪习俗一直延续至今，不仅表示鼓励和支持娘家人的龙舟，更是代表了浦市人对于码头文化的眷念与认可。

二是源于龙舟赛事祭祀仪式中对于码头的敬畏。银井冲龙船的祭祀仪式极其讲究与复杂，其中拜河神和拜码头是祭祀过程中的重要步骤。拜河神：当龙船队员们把船划到河中央的时候，头人起身站立，嘴中念到：“河神大人保佑白旗弟子旗开得胜！”话毕，船员们和之前一样也将龙船在河中沿着逆时针打个转，同时，船上所有的划手一起将手中的船桨竖举起来，大吼三声：“哦嗬嗬！哦嗬嗬！哦嗬嗬！”拜码头：是最后一次拜神仪式，将龙船的船头对准大码头，然后前面三排的划手将船桨高举起来，然后把船桨对着大码头点放三下，同时全船的人对着大码头叩拜三下，以示对支持自己的家乡父老的感谢。[2] 当地人一直坚持的拜神活动及拜码头行为是对码头发自内心的眷念与认可，是码头文化的精神传承和意念传递。以下是笔者整理的龙舟赛期间的渡船人流。

---

① 被访谈人：YYZ，浦市人，“张氏粮行”老板娘。访谈时间：2018年9月18日，访谈地点：浦市“张氏粮行”店铺.

② 谭必友．浦市龙舟赛［M］．学苑出版社，2016：73.

表5 孝坪镇龙舟赛期间客（渡）船舶签单发航工作纪录表

时间	乘坐人次	时间	乘坐人次	时间	乘坐人次
2018年6月15日（农历五月初二）	689	2018年6月20日（农历五月初七）	1401	2018年6月25日（农历五月初十三）	960
2018年6月16日（农历五月初三）	487	2018年6月21日（农历五月初八）	875	2018年6月26日（农历五月初十四）	1171
2018年6月17日（农历五月初四）	557	2018年6月22日（农历五月初九）	801	2018年6月27日（农历五月初十五）	903
2018年6月18日（农历五月初五）	828	2018年6月23日（农历五月初十一）	859	2018年6月28日（农历五月初十六）	765
2018年6月19日（农历五月初六）	1019	2018年6月24日（农历五月初十二）	1035		

从孝坪镇客（渡）船舶签单发航工作记录表可以看到，江东村与浦市之间来往摆渡之间，全年只有龙舟活动前后一个月人流最大，也是这一年里摆渡人摆渡最忙碌、收入最高的月份。春节次之，赶集和节假日再次，平时每天人流300人左右。[①] 而从表5可以看出，龙舟节10天基本维持在800左右人流量。单从人流便可以从侧面反映出浦市人内心深处对这片河域、这片码头的热情和躁动。对龙舟活动年复一年的执念是一种舐犊情深的感恩，更是情感深处的念想。

从人们关注码头的核心话语可以得出，码头叙事的关注点在悄然变化。大码头时代，人们对于码头的商贸自信言于溢表，如今，码头不复盛况，码头的价值取向多见于记忆情感中。

① 浦市人乘坐渡船每人每次收费1元，特殊情况会特殊处理；比如承载摩托车，则不多载人，收费10元一次。一般来说，在非节假日、春节和龙舟节期间，每人每天收入50元左右。

图 11　龙舟赛照片（图片来源：田野调查小组）

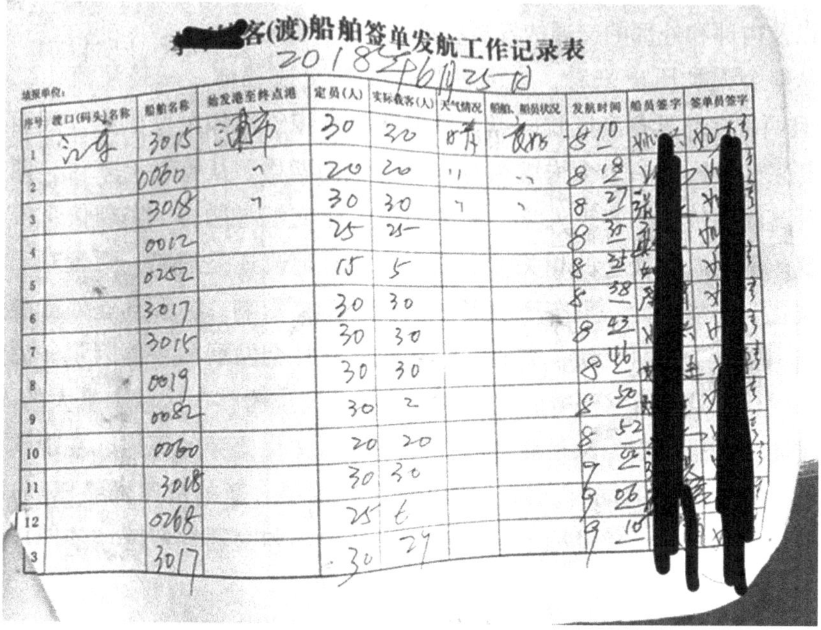

[redacted]客(渡)船舶签单发航工作记录表

2018年6月25日

填报单位：

序号	渡口(码头)名称	船舶名称	始发港至终点港	定员(人)	实际载客(人)	天气情况	船舶、船员状况	发航时间	船员签字	签单员签字
1	[illegible]	3015	[illegible]	30	30	晴	良好	8 10	[redacted]	[redacted]
2		0060	〃	20	20	〃	〃	8 18	[redacted]	[redacted]
3		3018	〃	30	30	〃	〃	8 27	[redacted]	[redacted]
4		0012		25	25			8 35	[redacted]	[redacted]
5		0252		15	5			8 [illegible]	[redacted]	[redacted]
6		3017		30	30			8 38	[redacted]	[redacted]
7		3015		30	30			8 43	[redacted]	[redacted]
8		0019		30	30			8 [illegible]	[redacted]	[redacted]
9		0082		30	2			8 [illegible]	[redacted]	[redacted]
10		0060		20	20			8 52	[redacted]	[redacted]
11		3018		30	30			9 [illegible]	[redacted]	[redacted]
12		0268		25	6			9 06	[redacted]	[redacted]
13		3017		30	29			9 10	[redacted]	[redacted]

图 12　渡船签单发航工作记录表一页（图片来源：笔者自摄）

人员组织结构已经逐渐解体，原因之一就是因为路网的完善给曾经码头体系的人员提供了进入道路交通线附近城镇寻找生存的方式和机会。码头功能已经转移，交通对于文化的性质影响使得当地人进货方式也发生了微妙变化。虽然村社区一小部分人依然坚持传统的渡船方式，但更多的人却利用公路乘坐汽车直接到达。交通发展的最大意义在于区域文化的变迁。

（二）交通影响文化的繁荣程度

交通对于商业繁荣的重要性已不需赘言。商业的繁荣，必然引发文化的勃兴，反之亦然。正所谓经济基础决定上层建筑，大码头时代是浦市文化鼎盛的时代。这一时期，文化形式百花齐放，如浦市传颂千年的辰河高腔“虽三岁孩童亦知曲唱”，国家非物质文化遗产踏虎凿花广为流传；民俗活动遍地开花；浦市特有的“抬黑龙”活动得以千年延续；龙舟文化更是亘古传承；而码头文化在这一时期也达到了高潮。多样的码头组织结构、系统的码头配套设施、全面服务于码头的商铺等构成了码头文化的重要部分。而他们的繁荣源于发达的交通枢纽。社区码头时代，道路的修建与码头水运功能的转变给浦市人的传统生计也带来了巨大变化。过去，浦市人的主要经济收入与码头相关行业有关，无论是与码头相关的设施供给还是人员消费、茶馆酒楼，都是当地人以码头水运为基础的经济收入链条，水运繁荣，则生意兴隆、行业繁荣。如今新修了公路，尤其是近年来修的白浦公路与319国道相接，现代交通体系主线已经重新规划，浦市已然不是交通主干道的持有者。由此，交通的变化使得人们的经济生计也一直在发生变化，有些变化是他们自愿的、有意识的，但很多变化几乎是在他们无法支配的情况下不断地展开。从表面上来看是码头被拆除不复存在、相应设施逐渐消亡、渡船在不断减少、人员组织单一、码头水运功能式微，其实质是码头文化的衰落而附带的一系列“多米诺骨牌”效应。

（三）交通影响文化的核心话语

浦市码头文化的核心话语也在悄然变化。谭必友教授提出话语群：“针对的是这样一种社会现象，社会上围绕某种行为而聚集起一系列的话语群落，这些话语群落在民间变现为各式各样的交谈语言，在政府及相应管理组织中表现为文件、工作报告、法律法规政策等，在学术界表现为各式各样的学科及其研究结论，在文化界表现为各式各样的艺术形式……当这种以各种形式表现出来的话语围绕某个行为聚集在一起时，实际上就形成了一个有着核心话语的话语群落，我们将其简称为话语群。”① 从20世纪80年代以来，浦市镇上流行起一些新鲜的话题，有的是从报纸上学来，有的是从外地学来，有的是从浦市社会中间自发酝酿起来。在整个80年代，新兴话语发展得特别快，几乎是一年就换一批新词。最初，人们讨论的是带有原来码头生活的词，比如“二十四姓码头”“拉拉渡”“货船”，接着是“大码头”“防洪大堤”，后来就有点变化，变成讨论“修公路”“摩托车”“小轿车”等。人们语言中的常用词汇变得特别快，转眼之间，以前的话语出现了一个大转折，从20世纪90年代到现在，有两个词一用就有二十多年，没有衰退，这两个词就是“高铁”和“国道”。大码头时代和社区码头时代的经济生计方式不一样，人们潜移默化地在改变着自己的核心话语而不自知，而推动他们的这一只无形的手，正是交通体系不断完善过程中的产物。

结　语

本文通过对浦市的田野调研并查阅大量的历史文献，试图从现代交通体系的背景下来探寻浦市码头文化的变迁。在梳理现代交通的前提下，阐述浦市水运运输已经逐渐退出历史舞台的缘由，同时分析现代交通与码头文化变迁的关系。从文中我们可以看到交通现代化与码头文化变迁关系紧密，同时与威斯康星大学麦迪逊校区人类学系周永明教授大力倡导的“路学”进行对话。

从浦市码头文化的变迁来看，影响码头文化变迁的因素有很多，最重要的影响因素当属经济因素。改革开放的浪潮，不可否认地带动现代公路、铁路、航空的大踏步发展。同时，在“一带一路”倡议的实施下，道路早已超越了“作为简单的通行载体的静态形式而附加了越来越多的社会特质”。② 道路对我们社会生活日益深入广泛的影响使得道路研究无疑具有重要的时代意义。在交通现代化背景下，笔者对于码头文化的人员组织结构、功能、服务

---

① 谭必友．古村社会变迁——一个话语群的分析实验［M］北京：民族出版社．2005.

② 周恩宇．道路研究的人类学框架［J］．北方民族大学学报（哲学社会科学版），2016（3）.

设施、叙事价值取向进行阐述和分析。现代交通体系的完善，瓦解了码头原有的人员组织结构，更多的流动人口把经济、生活的据点位移到现代交通框架中，充当其新的骨血。而码头曾经多样系统的人员构成，各行各业在其冲击下分崩离析；现代交通体系的修建，使原先的水运运输已经无法跟随时代发展的步伐。浦市码头由曾经集全国性的物流、人流停靠和交通枢纽中心，变成现在服务于浦市两岸之间几万人口的村社区服务码头。现代交通体系的修建，改变了浦市人的经济模式和产业结构，不仅从浦市人民潜移默化的核心话语中可见一斑，而且也在时刻影响着人们的价值取向。

斯图尔德强调文化的演变不仅具有多线性，而且变迁的后果并不存在优劣之分，而仅是一些必然的演化结果。① 故本文研究中心——浦市码头，无论是大码头时代还是社区码头时代，都并不存在曾经的码头文化更优，或者现在的码头文化更劣，码头文化的变迁是现代交通背景下时代发展的必然演变结果。

同时笔者的研究存在较多的不足。因为田野工作中，早期生活或工作在码头上的人大多已不在世，在世且了解情况的老人年龄较大（80 岁左右），与笔者存在语言沟通等方面的问题，所以对于码头的更多故事和文化还有待挖掘。同时，对话“路学”，源于周永明教授在《路学：道路、空间与文化》中勾画的“路学”的潜力和远景，但本研究仅做抛砖引玉，希望后来学者开渠饮水，使得各个学科的源头相互激荡。

参考文献

一、著作

[1] 谭必友. 古村社会变迁——一个话语群的分析实验 [M]. 北京：民族出版社，2005.

[2] 谭必友. 浦市龙舟赛 [M]. 学苑出版社，2016 (4).

[3] 谭必友. 我在浦市读女神 [M]. 学苑出版社，2018.

① （美）朱利安·斯图尔德著，谭卫华，罗康隆译. 文化变迁论 [M]. 贵阳：贵州人民出版社，2013.

[4] 谭必友. 湘西苗疆多民族社区的近代重构 [M]. 民族出版社，2007.

[5] 周永明. 路学：道路、空间与文化 [M]. 重庆大学出版社，2016.

[6] 费孝通. 江村经济——中国农村的生活 [M] 北京：敦煌文艺出版社，1997.

[7] 王铭铭. 逝去的繁华：一座老城的历史人类学考察 [M]. 杭州：浙江人民出版社，1999.

[8] 施坚雅，史建云译. 中国农村的市场和社会结构 [M]. 北京：中国社会科学出版社，1998.

[9] 罗伯特 .F. 莫非，吴玫译. 文化和社会人类学 [M]. 北京：中国文联出版公司，1988.

[10] 夏建中. 文化人类学理论学派：文化研究的历史 [M]. 中国人民大学出版社，1997.

[11] 维克多·特纳著，赵玉燕、欧阳敏、徐洪峰译. 象征之林——恩登布人仪式散论 [M]. 北京：商务印书馆，2006.

[12] （美）朱利安·斯图尔德著；谭卫华、罗康隆译. 文化变迁论 [M]. 贵阳：贵州人民出版社，2013.

[13] （美）詹姆斯·克利福德，乔治·E. 马库斯著，高丙中译 . 写文化：民族志的诗学与政治学 [M]. 商务印书馆，2006.

[14] 布朗. 社会人类学方法 [M]. 北京：华夏出版社，2002.

[15] 埃米尔·涂尔干，渠东译. 社会分工论 [M]. 北京：生活·读书·新知三联书店，2013.

[16] 莫里斯·哈布瓦赫著. 毕然，郭金华译. 论集体记忆 [M]. 上海人民出版社，2002.

[17] [英] 马林诺夫斯基著，梁永佳等译. 西太平洋的航海者 [M]. 北京：华夏出版社，2002.

[18] 黄淑聘、龚佩华. 文化人类学理论方法研究 [M]. 广东高等教育出版社，2004.

[19] 庄孔韶主编. 人类学经典导读 [M]. 北京：中国人民大学出版社，2008.

[20] 林耀华. 民族学研究 [M]. 北京：中国社会科学出版社，1985.

[21] 马广海. 文化人类学 [M]. 山东大学出版社，2003.

[22] 赵玉燕，吴曙光．湖南民俗文化［M］．长沙：湖南师范大学，2010.

[23] 雷雨．湘西小南京今昔风云录［M］．湖南省保靖县印刷厂，1995.

[24] 向成国．沈从文与湘西［M］．长沙：湖南师范大学出版社，1998.

[25] 李怀荪．湘西秘史［M］．作家出版社，2011.

[26] 刘萍．近代中国的新式码头［M］．北京：人民文学出版社，2006.

[27] 国家统计局．中国统计年鉴［M］．北京：中国统计出版社，2016 年.

[28] Richard Brown，Cultural Reproduction and Social Reproduction，in Knowledge，Eduation，and Cultural Change［M］．London：Tavistock，1971.

二、地方志

[1] 湖南省泸溪县志编纂委员会编．泸溪县志［Z］．北京：社会科学文献出版社，1993.

[2] 沅陵县史志办公室．点校本，明万历辰州府志［Z］．2010.

[3] 政协湖南省泸溪委员会文史学习委员会编．泸溪文史．第八辑，浦市古镇［Z］．2007.

[4] 泸溪县民族事务局编．泸溪县民族志［Z］．北京：方志出版社，2013.

[5] 顾奎光，李湧．泸溪县志·乡市［Z］．乾隆二十年复印本.

[6] 辰溪县地方志编纂委员会．辰溪县志［Z］．北京：三联书店，1994 (5).

[7] (清) 周士拔撰．防浦纪略［Z］.

[8] 谭必友、贾仲益．湘西苗疆珍稀民族史料集成［Z］．学苑出版社，2013.

[9] 席绍葆，谢鸣谦修纂．乾隆辰州府志［Z］．岳麓书社，2010.

[10] 严如熤．苗防备览［Z］．绍义堂刻本，道光癸卯年重镌本.

[11] (清) 严如熤．苗防备览·卷八·风俗考上［M］．绍义堂藏板，道光癸卯重镌.

三、学位论文

[1] 刘放．近两百年来湘西苗族族群认同变迁研究［D］．湖南师范大学，2016.

[2] 何强．当代宗族认同的重构［D］．湖南师范大学，2017.

[3] 李璋奇．旅游开发背景下的民俗文化变迁研究——以浦市古镇“抬

黑龙”为观察中心［D］. 湖南师范大学，2018.

［4］张学琦. 社区公共祭仪与社区记忆［D］. 湖南师范大学，2017.

［5］李嘉豪. 人类学视角下的浦市龙舟节研究［D］. 湖南师范大学，2017.

［6］袁伟宁. 祠堂记忆：一个浦市家族的兴与衰［D］. 湖南师范大学，2018.

［7］赵玲. 我国商贸交通型历史文化名镇保护与利用研究［D］. 湖南师范大学，2013.

［8］黄建胜. 湘西地区江西会馆功能研究［D］. 吉首大学，2012.

［9］姜雅琪. 旅游开发中的民族文化变迁与保护研究［D］. 吉首大学，2017.

［10］孔觅. 清代浦市城镇商业研究［D］. 吉首大学，2013.

［11］黄建胜. 湘西地区江西会馆功能研究［D］. 吉首大学，2012.

［12］胡云. 沅水流域辛女信仰研究［D］. 中南民族大学，2013.

［13］龙先琼. 近代湘西的开发与社会变迁研究［D］. 湖南师范大学，2011.

［14］罗运胜. 明清时期沅水流域经济开发与社会变迁［D］. 武汉大学，2010.

［15］周红. 湖南沅水流域古镇形态及建筑特征研究［D］. 武汉理工大学，2011.

［16］周恩宇. 道路、发展与权力［D］. 中国农业大学，2014.

［17］于啸宇. 地域性码头文化在武汉码头环境艺术设计中的运用［D］. 华中科技大学，2012.

［18］吴莹. 城镇化视阈下少数民族搬迁移民的时空重构与文化变迁［D］. 云南大学，2016.

［19］张茂元. 近代中国机器缫丝技术应用与社会结构变迁［D］. 北京大学，2008.

［20］刘超祥. 民族旅游村寨的人口移动与文化变迁［D］. 中央民族大学，2012.

［21］马克继. 云南回族农商文化传统与经济变迁［D］. 中央民族大学，2005.

四、期刊

[1] 谭必友. 民族学专业田野调查实习教学浅析 [J]. 经营管理者，2010，30（3）：155-156.

[2] 谭必友. 主持人导言：如何处理田野作业中的文化激情、关怀与问学 [J]. 民族论坛，2016（6）：106-107.

[3] 周永明. 汉藏公路的“路学”研究：道路的生产、使用与消费 [J]. 文化纵横，2015（03）：14.

[4] 周恩宇. 道路研究的人类学框架 [J]. 北方民族大学学报，2016（3）：77-82.

[5] 麻国庆. 都市、都市化与土默特蒙古族的文化变迁——内蒙古土默特地区的考察 [J]. 阴山学刊，1990（02）：98-106+43.

[6] 麻国庆. 比较社会学：社会学与人类学的互动 [J]. 民族研究，2000（04）：37-45+108.

[7] 罗康隆，谭卫华. 对斯图尔德“跨文化整合”理论的再认识 [J]. 世界民族，2010（3）：39-44.

[8] 宗晓莲. 布迪厄文化再生产理论对文化变迁研究的意义——以旅游开发背景下的民族文化变迁研究为例 [J]. 广西民族大学学报（哲学社会科学版），2002，24（2）：22-25.

[9] 王铭铭. 局部作为整体——从一个案例看社区研究的视野拓展 [J]. 社会学研究，2016，31（04）：98-120+244.

[10] 王铭铭. 我理解的“人类学”大概是什么？[J]. 西北民族研究，2011（01）：22-33.

[11] 林耀华. 中国少数民族的社会文化类型及其社会主义现代化过程 [A]. 中国民族学会. 民族学研究第十辑——中国民族学会第四届学术讨论会论文集 [C]. 中国民族学会：中国民族学学会，1989：22.

[12] 林擎国，叶文振. 打破传统交通的观念发展现代大交通系统 [J]. 经济学家，1995（1）：104-109.

[13] 刘晓琴. 生命狂欢中的欲望审美和人性书写——谈莫怀戚《重庆性格之白沙码头》[J]. 当代文坛，2010（05）.

[14] 刘亚玲，张敬梅. 汉正街商贸旅游区文化定位 [J]. 学习与实践，2004（11）：46-50.

[15] 赵玉燕. 旅游吸引物符号建构的人类学解析——以“神秘湘西”

"神秘文化"为例［J］. 广西民族研究，2011（02）：184-189.

［16］张汉. 地方统合主义与文化导向的城市更新：从轮船码头到宁波美术馆［J］. 开放时代，2011（3）：103-112.

［17］翁乃群. 经济建设与文化互动问题——"南昆铁路建设及其沿线少数民族社会文化变迁考察"简要报告与讨论［J］. 广西民族学院学报（哲学社会科学版），2000（03）：2-12.

［18］高飞飞. 浦市土著民族及民族关系变迁根源的反思——基于社会学视角的田野实地探析［J］. 四川民族学院学报，2015，24（04）：21-25.

［19］魏爱棠. 畲族文化变迁过程中两种不同力量的作用［J］. 中央民族大学学报，2000（05）：10-14.

［20］高登荣. 一个布依族社区中的文化变迁与存留［J］. 云南社会科学，1994（3）：48-54.

［21］闫秦勤，曹诗图，阙如良. 试论非物质文化遗产的变迁及保护传承对策［J］. 湖北民族学院学报（哲学社会科学版），2007，25（4）：75-78.

［22］周德钧. 近代汉口码头文化的社会学解读［J］. 湖北大学学报（哲学社会科学版），2009，36（04）：36-41.

［23］涂文学. 武汉码头的转型及其大码头文化［J］. 湖北社会科学，2009（3）.

［24］黎霞. 码头工人群体与近代武汉城市化［J］. 湖北大学学报（哲学社会科学版），2010，37（2）.

［25］陆邵明. 上海现代化变迁中的城市文化密码探寻［J］. 江苏行政学院学报，2012（2）.

［26］胡云. 沅水流域辛女信仰中的分神传说及其影响浅析［J］. 新丝路（下旬），2016（02）：89-90.

［27］范晓丽. 当前文化变迁的相关动因探究［J］. 山东省农业管理干部学院学报，2002（02）：63-65.

［28］高登荣. 经济生活与社会文化变迁——对云南坎村彝族的考察［J］. 贵州民族学院学报（哲学社会科学版），2002（1）：21- 28.

［29］李玉琴. 乡镇企业的发展与农村社会文化变迁［J］. 青海师范大学学报（哲学社会科学版），2003（6）：52- 58.

［30］高丙中. 主文化、亚文化、反文化与中国文化的变迁［J］. 社会学研究，1997（1）：115-119.

[31] 谭忠国. 浦市龙舟文化的独特性与创新性 [J]. 民族论坛，2016 (06)：107-109.

[32] 皮明庥. 论武汉商埠文化——大码头文化 [J]. 湖北大学学报 (哲学社会科学版)，2011，38 (05)：107-110.

[33] 涂戈尔，涂文学. 近代武汉三种文化现象解析 [J]. 江汉论坛，2012，2012 (5)：25-30.

[34] 关凯. 现代化与少数民族的文化变迁 [J]. 中南民族大学学报 (人文社会科学版)，2002，22 (6).

[35] 张静. 案例分析的目标：从故事到知识 [J]. 中国社会科学，2018 (08)：126-142+207.

[36] Dalakoglou D. , Harvey P. "Roads and anthropology: Ethnographic Perspectives on Space, Time and(Im)Mobility. "Mobilities, 2012, 7(4): 459-465.

[37] Chang C. I. , Tung — Fei H. Earthbound China: A Study of the Rural EconomyYunnan. London: Rout-ledge, 2013.

严如熤浦市活动纪念馆展示设计研究

成龙驹*

【摘　要】历史名人是一个地区乃至一个国家的重要文化、精神资源，他们的人生活动所造就的历史事件，他们的人格思想所造就的历史价值，可能会影响一个地区乃至一个国家的历史进程。所以，历史人物的精神价值，需要后人去充分挖掘保护与继承发展。人物事件型纪念馆的重要意义就体现在这里。严如熤，清代中晚期著名官员，号称"天下第一知府"；他在湖南湘西浦市担任幕僚短短数年，对恢复西南少数民族地区稳定，进行了多项改革取得丰硕成果，其在浦市的活动被史学界称为"中国近代破晓的曙光"，启迪了之后包括魏源在内的多位影响中国近代化进程的思想家。所以，为其进行纪念馆展陈设计研究，弘扬其精神价值有着重要意义。

从展示设计方面来看，关于人物事件型纪念馆展示设计的理论研究并没有引起学界的足够重视，所获得的学术成果也比较薄弱。如何设计好严如熤浦市活动纪念馆成为本研究的主线，以此出发本研究将梳理展示理论、总结人物事件型纪念馆基本设计理念和展示方法，寻找到方法后再将其运用到严如熤浦市活动纪念馆的设计实践中去，最终通过设计反馈再反思人物事件型纪念馆的设计理念与方法。

【关键词】展示设计；严如熤；浦市；人物事件型纪念馆

* 成龙驹，湖南师范大学工程与设计学院2017届硕士，现为湖南师范大学民族学与人类学研究中心科研助理。导师：胡国梁副教授。

绪 论

一、研究背景

当前，国家大力推进文化强国，全国各地掀起文化保护与开发的热潮。尤其值得注意的是，在日韩和西方文化输入、本土文化日益式微的当下，如何弘扬传统文化为代表的一系列本土优秀文化成为加强国家软实力的重要议题。从经济角度看，这也带动了文化旅游产业的日益蓬勃，成为地方政府推动经济发展的重要手段。而在文化资源保护与开发热潮中，名人是文化资源的重要体现，与名人有关的物质文化形态越来越受到重视。特别是在拥有名人资源的各中小城市，正在不断发掘当地名人资源①。究其原因，历史文化因为一个个鲜活的历史名人，变得更具魅力，名人成为文化传播的重要载体。

名人是其所代表文化的集中体现。一方面，在文化物质载体上，名人故居、遗产等成为所在地文化工作者的重要保护对象，越来越多的名人故居被重新修缮、复原，并以此为中心进行相关文化氛围营造。另一方面，在文化精神内涵上，名人所代表的文化精神成为重要塑造对象。文化精神的继承与发展中的重要一环是通过物质载体的传播，特别是针对青少年的文化熏陶。

在文化大繁荣的当下，以名人为中心的文化传播有着多种形式，其中很重要也是很常见的一种形式就是建设人物事件型纪念馆②。人物事件型纪念馆会出现在很多地方，一般都是在名人故居的基础上改造而来，通过名人遗物或居住环境的展示与再现，来完成对文化氛围的营造。虽然在数量上，人物事件型纪念馆非常庞大，但是展示质量、展示手段等参差不齐。人物事件型纪念馆的展示效果关系到文化传播的有效性，它需要引起应有的重视，而且它还需要借鉴当下不断进步的展示理念和展示手段，以完成展馆的文化责任。

---

① 马克家．浅论旅游景区挖掘和利用历史名人文化资源的重要性［J］．现代企业教育，2006（20）：157-158.

② 段虎．艺术展览馆展示空间文化的传承与创新［D］．河南大学，2011.

二、研究缘起

受湖南省泸溪县浦市古镇管理委员会委托，由湖南师范大学谭必友教授主持的课题《严如熤浦市活动纪念馆》于2015年秋正式启动。纪念馆说明书由谭必友教授起草、台湾辅仁大学历史学教授米丹妮、香港科技大学历史人类学博士谢晓辉等人审议修订。纪念馆装修设计由湖南师范大学工程与设计学院胡国梁副教授负责。我是胡国梁老师的研究生，有幸参与了其中的具体设计工作。本文有关严如熤生平活动及主要评价，都是以谭必友教授撰写的纪念馆说明书为基础。同时，为了了解更多细节，我又在说明书的基础上查阅了大量文献，对严如熤的生平活动有了系统了解。在此基础上，我按照导师的要求，试着进行了具体的设计。我的设计方案经过导师悉心指点，并得到谭必友教授的学术肯定后，再经过多次修改，最终形成了纪念馆的正式设计文本。该纪念馆终于在2016年5月初完成了装修工程并对外开放。必须说明的是，本文中有关严如熤生平与评价的一些概括性文字，直接来自谭必友教授的说明书，文中不再一一注明出处。

笔者调查研究了许多严如熤以及浦市地区的资料文献，了解到浦市这座湘西小镇的独特历史和严如熤这两个名词极具学术研究价值，结合本专业来看，建造设计以严如熤浦市活动为主题的展馆成了历史文化传承和发扬最好的手段。同时对严如熤浦市活动纪念馆展示设计展开研究、探讨也是一个非常不错的选题。

三、国内研究现状

（一）国内人物事件型纪念馆研究综述

从全世界来看，名人都是一个地区不可或缺的文化地标。一座城市的物质文化形态可能会随着城市发展其面貌会有重大变化；但这些代表人物能够穿越历史，沉淀为一座城市的精神遗产。中国有着五千年的悠久历史，文化传承从未中断。小到乡镇，大到城市，都会留下能代表当地文化的历史名人的生活足迹；后人为了保持这段文化传承，以其中的优秀人物为榜样。所以，现代城市会为这些名人建造纪念馆，集中展示他们的人生经历、生活物品、主要成就，以让后人特别是青少年有接受文化熏陶的场所。

在众多形式的展示空间中，人物事件型纪念馆有其独特的展示语言，并自成一体。中国在人物事件型纪念馆建设实践方面有着丰富的经验，根据相关资料表明，全国范围内，和人物事件型纪念馆相关的各类博物馆超过四百多家①。这些人物事件型纪念馆的展示模式基本上都是根据展示功能的差异以及所在地区与名人自身的特点而进行设计。与众多展示实践相反的是，有关人物事件型纪念馆的展示设计学术探索却明显偏少，这些少量的理论研究分散在展示设计的各个环节，以下笔者将先从前人的理论研究开始，为本研究做好学术准备。

1. 人物事件型纪念馆展示设计理论研究发展

纪念馆是展示空间中的重要一支，人物事件型纪念馆又是纪念馆中的重要成员。在安廷山 1996 年的《中国纪念馆概论》一书中，首先在理论上对纪念馆进行归纳总结②。本书中③，作者对纪念馆的地位、功能和特征进行了深入探讨，也首次在学术研究中提及人物事件型纪念馆，但是并没有对人物事件型纪念馆的基本问题展开研究。直到 5 年之后的 2001 年，人物事件型纪念馆的理论研究才迎来第一个高峰，其研究平台是“人物类博物馆、纪念馆现状与发展前瞻学术研讨会”。本次研讨会吸引了上海鲁迅纪念馆为代表的来自全国 50 多家人物事件型纪念馆以及众多业内优秀展示设计专家。在本次研讨会上，许多研究成果诞生，为人物事件型纪念馆的理论研究打好了学术基础。

几年后，中国博物馆学会名人故居专业委员会成立，本专业委员会也成为唯一的人物事件型纪念馆相关专业研究协会。在该专业研究协会的每届年会上，研究人物事件型纪念馆的专家会发表相关学术成果以及总结展馆设计实践。这些成果大大促进了人物事件型纪念馆学术研究。而近年来，随着展示设计的不断发展繁荣，越来越多的专家将眼光投入人物事件型纪念馆学术研究中来，科研成果也变得越来越丰富。

2. 人物事件型纪念馆特质研究

人物事件型纪念馆是博物馆类的一支，区别于其他博物馆，人物事件型纪念馆的特质可以从许多角度去探讨。苏东海在他的论文《人物纪念馆的基

---

① 马妍妃. 北京旧城名人故居纪念馆展陈设计研究［D］. 北京建筑大学，2014.

② 苏东海.《中国纪念馆概论》序言［J］. 中国博物馆，1996（2）：8-9.

③ 安廷山. 中国纪念馆概论［M］. 文物出版社，1996.

本特征是什么》中首先对人物事件型纪念馆的特质展开思考[1]；他认为人物事件型纪念馆有三大特质：精英性、学术性和公众性。人物事件型纪念馆是围绕社会精英展开的，要强调精英的社会价值，这种价值追求决定了人物事件型纪念馆的起点应该是较高层次的。较高层次社会价值的彰显需要建立在价值研究的基础之上，这就是所谓的学术性特征；人物事件型纪念馆要重视名人精神内涵的挖掘，首先体现在展品的研究上，其次是名人精神价值的研究上。第三个特征是公众性，这是所有展馆共有的特征。但是人物事件型纪念馆的公众性有其特殊性，这种特殊性来源于精英与学术的高要求。公众需要社会精英，并按照名人榜样去追求自己的价值，这是社会价值的标准；而学术性所带来的严谨和科学，让公众接受一种高层次精准的精神熏陶和价值接收。所以，在苏东海的研究看来，人物事件型纪念馆主要在于阐释与传播名人对当代社会的价值。

与此相呼应的是，陈阳在其论文《纪念性博物馆：人物类纪念馆的一个可能选择》中[2]，对目前国内人物事件型纪念馆出现的问题进行了评论。论文中指出当前的人物事件型纪念馆大多舍本求末，对展馆内的展品有过多的热情，而对所要展示的名人精神内涵挖掘不够，由此带来的社会价值阐释单薄，制约了展馆功能的发挥。如何更好地体现人物事件型纪念馆特质、提升展馆社会价值？赵敬立、蔡兰珠等人在他们的论文《人物类纪念馆陈列的理论探讨》中，就上述问题提出了独到见解[3]。他们认为要实现展馆的社会价值，关键在于展示陈列中的“叙事”方式。人物事件型纪念馆要综合考虑展示空间、展示物品、精神内涵、社会意义之间的平衡。这一观点和苏东海提出的人物事件型纪念馆三大特征不谋而合，人物事件型纪念馆是在呈现高级的文化，是要塑造影响社会价值的精神含义。所以，展馆找到上述平衡时，人物事件型纪念馆的社会价值才最终实现。

3. 人物事件型纪念馆展示方法研究

人物事件型纪念馆展示设计的理论研究很多集中在展示方式上，这些研究大多以具体的实践案例为基础，以举一反三的形式探讨人物事件型纪念馆

① 苏东海. 人物纪念馆的基本特征是什么？[J]. 中国博物馆，2002（1）：8-9.

② 陈阳. 纪念性博物馆：人物类纪念馆的一个可能选择——Stransky 和 Karina Lennon 的理论与中国人物类纪念馆现状的联系及思考［J］. 博物馆研究，2001（4）：10-12.

③ 赵敬立，蔡兰珠. 人物类纪念馆陈列的理论探讨，上海鲁迅纪念馆编：《人物类博物馆、纪念馆现状与发展前瞻学术研讨会论文集》［J］. 上海：百家出版社，2002 年 6 月第 1 版，第 187-190 页.

的展示设计。

首先是对人物事件型纪念馆展示方法中的基本问题进行研究。比如利用展示方法凸显人物事件型纪念馆的特色。前人的研究中，来自台湾的古骐瑛在其论文《如何突出人物纪念馆的特色》中①，以历史人物为主题的人物事件型纪念馆为研究基础，从展示主题、展示空间、各类文物等方面进行探索，并提出人物事件型纪念馆与一般意义上的博物馆的差异；人物事件型纪念馆有其鲜明个性与独特优势，展示设计需要将这些个性与优势充分发挥出来。比如展示理念与文化精神的关系，贾书曾在其论文《纪念馆陈列设计的新理念》中②，提到新的展示理念的关键在于文化氛围与展陈艺术的融合；这些融合涵盖了文化环境与展示环境的辩证、客观理性和主观精神的辩证、展示元素和主题内涵的辩证等方面，甚至是东西方文化的碰撞。再比如展示设计艺术性的回归，闫英林在其论文《人物纪念馆展陈设计初探》中③，从展示设计本身的艺术出发，让展示需求、展示风格在符合空间设计科学规律的基础上最大限度体现设计的艺术感。

其次是对人物事件型纪念馆展示方法中的具体问题进行研究。比如，杨玉山的论文《历史人物纪念馆陈列探讨》对人物事件型纪念馆展示手段进行了探讨④；杨玉山认为主要展示对象是历史人物的人物事件型纪念馆应该引入形式多样的现代展示手段，在传统实物展示、图片展示等手段的基础上倡导借鉴多媒体手段、红外线遥控手段等科技含量较高的展示手段，将展示艺术与现代科技联系起来，实现展示效果升级。再比如，姚庆雄等人研究了挖掘展示特色构建恰当展示内容体系的重要作用；他们的论文《从三种陈列模式改变中，看正确认识被纪念对象的重要性》中深入探讨了上海鲁迅纪念馆三种不同的展示内容结构⑤。研究从鲁迅纪念馆建馆以来的三种展示内容结构中去保持展示效果，强调人物事件型纪念馆的展示设计要重视名人的当前社会价值，展示方法也要随时考量观众需求与效果的关系，其中重要的一环是展示内容结构的变化；这一个理念放在案例中，即是考虑不同年代的观众对鲁迅思考视角和接受方式的变化以及鲁迅在不同年代中的社会意义的变化。

---

① 古骐瑛．如何突出人物纪念馆的特色［J］．博物馆研究，2008（4）：20-23.

② 贾书曾．纪念馆陈列设计的新理念［J］．神州，2012（5）：23-23.

③ 吴琼，闫英林．人物纪念馆展陈设计初探［J］．室内设计与装修，2006（12）：114-115.

④ 杨玉山．历史人物纪念馆陈列探讨［J］．东南文化，2005（3）：92-93.

⑤ 马妍妃．北京旧城名人故居纪念馆展陈设计研究［D］．北京建筑大学，2014.

4. 人物事件型纪念馆展示策划和内容表达研究

按照前人对人物事件型纪念馆特质研究，人物事件型纪念馆的重要目的是通过塑造名人形象向受众传递社会价值。这种价值传递的有效性来源于展示内容的合理组织和充分表达。因此，人物事件型纪念馆的展示设计带有一定的学术研究价值，通过展示对象内涵的挖掘才能更好完成上述价值的有效传递。

前人的研究首先从展示人物主题的文化反思开始。人物事件型纪念馆也被称为一种纪念文化的物质载体，马自树在他的论文《人物类博物馆、纪念馆简议》中①，提到了纪念文化与教育功能的新视角。他强调人物事件型纪念馆的社会文化价值，特别是在教育上的重要作用。因此，他认为人物事件型纪念馆在主题策划和内容组织上要优先考虑其社会教育功能。赵庚林的论文更进一步阐述了人物事件型纪念馆在社会教育功能上的重要作用，论文《纪念文化的拓展和张扬》中更加明确阐述了展馆与优秀文化传播的紧密联系②。它指出人物事件型纪念馆所体现的纪念文化是对优秀名人的深入研究，这些名人的优秀品质和高尚情操需要拓展和发扬。进入展馆的观众是在接受一次文化的洗礼和精神的熏陶，展示内容组织应该是一次高级文化传播。以上可见，学者对人物事件型纪念馆展示目的提出了非常高的要求；所以，在他们的论文中，我们可以看到他们对当前展示设计领域普遍存在的舍本求末的弊病有深刻的反思，这为今后人物事件型纪念馆的主题策划和内容组织提供了正确的方向。

在展馆主题策划和内容组织过程中，重要一环是展示文本的把握；所谓的展示文本是展示内容的具体体现，即观众在展馆最终看到的信息内容。展示文本的撰写实实在在体现展示设计者对名人精神内涵的理解深度。柳宪辉以齐白石纪念馆的展示设计实践为基础对展示文本论题进行了较深入的研究，在他的论文《谈齐白石艺术人生展示的特色内容设计》中③，人物事件型纪念馆的展示文本打破了传统以时间为序的内容组织形式。与此同时，他深入研究齐白石的人生轨迹、个性魅力，找到人物特性所在；这样所形成的展示文本将更加贴近展示人物，从而达成展示主题的升级与内容组织的创意；展示文本对主题和内容的影响由此可见一斑。而许多研究者将学术重点放在挖

①② 上海鲁迅纪念馆. 人物类博物馆、纪念馆现状与发展前瞻学术研讨会论文集［M］. 百家出版社，2002.

③ 柳宪辉. 谈齐白石艺术人生展示的特色内容设计［J］. 中国博物馆，2005（1）：51-54.

掘展示文本的研究，纷纷指出在人物事件型纪念馆实践在展示文本上的种种弊端。在行业一线，许多展馆对展示人物的挖掘很不充分，展示文本缺乏必要的策划深度和组织力度；由此带来的巨大危害是观众只能看到浅显的人物外在展示，而无法从展示空间获得文化价值和精神熏陶，这就失去了人物事件型纪念馆本该有的价值特质。类似研究可以从陆建松等人一系列的研究论文中看到，比如《展览文本策划亟待重视和加强》《从展示评估出发：专家判断与观众判断的双重实现》《陈列内容设计文本的特点及编写》等学术成果①。这些难能可贵的研究也为人物事件型纪念馆在展示主题和内容组织上提供了科学借鉴。

（二）严如熤相关研究综述

严如熤是清代晚清著名官吏，湖南溆浦人，主政地方期间政绩颇丰，广受好评。同时，严如熤在学术研究方面也成果丰厚，留下了许多著作。作为一位对历史进程产生过一定积极影响的历史名人，一直以来都有学者围绕其政绩与学术进行深入研究，并取得了大量学术成果。以下从严如熤的生平经历和学术成就两个视角对前人研究进行小结②。

1. 严如熤生平相关研究

首先，严如熤最突出的政绩是苗疆善后政策的制订。这里涉及清政府对苗族地区的统治，特别是在苗族地区出现叛乱之后，严如熤主政苗族地区所采取了的一系列行之有效的对策。后来，严如熤一系列改革甚至对全国的少数民族政策产生了重大影响。现代研究者陈青伟在其论文《严如熤“治苗”方略浅析》中③，就严如熤所实施的少数民族政策进行了深入研究。他以严如熤的一系列政策主张为研究基础，通过对一项项政策进行解读，从而让后人看到这些政策给少数民族近代化进程所带来的巨大推动力。

其次，严如熤是晚清地主阶级知识分子的代表，他身上有传统儒家经世致用思想的印记。在晚清学术研究中，考据思想占据绝对地位，而注重“事功”思想的严如熤给学术界带来了一股不一样的清风。鲁西奇、罗杜芳等人

① 严建强．从展示评估出发：专家判断与观众判断的双重实现［J］．中国博物馆，2008（2）：71-80.

② 唐景珏．严如熤其人及其作品研究综述［J］．安康学院学报，2013，25（1）：17-20.

③ 陈青伟．严如熤“治苗”方略浅析［J］．中南民族大学学报（人文社会科学版），2002，22（3）：100-102.

对严如熤的哲学思想进行了深入研究，在他们的论文《道咸经世派的先驱——严如熤》中[①]，严如熤的哲学思想被认为是中国近代进程之光，影响着魏源等后来一大批放眼看世界的历史人物。这种思想在当时内忧外患的中国，将知识分子的目光从考据“故纸堆”中转移到拯救万民疾苦，具有非常重要的实践力量。陶用舒、易用卿等人又从学术角度对上述观点进行了对比论证，他们的论文《“夜雨共寻园内韭春风曾读别来书”——论陶澍与严如熤》中[②]，通过对比陶澍和严如熤两位“湘系经世派”的共同之处，探讨晚清近代思想的发端。

再次，严如熤的研究在时代变革中开始脱离政治和思想的范围，产生了许多新的研究视角。比如有学者从严如熤的研究方法入手，探讨严如熤在学术研究方面带来的深刻影响。李汉林、张振兴等人的论文《“田野派”学者严如熤》就从严如熤的治学态度上进行分析[③]，称赞严如熤“田野派”调查研究方式的重要性。实事求是，从实践出发，让严如熤无论是在政绩还是学术方面都取得了丰收。

2. 严如熤学术成果相关研究

严如熤对后世的影响最直接的就是他留下的诸多作品，这些作品都是严如熤做官、做学问的智慧结晶。现代学者对严如熤学术成果的研究，主要是深入解读他的这些作品，并深刻分析作品背后所代表的思想内涵。比如，蓝勇的论文《严如熤及其经世文献的价值》主要观点在于严如熤经世思想的研究[④]，他将研究重点放在严如熤经世思想作品的梳理，比如严如熤所写的《苗访备览》《三省边防备览》等著作。这些作品透露着严如熤以“事功”为务，积极总结实践经验，积极探索解决实际问题的方案，为少数民族地区政策的制定提供了有效借鉴。

以上研究更多凸显的是一个经世思想家的实干精神，其实，严如熤的学术成果还体现在文学和艺术等方面。柯愈春就将研究重点放在了严如熤的文

① 鲁西奇，罗杜芳．道咸经世派的先驱——严如熤［J］．武汉大学学报人文科学版，2002，55（6）：47-54.

② 陶用舒，易永卿．“夜雨共寻园内韭春风曾读别来书”——论陶澍与严如熤［J］．湖南城市学院学报（自然科学版），2007，28（5）：30-36.

③ 李汉林，张振兴．“田野派”学者严如熤［J］．吉首大学学报（社会科学版），2012，33（5）：49-54.

④ 蓝勇．严如熤及其经世文献的价值［J］．湖南城市学院学报，1996（1）：80-86.

集和诗稿，在他的论文《严如熤〈乐园集〉中的有用文献》中[1]，以《乐园集》文集为基础分析严如熤的诗文和人生。另外，朱林枫在其论文《严如熤及其“三示”“三词”》中也以同样的思路[2]，通过分析严如熤所写的公文、诗词等作品，阐述严如熤在政治上的崇高理想和价值实现。

四、研究目的与意义

（一）研究目的

人物事件型纪念馆是非常普遍的文化展示载体，适用范围广，建造规模灵活。但是，如此重要的文化展示载体，其理论研究却显得非常单薄，很少有学者将其单独拿出来进行探讨。本研究的主要目的就在于通过一座精致的严如熤浦市活动纪念馆，以小见大，梳理近年来人物事件型纪念馆理论研究所取得的学术成果；更重要的是，本研究将深入分析人物事件型纪念馆建设中的一般展示设计方法。理论与实践是相辅相成的，本研究将充分展现严如熤浦市活动纪念馆设计实践的全过程，深入分析设计实践过程中所要面对的重要问题，并提出一些基于设计理论的设计策略，试图为人物事件型纪念馆提供典型设计借鉴。

另外，严如熤浦市活动纪念馆是国内为数不多的严如熤纪念馆之一，作为一位曾经影响过中国近代化进程的历史人物，有关严如熤的研究并不多见，其历史文化价值还尚待进一步挖掘。纪念馆可以扩大历史人物的现实影响力，让更多人关注到其重要价值。所以，本研究将从展示设计与精神内涵表达视角重新审视历史人物严如熤，尤其是在展示文本上的研究，为严如熤研究提供新的可能。

（二）研究意义

人物事件型纪念馆是文化和艺术的结合体，对人物事件型纪念馆的研究有其特殊的意义。而具体到某一座展馆，其意义又与它所处的历史文化背景、城市背景和空间环境融合在了一起。

从展示艺术角度上来说，本研究试图丰富展示设计的理论探索。一直以

---

① 柯愈春. 严如熤《乐园集》中的有用文献［J］. 高校图书馆工作，1992（4）：28-31.

② 朱林枫. 严如熤及其“三示”“三词”［J］. 陕西史志，2001（5）：55-57.

来，有关博物馆等历史文化展馆的理论研究已经取得了丰硕成果，这些成果回答了展示设计中的许多基本问题和一般规律，为展馆设计打下了良好基础。美中不足的是，作为一种特定类型，人物事件型纪念馆的相关研究还有待进一步发展。本研究从具体案例出发，分析人物事件型纪念馆展示设计的每一个重要环节，为丰富展示设计理论提供新动力。

从社会思想角度上来说，本研究试图为严如熤研究提供新的平台。严如熤也许已经被大多数人所遗忘，当然，他的精神内涵放在今天仍然值得我们去思考和发扬。人物事件型纪念馆的特质中就包含文化传播和教育熏陶功能，展示设计的过程也是对历史人物深入研究的过程，具有一定的学术意义。严如熤在思想上的闪光点，对中国近代化进程思想的影响，将通过这个平台被世人重新记忆。

从城市文化角度上来说，本研究也将探讨文化和城市的联结。名人是一座城市的非物质文化遗产，对于提升城市的文化品位有着不可替代的作用。所以，大大小小的城市都会建设属于自己城市的历史人物纪念馆，打造一张张文化名片。浦市是一座小城，严如熤浦市活动纪念馆的建设将会为这座城市提升新的文化魅力。本研究认为人物事件型纪念馆的建设离不开对名人生活环境的研究，严如熤在浦市生活多年，该馆的展示设计对所在浦市文化记忆将会产生新的视角。

五、研究内容与方法

（一）文献研究法

本研究首先以前人取得的学术成果为基础，笔者在选题阶段就开始查阅大量文献资料，材料包括各类论文和学术专著，涉及内容包括展示设计、艺术理论、社会文化等相关主题，特别是对严如熤相关材料的研究。展示设计上的理论成果可以为本研究找到合适的方向，而在设计实践上，展示设计的基本原理和方法是实现展示效果的基础。与此同时，严如熤文献研究也至关重要。人物事件型纪念馆自身的学术属性，要求设计者对历史人物的精神内涵进行深刻分析；所以，笔者对严如熤的研究也是从文献分析开始的。

（二）实例分析法

展示设计是一门应用性特别强的学科，设计一线的经验对理论研究将产生重要影响。设计经验主要来源于已经建好的各类展馆，具体到人物事件型纪念馆，笔者实地考察了许多人物事件型纪念馆。比如坐落于浙江绍兴的鲁迅纪念馆、坐落于厦门的陈嘉庚纪念馆等。这些案例都是业内具有代表性意义的人物事件型纪念馆，对严如熤浦市活动纪念馆的设计具有指导意义。本研究有关人物事件型纪念馆展示设计基本方法的探讨也将从这些案例分析开始。

（三）实践研究法

本研究以严如熤浦市活动纪念馆为基础展开，通过设计实践上升到理论高度。所以，实践研究是本研究的主要研究方法。笔者有幸参与导师主持的严如熤浦市活动纪念馆设计实践工作，从展示设计主题的定位，到展示内容组织，再到展示空间创意，直至空间设计实施。这些实践为本研究提供了最佳支撑。当然，严如熤浦市活动纪念馆也存在设计上的不足，这些不足是展示设计中的宝贵经验，展示理论研究就是在实践中不断验证并逐步完善的。

严如熤在浦市的历史活动与人物事件型纪念馆相关研究

一、严如熤与浦市历史的相关资料概述

（一）在浦市为湖南巡抚担任幕僚的严如熤

历史人物严如熤（1759—1826），字炳文，籍贯湖南溆浦，清朝知名官员和学者[①]。严如熤从小就展现出突出的天赋，少年时代曾就读于岳麓书院，并受到当时岳麓书院山长罗典的赏识。因为品学突出，严如熤在 30 岁时进入国子监继续深造。当时正值“康乾盛世”，全国上下对将要到来的危机并没有引起足够的重视，而严如熤却能够保持难得的警惕。乾隆六十年（1795），在西南和湘西地区爆发了大规模农民起义，令朝野为之震惊。有人向湖南巡抚姜晟举荐严如熤，随后严如熤进入姜晟府中担任幕僚。

① 李汉林．严如熤年谱简编［J］．民族论坛，2014（9）：57-65.

在担任姜晟幕僚之后，被品评有“济世之才”的严如熤开始崭露头角。1795年，在农民起义正值高潮之时，严如熤被姜晟派往起义的前线——浦市。所以，浦市对严如熤的仕途来说有着特殊的意义，这是他仕途之路的真正起点。严如熤来到浦市之后，帮助姜晟迅速控制局势，立下大功。严如熤担任姜晟的幕僚四年左右，其中大部分时间都是在浦市度过的。四年后，当严如熤离开之时，湘西少数民族地区已经比较稳定，浦市的社会经济面貌也得到了极大改善。

由于在浦市取得的巨大成功，严如熤获得了清朝统治者的肯定①。1800年，严如熤再次赴京，以孝廉方正的身份参加当年廷试。廷试所对的平定白莲教起义之策受到了最高统治者嘉庆皇帝的褒扬，帮助严如熤取得廷试第一名的殊荣。嘉庆皇帝非常赏识他的才能，甚至亲自召见严如熤，御笔钦点为知县。此后，严如熤赴陕西上任，在陕为官长达20年，最后官至陕西按察使，卒于任所。

浦市是严如熤政治理想得以实践的第一站，此后二十多年，严如熤一直坚持着在浦市时的政治理想与作风②。他一贯以维持所主政地区的稳定和发展为第一要务，发展经济、改善民生，这些举措不但让严如熤获得了广大百姓的爱戴，同时也受到清政府的多次嘉奖。总之，严如熤是一位典型的儒家经世致用思想的真正践行者，而浦市则是这位卓越人物的仕途起点。

（二）浦市的历史背景

浦市，现在是一座位于湖南省湘西土家族苗族自治州泸溪县的小镇。但是其历史底蕴丰厚，被列为国家级历史文化古镇。浦市位于沅江之滨，沿着沅江而下，可以到达武汉，军事地理位置非常重要。早在汉代，浦市独特的军事地理位置，就被西汉伏波将军马援发现，成为征讨“南蛮”的重要军事据点。到了南宋时期，古镇开始出现正式军事机构，常年有军队集聚驻扎。明清两朝，随着中央政府加强对西南少数民族的控制，浦市古镇的地位进一步上升，成为军事战备要点。总体来看，浦市古镇因为独特的军事地位而形成③。

---

① 唐景珏，TANGJingjue．从严如熤史论文看其臣道思想［J］．安康学院学报，2015，27（4）：7-10.

② 王雪玲，梁妮．严如熤的经世思想与实践［J］．唐都学刊，2015，31（6）：90-95.

③ 杨群英．浦市历史考［J］．科技信息：学术版，2008（3）：255-257.

浦市古镇的形成和军事有关，但是其兴盛和商业繁荣有关。因为浦市古镇处于沅水之滨，在交通闭塞的湘西地区，水运是一种很便利的交通运输形式。所以，沅水给浦市古镇带来了生机。早在唐代以前，浦市古镇以冶铁业为主要发展动力，开始手工业的经济基础。又经历宋元时期，为浦市古镇商业开放精神打下文化基础。到了明朝，因为营建皇宫，木材需求大增，浦市成为重要的木材市场，手工业和商业均被激活。此后的几百年间，小小的浦市形成了上万人规模、年商品交易额上百万两银子的城市，成为西南地区举足轻重的商业重镇。

严如熤来到浦市时，这里正在经历一场战争。1795 年正月，湘黔边界的少数民族集聚区爆发了大规模起义。这场战争主要是在苗疆区域，以石三保等人为首的苗人揭竿而起，起义席卷了附近的苗疆地区，作为区域经济中心的浦市，成为战争双方的争夺中心。

严如熤在战争期间，常驻于此，练兵、改革、改善民生①。具体来讲，严如熤来到浦市之后，完成了几件大事。第一，练兵。面对起义军，官军损失惨重，兵源严重不足。严如熤积极劝服当地仡佬族加入官军，并亲自组织训练。第二，重建。浦市在战火中毁于一旦，众多官民纷纷撤离浦市，打算彻底放弃这座有着千年历史的重镇。而严如熤力排众议，主张重建浦市。严如熤帮助地方官组织难民在废墟上修建临时城墙，以安定军心和民心。初步稳定之后，严如熤通过对浦市深入的经济调查后，开始推行影响中国赋税制度发展的抽厘制，为浦市重建提供物质支持。第三，地方治理。苗疆起义平定之后，严如熤撰写了《平苗善后事宜议》，为苗疆地区的稳定提出了行之有效的系统策略。其中“苗疆屯政”政策最有分量，并成为中国地方政府里程碑式施政方略，浦市地区从此获得真正意义上的社会经济重建。浦市在严如熤的努力下，慢慢恢复元气，此后数年，浦市恢复其区域中心地位。严如熤对浦市重建有着举足轻重的历史贡献。

（三）厘金制——中国近代税制实验

严如熤在浦市的数年，虽然主要任务是“平乱”，但最为紧急的事务是坚守浦市并以此为基地完成上述主要任务。浦市有着上千年的城镇史，在苗族

---

① 陈青伟. 严如熤“治苗”方略浅析［J］. 中南民族大学学报（人文社会科学版），2002，22（3）：100-102.

地区起着举足轻重的作用。然而，当时浦市被战乱毁坏严重，众多官民甚至想彻底放弃浦市。严如熤力排众议，极力主张在浦市废墟上重建。严如熤一边要应付起义军的军事进攻，重修浦市城墙以稳定军心和民心；一边要筹集重建资金，夯实稳定社会的经济基础。在当时的紧急状态下，地方财政状况并不太好，资金多用于平定起义。

严如熤的政治智慧再一次展露出来。他首先对浦市的商业展开深入系统的调查，浦市因为其极佳的地理位置而成为商业都会。商业一直是浦市繁荣上千年的主要原因。严如熤发现浦市的商品交易依然非常活跃，商品交易费是浦市财政的重要来源。所以，严如熤提出抽取商品交易费 3 厘，以解决浦市新城墙建设和守城乡勇的费用。新财政政策有效解决了浦市重建的资金问题，在短短的两年时间内，厘金共筹集两万余两白银。地方政府在抽厘政策的影响下①，很快集齐了资金，新的城市防御体系重新建立，为浦市的民心稳定提供了坚实保障。

抽厘制诞生的基础是浦市深厚的商业经济积累。自由贸易的经济环境下，浦市发展成为一个完全的商业经济体雏形，这在中国经济史上还是第一次。抽厘制在浦市继续发展，为浦市重新恢复其区域经济中心地位奠定基础。而从整个历史发展进程来看，抽厘制为后来的厘金制产生提供了借鉴，被称为一次厘金制实验②。

（四）苗疆屯政

苗族地区，其地域主要包括今天湘鄂黔渝交界少数民族集聚地区，还有清政府通过改土归流所控制的南方少数民族地区。在这片地区内，生活着许多少数民族群众，其中又以苗族为主，所以称为“苗疆”③。清朝中期之后，随着人口流动频繁，大量汉族地主进入这一地区，民族矛盾日益激化，引发了苗民起义不断升级。直至乾隆末年酿成了大规模武装起义，起义军一度控制了整个苗疆地区。“改土归流”以来，一些政府战略因时而变并陆续出台，治理模式也不断变革。

清朝政府从乾隆中后期开始，财政开始出现问题。在浦市地区出现大规模起义后，政府应付庞大军费开支已经显得捉襟见肘，平定起义之后，按照

---

① 申建民．试论厘金制对晚清财政的影响［J］．齐鲁学刊，2012（4）：54-58.

② 邵春宝．试论厘金制的产生［J］．山西师大学报（社会科学版），1983（1）：62-64.

③ 袁昌曲．治乱之间——雍乾黔东南苗疆社会控制研究（1723—1796）［D］．西南大学，2010.

原来的政治方略，政府无力重建苗疆社会经济秩序。湖南巡抚姜晟等人开始积极寻求治理良策，作为姜晟幕僚的严如熤接受了这项艰巨的任务。他在深入全面调查苗疆地区的状况，深刻分析苗疆主要问题之后，提出了“屯田”之策①。在严如熤《苗防备览》一书中，系统阐述了这一改良策略。

严如熤在上书朝廷的《平苗善后事宜议》一文中②，为清政府详细设计了一张超过十万亩规模的“苗疆屯政”蓝图。在随后的很多年，严如熤的屯田政策在姜晟的支持下，苗疆地方政府在全境内全面实施，苗民大量开发荒地和认领无主、被侵占之地，社会经济很快恢复稳定。同时，屯田也带来了充沛兵源。政策实施之初，并没有得到中央政府的完全认可；反对派认为屯政会激发苗人民变，造成社会混乱；嘉庆皇帝也怀疑其是否真的有效。随着屯政的不断深入，屯田规模不断扩大，甚至达到15万亩，由此带来每年超过10万两白银的收入，其可行性得到实施效果的有力证明。

从社会经济角度来看，苗疆屯政益处有很多。首先，增加地方财富，减轻中央财政负担。很长时间以来，苗疆地区经济发展落后，常年需要中央财政支持；特别是苗族地区起义不断，军费开支巨大；屯政带来的可观收入，基本满足了地方各项开支；而屯田本身的“以农寓兵”，解决了养兵问题。其次，屯田让百姓有地可耕，保障社会安定。苗族地区社会矛盾尖锐，苗人起义不断，难民四处流离，社会动荡不安。屯政在某种意义上是土地的重新组织分配，难民重新回到土地，社会趋于稳定，生产得以恢复。第三，屯政让公共服务升级，政府效率显著增强。屯政前的苗族地区，因为政府财力有限，又加之长期动荡不安；社会公共服务水平偏低，随着屯政的深入开展，平民教育、民族宗教、水利灌溉等方面的建设不断加强，民生问题大大改善。公共领域的进步，极大地改善了政府效率③。

严如熤是一位典型的地主阶级士大夫，他自然代表着地主阶级的核心利益，维护对人民的阶级统治，比如在平定少数民族起义方面。但是，严如熤又是一位秉持“经世致用”思想的务实派能吏。无论是在浦市的平乱，还是在其后的仕途生涯，他能够为百姓着想，并且有着创新思想。在浦市的短短

① 李良品，谭清宣．近三十年清代苗疆“屯防”研究综述［J］．军事历史研究，2009（4）：176-182.

② 陈青伟．严如熤“治苗”方略浅析［J］．中南民族大学学报（人文社会科学版），2002，22（3）：100-102.

③ 赵正一．严如熤《苗防备览》成书和版本考述［J］．黑龙江史志，2014（9）.

四年，严如熤一系列举措以及他解决问题的方式方法，对苗族地区的经济社会发展都起到了推动作用。总之，他的事迹值得后代去纪念，他的人格魅力、为政方略、治学态度都将为后世楷模，而他的精神内涵放至今日依然熠熠生辉，需要我们继承与发扬。

二、人物事件型纪念馆相关概述

（一）人物事件型纪念馆基本特征

在展示设计理论研究中，纪念馆的定义并不统一，各种理论根据自身对展馆的理解来定义。在本研究看来，纪念馆是纪念历史上曾经发生过的有着重要影响的事件或人物的文化教育展示场所。在纪念馆展示空间中，上述历史事件和人物是主要展示对象，并要围绕展示主题来说明和阐释展示对象；其展示功能中带有文化教育功能，要求展示设计对展示对象进行深入挖掘，以充分表现其精神价值。而且，在国内的展示设计理论中，由于学术成果偏少，纪念馆的分类还比较含糊不清。无法明确地将某一类纪念馆和其他类别的纪念馆做清晰的区分。在笔者看来，本研究的实践基础——严如熤浦市活动纪念馆——属于纪念馆中的人物事件型纪念馆。这类纪念馆的展示对象有着双面性，既要展示历史事件的发展脉络，又要刻画主要人物的精神内涵。所以，这类纪念馆有着很不一样的特征。

1. 展示人物的生活经历决定了纪念馆的选址

人物事件型纪念馆一般都会建在展示人物曾经生活过的地方，或者历史事件发生的地方。因此，名人故居、历史活动旧址所在地经常会有纪念馆。这种选址上的考虑，对展示氛围的营造提供天然基础。名人故居或者历史活动旧址，可以让观众最大限度地接近展示人物，进入历史人物曾经的生活，特别是这些“故地”也承载着展示人物的重要人生记忆，对人物精神内涵的表达至关重要。比如，刘少奇同志纪念馆就选择了刘少奇在湖南宁乡老家花明楼的故居为载体。刘少奇在花明楼成长、学习、生活、工作多年，展馆的一些陈列室甚至设在刘少奇曾经的卧室、客厅、书房等地方；这种展馆地址选择对观众更好地理解刘少奇的人格魅力和革命精神有着很好的引导作用。

2. 重视展示空间中历史氛围和人物真实性塑造

纪念文化是对有历史价值的历史事物的怀念与传承，在博物馆等展馆没有大规模建设以前，纪念文化的载体大多是仪式、建筑、文字和口语等形式。各类博物馆的普及，为纪念文化提供了一个综合性平台，将文化的不同形式进行组合展示。其中人物事件型纪念馆是以人物为中心，以事件为线索，展示历史名人在历史进程中的价值，充分阐述一种代表性文化。从上述选址特征可以看出，人物事件型纪念馆对展示氛围的要求较高。除此之外，人物真实性塑造也至关重要，如果说展馆选址是一种历史氛围导入，那么真实性塑造则是这种历史氛围的内涵刻画，是真正考量展示设计的一个关键标准。再以刘少奇同志纪念馆为例，这座展馆中的许多展示空间可以借助故居中的文物优势，重新恢复具有刘少奇气息的人格空间。

3. 杰出人物历史价值的高层次表达空间

与其他展馆不一样的是，人物事件型纪念馆的展示对象一般是历史杰出人物。这些人物或者有非凡的政治地位，或者有非凡的学术成就，或者有非凡的人格魅力，不一而足。对他们的展示，“形神兼备”才能充分体现其历史价值。这就决定了人物事件型展馆的展示设计的起点较高，才能实现其人物内涵的深刻表达。

4. 展示功能与学术研究功能并重

历史人物大多湮没在历史长河之中，寻找人物真实性本身就具有学术研究性质。所以，人物事件型纪念馆无法完成人物的百分百还原，展示内容应该是随着历史研究在不断完善。而且，作为一个综合性展示平台，展馆在不断吸引相关研究成果进入，这些现有的学术成果将为新的研究进展提供支撑。同时，纪念馆也吸引着大量相关领域的专业人士前来参观，这就要求展示空间在考虑普通观展需求的基础上，兼顾专业人士的学术需求。

（二）人物事件型纪念馆理论视角

展示设计综合了多种理论，其中包括建筑、艺术、社科等多个方面。展示设计作为一门应用型的交叉学科，一直以来，研究领域多注重展示设计中的具体问题；比如新展示技术在展馆中的运用、展示空间的划分、展示动线的设计等。这些研究为展示设计提供了实际且可直接利用的指导。展示理论是在这些浅层次或某特定方面研究成果的集大成，其影响将更加深远。

人物事件型纪念馆展示设计理论探讨少不了与社会学的融合研究。从上述基本特征中，展馆的人文价值显著。所以，设计要有“温度”。从社会学的角度，设计要去理解社会的文化背景、社会的当下问题、社会的普遍价值。

理解社会才能理解设计，综合各种社会因素。在设计最初，纪念文化就开始带着社会因素注入展馆。这可以称之为设计社会学，用研究社会价值、社会问题、社会背景的各个视角去影响设计的构思、组织和表达，用社会文化、社会评判等因素去理解展示人物事件的价值。

人物事件型纪念馆同样也受着传播学的深刻影响，传播学相关理论为展示设计提供了许多有益借鉴。纪念文化中的重要一环就在于文化的传播，让一些渐渐被历史遗忘的人物、事件重新进入公众的视线，发掘这些文化现象背后的时代价值。理论上的研究首先可以从信息传播系统开始，信息的排列组合、传播序列、价值解读等构成了信息传播系统，展示设计就围绕信息传播系统开始组织空间。其次，是信息传播的特殊性。人们每天无时无刻不在接受着信息传入，海量的信息，海量的平台，让人们应接不暇。如何让信息更有效地传播，让观众印象深刻至关重要，这就要依靠信息本身的特殊性；当信息明显区别于环境信息时，有效性就开始彰显；展示设计在信息特殊性上，要对信息本体进行深入剖析，分析信息的结构、层次，最终以最佳的信息组合形式凸显本体的特殊性，让观众留下更为深刻的印象。在本研究中，严如熤浦市活动纪念馆就是一个很好的例证，笔者在参与这个展馆设计之前，并不知道这样一个人物以及他的历史足迹。这就需要展示设计在信息传播上进行更多的探索，传播学理论无疑为设计提供了一些便捷的方法。

（三）人物事件型纪念馆存在意义

文化大繁荣的当下，无论是从国家民族、价值塑造等大处着手，还是从民众需求、地域发展等小处来看，人物事件型纪念馆仍然发挥着重要作用。

首先，人物事件型纪念馆为历史文化研究提供了良好平台。人物事件型纪念馆为体现真实性和说服力，都会有意识地搜集保存大量相关的历史文物、文献资料，都在尽力还原人物与历史原貌；而且这项繁杂的工作从展馆筹建开始就一直在进行，不断有新的文物、新的发现加入。所以，展馆会与一些相关学术结构建立紧密联系，及时吸收最新研究成果，同时也反过来推动相关研究进步，成为研究相关历史文化的良好平台。

其次，人物事件型纪念馆是文化传播与公民素质提升的良好平台。这一重要意义显而易见，尤其是对一些历史上鲜为人知又做出过重要贡献的历史人物，让后人记住他们并将他们所代表的文化和精神价值发扬光大意义巨大，甚至带有文化抢救的意义。从这个基础出发，人物事件型纪念馆衍生出文化教育功能。这种教育功能体现在两个方面，一方面是知识层面上的教育，让观众掌握一些历史知识，理解一段历史或文化曾经真实的面貌，是科普意义上的。另一方面是价值观层面上的熏陶，让观众感受展示空间所蕴藏的精神内涵，这是更深层次的目的，特别是对青少年观众尤其重要，最终，达到提升民众素质的目的。所以，展示设计肩负着重大责任。

再次，人物事件型纪念馆是地区对外形象宣传展示窗口。中国有句俗语“人杰地灵”，一名优秀人物就是一个地方的名片之一，这是一种文化自豪感的体现。人物事件型纪念馆得以成为一种蔚为壮观的文化景观，这是其中重要原因。不但是在中国，放眼世界，这都是共通的文化现象。这些名人或者是祖籍于此，或者曾在该地区留下辉煌一页。前者体现该地区培养出优秀人物的优势，后者则体现该地区吸引优秀人物的特长。展示设计要针对这些特点着手进行，为展馆注入一种区域文化自豪感。本研究中的严如熤浦市活动纪念馆属于后者，以名人事件为中心来展现地区文化形象。

最后，人物事件型纪念馆是发展文化产业的重要载体。调整产业结构，实现产业升级，大力发展文化创意产业，是当下经济形势的重要方向。人物事件型纪念馆不仅仅是一座纪念馆这么简单。一方面，从文化旅游来看，人物事件型纪念馆发挥着重要作用，全国大大小小的展馆丰富了当地旅游资源，很多纪念馆甚至成为当地核心资源。另一方面，展示设计的理念和方法正在不断升级，带动了创意产业的不断发展；展示设计将不断引入新技术，展馆早已告别传统刻板的实物展示，越来越重视互动，越来越重视氛围营造。创新创意将展馆的外延不断延伸，推动着相关产业的发展。所以，在推动文化产业发展，特别是促进创新创意产业发展方面，人物事件型纪念馆将发挥重要作用。

严如熤浦市活动纪念馆展示设计理论研究

严如熤浦市活动纪念馆的展示设计是在现代理论指导下展开的，这些理论包括人物事件型纪念馆展示设计的原则、方法、构建、技术手段和情感表达等多个角度。同时，本研究还参照许多现有优秀案例，通过理论探讨和案例分析相结合，阐述严如熤浦市活动纪念馆的理论框架。

一、严如熤浦市活动纪念馆展示设计原则

（一）地域性

纪念馆首先是一定地域文化的代表。展馆的建筑外观通常首先要遵循这一原则，去迎合当地文化环境与传统风貌。而展馆内部的展示设计同样也要将地域性摆在重要位置。与展馆建筑外观类似的是，展示设计也会有意找寻能够代表地域的符号，这些符号语汇通常比较丰富。比如当地室内空间通常会出现的特殊装饰符号，再比如当地特有的物品。这些符号的运用通常放在展示空间环境氛围营造上，作为展示对象的背景。因此，展示设计要从地域文化研究开始，先找到那些地域展示符号。展示设计不但要找到这样的符号，还要巧妙地将其运用到展示空间中而又不显得突兀。这可能是一个艰难且有趣的过程，但却是不可或缺的一环。

人物事件型纪念馆基本能看到当地地域特色，比如坐落于河北唐山的李大钊纪念馆，就可以清晰看到地域符号在空间中的运用。较为典型的是，展馆一处绞刑架展项，展示主体是李大钊英勇就义时的绞刑架模型，而展示背景则是一圈青砖围墙。细心的观众会发现，在展馆相邻的李大钊故居，用的就是类似的围墙；展馆外面的建筑也多采用这种元素。可见，这是一种地域文化的体现。

严如熤浦市活动纪念馆的展示设计自然也会考虑到浦市当地的地域文化，特别是故居中本来的文化元素。

（二）人物性

人物事件型纪念馆相较于一般意义上的纪念馆，在于其对展示人物的塑造。此类展馆中的人物性，强调展示人物的主体性与创造力。展示设计要挖掘历史人物的历史意义，特别是其独一无二的历史文化个性。这个过程中，展示设计就是在塑造一个历史形象。从人物外在形象、精神气质、个性特征等多个方面入手，重新刻画这个人物，充分展现人物的人格魅力。而人物身上发生的历史事件是一个个展示窗口，用这些窗口去表现人物贡献与历史价值。最终，展示设计要将人物形象和历史事件融为一体，去塑造一种精神或是思想。这也是人物事件型纪念馆摆脱单纯的实物展示，实现精神升华的重

要途径。

在李大钊纪念馆，展示设计紧紧围绕李大钊同志人格魅力，并通过一连串的历史事件串联起来，让观众更强烈地接收一位无产阶级革命者的人格遗产。尤其是在“闪耀的38个岁月”展项，由中国早期共产主义者群像配上李大钊著名文章《牺牲》，闪耀的血色展示文本和其所感召下的无畏的革命者，无声地感染着每一位观众，李大钊短短的38岁，却为中国革命点燃了星星之火。

严如熤浦市活动纪念馆展示设计从始至终都在挖掘严如熤的历史价值，不断深入探索他在短时间内对浦市乃至整个西南少数民族地区发展的重要贡献，以求获得更为丰满的人物形象。

（三）真实性

人物事件型纪念馆要遵循真实性原则，这一点毋庸置疑。上文中，展馆有文化、教育等多种功能，真实性是实现这些功能的重要前提。展馆真实性的涵义，可以从两个方面去理解，首先是展示信息的真实性，这是基本前提。历史人物的人生轨迹、在历史事件中的作用都需要有据可循，不能随意夸大。这是对观众的尊重，也是对历史的尊重；当然，真实性不是绝对真实；为了直观呈现历史人物，展馆会仿制一些物品或者模拟一些场景；这些与真实性并不冲突，反而是遵循真实性的体现；因为这些设计让观众看到了历史的直观可能性，是对历史真实的佐证。所以，这就有了另一个真实性，即展示形式的真实性。展示设计会通过各种各样的手段去模拟一个真实历史场景。随着现代展示技术的升级，比如现代多媒体技术、虚拟现实技术正不断进入人物事件型纪念馆。

李大钊纪念馆的展示内容非常丰富，信息真实性也有保证。而在展示形式上，展馆还是以传统展示手段为主，但是仍然能够做到历史真实的艺术展现。比如在“国共合作”展项，展示空间用雕塑的形式，还原李大钊和孙中山会面的历史一刻。

严如熤浦市活动纪念馆首先会尽量挖掘历史信息，用丰富且真实的信息来服务展示空间；其次，展示设计也会利用多种展示手段，甚至是新技术手段，尽量将严如熤直观还原，让观众对历史人物有更为强烈的感受。

（四）艺术性

展示设计也是一种艺术，人物事件型纪念馆也是艺术呈现的一个载体，其展示遵循着艺术的普遍规律。这种艺术性，本质上是追求展示设计的美感。人物事件型纪念馆是对历史文化的再现，其审美趣味应该与展馆的气质相符合，应该是高级的，是带有文化气息的美。艺术的呈现不仅仅体现在文化表象上，还要深入理解文化内涵，让美提升这种内涵的可理解性。这也是设计艺术的最终目的，让美传递信息、感染观众。

展示设计中的美，具体来看，是对空间各要素的重新组织。设计涵盖色彩搭配、光线明暗、空间分布、空间造型等，是空间组织及氛围营造所创设的美。这些基本要素首先会编制出视听上的感官艺术。当然，在人物事件型纪念馆中，艺术性的体现不止如此，一面精致的展墙本身并不能传递太多信息。艺术性应该还需要设计思考，思考历史文化中代表文化内涵的核心表象或符号，然后将这些表象或符号转换成设计语言，最终通过展示空间表达出来。

在严如熤浦市活动纪念馆，艺术性原则也有许多体现。在艺术元素提取上，展示设计从当地文化中寻找个性符号，然后通过艺术化的手段注入空间。在内涵把握上，展示设计以历史为背景，以思想为主色，通过空间引人入胜、发人思考。

二、严如熤浦市活动纪念馆展示设计方法

（一）以建筑空间为载体

从建筑学角度来看，人物事件型纪念馆属于文化建筑。建筑空间是展示设计的载体，建筑空间的层高、面积、形状、材料、环境等因素，都为设计提供有利或不利条件。在展馆外部，设计要处理好与周围建筑环境的关系，考虑好采光、通风等干扰因素，同时还要尽量利用好外部景观为设计加分。当然，更为重要的是在展馆内部，建筑本身的高度、墙面、地面、空间隔断与组合，这些因素又直接制约着设计。尤其是在建筑形态比较零碎、异形时，展示设计会变得很困难。所以，在设计之初，对建筑空间的研究至关重要。

在严如熤浦市活动纪念馆，建筑空间位于当地文物保护单位内，虽然空

间内部规整，但是对历史建筑的保护与利用成为重要议题。因此，展示设计对建筑本身做了许多工作，力求最好契合建筑环境与气质。

（二）以展示空间为核心

展示空间是展馆的核心部分。展示设计对空间的分割与组织极为重要，也就是展示空间序列。展示设计中会用到三种空间序列，可根据展示目的和空间形态择优选择。

1. 轴线式

轴线式空间序列是指各展示单元围绕一条轴线进行递进组合。这种递进在于展示内容在各展示单元的关系，通过层层铺垫形成展示中的高潮以凸显展示主题。这是比较传统的空间组织方式，在整体层层递进之上，展示设计要突破线性叙事带来的单调是问题的关键。

2. 折线式

折线式空间序列是指各展示单元围绕一条折线蜿蜒串联。传统轴线式空间序列带来的单调沉闷在这种空间序列组织下得到很好解决。跳跃的展示单元，让整个展示空间变得活泼生动。在稍显散漫的空间格局中，展示单元之间有机联结成统一的整体是设计的重点。

3. 环绕式

环绕式空间序列是指各展示单元以核心主体为中心环绕分布。这种空间序列形式首先要确认展馆核心主体，然后各次要展示主体对称分布在四周。大厅展示空间中经常用到环绕式空间序列，适用于营造比较隆重、大气的展示氛围，也是比较传统的空间序列形式之一。

展示空间序列都是在以上基本形式结合空间现状演变而来。严如熤浦市活动纪念馆通过对展示空间的研究，包括展示空间的内容组织和动线组织，选择最优空间序列。

（三）以历史空间为内涵

人物事件型纪念馆在建筑和展示空间之后，还要挖掘空间的历史内涵。纪念馆是在延续历史记忆、传承文化基因，为观众特别是广大青少年提供怀念、瞻仰与熏陶的氛围。展示设计要体现出对历史的理解，历史氛围的营造成为设计又一重要议题。空间的历史内涵，首先是外在的真实性，体现在场景、物品的历史真实性；名人故居建纪念馆就可以利用选址自身的历史空间优势；其次是内在的精神性，好的历史空间不仅仅是简单的历史复原，还在于对历史的理解，特别是对历史人物时代价值的理解；这是检验展示空间历史内涵的核心标准。

严如熤浦市活动纪念馆建于当地文物保护单位内，其空间的历史内涵有着先天基础。所以，空间历史内涵塑造的重点就放在了对历史人物和事件的深刻理解上，尽量做到深刻。

三、严如熤浦市活动纪念馆展示设计构建

（一）以清晰的逻辑为线索

展示设计是一种信息的多重构建。前面提到的空间序列是物理空间的构建，是展示空间的合理分割与重组。与空间序列同时展开的是展示内容的构建，为展示空间赋予饱满的信息。展示内容将依据一定的逻辑结构进行组织，这是完成展示功能的关键。展示逻辑以展示主题为中心，规划内容序列，完成展示空间的叙事过程和情感表达。展示逻辑是看不见的“线索”，制约展示空间的传播力度。因此，展示逻辑必须简单清晰，让观众在面对海量展示信息时迅速抓住空间主题。

而对于设计来说，清晰的展示逻辑是对展示主题的良好解读与顺畅表达。所以，空间设计从展示逻辑获得设计方向。无论是浓重的艺术气息，还是沉蕴的历史气息，逻辑上的归纳或演绎都会为设计提供新的视角，并在整个空间中形成浑然一体的设计美感。

在长沙杨开慧故居的杨开慧纪念馆就以她一生几个重要角色为主线：好儿女、好学生、好妻子、好母亲、好党员，逻辑清晰可见。这条展示逻辑看似并列，而实质上是一名优秀共产党员的成长之路，内容层层递进，在“好党员”部分升华主题。逻辑无论从外在的横向，还是内在的纵向，在清晰表达展示内容的同时完成主题的塑造。严如熤浦市活动纪念馆的展示逻辑设计也将借鉴这一逻辑结构将复杂的展示内容梳理整齐。

（二）以协调的色彩为语言

色彩是展示空间情绪的指示器，是展示空间无声的语言。不同色彩带给观众的冲击力大不相同，所传递的空间情绪也有所区别。展示设计终归属于

艺术，而色彩背后的艺术感染力也是每一位设计者所追求的。展示空间色彩设计，一方面体现在整体色调的规划。设计以展示主题和展示对象特征为基础，选取代表性色彩，并契合空间情绪的表达，让整个展示空间在色彩上协调一致。另一方面体现在各单元空间中的色彩搭配。设计者对每种颜色及其搭配要有成熟的见地，围绕主色调并根据每个单元空间的特定情绪进行组合。

协调，是色彩设计的基本要求。人物事件型纪念馆多会选择体现庄严肃穆的冷色调搭配，比如安静理性的灰色和厚重悲情的黑色。在现代展示中，设计还会大量运用各种色光来强化展示色彩，表现空间情绪。

在杨开慧纪念馆，设计整体色彩以青灰色为主。空间以故居的青瓦、青砖、土墙为主要装饰材料，这些都是20世纪初湖南农村的地域特色，表现人物的质朴与坚定。青灰色和展示空间其他色调搭配协调，营造出良好的视觉效果；更为重要的是，协调色彩下，历史之蕴厚而不重，与灯光的配合，又显现出女性般的温柔、明快与清丽。

（三）以严谨的史实为内容

人物事件型纪念馆除了文化传播外，还有学术研究功能；这就要求展示设计在展示信息传播上必须做到严谨。人物事件型纪念馆的展示内容基本上都是选取相关历史材料，在时光变迁中，许多材料、观点的真伪都有待考证。展示设计对这些信息的取舍显得格外重要。为保证展示信息的历史真实性，展示内容脚本的编写通常都是在相关领域的权威学者参与下完成。除了展示文本以外，展示空间中许多历史细节都需要小心求证，比如人物形象、历史场景复原、文物模型等。这些细节体现出设计者对历史的尊重，同时也为良好展示效果奠定坚实基础。

展示设计从来都不是独立存在的，它归根到底是要为展示对象的传播服务。展示设计的完成离不开相关领域共同的努力，而在人物事件型纪念馆，相关历史、文物考据等领域的专家学者是整个设计成功的重要基础。

（四）以有序的空间为节奏

前文探讨了展示空间序列的几种基本类型，设计以基本序列为基础，结合展示内容和展示逻辑对展示空间的各展示单元进行分割，构建起合乎展示要求的展示整体。空间的分割构建应该是有章可循的，按照一定的展示节奏形成空间韵律，是展示艺术的充分体现。空间节奏的组成包括展示节点、展示线索和展示整体，即点、线、面三者的结合。节奏的快或慢，要根据展示对象和展示氛围的特点来设计。比如凸显瞻仰怀念情感的空间，展示节奏宜舒缓；同时，节奏也需要一定的变化，让观众感受到展示情绪的层次与丰富，以避免出现审美疲劳。

在杨开慧纪念馆，展示空间的分割组合大气而又灵气十足。首先，空间重组的根据是展示大纲。该馆包括序厅和尾厅一共七大板块，大板块的分割大气规整，序厅是视野开阔的大圆弧，各大内容板块则是尽量规则的方形，这些大空间为具体空间设计带来了很多益处。其次，在每一个大板块内部，利用空间的隔断、线条完成小展区的充实；顺着展示流线蜿蜒向前，不但很好地利用了空间巧妙布置内容，大量的曲线与转折营造出“柳暗花明”的观展效果，大气中透出灵气很好地表现出了空间韵律。

四、严如熤浦市活动纪念馆展示设计技术手段

（一）朴素、饱满的声、光、电

科技发展日新月异，与之相伴的是现代展示技术手段的不断演变升级。概括起来，这些展示手段基本形式为声、光、电。具体来讲，声、光、电通过背景音效、影像、灯光、电动机械装置等形式，来改造展示空间。现代展示空间基本依靠声、光、电建构起空间形态，但是声、光、电在不同空间的运用是不一样的。人物事件型纪念馆中对声、光、电的运用注重朴素、饱满。不同于商业展示，纪念馆需要营造一个宁静、理性的氛围，以表现对历史人物的尊敬和对历史价值的思考。背景音效主要是舒缓的，灯光应该带有历史意味的柔和，各种装置不能过于花哨；同时，空间不能有太多的“空白”，尤其是在比较枯燥的历史文献展示时，需要展示技术为空间注入更为饱满的元素，以引导观众驻足观展。

在杨开慧纪念馆，“清水塘畔”展项就很好地调动了各种展示手段，艺术还原了一片“宁静生活”场景。多通道投影、虚拟现实、实物展示等一起配合，表现出杨开慧与毛泽东共同生活的第一个家的短暂幸福时光。空间中的声音、灯光、实物运用得恰到好处，而附近的展板也及时为展示空间提供注解，真正达成了朴素与饱满。

（二）恰当、完善的多媒体

现代展示技术中，多媒体技术已经成为必不可少的空间组织形式。相对于基本的声、光、电，多媒体技术综合了文字、图片、影像、动画、音效等多种媒介，能为观众带来更为立体、震撼的视听感受，成为展示设计的必备利器。而且随着科技的不断进步，多媒体的形态更加多样、功能更加丰富，在实现基本信息内容传递的同时，已经实现与观众实时互动；多媒体技术手段正在丰富展示空间的传播渠道，提升展示效果。可以预见，未来多媒体将为展示设计带来许多创意。

但是，多媒体的运用并不是数量越多越好。当前许多展示空间不顾展示目的任意堆砌多媒体，成为一大弊端。尤其在人物事件型纪念馆，空间的文化氛围营造更需谨慎，设计者应恰如其分地运用多媒体，避免空间的过度嘈杂和炫目。

（三）大方、简洁的展台、展柜

无论技术手段如何更新，展示空间最基本的展示手段——展台和展柜依然是不可或缺的展示形式，而且占据着大量展示空间。不同于其他展馆，人物事件型纪念馆需要呈现许多历史材料，而这些内容只有通过实物展示才能更好体现其历史厚重感。展示设计对展台、展柜的布置要做到以下几点：

1. 整齐直观

空间中的展台、展柜要统一规划，包括制式、颜色、照明、材质、摆放等。整齐的展台、展柜也便于设计和管理。同时，展台、展柜的内容呈现方式要尽量做到简洁，面对大信息群，观众视线停留时间较短；因此，展台、展柜本身结构不能过于复杂。

2. 重点突出

展馆通常包含着海量信息量，表现展示空间重点内容的展台、展柜要放在突出位置。

3. 利于表达

展台、展柜作为空间最基本的展示语言，承载了主要信息内容；一方面，它们用重点展示内容来表达展示主题；另一方面，它们组成了展示空间的基调，与其他展示形式的搭配显得格外重要。

五、严如熤浦市活动纪念馆情感塑造与表达

（一）展示设计中的美感

美，是艺术设计的外在准则。展示设计的目的在于将展示信息传递给受众，传递的过程、传递的形式、传递的载体都是美的体现。好的展示设计在传递的各个环节都应该是美的。设计对美的理解、对美的把握，就是设计的美感，是凝结在展示空间中与观众美的共鸣。

1. 对称

对称，也许是最自然、最常见的美。展示设计通常会在对称美上着力。对称体现的是一种均衡之美，其形式也是多种多样，点、线、面上都能看到对称美的存在。展示空间通常会设计出一条轴线，将展示内容放置在两侧，这是小的平衡；另外，前文提到的空间序列体现出展示单元之间的对称，这是大的平衡。展示艺术并不止于此，设计通常会将对称美发挥到极致，用多层次对称排列表现内容。

2. 对比

对称的运用随处可见，也带来了一些不利影响。一方面，对称是比较常见的日常现象，观众有时候对这种设计习以为常，没有发现美。另一方面，展示设计出现大量的对称，容易造成审美疲劳。因此，对比就产生了。对比不是对立，比如空间色彩搭配就是一种对比的运用；几种不同颜色的恰当排列，不但不会割裂展示空间，反而更加容易形成一个独立的整体。对比不仅仅体现在色彩的选取上，还有空间的大小，大空间与几个小空间的环绕会带来不一样的观展体验。当然，对比的运用，也是对设计者美感的考验。

3. 韵律

如果说对称、对比是设计对独立展示单元的处理。那么，韵律美则体现出更大的整体空间，是设计美感的综合体现。韵律在形式上是一种有益的重复，打破可能很沉闷的展示氛围。与韵律相关的是节奏，间隔多长重复一次，即是节奏。前文中的空间节奏其实也是韵律美的一种，是展示空间大视角上的重复。而在展示单元内部，同样也有韵律，也有小范围重复，比如展台、展柜在形制上的重复出现。

图1　杨开慧纪念馆“山花烂漫”（设计方案）

在杨开慧纪念馆，有一处“山花烂漫”展项，这是全馆极有美感的地方（图1）。空间以民国高校为主题，立柱门拱环绕期间，黑板报式的展示设计让展示信息染上了民国校园气息。对称、对比、韵律在空间中不断交叠，形成美感。而空间的点睛之笔是一树海棠，海棠的设计原型来自湖南第一师范的校园，这个创意出自毛泽东送给杨开慧诗中的名句“待到山花烂漫时，她在丛中笑”。如此将美感发挥到极致。

（二）展示空间中的情绪

情，是艺术设计的内在准则。展示设计首先是传递信息，并迎合或唤起观众的情感诉求；所以，这些信息一般是带有一定情绪的。比如，在商业展示领域，展示设计传递出的信息引导购买诉求；在人物事件型纪念馆，展示设计要传递的是有关历史人物的信息，引导的诉求是较高层次的价值诉求。所以，在人物事件型纪念馆为代表的历史文化类纪念馆，展示空间的情绪表达是设计成败的重要指标。如何完成情绪表达，可以从以下几个方面着手：

1. 渲染

展示空间本身是一个物理空间，展示设计需要为空间赋予人文温度，渲染是最基础的情绪设计方法。空间情绪渲染最为传统和直接的方式是空间色彩设计，比如冷色调和暖色调的选择。随着展示技术的不断更新，现代展示空间最常见、有效的空间渲染方式是多媒体。展示空间通过多媒体内容呈现，为观众打造一个震撼视听的展示氛围；沉浸式体验能让观众在最短时间内进入空间情绪氛围。当然，渲染不能针对观众的感受力区别对待，也很容易用力过猛，会让部分观众感到尴尬甚至反感。

2. *互动*

现代展示理念中，展示空间越来越开放，观众的主动性也越来越受到重视。这些理念的好处在于增进观众的参与感，提升观展体验。尤其是空间情绪表达方面，互动设计是一种很好的方法。相对于前文提到的渲染式情绪表达，互动设计让观众摆脱了被动强制情绪进入的尴尬，通过有趣的形式吸引观众主动融入空间。在心理感受上，获得主动感的观众更容易进入设定情境，同时，不同的观众会获得与自身需求相适应的情绪体验。空间情绪体验变得人性化、多层次化。随着技术手段的进步，观众的情绪体验日趋丰富，与展示空间的心理距离也日渐拉近。

严如熤浦市活动纪念馆展示设计实践

一、严如熤浦市活动纪念馆概况

（一）展馆选址

严如熤浦市活动纪念馆位于湖南省湘西土家族苗族自治州泸溪县浦市古镇。浦市是国家级历史文化古镇，底蕴深厚；古镇现存的大量历史遗迹，为展馆提供了良好的文化氛围。展馆坐落于当地江西会馆旧址中的万寿宫。万寿宫始建于明朝初年，现存建筑为清光绪年间遗存，属省级文物保护单位。

展馆以万寿宫后厅为载体，一方面是因为万寿宫建筑群的文化遗产。它整体呈现出“目”字形布局，共有三进式院落，是当年浦市古镇十三座会馆中规模最大且仅存的一座，是浦市古镇欣欣向荣的良好见证。另一方面是因为万寿宫曾经是展示对象严如熤的议事厅。万寿宫除了见证浦市古镇的辉煌历史，也作为故居见证了严如熤在浦市的历史活动，至今依然能够让观众感受到历史人物曾经的气息。所以，展馆以万寿宫为建筑载体是最优选择。

万寿宫的建筑特点为展示空间提供了良好的设计基础。万寿宫的建筑面积将近1000平方米，为砖木混合建筑，规整的三进式院落形成标准的轴向场地空间。场地依照建筑形制从右至左自然分割成三大部分：戏台展区、观众区、主展区（图2）。戏台区以一座古戏台为核心，是进入万寿宫的第一进院落，空间视野开敞。观众区是第二进院落，由原来的会馆会客厅改造而来。按照自然而成的设计方向，前两个展区提供了氛围铺垫。主展区位于第三进院落，其历史陈列是严如熤浦市活动纪念馆核心部分。

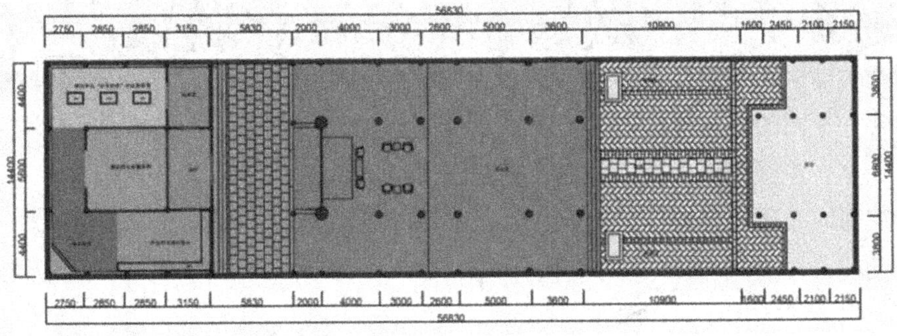

图2　严如熤浦市活动纪念馆总平面图

（二）展示目标

1. 传承千年古镇的历史文化

展馆将呈现浦市古镇数千年的历史底蕴。展示内容将梳理浦市古镇数千年的发展脉络，凸显其在各个历史时期对地区发展的重要带动作用。展示内容尤其要突出浦市古镇在商品经济发展、少数民族地区管理与发展等方面的重要作用。同时，浦市古镇在严如熤主政期间发生了重大变化，这种变化给浦市带来的影响以及此时的浦市给周边乃至整个西南地区的重大影响，都会在展馆中一一呈现。总之，展馆要为区域文化的传承与发展提供一个崭新的平台。

2. 弘扬严如熤的思想内涵

严如熤，带来近代破晓曙光的天下第一知府，在浦市短短数年却给当地带来新生，也为当时的中国带来开启近代化的新思考。作为儒家思想深刻影响下的读书人，严如熤以务实精神在浦市完成了一系列壮举：通过练兵与带兵赢得地区稳定、通过大胆的税收制度改革振兴浦市经济、通过民族地区的实地探索制定民族方略。而严如熤思想内涵的时代价值就体现在这一系列事件内，展馆将会一一呈现这些事件，选择他的行馆来展示其思想内涵也是比较好的选择。

二、严如熤浦市活动纪念馆内容与空间设计

（一）展示主题与逻辑

1. 展示主题设计

严如熤浦市活动纪念馆围绕展示目标组织展示内容，这些内容涉及严如熤在浦市的全部历史活动以及浦市深厚的历史文化多个方面，既要烘托严如熤所做出的重要历史贡献，也要体现浦市历史对中国近代化的启示。为充分达成展示目标，严如熤浦市活动纪念馆的主题设定为：近代破晓的曙光。主题设定摆脱一般名人纪念馆只注重历史事件或特定时代的探索，而上升到对整个历史进程的影响。

展示主题是展示内容的核心。严如熤作为历史个体对浦市发展的影响，浦市所留下的丰富历史文物的分析，再结合浦市现存的历史活动遗迹中的湖湘文化内涵，这些内容通过展示主题的串联梳理出两条次级主题。一方面，是梳理浦市历史发展脉络，从纵向角度分解展示内容，明确历史发展的前因后果。另一方面，是突出天下第一知府严如熤，从横向角度分解展示内容，展现严如熤在浦市的历史活动以及他对当地历史发展影响的探讨。

2. 展示前奏设计

广义的展示逻辑梳理，除了考虑展示主题的影响，还要从整个展示空间考量。从上文的展示选址中可以看到，完整的展示空间还包括两个展示氛围铺垫区：戏台区和观众区。所以，从整体展示逻辑来看，为凸显主题为观众营造最佳的观展氛围，戏台区和观众区是纪念馆的展示先导，提供富有当地历史文化特色的展示内容。

首先，是戏台区（图 3）。进入万寿宫内部，观众会先看到一座古戏台。戏台的设置是传统会馆建筑的重要一环，其功能与现代展示也有着奇妙的契合。古代商会在重大庆祝活动时，会搭台唱戏，借此娱乐积攒人气以壮声势。这与现代展示活动中营造观展氛围产生了共鸣，既是展示内容的视听形式，

也是拉近与观众距离的可靠手段。展示设计自然会继承与发扬这一经典形式，戏台的展示内容以发源于浦市的非物质文化遗产——辰河高腔为主，这种流传于清代晚期“堂会”中的地方戏曲将以原汁原味的方式在古戏台上呈现，在保护和弘扬当地文化的同时让到访的观众在踏入展示空间伊始，便进入历史文化氛围。

图3　戏台区

其次，是观众区（图4）。观众区原是会馆的会客厅，是当时商会集会议事的场所。展示设计以此为中转，承前启后；前面是戏台区的氛围营造，后面是底蕴深厚的历史陈列。空间以复原的会客厅为基础，古字画、古典家具所衬托出的典雅厅堂设计，既可以为观众提供一个观展休憩与准备的场地，也可以为历史陈列做好内容铺垫。这是整个展示最为重要的公共空间，还可以根据展示功能做出灵活变化，比如举办临展，或者举办小型学术论坛等。

图 4　观众区

3. 历史陈列展示思路

狭义的展示逻辑，是主展区历史陈列的内容结构。主体部分的内容围绕严如熤的历史活动进行组织，放弃简单的历史时间先后标准，以“天下第一知府”在浦市的创新活动为主线，从严如熤的重要历史贡献中进行横向展现。四大板块组成历史陈列的展示逻辑：第一，严如熤与浦市简介；第二，严如熤入驻浦市、招募仡佬族部队与浦市练兵；第三，严如熤创新的厘金制与苗疆屯政；第四，响应毕沅“存其种类”的民族思想。这些板块涵盖了严如熤在浦市的重要活动及其影响，并通过展示梳理将大量的展示信息在有限空间中呈现。

展示逻辑中展示空间大、小思路配套显现出展示层次。从大的逻辑来看，展示陈列前有铺垫、中有转乘、后有结语，既能够凸显浦市文化基因与特色，又能彰显严如熤人物活动与贡献；从小的逻辑来看，以横向历史活动为载体，直书其事，重点突出，将严如熤的历史价值和时代意义着重呈现。总之，展示思路能够反映出浦市的历史文化底蕴，这也是湘西艺术的集体汇报。

（二）历史陈列空间设计

展示空间主体是第三部分的历史陈列，历史陈列包括四大内容板块、绪言、结语共六个部分。

1. 第一部分：绪言

作为历史陈列的序厅，穿过观众区之后便能见到此空间（图 5）。视线正前方的墙上，设计主体是一幅浦市全图，图上镶嵌着红色的展示主题与馆名，红色字体在一排射灯的照射下熠熠生辉。浦市全图的背景是一排联结地面与顶部的木质栅栏，设计融合古典和现代元素，木质栅栏背景下浦市透出“曙光”，将“中国近代破晓的曙光”烘托得恰到好处。

绪言的设计要为展示定下基调，“曙光”的寓意也体现在展示信息的呈现上。展示信息除了浦市全图外，严如熤的经世致用学与其继承者关系图以及他学术思想结晶的《乐园记》影印件是主要展品。选择这些展品，空间设计开门见山，将区域发展、历史人物和历史价值结合在了一起。

图 5　绪言（设计方案）

2. 第二部分：严如熤与浦市简介

从绪言的左边，进入历史陈列的第一个内容单元，主要是严如熤和浦市的基本情况介绍（图 6）。展示空间以灰、白等冷色调为主色，顶部是以沉稳格栅为主，设计体现出历史底蕴。同时，这部分的空间设计将贯穿整个展馆，成为设计主调。第二部分展示内容首先是以“天下第一知府”为题，展示严如熤的历史背景。长方形的展柜中是历史实物陈列。设计陈列包括严如熤画像、溆浦《严氏家谱》《清史稿 · 严如熤列传》影印件、《苗防备览》等书籍仿真品。其次是浦市的历史背景，陈列设计与严如熤简介的形式如出一辙，展品中也会出现多种与历史背景相关的实物，如浦市河边古代炼铁渣实物数块和出土的古代阴沉（乌）木实物，这些珍贵的历史物证与历史文献相呼应。

图 6　严如熤与浦市简介（设计方案）

3. 第三部分：严如熤在浦市的重要活动

该部分在展示空间的转折处，空间主色调依然是上一部分的延续（图 7）。空间的转折形成了一条“游廊”空间，空间在转折之后，出现大量的“窗户”，这是设计的巧妙之处。该部分信息以文献和图表平面展示为主，所以，空间利用转折的自然游廊大面积加入窗户元素，用古典民居特色的窗户来做展示载体。在现代理性的冷色调展示背景下，古朴的窗户与历史信息的搭配，再次响应“曙光”寓意中的古今融合。该部分中以严如熤来到浦市后的几项重要活动为主要展示内容，从严如熤临危受命进入浦市主政，到招募仡佬族部队，再到练兵靖边。这些内容主要展现严如熤在历史活动中的表现，展示内容比较丰富，其中最重要内容是仡佬族募兵与练兵，实物展示也会出现仡佬族用过的兵器。

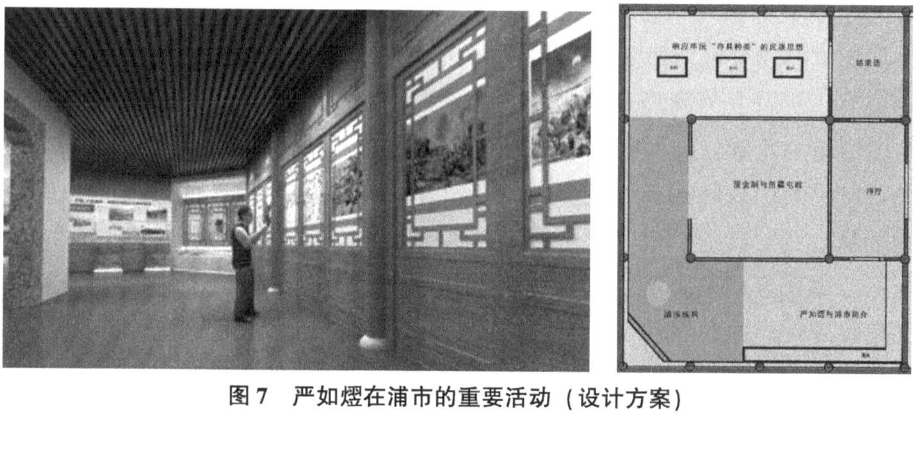

图 7　严如熤在浦市的重要活动（设计方案）

4. 第四部分：严如熤与中国近代破晓的曙光

空间绕过第三部分展示内容，近乎封闭的第四部分出现，出现“柳暗花明”的观展效果（图 8）。本单元空间是最为重要的展区，直接展示“曙光”。单元空间三面展板环绕，墙面主体是历史沉蕴的沉木色。横贯展墙中的展板继续延续灰白主色调，用来呈现展示内容。与其他展示空间不同，除了半封闭的展示空间用来“深藏”，展区正中出现大展台，设计充分利用好展示空间规整的空间。观众穿梭其中，更能感受历史氛围。在展示形式方面，展区仍然以传统展示手段为主，再辅以多媒体方式呈现视听内容。该部分展示内容是最重要的信息，即“中国近代破晓的曙光”。展示内容主要表现严如熤在浦市设计的厘金制前身与苗疆屯政，严如熤思想的时代意义开始凸显出来。

图 8　严如熤与中国近代破晓的曙光（设计方案）

5. 第五部分：响应毕沅“存其种类”的民族思想

从第四部分展示单元折回，重新回到展示主线，展示空间以展墙和展台为主。灰白主色调展墙与展板色调浑然一体，灰白色的设计背景下画上苗疆边墙的轮廓，灰蒙蒙地展现历史质感（图 9）。本单元的展示内容以严如熤对民族地区的贡献为主，严如熤继承毕沅“存其种类”思想，在苗疆地区修边墙，实施屯政。这些政策对今后浦市的发展，甚至对整个西南地区稳定都有着重要影响。灰白主调和历史沉蕴，让空间与展示内容在设计上进行融合。而在展品上，空间设计仿真毕沅上书的《存其种类》密折来强化展示主题。

图 9　响应毕沅的民族思想（设计方案）

6. 第六部分：结语

历史陈列的结尾部分，设计以精致的互动为妙（图 10）。主体墙面上的灰白展板呈现的是历代名人对严如熤的极高评价。墙面下部装饰古典建筑文饰，在细节上透露出历史信息。墙面一角，设计仿制一张书桌，书桌上复原严如熤的文房四宝和古籍，而书桌本身是现代形制，融合古今元素。空间互动则通过多媒体实现，观众可以在多媒体上留下对严如熤和展示空间的意见和建议；空间互动的方式，让空间与观众的距离更近。

图 10　结语（设计方案）

三、严如熤浦市活动纪念馆展示升级探讨

严如熤浦市活动纪念馆在严如熤行馆的基础上进行设计，行馆功能齐备，为展示设计提供了良好基础。建筑特点和空间被利用得恰到好处，公共功能空间和历史陈列相得益彰，在完整展现严如熤历史活动和历史价值的同时也很好地弘扬了当地历史文化。在重点展示的历史陈列区，设计以现代展示理念为主，强调展示主题和展示思路的把握；而展示形式以传统手段为主辅以多媒体互动方式，严如熤的历史信息和时代价值通过展示设计很好地展现在观众面前。

展示设计综合考虑各方面因素，取得了预期的效果。但是严如熤浦市活动纪念馆因为规模和投入有限，在一些地方还有继续升级的空间。展示设计还可以在其他方面进行展示效果升级。比如展示设计引入更多现代科技手段，以新颖、高效的方式强化展示效果；再比如展示设计增加更多互动方式。以下本研究就从这两个方面着手详细探讨。

（一）展示形式升级

展示形式是设计的语言，展示内容通过展示形式呈现给所有观众。展示形式直接制约着最终的效果。人物事件型纪念馆的展示形式有其特殊性，首先，人物事件型纪念馆展示的内容庞杂，大部分为以文献图表为主的历史材料和历史实物的真品或仿制品，信息量较大且随时都会有新的学术成果补入。因此，人物事件型纪念馆有大量展板、展台、展柜。其次，人物事件型纪念馆展示内容零散，一般来讲需要通过展示策划进行有序归类总结，形式的选择与内容组织紧密相连。因此，人物事件型纪念馆的展示内容需要在展示形式上做更多的思考，以更好的形式传递展示内容。

严如熤浦市活动纪念馆的主要展示形式依然延续着传统。传统展示方式能够保证基础的展示量和展示效果。大量的展板、展柜、展台，这些“收纳盒”将严如熤与浦市的历史信息有序地组织排列好。传统展示形式的局限同样明显，展示内容静静等待“检阅”，过于被动，失去了历史张力。好的设计要将主动权交给展示内容，变被动展示为主动输出。提高展示形式的主动性，最有效的方式是提高展示形式的科技含量，让科技助力展示。在科技手段支持下，设计无论是复制历史场景，还是还原历史视听，人物和事件都会变得

主动且生动。展示内容从“等待”转变为“表现”，最大限度重塑历史张力。

严如熤浦市活动纪念馆里，最新的展示手段可以引入，比如立体动态投影、多维历史影院等。最为重要的是，展馆有着丰富的展示内容需要展示形式提供更多可能。在此，严如熤所涉及的历史活动有战争硝烟、有民族风情、有著书立说、有沧桑巨变、有历史寓意等，各种元素既是可以加以利用的素材，也需要多变的展示形式来加以完善。未来的展示形式升级，一方面要再研究展示内容，找到内容的更好的组织方式和表达方式。另一方面要关注最新展示形式的变化，用新技术改善旧传统。

（二）展示互动升级

人物事件型纪念馆的最终目的是让观众获得信息并受到启迪。传统展示理念中，设计往往围绕空间和信息展开。大部分的人物事件型纪念馆都是在展示，把大量的信息传送给观众，让观众自己去做选择。这种理念让人物事件型纪念馆变成一个巨大的“历史信息仓库”。观众在面对这些信息时也无从下手，虽然有选择权，但是陷入信息选择困难，最终真正获得的有效信息量比较少。因此，观众还是被动的，被动地按照展示流线接受古板的展示内容。

为此，增加空间互动是改善上述局限的方法之一。互动设计是将主动权还给观众，让观众能够在心理上与展示内容近距离接触，最终让观众获得比信息更高级的启迪。互动的形式多种多样，比如有年轻观众乐于接受的游戏方式，再比如给专业观众提供信息讨论的渠道。这些互动可以在观众与展示之间进行，也可以在观众与观众之间进行，还可以通过互联网互动走出封闭展示空间向馆外延伸。

严如熤浦市活动纪念馆因为场地和投入的限制，除了个别展区出现了简单互动之外，并没有设计太多的互动展示。展馆内的互动升级，其基础还是展示内容，和上文展示形式升级一样，展示互动也有许多元素可以利用，也很有必要利用互动形式。比如在战争硝烟中让观众参与，在互动设计中，观众通过战争游戏来了解历史形势、浦市的基本面貌以及当地风情；相比之下，观众对严如熤的历史活动以及浦市历史地理等多方面将会有更确切的认识。另外展馆目标之一是严如熤及浦市历史学术研究的前沿水平，可以利用这一视角设计一个专业观众展区；展区内发布最新研究进展，观众可以围绕一些历史议题进行讨论，甚至与严如熤对话，也许这是观众走进人物事件型纪念馆最想做的事情。总之，空间互动设计是人物事件型纪念馆重要的发展方向。

四、严如熤浦市活动纪念馆展示反馈分析

展示设计的好坏，观众最有发言权。为此，本研究在严如熤浦市活动纪念馆发放展示反馈调查问卷，向完成观展的观众征询意见与建议，以收集观众对展示设计的反馈信息。问卷总共分为四大部分，主要为选择题，内容涉及观众基本信息、展示内容、展示形式、主观建议等方面。自严如熤浦市活动纪念馆开馆半年内，本研究在展馆共收回 317 份有效问卷。本研究对收集到的简易问卷数据进行了统计与分析，得到了一些有价值的信息，对未来展示调整和同类人物事件型纪念馆有一定借鉴意义。

首先，观众对展示人物严如熤并不十分了解。在受访对象中，73%的观众是从外地来的游客，大部分人都对浦市古镇特别是这里的历史发展知之甚少。17%的受访者选择了“了解较多”或“深入研究”，而且受访者中相关专业人士只有 1%，本地受访者达到了 26%；数据说明，一些长期生活在这里的当地居民，对严如熤的了解也并不深入。因此，严如熤浦市活动纪念馆的建设非常有必要，通过历史陈列重新唤醒民众对严如熤的记忆，重拾这笔重要的精神财富。这一结果在其他地区的人物事件型纪念馆也相似，相关部门应该加大人物事件型纪念馆的建设，挖掘与保存那些具有重要历史价值的文化珍藏。

其次，观众对展示内容的兴趣集中在“严如熤在浦市的重要活动”和“严如熤与中国近代破晓的曙光”两部分内容。具体来看，对展示印象较深的内容，94%的受访者选择了“严如熤在浦市的重要活动”，87%的受访者选择了“严如熤与中国近代破晓的曙光”。前者涉及极具表现张力的历史事件，包括战争、传奇色彩、民族融合等。这些带有一定冲击力的内容比较容易吸引眼球。后者是展示主题的体现，从绪言开始，对于“曙光”这一意象就设下了展示疑问；大部分观众对严如熤并不了解，既然他与“曙光”并列，从而像是一个悬念引导观众去探索。这一结果可以看出观众对历史陈列的兴趣，设计要充分利用历史的张力吸引观众，同时，主题设置也非常关键，这是一种展示引导。

再次，观众对展示形式有着更多期待。一方面，在严如熤历史陈列中，82%的受访者已经注意到了展示灯光和展示色彩并感到满意，说明观众的审美趣味在不断升级，不再是简单的信息展示和实物陈列就可以达成展示目标；

展示空间整体的格调、艺术性和表现力，都已经引起观众注意。另一方面，在“更多展示形式”“更生动地呈现”“更多互动设计”的期待上，67%的受访者全选了三项，其中97%的受访者提到了“更生动地呈现”。因此，观众的需求不断上升，对设计的要求越来越高；设计要更重视整体氛围的营造，更加注重展示内容的生动表达。

结　语

人物事件型纪念馆作为文化继承与弘扬的重要场所，其展示效果的优劣直接关系到历史文化的延续与发展。在世界各地，人物事件型纪念馆数量众多，作为展示设计的重要领域，一直备受瞩目。在国内，无论是从文化传承，还是地域发展，人物事件型纪念馆都有其发挥空间。人物事件型纪念馆的展示设计更重于应用，虽然该类展馆数量庞大，但是学术研究却发展得比较缓慢，系统完整的理论成果更是少之又少。本研究以严如熤浦市活动纪念馆设计实践为基础，梳理总结人物事件型纪念馆的展示理念与方法。现将本研究结果总结如下：

（1）人物事件型纪念馆展示设计要以展示对象研究为基础。人物事件型纪念馆是历史文化的载体，尤其是对历史人物精神内涵的表达。这些内容多是历史信息，来源复杂、零散，很多要依据历史学术研究成果。在严如熤浦市活动纪念馆，展示设计之初做了大量的工作，详细了解到严如熤的历史活动以及浦市历史文化发展脉络，深入探讨了严如熤其人对当地乃至中国近代历史进程的启迪。由此研究确定了展示主题，并以主题为核心组织展示内容结构；在具体的设计过程，设计元素的提取也是从展示对象的研究中来。

（2）人物事件型纪念馆展示设计可以尽量利用名人故居的有利因素。人物事件型纪念馆许多建在人物故居，设计可以利用其留下来的历史信息和选址便利。严如熤浦市活动纪念馆选址于严如熤当年在浦市的行馆，行馆除了为展示空间提供物理空间以外，还自然地赋予了展示空间历史质感和人物气息。展示设计可以多从这些方面入手，恢复展馆的历史气息，并进行创意改造。比如在严如熤浦市活动纪念馆就充分利用了历史陈列前的两个展示功能空间，为观众提供非物质文化遗产等当地特色。

（3）人物事件型纪念馆要更注重展示形式和手段的更新升级。很多人物事件型纪念馆仍然过于依靠传统展示形式，有些是受限于资金投入等方面的问题，除此之外，展示理念的落后也是重要原因。传统展示理念固然能够保证基本展示需求，且在未来仍然占据重要地位。但是，这些方式让展示内容与观众都显得有些被动。改变这一局限的有利方式之一就是增加最新展示手段拉近与观众的心理距离，将展示主动同时交给展示内容和观众。严如熤浦市活动纪念馆可以在今后的展示升级改造中朝着这一目标继续前进。

（4）现代观众的观展需求正不断上升。本研究在设计实践之外，还通过问卷调查了严如熤浦市活动纪念馆的观众。通过对受访者调查的数据分析发现，观众对历史陈列的观展需求正不断上升，他们的审美趣味越来越细腻，开始细心观察展示灯光设计、整体色彩设计。更为重要的是，他们对展示形式的期待也越来越多，希望有更多展示形式、更生动的呈现、更多互动。这些需求对人物事件型纪念馆的展示设计未来方向提供了借鉴。

当然，本研究也有许多不足之处。第一，实践经验不足。每座展馆的设计与实施的工期较长，读研期间，笔者亲自参与的人物事件型纪念馆展示实践比较少。第二，理论支撑不足。展示设计理论特别是人物事件型纪念馆展示理论尚比较薄弱，更没有系统完整的理论提供支撑。

总的来说，本研究从实践中来，取得了一些研究成果。严如熤浦市活动纪念馆的展示设计是一个很好的例证，希望能够吸取经验与教训为同类型的展馆提供一些有益借鉴。

参考文献

［1］马克家．浅论旅游景区挖掘和利用历史名人文化资源的重要性［J］．现代企业教育，2006（20）：157-158.

［2］段虎．艺术展览馆展示空间文化的传承与创新［D］．河南大学，2011.

［3］马妍妃．北京旧城名人故居纪念馆展陈设计研究［D］．北京建筑大学，2014.

［4］苏东海．《中国纪念馆概论》序言［J］．中国博物馆，1996（2）：

8-9.

[5] 安廷山. 中国纪念馆概论 [M]. 文物出版社, 1996.

[6] 苏东海. 人物纪念馆的基本特征是什么? [J]. 中国博物馆, 2002 (1): 8-9.

[7] 陈阳. 纪念性博物馆: 人物类纪念馆的一个可能选择——Stransky 和 Karina Lennon 的理论与中国人物类纪念馆现状的联系及思考 [J]. 博物馆研究, 2001 (4): 10-12.

[8] 吴诗中. 人物纪念馆的叙事设计方法 [C]. 中国人物类博物馆、纪念馆陈列艺术学术研讨会 . 2013.

[9] 古骐瑛. 如何突出人物纪念馆的特色 [J]. 博物馆研究, 2008 (4): 20-23.

[10] 贾书曾. 纪念馆陈列设计的新理念 [J]. 神州, 2012 (5): 23-23.

[11] 吴琼, 闫英林. 人物纪念馆展陈设计初探 [J]. 室内设计与装修, 2006 (12): 114-115.

[12] 杨玉山. 历史人物纪念馆陈列探讨 [J]. 东南文化, 2005 (3): 92-93.

[13] 上海鲁迅纪念馆. 人物类博物馆、纪念馆现状与发展前瞻学术研讨会论文集 [M]. 百家出版社, 2002.

[14] 柳宪辉. 谈齐白石艺术人生展示的特色内容设计 [J]. 中国博物馆, 2005 (1): 51-54.

[15] 严建强. 从展示评估出发: 专家判断与观众判断的双重实现 [J]. 中国博物馆, 2008 (2): 71-80

[16] 唐景珏. 严如熤其人及其作品研究综述 [J]. 安康学院学报, 2013, 25 (1): 17-20.

[17] 鲁西奇, 罗杜芳. 道咸经世派的先驱——严如熤 [J]. 武汉大学学报人文科学版, 2002, 55 (6): 47-54.

[18] 陶用舒, 易永卿. "夜雨共寻园内韭春风曾读别来书"——论陶澍与严如熤 [J]. 湖南城市学院学报 (自然科学版), 2007, 28 (5): 30-36.

[19] 李汉林, 张振兴, LIHan-lin, 等. "田野派" 学者严如熤 [J]. 吉首大学学报 (社会科学版), 2012, 33 (5): 49-54.

[20] 蓝勇. 严如熤及其经世文献的价值 [J]. 湖南城市学院学报, 1996 (1): 80-86.

[21] 柯愈春. 严如熤《乐园集》中的有用文献 [J]. 高校图书馆工作，1992 (4)：28-31.

[22] 朱林枫. 严如熤及其“三示”“三词” [J]. 陕西史志，2001 (5)：55-57.

[23] 李汉林. 严如熤年谱简编 [J]. 民族论坛，2014 (9)：57-65.

[24] 唐景珏，TANGJingjue. 从严如熤史论文看其臣道思想 [J]. 安康学院学报，2015，27 (4)：7-10.

[25] 王雪玲，梁妮. 严如熤的经世思想与实践 [J]. 唐都学刊，2015，31 (6)：90-95.

[26] 杨群英. 浦市历史考 [J]. 科技信息：学术版，2008 (3)：255-257.

[27] 申建民. 试论厘金制对晚清财政的影响 [J]. 齐鲁学刊，2012 (4)：54-58.

[28] 邵春宝. 试论厘金制的产生 [J]. 山西师大学报（社会科学版），1983 (1)：62-64.

[29] 袁昌曲. 治乱之间——雍乾黔东南苗疆社会控制研究（1723—1796）[D]. 西南大学，2010.

[30] 李良品，谭清宣. 近三十年清代苗疆“屯防”研究综述 [J]. 军事历史研究，2009 (4)：176-182.

[31] 林福厚. 展示设计学 [M]. 中国建筑工业出版社 . 1996.

[32] 陆邵明著. 建筑体验——空间中的情节 [M]. 北京：中国建筑工业出版社，2007.

[33] 赵敬立、蔡兰珠. 人物类纪念馆陈列的理论探讨，上海鲁迅纪念馆编：《人物类博物馆、纪念馆现状与发展前瞻学术研讨会论文集》[J] 上海：百家出版社，2002 年 6 月第 1 版，第 187-190 页.

[34] 程大锦. 形式、空间和秩序 [M]. 天津：天津大学出版社，2008.

[35] 童小明. 叙事空间——构建展示空间的情感体验 [J]. 装饰，2012 (10)：87-88.

[36] 李楠. 艺术设计中的四个逻辑缺陷 [J]. 艺术与设计（理论），2010 (11)：18.

[37] 屈小羽. 历史与环境的融合——谈孟良崮战役纪念馆的设计 [J]. 世界建筑，2008.

［38］王治君著. 纪念性艺术综合体［M］. 北京：中国建筑工业出版社，2009.

［39］董学增. 具有浓郁地方特色与现代形式美的历史陈列［J］. 北方文物，1994（3）：96-97.

［40］牛传成. 多媒体与展示设计［J］. 上海工艺美术，2003（2）：37-39.

［41］［英］大卫·德尼，英国展示设计高级教程［M］. 上海人民美术出版社，2007年版.

［42］［德］伯特龙，史沃兹，费雷，章梅（译），展览设计使用手册［M］. 中国建筑工业出版社，2007年版.

［43］陈伯超. 地域性建筑的理论与实践［M］. 中国建筑工业出版社，2007年版.

［44］Guterman B. MUSEUM EXHIBITS［J］. Federalist，2014.

［45］Witteborg L P. Design Standards in Museum Exhibits［J］. Curator：The Museum Journal，1958，1（1）：29 - 41.

传承与流变：民间传统小吃的生存实践

——以浦市古镇为观察中心

范杨阳*

【摘　要】“食”，是满足人们最基本生存需求的来源。而传统食品，对于许多民众而言则常为“饱腹”之物，因而人们起初的关注点便是食品本身的味道。在此基础上，民间传统小吃的经营制作者们，也将经营理念的核心点放在如何保持传统小吃最原始的形态与口味上。随着地方文化旅游的宣传，越来越多的外来元素涌入传统文化的系统之中，这其中也包括对传统饮食的影响。本文将以叙事手法来展现民间传统小吃在当下的适应性行为。

以湘西浦市古镇为例，作为浦市地方文化系统中的当地传统小吃及其经营者们，在地方政府的鼓励之下，将自家商品与当地的旅游活动进行尝试性结合，于是许多仅在地方盛行的民间传统小吃开始进入食客们的事业当中。在此过程中，作为重要影响元素的外来食客，不仅想要在此进行休闲与娱乐活动，同时，他们自身所持有的口味喜好、对饮食制作的好奇心等都影响着这些传统小吃经营者的经营理念与模式。因而了解这些民间传统小吃经营者们如何做出反应以展演他们所持有的经验世界，对往后传统饮食行业的发展大有意义。本文主要通过田野工作中的参与观察法，深入田野点以三类经营者为观察对象。首先，本文通过阅读文献与搜集地方材料等方法来刻画出浦市镇在繁盛时期中多元化的民间传统小吃种类，剖析出当地民众为何将具有“黏性”口感的糍粑类食物作为现今浦市镇最具有代表性的小吃之一。其次，

* 范杨阳，湖南师范大学公共管理学院社会学系 2020 届硕士，目前为公考申论讲师。导师：谭必友教授。

笔者通过深度描写的方式，展现了不同小吃经营者们在日常生活中的生产、交换等方面的实践，以刻画不同类型的经营者们所采取的多样化经营方式。最后，本文通过对这些小吃经营者们在实践过程中运用的地方性知识与原则进行解读，发现这些经营者们在现代化进程中，主动通过调适自身的地方性知识体系以适应地方经济的变迁。尽管对于部分经营者而言，他们依旧秉持着最初的经营理念与方式，适应的过程稍显滞后，但通过对他们生活生产的展演，我们得以探讨其在现代经济潮流中发展的可能性与机会。

【关键词】民间传统小吃；经营者；桐叶粿；鼓儿粿；地方性知识

绪 论

一、问题的提出

食物是用来表达我们对世界的理解的重要介质之一，它在日常生活中的角色尤为重要。中国是一个拥有丰富文化资源的大国，随着“文化强国”政策在全国各地的城市规划与经济发展进程中得到落实，打造当地文化旅游品牌，逐渐成为各城镇、乡村所选择的一条社会经济发展路径。在此过程中，无论是作为地方原生态的传统饮食，抑或是作为旅游衍生品的小吃产品，都相继被“搬上桌”，成为地方重点打造其“文化旅游”的对象，这不仅为一座城市、乡镇的经济发展、文化传播带来了机会，同时也推动了民众身份认同的凝聚力。

在市场影响之下，竞争实力相对弱小的传统饮食在面临文化资源开发、消费群体多元化的情境影响下，原有的生存空间与生存资本也在悄然发生变化。于特定历史文化背景中所衍生出来的传统小吃，作为饮食文化中重要的分支之一，在旅游开发过程中不仅能够为地方发展带来可观的经济效益，同时也是最能反映族群特点与地域特色的象征符号之一。因而探讨在现代化旅游资源开发中，传统饮食业利用了何种地方性知识来构建专属于他们的生存策略，并且怎样调适这些地方性知识来适应现代化潮流，很值得我们观察与研究。

笔者在学习过程中，对人与食物之间的关系产生了浓厚的兴趣。2018 年的暑期，笔者第一次与同门师姐在湘西州泸溪县浦市古镇展开了文化资源探寻调查，在这个过程中，笔者发现浦市古镇的饮食文化依然保持着原生态的特色，因此将研究聚焦点放在了浦市镇的传统小吃上。浦市古镇在历史上依托其优越的地理优势，成为一个享有多元文化的名镇，一度曾有“小南京”的美誉。在特定文化背景下，“饮”与“食”是如何从一种日常所需的活动与物质转变成地方文化认同的组成部分，是一个值得我们深入探讨的课题。

在发展历程上，浦市古镇经历了从繁华的水运时代到现代交通影响下的“隐世”时代，如今伴随着旅游资源的开发与挖掘，它再次被世人所瞩目。在这样一个历史转折期里，饮食文化体系中的文化持有者与行动者，他们运用了怎样的生活经验与实践来展现与延续他们的地方意识与文化？伴随着现代化进程的加快，传统小吃的文化持有者们会选择何种“地方性知识”来向他人进行文化输出并得到相应生存资本？这些由“地方性知识”所构建的生存策略，是否产生了适应性的调适？不同的小吃经营者是通过怎样的互动模式与他人构建社会关系以获得更优质的生存资本？本文欲通过对湘西浦市镇中传统小吃文化的观察来回答以上问题。

在现代化背景之下，民族文化在带有其独特魅力与特色的同时，自身也具有“自觉性”与“调适性”。作为文化形式与内容呈现的持有者们，他们便在恪守地方文化记忆的基础之上，以动静态结合的方式来适应社会变迁的潮流，并且构建出自身在现代化潮流中的生存之道。其中他们运用的地方性知识并非局限于“地方”而失去了发展的生命力与动力，相反是以时空因素作为介质，将地方性文化的知识原貌通过具有“独特性”与“普同性”结合的各种符号文化或社会活动等，向不同人群展演并表达出他们的“特色”，从而得以生存与延续。由此本文从商品化传统小吃出发，以发掘传统小吃的文化承载者们在历史发展过程中运用了何种“地方性知识”来适应现代化潮流，并且探究这些文化持有者们是怎样调适自身的“地方性知识”得以生存并获得生活资本。因此，本文尝试从传统小吃经营者这一切入点进行详尽阐述与释义。

二、研究意义

在现代化进程不断深化的时代背景下，市场的作用几乎渗入人们日常生活的各个角落。自然资源旅游与文化资源旅游，作为地方经济增长中的重要推动力，同时也是市场竞争的主要角色。而处在市场竞争力地位相对较弱的传统食品，了解它们如何利用自己的地方性知识来构建自己的生存策略，探讨它们是如何与现代化潮流相适应的，从而为传统文化的传承与发展带来可借鉴的意义。

（一）理论意义

首先，本文归纳总结了克利福德·格尔茨（Clifford Geertz）关于“地方性知识”提出的历史背景与相关命题，并在此基础上对围绕着“地方性知识”进行相关研究的文献进行了分类梳理。笔者发现在现有的文献研究中，大多强调了各族群与民族须立身于已含有的“地方性知识”，而很少强调在现代化进程中，文化持有者利用自身的地方性知识来调适自我的经验世界，以适应多变的时代，从而构建自身的生存策略。因此，本文对“地方性知识”的动态作用进行了拓展。

其次，以往的研究中，关于“地方性知识”的研究多处在对理论性的探讨与总结，例如“地方性知识”的理论构造、“地方性知识”的价值与建制等，利用此理论进行现实的研究还很少，由此本文也丰富了“地方性知识”与实际生活结合分析的案例。

（二）实际意义

理论研究的最初目的与实质都是为了指导日常生活实践。首先，传统小吃作为饮食文化的主要组成部分，它的形成、变化与发展同样能够反映出饮食文化在历史长河中的变迁。因此，研究传统小吃文化为大众了解地方历史文化提供了良好的途径。

其次，研究商品化传统小吃在现代化背景下的生存策略，在一定程度上为保护与传承传统文化提供了保障，能够推动地方保持自身文化“特色”。当一种文化被注意或发现时，能够得到更专业、更完善的维护，这样更利于其得到一代又一代的传递与传承。

最后，通过对浦市传统小吃的研究，为当地文化旅游的进一步发掘与开发提供了相对有效的文献支撑。饮食文化旅游作为现代文化旅游中的主要表现方式，研究浦市传统小吃文化能够满足当地旅游的发展需求，同时也能够为当地带来更多的经济效益，从而实现民族地区地方性知识与文化资本之间的转换，“文化经济”的特征也会突显。

三、研究方法

鉴于笔者已有的田野工作，本文将继续沿用人类学传统方法：参与观察法、深度访谈法。人类学田野工作方法最大的特点便是对于现象的“深度描写”，也就是格尔茨的深描法。这种方法强调以小见大，重视描写与观察现象的情景化、特定化与具体化，在“深度描写”方法的要求下，人类学田野方法需要对具体的情景、地点、时间进行具体分析。因此在本文中，对传统小吃的生活实践与互动模式的描写，须与浦市当地日常生活的各方面联系分析，以此来了解小吃文化的承载者们是通过怎样的生活实践与互动模式体现当地历史文化的。

（一）参与观察法

笔者在进行田野工作时，将选取两个独具浦市传统小吃代表性的商贩进行对比研究。因此笔者欲采用两种参与观察的方法：对于固定摊贩，笔者欲通过“打杂工”的身份进入选取的田野点，参与到传统小吃店在其代表性食品生成的各个流程当中，切身观察其代表性小吃以及相关场景等在日常生活中的实践及功能表现，同时通过此身份来观察店家与各方的互动模式；相应的，对于鼓儿糍这一具有代表性的流动商贩，笔者欲通过“帮工”的身份，了解其选择的售卖路线、制作工艺等背后蕴含的历史意义，同时也以此种方式来观察其与他人的互动。

（二）深度访谈法

通过参与式的田野方法，笔者主要对选取田野点的卖家、当地居民、旅游客、其他商贩以及相关部门人员等，围绕当地小吃文化进行交谈，以此来了解在旅游开发期前与开发期中，当地传统小吃生存策略中发生的“变”与“定”。这也是本研究的重点。

四、研究内容

列维-施特劳斯（Levi-Strauss）提出，象征及背后的意义是人类学理解食物与社会关系的重要分析路径，① 投影到对传统小吃文化的实践与互动上，各种日常生活中的文化隐喻都是其实践经验的结果。现今各城市发展旅游业期间，均会“建造”出一条专属于它的“小吃街”，但是小吃的类型却并非完全是本地派生，这既是市场的作用，也是文化传播与交流的作用。因此本文基于浦市处于旅游开发期的背景下，对当地传统小吃网络中的行动者及相关物质通过怎样的方式来展现它们的历史意义，它们是怎样延续下来的，是运用怎样的经营策略来适应新时期的，在此历史进程中他们表现出来的生活实践与互动模式具有怎样的特点进行探讨。本文欲通过以下几方面展开调查：

第一章，本文从文献的梳理及田野观察的分析出发，重点了解浦市古镇饮食文化产生的历史背景、地理因素等，并尝试对当地不同空间里分布的传统小吃进行种类划分，以此来了解浦市传统小吃的现况，包括当地传统小吃的种类、米食类小吃的喜好等。

第二章，笔者借助格尔茨的“地方性知识”方法论与理论，总结了传统小吃经营者在食品商品化过程中所立身的地方性原则，以此来探讨在旅游开发背景下，传统小吃的文化持有者们如何利用不同的生活经验创建了不同的经营方式。因此，本文主要围绕着三类经营者加以分析：秉承创新型的小吃经营者、传承家族手艺的小吃经营者、“自在”型流动小吃经营者。深入阐述他们在同一地域中，是如何利用不同的生活经验来获得生活资本，如何与不同人群进行互动并体现自身持有的文化的。

第三章，笔者通过借助于格尔茨关于“解释之上的解释”中的释义，对传统小吃经营者的生存实践背后所遵循的地方性原则进行了解读。

浦市民间传统小吃简介

一、田野点简介

在泸溪县城往南 60 里，靠近沅水中游西岸有一溪流，这一溪流发源于潮地，东流经达岚，与沅江水汇合，这条溪水名为浦溪，浦溪出口南北村皆称

① 余舜德，体物入微［M］. 台湾：台湾清华大学，2008.

为浦口，浦口南村寨为浦溪；浦口北的城市起初则被称为浦口，后因此处商贸发达，经济兴盛被改称浦市。

浦市镇北面拥有天然的屏障，如凤凰山（今名代朝山）、岩牛山等，众山挡住来自北路的寒风，因而减少了寒潮侵袭的势头。西南方一带则拥有约20里地的开拓平野，同时夹着丘陵小山，因此此处气候温暖，土质肥沃，水草虫鱼资源丰富，适宜人类进行渔樵耕作与憩息。明朝初年，浦市镇便成为沅水流域著名的集市之一，川黔边境旱路运来朱砂、水印，上游山区各小船则载着土产五倍子、桐油等在浦市转运；各地商贾皆赶至此地，进行交易购销，使得浦市在历史上成为湘西州的一大贸易市场。沅陵明辅公《浦市江东陈家山记》中说道，“泸溪县属地，有大集日浦市。”又府志载：“明弘治二年（1489年），万历二十五年，淫雨连旬，水高数丈，舟行屋上，城垣民舍皆圮，浦市居民财货飘浮几尽。”从这我们就可知浦市曾经的商贸之旺。[①]

沿沅江而修建的浦市河街，设有多个酒馆茶楼，此处人声鼎沸，热闹非凡。为了满足大批来自全国各地商贾人群的衣食起居需求，浦市的民间也衍生出了各行各业，民间传统小吃业也因缘而生。由于有着相同的地理环境与气候条件，浦市镇居民的生活饮食习惯基本保持一致，因而在饮食习俗上有许多共同之处，主食依旧以大米为主兼以杂粮。由此，现今浦市镇上的许多民间传统小吃与大米有着密切关系。

二、浦市民间传统小吃现状

（一）传统小吃的种类及分布

清初时期，浦市因冶铁业兴起，商业开始繁荣，直至道光咸丰年间则更趋兴盛，故而有了“浦市”之称。地居沅水中游的浦市，既是水运码头，也是湘西要冲。作为桐油与木材等山货特产的集散地，故而此地客商来往频繁。在清末民初时期，浦市在外曾有“七十二行”的盛名，从而也促生了本地民间传统小吃的兴起：在米糖业，当时浦市就曾流行用米麦熬制白糖或者将其加工成芝麻“洋糖”以供应市场需求。曾在十字街便有新盛塘坊，寨尾头则有元康塘坊，万寿宫处便有梁开选塘坊；糕点业中，浦市糖果糕点加工业则

① 泸溪县民族事务局编. 泸溪县民族志［Z］. 北京：方志出版社，2013.

有蒋大方、王永盛、龚恒兴、元泰和、元和长与张元泰等七户作坊，全镇则以“雷记元泰和糕点号”作为最大规模的店号，批发与零售两条销售路径都很兴旺。尽管如今的浦市商贸繁荣景象不再，但许多传统食品的痕迹依旧在当地遗存。

新桥唐记的馄饨，浦市万寿宫的豆子油响，余家巷的甜酒汤圆，通街上常见的桐叶糍与棕糍，原十字街已传承四代的鼓儿糍，中正街的猫儿耳年糕、羊肉粉、牛皮糖与雪皂糖，太平街的荤油果糖、苏糖，上正街的炒米、藕糖与糖馓。此外随着传承人、浦市镇老年协会原会长章明非老师的去世，现今已经逐渐在人们的生活当中淡去了那些经典民间小吃，包括扯糍、马蹄糕、翻模糖人等。

表 1　浦市民间传统小吃类型及街区分布表

小吃类型	小吃名称	所在街区
糖果糕点类	藕糖、冬瓜糖、姜糖	上正街、太平街
	丝麻糖	浦市镇一小
	雪皂糖、牛皮糖、猫儿耳年糕	中正街
	荤油果糖、苏糖、夹心糕、玉带糕	太平街
	翻模糖人、手工糖人	河街浦市老年协会
	马蹄糕	河街浦市老年协会
米食食品类	扯糍	河街浦市老年协会
	鼓儿糍、桐叶糍、棕糍、麦糍、灯芯糍、现饭糕	中正街、太平街、河街等
	豆子油响（豆子糍粑）	浦市万寿宫
	糖油响	十字街
	甜酒汤圆	余家巷
	米豆腐	中正街、太平街
	糖馓、炒米	上正街
	羊肉粉、扣肉粉、出筒粉、牛肉粉	中正街、太平街
	烧卤饭	史家巷

续表

小吃类型	小吃名称	所在街区
其他食品类	烧饼	油坊弄
	烧卤肉	上正街
	馄饨	新桥、太平街、中正街
	豆腐乳	中正街

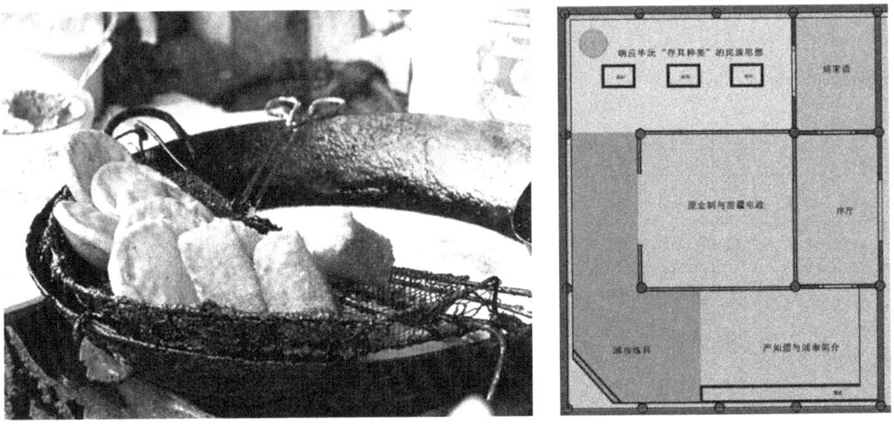

图 1　现饭糕与糖馓

图 2　CJ 馄饨与米粉

每天上午都会在太平街边吃粉的 WZ 老师今年 46 岁，平日常在外做电线杆维修工，自小就热衷于听浦市历史故事，随着镇上通晓当地历史文化的老人相继离世，WZ 老师在休息日时都会花时间去搜集有关浦市文化的材料。在几次下田野的经历中，我们都得到了 WZ 老师的帮助。

> “浦市以前就是全国各地的小吃都有。无论是明清时候浦市作为货物枢纽地，还是后来的移民地，很多人就从外面把小吃给带进来了。我们小时候就有很多小吃，什么马蹄糕，烤饼，烙饼好多种，在码头边和太平街那边到处都是卖小吃的。现在就是因为做这个没有很大的利润，以前就是因为人多，好做生意，那个时候不兴打工嘛，现在年轻人都在外面打工了，没什么人传承那些老手艺了。现在浦市基本上就是糍粑了，桐叶糍，棕糍什么的。一年四季都有，已经形成一个产业了。很多东西都失传了，已经没人做了。会做的那些人都老了，很多人都不知道那个工艺了，现在就是每家每户会做的东西流传下来了。知道做这些的起码都是八九十岁以上的了，手艺也没人愿意学，都流失了。以前我们上小学的时候，就在太平街口这里有好多，卖龙须酥的，拉丝姜糖的，做果脯的。现在都没有了，有一些人和家庭作坊可能会做，但是也不愿意做了。以前有人问我们浦市有什么小吃，我就说什么都做，全国各地的小吃我们这里都卖。因为浦市以前好多人来这里做生意，什么东西以前都有的卖。一个地方的人群形成了一定规模之后，他们就会把自己家乡的小吃带过来，迎合他们自己的口味。”
>
> （20190715 WZ 老师）

商贸盛况带来的蜂拥人群是催生饮食行业发芽扩展的源动力，尤其对小吃行业的产生有着密切关系。曾作为湘西要冲之地的浦市，河街、太平街与正街等主要街区作为全国各地商贾聚集交易之地，也因而成为当地货币流动最频繁的地段。相对的，来自全国各地的强大消费流为传统小吃行业则带去了立足的资本。

相对于具有实体形态的自然遗产而言，存在于某一民族、群体中的非物质化文化往往是以一种记忆与经验的形态存在于民众的生活当中。民间传统小吃技艺的传承与延续也是如此，依赖于人群之间的口头的表述或手工教授的传承，而身怀这些民间传统小吃文化制作技艺的老一辈技艺人作为传承的重要载体，他们的逝去对于浦市饮食文化的延续而言是巨大的损失。因而，现如今浦市镇对当地部分具有地方性特色的民间传统小吃已经开始采取相应的保护措施，这其中就包括了支持小吃经营者们进行生产性发展与非物质文化遗产的申遗项目保护措施等，这其中最主要的几类民间传统小吃主要为上文中所提及的米食食品类小吃。

（二）口味偏好：黏性食物的“主场”

湘西地处云贵高原东缘的武陵山区，泸溪县浦市镇则属于武陵山脉向雪峰山脉的过渡地带，在这里，土家族与苗族占镇上居民总人数的28%左右。湘西地区多山林水涧，因而山林地区野生物产丰裕，而受到多高山深沟的自然条件限制，苗族与土家族人则需要学会在复杂险恶的地形中处理土地，由此，至今在武陵地区之内，无寸土被荒芜，同时通过苗族与土家族人对稍平之地的改造，在山麓至山腰的地区掘出现今被我们称为“梯田”的水田。

苗族与土家族人喜食糯米，也擅长对原材料进行精细人工化的加工。无论是单纯的糯米饭还是通过后天实践制成的其他米制品，都是他们在日常生活实践中的产物。尤其是在农忙季节，因糯米性硬，相比较于我们平日吃的籼米与粳米而言，消食糯米则需要花费更长的时间，所以更加适于劳作耐饥饿。在这些食物未被用于生计来源时，大多这类具有特殊黏性口感的糯米及相关衍生品，包括棕糍、桐叶糍、糖馓（san）等都多用于节庆日，或被当作馈赠物抑或是走亲送戚的必备礼物，也是在婚丧嫁娶过程中的必备物。在苗家人眼中，特别的糯米饭还被称为“旅行饭”，无论是出外劳作或定期赶场，通常都会带上一包当作午餐，不仅仅是因为糯米独特的香甜气味，更是因为制作糯米性食物，可以省去油盐蔬菜的添加过程，对于需要长时间劳作的人群而言是极其方便的。

除开苗族人与土家族人的饮食偏好在浦市的流动与传播，同时在浦市镇的汉人传统节庆中，除了清明祭祖与端午赛龙舟、中秋团圆等节日之外，民间还有“吃社节”这一特色节庆：“社”即是土地之神，《左传·昭二十九年》曰：“共工氏有子曰句龙，为后土……后土为社。”在原始社会的农耕时代，人们对于土地十分崇拜，每年都举行祭祀土地之神的活动。而祭祀社神的日子即叫“社日”，在汉之前只有春社，汉以后便开始有了秋社。自宋代起，以立春、立秋之后的第五个戊日为社日。

社日是浦市镇传统节日中起源最早的节日之一，而在社日期间，供奉土地之神这一环节是民众为了祈祷自家土地作物丰收依旧，因而社日极其贴近民众平日里的生产活动。因而无论是社日庄严的祭祀仪式，还是社日当天的娱乐活动都在有形无形地强调它特有的地方文化特性。在春社这一天，人们会聚集于社庙，摆上丰富的食品供奉社神，这其中的主要角色就有社饭、社酒等。在祭祀仪式完毕之后，这些用来供奉的食物则会分给在场的民众共享。而这一共享行为也表征着人神之间进行交互沟通，是象征着人神共同度过节日欢愉时刻的表现。与祖先“共食”这一形式，在中国的乡土社会中，主要是通过特殊的丧葬礼仪建立生者与祖先、与神灵的认同纽带几乎成为传统文化的常象，而春社节食社饭便成了民众与神之间建立共同纽带的主要方式。因此长期以来，每到回春的农历二月时，浦市镇民众便纷纷过春社节，从山上采摘蒿菜，挖野葱，通过洗净与切细之后，用双手挤去食材本身带有的苦汁，按照适当比例与大量的糯米、少量黏米、腊肉与野葱等食材混合，通过木甑蒸熟，或用铁锅焖熟，陈一碗鲜香日常米饭走上人们的餐桌，而具有独特黏性口感的社饭也一直保留着它独特的生活遗风，一直在浦市民众的餐桌上留下自己的风味。

无论是棕糍、糯米糍、糖馓还是社饭，抑或是上文中我们所提及的大量米食食品，它们的共性便是主要食材均为糯米或黏米。而米以及米食类食品在浦市人的日常生活中是极其常见的，特别是经过人工加工过的米食类食品，是民众家中婚丧喜庆中必不可少的食品成员。例如糖馓，便是当地人为庆祝家人团聚，拿来招待亲朋好友的特色小食，它寄托着人们的美好祝福，更是土家族人为了迎接家族新生命的必备食品：当一个新生命降临之前，外婆家需要开始准备糖馓、鸡蛋等物件。

如同前文所言，湘西地区多山林水涧，人们的农耕活动受到多高山深沟自然条件的限制，生活于此地区的人们逐渐学会在这样的地形中处理土地。在生产力低下的传统乡村社会中，物资相对匮乏，但生活在湘西地区的人们也学会了利用自身的智慧将最简单的食材——糯米，与自然界中的其他天然食材进行了融合，采用了多方式、多元化的人工加工形成了新型的美食，这不仅仅体现出他们超凡的地域适应能力，也体现出了他们勤俭、热爱生活、乐于创新的传统美德。而这也使得他们对米食类食品有着独特的钟爱之情。

民间传统小吃经营者的实践展演

近年来，随着“文化旅游”理念进入大众视野，同时互联网新媒体行业中以“饮食”为主要选题的公众号群落大量涌现，名为“饮食文化旅游”的新名词被人们所熟知。地方丰富的饮食资源作为地区丰裕文化系统中的一支，不仅暗喻了地方民众在历史当中所集结的传统生活经验与知识要素，同时也在现代经济网络中发展成为一种吸引外界人士赶赴某个地区进行旅游探索的资源之一。浦市镇中的民间传统小吃行业，便是在现代化进程中被逐渐影响的一支传统力量，而现今作为浦市镇极具代表性的糍粑类食品与背后的经营群体便成为笔者的观察对象。

笔者在浦市进行民间传统小吃的调研期间发现，如今浦市镇主要街区中依旧将制作与售卖传统小吃作为生计方式的经营者们，在近年来的旅游开发的情境下，也向世人展现了他们的聪明与智慧：那些家庭作坊式的固定小吃店铺纷纷将本处在后庭中的制作技艺与制作台，“迁移”至店铺前台，一边料理“手上活”，一边等待着路人光顾自家生意；与家庭作坊式相反，部分依靠家族独门传承手艺而生的流动小贩，则运用敏锐的观察能力与经验老到的消费群捕捉能力，在浦市的45条巷弄中捕捉着潜在的食客；更有趣且值得笔者敬佩的是，小部分拥有着几十年制作技艺的小吃经营者，现今仍一人负责且包揽制作流程中的每一步骤，以此来保证传统小吃的“原真性”。

因此，笔者在调研过程中感悟到，很难用某一种方式来囊括浦市民间小吃经营者们的经营模式，且一种表述方式是绝不可能体现出他们每个人身上所涵有的个性、生活背景以及实践知识等方面的。因此，本文欲借用格尔茨的“地方性知识”理论，来对上述的三类经营者中的典型个案的经营方式与实践经验进行深入探析。

一、善于创新型的小吃经营者——家庭作坊

我国自传统时代以来，集“产、存、活”，即产品生产、原材料存储、家庭生活这三者为一体的家庭作坊，曾星罗棋布般驻扎于城市、城郊、乡镇与农村

之中。它们主要以一个家庭为生产单位，这个群体中的极大部分都将生产地点选定在民众生活聚居区或者自家的住宅区域，售卖的商品则主要包括农产品、工业中的零件、原材料等部件小商品，此外还包括传统服饰、饮食产业等。但普遍来说，以家庭为主要生产单位的作坊，所花费的运营、人员支出、管理等成本支出皆较中小型民营企业低。这主要是因为家庭作坊中的生产链规模较小，生产人员也主要是由自家家庭成员组成，内部凝聚力极强，生产中的各步骤协调也极其容易，各成员之间都有着极高的同质性，也大都熟知每一个生产环节。

现今浦市镇上，据笔者的统计发现，包括民间传统小吃在内的餐饮业，绝大多数都是以家庭作坊式为经营生产模式。而从浦市镇历史我们可知，曾以生产桐叶、鞭炮、芝麻、木材等土特产而闻名的浦市，各业兴旺带动了整个浦市及周边城镇的市场，现今在浦市街道边还能听见老一辈人描述当时浦市的繁荣景象，“当时每天要杀 60 多头猪，那些杀的猪就从来没有卖剩过。”各地来浦市做生意的人络绎不绝，街市上呈现出一派“腋底下送货，人头上接钱”的情境。因而，为了满足如此庞大人流量的饱腹需求，家庭作坊经营式的各类饮食场所，也曾是浦市的一道不可小觑的风景。

而今的浦市，作为湘西商业重镇的地位似乎早已边缘化，仍留在浦市做生意的则都是零零散散的小商铺，经营者主体也大都是家中的中老年人群体，年轻劳动力都离开这片故土，为了谋求更好的收入与家庭生计，他们选择去往更有发展机会的大城市。近年来随着当地旅游业的发展，尤其是在 2015 年，泸溪县旅游局联同湖南高校专业团队研究商讨制定出了《浦市旅游古镇概念性详细规划》，将浦市定位为“集观光游览、民俗文化体验、休闲度假为一体”的古镇主体历史文化旅游区，并通过专业团队的策划与商业推广之后，[①] 浦市镇蕴含的丰厚文化景象便又回到了大众眼中，以此收获了大量外界客源。大批当地青年劳动力返乡，在重拾起家中传统手工技艺与老本行的基础上，也将自己在外所接触到的新视野与新思维带入浦市，进行了一番既有意义的创新。浦市桐叶糍粑铺群就是其中典型的代表。

（一）简易装修的“家-店-库”三合一体式结构

浦市古镇总体结构呈现“城中有城，外城中有内城”的风格，整个浦市

① 湖南师范大学旅游研究所．湖南省泸溪县浦市旅游古镇概念性详细规划（初稿）．2015. 10：44-45.

街区主要由三大街道组成：正街、河街与后街，正如前文所提及，这三大街区曾是浦市百业兴旺之地。

沿此三大主街而立的店铺就包罗万象，油行业、酱油业、造纸业、理发业、绸布业、皮革业、铜器业、典当业、银楼等各行业纵横布满三大街区，现今仍约宽为 4 米的街道两旁房屋店铺，在明清时期则主要由洪江杉木为主要建材。然而整个浦市在经历过 1996 年特大洪灾之后，浦市镇的大批古建筑与木房则被天灾所摧毁，依附于主街道两旁的各类商铺便也更换了新模样。

> “以前河边没有修堤坝的时候，沿河还有一条街的。后来 1996 年涨了一次大水，沿河的街全被淹了，直接淹到了我们二楼。后来才修了那个堤坝，以前的沿河木房子就全部被拆掉了，他们就全搬到了现在的主街道那边。一直到河边都是房子，一直沿到了码头上边。基本上整个浦市镇都被淹掉了，河对面的江东村基本上老房子都被冲垮了。后来大家就把老房子的木材都拆了，重新把下面就砌成了石灰的，但是外面的木材没有拆，因为还是要保持它外观的一致性吧。”
>
> （20190724 康记糖铺 Y 大哥）

1996 年 7 月，沅水与巫水流域水势极其凶猛。17 日清晨沅水发起第一波洪峰，席卷的房屋木头、木板、烂船、树枝等杂物，像小山一样堵塞在浦市镇沿江平缓地带。洪水逐渐淹没了码头，并涌进了浦市镇内。大桥堵塞的洪水回流到上游，低洼的田湾一片汪洋。而 1996 年的这次特大洪灾，既有大自然的原因，譬如春夏之交贵州高原及湖南接合部的多雨、大雨、集中降雨，此区域的地质结构容易暴发山洪等，同时更有明清以来人为的原因：从明代开始，清水江流域开始原始性的大开发，朝廷屯军，大量移民迁入，垦殖山地，清代大规模采伐林木，水土环境受到严重影响，然而在抗灾与治理能力上却极弱。

图 3　1996 年沅江特大洪灾

在经历过1996年特大洪灾之后，沿河流域的原有老住宅区与木质房屋多数已经不存在或者已不再使用，也正是在这次沉水天灾之后，浦市开始修建起现有的河堤。此后，浦市居民在修缮房屋时，就将房内一层的建材换成为石灰与岩石等，但同时民众在房屋的外观上保持了一致性，仍旧将房屋的外侧用木材围建，遵循着传统木房屋的框架。

笔者在2018年暑期第一次进行浦市田野调研时，在粉铺吃早餐时发现了浦市饮食店铺内粉饰的特点。我们进入店铺时，目之所及的家庭作坊式传统小吃经营面积普遍都是20—30平方米左右，靠近街道的一侧主要是用于经营，另一边则主要用于居家。而“家-店-库”，即居家、店面与仓库三位一体化模式为店铺主要结构，后来于2019年暑期进行第二次调研时，笔者则在浦市中正街DP糍粑铺以学徒的身份进行参与观察与深度访谈。

DP糍粑铺与其对门的XJ糍粑铺，是浦市镇上最早将自家桐叶糍品牌进行商标注册的店铺成员，由于位于浦市镇悠长且网络型的“城中巷弄”之中，纵横交错的房屋群落让太阳光照很难照射进拥有二层阁楼的店铺当中，从外往里看很难勾画出店面内的房屋结构。与配置了专门门面店员“守”在柜台的现代餐饮店不同，这些店铺内摆放小吃的柜台往往只有食物，看不见专门人员的“守位”：一张中间镂空的简易木桌放置倚靠在店铺与街道的衔接处，木桌朝外的一侧常用来粘贴上自家糍粑种类的照片以供食客鉴赏，桌面上则搁置两方竹制蒸屉，已在内厅蒸熟过的糍粑则放置在蒸屉中待售卖。

DP糍粑铺内没有进行耀眼豪华的装潢，在四周的墙体上至今还可以看到1996年洪水留下的印记。浦市糍粑铺的家庭作坊都兼具一个特点：二层楼叠加一间双面开窗的小阁楼为主要户型，其中第一层店面的一侧，堆叠着用来发往外地食客的专用糍粑包装盒，盒子上的图案则都是店家自己拍摄的糍粑图案外加制造商专为他们设计的独特商标，店面的另一侧则摆放了一块长方形的瓷板桌，这是店家为方便对刚煮熟的热糍粑进行快速冷却准备的，这主要是因为当糍粑订单数量较大时，店家需要及时对刚出炉的糍粑进行真空包装以及寄出，这也是他们为防止糍粑在短途运输过程中发生变质而采取的有效措施。

第一层店面内一般分为内厅与外厅两部分，内厅则主要用来处理制作糍粑的原材料：清洗桐叶、野蒿菜、粽叶、糯米，精心挑选从外进货回来的红糖，灶台则用来炒芝麻，同时也摆放了高温内加压的蒸熟机与制作糍粑外体圆团的原材料搅拌混合机，这类混合机可谓是现浦市糍粑铺中常见的机器，因为在浦市除了桐叶糍粑作为代表主要小吃，浦市米粉也是民众喜爱的米制品食物，而米粉的制作也需要这一套搅拌混合机。这也是近些年引进的新型机器，以前往往需要依靠人工用舂子与木棍来回捶打，现有了搅拌机后节省了大量的时间与人力投入。外厅则拥有两种功能，一方面店家坐在靠近内厅的位置包制待蒸熟的桐叶糍粑与棕糍，另一方面则用来售卖食品。

连接第一层与第二层的水泥楼梯上，靠里侧的一边也堆砌了大量的制作原材料。店铺第二层主要用于店家生活，是他们休息小憩的主要场所。而第二层往上的第三层阁楼，空间并不大，大概8—10平方米，两侧开口的窗户面积很小，阳光很难照射进去，但通风条件极优。但要爬上第三层阁楼并不简单，店家用简易的垂直两脚式扶梯在第二层与第三层中间搭建起了“桥梁”，每每看着店家一手拿着上斤重的原材料，一手要扶着扶梯爬上阁楼放置原材料时，我都要为店家抓紧下方的扶手，“我已经习惯爬上爬下了，你不用帮我扶。”这便是DP糍粑铺整个店铺的结构。

学者蒙本曼在阐述壮族地方性知识的建构过程中曾指出，“建筑是‘石头的史书’，最能代表一个民族、一个国家的形象。”而建筑当中起到象征与修饰作用的房屋结构、装修形式，既能够体现出地方建筑设计者与建造者的主观意图，同时，也是在间接展现他们在长期的地方日常生活中所逐渐构建起来的建筑技术与艺术，而房屋的所有者，即房主在生活中维持下来的建筑本来模样，则反映了他们对这类体现出自我地方性的房屋构造、装饰风格等方面的认同。

（二）制作：公开、参与体验式

湘西是少数民族聚居区，在这里许多带有特色的民间传统食物都被赋予了“人”性，极具互动性，因而在传统食物的制作过程中，制作者往往不是单个人，而是两三人围成一团，一群人聚集在一起制作，拥有着轻松愉快的氛围，在欢声笑语当中挥洒着劳动的汗水，共享着食物带来的欢愉。

第一次跨入DP糍粑铺时，店家一眼就辨识出了我们作为“他乡人”的身份，在得到店家的允许之后我们得以进入店铺之中，围坐于店家日常进行桐叶糍与棕糍的包制平台四周。家庭作坊式的店铺，生计方式极其单一化，员工一整天的生活都是围绕着某一种产品在进行着，例如在笔者作为学徒常驻的DP糍粑铺，若未到节庆日与当地赶集日，糍粑的订单数量会相对而言少很多，普遍而言一天平均需要做1000—1500个左右的桐叶糍。当原材料的准备阶段与熟食阶段在拥有了机械化设备的助力之后，店铺内的人力投入与人工成本便也降低了许多，因此现在做桐叶糍完全需要依赖于人工程序的主要集中在桐叶、粽叶、野蒿菜等原材料的采集、洗净原材料、馅芯的搅拌（主要包括手工红糖、芝麻碎）、糍粑的包芯与捆制等。

图4　挑选野蒿菜中的杂物（左）与DP糍粑铺男老板（右）

桐叶糍的制作技艺相比较于棕糍而言会更易被掌握，棕糍制作过程里需要练就一套手工“记忆”，如何将粽叶开口处合拢并捏成传统的三角状，参透并非一件易事。在糍粑铺做学徒的一个月里，笔者也曾尝试过多次，但在折断无数片粽叶造成原材料一定程度的浪费之后，最终还是选择了在糍粑铺中学做更简单的桐叶糍，而这也是更多的食客愿意尝试做桐叶糍的缘由所在。

> “我做棕糍粑都做了二十多年了，从小跟着我妈妈学，现在粽叶拿在我手里我就知道下一步怎么去包，每片叶子的大小都不一样，所以放多少米在里面我心里都有个数。很多人包不好棕糍就是最后不知道怎么捏出那三个角，左手需要用技巧，很多人学不会。所以平常有人在店子里还是跟我学包桐叶粑粑的比较多一些。”
>
> （20190711 DP 糍粑女老板 糍粑铺中）

在店铺中做学徒期间正值夏日，常能看到头戴宽檐帽、眼挂墨镜、身背各式旅行包的旅客在糍粑铺前停留，尔后伸长颈脖往店铺内厅的制作台里望，随后便会迈着稍显惊喜的脚步走近正在赶制桐叶糍的狭小制作平台，一边询问：“你们在做什么？”一边试着加入这个生产制作团队当中。

制作平台的组成也很简易：制作台的正中心放置着一个直径约为1.5米宽的竹扁，竹扁上放置着一个已倒入些许植物油用于给青团上油的铁盆，竹扁的一侧放着两个铁桶，一个盛满了蒿菜青团，另一个则盛着冒着香气的已被炒熟的芝麻红糖馅芯，竹扁的另一侧则放着两三个用来叠放完工的桐叶糍铁架，围着竹扁摆放了几张木椅，这便组成了占地约 5 平方米的制作平台。“抓团、摁平、置馅、拢合、揉圆、滚盆、叠叶、裹包、上笼”，一个方形的桐叶糍就制成了。三两个人即可组成一道简易却有秩序的生产链，长工一般负责从铁桶中抓团，摁平之后“扔”入竹扁中，围坐于制作台四周的食客便可以将馅芯放入青团之中，用手指的力度将青团合拢后揉成圆形，此时便可以将圆团放入装了植物油的铁盆，“滚盆”这一专业动作店家往往不会让食客与身为短期“学徒”的我来操作，女店主或者男店主会起身，双手端捧着铁盆，用手臂与腰劲同时发力让圆滚滚的青团在空中翻滚，以便让青团的每一个方向都蘸上植物油。尔后，便可以进行接下来稍为简易的“叠叶”与“裹包”步骤，将桐叶铺平于手心后将粽叶横放于桐叶的正中心，最后在双层叶的“包扎”之下，一个桐叶糍便最终成型。

“我们在外面旅游玩，最先想到的就是这个地方有什么好吃的。一到浦市我就问了当地导游浦市有什么小吃，他们就推荐我们来这边的糍粑铺来尝尝桐叶粑粑。刚好又亲眼看到你们在做，我看着就很放心，吃起来有一种很原生态、很环保的感觉。”

（20190715 DP 糍粑铺 Y 阿姨）

图 5　笔者刚制作好的桐叶糍粑（左）与刚出笼的桐叶糍粑（右）

浦市镇中家庭作坊式的传统小吃铺，极具开放式，小吃是如何制作出来的往往是食客们所关心的话题，让食客参与其中不仅能够吸引他们对食物的热爱，同时也可以使食客近距离感受到食材的新鲜程度、店家的朴实与真诚的服务态度。而店家在食物制作过程中，向外界输出的也不再仅仅只是食物的味道，而是在向他们展演小吃制作的烹饪方法与最具当地生态特色的饮食文化。

“非物质文化遗产和地方性知识不仅连接着过去，也连接着今天与未来，是人类发展的文化基础。”① 饮食技艺，作为非物质文化遗产中的一部分，它包含着制作者自身涵有的地域文化背景与知识体系，这些重返家乡重拾起传统食品制作技艺的经营者们，在尊重地方民间文化内容的同时，也在向外积极传输着自身所拥有的独特智慧。

（三）品牌：从地方延伸至全国

美国市场营销协会（AMA）对品牌的传统定义要追溯到1960年，该定义强调：“品牌是旨在将一个卖方或卖方群体的产品或服务与其竞争者区分开来的名称、术语、符号、标志或设计或是它们的组合。”② 一个名称加一个商标，是品牌在最初期的一个典型基础结构，品牌则被认为是保障产品性能的真实性与可信赖的承诺。而消费者与品牌的联系、互动共同决定了该品牌在消费者中的印象、信任与价值。品牌的延伸广度不仅仅包括品牌自身的产品种类的扩充，同时也包括品牌的影响力在地域跨度的扩张。

随着近几年浦市古镇文化旅游利用网络媒介进行宣传的效果越发生效，许多起初在外务工或已在他乡扎根的浦市人，又纷纷回到故土，并将浦市当地的民俗风情利用网络载体传播到更广阔的地域而被外界人所知。随着与外界网络的互动与联系越来越紧密，为了区别与保护镇上饮食商品与其衍生出来的相关服务，当地工商部门也积极向浦市家庭作坊类的店铺开设注册商标的必要性知识讲座，并通过相关普法工作向这些店铺传输该如何注册商标等。如今，包括中正街上的DP糍粑铺、XJ糍粑铺在内的五家糍粑铺都纷纷注册了专属于自己店铺的商标与品牌，让越来越多的人得知浦市镇的饮食文化品牌。

DP糍粑铺老板今年40余岁，在2013年回到了浦市，重新做起了桐叶糍的生意，更是在当年就注册了专属于自家的商标。在2016年初，DP糍粑铺

① 蒙本曼. 知识地方性与地方性知识［M］. 北京：中国社会科学出版社，2016：167-169.

② ［美］马克·贝特著. 品牌的本质［M］. 李桂华译. 北京：经济管理出版社，2014：131-132.

老板首次通过拍摄短视频的方式，向网友分享日常制作糍粑的过程并上传到DP糍粑铺专门的社交软件-微信上，同时也会通过上传短视频的方法向已下单的食客们告知糍粑制作进度，并向他们实时传送快递讯息。这是这群经营者们在同质性极强、流动性较低的社会氛围中养成的服务之道，以诚心服务食客，食客对于食物的反馈既是一种对食物自身味道好坏的评价体系，同时也是经营者们对自身地方特色是否传输到位的判断体系。

笔者通过对糍粑铺近两年寄往全国各地的订单统计发现，自从DP糍粑铺老板在2016年开通微信短视频分享功能之后，2017年的客源广度逐渐从湖南省内向外主要延伸到华北地区、华东地区、江浙地区与华南地区，主要包括北京、株洲、杭州、广州等地。直至2018年时，品牌影响力在地域上继续向外延伸至西北地区、西南地区与东北三省区，包括新疆乌鲁木齐、宁夏、甘肃、内蒙古、四川、吉林与黑龙江等地。在2019年时，品牌影响力依旧维持着2018年的活力，发往全国各地。

表2　DP糍粑铺2017—2019年订单发出情况表

年份	订单发往地
2017年	湖南吉首、长沙、郴州、常德、株洲、湘西州、常德等省内地区；北京；浙江杭州；广东广州；浙江温州、杭州；江苏南京等
2018年	广东深圳、汕头、佛山、东莞、广州、中山；湖南长沙、娄底、益阳、常德、株洲、湘西州、岳阳、永州、衡阳等；上海市；湖北武汉；浙江宁波、温州、嘉兴、绍兴；江西南昌；海南海口；新疆乌鲁木齐；江苏南京；福建省；河南省；河北省；天津市；山东济南、青岛；山西太原；甘肃省；陕西西安；宁夏银川；北京市；广西桂林；重庆市；四川成都；黑龙江省；吉林省；安徽合肥等
2019年	江西南昌；湖南长沙、浏阳、邵阳、常德等；湖北武汉、宜昌；贵州贵阳；四川成都；江苏南京、苏州；山西太原；广东广州、佛山、深圳；陕西西安；云南昆明；浙江温州、杭州、宁波；山东青岛、济南；上海市；重庆市；海南省；安徽合肥；内蒙古呼和浩特；甘肃省；福建福州、厦门；河北石家庄等

“之前长沙有一些超市也跟我联系，问我把我家的粑粑能不能一箱一箱地放在他们超市里来卖。就问我说这些粑粑能放多长时间啊，我就说只能放几天。他们就说那不行啊，最起码得能放个三个月吧？我就说三

个月是不可能的，因为浦市的桐叶粑粑没有任何添加剂的，原汁原味的东西，就是纯手工制作的。你放的时间太长了肯定就有味儿了。我们不加保鲜剂和防腐剂，没有添加任何化学成分的，放在你超市里那么久我自己也不放心，我这现做现卖的，人家吃着很新鲜的啦。你就算放在超市里的冰柜里，拿出来回去蒸熟了吃，也跟我当场做出来的味道不一样了。”

（20190709 DP 糍粑铺女老板）

自 2017 年浦市镇上的糍粑铺相继开通了网上接单与预订的方式，镇上就产生了强烈的食客连环效应：当有游客来到浦市游玩后，品尝过这些米食类食品之后，则会下单进行订购，将本在浦市这一特定地域的食物携带至外地，由此让食物携带的味道影响、品牌影响与文化影响范围持续扩大，因而形成了一个连环效应圈，使得越来越多的人认识到食物背后的人群与特定文化。而桐叶糍粑作为浦市镇上最具地方符号的传统小吃，这些家庭作坊式的糍粑铺在寻求新业务与增长量的过程中，依旧保持着小吃最原始的制作质量，在保质量的基础上逐渐增加产量。这也是浦市镇桐叶糍近几年来销量不断上升的优势所在，同时也是这些家庭式作坊在尝试发展、拓展自身品牌影响力的核心战略。从目前的品牌影响效应来看，这些经营者们所秉持的“手工、绿色与生态”的经营理念，对于食客们的吸引力是极其有效的。

（四）人员：帮工与原料供应工

新型职业的兴起主要来源于社会经济与地方经济转型所带来的就业岗位变化及其对人力资本的新要求，① 与现代科学技术提升所引发的传统职业变迁不一样，浦市镇产生的新职业并非指的是传统职业的消失，而是使得原有的那些并未形成产业化、职业化的日常工作，逐步建立起有序且能够带来可观收益的职业圈。在浦市，就存在着一群专门进行原材料收集采集的人员，同时伴随着传统小吃生产化程度加快，越来越多的定期帮工涌入作坊中，助力作坊式小吃的输出。

制作桐叶糍对原材料桐叶、粽叶与野蒿菜的清洗过程极讲究，如若洗刷力度过猛，叶子的品相就会受损，这也就极大影响了食客在食用桐叶糍前对糍粑的第一印象。内厅的黄婆婆今年 68 岁，是现在铺中专门负责原材料清洗

---

① 刘治彦. 新职业的兴起缘由及启示［J］. 人民论坛，2019（27）：85-87.

图 6　刚送完货的桐叶采集工人

的帮工，婆婆家住高山坡，离浦市大概 20 里路。由于儿女都在外务工，丈夫早年去世，前些年因为县里的扶贫工作，婆婆便被安置在了现在的浦市镇上，直到今年已经在店铺做工近四年。我第一次在内厅见到黄婆婆时，就对婆婆的体力产生了担忧，尔后店家也看出了我的疑虑，主动向我回忆起婆婆当时来镇上找工时的场景：

> “我还记得当时黄婆婆第一次来我这里的时候说：‘你们还要人帮忙吗？好多人嫌我年纪大不愿意要我。我的工钱你们随便给我一点就好，我一个人没事情做，两个女儿都嫁出去了，儿子在外面工作几年了，没给我一分钱，老伴去世得早，家里太穷了，我家半山腰的房子那些石头和砖都是我自己一个人从山下搬上去的。后来他们（政府扶贫人员）看我年纪大，住得不好就劝我下来了，现在住在浦市。没事情做我吃不了饭，我也会做糍粑，以前在家里都做过的。’我心想正好店里也缺人，就招了，人家也要吃饭啊。”
>
> （2019 年 7 月 27 日，DP 糍粑铺男老板）

近年来，随着 DP 桐叶糍的销售渠道的拓展，无论是镇内还是外界的需求量也是逐年上涨，尤其是在节庆日前后，糍粑铺所接的订单量几乎需要几天几夜连轴转的加班加点才能够按时发出，送至不同地域的食客手中。因此 DP 糍粑铺现阶段在原材料采集这一道需花费大量时间与体力的程序上，已经采取向外进行收购的方式来满足糍粑铺对原材料的需求。

“他们很多人听说浦市的生意好，就主动挑着货坐车送货到我店里。有的从白沙过来的，有的从辰溪来，也有本地的一些老奶奶们，都是听说我家这边桐叶需求量很大，有的就干脆给我长期供货（桐叶）。七八月份是收获桐叶最好的时期，过了这个时期桐叶也开始落叶了。以前镇子上还卖桐油的时候，采完桐籽，桐树的价值就没有了，那个时候大家都不用专门去打叶子，自己家里想吃一点就去捡一点桐叶回来。不像现在浦市这么多人开始做桐叶糍粑生意，大家都要赶在七八月前把山上的桐叶打下来。之前就有一个辰溪人听说我这里要桐叶，专门来店里一看，还惊讶说我们要的量这么大，就跟我商量着要给我长期供货了。”

（2019 年 7 月 27 日，DP 糍粑铺男老板）

据糍粑铺老板说，现如今店内的桐叶、粽叶与野蒿菜的原材料供应都是由专人供货，而绝大部分长期原材料供应工则主要由浦市镇上或者邻县的老年女性群体构成，她们常结伴翻山去采集这些原材料。糍粑铺收购的桐叶分为大叶与小叶两种，从老板口中笔者获知，期初 2014 年左右时，桐叶不分大小都是 1.5 分钱/片，而现在随着桐木逐年减少，而对桐叶的需求量不断上升，如今小叶 4.5 分/片，一捆 2 块钱；大的 5 分/片，一捆 2.5 元；粽叶则是以前 2 元/捆，现在 2.5 元/捆，每捆大概是 50 片叶子。

图 7　收购回来的桐叶与粽叶

“以前在家里做农活，没什么事情的时候就打牌。后来知道浦市这边桐叶粑粑卖得特别好，要的量特别多，就想着来挣点钱。过中秋端午的时候我自己也上山去采一点拿回家做粑粑。现在是7月份，正好是收新鲜桐叶的季节，过段时间山上就没有了。”

（2019年7月25日，DP糍粑铺采集工阿姨）

据悉，现如今DP糍粑铺光是桐叶的存储量至少有100万张，除了店铺的阁楼用来作为原材料储存室之外，浦市镇政府为了支持浦市本地饮食品牌的发展，也将政府一方闲置的天台“借”给DP糍粑铺作为晾晒原材料的存库。另外，店家也在镇上以2000元/年的租金租用了占地面积约为400平方米的天台，用作原材料存库。并在秋冬季节来临前不断向外收购桐叶糍制作原料。

传统食品的制作技艺，是地方文化系统的重要组成部分，而对于其的保护与传承也是最易受到忽视的文化内容部分。这主要是因为食物本身与制作过程常被认为已经“融化于民族的血液当中，成为民众日常生活的一部分。”① 制作食物的人群，都是民间活态文化的重要活动者，他们身上蕴含着极其深刻的地方文化内容与基因。因而，当他们跻身于市场活动中时，将本只在特定时期与节庆中才食用的传统食品进行生产性产出，与地方经济发展相结合、与外界文化相交融，那么那些原存在于传统饮食中的鲜活野性文化因子便很难得到维持，因而我们在尝试进行传统文化再生产环节，尤其是像传统饮食文化这样的活态文化的再生产活动中，就需要充分保护与尊重文化持有者们的权利，让他们留有自身原有的文化空间。

二、秉承家族手艺的流动商贩——以鼓儿糍为个案

饮食制作手艺，不仅是民间活态文化的重要组成部分，同时也有极大部分技艺是当代非物质文化遗产传承体系中不可或缺的成员。2008年，文化部发布了《国家级非物质文化遗产项目代表性传承人认定与管理暂行办法》，指出非物质文化遗产的内容与形式需要特定传承人的演绎，因而随着相关文件的印发，各地区也相继开启了非物质文化遗产传承人保护计划，以此防止民间传统非物质文化在现代化潮流中消逝。

① 蒙本曼．知识地方性与地方性知识［M］．北京：中国社会科学出版社，2016：176-177.

近年来，泸溪县非物质文化遗产保护中心也相继对“潜藏”在浦市镇各个角落中的传承人进行广泛的搜集与考证，从而保证这些带有地方性特色的文化得以及时申报“湘西州非物质文化遗产”，而鼓儿糍作为“生于”浦市并“发于”浦市的一门小食技艺，它自身所持有的地方性文化因子便成为本文对民间小吃手艺的传承、经营方式与理念进行探究的重要对象。

（一）鼓儿糍的产生

浦市镇鼓儿糍产生于清代中叶，正如前文所提及，清代中期浦市商贸活动多，一片商贸盛况：街巷人潮涌动，在镇上至今还流传着“百猪千羊万担米，不及浦市犁头咀”这样一句描绘当年浦市给人们带来发展商机的口头禅。随着大量外地商贾涌入太平街、正街与河街三大街区，来浦市做生意的流动人群陡增，因而人们对浦市当地饮食多样性的呼声也越发高，为了满足那些商贾“嘴馋”之欲，一系列带有当地特色的民间风味小吃便应运而生。鼓儿糍，便是现今仍还留存于浦市镇上的一道“古董小吃”，至今都还在被当地居民与游客广为追捧。

图 8　正在制作鼓儿糍

图 9　正在进行炭火烤制的鼓儿糍

“他家里就是靠做这个为生，祖祖辈辈都是做这个的。是他们（这里指的是第五代传人）太公公那一代开始做的。那个时候需要养家，加上他自己也没有其他技能，那时候浦市码头边好多人做生意，他就走在街上看到其他小摊小贩做的那些油粑粑啊，灯芯糍啊，他就想我能不能做一种甜的，再做一种咸的，一种里面的馅是流浆的，一种是不流浆的。可不可以用舂出来的糍粑来做。后来自己就在家里尝试了很多次，发现这个做法还不错，好多人都觉得这个东西很新奇，跟他们平时吃的其他粑粑不一样。就这样一代一代传下来了。”

（2019 年 7 月 11 日，老年协会 G 会长）

浦市镇河街边老年协会的高会长向我们讲述了她对鼓儿糍的记忆，在这段记忆当中，我们仿佛看到了明清时候，鼓儿糍的创造者伫立于沅江岸边，一边徘徊于那些被浦市商贸盛况所吸引的外地小吃摊前，一边思考着该创造出一种怎样的风味小吃以在这盛况之中谋一方生存之地。湘西地区的人们常在腊月期间烹制糯米糍，也就是常被成为“年糍”的一种团状或饼状的白色糯米食品。从原材料的组成上来看它仅由糯米制成，也是被湘西地区人们所喜爱的节庆食品。而鼓儿糍的创造者经过不断尝试之后，选定在拥有简易制作技艺的糯米糍基础上，对糯米糍的制作过程进行了一番烹饪手法的创新。正如我们前文所述，带有地方性特色文化形式与内容的产品并不排斥“他者”

的融入，也正是因为这些小食产品需要在异质性极强的市场竞争生态中不断延续，传统小食文化的持有者们需要在不同地方性情境中不断增长自己的生存与经营知识，以此保证自身在不断发展与改变的市场环境中获得一方生存之地。鼓儿糍的生存实践知识便是运用此种方式在浦市留有一方独特位置的典型代表。

直到今日，鼓儿糍仍旧流行于浦市地区，很多日常家庭也都学会了鼓儿糍的制作工艺，但鼓儿糍并未像前文所述的桐叶糍一样被逐渐进行生产链产出的转化，这主要是因为很多百姓认为鼓儿糍制作工艺较为复杂，且烹饪工具难以处理等，因而鼓儿糍并未能够在民间小吃制作坊中传播开来。由此，鼓儿糍的制作工艺与延续依旧是依靠着家族传承的方式，一代代传递了下来，直到现今已经有了五代传人：第一代传人周建华，第二代传人周芝新，第三代传人周远煌，第四代传人周思云，第五代传人向泽铁、向清伟，刘美秀。在这些传承人中，除了周远煌与周思云为辰溪人之外，其余传人均为浦市本地人。

（二）技艺：指尖上的传承

鼓儿糍的制作技艺是在糯米糍的制作基础上进行的创新，因此制作步骤中依然留有糯米糍制作工艺的影子。制作糯米糍时，常有两人围站于糍碓边，分别手持着长鼓状的糍槌运用臂力与腰力对糍碓（粑槽）中放入的已被蒸熟的糯米，进行反复垂直方向的捶打，在捶打的过程中极其考验两人的默契程度，若把握不好下力捶打的频率，两根糍槌便极容易相撞而致使舂制过程暂停；而如若停止时间过长，糍碓中含有极强黏性的糯米则会与糍槌相黏，使得糍槌难以从舂子中拿出。当糍碓中的糯米饭舂成泥状时，就可以将槽中的糯米饭从碓中抬出，此时的糯米饭则已成团状，人们在双手上裹上少许蜂蜡或者茶油，将舂好的糯米团分捏成乒乓球大小的圆形，用手掌或者木板赶压成 1—2 厘米厚即可，这样糯米糍便成型。① 而在鼓儿糍的制作过程中，舂制过程则与糯米糍极其相像。

① 刘艳芳，刘於清，李平．湘西民族饮食文化与旅游开发［J］．扬州大学烹饪学报，2008(02)：50-53.

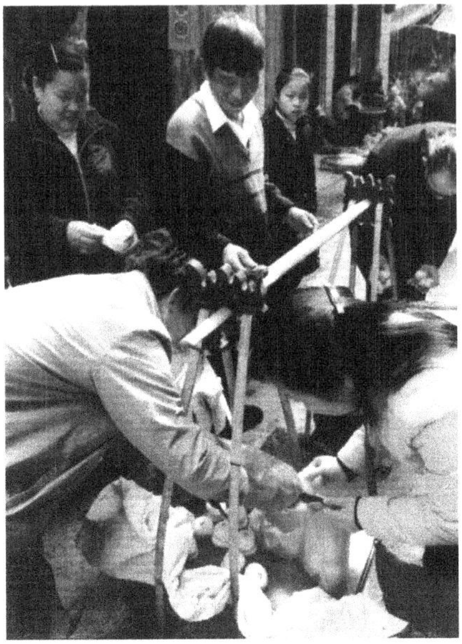

图 10　蜂拥的鼓儿糍食客与向叔叔

“鼓儿糍要舂好久哦，而且舂的过程中间不能停，你一停下来之后就很难提起来，就 pia 了（pia 属于浦市方言，指黏住）。你要一边舂一边转，腰要用劲，不然很难把糍舂起来，会黏在一起。做鼓儿糍要把米舂烂，要反复舂得看不见米的形状，没有颗粒才可以。”

（2019 年 7 月 24 日，万寿宫后鼓儿糍第四代传人周婆婆）

鼓儿糍经过第一代传人在制作技艺上的加工之后，制作过程便变得非常讲究，不再同于一般的糯米糍制作。创造者在糯米糍的制作基础上，通过改进生产工具与制作、烹饪方法让鼓儿糍独具一番特色，尽管在糯米原材料的选用上，周家人已经不再像前几代人一样选用浦市本地产的糯米，而是选用米中掺杂物相对（例如石子、稻谷等）更少的袋装糯米，但在鼓儿糍烹制方式上，至今都还是沿用着最初的烹制方式：

制作鼓儿糍时，主要的制作器皿包括淘米筛、甑子、糍碓、糍槌、挑担等。起灶台、烧燃柴火，在大铁锅中放入芝麻进行小火炒制后，再回到糍碓旁边进行糯米的舂制，直至糯米颗粒状不再明显后，制作者再将红糖与芝麻放入同一个盆中进行充分搅拌，以此作为鼓儿糍的馅芯。而这，也是鼓儿糍不同于糯米糍的独特之处：馅是需要饱满的上等芝麻，并需要用木柴慢火焙炒，这便非常考验制作者对“火候”的把控，芝麻既不能焦煳，也不能生食。因而鼓儿糍的馅，香甜可口，炒香的芝麻加红糖，吃后余味绵长，同时也有和胃、润肺之功效。

在安德森看来，中国的烹调是一种“匮乏型烹调”，认为中国大多数的民众在缺乏燃料、烹调油料、厨房用具乃至水的情况下依旧可以因地制宜地设计出大众通用的烹调工具。无论是甑子、糍碓、糍槌还是挑担等工具，都是百姓在日常生活运用生态环境中的自然产物而制成的烹调用具。同时在他看来，在中式烹饪技艺中极其强调烹饪过程中的“平衡”，即烹饪时间是至关重要的，因而“火候”的大与小便成了中式烹调者自我调节烹饪时间的判断标准。糯米糍中馅芯中的芝麻炒制过程便是如此，传承者们会俯声侧耳，将耳朵侧于灶台边，听柴火的爆裂声与芝麻在锅中发出的噼啪声，以这些在烹调过程中发出的声响来判断食材自身变化是否达标的重要指示。①

在烹制出馅芯之后，制作者则在糯米糍的原型基础上，将糍粑捏成饼状握与手心，将已经搅拌好的芝麻红糖馅芯包入糍粑中，再用手小心地将其揉成直径约为 6 厘米左右的圆饼状。这样，鼓儿糍便成型。成型之后，用筷子蘸上可食用的植物色素汁，在鼓儿糍的面上进行点红，即可用挑担挑出去售卖。

> “那个担子我记得好高哦，挑起来一点都不费力气，真的可惜了，那个担子工艺做得好好哦，但是后来 20 多块钱我就卖掉一个了。现在留下的那个担子工艺没有那么好，太可惜了，那个真的是最珍贵的。是红漆的，那个好漂亮的。”
>
> （2019 年 7 月 24 日，浦市万寿宫后第四代传人周婆婆）

鼓儿糍的挑担两头分别挂立着一对木雕蝴蝶，而蝴蝶在苗族人的民间信仰世界中，是一种灵性的象征与存在，它与生命等意象相连接。蝴蝶的一生经历了卵、虫、蛹、蝶四个阶段，蝴蝶旺盛的产卵繁殖能力、死后复生的顽强生命力以及从虫生长为蝴蝶的奇妙变化过程，是苗族人民将蝴蝶作为其族群生生不息的崇拜之物的主要缘由。② 由此我们也可以看出，最初在设计挑担的外观时，周家祖辈对家族生生不息的深厚寄望。

---

① ［美］尤金·N. 安德森著．中国食物［M］马孆，刘东译．江苏：江苏人民出版社，2003：154-156.

② 邓启耀．灵的秘语——以苗族服饰中的蝴蝶纹样为中心［J］．文艺研究，2016（02）：129-140.

图 11　担头的蝴蝶雕刻图案

图 12　鼓儿糍挑担

在鼓儿糍的整个制作过程中，工艺方面最讲究的便是舂糍的部分，需要人力反复舂，因而，周家人在鼓儿糍制作技艺的传承过程中，极其强调下一代传承人在舂糍过程中的参与：上一代人在舂制时，常让下一代传承人加入舂制过程，以更好地教授其舂糍的技巧。正如周婆婆所言，舂糍需要把熟糯米舂成没有颗粒的团状后，制作者才会将其拿出并捏成铜钱大小的鼓形小糍；

同时馅芯中芝麻与红糖比例大小是鼓儿糍传承过程中的绝妙之处，也是周家人不可向外言喻的“绝技”。

但鼓儿糍因贮藏设备较为封闭，且需要边烤制边售卖，因而鼓儿糍一般要到秋冬季节，大约十月左右才生产，次年天热时则歇业。也正是因为在烤制过程中，已成半成品的糍粑受到热量的影响，糍粑内部会聚集大量热气而鼓起来，在外表看起来形状就酷似一个小鼓，故称为鼓儿糍。鼓儿糍的制作者们平日则主要通过制作其他米食糍粑种类谋生计。现今流传下来主要是豆子糍粑，豆子糍粑与鼓儿糍在烹饪方式与口味上又大不相同。豆子糍粑也是需要反复舂制，但相比较于鼓儿糍而言则无须舂成泥状，从外观看则带有明显的颗粒状。豆子糍粑的馅芯则主要是被舂制过的绿豆，其中加入了少量食用盐，在味道上则是咸味，形状则主要是直径约为 8—9 厘米的圆饼状；在烹饪方式上，豆子糍粑则主要采用油炸的方式来烹制，糍粑表皮通过炸制之后便是橙黄色，不像鼓儿糍拥有着绵柔的口感，豆子糍粑则更加脆口。因而，如今周家仍在经营的便主要是鼓儿糍与豆子糍粑这两种小吃。

图 13　正在售卖的豆子糍粑

“我家里以前听说卖过好多吃的哦，但是我都没有见到过，只见过也只会做这几样了，包括鼓儿糍，豆子糍粑粑，蒿菜粑粑，饺儿。现在我侄儿就是主要做鼓儿糍和豆子糍粑粑，当时是我把他叫过来的嘛，想让他继续传下去家里的手艺，别失传了。但说实在话，我也是做怕了，我妈妈年纪大了之后，做不动了的时候就是我一个人在帮她做，太累人了，真的做怕了。舂糍粑都舂怕了，现在真的怕做了，实在不想做了就叫我侄儿来做了。”

（2019 年 7 月 24 日，浦市万寿宫后第四代传人周婆婆）

周婆婆是鼓儿糍的第四代传人，今年已 64 岁，现住在浦市万寿宫后的一方木民房里，周婆婆跟我们说在她的父亲与母亲（第三代传人）在她还未出世时，就已经在这一木制民房中制作鼓儿糍了。周婆婆告诉我们，曾经周家在浦市主要做的就是小吃生意，同时在间歇时间里也会在镇上做其他临时工种，包括煤矿工、油漆工等。作为鼓儿糍第三代传人的周婆婆的父亲，在婆婆 9 岁时便因病去世，其母亲就将鼓儿糍这门家族手艺拾起来，一直做到了 80 岁。

“我母亲一直做鼓儿糍做到了 80 岁。我之前在化工总厂上班，主要做抛光。我那个时候很能干的，两个小时我就把厂里的事情做完了，然后就回家帮我妈妈做糍粑。后来她年纪大了就剩我一个人舂糍粑。她没有那个力气了嘛，那个糍粑要舂好久，然后她挑着出去卖。我现在也退休了，做了这么多年也真的是做怕了，就叫我以前在务农的侄儿他们（鼓儿糍第五代传人）把鼓儿糍的手艺传下去，别失传了。他现在主要就是做豆子糍粑和鼓儿糍。”

（2019 年 7 月 24 日，浦市万寿宫后第四代传人周婆婆）

因而，为了探寻鼓儿糍现今的生存状况与时间展演，我们便在周婆婆的帮助下，于浦市下横街附近的民房中找到了鼓儿糍第五代传人之一的向叔叔。

（三）“偶影独游”的经营者

鼓儿糍自被创造出来之后，周家人便一直采用单人挑担的方式，在街头来回“边走边烤制边卖”，以此来传播与售卖鼓儿糍这一专属于浦市镇的民间小吃。

担子的两方端头下方分别挂立着两个木桶用于存储待售卖的鼓儿糍，再分别用一块木板将开口封住以保持桶内清洁，另一侧则在木板上方摆放了简易浅口的烧烤架，以满足部分食客想要一尝为快的食欲。鼓儿糍在经过炭火烤过后再吃，绵柔可口味道更加浓郁。

这样的浅口锅并不与安德森描述中国古老烹调器皿——“有盖深口锅”相同，深口锅主要用于“煮”与“蒸”，食物在深口锅中随着锅内温度的不断上升，会产生大量的水蒸气，在盖子的封闭之下，热度极高的水蒸气在锅内来回翻滚使得食物由“生”到“熟”。[①] 而浅口锅的主要功能是用来烤制与油炸食物，浅口锅升温较快，鼓儿糍在售卖期间，周家人会依据食客的需求将半成品的糍粑烤制成成品，方便食客的即刻食用。因此浅口锅的选用主要是为了缩短鼓儿糍的烤制时间，以便更快地获得可食用的“熟”食。

向叔叔身材并不高大，皮肤黝黑且有些许驼背，已是50余岁，在未继承家族手艺前，向叔叔主要以务农为生。周婆婆在化工总厂退休之后便将手艺传给了向叔叔，直到现在，向叔叔已经做了二十多年的鼓儿糍，在上文中我们也已经提及鼓儿糍由于贮藏设备的特殊性，一般在入秋后才开始制作。因此向叔叔在鼓儿糍的休业期则主要制作豆子糍粑。前文所提及的木制房作坊已经不再是现在的制作场所，叔叔平日也不住在里面，此处主要用于制作糍粑与午间休憩，作坊现主要分为三个分区：外房主要用于午休；侧厅面积较大，近20平方米，因而主要用于囤原材料、舂制糯米与包馅；还有一间仅近4平方米的伙房，主要有一方中间镂空的，上面放置了一口甑子，主要用于蒸糯米，同时也会起锅烧油以炸制豆子糍粑。

以糍粑类小吃生意为生计方式的经营者们，平日里的日常生活都是以制作小吃为中心的，向叔叔也是如此，每天的生活基本已经成为定型：早上四点便要起床，秋冬时则会稍晚一点，进入作坊的准备工作比较烦杂：起灶烧火、锅中热油，然后将前一天下午摆放在侧厅制作台的已经捏制成型的豆子糍粑拿入伙房中进行炸制；六点半七点钟左右开始推车出来卖（以前是挑着担子），赶集日里一般生意会好，大概九点半就可以卖完，而平日则大概十点半左右即可卖完回到家中午餐与休息，在下午两点左右开始做第二天的未炸制的半成品。

---

① ［美］尤金·N. 安德森著. 中国食物［M］马孆，刘东译. 江苏：江苏人民出版社，2003：146-147.

豆子糍粑每一块馅芯的取量，向叔叔心里有自己的拿捏：二十多年的做工已经让他形成了肌肉记忆，仅依靠手心的大小就可以判定出馅芯的量大致是多少。还未经过油炸的豆子糍粑在常温下可以保存2天左右。点燃灶下的柴火，用甑子将糯米蒸熟则需要一个小时左右，之后向叔叔将绿豆舂成沙状，在其中加入一定比例的油、盐充分搅拌作为馅芯，尔后放在一边备用。在等待糯米蒸熟的时间，向叔叔开始收拾制作台的桌面：用菜刀锐利的一面将因黏性而留在桌面上的糯米印与菜籽油油渍仔细地刮干净后，再开始进行豆子糍粑的捏制。

向叔叔一天只做400个左右的豆子糍粑，即便是在浦市的旅游旺季——端午时分人潮涌动的浦市龙舟节，向叔叔也不会挑着担子选择去人群聚集的河街边，依旧是平日里的售卖线路，即万寿宫—武家院子—太平街—中正街—十字街与中正街交界处。

> “他们家一直都是挑担子走的，从没有开过店铺，他们就是以这种方式才更方便销售。每天定量就做那么多，不会做多，他就用那么多的量来‘吊别人胃口’，让别人今天吃了，明天还想买。他家历来就是这么做的，不做多。我认识他的外婆，他外婆以前也是这样，每天背个背篓，里面只放一点点就在街上卖。”
>
> （2019年7月9日，老年协会G会长）

我们从上述便可知，鼓儿糍的传人们一直秉承着的经营方式，从现代营销与经营手段上来看，属于一种“饥饿型经营”，也就是经营者们在产品生产过程中，有意地降低其产量，以形成一种商品供不应求的场面。尽管是鼓儿糍与豆子糍粑作为售价极低的传统小吃，但鼓儿糍传人们一直都将此种经营手段作为自家“压箱底”的秘诀，实质上也是为了维护住自家原创小吃，即鼓儿糍的神秘形象，并提升其商品的附加值。①

> “做糍粑太累人了，虽然我孩子也会做，但做那个太辛苦了，挣的钱也很少，小本生意嘛。年轻人都不愿意做，我也不强迫他回来把这个当作职业，在外面也好。”
>
> （2019年7月11日，鼓儿糍作坊向叔叔）

---

① 成之莹．饥饿营销——攻心计［J］．商场现代化．2011（3）：143.

制作鼓儿糍的周家传人们，在历史的进程中既吸收祖传制作技艺的长处，同时又创造性地挖掘现代文化饮食的先进技术。鼓儿糍极具饮食研讨价值和实用价值，对承载、传承、弘扬民间小吃的意义重大。而经过祖传几代人的改进，现已成为浦市镇独具特色的风味小吃，其香甜味美、物美价廉的品质备受民众青睐。就像向叔叔所言，作为非物质文化内容与形式的鼓儿糍传统手艺，传承人队伍如何在现代经济潮流中维系与传递它最原始的制作形态，是现今包括鼓儿糍在内的这些传统手艺人的困境。

“中国的饮食精神，往往是因在区域上的差异而形成了一种特定地缘与血缘人群对特定菜品的喜爱，进而上升成为人们在情感上面的依念、生理上的依念，从而会产生对此种食品的特殊的，且具有集体仪式上的认同感。最终这些特定人群得以形成从身体、生理再到心理上的忠诚。”① 从市场经济角度来看，在独个食物的制作过程中，既需要花费大量时间成本与人力成本，又拥有复杂制作程序的家族传承的小吃在饮食市场竞争潮流中，很难形成像前文桐叶糍那样极具有可再生产性质的小吃生产链，但以周家鼓儿糍为代表的家族传承小食与其背后的经营者们，仍旧秉承着这样的“饮食精神”，让独具地方特色的小吃在时间长河中不断延续。

如今经过周家几代人的努力，鼓儿糍已经有了 200 多年的历史，成为浦市独具特色的风味小吃，外地人也以能买到浦市鼓儿糍为乐事。

三、“自在”型流动小吃商贩

城市中的流动商贩，在时间安排与空间分布上，都有着极大的自主选择性与变动性，但同时也具有规律性与自我特性，通常他们为了防止自身被城市管理人员所“驱逐”，会选定某一个相对安全的固定经营场所售卖产品，并且选用某一段固定的时间进行交换。

而在浦市镇上，用简易竹扁担挑着商品的流动小贩，依然是浦市传统市场结构中最常见且重要的商贩形态。他们通过周期性的时间间隔来变换自己的商品交换地点以使自身得到足以维持生计的利润，是这些流动商贩们的最终目标。而作为传统小吃经营者的流动商贩，他们在传统市场经济活动中，最常见的便是自己个人就是商品的“推销员”与“售卖员”，甚至有时候需

① 彭兆荣．饮食人类学［M］．北京：北京大学出版社，2013：108-110.

要担任“原料采集员”。

（一）依附于“旺铺”的商贩

城市中的流动商贩，往往分布在城市中的各个角落：人行道旁、天桥地道口、小区门口与大型商场等公共空间，而贩卖的小商品则大致是：小日用品、水果与小吃、小宠物、音像制品、鲜花盆栽等。从城市管理角度来看，一定数量的流动商贩则对城市建设、交通与景观等方面产生了负面影响；但从另一方面来说，这些商贩的存在为普通市民的日常生活带去了便利，侧面增添了城市的活力。① 传统中国的农耕社会里，市场往往是定期而非连续性的，它们每隔几天才集会一次。用扁担将自家商品从一个市场挑至下一个市场的流动小贩则是中国行商的原型，有专门的流动修理工、手艺人、小商贩，以及其他提供从写书到算命等各种劳务的流动人员。② 在传统农耕社会，流动性便成了中国行商原型身上最具代表性的名词。

在浦市，有着这样一群临时性的小吃商贩们：一个铁皮做的四轮小餐饮车、一个背在背上的竹篓，又或者一个担子加两个木桶，这些已成为这群小吃流动商贩的标准配置，形成了一幅现代与传统碰撞的图景。而与传统农耕社会中的集市不一样，这些商贩们的赶集路线大都是聚集在现浦阳新街区，这主要是因为浦市镇的交通主要干道已经从传统码头的河街转移到了这里，因而临镇临乡的商贩们逐渐集中在此处，而浦市的中心集市选址也定于此片区。由此在浦市传统三大街区：正街、后街和河街片区中，这些中国行商最初原型的流行商贩身影便越发减少。而“驻守”在河街边的“娟桂”，却是笔者偶遇却又极其难觅的一位流动商贩中的“独行侠”。

初闻“娟桂”的事迹，是笔者在与河街边老年协会中的婆婆们闲聊中得知的。老年协会中的老人们都年事已高，绝大部分的老人都曾目睹过浦市三大街区盛产物资时的场景，也向我们讲述了他们曾经喜爱的小食们：

> “喜欢吃糍粑啊，但是现在不能‘缺’（浦市话：吃）多。浦市的糍粑样样都好，都是糯米做的，年纪大了，糯米要少‘缺’。像我们这里是

① 庞宇琦，薛德升，王德．流动商贩的分布特征及营业空间界面影响分析——以广州中山大道西路段为例［J］．人文地理，2012，27（02）：56-61.

② ［美］施坚雅．中国农村的市场和社会结构［M］．史建云，徐秀丽译．北京：中国社会科学出版社．1998：4.

山区，小吃都是用我们自己山上的东西做的，怎么做都好吃……以前我自己会做一点，现在想‘缺’我就去馄饨铺那边‘娟桂’那里买一点回去‘缺’。”

（2019年7月11日，河街老年协会向婆婆）

婆婆们口中所说的馄饨铺指的是太平街与坊街交叉口处的CJ馄饨铺，CJ馄饨铺在浦市镇上是被民众所喜好的，铺中不仅仅是卖馄饨，同时还售卖其他的米食，例如湘西米粉、米豆腐等小食，店内配置的人员常常是四名员工，皆为C家女性：一名老妇人在店铺里屋帮助需要打包的食客进行包装，其他三名则为中青年女性，分工明确：包馄饨、盛汤、下粉与馄饨、端送等，整个店铺有序地张罗着店铺中的食客。

CJ馄饨铺共有两个门面，分别位于太平街街道的两侧。主门面是老板自家的住房，主要由制作台与几方木桌组成；正对门的侧门面则主要是用于供食客聊天畅谈、填饱饥腹。而在热闹的侧门面门口，便放置了两个圆柱木桶的担子，木桶上平整地摆放了一块直径约0.5米的木板，木板上则稍显规则地安放了三种糍粑：桐叶糍、麦糍与棕糍，而蹲坐在担子后面木椅上，漫心等待食客光顾自家生意的中年妇女，便是笔者一直在寻找的“娟桂”。“娟桂”偶尔因为没有来往食客而犯困，偶尔起身收拾打扫食客离去后留下的食物残渣。仿佛就是CJ馄饨铺中的一员，但一旦坐在担子前，就又变身成为一个“自在漫心”却又不在街道上来回走动的“流动”商贩。

“我一直都在那里卖，平时我就坐在这门口嘛，来来往往的人都看得到我，他们要买糍粑就会过来买。这个铺子每年我都会跟他们分摊点租金的嘛，现在基本一年不到1000块钱的租金，所以他们就让我在这边摆，我都在这个地方卖了二三十年了。有时候人比较多的时候，我还帮他们收拾桌面，他们家有两个门面，你去的时候看到了嘛，我就帮他们收拾一边。”

（2019年7月16日，CJ馄饨铺 娟桂）

“娟桂”已有六十余岁，现住在浦市后街内的一方小平房内。在CJ馄饨铺门口卖糍粑已有三十余年，当笔者问及为什么会将售卖点选在CJ馄饨铺门口时，“娟桂”便说：“他们铺子门口人多，每天来来往往的人好多哦，我在这里卖就不用来回跑动。”CJ 馄饨铺的兴旺生意是一直以来都有的，这主要是因为它所在的太平街头靠近浦市沿河的码头，因此在浦市商贸繁荣时期，CJ 馄饨铺一直招待着外地的商贾与浦市本地商人，成为人们一直乐于称道的拥有饱腹之物的场所，直到现在 CJ 馄饨铺供应的小食也都还是浦市居民们所追随的日常早点。

因此 CJ 馄饨铺中的整个早上和上午都是人头攒动，近年来由于浦市文化旅游的开发与景点打造，更是吸引了一大批外来游客赶赴浦市，尤其是在周末的早晨，CJ 馄饨铺里更是一片热闹场景。因而“娟桂”就将自己的“据点”选在了这个地方，无须像其他的流动商贩靠着行走的方式来寻找潜在的食客，也无须刻意用特别的吆喝声来宣传自己，来往的食客们停在摊前，自己进行选择即可：甜的桐叶糍与咸的麦糍①，原味儿的或者裹上白砂糖后带有甜味儿的棕糍，在“娟桂”的小摊上皆有，每天三种糍粑总共只做 200 个左右，卖完就收摊回家休息，这就是“娟桂”的经营之道。

（二）“采—产—销”一体化

馄饨铺偶有歇业的时候，每当这段时期里，“娟桂”也会进行短暂性“歇业”，但又并非真正的休息。在此期间，她便会背上足足有半人高的竹篓，手持已经有些许锈迹的镰刀踏至深山中进行原材料的采集，就如上文我们所提及的采集工一样，进入深山中采集桐叶，同时要在水涧收集粽叶。

在调研期间，笔者也曾在“娟桂”的“邀请”下，跟随着她的脚步走进了山间采集制作桐叶糍的粽叶，即箬叶。在采集日，她会选择早晨 6 点 10 分浦市—白沙最早的一班客车，在县道上行驶近 20 分钟的车程后，“娟桂”便向司机示意要下车。下车点附近并没有路标，一条弯曲的由石子与黄土堆砌成的小路一直延伸到一处无名小溪边。与清早出农事的农人们一样，“娟桂”也选择在清晨阴凉时分进行原材料的采集工作，以防受到晌午烈日的暴晒。

她的步伐极其轻快，在选取采集区域时并没有停下脚步稍加思索，而是径直地走向了一片灌木丛当中，显得对附近的环境“轻车熟路”。做棕糍所用的箬叶，生长地主要位于靠近水源的丛山峻岭之中，生命力强，不仅

① 注：麦糍，也是用桐叶做最外层包裹材料，呈半扇形状。用麦粉和桐叶搅拌之后，在里芯放入炒出来的豆腐干与野菜，咸味儿。

是一种很好的水土保护植被，同时也是一种取之不竭的财富，是山区民众的“绿色银行”。因而，在“娟桂”丰富采集经验的判断下，我们在距离县道步行大致半小时的一条溪流边停下来脚步，开始了对“粽叶”的采集。在采集之前，“娟桂”便教授了笔者采集的方法：用手指尖在叶茎的位置一掐即可轻松将“粽叶”从茎秆上取下，“你注意只打那些长得大的，小的不要，让它们再长大一点。”在原材料采集时，并非是机械化的单一掐捏动作，同时需要判断叶片的大小，大叶即可采集，小叶则留下以保证叶片的可持续性生长。

图 14　刚从林中打回来的桐叶与野蒿菜

在“娟桂”看来，笔者作为第一次愿意帮忙进行采集工作的“小伙计”，在寻找合适采集地点的过程中还不忘向笔者讲述她自己的生活。

> “三十多年前我的娃还小，要读书，我就自己想办法挣点钱。那个时候我家旁边住了一个老人，那时候就有八九十岁了，中秋节的时候她在那里做粑粑，我就看她怎么做，然后回去我就慢慢做慢慢想，于是就走上路了。他们都叫我‘发明家’，因为我喜欢自己一个人摸索，所以后来还做了麦糍粑。三十年前没人拿桐叶粑粑出去卖的，我想挣钱就自己做了一些拿出去卖。一开始我卖一毛钱、两毛钱或者五毛钱一个，做的大小不一样……很多外面的人都不知道我的，都是本地人来我这里买的多。我这些蒿菜啊，桐叶啊都是我自己打回来的，打回来之后自己拿去晒，现在马上要到秋天了，我就一有时间就来打桐叶，过了这个季节就没有

桐叶打了……现在他们街上做的糍粑做得很小，而且里面的馅都是流浆的，做的时候他们用机器蒸，那个温度搞得太高了。我里面的馅都是不流浆的，是用柴火蒸出来的，很讲究火候的。”

（2019 年 7 月 16 日，采集桐叶路途中的“娟桂”）

“娟桂”在经营自己的糍粑生意过程中，极其强调“亲身实践”这一原则，无论是麦糍还是桐叶糍，如同前文中笔者所描绘的桐叶糍制作过程一样，面团部分都需要将糯米制成粉状再与野蒿菜融合搅拌。糯米的“粉制”过程，“娟桂”也选择了机器加工，这主要是因为糯米的“粉制”过程需要反复搅碎糯米，以达到口感上无颗粒感。随着现代化食品加工机械的进驻，浦市当地制作糍粑的经营者们都已经放弃了手工粉制糯米的程序，手工粉制过程需要制作者将糯米放置石舂当中，通过不断舂碎糯米以获得粉状的糯米，因而需要花费大量时间与体力，由此这些经营者们都转而运用现代搅碎机进行糯米的粉制工序。

除此之外的制作工序，“娟桂”都还是遵循着人工化的方式：用自己的双手将野蒿菜放入碱水当中浸泡，这一道工序主要是为了祛除野蒿菜本身带有的苦涩味，经过碱水的泡制后，野蒿菜苦涩的口味则会大大降低；然后用双手将已“粉制”过后的糯米粉与野蒿菜充分搅拌在一起。在这一道工序之后，我们调查小组则用肉眼就可以清晰地分辨出机器搅拌与人工搅拌的青团之间的差异，即人工制成的青团仍旧可以明显看到野蒿菜自身的叶茎脉络，并且在食用的过程中，齿间能够感觉到有明显的细小茎叶滑过；而经过搅拌机反复混合过后的青团则相反。

图 15　麦糍与箬叶

"我妈妈就是用机器把米打出来之后，把蒿菜拌进去，全是用手抓出来的，不是像他们那样全部丢进机器里面打出来的。我妈前不久还去了吉首看肩膀，医生就说我妈妈的肩膀不行了，劳损了。她现在颈椎就是很痛嘛，医生给她按了很久，这是职业病呀。现在我妈每天三样糍粑加一起，一天大概就做两百多个，现在做得比较少，年纪大了嘛。也没有请帮工，这个很累人。也卖不了多少钱，她也不是天天都去卖的，有时候累了她就在家里休息或者出去玩一下。"

（2019 年 7 月 16 日，"娟桂"的女儿）

从产量、市场影响力与品牌延伸力等方面来看，已经逐渐形成产业链的家庭作坊式店铺都占有"压倒性"的市场竞争优势。而像"娟桂"这样采用人工化方式来经营自家商品的流动商贩们，现今更多的是在满足本地基层民众的需求，并用消费的方式与他们进行产品的交换。

在现代都市当中，流动商贩群体带来的影响往往被冠以"堵塞交通""执法困难"等负面印象。现今在逐渐开发文化旅游经济的浦市镇，作为传统农商经济与现代经济双重影响下的产物，流动商贩群体依旧是城镇商行的原型之一。始终坚持由个人承担传统小吃的原料采集、制作与售卖环节的"娟桂"，兼具着食品生产者、贸易者双重经济角色，在她身上所强调的"亲力亲为"、节俭与适时休闲，表征着她仍旧代表着传统农商经济主体的一员，在为食客带去食欲上的满足之外，同时也注重满足自身的生活与经济需求。通过周期性循环的"采—产—销"方式，在向市场经济活动进行自身输出的同时，为自身谋取市场活动中极少部分的收益，以维持自身的稳定生活。

四、传统小吃产出过程中的互动

当一道民间传统小吃逐渐形成产业效应，这其中人群以及其相关的行为活动，则成为我们了解地方社会关联的重要因素。而社会关联最直接的外化表现则突出于人与人之间的关联上，即不同生活空间中主体间的活动，也就是我们平时所言的人际交往。而在浦市民间传统小吃领域中的人际交往，则表现出以下几种关系：

（一）经营者之间的互动

在明清时期，浦市“七十二”行中，行行皆有自己的发展规模，且拥有极大竞争力的作坊，除此之外，外地商人的入驻更使得浦市的行业充盈着活力，但同时，于浦市进行经营业务的同乡人在忙于经商的同时，也会遇到紧急与困难事务之时，因而团结协作以渡难关成为他们共同维系自身与行业发展的关键所在。① 如今在浦市的饮食行业中，尤其是现已逐渐形成产业化的桐叶糍行业中，许多居民都不再只是在特定时期里，通过现摘现做的方式来制作当地一些具有“节日气息”的食物，而是在平日生活中也需要通过制作糍粑以获得生计资本。现浦市镇上注册商标的几家糍粑铺，皆为浦市本地人开设的店铺。

> “镇上这几年有一些刚开始做桐叶粑粑生意的人，一开始做的时候都不知道怎么保存粽叶和桐叶，因为以前大家都是自己采一点回来过节，采一点包一点粑粑吃，直接就吃了。做生意必须囤货，这个叶子8月份之后就没有了，要提前囤，你又不能放在那里不管，必须弄干不然会烂的。他们就来请教我怎么风干叶子。我就跟他们说不能暴晒，暴晒之后一捏就碎了，颜色也不好看，只能阴干，给他们传授一点经验。桐叶和粽叶都不能暴晒的，一暴晒叶子就变黄了，品相不好看，别人看到叶子是黄的就说，‘哎，你家的桐叶怎么都是坏的啊，都不新鲜了。’我就说这不是坏的，是晒得变黄了。所以再后来我自己摸索着就学会了放在阴凉通风的地方阴干，叶子干了之后都是绿色的，拿冷水一泡就软了，一定要用凉水泡，不能用热水泡，热水一泡就会变得稀烂了。我都会告诉他们，不怕别人抢生意的，都是邻居嘛。”
>
> （2019年7月27日，DP糍粑铺男老板）

① 政协湖南省泸溪委员会文史学习委员会编．泸溪文史．第八辑，浦市古镇［Z］．2007.

图 16　正在进行阴干的桐叶

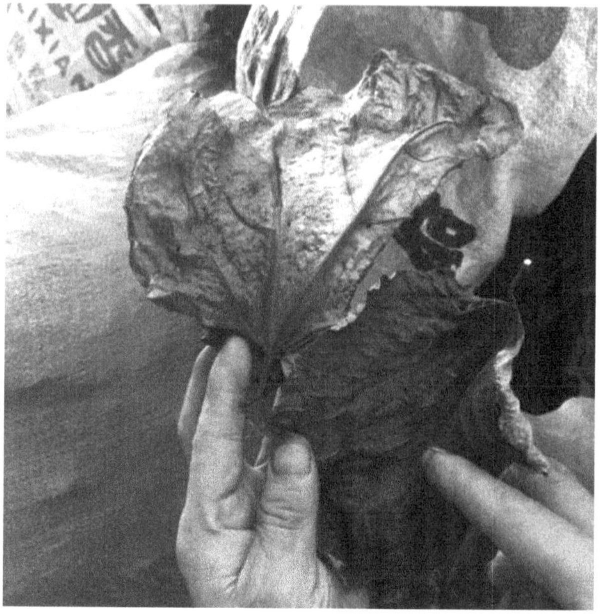

图 17　暴晒的桐叶与阴干的桐叶对比图

曾作为浦市地方特产而大量输出的桐油，使得浦市附近山区的油桐成为珍贵树种，而随着现代油漆工艺的发展，大量化工油漆产品逐渐替代了桐油在民众日常生活中的主要功能。由此，现如今浦市已极少再生产桐油，因而在秋冬季节油桐树落叶前，大量采集与存储新鲜桐叶以制作桐叶糍成为糍粑铺的当务之急。

七月、八月是收获桐叶最好的时期，因此大批采集工会涌入浦市镇，向这些糍粑铺兜售自己所采集到的桐叶。前文中讨论过的 DP 糍粑铺现作为浦市镇上糍粑订单量与食品产量最大的家庭作坊，对于原材料，即桐叶与粽叶的保存方法有着自己的一套独特秘诀。

当一种食物衍变成具有地方特色的食品品牌，在保证食品本身质量与凸显本地生态特色的同时，食物的外观也需要足够吸引食客，此时的食物就不再止于“果腹”作用，更是承担起向外输出地方文化的效用。因此如何在秋冬时期，也就是原材料存储期内，保持住它们原有的绿色与新鲜程度就成为经营者们的难题。

DP 糍粑铺的老板是最早学会用实验法来检验最适合原材料存储方法的桐叶糍经营者之一，期初他采用了最原生态的“光照曝晒法”，这样的方法能够让桐叶与粽叶在最短时间内成为干叶而不会腐烂，但经过阳光直射暴晒后的原材料，在运输过程中便成了影响桐叶质量中最致命的一环：这些经过曝晒过后的原材料经人手或者稍重一点的物品轻轻一碰压便成了碎叶，完全成了“废叶”，造成大批量的原材料浪费；同时经过阳光暴晒后的绿色桐叶，会逐渐呈现黄色斑点，然后慢慢地完全成为黄色。食客们一看到黄色的树叶便会产生心理上的担忧，就如同上文访谈中糍粑铺老板所说：“别人看到叶子是黄的就说，‘哎，你家的桐叶怎么都是坏的啊，都不新鲜了。’”因此，在保证糍粑本身新鲜口味的同时，糍粑外表的品相也成了现在食客们的重要关注点之一。在经过无数次实验法之后，DP 糍粑铺老板发现部分放置在通风阁楼阴暗处的桐叶，不仅保持住了最初原有象征着“新鲜”的绿色，并且这些阴干的桐叶在通过凉水短暂时间的浸泡之后，桐叶与粽叶便会重新恢复成新叶油绿的模样。

因而，阴处风干的存储方法便一直被 DP 糍粑铺沿用至今，镇上其他的糍粑铺经营作坊也向 DP 糍粑铺请教，DP 的店家也会将自己的心得与其他经营者分享，通过这样的交流与互相帮扶，浦市镇的桐叶糍品牌已在全国留下了它的味道痕迹。

从本质上来说，那些逐渐被投入进当地经济发展中的传统小吃，在形成了一定的生产规模之后，它衍生出来的代表意义就不再仅仅是一种商业化了的产品，同时作为以制作小吃为生活生计来源的经营者们，也需要注重这些从自家产出的食品在进入市场进行流通与交换的过程，能够较高质量地将它所携带的地方饮食文化、制作者本身的地方精神面貌向外进行传播。因而他们不再只关注于食物自身的味道，同时也要保证这些食品的外表看起来是健康与绿色生态的。

（二）经营者与当地居民

在浦市镇上，街道上来往的居民喜爱食用糍粑。无论是桐叶糍还是棕糍，在早些年还未形成如今这番完整的食品产业链时，这些小食常常只在节庆日出现在人们的餐桌上，作为一种平日食用不到的主食而存在着，因而这些小食在一定意义上来说，曾是当地居民在特定时期内的主食之一，并且常需要居民们自己在家中制作供自家人食用。

> “以前中秋节前后，街上那些米粉加工厂门口要排好长的队啊，都是带着糯米去做桐叶糍粑的，你自己家里没有那个搅碎机嘛，那些加工厂里有，我们就给钱给他们让他们帮我们打成粉好做桐叶糍，做粑粑要把糯米打成粉再和蒿菜拌在一起才能做。”
>
> （2019 年 7 月 18 日，娟桂家娟桂）

在盛大的节日与仪式当中，必定会有供品。这主要在于中国的饮食秩序是以农业为本的伦理秩序，因而在饮食上的体现也会有着相应的表征：中国饮食以农为本，食以农为主。由此在不同的节庆与仪式活动中，都必定有着相应的粮食类供品。

随着浦市镇上专门制作桐叶糍与棕糍的糍粑铺数量越来越多，这种本带有节庆含义的主食逐渐转变成为民众在日常生活当中随处可见的一种休闲食品，从糍粑铺门口过路的浦市民众，常有意无意地停驻在桐叶糍的蒸笼前，然后从口袋中掏出零钱进行购买，以满足自己临时起意的“口馋”。甚至有的当地居民来到店铺中购买大量的桐叶糍回到家中，将糍粑作为自己日常餐桌上的三餐主食来食用。

> “现在我收桐叶，大的一捆 2.5 元，小的一捆 2 元钱。早几年里，粽

叶以前2元，现在2.5元。包棕糍用的米，以前是3元/斤，现在是6元。芝麻以前3元，现在5.8元。红糖2.6元，现在3.8元。蒿子4元一斤。我记得桐叶以前不分大小，都是1.5分钱一片，现在小的4.5分，大的5分，用的原材料都涨价了，现在单个糍粑挣不了几个钱。但我的糍粑到现在都是1块钱1个，以前也是1块钱1个，我之前也想过要涨价，一些专门来我这里买糍粑的本地人就跟我聊天说，'你这不能涨价啊，涨价我就不来你这里买了。'后来就还是算了，因为大家都是卖的1块钱，我就干脆还是一直1块钱1个。"

（2019年7月27日，DP糍粑铺男老板）

近年来，伴随着桐叶糍制作原材料的价格上涨，糍粑铺的老板们也尝试过在原价的基础上，提升桐叶糍粑的单价。然而这一举动却使得当地居民们的反映极大，尽管是在极小范围内进行价格的提升，但对于近年来已将桐叶糍作为自己日常饮食体系中的重要组成部分的本地居民而言，提价让他们在购买时都会抛出一句疑问，"怎么涨价了啊？好多人只卖1块钱1个，那我不要你家的了。"

当本地持有的、强调节俭的价值观与传统的消费观念受到冲击时，本地居民便会在购物之前产生迟疑心理，而扎根于本地市场的糍粑铺不得不将价格恢复到最初的单价。在一定意义上，这些小吃经营者与当地居民既是一种较亲密的同居群关系，而在另一方面来说，本地居民对于小吃经营者而言又是博弈的对象。

（三）经营者与旅客

如今在浦市镇游玩的旅客，从地理区位的分布来看，绝大多数依旧是省内游客，且湘西州地区与长株潭地区为主要客源地。浦市镇现闻名在外的小吃便是桐叶糍粑与鼓儿糍，而正如前文所言，由于鼓儿糍往往只在入秋之后才进行制作与售卖，因而它的食客人群主要以早已熟知其制作季节的当地居民为主。

同时，由上文我们可知，现今浦市的桐叶糍行业经营人群主要是两种：家庭作坊式的店铺与流动商贩。而浦市现今许多家庭作坊式的店铺，不仅在线下进行桐叶糍、棕糍与其他糍粑类（例如糯米糍）的售卖，同时也通过线上接订单的方式来经营自家生意，因此每天的销量并没有一个详尽的定额。

2018 年，为了更好地向外宣传与打造浦市文化旅游品牌，同时也为了更好地向游客提供旅游服务，浦市镇组建了浦市古镇旅游服务有限公司，公司目前设计了四款“精品”旅游线路，其中有一条线路就是“浦市味道”。[①] 因而，寻找浦市镇小吃代表——桐叶糍，便成了旅客们在浦市旅游过程中的必选。如同上文所提及的，湘西州饮食文化极具大众参与感，不仅能够在“味道”上满足旅客的需求，同时也能够通过体验与参与来满足旅客们对一道食品制作过程的求知欲，即心理上的需求。

> “我之前就听来过浦市的朋友说，浦市这边做的桐叶糍粑好吃嘞，跟我平时吃的蒿菜粑粑不一样。我朋友回去还送给我吃，就是这家的桐叶糍粑嘛。趁着周末没什么事情，我就自驾游带着我崽一起过来玩一下……我等会儿要再买一点回家，就要我做的这些，还麻烦老板帮我把我自己做的打包好，我要带回去。”
>
> （2019 年 7 月 25 日，DP 糍粑铺 G 阿姨）

家庭作坊式的糍粑铺，如同 DP 糍粑铺，都是采用内外厅结合的方式来制作食物，而内厅则主要是对原材料的加工，外厅则主要用来制作成品。制作小吃成品这一道程序是极具观赏性与吸引性的，同时另一侧摆在路边简易木桌上已做好待售的桐叶糍，无论是它自然带有的独特叶香，还是它后天性经过人工包制成品的四方形，都是桐叶糍展现自己独特身份的标签，这些也都是浦市作坊式糍粑铺无须采用招揽方式来吸引食客的原因。相反，食客们会主动寻找这股“浦市味道”，并会在品尝完之后，主动性参与到制作过程当中，在“吃”与“做”中，同时满足“嘴馋”的生理需求与“自我手工”的心理需求。而食客们也会在需求被满足的情境下，向这些经营者们传达自己对于多样性口味的追求。

而流动商贩则不一样，他们是在家中将桐叶糍等糍粑做好之后，直接放在竹扁上挑着卖，又或者在家中将已做好的桐叶糍，放在四轮小推车专门设置的蒸屉上，伴随着自己事前早已录好的简易吆喝声，“桐叶糍，桐叶糍……”在浦阳街主街道上随着人群聚集区的流动来回推着售卖，这些流动商贩以“做多少卖多少”的经营理念伫立于各个街道口来回张望，与旅客的关

① 易静林怡. 旅游开发背景下民间舞台艺术团体对观众的建构研究［D］. 湖南师范大学，2019.

系也是“即买即卖”“钱货两清”的买卖关系，在交换过程中极少有其他的互动行为。

（四）经营者与管理者

浦市镇上很少能够看见交通警察的身影，而城市管理人员则常常出现在浦市镇上的各个角落，例如早餐粉铺、农贸市场门口、赶集时的路边，尤其是在农历日期末数为2、7赶集日的早晨，经常能够在浦市主街区、中正街、太平街等人群聚集区看见这些管理人员进行相关的管理工作。

每逢浦市镇的赶集期，有许多周边乡镇的民众便会背着竹篓，将自家的农产品或者小商品带到浦市镇上进行售卖：在地上铺上一张两平方米左右的蛇皮麻袋，整齐摆放好用来赶集的商品，就构成了一个临时的摊点，商贩们纷纷蹲坐在摊点旁边打探过往的路人，有小部分的商贩会将随身携带的扩音器开启，播放事先录好的“吆喝声”。城市管理人员会不定时地督促商贩们切勿占用车行道，腾出空间让来往车辆正常通行。而小商贩们也非常配合，还会在赶集后将自己摊点周边的垃圾随身带走。

“浦市这边现在比较难管理的主要是浦阳街那边，每次到了赶集的时候，去辰溪和白沙的车根本从浦市出不去，路边全是小摊小贩，我们队伍在赶集的时候就会定时去跟那些小贩们说，让他们一定要把自己的东西收拾整齐，让出路来让车子过去……我们也不会驱赶他们，因为浦市镇赶集这个传统都好多年了，他们一直都是这样生活的，你得让那些老百姓做生意养活自己啊，只要不妨碍正常的交通秩序，我们都会酌情地进行街道管制的。”

（2019年7月14日，浦阳街赶场城管A）

“我是从对面江东村过来的，家里的黄桃结得太多了，我自己留了一些放家里，再带着我两个孙子一起过来卖一点，我只卖5块钱1斤……自己家里种的桃子，外观没有那么好看，但里面好甜……刚刚那个城管让我把摊子往里面摆一点，我们配合工作嘛，他们也有自己的工作要做。走之前看我的桃子比较新鲜，我早上才摘下来的，就买了5斤。”

（2019年7月14日，太平街与中正街交叉口江东村商贩）

图 18　赶场时的临时小摊

尽管浦市镇在进行文化旅游开发之后，陆续有省内周边城市或邻省的游客赶赴浦市一探它的文化气息，但浦市镇自明清时期至今所保持下来的市场经济活动，即周期性的赶集，一直以来都是浦市镇与周边乡村民众获取生活物品来源与经济收入的主要场所，因而大批的民众会携带好自家剩余的产品“进驻”浦市市场，进行售卖活动。而作为官方执法人员的城市管理者，在行使自身被赋予的合法管理权时，也会融入当地传统经济活动当中，在一定场景中成为管理者与市民双重身份的结合关系，可以说在浦市传统赶集这样的地方性经济生活与活动中，这些小商贩们与城市管理人员呈现出互相诚恳相待并相互理解的关系，小商贩们在现今被允许的城市管辖范围内进行此类经济活动，但同时他们也主动恪守官方管理与执法制度，形成一种相辅相生的关系。

小吃经营者立身的地方性原则与解读

在前文中，我们通过描述湘西浦市镇目前极具代表性的几种民间传统米食类小吃，展演了与其相关联的几类不同经营者的日常生活实践与经验。旅游经济的发展、家族传统经营理念的传递、个体的生活经历等方面的差异，让这些经营者们在食品的生产交换过程中，通过调适与立身于自身所具有的不同经营方式，以融入社会经济圈与人际交往网络当中。而本章的内容将进一步探析这些经营者在运用不同经营方式进行生计资本的积累过程中，运用了何种地方性知识原则来建构他们的“小吃王国”。

浦市在整个沅水流域占据着核心商贸古镇的重要地位。从历史上看，作为湘西工商业发展最早的临水商贸市场之一，浦市镇却拥有过三次真正意义上的盛况。第一次繁荣在明清时期：乾隆四年，沅陵县事赵治会《重修浦峰寺佛殿寿碑记》记载：“沅陵西南境有浦市，两岸之间，烟火万家，商贾辐辘……骚人墨客，工农商贾，莫不以时云集于此。”浦市镇作为沅水流域来往商贾进行货品交换的重要城市，繁荣模样让人不禁感叹，而正是这番盛况也使得最初的小食行业应运而生。浦市镇的第二次繁荣则是在抗战时期，抗日战争爆发之后，沦陷区的民众大批涌入浦市进行避难，因而在抗战时期的浦市镇人口激增，正如前文所言，人口剧增带来的流动消费群不仅带动了浦市各行业的发展，同时也引入了新商机：酒楼、客栈、茶楼、绸布店、剧院等夜照通明，甚至连路边的小商贩也需要不断更新自己的产品以满足不同人群的需求。因而在浦市的第二次盛况下，小吃行业依旧兴旺发展。第三次盛况则是20世纪七八十年代，在经历过两次起落之后，浦市镇开始发展矿石加工业，因而在工业经济的带动之下，浦市镇又一次昌盛起来。然而随着国家经济制度的改革，镇上的工业企业便逐渐衰败，浦市镇的繁荣景象也再一次“平息”下来。

20世纪以来，为了让浦市镇重返人们的视野、重振浦市镇的经济发展状况，泸溪县政府联合相关部门开始对浦市镇进行古镇保护，并协同高校科研团队一起商讨并制定了古镇的详细规划。[①] 因而，近年浦市镇的旅游业逐渐兴起，而“美食旅游”作为地方旅游体系中的一支重要力量，对旅客产生了极大的吸引力，助推了浦市镇经济发展与传统文化保护进程。

而这些民间传统小吃的经营者们，在饮食生产与消费过程中，不仅通过调适自身的经营策略以顺应现代旅游业的发展规律，同时也因他们自身被地方所赋予的那些生活经验，让他们在经营过程中常常表征出自身所拥有的地方性特征与知识体系。因而本章将通过对这些经营者们所表现出来的地方性原则进行进一步解读。

① 易静林怡. 旅游开发背景下民间舞台艺术团体对观众的建构研究［D］. 湖南师范大学，2019.

一、古镇巷弄空间的运用

湘西州沅水流域地处武陵山脉与雪峰山脉交汇处，多山谷峦峰，因而古时陆路交通并不发达，主要以水运交通作为经济物资汇通交往的方式。从空间分布结构上来看，整个沅水流域呈现出“一主七支多核心”的分布结构特点。对“一主”与“七支”的结构归纳逻辑则主要是依附对沅水水系的分析来进行划分的，在这里，“一主”主要指的是以沅水干流作为此流域的主轴中心；而“七支”则主要指的是沅水水系中的主要七支一级支流；“多核心”则指的是沿着沅水水系网络逐渐产生、发展与繁荣起来的各大古镇。① 而浦市就是其中的一“核心”。

明清时期以来，从浦市镇所扮演的主体功能上看，它在整个沅水水系中属于商贸型古镇，而与商贸经济最紧密的要素便是交通条件，这两者可谓相辅相成的关系。“沿水而生，靠水而盛”，水路交通便成了浦市镇古代商贸繁荣的重要促力，因而沿沅水而居的浦市 23 座码头则成为古镇商贸与外界交流的重要要道。而作为民间传统小吃经营者的集聚地，则主要是围绕着古镇内繁忙的交通要道作为其售卖活动的空间。从整个浦市镇来看，镇上的交通网络极其复杂，镇内街巷密集，拥有 54 条相互交织的巷弄与街道。

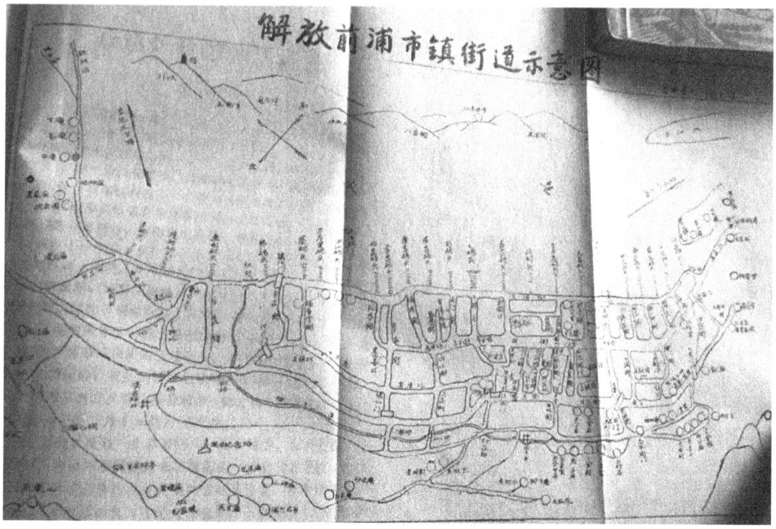

图 19　中华人民共和国成立前浦市镇街道示意图

---

① 周红. 湖南沅水流域古镇形态及建筑特征研究［D］. 武汉理工大学，2011.

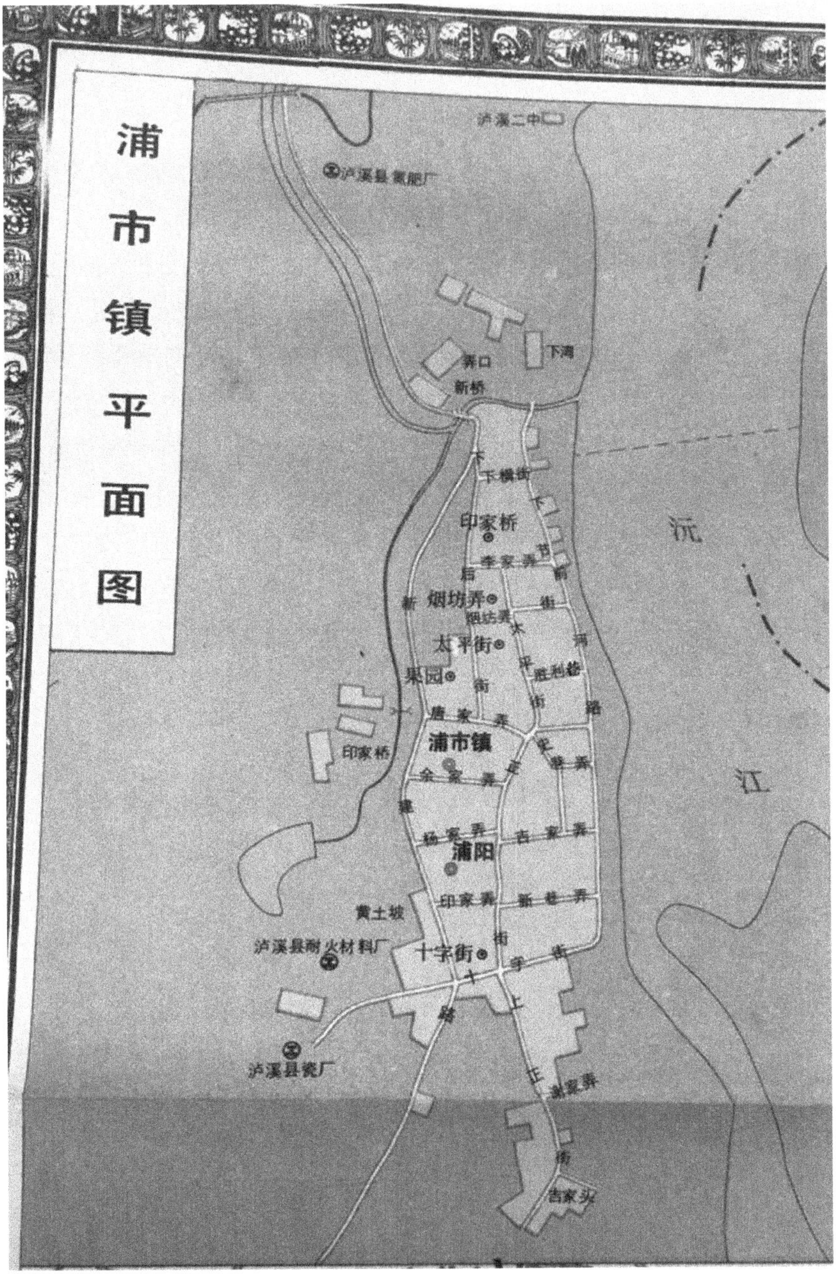
浦市镇平面图
泸溪二中
新桥
下湾
下横街
印家桥
李家弄
烟坊弄
太平街
果园
唐家弄
浦市镇
印家桥
余家弄
杨家弄
吉家弄
浦阳
印家弄
新巷弄
黄土坡
泸溪县耐火材料厂
十字街
泸溪县瓷厂
谢家弄
吉家头
沅
江

图 20　浦市镇平面图

表 3　浦市镇内主要巷弄详情表

巷弄名	巷弄情况基本介绍
太平街	此街以前常发生火灾，居民切望太平，故名。起止点：浦市旅社—烟坊弄。长 214 米，宽 4.1 米。中医院等单位驻于此
正街	位于镇内中心而得名。地址点：十字街—浦市搬运公司。全长 460 米，宽 3.9 米。百货总店、日杂门市部、蔬菜燃料门市部与药材商店等驻于此街区
前河路	此路位于河边，原名河街。1949 年后更名为前河路。起止点：盐业仓库—庙弄寺。全长 582 米，宽 3 米。大米厂、电影院等驻于此
史巷弄	原名屎巷弄，后雅化为史巷弄。起止点：五金社—航管组。长 120 米，宽 2.5 米
唐家弄	此弄以前唐姓人家较多而得名。起止点：浦市旅社—新建路。长 170 米，宽 2.4 米。百货批发站等驻于此
余家弄	过去有一著名余姓木作坊在此弄内，故名。起止点：浦市百货商店—新建路。长 155 米，宽 2.1 米。镇人民政府、塑料厂等机构驻于此
杨家弄	此弄原为杨姓人家居住，故名。起止点：市管会—人民银行。长 130 米，宽 2.2 米
胜利巷	原名金溪馆。（巷内建有一江西金溪会馆）1975 年更名为胜利巷，沿用至今。起止点：太平街—大米厂。长 100 米，宽 3 米。粮站、日杂公司等驻于此
上正街	此街系正街上段而得名。起止点：正街—十字街口。长 500 米，宽 3.8 米
十字街	在正街与上正街相接处，有一横街与之相交呈“十”字形。起止点：浦市车站—日杂燃料公司。长 240 米，宽 7.1 米
印家弄	此弄为印姓人家居住，故名。起止点：肉食水产门市部—肉食站。长 110 米，宽 2 米。食品公司门市部驻于此
谢家弄	此弄谢姓人家较多，故名。起止点：正街—河边。长 90 米，宽 2 米
吉家头	此地原为吉姓人家居住，故名。起止点：前进街口—浦溪口。长 313 米，宽 2.7 米。农场等驻于此
新建路	1958 年由原公路整修扩建而成。命为新建路，包括堤上、后街两端，长 958 米，宽 7 米。浦阳中心小学、中心医院等驻于此

续表

巷弄名	巷弄情况基本介绍
烟坊弄	1949 年前，弄内开设有几家丝烟作坊，故名。起止点：烟坊弄居委会—下后街。长 75 米，宽 2.3 米
李家弄	弄内李姓人家较多而得名。起止点：李家码头—三眼桥。长 194 米，宽 2.2 米
下湾	原名湾里，位于沅水拐弯处蛾眉潭畔
新桥	自然村边新建的石桥，故名

古镇中的“正街”，即是我们今日常用来称为主要街道的街区。从空间立体形态上来看，“正街”即是古镇的中心街区，因而集多个功能为一体：商贸、民居与道路运输等功能皆可在正街街区发现，由此正街在整个浦市古镇的巷弄体系中，是人群来往最频繁的街区之一；也正是因为此街区的使用频率极高，正街也是众多街巷中面积较宽的道路之一。而其他的巷弄在浦市镇上主要起某一种单一功能或者其他功能的补充，并随着镇中房屋的走向而形成多变的形态。而浦市镇中的“太平街—正街—上正街”从形态上来看，因同处一条轴线上，且与沅水河岸线相毗邻，这三条街道便成为商贾们与流动商贩们平日进行商贸活动的首选路线，由此，这一街区至今都还是浦市镇上人流量最大的区域。

而在这条商贸活动首选路线的具体选点上，街道的节点处则成为小商贩们最“抢手”的贩卖点：这里的“节点”主要指的是在当地复杂脉络的巷弄体系中，每一条街道与其他巷弄的交叉点处，它在道路系统的作用则主要是起着街道与街道之间的上下承接，常常呈现出“T”字形态或者十字形态等。①

> “以前的太平街很热闹的，大码头那里属于交通枢纽，人流量最大的地方。我小时候太平街这边都水泄不通的，人头挤人头。辰溪的、沅陵的、对岸江东村的小摊小贩全都在这里下船做生意买卖东西。上正街那边很多是从村子里往这边来，往这边走的人很多很多。”
>
> （2019 年 7 月 20 日，CJ 馄饨铺老年协会 G 会长）

① 周红. 湖南沅水流域古镇形态及建筑特征研究［D］. 武汉理工大学，2011.

现今，尽管浦市的现代交通体系已经逐渐完善，新的现代主街道已经另起，同时传统的码头运输功能也主要从货品运输载体逐渐转变为人员流动的交通工具，而包括鼓儿糍与“娟桂”在内的这些传统小食流动商贩们依旧将“太平街—正街—上正街”作为他们平日中进行小食买卖的主要流动路线，这不仅仅是因为他们受到已有的地方生活经验影响，同时也是因为这套地方生活经验系统不断被已有与后继食客们所主动追寻所形成。

“地方性知识是一种本土知识。而‘本土’则是一个地域性的概念范围，它是相对于空间维度的一个特指含义，可以大指一个国家，小指一个社区或者村落。而本土知识在生活中的体现，则由那些可观察和不可观察的方方面面构成，例如人们的价值、世界观乃至某种行为的选择。”① 正如学者蒙本曼所言，浦市的小吃经营者们在基于对原有古镇交通空间不同功能的认识基础上，选择出适于自身生计与发展的“节点”，而这背后的地方性原则，就是经营者们长期以来所形成的地方性经营经验与理念，进而衍生出一套相应的经营方式与行为。

二、大众对食物的感知性

一个族群或者民族的饮食习惯，与其社会生活紧密相关。在本文中，笔者从人们日常生活中所进行的食物生产方式、食物消费与交换等方面出发，以探讨浦市镇小吃经营者们如何根据大众在进食或者身体所表现出来的感知现象来举荐自家的小吃，并且他们是如何根据自身已有的饮食经验与他人构建社会关系的。

由上文的表述我们已知，现今浦市镇小吃文化中，桐叶糍已成为当地政府支持绿色食品产业发展中重点关注的一道当地小吃，再加上近年对于浦市古镇文化旅游产品的打造，旅客的数量也在逐年增加，因而对于桐叶糍这一带有地方文化象征符号的小吃，它的口味、营养成分、颜色与香气等食物要素，也越来越成为大众的关注点。除了要满足浦市镇内民众已形成的口味需求与习惯，浦市镇上的家庭作坊式糍粑铺也在桐叶糍最原始的口味，即“甜”味的基础上逐步加入一些较为“陌生”的味道，用此种方式来满足外界人士对不同口味喜好的需求。

① 蒙本曼．知识地方性与地方性知识［M］．北京：中国社会科学出版社，2016：128-129.

桐叶糍青团中包裹住了芝麻与红糖，使得人们的食用口感不仅仅是具有“甜”味，同时也因芝麻在炒制之后对鼻腔产生了冲击性“香”气。因而许多当地民众在形成了一种“口感习性”之后，更趋向于追求具有“香甜”口感的桐叶糍粑。现今在浦市民众看来，携带外形呈圆形的桐叶糍粑不再只是为了迎接节庆，相互走访的常备礼物，食用“甜”口味的糍粑也不仅再只因为家人团聚所带来的愉悦心情。随着浦市镇近年来文化旅游业的兴旺与发展，平日中仅在节庆期间出现的食品，如今也可以通过消费的方式获得，无论是劳作后的农人还是刚从集市上赶场回家的民众都通过购买已经产品化了的桐叶糍用来食用，以补充在辛劳过后身体上的滋养需求以增加身体热量，而食用具有“甜味”的食物也是表征着在繁忙过后的身体得到的闲适与放松。

此外，在前文中我们也讨论到了浦市人对“黏性”口感食物的偏好，从历史的流变来看，极具“黏性”口感的糍粑在苗族人与土家族人的日常生活与劳作中起到了很重要的“果腹”作用。而“品尝”糍粑讲究细品与慢嚼，舂糍粑则注重精细，即糯米舂得越精越好，同时也反衬与演绎了人们在使用过程中的细嚼慢咽，这不仅仅是体现极具“黏性”的糍粑给身体器官带来的刺激性，同时也衬托出湘西糍文化中带有的“细致”的特征。

而同时，消费者自身的口味喜好、对某地区小吃的制作兴趣度以及文化倾向也在交往互动中影响到整个食物生产体系。

> “桐叶粑粑外地人喜欢吃的多一点，外地人来这里旅游，看到我在里面包粑粑，他也要进来跟我一起包，觉得自己包出来的吃起来更好吃。还跟我说我这里的棕糍要做多样化一点，外面卖的棕糍里面还会包芯什么肉啊、红枣啊、花生米啊，咸的甜的都有，跟我说我这个棕糍太单调了，蒿子粑粑就不一样了，外面没有卖的，所以棕糍在他们眼里就是一个配角。那些外地人带桐叶粑粑出去，一带就是一大包，绍兴啊、江苏啊，哪里都有。后来他们有的人就跟我说，你这个桐叶粑粑里面可不可以不包甜的啊，我喜欢吃咸的，我给你加钱你帮我做咸的包芯吧。后来我就尝试着做一些咸的桐叶粑粑，以前从来都不做的，我们自己吃都是吃甜的。”
>
> （2019 年 7 月 10 日，DP 糍粑铺男老板）

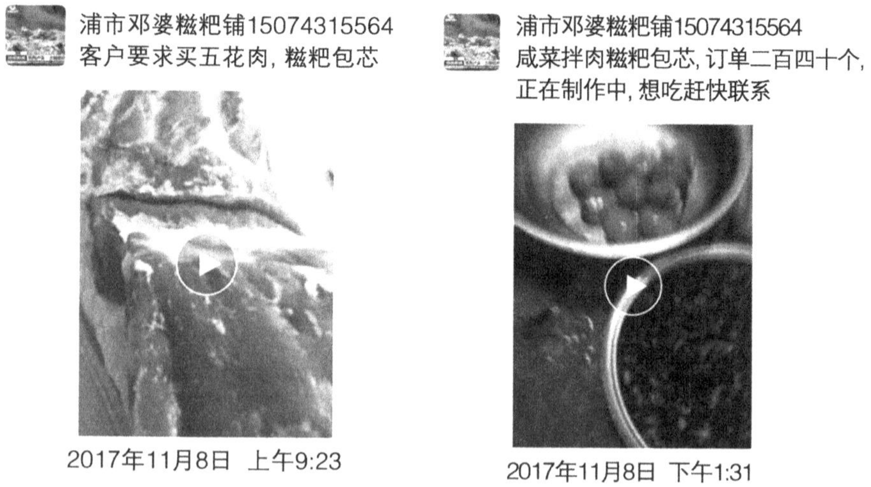

图 21　DP 糍粑铺网上订单图

食客在品与尝一道食物的过程中，包括对食物的味道评价、食物制作参与感与口味的感知性等方面，都是影响食客是否喜爱这道食品并值得再次尝试的重要因素，包括 DP 糍粑铺在内的家庭作坊式经营者们，在满足本地居民所熟悉口味的同时，通过对食材组成结构的改变与调整来满足外来食客们的喜好，这是他们在自身生活实践经验中的知识扩展，也是作为食品生产者推介地方小吃文化中尝试迈出的一步。

"一些特有的'味道'对于某一特定人群来说，能够唤起人们对过去同质性、同类型感受的集体记忆。"① 生活在同一区域的人们，地方性的特色食品成为多数人餐桌上的常备食品，而且这些食物在进入人们的身体内部时，往往是通过众多器官感受的差异来体现自身所具备的集体认知：这主要是因为当人们产生感官上差异性的同时，也能够在其日常生活交往中诠释出一致性的地方传统文化认同感，进而彰显出他们拥有此种食品背后所含有的共同文化记忆与群体归属感。

三、遵循食物时令性与地域生态性

湘西边区的少数民族，其饮食习惯也与其身处地形、湿热的气候紧密联

① 彭兆荣．饮食人类学［M］．北京：北京大学出版社，2013：58-60.

系在一起。泸溪县属武陵山脉向雪峰山脉过渡地带，光山峦就有658座，自东北湘西南排列成“川”字形地貌，大小溪河127条均属于沅江水系。而山地则占据总面积的66.04%，丘陵地区占25.3%，有“八山半水一分田，半分道路和村庄”的说法，以表征出泸溪“五溪苗蛮”之地的称号。泸溪县属亚热带季风湿润性气候，因而常年雨量充沛，无霜期长，适宜动植物的生长与繁殖。在上文中，无论是已逐渐形成饮食产业链的桐叶糍粑还是“娟桂”这类流动小商贩们所售卖的多元化的糍粑，作为原材料中的桐叶、箬叶还是野蒿菜等，都是“采集人”遵循着地方时令性进行采摘的。

> “前不久，一个从温州回来的浦市人跟我说‘我在温州打工，很想念家乡的小吃啊，我就从温州的小山包和水边扯一点蒿子回来做桐叶粑粑，做的过程都跟我在家里是一样的，但是做完之后放到嘴巴里一吃，我就知道不是那个味道。但是我回浦市之后做就是这个味道。’我们这里用的原材料都是在湘西大山里采的，外面没有的。不同地区有不同的生长环境，有的是丘陵地区，有的是高山，有的是山沟，有的是温度不一样，长的东西就不一样。各个地方有各个地方的特产。”
>
> （2019年7月12日，DP糍粑铺男老板）

在荒山水边生长的野生代食材，野蒿菜属于多年生草本植物，因而野蒿菜的采集期往往较长。生长地主要以田湾处、溪口边为多产区，嫩叶即可食用，并且可以作药用，从中医药角度来看，具备祛除暴热消暑的效能。而桐树叶的采集期主要集中于春夏两季，尤其以夏季7月与8月为采集高峰期，这个季节被当地桐叶采集工人们称为“打叶期”，而作为收购方的糍粑铺也在这两个月加紧对原材料的进一步晾干加工以防止原材料的腐烂，为接下来的秋冬季节食品制作做准备。

此外，鼓儿糍也因自身贮藏设备封闭、售卖过程中需要进行炭火烤制，因而自身便具有时令性，常在十月份左右才生产与售卖，在次年的天热时分进行歇业，歇业期间鼓儿糍的传人则会通过制作其他小吃食品来维系自家的生意。

“地方性知识其实是人们为了适应所处自然环境，在长期生产生活中创造、积累运用和传习的知识与技能。”① 因而，地方性知识的内容与表现形式

① 蒙本曼．知识地方性与地方性知识［M］．北京：中国社会科学出版社，2016：134-135.

实质上都离不开地方的自然生态环境，在特定的环境中生成特定行为，并且以某一种具体的经验活动世代传袭，如若换一个环境，这些“生于”且“发于”特定环境中的地方性知识可能就会失去它原有的形态与内容。

四、乡村市场的周期性

与大多数传统的农耕社会经济形态相近，浦市镇传统的市场也是定期性的，即每隔几日便会举行一次商贸大集会。在浦市则主要是二、七，即传统农历日期的末数为2与7的日子，浦市镇上会进行传统社会经济中的“赶集”活动。每逢赶场，平日里安静的古街“三步一摊，五步一店”，货物堆置于街道两旁，青石板铺成的路面上则蹲守着待售商品的小商贩。

> “平时到了赶集的时候，我们店铺早上四点钟左右就得开始做桐叶粑粑了，很多从对面江东村啊、浦溪村啊，还有辰溪的一些小摊小贩全带着东西来浦市卖，来来往往的人就多啊，不像平时我上午做一上午，两千来个就差不多了。赶集的时候我一天都在这里做粑粑，来买的人好多哦。有时候如果碰到过节前后我还得向外贴单子，要找帮工来帮我做糍粑，给帮工的工钱大概是5元一个小时。”
>
> （2019年7月24日，赶集日，DP糍粑铺女老板）

在“赶集”日里，家庭作坊式的店铺常以线下店铺的生意为主，因为来往的人流量大，因而赶集日期间需要不断地进行商品的填充，以防止“供不应求”现象的出现。从这些流动的贸易者的角度来说，镇上周期性的“赶集”活动与流动商贩自身所持的特点，即流动性是紧密联系的。上文中我们就已经提及，作为中国行商最初的形态，流动商贩们通过挑担的方式，将自家的商品从一个集市挑至另一个集市，以便让自己获得足够丰润的收入，并通过这样的方式让自己获取到多种类的日常用品等。因而他们会在特定时期里，将已有的商品投入一个特定地点的市场活动当中来，而浦市镇作为沅水流域的商贸重镇之一，每逢农历二、七的日子，这里便成为周边民众进行经济活动的集会地点，因而也为镇上的饮食业带来了周期性的盛景。

> “我今天早上九点半多一点就把粑粑卖完了，平时哪有这么快，我得从正街这边一直往上走到菜市场那边，大概中午十一点多才能卖得完。

今天早，才九点多就全卖完了。我老婆带着孙女儿给我还买了早餐，我在街上可以吃完了跟他们一起回去。”

（20190719 赶集日 正街路边 鼓儿糍向叔叔）

与家庭作坊式的店铺不同，例如售卖鼓儿糍的周家人这类平日需要在售卖路线上来回走动，以寻找潜在食客群体的流动商贩，在赶集日他们则会显现出自己的另一套行动体系：将摊点定点摆放在街道的交点处，与平日来回流动的形态不一样，在早晨七点半—九点这个时间段中，向叔叔的小摊点只需在街巷“节点”处驻守，小摊在“赶集”时间段里，常常会被手提日用品的居民们所围住，并且有秩序地等待着向叔叔拿铁夹装好糍粑递给自己，此时他们既是消费者，也是食客。尽管在赶集日中的食客数量庞大，向叔叔依旧很注重食品卫生，在等待食客的间歇期会将白净的“挡尘待”盖在代售的豆子糍粑上面以防止扬起的灰尘落在糍粑上。因为定期性的“赶集”活动，因而聚集于浦市镇的民众往往聚集在某些人群较为密集的地点，以方便在较短时间内将商品的消费交换行为完成，向叔叔则很好地利用了这一点，在短时间内就可以将自家商品售完，并且可以有足够的时间从生产者的角色转变为消费者的角色，为自己的家庭添置日常所用。

不同民族、族群的传统文化都是历史积淀型的文化，因而不同地域与区域内部的文化发展模式都遵循着特有的历史发展背景，传统小吃作为饮食文化中的分支，同样也是特定时空里的产物，人们通过对自身乃至祖辈的实践进行经验积累，总会在日常生活中以自觉或不自觉的生计活动展演出他们自身所涵有的族群文化。

五、地方民俗文化的延续

食物不仅是特定族群历史、生态的适应性选择，同时也是一种地方民俗文化符号与隐喻的表述体系。[①] 因而，在一个特定时期、特定族群中，某样特定的食物便成了一种文化意义的表达，在不同的文化系统中拥有着不同的符号表达形式与含义。在我国的历史上，几乎所有与“礼”相关的内容、表述中，都与饮食具有发生学上的关系，因而“礼仪”与“饮食”之间的结合成为认识地方文化的一个窗口。

① 彭兆荣. 饮食人类学 [M]. 北京：北京大学出版社，2013.

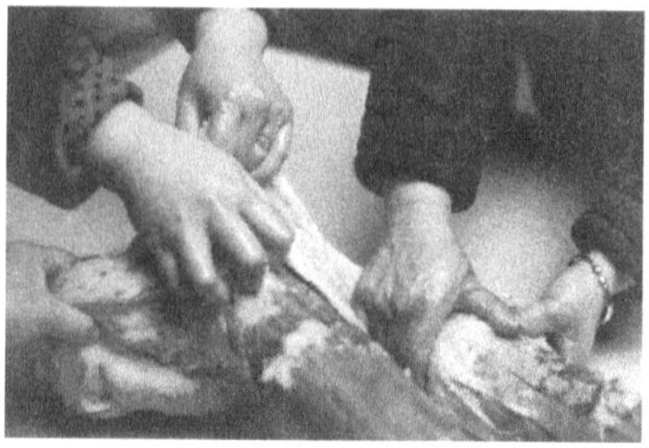

图 22　舂年粑与舂糍出栊

尽管在前文中我们提及，近年来随着当地旅游业的发展，许多本在特定节庆日中才常食用的桐叶糍、棕糍等，逐渐商品化与产业化，并跻身于地方经济发展之中，但居于大湘西地区中的浦市居民，在每年的端午、中秋与新年节气仍旧会分别食用棕糍、桐叶糍与年糍（也就是我们前文所说的糯米糍）这三种湘西传统美食。因而制作这三种糍粑便成了庆祝节庆、亲人团聚的活动：在湘西地区，大年初一时分，家中主男子一早起来便要打开大门，俗称“开财门”。然后带上糖果供品，上殿、庙、土地堂上敬茶焚香烧纸，俗称“出行”，这样的程序需要持续三天，这三天里的主食中便包括了年糍。

“到了端午节扒龙船的时候，我哪里有时间去接网上的订单哦，好多在外面的浦市人都回来了，还有好多来玩的人，全来浦市看龙舟赛。我从早到晚都在做糍粑，还要请好多帮工来帮我一起做才来得及。有些人买着吃，有些人还要带回去。”

（2019 年 7 月 15 日，DP 糍粑铺男老板）

浦市端午节庆时期盛行龙舟赛，比赛期间还包含了吃龙舟饭、敬神等系列节庆活动，龙舟赛常在农历五月初五开始，历时长达十余天，直到农历五月十五日截止。在浦市人看来，端午节时分的龙舟节在他们心目中的重要性并不亚于春节时分，因而许多在外的浦市人都会回到浦市。而中秋前后，家家户户就纷纷做起了桐叶糍粑以庆祝家庭团聚，如同上文中我们所提及的那样，用蒿菜叶糯米团包上芝麻、红糖的夹心，然后用大张桐叶夹带小张粽叶包裹住蒸制的蒿菜青团，放入口中的口感则是香甜软糯的。而对于在中秋节气食桐叶糍，民间至今还流传着一则关于桐叶糍来源的民俗故事：

“相传很久以前，王母娘娘听说人间的中秋节家家团聚，亲情融融，于是架着一朵祥云降下凡尘。来到沅江边上的一座小村中，化作成为乞讨的老人挨家察访民情。村民们都用鱼、肉、月饼与糖果等来款待她，可吃惯了山珍海味的王母娘娘却对这些食物不感兴趣。当她来到一户家境贫寒的茅屋人家，这家人没有钱购买鱼肉和糖果月饼，因此将家中仅有的一些糯米舂成粉末，因为量很少于是在里面添加了一些舂碎了的野蒿菜，再将家中仅有的一些芝麻与糖作为夹心，再取家中后面的桐树叶包成了糍粑拿给王母娘娘吃。谁知王母娘娘吃了之后竟然赞不绝口，忙问这糍粑叫什么名字，这家主人便随口应道到桐叶粑粑，于是王母娘娘现了真身。此次现身便惊动了全村人，大家都跑到小茅屋前拜见王母娘娘。王母娘娘饱餐了一顿桐叶糍之后，也给了这家人许多金银珠宝，然后将剩余的一些桐叶糍带回了天庭，还向村民们说明年中秋节，她还会到村中来讨要桐叶糍粑，望村民们多做一些，她要让天山的神仙们都尝尝这天上没有的美味。从此之后，每到中秋节，沅江边每个村子家家户户都做好了桐叶糍，并等着王母娘娘来讨要。由此制作桐叶糍便成了大湘西八月中秋节的传统风俗之一。”

尽管现在，浦市民众在日常生活中常常以食用到这几类糍粑为乐事，但恰逢传统民俗节庆时分，食用这几样已被赋予了节庆意义的传统食品已经成为他们约定俗成的饮食习性。而这些小吃经营者们作为地方大众的成员，也将地方的民俗风气灌入自己所制作的传统小吃当中。在特定的节庆活动中，这些食物就成了人们表达自身文化的载体，是人们进行日常生活交往的交流体系。

结　语

本文通过参与观察法的方式，深入浦市镇上仍旧活跃于市场中的几类小食制作工艺中，并参与到其经营者的生活与生产活动之中。在前两章的内容中，文章通过对这些小吃经营者的经营实践，进行了尽可能详尽的展演，由此我们对民间传统小吃的几类经营模式与理念有了较为详细的认识。由于个人生活经验的差别，让这些小吃经营者们在日常生产与交往过程中积累了不同的经验与知识背景，因而经营者们也拥有极为不一样的经营实践。

通过自身不断的市场拓展与品牌影响力延伸的家庭作坊式经营者们，在维系与本地现有食客人群的基础上，通过学习新型宣传手段与传播工具的方式来调适自己的经营模式，从而使得自家的经营方式逐渐呈现出多渠道、多元化的特点，以此吸引并吸纳来自地理区域上更远距离的潜在食客，让其进入他们所构筑的小吃文化体系中，而这个过程也为当地居民带来了谋生机会，让一道原本只在特定时段里出现的食品成为镇中饮食行业的佼佼者，甚至朝着产业化的道路迈进；但同时他们也保持了自身族群所遵循的传统经济形态与文化背景，维持着自身所持有的某些地方性特征。

同样，包括鼓儿糍传承人队伍在内的一群原为中国传统市场中行商雏形的流动商贩们，现代经济潮流的深入对他们而言或似一个新的发展机会，但同时也是一种全新的挑战。从文章中我们可以知道，这些流动商贩们还尚未作出很清晰且有效的应对措施，他们仍旧是秉承着自己传统的经营理念并践行着与之相对应的地方原则。高强度的人工体力投入、低成本的食材与低收益的商品，这些都是这群传统小吃流动商贩们身上最显著的特点，如何在已形成产业链的同类小吃品牌中维系住他们已有的食客人群、为自身的生计谋得更多的收益并秉承着自己最初、最原始型的传统手艺，成为他们在现代经济潮流中获得一方竞争之地的考虑要素。

现今城市内的传统小吃行业往往呈现聚集效应，小吃街巷、小吃城等成为一种新型社会空间而散落于城市建筑网络中的各个角落。这些传统小吃经营者们已经全身投入进了现代化经济的世界，并且在很大程度上拥抱了来自各个领域当中的食客，接受着现代城市管理制度的影响与管制。而作为依旧存在于传统社会当中的民间传统小吃经营者们，在现代旅游产业的发展下面临着未知的、全新的商业生机。从上文中我们也得知，他们已经在利用自身地方性知识来适应这些新进驻食客的享食规则，并且也在尝试性地拓展地方小吃文化的影响版图。而这其中他们所秉承的传统理念与创新意识相结合的方式，让他们在生产、经营、传播与发展地方传统小吃的道路上取得了较为明显的有效成果。

本文旨在通过作为学徒的方式，来参与观察这些小吃经营者的日常生产、生活。起初作为一名非专业的料理人员，尝试性地进入这些传统小吃的生产过程中是极为尴尬的：身为一名“帮工”身份的自己，如何在生产过程中有效地收集并且观察不同人群之间的互动与联系，自己常常会感到有心无力，而这不仅仅是田野方法中参与观察法的难点，也是自己田野方法不成熟的体现。希望在日后的生活中，还有足够的时间与这些朴实的小吃经营者们接触，以获得更加有趣且有意义的发现。

参考文献

（一）著作类

1. 中国社会科学院语言研究所词典编辑室编，现代汉语词典（第5版）[M]. 北京：商务印书馆，2005.

2. [美] 克利福德·格尔茨. 地方性知识——阐释人类学论文集 [C]. 纳日碧力戈译. 北京：中央编译出版社，2000. 19.

3. 彭兆荣. 饮食人类学 [M]. 北京：北京大学出版社，2013.

4. 尹绍亭. 人与森林：生态人类学视野中的刀耕火种 [M]. 昆明：云南教育出版社，2000.

5. [美] 克利福德·格尔茨. 文化的解释 [M]. 韩莉，译. 南京：译林出版社，1999.

6. 孙中山. 建国方略 [M]. 北京：中国长安出版社，2011.

7. 孙中山. 三民主义 [M]. 北京：九州出版社，2012.

8. 万建中. 中国饮食文化 [M]. 北京：中央编译出版社，2011：6.

9. [美] 戴慧思（Deborah Davis）. 中国都市消费革命 [M]. 北京：社会科学文献出版社，2006.

10. 谭必友. 古村社会变迁——一个话语群的分析实验 [M]. 北京：民族出版社，2005.

11. 谭必友. 浦市龙舟赛 [M]. 学苑出版社，2016.

12. [美] 詹姆斯·华生主编. 饮食全球化 [M]. 台北：早安财经文化，2007.

13. 章彩烈. 中国美食特色旅游 [M]. 北京：对外经济贸易大学出版社，1997.

14. 李江敏，李志飞. 文化旅游开发 [M]. 北京：科学出版社，2000.

15. [英] 克里斯·希林著. 身体与社会理论 [M]. 李康译，北京大学出版社，2010.

16. 余舜德. 体物入微 [M]. 台湾：清华大学，2008.

17. [英] 玛丽·道格拉斯. 洁净与危险 [M]. 郭乙瑶等译，北京：民族出版社，2008.

18. ［美］冯珠娣．饕餮之欲——当代中国的食与色［M］．郭乙瑶译，江苏：江苏人民出版社，2009.

19. 王仁兴．满汉全席源流［M］．北京：中国旅游出版社，1984.

20. ［美］尤·N. 安德森（E. N. Anderson）．中国食物［M］．马孆等，译．江苏：江苏人民出版社，2003.

21. ［美］马文·哈里斯著．好吃：食物与文化之谜［M］．叶舒宪，户晓辉，译．山东：山东画报出版社，2001-07.

22. ［澳］杰克·特纳著．香料传奇［M］．周子平，译．生活·读书·新知三联书店，2015：11.

23. 李德宽，田广．饮食人类学［M］．宁夏：宁夏人民出版社，2014.

24. ［美］古塔·弗格森著．骆建建，袁同凯等译．人类学定位：田野科学的界限与基础［M］．北京：华夏出版社．2005.

25. ［美］施坚雅．中国农村的市场和社会结构［M］．史建云，徐秀丽，译．北京：中国社会科学出版社．1998：4.

26. ［美］马克·贝特著．品牌的本质［M］．李桂华译，北京：经济管理出版社，2014.

27. 湖南师范大学旅游研究所．湖南省泸溪县浦市旅游古镇概念性详细规划（初稿）．2015. 10.

（二）地方志

1. 泸溪县志编辑委员会．泸溪县志［Z］．北京：社会科学文献出版社，1993.

2. 辰溪县地方志编纂委员会．辰溪县志［Z］．北京：三联书店，1994.

3. 严如熤．苗防备览［Z］．绍义堂刻本，道光癸卯年重镌本.

4.（清）严如熤．苗防备览·卷八·风俗考上「M］．绍义堂藏板，道光癸卯重镌.

5. 政协湖南省泸溪委员会文史学习委员会编．泸溪文史．第八辑，浦市古镇［Z］．2007.

（三）学位论文

1. 李璋奇．旅游开发背景下的民俗文化变迁研究——以浦市古镇“抬黑龙”为观察中心［D］．湖南师范大学，2018.

2. 李嘉豪．人类学视角下的浦市龙舟节研究［D］．湖南师范大学，2017.

3. 姜雅琪. 旅游开发中的民族文化变迁与保护研究——以浦市古镇为例［D］. 吉首大学，2017.

4. 汪德飞. 地方性知识研究［D］. 南京农业大学，2011.

5. 叶婷. 福州城区饮食文化旅游资源开发研究［D］. 福建师范大学，2014.

6. 袁鸿菲. 城市的味觉记忆研究［D］. 南京师范大学，2014.

7. 周红. 湖南沅水流域古镇形态及建筑特征研究［D］. 武汉理工大学，2011.

8. 易静林怡. 旅游开发背景下民间舞台艺术团体对观众的建构研究［D］. 湖南师范大学，2019.

（四）期刊

1. 彭兆荣，肖坤冰. 饮食人类学研究述评［J］. 世界民族，2011（03）：48-56.

2. 陈运飘，孙箫韵. 中国饮食人类学初论［J］. 广西民族研究，2005（03）：47-53.

3. 马文·哈里斯，叶舒宪. 圣牛之谜——饮食人类学个案研究［J］. 广西民族学院学报（哲学社会科学版），2001（02）：5-12.

4. 郭贵祥. 苏州同里古镇小吃产业化开发研究——基于 SWOT 分析的古镇小吃产业化研究［J］. 特区经济，2014（09）：41-42.

5. 叶舒宪. “地方性知识”［J］. 读书，2001（05）：121-125.

6. 周俊华，秦继仙. 全球化语境下民族地方性知识的价值与民族的现代发展——以纳西族为例［J］. 云南民族大学学报（哲学社会科学版），2008（05）：21-25.

7. 杨庭硕. 论地方性知识的生态价值［J］. 吉首大学学报（社会科学版），2004（03）：23-29.

8. 罗康隆. 地方性知识与生存安全——以贵州麻山苗族治理石漠化灾变为例［J］. 西南民族大学学报（人文社会科学版），2011（07）：6-12.

9. 李牧. 族群记忆与地方性知识的交互与融合——纽芬兰华人春节庆祝的历史、文化表演与仪式过程［J］. 华侨华人历史研究，2018（03）：1-13.

10. 田养邑，周福盛. 地方性知识的创制与日常生活世界——一项家乡人类学考察［J］. 广西民族研究，2018（03）：78-85.

11. 王立杰. 民族志写作与地方性知识——格尔茨的解释人类学理论与实践［J］. 北方民族大学学报（哲学社会科学版），2009（01）：102-106.

12. 翁洋洋. 传统饮食文化与现代化［J］. 民俗研究，1988（01）：58-62.

13. 吴燕和. 港式茶餐厅——从全球化的香港饮食文化谈起［J］. 广西民族学院学报（哲学社会科学版），2001（04）：24-28.

14. 张珣. 文化建构性别、身体与食物：以当归为例［J］. 考古人类学，2007（67）

15. 郭于华. 社会变迁中的儿童食品与文化传承［J］. 社会学研究，1998（01）：39-49.

16. 张展鸿. 客家菜馆与社会变迁［J］. 广西民族学院学报，2001（4）

17. 杨晓民. 全球化时代的地域文化［J］. 读书，2010（11）：59-64.

18. 刘志扬. 饮食、文化传承与流变——一个藏族农村社区的人类学田野调查［J］. 开放时代，2004（02）：108-119.

19. 胡丹. 旅游市场下扬州传统小吃的开发［J］. 扬州大学烹饪学报，2008（04）：32-36.

20. 张旗. 名城视角下的美食街区开发策略研究［J］. 美食研究，2014（04）：19-23+28.

21. 张连海. 感官民族志：理论、实践与表征［J］. 民族研究，2015（02）：55-67+124-125.

22. 何宏，赵炜. 稻米与麦穗的对话：南北交汇的淮河饮食文化［J］. 美食研究，2015（04）：15-17.

23. 杨洁琼. 饮食人类学中的糌粑及其社会文化意义［J］. 美食研究，2017（02）：18-21.

24. 庄孔韶. 北京“新疆街”食品文化的时空过程［J］. 社会学研究，2000（06）：92-104.

25. 陈传康. 中国饮食文化的区域分化和发展趋势［J］. 地理学报，1994（03）：226-235.

26. 龙明锋. 湘西苗族饮食文化浅析［J］. 扬州大学烹饪学报，2004（04）：16-18.

27. 彭兆荣. 中国饮食文化遗产中“品尝”的人类学解释［J］. 百色学院学报，2013（02）：77-82.

28. 刘治彦. 新职业的兴起缘由及启示［J］. 人民论坛，2019（27）：85-87.

29. 刘艳芳，刘於清，李平. 湘西民族饮食文化与旅游开发［J］. 扬州大学烹饪学报，2008（02）：50-53.

30. 邓启耀. 灵的秘语——以苗族服饰中的蝴蝶纹样为中心［J］. 文艺研究，2016（02）：129-140.

31. 成之莹. 饥饿营销——攻心计［J］. 商场现代化，2011（3）：143.

32. 庞宇琦，薛德升，王德. 流动商贩的分布特征及营业空间界面影响分析——以广州中山大道西路段为例［J］. 人文地理，2012（02）：56-61.

（五）英文文献

1. Long，L，Lexington，Kentueky：The University Press of Kentueky［J］. Cutintourism. 2004：7.

2. Levi-Strauss，Structural Anthropology，The Savagy Mind.

3. Sidney Cheung，Hakka restaurants：A Study of The Consumption of Food in Post-War Hong Kong Society，David，H，Wu and Tan Chee-beng，Changing Chinese Food ways in Asia，Hong Kong：Hong Kong Chinese University Press，2001，pp181-951.

4. P. Stoller & C. Olkes. The Taste of Ethnographic Things：The Senses in Anthropology［M］. Philadelphia：University of Pennsylvania Press，1989.

5. Tian Guang & Chen Gang. Food Consumption and Economic Development in Contemporary China：Anthropology of Chinese Foodways.［M］American Business. 2019.

6. Tian Guang & Chen Gang. Green Food and Environment.［M］American Business. 2019.

本书编辑成员简介

（按姓名拼音排序）

程林盛，1985年2月生，男，山西平遥人，旁遮普大学博士生。主要研究方向是田野中国学、生态人类学、“一带一路”历史与文化。在《青海民族研究》《原生态民族文化学刊》《民间文化论坛》《法音》《Pakistan》等期刊发表学术论文三十多篇。

洪文雄，1973年7月出生，男，湖南凤凰人。编审，学苑出版社副社长，湖南师范大学民族学与人类学研究中心研究员。主要从事民间文化、民族文化等中国传统文化的研究保护、挖掘利用和传播工作。发表论文10余篇，主持国家社科、国家和省市级出版规划项目10余项。主要研究方向为人类学、民族学、文化研究与传播、民俗文化、文献整理。

胡国梁，1997年毕业于苏州大学艺术学院艺术设计系，2010年结业于同济大学设计创意学院国际创意设计大师中心。主要研究领域：数字化展陈设计。现为湖南师范大学工程与设计学院副教授、硕士研究生导师、湖南省创意设计及应用省级重点实验室数字展示方向负责人。

黎大志，1959年11月生，男，湖南临澧人。湖南师范大学二级教授，高等教育学、摄影艺术博士生导师，享受国务院特殊津贴专家，原正校级副校长。现任中国高等教育学会常务理事、中国摄影家协会会员，湖南省高校摄影学会会长。作为教育部专家，参与全国各地20余所高校本科教学合格评估、水平评估和审核评估；作为专家组组长，参加30余所全国高校就业创业先进高校和师范类专业认证现场考察。作为主持人获得国家教学成果二等奖1

项，国家精品视频课程1项和2020年国家首批一流线上课程1项。

李桂梅，1964年生，女，湖南师范大学道德文化研究院教授、博士生导师，2002年获得湖南师范大学哲学博士学位。主要研究伦理学原理、婚姻家庭伦理和女性伦理。已独立主持国家社科基金课题4项、教育部人文社会科学重点研究基地重大项目1项、省级课题10余项，出版6部个人专著，发表学术论文80余篇，SSCI刊物50余篇。2010年获第十届哲学社会科学优秀成果三等奖国家1项。担任中国婚姻家庭研究会理事。

刘一友，1936年8月生，男，凤凰县人，著名的美学教授，沈从文研究专家，国务院特殊津贴专家。曾任吉首大学中文系主任、《吉首大学学报》主编等。发表论文30多篇，文学作品若干。主要著作有《论凤凰人》。

谭必友，1968年2月生，男，湖南凤凰人。现任东北大学中国满学研究院教授，东北大学秦皇岛分校"一带一路联合博士学位"项目负责人。湖南师范大学民族学与人类学研究中心主任、博士生导师。巴基斯坦旁遮普大学历史与巴基斯坦研究所客座教授、马来西亚理科大学合作博士生导师。《田野中国学》集刊（民族出版社）主编。主要研究民族学、田野中国学、文化人类学等。发表论文40多篇，出版专著5部，主编各种文集10多部。

谭卫华，女，湖南城步人，香港理工大学哲学博士，湖南师范大学公共管理学院讲师，硕士生导师。主要研究方向为人类学、区域社会研究以及非物质文化遗产研究。曾获湖南师范大学公共管理学院教学竞赛一等奖。2013年11月出版译著《文化变迁论》。

谭子好，1968年出生，男，湖南泸溪县人。曾任泸溪县科技局局长、文体局局长等，发表学术论文多篇。

谭忠国，1963年生，男，湖南泸溪县人。现任怀化学院中文系副教授。北京师范大学民俗学博士。中国民俗学会会员，湖南省社会学学会民俗学专业委员会理事，湖南省中国古代文学学会会员。主要有《中华节庆》（中国农业出版社2011年）等著作。

王萌，1965年生，男，山东淄博人。四川大学哲学（宗教学）博士，中南民族大学教授，宗教学专业硕士研究生导师，主要研究领域为宗教学理论、中国传统宗教等。代表作有《佛教与科学：从融摄到对话》（中国社会科学出版社2010年）、《高山族简史》（编修，民族出版社2009年）等。

王欣，1989年10月生，女，湖南怀化人，中山大学人类学博士，现为湖南师范大学公共管理学院讲师。主要研究方向是西南民族与区域文化、移民与城镇化。在《民俗研究》《青海民族研究》《云南师范大学学报》等核心期刊发表学术论文数篇。

杨建新，1934年出生，男，兰州大学教授，博士生导师，著名的民族学家，教育部人文社科重点研究基地——兰州大学西北少数民族研究中心主任。已培养硕士、博士研究生60余位，从1991年起享受国务院有突出贡献专家津贴。共出版专著9部。其中《中国西北少数民族史》（宁夏人民出版社1988年版，2003年由民族出版社出版修订本），《西北民族关系史》（主编，民族出版社1990年版），《丝绸之路》（合作，甘肃人民出版社1981年版，1988年由甘肃人民出版社出版修订本，1992年再版）等在学术界产生了重要影响。

张耀南，（1963—2021），男，湖南石门人。北京大学哲学博士。国家“万人计划”哲学社会科学领军人才，全国文化名家暨“四个一批”人才。北京航空航天大学人文与社会科学高等研究院教授、博士生导师。在《哲学研究》《北京大学学报》等学术刊物上发表学术论文110余篇。出版学术著作10余部。包括《知识论转向——张氏构建与中华哲学新子学时代》（人民出版社2018年版）、《华夷中西——中华哲学史上批评格式变迁考》（人民出版社2017年版）、《中国儒学史·近代卷》（北京大学出版社2011年版）等。

赵玉燕，女，博士，湖南师范大学社会学系副教授、硕士生导师、人类学硕士点负责人。2006年获北京大学法学博士学位。2008.7—2012.1于美国贝勒大学社会学系作博士后研究，英国兰卡斯特大学社会学系访问学者，已出版译著3部，专著2部。

编 后 记

熤园师生以湖南省湘西土家族苗族自治州泸溪县浦市古镇为田野基地，在这里连续开展了近10年的田野调查，前后有8届硕士生10位同学以这里的田野调查材料写作了自己的硕士学位论文。在田野中，大家除完成自己的学位论文调查以外，还将田野中的所见所闻写成了大量的日记、散文、采访笔记等作品，并及时通过微信公众号、湖南师范大学民族学与人类学研究中心官网将这些作品发表出来，在社会上产生了良好的反响。按照熤园的学术定义，这些并不十分严格的作品，一旦发表出来，就称为田野调查过程成果。在时任泸溪县政府副县长尚远道先生的支持下，我们此前已经出版了一本过程成果《我在浦市读女神：熤园学人田野考察行记》（煤炭工业出版社，2017年）。第二本过程成果也在编辑之中，希望不久能与读者见面。而由众多学子撰写的具有重要学术价值的学位论文，虽于前年即已编辑完成，但因种种原因，却一直拖到今年才得以出版，其中详情在此就不细述了。把我们要感谢的话说一说吧。

首先，感谢泸溪县当地的领导与乡亲们给予我们的帮助。没有领导们的大力支持，我们的田野基地不可能得以长期开展。县委常委、政法委书记尚远道先生、时任旅游局局长刘本平先生、时任文体局局长谭子好先生、时任浦市古镇管委会前主任谢伯清先生等都给我们提供了大量支持。泸溪县谭子兴文化研究会、浦市老年协会等众多朋友给熤园学子提供了田野调查中的大量具体性帮助。他们经常义务给我们的学生担任向导，义务担任讲解员，从不计报酬，一心为浦市文化发掘与文化产业开发无私奉献，这种精神令人感动！感谢浦市古镇的乡亲们！很多人接受我们师生的多次访问，给我们提供了大量知识，为这些年轻的学者建构有关理论提供了帮助。

其次，感谢众多硕士生导师。导师们为了浦市文化的发掘研究，积极动员自己的硕士研究生参与我们的浦市文化研究课题。并且，众多导师还认真负责地对这些学生作了深入辅导。这对学生们顺利完成学位论文提供了保障，同时也为浦市文化研究打下了基础。

第三，感谢东北大学秦皇岛分校的领导与中央民族大学出版社的领导。前者慷慨地同意给本书出版提供经费支持，后者把我们的书稿列为出版社年度出版选题，使得我们这套《田野中国学研究系列丛书》得以公开出版。

第四，感谢几位资深教授慷慨担任本书学术顾问。我的博士导师杨建新先生还为本书作了序。其他几位资深教授积极提出了修改意见。北京航空航天大学张耀南教授为本书的编辑出版提供了很多学术指导。特别遗憾的是张先生没能看到本书的出版，就于 2021 年 12 月去世了。谨以这本书纪念张教授。

最后，参与本书写作的各位研究生同学都已经走上了各自的工作岗位，成了各行业的骨干。祝愿他们在新的工作岗位上做出更大成就！

谭必友

2022 年 6 月 1 日

于秦皇岛熤园